XIBU SHENGTAI CUIRUO DIQU LVSE ZENGZHANG JI DE GOUJIAN

西部生态脆弱地区绿色增长极的构建

——基于循环产业集群模式的研究

蔡绍洪　向秋兰　谌莉萍　蔡心红　和思鹏◎等著

人民出版社

责任编辑:李椒元
装帧设计:中联学林
责任校对:张明明
图书在版编目(CIP)数据
西部生态脆弱地区绿色增长极的构建:基于循环产业集群模式的研究/蔡绍洪等著. -北京:人民出版社,2015.3
ISBN 978-7-01-013970-8
Ⅰ.①西… Ⅱ.①蔡… Ⅲ.①西部经济-产业经济学-生态经济学-研究 Ⅳ.①F127
中国版本图书馆 CIP 数据核字(2014)第220431号

西部生态脆弱地区绿色增长极的构建
XIBU SHENGTAI CUIRUO DIQU LUSE ZENGZHANGJI DE GOUJIAN
——基于循环产业集群模式的研究
蔡绍洪 向秋兰 谌莉萍 蔡心红 和思鹏 等著
人民出版社 出版发行
(10076 北京市东城区隆福寺街99号)
北京天正元印务有限公司印刷 新华书店经销
2015年3月第1版 2015年3月北京第1次印刷
开本:710毫米×1000毫米 1/16 印张:30.5
字数:548千字 印数:0,001-3,000册
ISBN 978-7-01-013970-8 定价:68.00元
邮购地址:100706 北京市东城区隆福寺街99号
人民东方图书销售中心 电话(010)62550042 65289539

前言

进入新世纪,党中央提出了全面建设小康社会的奋斗目标,党的十八大又提出了在2020年全面建成小康社会的新要求。由于特殊的地理结构和气候条件,西部生态脆弱地区作为我国的江河源头和生态屏障,是我国自然生态环境最为脆弱的地区。由于历史和区位的原因,西部生态脆弱地区又是我国贫困面最广、贫困人口最多、贫困程度最深、经济发展最落后的区域。因此,西部生态脆弱地区要与全国一道同步建成小康社会存在着许多困难和问题。在新的历史发展时期,西部生态脆弱地区面临着可持续绿色发展和跨越式快速发展这两大艰巨的历史任务。在新一轮西部大开发中,西部生态脆弱地区采取什么样的产业组织模式和经济发展方式来实现又好又快、更好更快地发展,并与全国一道同步实现建成小康社会的目标,是人们必须深入研究和认真思考的重大问题。

本书以科学发展观和可持续发展思想为指导,运用产业生态理论、产业组织理论、复杂系统自组织理论等方法,以产业组织模式对区域经济发展和生态环境状况的作用和影响为切入点,结合西部生态脆弱地区的自然生态条件和产业经济状况,探索符合西部生态脆弱地区发展要求的新型产业组织模式,从理论上为西部生态脆弱地区的跨越式快速发展和可持续绿色发展,最终实现经济社会发展的历史性跨越指出一条有效途径。通过对不同产业组织模式的产业绩效、经济效益、生态效益、综合效益的系统研究和深入剖析,揭示不同产业组织模式的功能优势和效率特征,及其对区域发展的作用和影响。从经济效益和生态效益双重视角来考察和探寻适合西部生态脆弱地区新时期发展的具有绿色生态功能的新型产业组织模式及其有效运行机制。

通过对不同产业组织模式在经济效益和生态效益方面优劣性的系统比较,以及对不同模式内部运行机制的深入分析,本书提出了一个将产业集群效率优势和循环经济生态优势进行有效整合的新型产业组织模式——循环产业集群。

循环产业集群并不是产业集群和循环经济两者的简单组合，而是根据这两种模式内在运行机制进行的有机融合，实现了两者的优势互补和高效稳定，有效弥补了传统产业集群模式生态效益不够好、资源利用不够高，以及单一循环经济模式经济效益不够好、组织运行不够稳的缺陷，从而实现经济利益与生态利益的双赢。循环产业集群作为一种高效绿色的产业组织模式，具有“绿色增长极”的功能和特征，以之为载体构建区域“绿色增长极”，可以有效地引领和带动西部生态脆弱地区实现可持续绿色发展和跨越式快速发展。

本书着重研究的内容主要包括：①深入分析和讨论产业组织模式与生态脆弱区经济发展、环境保护和资源节约之间的关系及其重要作用；②系统地分析西部生态脆弱地区在新的历史时期进一步发展所面临的生态环境问题和发展效率问题；③探寻西部生态脆弱地区要实现跨越式快速发展和可持续绿色发展应该选择的最佳产业组织模式；④揭示循环产业集群的形成发展和演化规律，以及保证其高效有序的运行机制和健康稳定的发展条件；⑤研究循环产业集群所具有的绿色发展和快速增长的“绿色增长极”功能特征及其绩效形成机制；⑥分析西部生态脆弱地区生态环境状况、产业发展基础、以及循环经济和产业集群的发展状况，提出在西部生态脆弱地区构建循环产业集群和培育绿色增长极的对策和建议。

本书将产业组织模式作为影响区域经济发展、生态环境发展和自然资源保护的最重要因素，对新时期适合我国西部生态脆弱地区发展的产业组织模式进行了系统研究。采用系统科学理论、协同竞争理论、非平衡系统自组织理论等最新的复杂系统理论分析工具，以及循环经济及清洁生产、产业生态化、生态工业园区、博弈论的基本理论，采取理论与实证、定量与定性分析相结合的方法，对产业经济系统的形成、发展和演化规律进行了深入分析，对循环产业集群的发育形成机理、发展演化规律和循环运行绩效进行了系统研究，对循环集群模式产生的生态位条件及其运行机制、创新机制和效益机制进行了模型探索。针对西部生态脆弱地区目前的自然资源条件、生态环境状况、经济发展水平、产业发展基础等具体实际，提出了循环产业集群的构建原则与基本思路、协调机制与实现途径。而且，在营造基础平台和社会环境，整合聚集关键要素，建立完善政策扶持体系，重组融合相关产业，创新体制机制等方面提出了相应的对策建议。

通过上述研究，本书形成了如下观点：具有生态功能的先进产业组织模式能够提高资源利用水平，保护生态环境，获得经济效益和生态效益；西部生态脆弱区的贫困落后与生态脆弱并存，其发展面临着经济效益和生态效益双低等问题;循环产业集群既具有绿色发展功能又具有快速增长功能,是西部生态脆弱地区绿色快速发展的最佳产业组织模式;企业集群演进包括:企业聚集成企业群落→协同演进为产业集群→升级涌现出创新网络→网链耦合成循环集群等演化阶段;可以循环产业集群为载体构建“绿色增长极”,引领和带动西部生态脆弱地区实现可持续绿色发展和跨越式快速发展;可以从集群发展平台的营造及成长环境的治理入手,推进相关产业的集群化重组和生态化融合,通过体制机制创新来保证循环产业集群的高效稳定运行。

研究得出的主要结论包括:科学合理的产业组织模式能够实现资源的高效利用、生态环境的改善及区域经济的快速发展;传统产业组织模式不合理是导致西部生态脆弱地区生态环境问题的主要根源,亟需探索选择先进高效的产业组织模式;在以循环产业集群为载体的“绿色增长极”的强劲带动和辐射作用下,西部生态脆弱地区可以得到快速绿色发展;只有通过不断创新,才能实现集群产业的升级,从低端集群走向高端集群,从产业集群迈向创新集群;创新集群向循环集群的演化,必须整合产业链网,实现产业价值链和产业知识链与产业生态链的有机融合;循环产业集群自组织机制的形成和充分发挥作用,需要依靠相政府“有形之手”和市场“无形之手”的共同协调;西部许多生态脆弱地区已初步具备了构建循环产业集群的条件,只要认识到位、措施得当、对策可行,就能通过构建循环产业集群形成本地区发展的“绿色增长极”。

本书以一种全新的思维构架来审视西部生态脆弱地区的区域经济发展,在政府实施绿色发展战略、培育新型生态产业组织模式以及出台相关支持政策等方面具有理论意义及参考价值。循环产业集群模式是特定区域内产业价值链、产业知识链和产业生态之间共生共存而形成的众多企业及相关机构所组成的具有物质、能量和信息循环功能的产业生态系统,能够实现经济效益和生态环境效益的有机统一,对区域产业生态化发展具有启示作用和推动意义。

本书适于区域经济发展、产业组织管理、资源开发利用、生态环境保护以及产业集群、循环经济、生态产业、节能减排等相关管理部门和机构工作的人员和领导,相关学科研究领域的学者和研究人员,以及相关专业的本科生研究生阅读。特别是可为生态脆弱地区从事区域发展战略决策、区域发展战略规划、区域产业政策调整、产业组织管理机制设计工作的部门和领导提供决策参考。

目 录

Contents

第1章 导 论

西部生态脆弱地区既是我国经济发展最为落后的地区,又是我国生态环境最为脆弱的地区。在新的历史时期,西部地区面临着跨越式快速发展与可持续绿色发展的双重艰巨任务,采用何种产业组织模式来达到产业生态效益和环境生态效益的有机统一,实现又好又快、更好更快发展,是人们亟需解决的重大问题。

1.1 选题背景及研究意义

西部生态脆弱地区生态环境的脆弱性,决定其必须走循环经济的可持续绿色发展道路;而西部欠发达、欠开发的贫困落后特质,又决定其必须走产业集群的跨越式快速发展道路。因此,西部地区循环经济的集群运行模式及运行机制就成为一个非常有价值和意义的选题。

1.1.1 问题的提出与研究背景

由于历史和区位的原因,西部脆弱地区是我国贫困面最广、贫困人口最多、贫困程度最深、经济发展最落后的区域。作为我国的江河源头和生态屏障,西部地区又是生态环境极为脆弱的地区。面对跨越式快速发展和可持续绿色发展的艰巨任务,只有创新产业组织模式才能实现绿色快速发展。

1.1.1.1 西部生态脆弱地区面临严重的经济和生态问题

西部生态脆弱地区经济水平严重滞后于全国平均水平,根据“木桶原理”可知西部生态脆弱区的发展是我国整体水平提高的短板和关键。西部生态脆弱地区大多处于经济欠发达地区,经济发展水平滞后于国家的发展目标,因此1999年国家提出西部大开发战略,扶持西部发展。虽然从纵向看西部大开发实施以来西部地区的经济确实有了很大的发展，取得了不小的成就，但从横向来看西部的经济发展速度和效率还远低于东部，经济差距依然明显，无论是GDP、人均GDP、城镇居民可支配收入、农村居民人均纯收入依然存在很大的差距，而且这种差距还有继续扩大的趋势。以“高投入、高消费、高排放、低效益”为特征的粗放式、煤电油为主体的重化工业经济模式，造成了西部矿产资源和能源的严重浪费，以及生态环境的加剧恶化。这些都严重制约了西部经济的跨越式可持续发展。

以2011年的相关数据为例：①地区生产总值。全国生产总值为472881.6亿元，其中东部地区实现地区生产总值271354.8亿元，占全国比重的52%；西部地区生产总值只有100235亿元，仅占全国比重的19.2%。②人均生产总值。全国人均生产总值为35181元，东部地区为53350元，高于全国平均水平；西部地区仅为27731元，低于全国平均水平，并且远远落后于东部地区。③城镇居民可支配收入。全国城镇居民可支配收入为21810元，东部为26406元，高于全国平均水平；西部仅为18159元，低于全国平均水平。④农村居民人均纯收入。全国农村居民人均纯收入为6977元，东部地区为9585元，远远高于全国平均水平；西部地区仅为5247元，说明西部地区滞后的发展水平影响了全国经济的发展速度。

2011年，环境保护部组织开展西部大开发重点区域和行业发展战略环境评价，涉及西部贵州、云南、甘肃、青海、新疆五省，该项目研究了五省区经济社会和重点产业的发展特征与趋势，围绕区域和产业发展的规模、结构、布局这三大问题，对相关地区未来可能面临的生态环境问题进行了系统评估。根据2013年4月该项目的验收成果可知，西部生态脆弱地区不仅面临严重的经济问题，还面临着严峻的生态环境问题，主要问题包括：①关键性水土资源匹配条件差；②区域性生态恶化的趋势未根本扭转；③流域水环境安全问题突出；④结构性大气污染特征明显，呈现煤烟型特征；⑤累积的重金属污染不容忽视；⑥资源环境效率水平较低，落后东部10年以上。由此可见西部地区，特别是西部生态脆弱地区不仅存在严重的经济发展问题，也同时存在着严重的生态环境问题。

1.1.1.2 西部生态脆弱地区必须走跨越式快速发展之路

我国西部生态脆弱地区的地域面积较大，由于自然和历史的原因，生态脆弱区的贫困面积较大，几乎所有的连片贫困地区都处在生态脆弱区内，不少生态脆弱区处在祖国的内陆边陲，是少数民族的世代聚居地，其战略位置十分重要。经济发展是社会稳定、政治团结和增强民族凝聚力的物质基础。西部生态脆弱地区的经济发展状况直接关系到民族团结、社会稳定和边防巩固；关系到我国经济的持续稳定和协调发展;关系到这些地区是否能与全国同步建成小康社会;关系到我国最终是否能够真正实现共同富裕的目标。加快西部生态脆弱地区的发展对促进区域经济协调发展,逐步缩小地区间的差距,推动整个国民经济持续快速健康发展和经济社会的全面进步,最终实现共同繁荣和共同富裕都具有十分重要的意义。

由于西部地区在全国经济版图中处于相对落后的位置,东西部地区经济发展的差距和矛盾,已日益成为我国宏观经济运行中一个十分突出的问题。中国能否保持宏观经济的发展后劲,能否保持经济稳定持续的长波增长,一个关键因素就是能否在较短的时间内解决好西部经济发展问题。尽快缩小东西部差距,实现区域经济协调发展,成为我国经济发展面临的新问题。全面推进西部地区的快速发展,不仅能有力地促进西部生态脆弱地区自身的发展和完善,而且能为全国进一步的大发展开辟广阔空间,西部的后发优势将成为中国经济增长的主力军,成为未来中国经济新的增长点。进入"十二五"以后,党和国家已把深入实施西部大开发战略作为一项重大的战略任务摆在了更加突出的位置。因此,加快经济发展是西部欠发达地区和生态脆弱地区的一项紧迫任务。

发展才是硬道理,要解决西部地区存在的各种问题的根本出路是发展。西部地区要想赶上东部地区发展的步伐就必须加快发展,面对东西部差距拉大的局面,摆在西部地区面前的只有两种选择:要么赶超跨越,要么渐进跟随。目前西部正在为追赶东部而努力加快发展,然而东部也在努力发展,甚至会在其已有的人才、技术和资金优势的基础上发展得更为迅猛。实践结果证明,仅靠产业梯度转移和区域比较优势来实现西部大发展已不是最佳途径,尤其是产业集群的出现使得传统的发展模式已经不再现实。若依据产业梯度理论,按部就班地利用东部技术等生产要素的转移来实现西部的发展,其结果只能导致东西部差距越拉越大,使西部生态脆弱地区永远处于被动落后的恶性循环中。

西部生态脆弱地区经济总量较小,尚处于工业化的初期阶段,但是有着一定的后发优势,可以直接学习或引进先进的技术和制度,从而大大节省创新研究成本,如果西部地区可以充分利用后发优势和资源禀赋的资源优势,就有机会实现跨越式发展。所谓跨越式发展,是指在一定历史条件下,落后者对先行者走过的某个发展阶段的超常规的赶超行为,西部生态脆弱地区要缩小与发达地区的差距,已无常规之路可循,只能走超常规的特殊快车道。西部生态脆弱地区必须立足自身现实,直接吸收国内外经济发展的成功经验,通过消化吸收和合理创新后,运用并致力于该地区的经济发展,采用新型产业组织模式,才能在较短的时间内缩小与东部发达地区的差距,实现超常规的赶超发展。因此,西部生态脆弱地区的经济必须走跨越式快速发展之路。

1.1.1.3 西部生态脆弱地区必须走可持续绿色发展之路

西部生态脆弱地区由于急于摆脱长期落后而产生的强烈发展愿望,非常容易导致急于求成和短期行为。西部大开发战略实施以来,许多地方纷纷采取赶超战略,当地的经济有了长足的发展,但许多生态脆弱地区基本上还是走的高投入、高消耗、高污染、低效益的粗放型发展道路,以煤电油为主体的重化工业经济模式来追求经济的快速发展,以土地换资金,以空间求发展,以资源和环境为代价,确实换取了GDP快速增长,同时也带来了严重的资源环境问题,大量未来赖以发展的宝贵资源消耗殆尽,环境污染积重难返,生态承载力基本达到饱和,经济发展难以持续。由于生态环保观念薄弱,欠缺资源高效利用和废物无害处理技术,造成了大量的资源浪费与环境污染,生态受到了严重的破坏,水土流失和荒漠化问题十分突出。

西部生态脆弱地区有着特殊的地理环境:一方面,它处于我国大江大河的源头,是中华的水塔和水源地,同时又是我国重要的生态屏障,西部生态脆弱地区的生态环境状况,不仅关系到西部地区的生态环境质量好坏,而且对于全国的生态环境有着至关重要的作用和影响,近年来发生的许多全国性自然灾害,都和西部地区生态环境破坏有关;另一方面,西部生态脆弱地区的气候、地理、地质、地貌条件特殊,自然承载能力有限,生态环境敏感脆弱,生态系统对外界扰动的稳定性较差,生物循环和物质循环缓慢,生态系统的自我调节和自我恢复功能较差,抵御破坏和承受污染的能力较弱,一旦遭到人为污染和破坏,恢复起来十分困难。因此,西部生态脆弱地区生态系统的基础性和脆弱性对我国整体的生态环境状况有着重大影响。

我国人均资源占有量远低于世界平均水平,西部生态脆弱地区作为我国资源集中度较高的地区,能源、矿产和生物等自然资源较为丰富,是我国工业能源和原材料的接续地。西部地区虽然有着丰富的自然资源,然而任何资源的储量都是有限的,自然资源既支撑着西部地区的生态环境质量,又关系到西部地区经济发展的前途,如果失去自然资源的支持,西部生态脆弱地区的经济很难实现可持续发展。如何以最低的环境成本来保护好这份宝贵的自然资源,并使之得以合理开发和高效利用;如何在高效利用的同时,使再生性资源能保持其再生能力,非再生性资源不致于过度消耗并能得到替代资源的补充;如何在经济快速发展的同时能确保资源得到可持续利用,是西部生态脆弱地区发展面临的重大问题。

西部生态脆弱地区的发展必须以可持续为着眼点,把生态环境保护放在重中之重的位置。在利用资源禀赋的同时,更应注意节约资源和保护环境,才能实现生态的良性循环和资源的永续利用,实现人与自然的和谐共存和生态与经济的和谐发展,历史的经验已经表明,为了片面追求经济的数量增长,不惜以牺牲资源和环境为代价的赶超战略既不能缩小差距,又会造成生态环境的严重破坏和资源的极大浪费,对西部生态脆弱地区的发展构成了严重的威胁。生态环境一旦遭到破坏,西部的资源优势也会失去,牺牲自然环境等于自我毁灭,需要付出沉重的代价,也将会失去永久的效益。因此,西部生态脆弱地区不能再盲目仿效发达地区以往的经济发展模式,不能走资源浪费、生态破坏,先污染、后治理的老路,必须走一条可持续的绿色发展之路,在努力实现跨越式快速发展的同时,还必须兼顾可持续绿色发展。

1.1.1.4 只有创新产业组织模式才能实现绿色快速发展

西部生态脆弱地区有着丰富的自然资源,若按照比较优势理论可以依据资源优势发展资源型产业,进而取得强大的竞争优势。然而客观事实却并非如此,西部很多资源大省与东部相比其经济发展还相当迟缓。其中一个最主要的原因就是其产业组织模式不科学和产业组织结构不合理,产业组织呈现出"小、散、乱"的特征,产业组织效率低下,没有形成高效、有竞争优势的产业组织结构,没有发挥规模经济和集聚经济优势,也没有形成专业化分工的协作网络。传统的产业组织理论主要是以"结构—行为—绩效"分析为特征,强调市场结构对市场绩效的影响,侧重研究同一产业内企业间的市场关系。在这一理论体系的影响下,追求经济利益的最大化,推行三高一低的粗放型模式,造成严重的资源和能源浪费,脆弱的生态无法承受这种模式下带来的环境破坏。

解决西部生态脆弱地区的经济发展问题,不存在某个固定的模式,可以有多种路径的选择。问题的关键是如何寻找一条适合当地实际情况、成本较小、效率较高的最佳路径。2012 年国家发改委发布的《西部大开发"十二五"规划》强调:要注重发展的质量和效益,因地制宜,充分发挥区域比较优势,并指出要进一步加大资金投入和项目倾斜力度;要加快建立生态补偿机制,加大生态建设力度,加强环境保护,从源头上扭转生态恶化趋势。这些相关国家政策的支持与倾斜,以及新一轮西部大开发战略的实施与推进,对于西部生态脆弱地区来说,又是一次摆脱贫困、跨越赶超的历史机遇。西部生态脆弱地区应以此为契机,走出一条西部特色创新型发展模式,以低成本、高效率、节能减排为特征的创新型产业组织模式实现经济效益与生态效益的双赢,实现绿色快速发展。

在新的历史发展阶段,西部生态脆弱地区既面临着如何通过产业集聚和产业整合来提高产业经济效益,实现跨越式快速发展问题,又面临着如何通过清洁生产和循环经济来提高环境生态效益，实现可持续绿色发展问题。传统的产业集群模式作为一种新型产业空间组织形态，具有较高的产业经济效率和强大的竞争优势，对区域经济有强大的带动作用，是区域经济实现跨越式快速发展的一条有效途径，但是由于其环境生态效益不足，不能很好地担负起区域可持续和谐发展的任务。传统的循环经济模式作为以清洁生产和资源循环以及物质和能量的梯次闭路利用为特征的生态经济发展形态，具有较高的资源、生态、环境效益，是区域经济实现可持续绿色发展的一条可行之路，但有时其经济效率不高，不能很好地担负起跨越式快速发展的任务。

传统产业组织模式都不能有效地担负起西部生态脆弱地区跨越式快速发展和可持续绿色发展的双重任务，只有创新产业组织模式，通过科学地整合与改造，将产业经济效益和环境生态效益同时融入到产业体系中，才能真正实现西部生态脆弱地区的快速绿色发展。因此，探寻一个既能促进经济高速增长，获取显著的经济效益，实现跨越式快速发展，又能保护资源生态环境，产生优良的生态效益，实现可持续绿色发展的新型产业组织模式是当务之急和关键所在。只有构建起适合西部生态脆弱地区发展实际且经济效益和生态效益双优的新型产业组织模式，才能使西部生态脆弱地区实现经济社会发展的历史性跨越。因此，与西部生态脆弱地区相适应的高效有序的产业组织模式，是实现经济跨越式快速发展和可持续绿色发展的基础和根本保证。

1.1.2 研究目的

针对西部生态脆弱地区面临的跨越式快速发展和可持续绿色发展这两大历史任务，探寻西部生态脆弱地区新时期的最佳发展路径，从经济效益和生态效益双重视角来考察和研究适合其发展的新型产业组织模式及其运行机制。并对西部生态脆弱地区循环产业集群的构建和绿色增长极的培育提出思路与对策。

1.1.2.1 研究西部生态脆弱地区的跨越式快速发展载体

在各种现代产业组织模式中，产业集群可以说是一种最具生产和竞争效率的产业组织模式。新产业竞争理论的研究结果表明，产业集群是一种具有潜在效率、效益以及在柔性化方面具有竞争优势的空间组织形式，它能在特定的领域内将彼此相关的产业集合在一起，使这些产业既竞争又合作，通过降低交易成本、专业化分工、信息和知识共享、克服或构筑市场壁垒、分散创新风险等优势，吸引企业、知识生产机构、中介机构和客户通过增值链相互联系形成网络[1]，从而形成较高的产业竞争优势和生产经营效率。各地的实践结果表明，产业集群具有较高的产业经济效率和强大的竞争优势,对区域经济有强大的带动作用,是加速工业化和城镇化进程,实现区域经济跨越式发展的有效途径。

产业集群组织模式被世界各国广泛采用,不管是发达地区还是欠发达地区,不管是国内产业合作还是跨国际产业合作,产业集群都发挥了其强大的竞争优势。在当今世界经济版图上,产业集群表现出辉煌的业绩,纵观世界经济发展史,经济发展快速的区域都有产业集群的影子。我国东部许多区域的经济快速发展,也大都是依靠产业集群来实现的。国际上的许多不发达国家和地区,以及国内的一些欠发达地区都有不少成功的案例。实践证明以产业集群作为具有集聚效应和辐射效应的经济增长极,可以有效地带动区域经济的高速增长,是提高区域经济水平的一条有效途径。从这个意义上说,产业集群可以作为西部生态脆弱地区实现跨越式快速发展的载体。

然而,传统产业集群模式也有自身的不足,其最大的缺陷是环境生态效益不足,有时甚至会造成环境的污染和生态的恶化。如西部地区依托当地资源优势构建起的一些资源型产业集群,多以消耗资源和透支环境为代价,具有产业价值链较短,只追求短期经济效益,对资源、能源盲目开采利用,欠缺环境保护意识,不重视对资源的综合利用和废弃物回收处理等。虽然这些产业集群的经济效率较高,带动了当地 GDP 的高速增长,但其环境生态效益较差,带来了严重的资源环境问题,大量资源消耗殆尽,生态环境不堪重负。传统产业集群组织模式虽然是快速发展的载体,但却无法很好地解决发展中经济快速增长与生态环境持续恶化的矛盾,不能实现可持续绿色发展。因此,在新的发展阶段必须研究和探索出适合西部生态脆弱地区跨越式快速发展的新载体。

1.1.2.2 寻求西部生态脆弱地区的可持续绿色发展路径

西部生态脆弱地区必须以可持续发展观为指导,在加快发展的同时坚持可持续的绿色发展。对物质和能源的高效率利用和无害化循环是资源可持续的核心内容,也是区域经济可持续绿色发展的关键问题。产业生态学和工业代谢理论的研究结果表明,循环经济模式是区域经济实现可持续发展的必由之路。作为遵循自然生态系统物质循环和能量流动规律,以产品清洁生产、资源循环利用和废物高效回收,以及物质能量梯次利用和闭路循环为特征的产业组织模式,循环经济按照生态学规律,把资源高效利用、清洁生产和可持续消费融为一体,通过规划、设计、重构经济活动链条,使企业间形成资源共享和副产品互换的产业共生组合,是一种资源高效利用与清洁生产相结合,经济系统物质循环与生态系统物质循环相统一的经济运行模式。

目前循环经济已在世界范围内得到了广泛应用,实践也证明了循环经济组织模式具有明显的资源效益和环境效益。面对严重的资源环境问题,我国许多地区(包括西部许多地区)也纷纷探索着走循环经济之路,开展了一批循环经济项目,形成了一批循环经济示范企业,构建了一批循环经济工业生态园区,并取得了一些可喜的成绩。在推行循环经济的过程中,一些地方将传统的产业链条进行产业生态链升级,将“资源 - 产品 - 废弃物”传统的物质能量流动模式转化为“资源 - 产品 - 资源”新型环保的闭环式物质循环流动模式,把经济活动对自然环境的影响降低到最小,从而缓解资源压力,保护生态环境。循环经济将上游生产过程中的废弃物作为下游生产的原材料,实现废物的综合利用,使区域的物质和能源在经济循环中得到永续利用[2]。从这个意义上来讲,循环经济可以成为西部生态脆弱地区实现可持续绿色发展的有效路径。

然而,单纯的循环经济模式也有自身的不足,主要表现为:生产成本高、技术难度大、产业链条不够稳定、生产效率不够高等,其最大的缺陷还是经济效益不够好。许多循环经济项目的实际运行效果也表明,有时会因为生产成本过高导致产品没有竞争力,甚至没有任何经济效益。由此可见,虽然单纯的循环经济模式具有较高的资源、生态、环境效益,表现出了绿色生态和环境友好。但由于区位、成本、技术、效率等方面的原因,使得其运行成本较高,生产效率和经济效益不够高。即单纯的循环经济模式虽然可以解决可持续发展问题,却无法实现经济的高速增长。虽然,循环经济是区域经济可持续绿色发展的一条可行之路,但却不能很好地担负起跨越式快速发展任务。因此,必须探索出一条适合西部生态脆弱地区跨越式快速发展的要求的可持续绿色发展新途径。

1.1.2.3 探索出适合循环经济集群运行的产业组织模式

由以上阐述可知,无论传统的产业集群组织模式还是传统的循环经济生产模式,都不能很好地独立担负起西部生态脆弱地区跨越式快速发展和可持续绿色发展的双重任务。因此,西部生态脆弱地区发展亟需探寻一种能实现经济效益与生态效益双赢的新型产业组织模式,这种模式与西部生态脆弱地区的实际条件与发展水平相适应,是一种高效有序的循环经济集群运行系统。循环经济集群运行系统不是循环经济与产业集群的简单叠加,而是通过系统自组织机制将它们进行有效整合与有机融合,形成高效有序的自组织结构和动态网络,突出和提升这两种模式的优势,克服和互补这两种模式的不足,使其同时具备经济高效率和生态绿色化功能。这种能同时担负起跨越式快速发展和可持续绿色发展双重历史重任的新型产业组织模式我们称之为“循环产业集群”。

本书研究的重点就是以科学发展观和可持续发展思想为指导,运用产业生态学理论、产业组织理论、复杂系统自组织理论等可续方法,结合西部生态脆弱地区的自然生态条件和产业经济状况，探索符合西部生态脆弱地区发展要求的新型产业组织模式，探寻适合西部地区经济发展的产业组织模式，从理论上为西部生态脆弱地区跨越式快速发展和可持续绿色发展，最终实现跨越赶超指出一条有效途径和一个有效载体。从产业组织模式和产业生态系统的视角，提出可以通过构建循环产业集群，形成区域经济发展的“绿色增长极”，从而实现经济利益与生态利益的双赢。本书还指出了循环产业集群模式是西部生态脆弱地区实现跨越式快速发展和可持续绿色发展的有效载体和必由之路。

此外本书还将系统研究和分析循环产业集群的形成条件、构成要素、运行机制及演化规律。运用耗散结构、协同学、复杂系统、自组织理论等系统分析方法，以及博弈论等分析手段，结合西部生态脆弱地区的发展实际，探寻循环产业集群模式在西部生态脆弱地区如何构建和形成、怎样运行和发展，以及所需的内外部环境及控制条件；并从硬条件和软环境两个方面，对西部生态脆弱地区的产业发展现状进行调研和分析，找出在西部生态脆弱地区构建循环产业集群的基础以及存在的障碍，针对现状提出切实可行的模式构建思路与解决瓶颈问题的具体对策和建议，为西部生态脆弱地区构建循环产业集群提供理论依据和政策参考。

1.1.2.4 为西部生态脆弱地区构建绿色增长极提供思路

西部生态脆弱地区大多属于欠发达地区，加快经济发展是该地区的一项紧迫任务，要缩小与全国其他地区的发展差距，就必须实现跨越式的快速发展，也就是要通过关联产业集群来构建区域“增长极”。西部生态脆弱地区的生态恶化的现实和环境脆弱的状况，决定了其必须走低碳绿色增长之路，必须实现可持续的绿色发展，也就是要建立低碳绿色的产业发展体系。绿色增长极作为低碳绿色经济时代的新型增长极，具备了绿色发展和快速增长的双重功能，不仅能大大缓解资源环境的压力、有效改善供给结构，而且能创造出新的市场需求，培育壮大新的增长点，形成新的经济支撑力量，对区域经济的快速绿色增长具有强劲的带动作用。因此，西部生态脆弱地区要实现跨越式快速发展和可持续绿色发展，就必须有绿色增长极来强力带动。

循环产业集群不是循环经济和产业集群的简单叠加，而是两者的有机结合体，突出和提升这两种模式的优势，克服和互补两者的不足，是一种能同时担负起跨越式快速发展和可持续绿色发展双重重任的新型产业组织模式。循环产业集群将大量具有产业价值联系和产业生态联系的企业在一定的空间上聚集起来，通过有机整合，形成了多重循环复杂镶嵌型产业生态网络，提高了资源利用率，减少了废弃物排放，可以最大限度的解决生态脆弱区所面临的资源短缺与环境破坏两大问题。不仅能够通过其在资源配置效率、生产经营效率、技术创新效率方面的优势实现产业经济效益的最大化，使自身得到快速增长；而且还能够通过其产生的极化聚集效应、扩散辐射效应和关联乘数效应带动整个区域实现快速绿色增长。因此循环产业集群是绿色增长极的有效载体。

在西部生态脆弱区发展循环产业集群以构建绿色增长极，首先要根据西部生态脆弱地区的实际情况，以循环集群模式整合产业价值链和生态链，促进一二三产业间集群运行，并调动自组织与他组织机制来营造集群发展环境。其次，可在原有产业集群或产业价值链基础上进行生态化改造；在循环经济试点园区或产业生态链基础上进行集群化引导；在地理区位或产业基础较好的地区进行整体规划重构等途径来构建循环产业集群。再次，可通过在营造集群社会环境、聚集相关发展要素、建立政策扶持体系等方面制定措施。最后，还应在集群成长环境营造和发展平台治理，推进产业集群化重组和生态化融合，创新循环集群稳定运行体制机制等方面提出相应的对策。本书的研究将为西部生态脆弱地区构建绿色增长极提供可行的思路与对策。

1.1.3 研究意义

在这新一轮西部大开发之时，党中央提出了在全面建成小康社会的伟大目标，并提出了“五位一体”的建设要求，把生态文明建设摆在十分重要地位。西部生态脆弱地区面临跨越式快速和可持续绿色发展的两大艰巨历史任务，探索出最适合西部生态脆弱地区发展得最佳产业组织模式，对西部生态脆弱地区以循环产业集群构建绿色增长极，最终实现跨越式快速发展和可持续绿色发展具有重要的理论价值和实践意义。

1.1.3.1 对区域产业组织理论的充实和丰富有积极意义

基于经济效益和生态效益双重视角，考察和探寻最适宜西部生态脆弱地区发展的最佳产业组织模式，导出一个生态效益和经济效益俱佳的新型产业组织模式——循环产业集群；运用现代系统科学的理论方法深入研究和分析产业系统中的产业生产组织模式由各个体企业→企业群落→产业集群→创新网络→循环集群等各个阶段的产生和发展过程，及其在特定条件下的演进规律，揭示在市场无形之手和政府有形之手的共同作用下，循环产业集群的形成、运行、演化的自组织机理、协同竞争机制和外界控制条件，对进一步充实和完善现有的产业组织理论、产业集群理论、循环经济理论、区域发展理论等具有重要的理论意义。现代产业组织正处于发展变革之中，目前对现代产业组织及其生产组织模式的理论研究还存在许多不足和局限，尚未形成完整的理论体系。因此，对具有生态功能的新型产业组织模式进行深入研究，对于进一步充实和完善产业组织理论体系具有理论价值和现实意义。

1.1.3.2 对区域经济发展的产业政策制定有参考价值

产业组织作为产业结构的微观基础，研究其构成模式和运行机理，对西部生态脆弱区实现跨越式快速发展和可持续绿色发展具有重要意义。将产业组织模式作为影响区域经济发展的重要因素进行系统研究，揭示出制约西部生态脆弱区经济发展缓慢的根本原因之一是产业组织模式不合理，提出一个适合西部生态脆弱区发展的新型产业组织模式——循环产业集群，并以一种新的思维构架来审视西部生态脆弱地区的经济发展问题。即从单个企业的发展转到跨部门、产业链、产业环、直至产业网分工活动的发展；从个体游离企业转向循环产业集群；从单一的政府或市场的角度转向政府和市场相结合的角度；从只注重经济效益转向经济、生态、资源、环境效益并重；从片面强调硬环境建设转向更加注重软环境营造；从片面追求企业的竞争秩序转向强调集群内部的竞合关系；从制度壁垒林立转向制度渗透和制度整合。这对我国区域产业政策和发展战略的制定具有一定的指导意义和参考价值。

1.1.3.3 为生态脆弱区域绿色快速发展提供有效途径

本书提出的循环产业集群这一生态型高效率的产业组织模式，兼具有经济效益高和生态效益好的双重优势，是生态脆弱地区发展的最佳产业组织模式。由于其具有绿色增长极的功能和效率特征，生态脆弱地区可以通过构建循环产业集群，并以此为基础培育出区域的绿色增长极，从而带动西部生态脆弱地区在较短的时间内实现跨越式快速发展和可持续绿色发展。循环集群模式在西部生态脆弱地区的构建和广泛采用，对加速西部欠发达地区的工业化和城镇化，以又好又快的方式缩小东西部的差距，解决经济增长与资源环境之间的尖锐矛盾，协调社会经济与资源环境的发展，使西部欠发达地区真正走上科技含量高、经济效益好、资源消耗少、环境污染小、人力资源得到充分发挥的新型工业化道路，最终对实现西部地区经济社会发展的历史性跨越具有现实指导意义。本书的研究有助于针对我国西部生态脆弱地区资源型产业生产组织模式转型问题，从循环经济集群运行的视角研究其可持续发展机制，是我国西部大开发政策的重要理论组成部分，对解决西部生态脆弱地区经济的可持续发展具有重要的理论意义，为生态脆弱区域绿色快速发展指出了一条有效途径。

1.1.3.4 对构建循环集群和培育绿色增长极有指导意义

产业组织模式是区域经济运行的重要载体，对以循环经济方式运行的产业组织模式进行研究是西部生态脆弱地区资源型产业向生态化、现代化转型的重大理论课题。对循环产业集群这一新型产业组织模式的形成机制、运行绩效、影响因素、制度环境、发展规律等进行深入系统的研究，对西部地区循环产业集群的整合、构建及良性发展具有重要的指导意义；对于解决我国其他区域现有产业集群存在的诸如聚集低效、无序竞争、不可持续、生态环境等问题，提高其产业经济效率和生态环境效益，具有重要的参考价值；对于进一步改进目前一些领域内推行的循环经济模式以及一些地区进行的工业生态园区建设，提升其生产经营效率和经济效益，具有一定的启示作用。本书研究我国西部生态脆弱地区资源型产业生产组织模式转型及可持续发展问题，借助循环产业集群这一新型发展理念构建资源型产业低碳发展机理模型与决策模型，为政府及资源性产业在实施生态文明发展战略、培育新型低碳经济产业组织模式以及出台相关支持政策等方面提供理论及技术支持，以促进西部生态脆弱地区经济的跨越式及可持续发展。本书的研究结果对在西部生态脆弱地区构建循环产业集群和培育绿色增长极具有指导意义。

1.2 国内外相关研究进展及评述

生态问题已成为全球性、战略性问题，人类在经济的发展过程中不可避免的给自然生态环境带来一系列的影响。对生态脆弱地区的研究已经引起世界各国的经济学家的特别关注，相关研究涉及到各个学科领域，本书将从生态脆弱性及区域发展的模式、循环经济和产业集群与区域发展的关系以及我国西部生态脆弱区经济发展等方面对国内外相关研究进展进行评述。

1.2.1 生态脆弱性及区域发展模式的研究

脆弱生态环境是在特定地理背景下，生态系统物质、能量分配不协调的产物。关于生态环境脆弱性的研究在全球早已引起了普遍重视。本节将从自然生态系统脆弱性、生态脆弱区与贫困关系和欠发达地区发展模式等三个层面，对国内外的相关研究进行梳理和评述。

1.2.1.1 关于自然生态系统脆弱性的研究

国外对生态系统脆弱性的研究，是从20世纪50~60年代开始的，最早主要是针对自然生态系统的脆弱性进行研究，特别是针对自然灾害领域的系统脆弱性研究，到了90年代，学者们逐渐开始对人类社会系统的脆弱性进行研究，主要从气候变化响应和社会经济入手，涉及到农、林、牧、渔等生产部门，横跨资源和灾害两大领域[3-5]。进入21世纪后,自然生态系统与社会经济系统的综合脆弱性问题的研究也逐步展开,尤其是在自然灾害管控、公共健康管理、气候变化应对、土地资源利用、系统稳定性控制等领域的脆弱性研究最为突出,在经济学、地质学、工程学等领域的应用也较为广泛。许多学者从自然社会系统综合的角度来理解脆弱性,由此产生了融合自然、经济、社会、人文和环境、组织和机构等特征的人地耦合系统的脆弱性概念。虽然目前还没有给出明确的人地耦合系统脆弱性的准确定义,但学界普遍认同的系统脆弱性应包括暴露度、敏感性、适应性等三个构成要素[6]。

从20世纪80年代开始,国内也开展了对自然生态系统脆弱性方面的问题研究,牛文元(1989)[7]对生态交错带的生态脆弱性进行了研究,并将生态脆弱带定义为生态系统中,凡处于两种或者两种以上的物质体系、能量体系、结构体系、功能体系之间所形成的界面,以及围绕界面向外延伸的过渡带的空间域。朱震达(1991)[8]的相关研究指出了生态脆弱带环境退化的主要表现形式是土地的荒漠化,最典型的区域就是中国北方农牧交错带。从压力–状态–响应角度对脆弱性的研究结果表明,就广义的生态系统而言,当其受到的外界生态压力大到其系统生态临界点(阈值)附近的附近时,该生态系统就处于脆弱状态,此时的生态系统就是敏感脆弱系统。对自然生态系统而言,生态脆弱系统不仅包括生态交错带或生态过渡区,而且也包括任何受到外界扰动压力接近或超过其所能承受的临界值(阈值)的所有生态系统。

近十多年来,人们对系统脆弱性的研究多从气候环境变化对自然生态系统和社会经济系统的影响入手,探讨系统的敏感性、脆弱性、波动性、稳定性,力图寻找影响不同系统敏感性、脆弱性、波动性的主要因素,以及保持和控制系统稳定性的有效方法,其研究的主要领域包括农、林、牧、渔等生产部门,横跨了生态资源和自然灾害两大领域,同时考虑到自然要素与人类要素对生态系统的影响,对生态系统的研究尺度也涵盖了大小不同的各类生态区域。在人们的相关研究中,对于一个区域或一个国家脆弱性的评价时,往往都会将研究对象界定为人–地综合生态系统,而将自然生态系统作为其中的一个敏感性因子参与脆弱性评价,将社会经济要素作为一个适应性因子参与评价。此外,人们也开始从人类群体这一生态系统的角度出发,对不同人群系统的脆弱性问题开展研究。

国内学者针对我国一些生态脆弱地区的生态脆弱性问题,从理论和实践两个方面进行了探索。研究发现生态系统的敏感性和不稳定性是生态脆弱地区最主要的特征,该特征对于科学辨识和判断生态脆弱地区具有重要的意义。通过分析我国脆弱生态地区的成因及空间分异规律,从自然因素和人为因素两个方面划分出我国已有的生态脆弱区,并针对我国北方农牧交错带、黄河流域脆弱带、沙漠绿洲脆弱区、南方红壤丘陵区等多个典型生态脆弱区进行了较为系统的研究。此外,也有学者从自然资源开发对生态环境造成影响的角度,探讨了不当的资源开发导致的生态脆弱问题。从总的情况看,人们在脆弱生态系统的特征、成因、类型、分布、演变规律方面的研究已较为深入,对自然生态系统的脆弱性及其存在的风险已有了较为清晰的认识。

1.2.1.2 关于生态脆弱与贫困关系的研究

国际上关于生态脆弱性与经济贫困关系的研究,大多数学者都集中于研究贫困与脆弱生态环境的关系,并且认为可以把这种由于脆弱的生态环境或生态环境的退化导致的贫困理解为生态贫困。戴维·皮尔斯、李瑞丰·沃福德(1996)于1987年在世界环境委员会对非洲撒哈拉地区的贫困现象进行了极具说服力的论述:“没有比任何一个地区承受着这种‘贫困-环境退化-进一步贫困’的恶性循环的痛苦更悲惨的了。美国经济学家迈克尔·P·托达罗(1992)在“经济发展与第三世界”一文中用地域差异理论来解释贫穷国家经济发展缓慢的原因,指出贫困与生态环境退化的恶性循环是造成贫困落后地区经济社会难以持续发展的重要原因。这些研究表明一个地区的生态脆弱状况与这个地区的经济发展状况有着紧密的联系。

国内学者对我国一些农村地区的生态贫困问题进行了研究。何运鸿(2001)在研究农村生态贫困问题时提出,通常不同贫困地区在众多的致贫因素中总有一种因素起着主导作用,因此把这种主要是由于生态环境太恶劣,或是生态环境恶化引起的这种贫困称之为生态贫困[9]。于存海(2009)认为生态贫困是特定条件下人与环境的动态变化的过程和结果[10],即“生态贫困是指由于低质量的原初的生态环境,或由于生态环境的内在演化和人类社会活动对生态环境的副作用,导致生态环境质量下降,进而引起人口基本生存条件衰变或丧失,使人们的基本生活需要因缺乏必要的客观物质基础而处于贫困的状态”。这些研究从自然生态系统与人类社会活动的相互作用关系方面,探讨了导致生态贫困的因素,在一定程度上揭示了生态贫困恶性循环的根源。

中国西部生态脆弱地区与贫困有着密切的关系,国内学者程宝良(2007) [11],中国西部生态脆弱地区与贫困有着密切的关系,国内学者程宝良(2007)在《西部生态环境与贫困治理研究》一文中,对生态脆弱与贫困作了相关分析,其相关系数几乎接近于1,而且随着时间的推移,越来越显著。其通过对西部生态脆弱带的研究,发现有三个重要的共同特征:第一,生态环境承载力低下,经济发展受到限制;

第二,生态刚性阈值很低,容易发生自然灾害,造成生态难民;第三,生态系统的生物包容量小,自然生产能力有限。这些都会造成地方居民生活水平和收入水平低下,发生贫困现象。粗放式的农牧业经营、掠夺式的资源开采,破坏植被、浪费资源,造成严重的水土流失、土地沙化、荒漠化、导致生态脆弱、环境破坏西部贫困地区产业结构落后[11]。鲍青青等(2009)分别从生态承载力,发展模式与马斯洛需要层次理论三个角度去理解生态贫困,提出由于粗放式发展模式导致生态环境的恶化,人类负荷超过其生态承载力引起了生态赤字,人类的生态需要得不到正常满足,就是生态贫困状态[12]。这些研究结果表明西部生态脆弱地区的贫困落后与生态脆弱呈恶性循环趋势,在很大程度上与人类超负荷的粗放式生产经营活动有关。

从上述的研究可以看出,西部生态贫困的关系不是一个简单的单向因果关系,而是一个较为复杂的双向因果关系,西部生态脆弱造成了西部生态贫困,贫困又进一步造成生态环境恶化,导致生态更加脆弱,从而形成恶性循环;生态脆弱与生活贫困二者共同形成了一个西部生态脆弱带与贫困区分布相对重合的明显特征。从生态脆弱对贫困的影响来看,生态环境承载力低下、自然灾害频繁、生态系统的自然生产力低下造成生态型贫困;从贫困对生态脆弱的影响来看,产业结构低级、经营方式粗放、生态投资资金匮乏、教育水平和科研能力低下,造成贫困型生态脆弱。生态型贫困与贫困型生态问题是贫困与生态脆弱相互作用的结果。从上述研究的情况可以看出生态脆弱与生活贫困往往相伴相随,是一对孪生兄弟,生态脆弱问题必须与生活贫困问题一道解决,才能得以彻底根治。然而,针对如何破解生态脆弱与经济贫困的恶性循环,学者们虽然也给出了一些解决的思路和办法,但仍未找到一条最有效的根本解决途径。

1.2.1.3 关于欠发达地区发展模式的研究

西部生态脆弱地区大多也属于贫困地区,也是欠发达、欠开发地区,国外学者对欠发达地区的发展模式的研究形成多种不同理论体系,较为典型的欠发达地区发展模式理论包括:增长极发展模式、产业梯度转移模式、跨越式发展模式、产业集群发展模式等。

(1)增长极发展模式。该理论把经济空间中在一定时期起支配和推动作用的经济部门(产业)称为增长极,该理论认为:经济增长可以从一个或数个“增长中心”逐渐向其他部门或地区传导。增长极模式曾一度受到了世界各国的广泛重视,许多国家把增长极看成是加快区域发展的地域组织模式,并在实践中取得了较好的效果。

(2)产业梯度转移模式。该理论认为一个地区的经济梯度水平取决于该地区产业结构的优劣程度,而产业结构的优劣程度取决于该地区主导产业部门在生命周期中所处的阶段。如果主导产业部门处于初创期,则产业结构处于高梯度,如果主导产业部门处于成熟期或是衰退期,则产业结构处于低梯度。梯度转移理论主张,发达地区先加快发展,然后通过产业和要素向欠发达地区转移,带动欠发达地区经济发展[13]。

(3)跨越式发展模式。该理论认为,资源配置的区域性和经济社会发展的不平衡性决定了生产力的发展总是波浪式前进的[14]。在一定的条件下,欠发达地区条件成熟时可以直接引进先进的生产力、人才和资金,通过跨越式发展转变为发达地区,而发达地区也有可能由于某种因素沦为欠发达地区。从19世纪末开始德国和美国对英国的赶超,日本后来的迅速崛起等都是落后地区跨越"低梯度陷阱",实现后发赶超的一种有效模式。

(4)产业集群发展模式。集群发展模式通过绝对优势、比较优势、要素禀赋或规模经济形成专业化产业区,通过劳动分工,提高生产率,降低了生产成本,提高了区域的竞争力[15,16]。集群发展模式强调企业在本地的"根植"性[17],以及发展要素中资源整合的协同效应,通过放大"乘数效应"来带动区域经济发展。集群发展模式无论在高科技产业集群或者在传统产业群中都取得了很大的成功。

国内学者结合欠发达地区发展实际情况,对欠发达地区经济的反梯度转移与跨越式发展、跨越式发展与产业集群、可持续发展与循环经济以及产业组织结构与区域经济增长等方面的问题进行深入研究并取得了一系列成果。

(1)反梯度转移与跨越式发展。反梯度理论认为落后(欠发达)的低梯度地区只要有条件,可直接引进和采用世界最新的先进技术和管理模式,发展自己的高新技术产业,实现跨越式发展[18-21]。

(2)跨越式发展与产业集群。跨越式发展理论认为[22-24]:欠发达地区要实现经济的跨越式发展必须走新兴工业化道路,技术创新和移植应用以及产业组织结构优化是实现生产力的跨越式发展的有效途径;产业集群理论强调区域分工的重要性,资源整合能力和技术创新的作用,是推动欠发地区实现跨越式发展的有效模式[25]。

(3)可持续发展与循环经济。该理论[26-29]主要强调社会生态系统的超循环协同共生结构是可持续发展的空间结构,产业经济体系从线性型向循环型的转变是实现可持续发展的关键和根本;西部欠发达地区资源生态环境决定其必须走可持续发展道路,循环经济促进产业结构调整、生态环境保护和资源有效配置,是西部欠发达地区实现可持续发展的根本途径。

(4)产业组织结构与区域经济增长。①产业组织的创新和产业结构的优化可以提高资源配置效率和促进经济增长方式转变。②规模经济与竞争活力兼容、垄断竞争和寡头垄断为主体的有效竞争市场结构,有利于提高资源配置效率和产业效率,促进产业组织合理化。③产业集群具有其强大的竞争优势和对区域经济的强劲带动作用,是经济全球化条件下地区企业寻求竞争优势的一种新型产业组织形式[30~34]。

从以上的梳理可以看出,对于欠发达地区来说有多种可能的发展模式,各种模式都有其自身的特点和优势,但同时也存在着一定的弱点与不足。特别是对于生态脆弱的欠发达地区来说,一方面需要跨越式的快速发展,另一方面更需要可持续的绿色发展,因此还必须探索出一种经济效益和生态效益俱佳的新型产业组织区域发展模式,才能适应西部生态脆弱地区跨越式快速发展与可持续绿色发展之需。

1.2.2 循环经济和产业集群与区域发展的研究

近年来,产业集群以其特有的聚集优势逐渐成为提升区域竞争力、发展区域经济的有效途径。对于西部生态脆弱地区来说,对循环经济和产业集群以及与区域发展相关理论和现实问题的研究,具有重要意义。本节将对国内外相关循环经济对区域环境改善、产业集群对区域经济发展以及循环经济和产业集群发展存在问题的研究做评述。

1.2.2.1 循环经济对区域环境改善的相关研究

区域经济发展与生态环境保护之间的矛盾是人们必须面对的一个重大问题,随着人类社会的迅猛发展,人口剧增、资源短缺、环境污染和生态蜕变问题日趋严峻,各国政府和学术界提出了一系列的经济发展战略模式,发展循环经济就是其中之一。所谓循环经济就是运用生态学规律来指导人类社会的经济活动,在经济发展中将废物减量化、资源化和无害化,使社会经济系统和自然生态系统的物质循环成为和谐的统一体,维护自然生态平衡,是以资源的高效利用和循环利用为核心,以"减量化、再利用、资源化"为原则,以"低消耗、低排放、高效率"为基本特征,符合可持续发展理念的经济增长模式。

循环经济的思想萌芽可以追溯到环境保护思潮兴起的时代。早在20世纪60年代美国经济学家肯尼思·鲍尔丁就提出了"宇宙飞船理论",他把人类生存的地球及其资源和其他物种比作宇航员生活的宇宙飞船,指出地球上的资源不会取之不竭的,应重视循环利用。这个观点可以作为循环经济的早期代表[35]。1968年4月,在意大利的"罗马俱乐部"有人提出人类经济增长的极限问题。在其研究总报告《增长的极限》中，专门写了《人均资源利用》一节，以说明资源循环问题。当时人们关注的是末端治理方式，即污染物产生之后该如何治理以减少对环境的危害。随着时间的推移，人们在思想上和政策上都有所升华，意识到应采用资源化的方式处理环境污染问题，从而改善区域环境。

1955 年，诺贝尔经济学奖获得者西蒙·库兹涅茨（Kuzets）发现了人均收入差异随经济增长呈倒"U"型变化关系。60 年代以后，西方环境经济学者在考察工业化国家环境质量变化时发现，环境质量与经济增长之间也存在这种倒"U"型曲线关系，由此提出了环境库兹涅茨曲线假说，认为区域工业化发展过程的环境质量存在着先恶化后改善的情况。在发展水平较低阶段，人们消耗的资源和排放的废物较少，环境污染没有超出环境的自净能力，因此环境质量较好；进入经济高速增长期，"三废"排放剧增，环境污染加剧，环境质量严重恶化；随着经济的进一步发展，经济结构的改善，清洁技术的采用，环境意识的提高，以及技术水平和经济实力的提升，使环境得到更好保护，从而有效地改善了生态环境。

早在 1927 年 Clemen 就指出：企业副产品的商业化发展是避免被竞争对手击败的必要手段，废物（或副产品）循环利用是获得竞争力的一种实现途径。要充分利用资源，减少废物产生，就必须在废物和资源之间建立一种有效联接，使一个企业或某个生产环节产生的废物，成为另一生产过程的原料再次进入生产体系，以实现资源的循环利用。这种联接能否自动实现，关键在于参与者是否有足够的动力主动去搭建这种桥梁。而经济活动参与主体的理性选择，使之产生了不确定性[36]。Gertler（1995）[37]，Lowe（1996）[38]，Korhonen（1999）[39]，Pierre（2002）[40]等人的研究表明：采用回收的废物代替原材料能够显著地降低接受企业的成本，因此，科学有效的循环经济系统不仅能够减少资源消耗和环境污染，而且在经济上也是可行的。

国内学者对循环经济与环境改善关系的研究，可从宏观和微观两个层面来反映。①宏观层面。主要集中在循环经济对生态效率、资源有效利用率等方面对生态环境改善的促进作用。基于生态效率视角对环境压力的相关研究显示，实施循环经济能够实现经济增长方式的转变，提高资源利用率，有助于环境压力的减小，能有效遏制环境恶化。②微观层面。主要集中在清洁生产过程、产业代谢环节以及减少废弃物排放等方面对环境的保护作用。通过技术层面减少企业生产过程的废物排放，从生产设计、能源、原材料选用、工艺技术与设备维护管理等社会生产和服务的各个环节实行全过程控制，从源头削减污染，提高资源利用率，减少或者避免生产、服务和产品使用过程中污染物的产生，可以有效减少企业废弃物的排放，减轻对生态环境的污染。

国际国内的研究和实践结果都表明，清洁生产和循环经济对生态环境保护的作用明显，循环经济的推行和广泛采用，确实能从根本上改善区域的自然生态环境状况，有效地节约自然资源，使退化的生态功能得以恢复，恶化的环境状况得以改善，是解决区域生态环境问题有效途径。发展循环经济已成为当今世界各国应对资源环境问题的必然选择。

1.2.2.2 产业集群对区域经济发展的相关研究

产业集群模式对当代世界经济版图和格局的形成产生了重大的影响，从而引起了众多国内外学者的高度重视，并以不同的视角在产业集群与区域经济发展关系方面做了系列研究，主要强调区域发展的非均衡性和增长极带动的意义。纳克斯的“贫困的恶性循环理论”，又称为产业均衡发展理论，主张通过在区域内均衡布局生产力，特别是工业生产力，以实现区域经济的均衡发展。而以赫希曼、佩尔鲁克斯等为代表的非均衡发展理论则强调欠发达地区不具备产业和地域上全面增长的资源和能力，投资只能选择在某一部门或某一地区进行，其他部门和地区可以通过利用增长极的扩散效应以及产业间前后、旁侧关联效应得到发展。继非均衡理论之后的梯度推移理论认为在区域经济发展中，产业结构、新技术和生产力等遵循由高向低的梯度转移规律。

国际上的一些学者开展了对产业聚集的自强化及促进区域增长方面机理的研究，例如 Philippe Martin 和 Gianmarco I. P. Ottaviano(2001)以新经济地理理论和内生增长理论为基础，将区域运输成本降低引发的聚集经济、外部性、规模经济等因素融入到企业区位选择、区域经济增长及其收敛与发散性等问题中，导出了内生技术进步是保证经济持续增长的决定因素，从而建立了经济增长与经济活动空间集聚间的自我强化模型；证明了空间集聚能有效降低创新成本，进而刺激经济增长。由于向心力使新企业倾向落址于该区域，经济增长反过来推动了区域经济活动空间集聚。他的观点进一步验证了著名的缪尔达尔的“循环与因果积累理论”，即企业偏好市场规模较大的地区，而市场的扩大与地区企业数量相关。在一定程度上揭示了产业集群对区域经济发展具有重要的促进作用。

国内学者开展了产业集群与经济增长相互关系的研究。陈迅等(2006)[41]对我国西部区域集聚效应与经济增长间的关系进行了实证分析，结果表明西部地区区域集聚效应与经济增长间存在着长期稳定的关系。周兵和蒲勇键(2003)[42]运用定量分析方法来解释产业集群与经济增长的关系，认为产业集群的集聚经济和竞争优势降低了平均成本，增加了外部资本和劳动力流入集群地区的吸引力,从而促进区域经济增长。范剑勇(2003)[43]以新经济地理学为基础,从要素流动、制造业规模报酬递增和运输成本之间相互关系的角度,解释制造业在东部沿海地区集聚与地区差距之间的因果关系。沈正平等(2004)[44]认为产业集群的内生源泉主要在于分工与协作、劳动力共享市场、边干边学的机制与创新,由于产业内和产业间联系,在企业内部或者区域行业,甚至在区域宏观经济水平上出现规模收益递增效应。这些研究反映出产业聚集和集群发展与区域经济增长之间具有正相关性。

关于产业集群对区域经济发展产生的作用和效应方面,战炤磊(2011)[45]认为,产业集群对区域经济发展有显著的促进效应,既是拉动区域经济增长的发动机,又是促进区域创新的助推剂,还是提升区域竞争力的基本方式。同时,产业集群也会对区域经济的发展产生负向效应。表现在:①产业集群自身的一些特点会对区域经济发展产生负面影响。例如,产业集群存在系统性风险、产业集群会导致市场失灵、产业集群会扩大区域差距、产业集群会引起周期性波动、产业集群会面临自我超越困境等。②对产业集群发展模式的不恰当运用,危及产业集群自身的健康发展,同时将会对区域经济的长远发展造成危害。因此,扬长避短毫无疑问地成为培育和发展产业集群过程中的理性选择。研究表明,产业集群对区域经济的发展即存在着较强正向效应,同时也存在一定的负向效应,只要按照产业集群的发展演化规律,进行科学地调控管理,就能克服其负向效应,推动区域经济发展。

此外,从世界范围区域产业发展情况来看,无论是高科技产业集群,还是传统产业集群都取得了巨大的成功,它们在提升产业竞争力、区域竞争力以及国家竞争力方面都发挥了重要的作用。因此,产业集群可以作为区域发展的增长极,有力地带动欠发达地区快速发展。

1.2.2.3 产业集群和循环经济发展存在问题的相关研究

产业集群作为一种有效的产业生产组织模式,虽然具有自身的效率优势和竞争优势,但在其不同的发展阶段和不同的外界环境下,也存在着不少问题。特别是一些低质低端的产业集群,如果不能形成高效有序的自组织协同机制,由于体制固化和路径依赖,存在着巨大的风险,发展到一定阶段后会出现衰退甚至消亡。由于集群内部成员的恶性竞争和外部市场环境的变化,往往存在产业集群生命周期较短,难以保持发展的可持续,从而给相应区域的经济发展带来一定的风险。产业集群的衰退会导致集群内企业的消亡或转移,进而影响到区域经济的稳定增长,甚至使一些地区成为"问题区域"[46]。

传统产业集群普遍存在一些资源生态和环境问题。刘云忠(2006)[47]等认为中国过去几十年的经济快速发展给我国的资源环境留下了严重的问题，比如土地、水、矿产资源浪费严重，环境资源耗竭等问题。虽然目前中国走上了"新型工业化"发展的道路，但是"先污染，后治理"的问题仍然存在，工业化的发展是以消耗资源、牺牲环境为代价的，在处理经济发展与人口、资源、环境之间的关系方面缺乏有效机制。衣保中(2001)[48]等认为产业集群是实现新型工业化的重要手段，但是目前我国产业集群与新型工业道路不能完全相符，因此在百余年的工业化进程中，东北地区基本上采用了传统工业的发展模式，即依靠掠夺自然资源和破坏生态环境来换取经济的高速发展。这些研究反映了传统的工业发展模式和传统的产业集群对区域资源生态环境产生的负面影响。

关于传统产业集群在低端锁定、资源浪费和环境污染等方面问题，孙亚忠等(2012)[49]认为，我国传统产业集群被锁定在价值链的低端，面临着国际贸易保护和激烈国际竞争压力，创新能力不足，以"堆"代"群"，产业链缺乏整体设计和统一战略等方面的一系列问题。钱平凡(2003)[50]认为，我国产业集群发展存在的问题主要包括：对产业集群的特性没有清晰地认识，对产业集群的培育与发展相关的理论研究滞后于实践；绝大多数的产业集群规模较小、档次较低；能获得以共同行动为主要集群效应的产业集群较少；政府与中介机构在产业集群发展过程中的作用未能充分发挥；产业集群在我国还远未得到很好地利用。祝爱民等(2005)[51]认为，产业集群以其特有的群体优势，已逐渐成为发展区域经济，提升国际竞争力的有效途径，但在其发展过程中，也伴随着出现了一系列诸如资源短缺、集群污染等问题。这些研究表明，传统产业集群存在着其固有的弱点和缺陷，容易造成低端锁定、资源浪费和环境污染，从而导致资源效率和生态效益不够好。

循环经济在我国的各个地区和各个层面都在进行着探索和试点，在许多地方已取得了不少可喜成绩，但在实践过程中也陆续发现了一些问题，并引起了一些学者的关注。蔡绍洪(2007)[52]认为尽管循环经济的生态效益明显，但它的经济效益不突出，甚至被削弱，它的发展面临许多困境，首先是技术和成本问题，再次是运行稳定问题，最后是经济效益问题。牛耀宏(2008)[53]认为循环经济在我国实施获得了一定的成绩，同时在现阶段的发展过程中也出现许多问题，成为阻碍循环经济在我国进一步发展的制约因素。包括：①传统经济体制根深蒂固；②科技创新发展水平滞后；③主体动力不足；④法律监督机制不健全。姜冬梅等(2009)[54]认为，西部地区在循环经济发展过程中除存在法律法规不健全；环境监测管理不力；资源综合利用技术落后；环保产业技术开发能力弱，环保产品技术含量低；循环经济发展的资金投入不足，市场经济机制缺失，各个方面的利益失衡等制约问题。总之,在循环经济的运行过程中,由于技术经济、运行机制、组织模式等方面的原因,有时效果不够理想,主要表现在运行不够稳定,产业效率不够高、经济效益不够好等方面。

通过对以上研究的梳理可以看出,无论是产业集群模式还是循环经济模式,各自都存在不少缺陷。但对于西部生态脆弱地区的发展来说,在产业集群模式存在的诸多问题中,最大的问题还是传统产业集群在环境生态效益方面表现的不足;在单一循环经济模式存在的各种问题中,最大的缺陷是在经济效益方面的效果不够好。单独采用、产业集群模式和单独采用循环经济模式都不能很好地完成西部生态脆弱地区新时期所面临的快速绿色发展任务。

1.2.3 我国西部生态脆弱区经济发展的相关研究

本节将从西部生态脆弱地区发展状况、西部生态脆弱地区发展落后根源、西部生态脆弱地区生态退化原因等三个方面,对我国西部生态脆弱区经济发展的研究状况进行梳理,为西部生态脆弱地区循环经济集群的构建提供一定的借鉴。

1.2.3.1 西部生态脆弱地区发展状况的相关研究

西部地区气候条件差异显著,恶劣多变的自然条件导致西部大部分区域生态脆弱,生态承载力相对低下。生态脆弱地区的生态环境恶化的严峻现实已经成为区域经济社会发展和人民生活水平提高的瓶颈因素。西北降雨稀少、干旱高寒、经济欠发达,自然植被一旦被破坏很难得到恢复。西南地形复杂,长期以来由于资源过度利用,自然生产力遭到破坏,水土流失和土地荒漠化问题严重。长江、黄河源头地区的严重生态破坏,已经引起有关部门的高度重视。长期以来,这一地区的环境脆弱和经济落后问题不仅给当地社会发展带来巨大阻碍,而且给整个西部甚至东部发达地区都带来相当程度的负面影响。许多学者从不同的视角对西部生态脆弱地区的状况进行了研究。

在我国生态脆弱地区的生态环境退化以及对经济发展的相互影响方面,黄方等(2001)[55]基于影像资料,在空间图形库系统支持下,对松嫩平原西部生态脆弱区土地利用时空变化进行研究,结果表明,此间林地、草地不断破碎化,耕地、盐碱地从整体上呈现集中化特征。耕地与草地、草地与盐碱地空间相邻度增大,草地开垦过快和土地盐碱化日益严重。土地利用空间变化内在过程基本以旱地-水田、草地-旱地、草地-未利用地相互转化为主导。这在一定程度上反映了我国生态脆弱地区的生态环境呈现出加剧退化的趋势。兰岚(2005)[56]在《中国西部生态脆弱区的空间格局及其现状研究》一文中对西部生态脆弱区的成因进行了分析,指出其成因应归为自然因素和人为因素两大类。恶劣的生态环境在我国西部地区表现非常突出,当地自然条件恶劣,生存条件艰苦,基础设施薄弱导致人民生活水平低下;人类为了自身生存发展加之近些年一些政策导向失误,自然资源的过度开发利用导致西部原本恶劣的生态环境愈加脆弱。不同区域由于自然条件及人类活动方式的不同,脆弱环境的成因以及所形成的环境现状均有各自不同的特点。经济发展滞后是西部生态脆弱区生态环境恶化的一个重要原因,同时也是生态环境恶化所带来的一个必然结果。在一定程度上揭示了西部生态环境恶化与经济发展落后的相互影响。

针对西部生态脆弱地区经济发展状况及面临的生态环境问题,杨瑛(2005)[57]对青海的生态环境、经济发展状况作了详尽的分析,指出生态环境恶化对地区经济造成的影响,其中包括脆弱的生态环境直接影响畜牧业稳定、持续发展;脆弱的生态环境使地区经济发展和环境保护之间形成较大矛盾;地区产业化程度低,经济发展综合实力不强;经济结构不合理,发展效益不高;生态脆弱地区社会发育程度底,各项社会事业发展滞后。任正晓(2008)[58]分析了西部生态脆弱地区的经济发展面临的严峻现实,认为西部经济持续高速增长已经付出了高昂的代价,迫切需要资源与生态环境的后续支撑;西部地区传统的经济发展方式导致了生态环境的恶化和资源的无端浪费,西部地区"资源宝库"和"绿色屏障"的重要地位和区域功能正面临严峻的挑战。裴伟征(2011)[59]针对川西北生态脆弱区环境承载能力弱、人口布局分散,社会事业发展滞后的实际情况,提出区域产业发展、人口布局、生态恢复与保护等发展战略,从构建开放式生态保护机制、进一步完善生态补偿政策、建立绿色GDP制度等方面探讨了相应的配套环境政策选择。

通过对以往研究的梳理可知,西部生态脆弱地区大多处于经济欠发达地区,西部生态脆弱地区经济水平严重滞后于全国平均水平,西部大开发战略以来,西部发展取得了一定的成就,但以"高投入、高消费、高排放、低效益"为特征的粗放式、煤电油为主体的重化工业经济模式,造成了资源浪费以及生态环境破坏,制约西部经济的跨越式可持续发展。因此,准确把握西部生态脆弱地区的发展状况,对深入研究和探寻西部生态脆弱地区的发展之路具有基础意义。

1.2.3.2 西部生态脆弱地区发展落后根源的相关研究

生态脆弱地区往往都是贫困与落后的代名词,如非洲绝大部分地区,中国的西南西北地区以及青藏地区等。国内外学者对生态脆弱地区发展落后的根源有着大量的研究。戴维·皮尔斯、李瑞丰·沃福德(1996)发现,居住在全世界自然恢复能力最低、环境破坏最严重的地区的那部分人口是全世界最贫困人口,也是产业发展最为落后的地区。San Jose、Costa Rica 在定义生态贫困中指出,由于自然资源的开发利用不当,导致与之紧密联系的生态系统功能受到损害,给当地居民的经济发展与生活环境带来了负面的影响,是导致该地区的发展相对滞后的主要根源之一。国内学者也从生态生产力和生态承载力、自然地理条件和自然灾害、人类不当行为和治理对策失误等方面探讨了导致生态贫困和发展落后的根源。

关于生态脆弱地区生态承载力和生态生产力低下导致的生态贫困方面的问题,何运鸿(2001)[9]认为"生态贫困是指某一地区生态环境不断恶化,超过其承载能力,造成不能满足生活在这一区域人们的衣食住等基本生存需要和难以维持再生产的贫困现象。由于贫困地区的投资不足、消费不足,拉动经济发展的两驾马车不能发挥出作用,就容易导致生态脆弱地区的发展落后,而这种落后随着时间的推移有着恶性循环的趋势。陈南岳(2003)[60]在马斯洛需要层次理论的基础上,对我国农村生态贫困的特征、形成机理和治理对策进行了分析。认为由于生态贫困地区生态环境脆弱性,致使当地农业生产的自然条件较差;生态环境脆弱致使土地生产力低;生态环境脆弱,致使疾病增加。这三个方面是导致生态恶化的根本原因。由此可见区域生态承载力和生态生产力差是导致生态脆弱地区贫困落后的重要原因之一。

对于人类不当行为和治理对策失误导致的生态贫困问题,于法稳(2004)[61]从生态景观、自然资源、饮水问题等方面分析了西北地区生态贫困的特征,他认为造成西北地区生态贫困的原因既有自然因素,也有人为因素。人类不适当的行为加剧了自然因素对生态环境破坏的程度。反过来,生态环境恶化不仅可以导致当地的贫困,而且波及周边地区,进而把周边地区也带进生态贫困的深渊。于存海(2004)[62]认为,生态贫困是特定社区的人地关系动态变化的过程和结果。我国西部农村贫困问题主要原因是生态贫困。经济开发式的反贫困战略的有效性有限,需要采取生态移民的反贫困策略。倪瑛(2007)[63]在分析西部地区贫困分布区域和生态环境相互关系的基础之上,剖析了生态贫困的形成机理。认为在开放的生态环境系统中,生态环境的恶化不仅导致当地贫困,而且由于贫困,恶化的生态环境一般得不到有效及时的治理,生态贫困的范围和空间因此进一步扩大,使贫困与环境退化陷入互为因果的恶性循环之中,由此反映出人类的不当行为是导致生态贫困恶性循环的重要因素。

针对自然地理条件和自然灾害导致的贫困落后问题,陈健生(2008)[64]在《生态脆弱地区农村慢性贫困研究》中指出:生态脆弱地区农民面临地理环境和自然灾害的双重生存环境约束。由于生态环境存在长期脆弱性,土壤贫瘠缺水,或干旱少雨,或大风低温,且不少地区为高山狭谷阻隔,使该区域赖以生存的环境状况十分恶劣,许多土地难以有效利用,可耕地面积相对狭小,其直接的不利后果是土地产出水平低下。土地利用率低下、食品来源缺乏是导致该地区陷入收入贫困且长期难以脱贫的自然因素。此外,生态脆弱地区农民行为模式也非常容易产生贫困。张义丰(2011)[65]认为西部贫困的根源是生态贫困。生态环境恶化表现在三个方面:①地理条件差,农业生产环境恶劣;②生态环境屡遭破坏,农业生产处在恶性循环之中;③自然灾害多,农业生产不稳定。由此可见,自然地理条件差和自然灾害频发也是导致一些生态脆弱地区长期贫困落后的重要原因。

此外,对其他的相关研究梳理也可以看出,总之,引起西部生态脆弱地区贫困原因是多种的。生态脆弱地区因其特殊的地理环境与地质构造,经常受到干旱、洪水、滑坡、泥石流、冰雪灾害、地震等气象地质灾害的冲击,各种自然灾害的直接后果是导致土地或农作物的受损、减产甚至毁灭。生态脆弱地区面临自然和地理环境双重压力,影响该区域经济的发展,区域发展落后随着时间的推移,使贫困和环境问题陷入恶性循环的趋势。生态脆弱、生态贫困、承载能力弱、环境条件差,没有形成好的生产模式和产业组织模式是西部生态脆弱地区发展落后的根本原因。

1.2.3.3 西部生态脆弱地区生态退化原因的相关研究

随着人类社会文明的进步,人为因素对生态系统的影响越来越大。特别是新中国成立以来,西部地区人口状况呈现人口出生率、自然增长率高,人口增长快,人口规模大的特点,给该地区原本脆弱的生态环境造成了巨大的压力。西部各个生态脆弱区表现出不同程度的退化趋势,退化速度在逐年递增。虽然区域气候与地质条件变化是生态退化的重要因素,但人类活动对自然环境的影响和破坏,也是区域生态系统退化的重要原因。对生态退化的根本原因的研究引起国内外相关学者的关注,国内学者从区域气候条件与气候变迁、人类不当行为与耕作方式、环境敏感与生态脆弱等方面对生态退化的原因进行了研究。

在区域气候条件与气候变迁对生态环境退化的影响方面,于赵翠莲(2006)[66]等等人的研究表明,在沙井子地区降水量高峰在8月,最低值在12月,全年降水量按月份分配呈偏正态分布,降水季节处在高温区,使得该地区降水被蒸发,有效降水少。该过程直接导致了地下水位的降低,从而引起了植被生态体系的衰退,众多河流的干涸和河道迁移,使原来沿河岸发育的林带及灌从草场迅速退化乃至消失。姚玉璧等(2007)[67]研究了气候变化对黄河首曲地区草地生态退化的影响,其研究结果表明玛曲县降水量年际变化呈下降趋势,气温年际变化趋势呈上升趋势,草地年干燥指数呈显著上升趋势,20 世纪 80 年代末至 2004 年明显趋于干旱化,气候变化是草地生态退化的自然诱发因素。

陈恩波(2007)[68]研究生态退化的主要原因是人类活动和自然界,其中自然界主要包括自然因素和生物因素:自然因素包含地质因素、地貌因素、土壤因素、气候因素和水文因素等,是贯穿于整个生态系统的发生和演化方向的;生物因素主要是指植被的病虫害,它可以引起生态退化。于秀波(2002)[69]在研究生态退化的原因中提到脆弱的自然环境的影响。他认为我国西北地区有土缺水,西南地区有水缺土,部分地区水土皆缺,适于动植物生长的水、土、热等条件恶劣,因此导致了生态退化。这些研究反映出气候条件对区域生态系统的稳定性影响很大。

在人类不当行为方式与耕作方式对生态环境退化的影响方面,大量研究表明,引起生态系统退化的原因是多方面的,Michael Stocking (1983)[70]从人文视角对赞比亚的农场和环境退化的关系进行了研究,他认为一系列的自然、政治、社会、经济等因素,使农场与环境退化不可避免的联系在一起。人的需求使得农场具有特定的生产、商业功能,这种活动对环境产生一系列的包括植被覆盖变化、耕作方式、耕作制度等影响。O'Hara SL 等(1994)[71]通过对墨西哥中部进行实际调查,评价了人类活动对环境的影响,他认为当地居民对景观有决定性影响,已经引起了大范围的土地退化,这些研究表明,人类的不当行为与耕作方式是导致生态系统退化的一个重要原因。

针对脆弱生态环境在人为因素作用下导致的生态系统退化问题,Enrico Feoli 等(2002)[72]以人、畜密度作为经济指标,绿地盖率、未开垦林地、荒地作为环境退化因子,采用典型相关分析方法得出结论:人口压力对改变植被面貌的影响更大,而对植被类型的改变作用则较小。

罗新正等(2002)[73]通过对松嫩平原生态的脆弱性、人类活动历史、人类活动方式及人类对生态影响研究的基础上,指出人类活动干扰了生态的缓冲因子,由于失去了缓冲因子的制衡,退化因子因而变得强化,由此引起土地沙化和盐渍化。卢松等(2004)[74]从人类活动对安庆沿江湖泊湿地影响的角度对生态退化的问题进行了初步研究。土地荒漠化是生态退化的重要方面。李香云(2004)[75]把加剧土地荒漠化的人类作用分为人类驱动作用、人类活动方式作用和人类管理作用等,构建了干旱区人类活动对土地荒漠化作用的指标体系。刘树林(2004)[76]认为人类过分追求经济效益,必然造成生态环境恶化。常兆丰(2003)[77]利用历史资料和现状调查,通过对石羊河流域生态环境变迁的3个不同景观进行分析,认为石羊河流域环境退化主要原因是人为因素干预,并且该影响呈扩大和加快的趋势。这些研究表明在脆弱的生态系统中,人为因素对其生态系统退化影响很大。

对于生态环境敏感导致的生态系统突变和生态系统退化等方面的问题,孙广友(2004)[78]运用了区域经济学原理,以松辽平原为案例,对区域综合要素进行分析,判定该区域属于脆弱系统,并运用地理景观理论,构建了4个时期的区域生态景观模型,指出"人类强胁迫力作用于脆弱环境系统必将导致生态环境突变",而这种突变机理支持"人类力是现代环境变化的第一驱动力"的观点。徐增让(2005)[79]从阐述西藏生态的敏感性入手,利用典型相关分析方法,就人为活动对生态退化影响的强度进行量化分析的结论是:①人为作用通过生态敏感性而使生态趋于退化;②人为因子与生态敏感性之间的作用是一种乘数效应;③总人口是生态退化的最显著的人为因子。这些研究表明在环境敏感的生态系统中,人类各种生产活动和生活行为是导致生态系统发生突变和迅速退化的最重要因素。

综上所述,西部生态脆弱地区生态退化原因主要有自然和人为两方面的因素,在很多情况下人为因素对生态系统的退化起到了主要作用,而对于许多西部生态脆弱地区来说,人为因素也主要与贫困有关,因此要想彻底解决生态问题,也必须同时解决贫困问题。

1.3 本书的研究内容及思路

本书将从多学科的视角系统地分析和研究产业组织模式的结构内涵及其对西部生态脆弱区可持续发展的影响和作用,探寻实现西部生态脆弱地区经济跨越式快速发展和可持续绿色发展的新型产业组织模式,并针对西部生态脆弱地区实际情况,提出构建该新型产业组织模式的思路和对策建议。

1.3.1 本书研究的主要内容

着重研究产业组织模式对区域经济发展的作用和影响,探寻适合西部生态脆弱地区经济跨越式快速发展和可持续绿色发展的最佳产业组织模式,并通过分析研究循环产业集群的形成、产生、发展和演化的条件,以及循环经济集群运行的机制,针对西部生态脆弱地区的实际提出相应对策。

1.3.1.1 分析产业组织模式与生态脆弱地区可持续发展的关系

产业组织模式是建立在一定的生产组织、市场组织和管理组织基础上产业体系的具体构成方式和运行模式的总和,它包括产业内企业间的关系构成方式和各企业或企业内生产要素的组合方式。它反映了经济体内部各成员和各经济要素之间的关联和互动模式,是产业组织制度的具体表现形式。在一个特定的历史时期,产业组织模式具有多样性,不同产业组织模式会形成不同的功能和效率,其优劣程度可用产业的资源配置、规模效率、竞争适度、交易费用、可持续发展能力等指标来衡量,最终表现为产业经济效率和环境生态效益。高效有序的产业组织模式是区域经济高速增长的关键,绿色生态的产业组织模式是区域可持续发展的基础。产业组织状况及其变动将会对区域内的产业资源配置效率和区域经济发展产生重要作用,产业组织模式的优劣对生态脆弱地区发展产生重大影响。本书将分别从产业组织模式与生态脆弱区经济发展的关系,不同产业组织模式对生态脆弱区生态环境的影响以及与资源保护的关系三个层次来分析和探讨产业组织模式及其优化对区域经济发展的作用和影响,为探寻西部生态脆弱地区高效有序且具有竞争优势的新型产业组织模式打下基础。

1.3.1.2 探寻生态脆弱地区循环经济集群运行的最佳组织模式

本书将从区域经济学、发展经济学、制度经济学、产业生态学,以及社会和谐、生态文明、可持续发展等视角,分析西部生态脆弱地区经济社会的发展状况及其加快发展实现跨越的重要性和紧迫性;阐述西部生态脆弱地区要与全国同步建成小康社会,实现经济社会的历史性跨越,就必须走跨越式快速发展和可持续绿色发展之路。以经济效益和生态效益的双重视角来审视西部生态脆弱地区的发展问题,运用后发优势理论、跨越式发展理论、产业集群理论、循环经济理论、产业组织理论、竞争优势理论,以及现代系统科学等多学科的理论方法和博弈分析手段,探寻在国家新一轮西部大开发战略背景下,西部生态脆弱地区经济实现跨越快速发展和可持续绿色发展的有效途径;论证在现代市场经济条件下,循环产业集群是西部生脆弱地区经济实现跨越式快速发展和可持续绿色发展的最佳产业组织模式。以高效有序的循环产业集群为载体构建的"绿色增长极"能够有效带动西部生态脆弱地区的发展,实现经济社会的历史性跨越。

1.3.1.3 考察循环产业集群的演化形成规律和稳定运行机制

本书将循环产业集群看作是一个复杂的产业生态系统,根据群落生态学和产业生态学基本原理,在一般产业生态系统的结构功能及运行原理的基础上,采用现代复杂性系统科学理论的分析方法,借助耗散结构理论和协同学以及非平衡相变理论的研究手段,以及非平衡系统自组织理论的分析思路及博弈分析方法，进一步分析和揭示在市场机制和政府规制共同形成的外场条件下，循环产业集群的自组织形成和演化机理。从单个企业向企业聚集开始，对循环产业集群的产生、发展、演化、形成的过程和条件进行了系统研究，寻找具有普适意义的循环集群形成演化路径：企业聚集→企业群落→传统集群→创新集群→循环集群。深入分析在市场这只"无形之手"和政府这只"有形之手"共同作用下，产业生态系统内部的自组织机制所产生的协同效应在每个有序跃变阶段所起的关键作用。从产业集群系统中的价值链和生态链角度、产业集群升级与集群创新网络的形成角度、循环产业集群的形成机制和稳定性角度来考察和分析循环产业集群模式良性运行所需的产业生态位条件、物质技术基础、社会背景和政策环境，以及循环经济高效集群运行的有效机制及稳定性条件。

1.3.1.4 寻找促进西部生态脆弱地区快速绿色发展的有效对策

西部生态脆弱地区的快速绿色发展需要绿色增长极来带动，而作为绿色增长极有效载体的循环产业集群的形成和发育成熟，则需要一定的产业基础条件、社会生态氛围和法律政策支撑。同时，循环产业集群的运行、发展和演化也有其自身的规律。本书将通过对国内外产业集群和循环经济的成功实例分析，研究循环产业集群形成和产生的产业生态环境（物质条件和制度环境）；探讨如何在市场和政府这两只手的共同作用下，有效整合和调动原有的各种有利资源，营造出适合其生存和发展的产业生态条件和政策环境；研究如何调动集群内部的自组织机制，按照其相应的规律来构建西部生态脆弱地区的循环产业集群等问题；通过科学的制度设计来探寻和构建能保证循环产业集群高效有序稳定运行的有效机制。根据西部生态脆弱地区发展的客观实际，提出经济效益与生态效益相互统一、优特主导与关联产业耦合带动、企业共生与生态环境耦合协调、多类群落与多重循环网络连接、激励竞争与鼓励合作交叉并重、有形之手与无形之手协调配合等循环产业集群的构建原则。提出对传统产业集群进行生态化改造、对循环经济试点园区进行集群化引导、对各类产业园区进行生态集群建设、对区域主导产业生态链进行集群化建设等循环产业集群的构建路径。在深入分析西部生态脆弱地区现有产业生态基础及存在的问题和制约因素的基础上，有针对性地提出在西部生态脆弱地区构建循环产业集群和培育绿色增长极的思路和对策。

1.3.2 主要思路和方法

本书将采取循序渐进的逻辑分析思路、系统科学的研究分析方法、多途并进的研究分析手段来对问题进行深入系统地研究。

1.3.2.1 本书遵循的基本思路

本研究遵循以下逻辑思路和技术路线

(1)针对我国东西部地区经济发展差距持续拉大的现状,以及对我国经济持续稳定发展和全面建成小康社会所产生的负面影响,西部地区作为我国的资源续接地、生态屏障和战略要地,关系到国家安全和稳定和持续发展,以及人类生存与发展的资源与环境等有关问题的分析,导出西部生态脆弱地区必须走跨越式快速发展和可持续绿色发展之路的命题。

(2)通过对西部地区社会经济的发展历史和现状的考察,深入分析西部生态脆弱地区经济发展落后和生态环境脆弱的各种原因,系统研究导致生态脆弱地区生态恶化和贫困落后不断恶性循环的各种因素,指出其主要原因是产业经济体系的经济效率低下和生态效益不佳,究其最根本的原因仍是其产业组织模式不合理,要摆脱恶性循环,实现跨越赶超,必须创新产业组织模式。

(3)通过对已有产业生产组织模式的优劣分析和优势整合,提出一个经济效益和生态效益俱佳且能满足西部生态脆弱地区快速绿色发展需求的新型产业组织模式——循环产业集群。该模式能有效克服传统产业集群和单链循环经济模式的弱点,以集群合作竞争来解决经济效益问题,以产业网络循环来解决生态效益问题,从而实现经济效益和生态效益的双赢。

(4)从产业集群理论、循环经济理论、产业组织理论、竞争优势理论和现代系统理论等视角,考察分析循环产业集群所具有的生产经营效率优势、合作竞争创新优势、资源高效利用优势、生态环境保护优势,论证了循环产业集群可作为西部生态脆弱地区绿色增长极,是西部生态脆弱地区实现经济跨越式快速发展和可持续绿色发展的最佳产业组织模式。

(5)借助于产业生态学、系统复杂性、耗散结构、协同学等理论,建立起产业生态系统演化动态模型,利用非平衡相变系统的自组织临界演化理论,分析和揭示在市场机制和政府规制共同形成的外场条件下,循环产业集群的自组织形成和演化机理。通过对循环产业集群内部的企业关系及利益分配与创新动因的博弈分析,导出循环产业集群运行的经济效益和生态效益的形成机制以及竞争优势和稳定运行的实现机制。

(6)通过分析和探讨循环产业集群产生和运行所需的产业生态位条件(物质基础、社会条件、制度环境)、主要支撑技术、构成要素、主要承载体以及影响因素,从而探求在西部生态脆弱地区营造良好的产业生态位条件,构建高效有序的循环产业集群的可能性和基本原则。根据循环产业集群的形成和发展的所需条件和演化规律,提出在西部生态脆弱地区构建循环产业集群培育绿色增长极的对策和建议。

1.3.2.2 本研究采用的分析方法

本书以系统科学的视角,将产业体系所涉及的各种自然要素和经济要素、经济个体和企业之间的各种关系、内部各种影响因素和外部各类社会政策环境等,都纳入到系统考察范围。采用复杂系统自适应理论、耗散结构理论、协同学理论、非平衡系统自组织理论等最新系统科学理论的分析工具,以及产业生态学、产业组织理论、产业集群理论、循环经济理论、跨越式发展和可持续发展的基本理论,采取理论与实证、定量与定性分析相结合的方法,对产业经济系统的形成、发展和演化,以及产业组织的效率和效益进行研究,寻求循环产业集群形成和演化的机制和条件,并提出西部生态脆弱地区发展循环产业集群对策建议。

1.3.2.3 本书的基本研究手段

本书的研究采用了以下一些基本的研究手段:

(1)文献梳理与资料分析。通过搜寻各类网络文献资源、数字图书资料,查阅相关纸质文献与著作,对所涉及的相关研究问题进行系统的梳理分析,立足于国内外对生态脆弱地区发展模式及循环经济集群运行模式的研究基础,积极关注国内外相关理论研究动态及应用研究进展,为构建西部生态脆弱地区循环经济集群运行模式提供科学合理的理论支持。

(2)实地考察与田野调查。通过深入到西部部分典型的具有代表性的生态脆弱区及生态脆弱环境进行实地走访、实地考察与田野调查,为了解西部生态脆弱区的自然资源和生态环境的实际情况,以及当地的经济发展状况和产业发展存在的问题收集第一手资料。为深入剖析西部生态脆弱区的产业经济发展与自然生态环境之间存在的问题提供准确支撑。

(3)数据统计与定量分析。利用数据统计和定量分析方法,将收集到的西部生态脆弱地区资源环境与经济发展的相关数据进行统计整理,并进行定量的分析和内涵解读,透过定量数据的分析比较,更准确的判断和把握西部生态脆弱地区的自然生态状况和资源环境情况、经济社会和产业发展的实际状况,以及相互之间的内在联系,为解决相应的问题提供对策依据。

(4)模型推演与博弈分析。通过建立产业集群生态系统的动态演化模型,推演出企业聚集→企业群落→传统集群→创新集群→循环集群各个阶段的演化规律、影响因素和触发机制,为循环产业集群的形成和构建提供理论依据;基于多企合作视角对循环产业集群内部的利益关系进行博弈分析,从企业自身角度出发对集群内部企业创新动因及策略进行博弈分析,为西部生态脆弱区循环产业集群的建立和稳定运行提供理论基础。

1.3.3 本书的基本构架

本书按照循序渐进的层次展开，在理论基础和现实基础之上，采用递进的逻辑研究思路，章节安排上遵循前后呼应的逻辑关系。

1.3.3.1 本研究的层次结构

本书主要围绕以下几个关键层次渐进展开：

(1)系统分析产业系统中产业组织模式的内涵、结构和功能，以及它对区域经济发展产生的作用和影响，在强调产业组织模式的经济功能的前提下，提出了应当强化产业组织模式的生态功能，为探寻西部生态脆弱地区高效有序的具有竞争优势的经济效益和生态效益俱佳的新型产业组织模式打下基础。

(2)研究适合西部生态脆弱地区发展的最佳产业组织模式。探寻在新一轮西部大开发战略背景下，西部生态脆弱地区经济实现跨越快速发展和可持续绿色发展的有效载体和途径，论证循环产业集群具有“绿色增长极”的功能和特征，是西部生态脆弱地区快速绿色发展的最佳产业组织模式。

(3)揭示循环产业集群的形成发展规律和稳定运行机制。从系统科学和产业生态学的视角，分析循环产业集群模式形成和良性运行所需的产业生态位条件、物质技术基础、社会背景和政策环境。从利益分配与合作竞争关系博弈视角，探讨经济效益和生态效益的形成机制以及竞争优势和稳定运行的实现机制。

(4)提出西部生态脆弱地区构建循环产业集群的对策和建议。针对西部生态脆弱区的特殊现状，根据循环产业集群的形成和发展的所需条件和演化规律，从区位主导产业选择、生态关联企业搭配、集群生态环境营造、关键种及补链企业引入、补偿机制的设计与构建、价值链与生态链的耦合、他组织与自组织的协同、循环集群稳定性控制等方面提出相应的对策和建议。

1.3.3.2 本书的逻辑框架

本书的逻辑思路可从图1-1的研究逻辑构架图来反映：

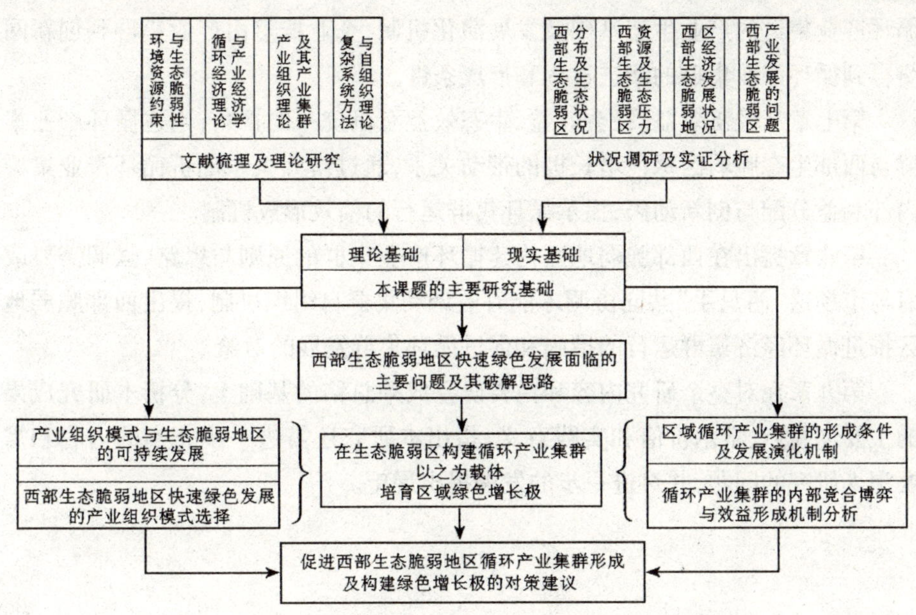

图1-1 本书的逻辑框架图

1.3.3.3 各章节的总体安排

本书共有九章,在第一章中主要介绍本项目的选题背景、研究目的和意义、主要研究内容和方法,对国内外的相关研究进展进行了梳理和评述;给出了本研究的技术路线和逻辑思路。

第二章主要阐述研究所涉及的一些基本理论,主要包括:产业组织与中间性组织理论、产业集群与产业网络理论、产业生态与循环经济理论、区域经济可持续发展理论等,为下一步的深入系统研究奠定理论基础。

第三章研究分析不同产业组织模式与生态脆弱区经济发展、生态环境、资源保护的关系,及其对区域经济发展和生态环境的影响。重点阐明先进产业组织模式对于生态脆弱区更好更快发展的重大意义。

第四章通过对西部典型生态脆弱区的调研考察,深入分析西部生态脆弱地区自然资源、生态环境的实际情况及经济发展状况,进一步剖析西部脆弱区面对的发展压力和产业发展方面所面临的若干问题。

第五章论述西部生态脆弱区面临的双重发展任务及其面临的制约因素,通过对产业集群和循环经济两种模式优劣对比和优势整合,论证循环产业集群是西部生态脆弱区实现跨越式快速发展和可持续绿色发展的最佳组织模式。

第六章采用系统科学分析方法,通过建立集群系统演化模型,分析和阐述循环产业集群的产业生态基础及发展演化机制，企业群落由产业集群到创新网络再到循环产业集群的演进过程和形成条件。

第七章从经济效益、社会效益、生态效益有机统一的视角，论述循环产业集群与西部生态脆弱区绿色增长极的带动关系，通过博弈关系剖析循环产业集群内部利益分配与创新动因，揭示循环集群运行的绩效形成机制。

第八章提出在西部脆弱地区构建循环产业集群的原则与思路，强调需要政府与市场这“两只手”共同协调才能有效调动集群自组织机制，提出西部脆弱地区推进循环经济集群运行的措施和促进循环集群发展的对策。

第九章在对整个研究内容和主要研究成果总结的基础上，分析本研究成果的主要创新点、学术价值和实践意义，指出本研究还需进一步充实的内容和需要深入研究的问题，并对进一步的发展提出展望。

第2章　本书研究的相关理论基础

本书的主要内容及方法涉及了多个学科和交叉领域，主要包括资源环境理论、产业集群理论、产业生态理论、循环经济理论、可持续发展理论以及复杂系统理论等方面的学科理论和研究方法。

2.1　环境资源约束与生态脆弱性

人类的生存与发展都要向自然索取资源，但是自然资源不是无穷无尽的，现在人类已经面临各种资源枯竭的问题。自然生态系统的脆弱性，使人类面临严峻的挑战，因此在对自然资源进行开发之前，必须深入研究这一生态系统的深层规律，把握好维持生态平衡的度，只有这样才能够在获取生态系统产出的同时，维持生态系统的长期平衡。

2.1.1　人类生存与发展的环境资源问题

经济和社会的发展必须依靠资源，如果不加约束的对自然资源进行开发，将会加剧资源与环境的破坏，造成资源匮乏，将会阻碍经济社会的可持续发展。如何解决人类生存与发展的环境资源问题，是当前所需要研究的重大问题。

2.1.1.1　人类赖以生存的生态环境

地球作为生命的摇篮是宇宙的一个奇迹，其在亿万年的演化中所形成的特殊的构造和功能，给人类提供生存的空间和资源，使人类在这里生息繁衍，使其成为人类共同的家园和唯一的生存环境，到目前为止人类还没有在宇宙中发现第二个适合人类生存的星球。在地球表面，有着大量的水，它们形成了无数的江河湖泊，汇成了浩瀚的海洋。地球的外面包裹着一层厚厚的大气，江河湖海中的水被太阳光加热，形成了大量的水汽，进入大气就变成了形态万千的云彩。

地球与宇宙中绝大部分星球的最大区别是它具有勃勃生机。地球上生活着种类丰富的生物，在那莽莽林海、辽阔草原、沼泽池塘，乃至戈壁荒漠中都生长着多种奇花异草，栖息着众多珍禽异兽。人类赖以生存的自然环境包括地球上的大气圈、水体圈、土壤圈、生物圈等。

"生态"一词最早是针对有生命的生物体而言的，主要是指生物在一定的自然环境下生存和发展的状态，既包括它们的生理特性和生活习性，也包括各种生物（例如人类、动物、植物、真菌、细菌、病毒等）之间和各种生物与所在环境之间的相互联系和作用。环境是相对于某一事物而言的，是指围绕着某一事物并对该事物会产生某些影响的所有外界事物，即环境是指相对并相关于某项中心事物的周围事物。对生物学来说，环境是指生物生活周围的气候、生态系统、周围群体和其他种群。对人类来说，环境的指人类周围的自然与社会总体，可以分为自然环境、社会环境、经济环境、文化环境等。生态和环境这两个概念相互结合产生了生态环境这一新的概念。生态环境指各种生物生存和发展所需的各种自然因素和条件的总和。

广义而言，生态环境是指"大自然中各类生物能存活的环境"，是影响人类与生物生存和发展的一切外界条件的总和，包括生物因子（如植物、动物等）和非生物因子（如光、水分、大气、土壤等）。从狭义上说，生态环境是指影响人类生存与发展的水资源、土地资源、生物资源以及气候资源数量与质量的总称，是关系到社会和经济持续发展的复合生态系统。人类自身的属性，需要空气、淡水以及其他自然资源，这些都必须从生态环境中获取，因此只有在生态系统中人类才能够生存，良好的生态环境是人类赖以生存和发展的基础。生态环境的概念和自然环境的概念严格来说并不相同。只要是天然存在的各种因素的总体都可以称为自然环境，但是生态环境专指具有一定生态关系所构成的自然系统。

本世纪生态环境在整个世界范围都遭到不同程度的破坏，生态环境的恶化有自然的原因，但更重要的是人为的原因。巨大的人口数量的压力和不合理的开发活动是当今生态与环境恶化的主要原因。人们没有认识到保护生态环境的重要性，开发自然资源时多采取掠夺性的开发方式，工业生产与人类生活也对生态环境造成了一定的影响。例如温室气体大量排放造成了温室效应，全球气温升高，导致冰川融化和海平面上升，生态环境遭到破坏，甚至某些国家将会面临被淹没的严重后果；工业和生活中大量使用的氟利昂破坏了大气的臭氧层，紫外线强度增大，动物患皮肤癌的概率增大，严重威胁人类的健康；森林和草原由于过度开发而退化，农田沙漠化；水资源开始枯竭。目前全球性的环境污染日益加剧,正严重地威胁着人类生存的绿色空间,人类生存的自然环境已经开始步入生存的危机。

目前人类的生存还是不能逃出地球的生物圈,这就使得人类必须以生物圈的利益作为自己的利益,对生物圈的保护和发展负起自己的责任。目前,世界各国都采取各种措施和手段,对人类生活环境进行保护。生态与环境保护的领域十分广阔,涉及自然环境保护、自然资源保护、野生动物保护、文物保护和农业生态环境保护等方面。中国已认识到保护生态环境的重要性,目前已大力开展保护生态环境行动。中国保护生态环境的基本原则是:坚持生态环境保护与生态环境建设并举。在加大生态环境建设力度的同时,必须坚持保护优先、预防为主、防治结合,彻底扭转一些地区边建设边破坏的被动局面。采取各种手段和措施,减少对生态环境的破坏,降低自然灾害造成的危害。让自然资源得到合理高效的利用,让生态环境与经济社会和谐发展。

2.1.1.2　人类发展所需的各类资源

广义的资源指人类生存与发展所需要的一切物质和非物质的各种要素。包括人类所需要的一切自然物质,例如阳光、水、食物等,也包含其他非物质,例如知识、信息、智力等。包含于自然、经济、社会的所有因素的总和,也都可以称之为资源。狭义的资源仅仅指自然资源,联合国规划署对自然资源有如下的定义:“自然资源是指在一定的时间地点的条件下能够产生经济价值的、能够提高人类当前和将来福利的自然环境因素和条件的总称。”人们需要开发自然资源,首先是人类需要从自然界获取资源以满足生存的需要;其次从自然界获取的自然资源能够很大的改善人类的生活。

自然资源指自然界存在的有用自然物。人类可以利用的、自然生成的物质与能量,是人类生存的物质基础,是生产的原料来源和布局场所。人类的生存需要水、空气、食物等自然资源,而且在发展的过程中还利用自然资源来取得能量、制造工具,创造了灿烂的文明,甚至游览自然风光和生活在优美的环境中也能够满足人们的心理需要。因此自然资源对于人类的生存与发展是不可或缺的。自然资源按照产生的方式可以分为可再生资源与不可再生资源。可再生资源包括太阳能、水资源、生物资源、风力、潮汐等。不可再生资源包括各种矿藏等。

与人类生存和发展最直接相关的自然资源主要包括:淡水资源、土地资源、生物资源、矿产资源等。淡水资源从广义来讲是指经人类控制并可直接用于灌溉、养殖、发电、给水、航运等用途的淡水总量,从狭义上来说是指逐年可以恢复和更新的淡水量。土地资源是指已经被人类所利用和可预见的未来能被人类利用的土地,土地作为人类生存和生产活动的主要载体和场所,可以划分为农业、林业、草原、工业、城镇等用地。生物资源是指人类能够利用的全部动物、植物、真菌和微生物,人类可以从中获取食物、衣物、能源,还可以作为各种工具生产产品。矿产资源是指指经过地质成矿作用而形成的,埋藏于地下或出露于地表,呈固态、液态或气态的具有经济价值或潜在经济价值的矿物或有用元素的集合体。自然资源具有有限性、区域性、整体性、多用性等方面的特点:

(1)自然资源的有限性。自然资源的有限性指人类可以获得的任何自然资源的数量是有限的,并且具有类似功能可以相互替代的自然资源种类也是有限的。各种矿产是经过漫长的地质过程形成的,几乎不具有再生性;森林等可再生资源也不能够无限制的加以采伐;太阳能、风能等资源在总量上也是有限的。另外人类也不可能找到无穷无尽的替代品来代替现在正在使用的各种自然资源。

(2)自然资源的区域性。自然资源在数量或质量上存在着显著的地域差异和地理空间分布差异。自然资源在世界的各个区域分布是不均衡的,森林、矿产、太阳能、生物资源等的分布都是相对集中在某些区域。某些可再生资源的分布具有明显的地域差异规律,不可再生的矿产资源分布则具有地质规律。

(3)自然资源的关联性。自然资源之间有着紧密的联系,每个地区的自然资源要素彼此有生态上的关联,形成一个整体,其中的某些自然资源改变之后将会影响到其他的自然资源。例如森林一旦遭到破坏,那么水资源就不能保持,其他的生物资源也将退化。因此必须强调综合研究与综合开发利用。

(4)自然资源的多用性。单一的自然资源具有多种功能,并且随着社会、经济与科技的发展而变化,自然资源的利用范围和利用途径将进一步拓展或对自然资源的利用率不断提高,因此在利用自然资源时,需要综合评估利用自然资源所带来的收益与治理成本,合理利用自然资源。

2.1.1.3 人类面临的资源环境制约

人类的生存与发展都离不开自然资源,但是自然资源不是无穷无尽的,现在人类已经面临资源枯竭的问题。随着科技、经济和社会的发展,近百年来资源环境问题逐渐显现,特别是当前各种水污染、大气污染、土壤污染、沙漠化、物种灭绝、全球变暖等生态环境问题对人类造成了巨大的生存威胁和财产损失。因此资源环境问题必须得到有效的解决,否则在人类生存都受到威胁的情况下,一切发展都是空话。

人类社会与经济的发展依赖于自然界提供的各种资源。随着人口的增长和生活条件的提高,需要消耗更多的资源。现实社会已经出现了资源危机,例如20世纪70年代以来,一些国家就出现了石油危机、失业率上升、经济萧条的问题。虽然人类社会已进入了信息社会,信息产业已成为发展最为迅速的产业,信息产业需要的自然资源并不多,只与科学技术、人力资源、信息资本等有较大关联,但不可否认的是如果其他自然资源出现危机,只依靠信息产业不可能养活世界上所有的人。人类生活必需的大部分自然资源是自然界用亿万年时间积累下来的,是有限的。由于人类的过度消耗及不合理使用,它们变得越来越少,自然资源日益枯竭,人类正面临各种资源危机。

根据相关国际能源观察机构2006年的估算数据,现在地球上已探明的石油、天然气和煤炭的总储量分别为:石油1万亿桶;天然气120万亿立方米;煤炭1万亿吨,按照目前全世界对化石燃料的开采消耗速度计算,这些能源可供人类使用的时间大约还有:石油45~50年;天然气50~60年;煤炭200~220年。到2050年,石油将只剩下地下总储量的10%未被开采。到2072年,全球可开采煤炭的90%都将被开采出来。从能源储存量的使用年限预测,不远的将来,人类将面临碳氢化合物等矿物能源资源接近枯竭的严酷挑战。此外,其他许多矿产资源也面临枯竭的境地,如金属铟、银、金等都面临着枯竭的危险,按目前的生产水平和已探明储量,铟(作为制造平板电视的特种材料)只够全球用18年,银只够开采19年,容易开采的黄金大概只够开采20年。

人类历史上多次出现了过度掠夺自然资源的例子,为了获得更多的收益,破坏了森林,造成水土流失与土壤沙化,最终导致土地成为沙漠。恩格斯曾经说过:“不要过分陶醉于我们对自然界的胜利”,“每一次这样的胜利,自然界都报复了我们”[80]。因此,人类的发展进步必须将经济的发展与资源的利用有机的结合起来,达到一种和谐的状态。只发展经济,不保护自然环境,那么自然环境将遭到不可挽回的破坏,经济发展也将停滞甚至倒退。只保护环境不加以利用,经济也得不到发展,新技术新资源也不会出现,自然资源的保护也难以持续。只有合理利用有限的自然资源,同时加以保护,经济才能够持续的发展并且自然环境同样也能够维持在一个很好的状态。

中国自然资源总数量相对较多,但由于人口众多导致平均数量较少。我国是一个多煤少油的国家,已探明的煤炭储量占世界煤炭储量的33.8%,可采量位居第二,产量位居世界第一位,出口量仅次于澳大利亚而居于第二位,但我国煤炭探明储量也仅供开采100年。我国自然资源的地域分布不平衡,生产力较发达的地区的自然资源贫乏,而且有很大面积的区域都处于水资源匮乏的状态。同时资源开发难度较大,国内铁矿蕴藏量很大,但多为贫矿富矿很少,加以利用的成本较高。伴生矿很多,冶炼技术要求高,使用现有的设备和管理模式开发,不但很多资源被浪费,而且还污染了环境。对中国来说,更加需要重视生态环境问题,必须采取有力的措施遏制水土流失,治理各种污染。1998 年实施的《全国生态环境建设规划》提出从 2011 年到 2030 年,在遏制生态环境恶化趋势的基础上,力争使全国生态环境明显得到改善。从 2031 年到 2050 年,全国将建立起基本适应可持续发展的良性生态系统,全国生态环境得到很大改善。

2.1.2 生态系统与生态脆弱性

所谓生态系统,是指在一定的空间和时间范围内,各种生物之间以及生物群落与其无机环境之间,通过能量流动和物质循环而相互作用的一个不可分割的统一整体,生态系统是生物与环境之间进行能量转换和物质循环的基本功能单位。而生态脆弱性则是指生态系统或环境对各种自然和人类干扰的变异程度,用来反映区域生态环境遇到干扰时偏离平衡态的概率,以及产生生态退化症兆的难易程度或可能性。

2.1.2.1 生态系统与生态功能

英国生物学家 A. R. Clapham 很早就将各种生物种群与其生存的环境作为一个整体来研究,并提出了生态系统这一概念,指物理因素与生物因素所构成的整个环境。1935 年,英国生态学家坦斯利(A. G. Tansley)受丹麦植物学家瓦尔明(E. Warming)的影响,对生态系统的组成进行了深入的考察,进一步深化了了生态系统的概念[81]。从现代生态学研究的观点看,生态系统是指在一个特定的区域环境中所有生物体和其他物质的总和,是由生命有机体(或生物群落)及其所在环境组成的相互作用与联系,具有特定功能的综合体。在生态系统中占主导地位的因素是生物群落,系统中的非生物物质(如空气、水、阳光)与生物体相互联系与影响,不断的相互进行物质的循环和能量的交换(生物体与生物体之间、生物体与非生物体之间),这样就形成了一个动态的开放系统。

一个完整的生态系统通常都包含四个部分:①生产者,能够直接利用阳光和二氧化碳进行光合作用的植物或微生物,这些生物也称为自养生物,它们将无机物转变为有机物,为其他生物提供了物质与能量的来源。②消费者,依赖于生产者提供食物或依靠摄取其他生物为生的异养生物,不同级别的消费者几乎涵盖了所有的动物,在食物链通过捕食和寄生关系在生态系统中传递能量。③分解者,又称"还原者",以各种细菌和真菌为主,也包含屎壳郎、蚯蚓等腐生动物,它们可以将生态系统中的各种无生命的复杂有机质(尸体、粪便等)分解成水、二氧化碳、铵盐等可以被生产者重新利用的物质。④非生物环境，是生态系统中可供生物利用的非生物组成部分，包括阳光、空气、水、土壤、岩石等。阳光是绝大多数生态系统直接的能量来源，水、空气、无机盐与有机质都是生物不可或缺的物质基础。

生态系统可大可小，小至一个池塘，大至整个生物圈，都可以认为是不同尺度的生态系统。生态系统可分为自然形成与人工形成，前者包括海洋生态系统、草原生态系统等，后者包括农田生态系统、鱼塘生态系统等。还可将生态系统分为森林生态系统、草原生态系统、荒漠生态系统、湖泊生态系统、海洋生态系统、农田生态系统等。不论是自然的还是人工的生态系统，都具有以下一些共同的特点：①生态系统是生态学上的一个具有相对完整结构的基本功能单位；②生态系统是一个与外界不断交换物质能量信息的动态开放系统；③生态系统都具有与其自身结构复杂度正相关的自我调节能力；④生态系统都具有物质循环和能量流动两大基本功能；⑤生态系统都要经历一个从简单到复杂、从不成熟到成熟的发育过程。

生态功能是指生态系统整体在其内部和外部的联系中表现出来的作用和能力，以及其维持人类生存的环境条件及效用[82]，生态功能是人类存在和发展的基础。各种各样的生态系统都有其特定的功能（例如森林能够提供木材、保持水土、调节气温与降水、净化空气中的有害物质），生物生产力是各生态系统最重要功能。所谓生物生产力是指生物吸取外界物质和能量制造有机物质的能力，以单位时间内生产的有机物质总量来计算，一般分为初级生产力和次级生产力。前者指生态系统中的生产者通过光合作用制造有机物的速率，即生产者（主要是绿色植物）在单位时间内生产的有机物质总量；后者指消费者（主要是动物）同化所进食物在单位时间内生产的有机物质总量，即消费者及分解者利用和消耗生产者制造的有机物的速率。生态系统的各种功能都是通过物质循环、能量流动和信息传递等来实现的。

物质循环功能表现为生物所需的各类物质（如：水、碳、氢、氧、氮、硫、磷等元素）在无机环境与生物群落之间被反复循环利用。能量流动功能表现为系统能量的输入、传递和散失过程，能量流动的起点是从生产者固化太阳能开始，沿食物链流经生态系统各营养级生物来传递。生态系统中的信息传递功能表现为各种物理信息、化学信息、营养信息、行为信息等在种群与种群之间、生物个体与个体之间、生物与环境之间的传递。生态系统中的物质与能量在不停的循环，物质与能量在生态循环中被生产者所吸收，又被消费者和分解者所利用与释放，又再次被生产者吸收的过程称之为生态循环。生态循环包括水循环、碳循环、氮循环、磷循环、微量元素循环等，能量流动具有单向性和逐级递减的特点。在生态系统中，物质循环是生态系统的基础，能量流动是生态系统的动力，信息传递决定着物质循环和能量流动的方向和状态。

2.1.2.2 生态平衡与生态脆弱性

所谓生态平衡就是指生态系统各组成部分的内部或相互之间，在长期的发展演化过程中，通过相互制约、转化、补偿、交换及适应而建立起来的一种相互协调的动态平衡关系。生态系统在保持外部条件基本不变并且经历足够长的时间之后，一般都能够发展为比较复杂的稳定系统。当生态系统发展到了复杂并且稳定的阶段时，物质与能量的输入、输出基本保持不变，也接近于平衡状态。生物体与非生物体的种类和数量、生态系统的结构和功能长期维持在一个相对稳定的状态。这种状态不是一成不变的，达到平衡的生态系统中总会由于内部或者外部的各种原因引起不平衡，但是依靠生态系统的自我调节能力，不平衡的生态系统会达到新的平衡。自然生态系统的平衡是脆弱的平衡，在许多情况下都表现出其生态的脆弱性。

根据自然生态学中的生态平衡原理，对一个完整的生态系统而言，其生态平衡有三个层次:第一层次是环境与生态之间的平衡，即自然界与生命世界之间的平衡，这是生命存在的基础和条件。这一平衡最为关键，通常自然界的变化是主动的，生物界的演化是被动的。第二层次是生物界内部生物链的平衡，即动物、植物和微生物之间总体的平衡。作为生物界长期演化的结果，这一平衡相对比较稳固。一般有动物的地方就会有植物，有植物的地方也必然会有微生物，反之亦然。第三层次是食物链的平衡，即生物之间营养关系及能量传递的平衡。食物链中作为生物之间以食物营养关系彼此联系起来的序列，能量和营养素在不同生物间传递着，各种生物的数量和所占比例总是维持在相对稳定的状态形成平衡，如果食物链有一环缺失，或某一生物数量所占比发生了重大变化，都会导致生态系统失衡。

从空间范围看，生态平衡又可分为全球平衡和局部平衡。全球范围的生态平衡首先是指生命世界与生存环境之间的平衡。由于地球上的自然状况并不均衡，各个地区的生物种类并不相同，所以生态平衡也必然带有明显的区域性特色。例如在草原生态系统中，青草为生产者，食草动物为初级消费者，食肉动物为次级消费者，这三个种群能够达成动态的平衡。如果青草足够多，那么食草动物的数量将会增加，食草动物的数量增加之后，以食草动物为食物的食肉动物数量也将增多。食肉动物数量增多照成的后果就是食草动物的数量减少，同时由于食草动物数量减少，青草不会被食草动物吃完。这三个种群的生物数量基本保持稳定,达到了生态平衡,若其中某个种群受到严重干扰,那么这一平衡将无法保持。

任何一个生态系统都具有在一定范围内抵抗外界环境变化、干扰和保持系统平衡的能力,即生态系统具有一定的稳定性。这种稳定性通常是由生态系统的自我调节能力来实现的,自然生态系统的自我调节能力主要表现在三个方面:同种生物的种群密度的调控、异种生物种群之间的数量调控、生物与环境之间的相互调控。不同生态系统具有不同的自我调节能力,一个生态系统的物种组成越复杂,结构越稳定,功能越健全,生产能力越高,它的自我调节能力也就越高,反之则越低。生态系统的自我调节能力通常是以内部生物群落为核心的,有着一定的承载力,因此生态系统的自我调节能力是有一定范围的。因此,生态系统的稳定性是有限的,当外界环境变化和干扰超出系统所能承受的某个临界值时系统就会失去稳定性,出现系统失衡。这表明生态系统的平衡是脆弱的,即生态系统具有一定的脆弱性。

生态脆弱性是指生态系统暴露在威胁之下而具有的敏感性和难愈度。即在自然或人类活动的驱动(扰动)下,特定空间区域生态环境所表现出的易变性[83],这种变化往往是向不利于人类生存、发展、利用的方向发展。生态脆弱性主要包括以下几个方面:①生态稳定性差。对人类活动干扰及突发灾害影响的抵抗力较弱,容易出现自然生态功能的紊乱,自然环境易向不利于人类利用的方向演替。②生态敏感度高。对外界变化和人为干扰产生的不良反应灵敏,在受到干扰时易从一种状态转变为另一种状态,特别是转向更不利于人类生存发展的状态。③自恢复能力弱。受干扰失稳和状态改变后,系统很难依靠自己的力量在短时间内完全恢复到原来的状况,即当干扰轻度超过一定范围是具有难以逆转性。④生态承载力低。表现为生态环境容量较小,生态弹性力较弱,生态再生能力较差,系统自我维持和自我调节能力的阈值较低。

2.1.2.3 生态脆弱区及其主要特征

生态脆弱区是指那些对环境因素的改变反映敏感,维持系统稳定的生态阈值低,生态环境和生态功能易向不利于人类利用的方向发展,并且在现有的经济水平和技术条件下,这种负向发展趋势无法得到有效遏制的区域。这些区域在各种因素(包括自然和人为)影响下,生态系统的抗干扰能力较低、恢复平衡的自愈能力较差,容易形成环境退化、水土流失、水资源短缺、土地生产力下降。属于生态稳定性差、生物组成和生产力波动性大,对人类活动及突发性灾害反应敏感,自然环境易于向不利于人类利用方向演替的一种自然环境类型。最容易形成生态脆弱区的有[84]:不同生态系统过渡区或交错地带;气候变化大且对农业生产影响较大的地区；自然地质灾害发生比较频繁的区域；土地人口承载率低的地区；经济贫困的农村和山区；环境污染和生态退化严重的地区。

生态脆弱区具有以下一些基本特征：①抗干扰能力弱。生态脆弱区抗干扰能力较差，对环境变化比较敏感，自我修复能力较弱，受到影响后自然恢复的时间较长甚至无法自然恢复。②气候变化敏感。生态脆弱区生态系统中的很多因素处于临界状态，气候变暖和极端气候事件等为主要特征的全球气候变化对其影响较大。③时空波动性强。生态脆弱区的不稳定性随时空波动，表现为气候要素和生产力等在季节和年际间变化，以及系统生态界面的摆动或状态类型变化。④边缘效应显著。生态脆弱区常常处于不同生态系统之间的过渡地带或交错区域，是物种相互渗透的群落过渡区和环境梯度变化明显区，具有较强的边缘效应。⑤环境异质性高。生态脆弱区的边缘效应使区内气候、生物等相互渗透，并发生梯度突变，导致环境异质性增大，出现植被景观破碎化、群落结构复杂化等。

由于地质地貌和气候条件的不同，生态脆弱区可分为：高原生态脆弱区、丘陵生态脆弱区、平原生态脆弱区、干旱生态脆弱区、城市生态脆弱区、山地生态脆弱区、植被交错生态脆弱区、农牧交错生态脆弱区、荒漠绿洲交接生态脆弱区、岩溶山地石漠化生态脆弱区、水陆交接带生态脆弱区等不同的类型。生态脆弱区在受到自然和人为干扰负面影响的直接结果是土地退化，包括土壤和水资源、地表及其植被和作物的退化。因此，在生态脆弱地区，自然生态方面往往呈现出土地干旱化、草场沙漠化、山地石漠化、土壤盐碱化、水土流失、肥力下降、植被退化、生物种类减少、生物多样性缺失，土地适宜性降低，灾害强度和频度增加等特征；在社会经济方面往往表现为农业生产能力低下、工业经济发展落后、人口素质差以及绝对贫困面大等。

生态脆弱地区的脆弱性是生态环境对内部和外部各种干扰活动或过程的不良反应，可用生态脆弱度来反映这种不良反映的强度（对干扰活动的反应速度和程度），生态系统对各种干扰的反映强度取决于干扰因素的性质、强度和生态环境的组成要素及内部结构的稳定性。生态脆弱地区具有敏感性，脆弱生态环境下的主导因素条件处于临界（边际）状态，其保持稳定的临界范围也比较窄，脆弱生态环境本身对干扰因素的抗逆性、承受能力相对较差，其生态环境系统的自我维持能力较弱。脆弱生态环境对于干扰因素或干扰过程的耐受力和自身的可塑性或弹性降低，即敏感性强，易于产生环境退化或劣变。生态脆弱地区具有不稳性，在同等干扰下，生态脆弱地区的生态系统更容易发生性质上的变化，表现出极易在干扰下偏离系统原有的平衡状态，从而向着生态恶化的方向发展的特点。

造成生态脆弱地区生态脆弱的根本原因有自然和人为两个方面[4]:①自然因素。包括地质构造、地貌特征、地表组成物质、生物群体类型及气候状况等。地质地表结构不稳定(如石灰岩山地丘陵、山地陡坡等);生物群体结构过于简单(系统内部物质能量过程不协调等);气候条件不适宜(如光、热、水的量和变率不匹配);极端灾害气候(如干旱、洪涝、大风等)。②人为因素。人类在生产生活过程中,对资源的不合理的开发利用加剧了区域生态的脆弱性。主要表现为人类对土地的过度开垦、乱砍滥伐、毁林开荒、过度放牧、围海(围湖)造田、湿地占用、不合理灌溉、矿山开发、废弃物排放、工农业污染等。因此,要保持生态脆弱地区生态环境的良性发展,就必须因势利导,尽量遏制不利的自然因素,避免不利的人为因素对生态环境的影响。

2.1.3 自然资源与资源的有限性

人类生存和发展离不开自然资源,当前人们普遍认识到,不但不可再生的自然资源是有限的,而且可再生的自然资源也是有限的。因此怎样对自然资源进行保护与合理利用,引起了人们的高度关注。

2.1.3.1 资源的界定及类型

经济学中,资源被定义为生产过程中的全部投人。可持续发展理念中,资源指的是整个环境系统中可以被人类利用而不影响环境系统的持续性的这一部分资源。学术界至今对资源的含义尚未形成一致认同的严格定义,但一般来说资源有广义和狭义之分。广义的资源指人类生存与发展所需要的所有物质和非物质的各种要素,如人类在生产、生活和精神上所需求的物质、能量、信息、劳力、资金和技术等。这里既包含能够直接使用的自然物,例如水、空气、阳光、生物、矿产等,也包含房屋、土地、江河、海洋等空间,包括一些无形的资源,例如知识、信息、技术、智力等。人类社会存在与发展不但需要有形的各种物质,也需要各种非物质的资源。狭义的资源则仅仅是指自然资源,即自然界进入生产过程的各种物质资源。联合国环境规划署在1972年给出的自然资源的定义是:“所谓资源,特别是自然资源是指在一定时间条件下,能够产生经济价值,提高当前和未来福利的自然环境因素的总称。”

资源的类型有多重划分方式,可以将资源划分为自然资源与社会资源。1970年联合国出版的文献中指出:“人在其自然环境中发现的各种成分,只要它能以任何方式为人类提供福利的都属于自然资源,从广义来说,自然资源包括全球范围内的一切要素,它既包括过去进化阶段中的无生命的物理成分,例如矿物,又包括其他如植物、动物、景观要素、地形、水、空气、土壤和化石资源。”总之,自然资源是在一定社会经济技术条件下,能够产生生态价值或经济效益,以提高人类当前或可预见未来生存质量的自然物质和自然能量的总和。社会资源除了指自然资源之外的所有资源的总和,也包括人力资源、脑力资源、信息资源、技术资源和管理资源等。人力资源指人类社会中具有劳动能力的劳动者,劳动者所具有的素质与技能是人力资源的重要组成部分;脑力资源指发现创造知识、开发生产物质资源的科技人员与管理人员;信息资源包括人类历史上发现和创造的各类知识和当前可供利用的信息;技术资源指当前人类掌握与积累的一切技术;管理资源指能够合理配置其他各类资源的管理方法。

由于自然资源的广泛性和多样性,人们对自然资源理解的深度和广度不同,再加上使用目的和侧重程度的差别,学术界至今没有一个统一的自然资源分类系统。目前,在生产领域比较通用的是传统的自然资源分类,即按自然资源在不同产业部门中所占的主导地位笼统划分为农业资源、工业资源、能源、旅游资源、水产资源等。联合国粮农组织在农业资源之下,又按土地资源、水资源、森林资源、遗传种质资源等进行分类和研究有关问题。在资源地理学中,根据形成条件、组合状况、分布规律及其与地理环境各圈层的关系等地理特性,把自然资源分为矿产资源、土地资源、水体资源、生物资源和气候资源五大类。

常见的自然资源分类还有:按自然资源的物理特性分为物质资源与能量资源两大类,或者按功能分为原材料与能源两类;按其再生性特征分为可再生资源与不可再生资源;按自然资源的限制特征分为流量资源和存量资源两大类,前者诸如气候资源、生物资源、旅游资源和土地资源等,其资源量表现为容量限制,后者诸如矿产资源、能源等,其资源量表现为储量限制。从这个意义上来讲,再生也是有限度的,超越限度就不能再生:非再生也只是相对于人类历史时期而言的,不是相对于地质时期的。此外还可将资源分为软资源与硬资源,硬资源指在数量上表现出稀缺性的资源,例如矿产、土地、人力资源等;软资源正好与硬资源相反,是指在质量上表现出稀缺性的资源,例如技术、信息、品牌等。

2.1.3.2 自然资源的形成及存在形式

自然矿产资源是地球在千百万年的漫长演化过程中自然形成的。石油、天然气、煤炭等化石能源作为工业血液,金、银、铜、铁、锡等金属矿产作为工业粮食,世界上每一个国家都视其为最重要的战略资源之一,具有极为重要的价值和地位。作为天然存在的自然物,这些资源都是不可再生资源。以铁矿为例,铁元素聚集成具有工业利用价值的矿床是一个漫长的地质历史过程,它们多形成于距今26～30亿年的太古时代。油气是低等植物和动物(浮游生物)在隔绝空气并在细菌(生物化学)作用下,先形成"有机腐泥",在漫长高温和高压作用下生成原沥青,最后形成石油和天然气。黑色、有色、稀有和贵金属,以及工业化工矿物原料都是在漫长的地质作用下形成的呈固态、液态或气态的具有现实或潜在经济价值的天然富集物,绝大部分矿产形成于深部、赋存于地下。每种自然矿产的形成期均要以亿年来计算,所需要的时间极其漫长,一旦耗尽后就不能再获得。而人类开采和消耗矿物的速度则十分迅速,一个矿区开采期仅为数百年、数十年,甚至只需几年。因此,从人类历史的角度看,矿产资源都是不可再生的。

自然资源中有相当一部分属于可更新资源和可再生资源,这类资源可以通过天然作用或人工活动能再生更新,而为人类反复利用。如土壤、植物、动物、微生物和各种自然生物群落、森林、草原、水生生物等,在自然界的特定时空条件下,能持续再生更新、繁衍增长,保持或扩大其储量,依靠种源而再生,一旦种源消失,该资源就不能再生。此外,可再生资源还包括太阳能、风能、潮汐、地热等。不同的可再生资源的再生速度是不同的,例如森林的再生速度一般为几十年,土壤的形成就需要数百年,一旦水土流失就不可能在短期再生成土壤。可再生资源的开发利用不能过度,例如过度捕捞会造成渔业资源枯竭,草原过度放牧或森林过度砍伐会造成水土流失和土地沙漠化。但如果利用得当,可以形成良性循环,资源再生量与使用量相当,例如当前美国木材出口量和采伐量都在逐年增加,但由于其对森林采用科学的管理与严格的保护,其木材储量没有下降反而在稳定提高。[85]

自然资源的存在形式是多种多样的,如力、热、电、光、土、肥、水、矿,以及空气、植被、动物等等。有的以有形的形式存在(如土地、水体、动植物、矿产等),有的则以无形的形式存在(如光资源、热资源等)。若从自然资源数量变化的角度看,自然资源的存在形式又有耗竭性存在、稳定性存在和流动性存在。耗竭性存在是以一定量蕴藏在一定的地点,并且随着人们的使用渐减少,直至最后消耗殆尽,如矿藏资源;稳定性存在具有固定性和数量稳定性的特征,如土地资源;流动性存在是以一定的速率不断再生,同时又以一定的速率不断消失,如阳光、水体、森林等。流动性存在又分为恒定流动性存在和变动流动性存在。以恒定流动性形式存在的自然资源在某一时点上的资源总量是保持不变,如阳光资源和水能资源等;以变动流动性存在的自然资源在某一时点的资源总量会由于人们的开发使用而发生变化,如森林资源和水体资源等。

从人类对资源的利用角度看,自然资源有气候资源、生物资源、土地资源、水体资源、矿藏资源等形式。①气候资源包括阳光、空气、降雨、气温、湿度等。这类资源比较稳定,如能合理开采发展,精心保护,就能为人类永续利用。②生物资源,如动物、植物、微生物、森林、草场等。这类资源人类使用之后可以通过本身的生产繁殖再生产出来,如能合理开发利用,科学经营管理,也能为人类永续利用。③土地资源有平原、山地、高原、盆地,包括耕地、林地、滩涂、城镇、工业用地等,是人类赖以生存的劳动对象和劳动资料,也是赖以生存的空间,其数量有限且位置固定。④水利资源包括江河水、湖泊水、地下水、土壤含水等能够被人类利用的水体,也包括江河流动的水动力资源。⑤矿产资源包括金属、非金属、能源、稀土等矿物等,是经过漫长的地质年代形成的,其储量有限,开发利用之后不能再生,利用一部分就少一部分,直至枯竭。

2.1.3.3 资源的再生性与资源的有限性

自然资源总是有限的,不论是不可再生资源还是可再生资源都是如此。对于不可再生资源来说,一旦消耗殆尽就不可能在短期内重新生成,因此是有限的。例如支撑当今世界经济发展的能源主要是化石能源,即煤炭、石油和天然气。这些能源资源都是亿万年前古代太阳能的积存,远古的生物质吸收了太阳辐射能而生长,但是经过地壳变化,翻天覆地,把这些生物质埋藏在地下,受地层压力和温度的影响,慢慢地变成了碳氢化合物,这是一种可以燃烧的矿物质。然而,这种漫长的地质年代和地壳的巨大变化,对于早已进入了稳定期的地球来说已不可能在地球上重复出现。所以说,现在的煤炭、石油和天然气是不可再生的能源,只能是用一点,少一点,最终总会消耗完毕。此外许多作为人类重要材料来源的各种金属与非金属矿产,也是有限的不可再生资源。这些天赐的能源资源是有限的,需要人们加倍珍惜。

对可再生资源来说也是有限的,如果没有节制加以开发,可再生资源最终也将丧失再生性。例如海洋资源、森林资源、草原资源、生物资源都具有一定的可再生性,但这种可再生性也是有限的,对其开发利用必须服从生物学规律,使其存量达到可以持续地加以利用时所要求的规模,才能保持其再生的延续性。从生物学的角度看,种群的稳定与扩展需要一定的规模和条件,如果种群的数量水平低于一定程度,环境的破坏超过了其所能忍受的限度,那么,该种群便会逆向演替,甚至会消失;即使以后条件得以恢复,也无法使之恢复原状,这就是所谓的不可逆性。因此对于再生资源也必须科学合理有节制地使用,如果不加节制地过度开发(例如:海洋的过度捕捞、森林的过度砍伐、草原的过度放牧、生物物种的过度使用等),都会造成这些可再生资源的再生性丧失,使其消耗殆尽。因此,从这个意义上来说,可再生资源也是有限的。总的来说,资源的有限性还表现在以下几个方面：

(1)资源数量的有限性。任何种类的资源的数量都是有限的,特别是矿产资源,全世界探明的大部分矿产资源按照现今的消耗速度都将在几十年至两百年后消耗殆尽面临枯竭。太阳能、风力、水力、地热等资源虽然是取之不尽的,但是在一定的时间和空间范围内能够获取的量也是有限的。生物资源虽然可以再生,但是如果不限制开发数量的话,也会破坏其再生能力。当今世界消耗了大量的资源,很多都面临枯竭甚至已经枯竭。

(2)资源代替的有限性。所谓资源替代,就是在生产和消费中,开发和开辟新的资源领域,创造出较丰富廉价的资源替代某种相对稀缺、昂贵的资源。资源替代的基础是资源的多用途性及需求的多样性。通过资源替代,可以缓解对稀缺资源的需求,延长可供持续利用的时间。但是代替资源的种类和数量也都是有限的。例如原来的建筑用砖一般是粘土砖,但是粘土砖的生产极大的破坏了耕地资源,因此现在一般都使用其他材料来制造砖。这种代替也是有限的。

(3)资源分布的有限性。自然资源总是以一定的种类和一定的数量,在一定时期内具体在一定地域的,因此自然资源的分布存在着有限性。资源分布的有限性主要表现在:①在任何一个区域内资源的种类是有限的;②任何一个区域内资源的数量是有限的;③资源的区域分布是不平衡的。自然资源在种类上、数量上、质量上都存在着显著的地域分布差异,社会资源的分布也是相对集中的,这导致了资源分布的有限性。

2.1.4　可持续发展观与资源环境持续问题

从20世纪80年代以后,人类的可持续发展问题、区域经济的可持续发展问题越来越受到人们的重视。可以说,如何实现可持续发展是人类社会在21世纪的首要任务。

2.1.4.1　可持续发展观的基本内涵

可持续发展思想包含了当代和后代的需求、国家主权、国际公平、自然资源、生态承载力、环境与发展相结合等重要内容,是21世纪正确协调人口、资源、环境与经济间相互关系的发展战略[86]。可持续发展首先是从环境保护的角度来倡导保持人类社会的进步与发展的,它号召人们在增加生产的同时,必须注意生态环境的保护与改善。它明确提出要按照可持续性的要求变革人类沿袭已久的生产方式和生活方式以及调整现行的国际经济关系。可持续发展包含了发展性、公平性、持续性、协调性和共同性等内涵：

(1)可持续发展的发展性(Development)内涵。可持续发展的核心是发展,发展是人类永恒的主题,只有发展才能摆脱贫困,才能提高生活水平和质量。发展是人类共同的、普遍的权利。目前,发展中国家正经受着来自贫穷和生态恶化的双重压力,贫穷是导致生态恶化的根源,生态恶化又加剧了贫穷。只有发展才能为解决生态危机提供必要的物质基础,才能最终打破贫困加剧和环境破坏的恶性循环。因此,对发展中国家来说,发展是第一位。发展是发展持续下去的必要的前提条件。

(2)可持续发展的公平性(Fairness)内涵。公平性包括代内公平和代际公平两个部分。所谓代内公平,即指同代人之间的横向公平性。所谓代际公平,即指世代人之间的纵向公平性。横向公平性强调全球不同区域之间的均衡发展权,纵向公平性强调后代人拥有与上代人相同的生存权和发展权。对现代人来说,虽然不能确切判定后代人需要什么,但后代人肯定还将生活在这个地球上。当代人不要为自己的发展与需求而损害人类世世代代满足需求的条件,要给世世代代以公平利用自然资源的权利。

(3)可持续发展的持续性(Sustainability)内涵。人类社会的持续性由生态可持续性、经济可持续性和社会可持续性三个相互关联不可分割的部分组成。经济发展的可持续性取决于环境和资源的可持续性。可持续发展包括了"需求"和"限制"两个方面,没有需求就没有发展,没有限制就不能持续,一旦无限制的发展破坏到了人类生存的物质基础和环境,发展本身也就衰退了。因此,经济社会发展不能超越自然资源与生态环境的承载能力,应充分考虑自然资源的耗竭速率及临界性,以不损害支持地球生命的自然系统为前提。

(4)可持续发展的协调性(Coordinate)内涵。人类生存发展的历史是经济、社会、生态系统之间相互作用、相互协调和不断进化的历史。可持续发展是建立在自然与自然、人与自然和人与人之间三方面和谐统一基础上的发展,也只有这样的发展,才是真正的可持续的发展。人的本质是其社会性,人与人的和谐、人类社会的协调发展是人与自然和谐的首要前提。因此,人类只有从整体上协调人口、资源与环境的关系,协调经济、社会、生态的关系,达到人与自然的和谐相处,才能实现人类社会的可持续发展。

(5)可持续发展的共同性(Common)内涵。可持续发展作为全球发展的总目标,需要全球的共同行动才能实现。世界各国、各地区必须认识到,人类只有一个地球,而生活在地球上的一切事物,特别是人类群体,总是相互依存和相互影响的。生态危机决不是一个国家一个地区局部的问题,而是全球问题。因而,人类只有形成共同的认识,有共同的责任感,采取共同的行动,形成人的"类"整体意识,真诚地按"共同性"原则办事,人类内部及人类与自然之间才能保持一种互惠共生的关系,可持续发展才能够实现。

2.1.4.2 可持续发展的核心与目的

可持续发展是既要能发展又要具备持续性,发展的目的是为了人,持续的目的是为了人与自然的和谐永续。发展是前提和基础,持续性是关键,如果没有发展,也就没有必要去讨论是否可持续;如果没有持续性,发展就行将终止。因此,可持续发展观的核心思想是:发展为主题、人本为主体、持续为特征、和谐为目的。

(1)发展为主题。发展和运动是物质世界中一切事物和现象的基本属性,反映在人类社会的现实上,就是发展成为时代的主题和世界的潮流,发展是集经济、社会、科技、文化、环境等多项因素于一体的完整现象,是人类共同的和普遍的权利,人类社会现实存在的各种各样矛盾和问题都只有在发展中才有可能得到解决。从中国的情况看,发展问题仍然最大的问题,由于我国仍处于社会主义初级阶段,相对落后的社会生产力水平与人们日益增长的物质文化需求之间的矛盾仍然是我国社会的主要矛盾,落后的社会生产力水平是矛盾的主要方面,这一矛盾的解决离不开发展。因此在可持续发展观中,发展是主题,其落脚点在如何发展和依靠什么样的方式发展上。

(2)人本为主体。一切发展都是人的发展,人的一切关于发展的活动,都是由人发动并为了人自身,因此人永远是发展的主体。在人与自然的关系中,人的主体地位的内涵主要表现为:①人依据自身生存和发展的需要积极地利用自然、改造自然;②人通过实践活动将外在于人的自然“内在化”以充实、完善和发展人自身;③人的主体地位的实质在于人是目的。在人类针对自然界的有意识、有目的活动中,对自然界的积极改造和对人类自身的自觉改造是一致的,在改造自然中使人类自身得到改造。自觉地改造自身与积极地改造自然两者之间相互作用、互为因果、相辅相成,进而实现人与自然的协调、共生与互利。人的主体地位确定了人与自然关系的性质,确定了人的活动和自然界作用的范围。

(3)持续为特征。人的发展必须要有持续性。虽然人在生态系统中处于“主体地位”,但不能凌驾于自然界之上,而应当在关注自身需求的同时关注自然界的发展,保护自然界的“权益”维持自然界的永存,使人与自然协同进化,人类的可持续发展才有基础性的保障。因此,人类社会的发展必须从“人类绝对中心主义”的发展模式向“人类相对中心主义”的发展模式转变,建立一种人与自然协同进化的发展模式,使经济社会的发展不能超越资源和环境的承载能力,在不损害他人和后代利益的前提下追求发展。在严格控制人口、提高人口

2.2 循环经济与产业生态学

产业生态学是产业理论与生态理论结合的一门新兴交叉学科，是研究人类社会生产活动中自然资源从源到汇全代谢过程及其组织管理，生产消费调控行为的动力学机制、控制论方法及其与生命支持系统相互关系的系统学科。清洁生产与循环经济是产业生态学中的重要内容。

2.2.1 清洁生产与循环经济

清洁生产是要从生产环节解决工业污染的问题，即在污染前采取防止对策，将污染物消除在生产过程之中，实行工业生产全过程控制。循环经济是对物质闭环流动型经济的简称，是以物质能量梯次和闭路循环使用为特征，在环境方面表现为污染低排放，甚至污染零排放。循环经济把清洁生产、资源综合利用、生态设计和可持续消费等融为一体，运用生态学规律来指导人类社会的经济活动。

2.2.1.1 末端治理与清洁生产

随着工业文明的极大发展，资源短缺和环境污染也日益严重。人类于20世纪开始关注和治理环境污染问题，一开始采用就是"先污染，后治理"的末端治理方式。末端治理是指在生产过程的末端，针对产生的污染物开发并实施有效的治理技术。末端治理在环境管理发展过程中是一个重要的阶段，它有利于消除污染事件，也在一定程度上减缓了当时生产活动对环境污染和破坏程度。但随着时间的推移、工业化进程的加速，末端治理的局限性也日益显露。主要表现在：①末端治理成本高昂，很多企业承担不起治理费用；②末端治理不能实现彻底治理，往往只是把污染物转移到其他介质中；③末端治理无法实现资源的有效利用，不能杜绝自然资源的浪费。因此，要从根本上解决污染问题不能依靠末端治理模式，必须采用环保的新工艺，在生产过程之中就消除污染物，甚至可以将污染物转化为资源，这就是"清洁生产"的思想。

清洁生产是指既可满足人们的需要又可合理使用自然资源并能有效保护生态环境的实用生产方法和措施，其实质是一种物料和能耗最少的人类生产活动的规划和管理，将废物减量化、资源化和无害化，或消灭于生产过程之中。清洁生产是要在生产过程中解决工业污染问题，在发生污染前采取有效措施，在生产环节中消除污染物，而不是在污染发生后才想办法治理。这是20世纪80

年代以来发展起来的一种创造性新的保护生态环境的战略措施。

清洁生产将整体预防的环境战略持续应用于生产过程、产品及服务中。对于生产，通过改造工艺、改善设备来节约原材料和能源，淘汰有毒原材料，削减所有废物的数量和毒性；对于产品，应减少从原材料提炼到产品最终处置的全生命周期的不利影响；对于服务，应将环境因素纳入设计和所提供的服务中去。清洁生产既是一种战略，体现于宏观层次的总体污染预防，又可以从微观上体现于企业采取的预防污染措施。

清洁生产包含了四层涵义：①清洁生产的基本目标是节省能源、降低原材料消耗、减少污染物的产生量和排放量；②清洁生产的基本手段是改进工艺技术、强化企业管理，最大限度地提高资源、能源的利用水平和改变产品体系，更新设计观念，争取废物最少排放以及将环境因素纳入服务体系中去；③清洁生产的分析方法是排污审计，即通过审计发现排污部位、排污原因，并筛选消除或减少污染物的措施及产品生命周期分析；④清洁生产的终极目标是保护人类与环境，提高企业自身的经济效益。

清洁生产谋求达到3个目标：①通过资源的综合利用、短缺资源的代用、二次能源的利用，以及节能、降耗、节水，合理利用自然资源，减缓资源的耗竭；②减少废物和污染物的排放，促进工业产品的生产、消耗过程与环境相融，降低工业活动对人类和环境的危害；③在整个生产过程中，要求节约原材料和能源，淘汰有毒原材料，削减所有废物的数量和毒性；在产品的生命周期内，要求减少从原材料提炼到产品最终处置的全生命周期的不利影响；在各个服务环节上，要求将环境因素纳入设计和所提供的服务中。

实施清洁生产的途径主要包括四个方面：①改进工艺设计。在工艺和产品设计时，要充分考虑资源的有效利用和环境保护，生产的产品不危害人体健康，不对环境造成危害，能够回收的产品要易于回收；②使用清洁资源。在采用清洁能源的同时，尽可能采用无毒、无害或低毒、低害原料替代毒性大、危害严重的原料；③采用环保技术。采用资源利用率高、污染物排放量少的工艺技术与环保设备；④改善生产管理。包括原料管理、设备管理、生产过程管理、产品质量管理、现场环境管理等。清洁生产的实施可以达到节省能源、降低物耗、减少污染和节省防治污染的投入的目的。

2.2.1.2　循环经济的内涵与特征

循环经济是按照自然生态系统物质循环和能量流动规律重构经济系统，将经济系统和谐地纳入自然生态系统的物质循环的过程中，建立起的一种新形经济运行模式。循环经济模式比单纯的清洁生产方式更进了一步，它是以产业生

包装，末端进行再生资源的回收利用等。企业循环经济在生产经营的各个环节展开，企业内部的小循环包括下游工序的废弃物料返回上游工序，作为原料重新利用；水和热能在企业内部的循环利用和梯级使用；其他消耗品、副产品等在企业内的循环使用等。建立企业的循环生产技术体系是推进企业循环经济的关键，包括建立减量化使用资源的绿色产品设计技术、资源循环利用并加大污染治理的绿色生产技术、“三废”处理技术以及产品的绿色包装等。

(3)面向产业层面的中循环。中循环主要体现在产业内的企业与企业之间或产业间的企业的循环关系上。即在企业与企业之间形成废弃物的输出输入关系和物质能量的循环。通过建立生态产业链或生态产业园区，把不同的经济组织连接起来，形成共享资源和互换副产品的产业共生组合，把不同的企业联系起来形成资源共享和互换副产品的生态产业链，使得此家企业的废气、废热、废水、废物等成为彼家企业的原料和能源。在一个成熟稳定的中观循环经济系统中，物质和能量都应得到高效循环利用，物质的循环是闭合的，减少废弃物的产生，尽量达到零排放，从而实现物质和能量的高效利用以及物质的闭路循环。在中观循环产业系统中，每个企业都进行着各自的小循环，然后由同一产业链条的上下游企业或相关产业的不同企业进行联合，达到中观的循环运行。

(4)面向社会层面的大循环。大循环是在整个社会范围内开展以循环经济为指导的资源开发利用、产品设计生产、商品消费使用、废物回收利用等社会经济活动。社会层面循环经济发展的有效模式和最终目标是构建循环型社会。所谓“循环型社会”，是指抑制产品等转变为废弃物，并在产品、废弃物等转变成循环资源时，促进对其进行适当的循环性利用，以及确保对无法进行循环性利用的资源做适当的处置，从而抑制对自然资源的消费，最大限度的降低环境负荷，使自然生态系统、经济系统、社会系统达到和谐统一。这就要求在资源微循环、小循环、中循环的基础上，在整个社会层面建立区域联合和产业联合，建设各类资源循环的支撑体系，大力发展绿色消费市场和资源回收产业，在整个社会范围内完成“资源→产品→废物→资源(再生)”的闭合回路。

(5)面向全球层面的宏循环。在世界经济全球化的今天，物质资源的全球性流动和联系越来越紧密，自然资源的空间分布，特别是自然资源空间的分布受地质规律控制，跨越国家行政边界的矿产资源全球空间分布和品质的不均匀性是不争的客观事实，世界上没有哪一个国家的自然资源应有尽有或能够完全满足需求。若在战略上只限于某一国、某一地区的循环，在不久的将来是很难实现物质资源有效循环利用的。因此，只有在全球层面构建起物质资源的宏循环体系，才能真正实现人类物质资源的最有效利用。为此，应该在国际层次上建立起科学合理具有可操作性的循环经济指标体系，签订严密完善的国际循环合约，充分利用各国的比较优势，通过国际间的合作，在全球范围内实现更为有效的循环经济。

2.2.2　产业生态化与经济可持续发展

面对人类社会发展面临的资源环境问题，自 20 世纪 80 年代以来，世界各国政府及学界都开始重视经济社会的可持续发展和生态环境保护的问题，并逐步认识到产业生态化是人类实现可持续发展的根本途径。

2.2.2.1　产业生态学的基本原理

产业生态学是一门研究人类产业系统和自然生态系统之间的相互作用、相互关系的系统学科。具体来说就是研究在人类社会生产活动中自然资源从源、流到汇的全代谢过程、组织管理体制以及生产、消费、调控行为的动力学机制、控制论方法及其与生命支持系统（自然生态系统）相互关系的一门科学。作为一门新兴交叉学科，产业生态学是生态、环境、能源、经济、信息技术、系统工程等多学科的交叉融合，它既是一种分析产业系统与自然系统、社会系统以及经济系统相互关系的系统工具，又是一种发展战略与决策支持手段。是人类在经济、文化和技术不断发展的前提下，有目的、合理地去探索和维护可持续发展的方法。系统分析是产业生态学的核心方法，在此基础上发展起来的工业代谢分析和生命周期评价是目前研究工业生态普遍使用的有效方法。

产业生态学把整个产业系统作为一个生态系统来看待，认为产业系统中的物质、能源和信息的流动与储存不是孤立的简单叠加关系，而是可以像在自然生态系统中那样循环运行，它们之间相互依赖、相互作用、相互影响，形成复杂的、相互连接的网络系统。在自然生态系统中，一个物种产生的物质和能量能被另一个物种所消耗。而产业系统则不同，工业生产产生的多余热量通常释放到空气中，潜在的可回收的产品常常简单的被作为废物处理掉了。因此，产业生态的倡导者建议，通过按照自然生态系统的原则重新构建产业活动，企业就可以利用彼此间的废物，并将排出的废物作为投入。产业生态还能使一些小企业在产业生态系统中获得新的发展机会（例如废弃物回收和原料再生领域），并且使能量在企业间也得以重复利用。

产业生态学以生态学的理论观点考察整个产业代谢过程，亦即从取自环境到返回环境的物质转化全过程，研究产业活动和生态环境的相互关系，以研究调整、改进当前产业生态链结构的原则和方法，建立新的物质闭路循环，使工业生态系统与生物圈兼容并持久生存下去。它主张对产业系统的运作规律通过

成自身的物质循环反馈机制,更要尽可能地纳入生态系统的物质循环系统。

在产业系统中,企业之间的物质循环与代谢是产业生态体系活力与健康的体现。系统内各企业在投入产出的同时,物质循环代谢的功效越高(或总体成本效益越高),产业生态系统越健康,其投入产出效益也越高。产业生态系统的循环优化不仅局限于一个企业内部,而且注重更高级别的区域系统乃至整个国家或地区的产业系统的优化,在一定区域内形成类似生态圈的产业循环系统,通过区际间的产业生态系统的互动性依存,实现产业活动与生态系统的良性循环和可持续发展。产业生态系统具有层次性[87]与相对的系统的边界,其最高层次是全球性产业生态系统,这一系统边界就是全球产业活动的影响范围所及。它与全球生态系统之间保持着动态的物质交流,对全球生态系统产生着深刻的影响。

2.2.2.3 产业生态化与经济可持续发展

产业生态化是产业生态学的实践,产业生态学是人类在经济、文化和技术不断发展的前提下,有目的、合理地去探索和维护可持续发展的方法,产业生态学认为产业中的企业组织与生态学中的生物组织具有某种相似性。因此,产业系统不能孤立地存在于自然之中,应该与周围环境关系相协调。依据产业生态学的理念,产业生态化通过模仿自然生态系统来构造产业生态系统,经过动态变化不断升级,产业系统与生物圈的相互作用,以达到产业与环境的协调发展。产业生态化作为获取和维持可持续发展的一种实践手段,运用生态学、产业经济学、系统科学和相关技术科学为基本原理,对产业系统进行规划、设计、改造和升级,促进产业系统与生态系统和谐共处。

产业生态化之后的产业生态系统与自然生态系统相比具有很多的相同之处,两者都存在物质循环和能量流动,系统内部的要素都存在共生关系,系统的形成与发展都是动态的过程。自然生态系统是较为稳定而不断发展的,产业生态化后形成的产业系统也能与自然系统一道稳定协同地发展。产业生态化可以从根本上解决经济系统、社会系统与生态系统之间的矛盾。产业系统可以看成是社会自然系统中的一部分,对产业系统进行生态化,使其向较高形式演化,有助于整个社会自然系统的发展。产业生态将不可持续变为可持续发展,是通过经济与社会的转型进化到一个新系统的状态而不是依赖提高效率的发展模式来保留现有系统结构。产业生态化的本质目标就是在人类生存和发展的自然生态环境可再生的基础上,达到人—社会—自然之间的协调持续的发展。

目前的产业系统之所以难以实现可持续发展,是人类社会经济系统与自然生态系统以不同的系统发展原理运作而导致的结果。产业生态学理论为我们提供了一种新的产业系统概念框架,这一框架使产业系统能够更有效地模仿具体自然生态系统的结构、功能和运行模式,使其具有可持续发展能力。通过设计并实施产业生态化战略,改变现有土地利用的思维模式,改变产业流程,减少废物排放,使产业适应环境而不是改变环境来适应产业。因此,必须把人类活动、土地利用、自然循环和功能协调成统一的生态系统,通过改变新的组织形式、调整政策来恢复和保持各种形式的社会、经济和生态的调节能力。未来可持续能力决定于调节社会、经济与生态系统功能延续性及其相互关系的资源管理。

人类可持续发展是寻求一种最佳的复合生态系统以支持生态的完整性,即不超越环境系统更新能力的发展,使人类的生存环境得以持续。从社会经济属性的角度看,经济可持续发展是在经济增长不超出自然生态系统的容纳能力和承载能力的情况下达到改善人类生活质量的目的。人类的生产方式与生活方式要与地球承载能力保持平衡,可持续发展的最终落脚点是人类社会,即改善人类的生活质量,创造美好的生活环境。可持续发展的核心是经济发展,但对于经济的发展方式提出了更高的要求,即在"不降低环境质量和不破坏地球自然资源基础上的经济发展",不应该损害后代人维持和改善其生活标准的能力。

产业生态化作为一种有效的生态型产业发展模式,是经济可持续发展的前提。产业生态化要求用更清洁、更有效的技术,尽量做到接近"零排放"或"密闭式"的发展方法,尽量减少能源与其他自然资源的消耗,使原来的废弃物都尽可能地转变为再生资源进入生产消费环节,使物质和能量在企业之间得到有效利用,避免因废弃物排放造成环境污染,保持自然生态系统的再生修复能力和发展可持续性,使人类经济社会发展与自然生态环境的和谐永续。因此,产业生态化是可持续发展的方式的选择和需要。产业生态化的建设,必然会推动整个社会循环经济的形成,符合可持续发展的经济增长模式。可持续发展要求自然、经济、社会三个方面都能够持续发展,产业生态化能够在保护自然环境的同时推动经济的发展。产业生态化是可持续发展战略的重要内容和保证经济增长方式转变的必由之路,为实现可持续发展提供了具体的实施途径。

2.2.3　产业生态园的相关理论

人们已经认识到,原有的"资源开采→产品消费→废物排放"经济模式带来了一系列严重的问题,因此人们开始探索新的经济发展模式。循环经济能够最大化的利用资源并且最小化排放废弃物。因此各国都在积极探索和发展循环经济,建立循环经济工业园区。

一个产业(或企业)的产出(包括产生的副产品和排出的废弃物)作为下一个产业(或企业)的投入(包括所需的原材料和其他的投入物),实现资源在园区范围内的循环流动和综合利用。产业生态链以追求产业剩余物的最小化为第一目标,具有吸收和消化产业生产各环节的副产品和废弃物的功能。从而减少了各类废弃物质向自然生态系统的排放,降低了产业系统对生态环境的负面影响。

在产业系统中,产业部门或企业之间都是通过某种类型和某种属性的产业链相互联系的,产业链是个产业部门或企业之间基于特定的技术经济关联、逻辑顺序关联、时空布局关联等形成的串联是链条关系形态。产业链中存在着大量的上下游关系,以及大量的物质或价值的相互交换,产业链的上下游具有相对性,产业链每个环节都存在着一定的上下游。一般而言,下游环节从上游环节输入某类物质或价值(包括产品和服务),上游环节向下游环节输出某类物质或价值(包括产品和服务),产业链的本质就这种具有某种输入输出关系纵向联系的企业群体。各类种类繁多纷繁复杂的产业链条,概括起来可以分为产业价值链和产业生态链两大类,分别反映了产业的价值属性和产业的生态属性。产业价值属性反映了产业的价值创造和价值实现,产业生态属性反映了产业的物质流动和生态衔接。

产业生态链与产业价值链之间的差异主要表现在:①追求目标的差异。产业价值链追求的首要目标是产业链上的价值增值和利润最大化,资源集约和充分利用以及环境友好并不是其考虑的首要范畴;产业生态链所追求的首要目标是资源节约和环境友好,力图实现资源效益、环境效益和社会效益三者的共赢。②形成机制的不同。一般意义上的产业链通常是企业为了实现价值创造和价值增值,在资源关联或市场关联的基础上自发形成的;而产业生态链所创造的环境生态效益具有公共属性,因此在许多情况下需要有计划地人为构建才能形成。③流动物质的差异。在一般产业链上,上游企业向下游企业提供产品,下游企业对其再加工,链条上流动的是企业的主产品;而在产业生态链上,上游企业流动给下游企业的即包括企业的主产品,也包括生产过程中产生的废弃物或副产品。

在较为成熟的工业生态园区内,往往都包含有多个产业生态链条(包括主产品生态链条、副产品生态链、废弃物生态链等),园区中的每个企业都镶嵌在某条产业生态链上。每个企业在生产主产品时都会产生出一定数量的废弃为或副产品,其生产的主产品通过主产品生态链条输送,产生的副产品通过副产品生态链条输送,产生的废弃物通过废弃物生态链条输送。因此,一个企业往往会成为多条不同性质产业生态链的共同结点，随着各类产业生态链的不断生长发育和延伸扩展，不同产业生态链之间就形成了各种不同类型的联接，最终在产业生态园内形成复杂的产业生态网络。这种复杂的产业生态网络，为各类物质的流动提供了多层次、立体型的多重循环路径，使各类物质资源得到更为充分的层级利用和循环利用。一般而言，在自然生态系统中，生态食物链的类型越多，生态食物网的结构越复杂，生物系统的运行就越稳定。对产业生态系统来说也是如此，产业生态链网的种类和复杂度也直接影响到产业生态系统的生态效率和稳定性。

2.2.3.3　产业生态园的构建原则

在现实情况下，由于大多数的产业生态链在资源效率和生态效益方面比产业价值链更为突出，而在生产效率和经济效益方面往往表现得不如产业价值链那样显著，因此产业生态链不像产业价值链那样具有较强的自聚集、自强化等自组织功能，产业生态园也不能像产业集群那样可以通过其内部产业链的自组织机制来自行发育成熟，而是需要通过科学合理的认为设计和构建才能最后形成。从这个意义上来说，产业生态园的构建实质上就是通过有计划的物质和能量交换设计，构建能源和原材料消耗最小化、各类资源循环利用和综合利用最大化，产生的废弃物和最后剩余物最小化，能够实现产业经济与自然生态相互协调，可持续发展的产业系统。发展产业生态园必须与当地的发展规划及发展战略紧密联系，只有充分考虑了当地自然资源、优势产业、地理区位等自然因素，才能对产业生态园进行科学地规划与建设。区域产业生态园的构建一般应该遵循以下一些基本原则。

(1)企业之间相互作用和协同共生原则。即要能保证企业间物质能量交换和相互作用，以实现园区内企业之间的协同共生。这就要求：①在园区内应具有企业之间进行物质能量交换的物质基础和技术基础，企业之间可以形成有效的物质代谢连接，通过相关技术的引进或创新，能够使企业间的副产品交换在技术上具有可行性。②在园区内应形成一套有助与企业间经济利益分配和经营效益共享的合理机制，使企业在园区内能够减少资源投入和废物处理的费用，物质能量交换所产生的经营效率和经济效益，自然会使企业产生主动进行物质能量交换的动机和动力。③在园区内必须有一套完整的公共基础设施和公共服务体系，使园区内的企业都能够共享对各类资源的管理、回收、处理、利用等方面的各种功能，以及共享教育、培训、研发、交流、交易等方面的各种设施，使园区企业形成相互作用和相互联系的网络。

(2)循环链条物质通量的时空匹配原则。即要能够保证园区内各类产业生

退产业);④三次产业分类法(农业、工业、服务业);⑤产品市场供求关系分类法(长线产业、短线产业);⑥生产要素密集度分类法(劳动密集型产业、资本密集型产业、技术密集型产业、知识密集型产业)。除了上述分类方法外,还存在许多其他产业分类方法。

产业系统是指存在并发展与社会生产劳动过程中的技术、物质和资金等要素及其相互联系构成的社会生产的基本组织结构体系。从需求上看,产业是指生产同类或有替代关系产品、服务的企业集合。从供给上看,是指技术工艺相近或提供相似服务性质的企业集合。可以说凡是具有投入产出活动的组织和部门都可以列入产业的范围。产业是处于微观经济与宏观经济之间,从事同类产品生产或提供类似服务的经济群体。

系统科学认为系统是一切事物的存在方式之一。按照现代系统研究的创始人贝塔朗菲的观点"系统是相互作用的多元素的复合体"。也就是说系统是由多个相互联系、相互作用的元素构成的整体。因此,从系统论的角度,产业是由具有同一属性的很多企业构成的,企业之间存在人力、物质、和信息等方面的联系。因此产业的运行和发展是一种系统运动,研究产业的规律应该采用系统论的思想。产业系统是由具有同一属性的企业组成的能够提供某种产品或服务的有机整体。用 Ei 表示产业内的各个企业,那么产业系统可以表示为:

$$\text{产业系统} = \{(E_i \mid i = 1,2,3,\cdots,n) + (\text{企业之间各种关系的总和})\} \quad (2.1)$$

产业系统的特性由各个组成部分的特性所决定,同时又存在着不同于任何部分特性的新的属于整体的特性。其整体的特性可以用"整体大于部分之和"来表达,体现了它的非加和性和非简单因果性。产业系统化指的是产业系统整体的形成过程,或者是产业系统整体获得系统特性的过程,系统化的过程和行为,表现为系统内部各子系统之间的相互关联性和整体性。产业系统是在一定时间和空间内由企业、消费者和所在的自然环境、经济环境和社会环境组成的整体系统。在系统内企业之间、企业与消费者之间通过市场进行物质循环、能量流动、资金流动、信息传递、知识交流和技术扩散等交换活动,进而相互作用并形成的系统。

2.3.1.2 产业结构及其变动因素

产业结构是指各种产业的构成和各种产业之间的比例与联系。在经济系统中各个产业部门构成以及它们之间联系的不同,对经济发展的贡献也有所不同,因此把各种产业构成及其相互间关系的特性称之为产业结构。从产业发展形态理论的视角看,产业结构是指分布在国民经济各产业中经济资源之间的相互联系、相互依存、相互提升资源配置效率的运动关系。从产业关联理论的视角看产业结构是指各产业在经济活动过程中形成的技术经济联系以及由此表现出来的产业间比例关系。这里的产业间技术经济联系主要是指以中间产品投入为纽带的产业关联,产业间比例主要是指产业间产出比例。产业结构包括比例结构、技术结构、产业布局、产业组织、产业链等要素。

从区域角度看,产业结构是否合理关系到整个区域经济的发展,要使区域经济得到良好的发展,各个产业部门之间需要保持一定的比例关系,而且这个比例关系还需要根据现实的条件变化而不断地调整和优化。产业结构优化包括产业结构的合理化和高度化两个方面。所谓产业结构的合理化,就是在现有的基础上让所有产业都能协调发展;所谓产业结构高度化,就是根据产业结构演化的基本规律让产业结构从初级状态向高级状态发展;产业结构优化就是要使产业结构的合理化与高度化实现有机统一。区域产业结构在一定的时期内总是会发展变化的,产业结构的演化变动有其自身的规律。推动产业结构演变主要有科学技术、经济发展、市场需求、资源环境等方面的因素。

(1)科学技术因素。科学技术进步是推动产业结构演进的重要力量,在产业发展史上,每一次重大的科学突破和技术发明,都会导致产业结构的一次巨大变化。例如,交流电技术的突破和电动机的发明,使产业结构进入了电力时代;半导体技术和激光技术的发明,使产业结构进入了电子信息时代。产业技术主要包括以下几个层面:原始产业技术(手工生产技术)、初级产业技术(半机械化技术)、中级产业技术(机械化技术)、先进产业技术(半自动化技术)、尖端产业技术(智能化和自动化技术)。由此对应了劳动密集型、资本密集型、技术密集型、知识密集型等产业结构。产业结构随着技术进步不断从低技术结构向高技术结构演进。

(2)经济发展因素。产业经济发展是引导产业结构变动的基本力量,其中生产力发展水平,产业经济规模,专业分工程度,经济增长速度等在其中起到了重要的作用。产业结构随着生产力发展水平的不断提高,逐渐从以劳动密集型为主的产业结构,向以资本密集型为主的产业结构;再向以知识密集型为主的产业结构演进。产业结构会随着产业经济规模扩大而发生变化,产业经济规模越大,其专业化分工程度就会越高,其产业结构就会越复杂。高度化的专业化分工,要求产业系统的门类齐全,必然导致产业结构更为复杂。经济增长速度会直接引起产业结构的变化,经济增长过快容易导致短线产业扩张,经济增长过慢则容易导致长线产业压缩。

(3)市场需求因素。市场需求因素是拉动产业结构变化的主要力量,其中需求总量、消费结构、投资结构等因素在其中起到了重要作用。需求总量会直

的有助于提高资源利用效率和保护环境的技术和工艺推动产业和产业结构的低碳化发展，尽量淘汰高能耗、高物耗、高污染的落后生产工艺。产业结构绿色化的特点是高污染、高耗能产业的比重下降，低污染、低耗能产业比重上升。只有调整优化产业结构，使产业结构低碳绿色化，才能真正形成低碳绿色的产业体系，实现低碳绿色发展。

2.3.2 产业组织的三重内涵

产业组织包含三重内涵：产业生产组织、产业市场组织和产业管理组织[2]。产业生产组织指在生产过程中，对各种要素进行合理安排，降低生产成本，提高利润水平。产业市场组织是企业之间市场关系的具体表现形式。产业管理组织是将产业发展所需的各种要素，按照一定结构组成一个完整的系统。产业组织的三重内涵都对产业的发展有着重要的影响。

2.3.2.1 产业生产组织

产业生产组织是指通过对各种要素和生产过程的不同阶段、环节、工序的合理安排，让其在空间上和时间上构成一个协作的系统，在成本最低、利润最高的情况下生产产品。人类社会生产发展过程中，从手工业生产到现代化大生产，都在不断的寻求各种手段，追求利润和效率的提高，其中最主要的手段就是发明新的技术和改革产业生产组织。产业生产组织结构是指产业内企业结成的一个协调的系统，系统内企业通过原材料采掘——零部件生产——中间产品生产——制成品组装——成品销售——售后服务的流程来进行生产，并保持时间上的连续和空间上的合理安排。目的是提高产业的生产效率和经济环境效益。一个完整的产业组织结构元素应包括原料生产加工企业、零部件生产企业、中间产品生产企业、制成品组装（生产）企业、成品销售企业、售后服务企业（公司）、废品回收再利用企业等。例如一个汽车产业生产组织结构，就包括钢铁生产企业，发动机、轮胎等零部件生产企业，汽车销售企业等。

不管某个产业的生产组织元素如何，采取何种形式联系、组合，才是决定该产业组织结构是否有效率的关键。根据系统论的观点，系统的功能决定于系统的要素和系统的结构，结构则是要素与要素之间的关系构成。对于同样的生产要素，不同的产业生产组织结构，会产生不同的效率。以汽车工业为例，在19世纪80~90年代，汽车制造主要是以单个产品在作坊式的企业中由技艺精湛的工匠生产出来。由于每辆车的零部件生产都是独一无二的，从而产生了高昂的生产成本和维修成本，且可靠性和稳定性得不到保障，不能满足越来越多的市场需求，导致汽车产业生产组织方式开始发生变化。

20世纪初,以大批量大规模流水线生产为特征的福特生产方式取代了作坊式生产。该方式注重专业化分工与协作,大大提高了劳动生产率,降低了生产成本,减少了出错的概率,使汽车的稳定性和可靠性得到了保障。八十年代,日本精益生产方式出现。它体现着准时化与均衡生产的原则,注重团队协作和集体力量的发挥,能够应对客户的多样化需求。20世纪90年代,美国在借鉴精益生产优势的基础上,利用信息网络技术,发展了一种新的生产组织方式——灵捷制造,将柔性生产技术、有知识有技术的劳动力、合作企业等整合在一起,从而能够对市场变化做出快速、灵活的反应。这一方式很快便扩散到美国主导的全球生产体系中,形成了以美国大型企业为核心的新型跨国生产体系,决定了美国在全球制造业中的霸主地位[90]。

因此有效的产业生产组织不但可以提升产业竞争力,而且能优化产业结构、促进经济发展。产业生产组织的目的是为了实现产业内企业与环境相互适应、协调发展,获取高效的经济效益而结成的生产组织形式。早期人类社会的工业生产组织形式是从独立的手工业发展到具有简单分工协作的手工工场,再发展为工厂制企业。近代的产业生产组织模式是从单件式小批量生产发展为流水线大批量生产,从粗放生产发展为集约式生产,从刚性生产发展为敏捷制造。当前产业生产组织模式出现了由大规模生产向大规模定制、由纵向一体化向企业归核化发展、由集群生产网络向集群创新网络的发展新趋势。其中企业的集群生产组织模式尤为引人关注,根据行为生态学的原理,企业集群如同自然生态系统一样,同样适用互惠共生、协同竞争、领域共占和结网群居等。因此,集群内的企业通过不断地分化组合、竞争进化,逐渐地在分工协作基础上开始出现网络化集群式创新,使之具有极强的创新能力和竞争优势。

2.3.2.2　产业市场组织

产业市场组织是产业生产组织各部门(企业)之间市场关系的具体表现形式。产业市场组织模式是随着产业生产组织模式发展而变化的,并同时影响着产业的发展。产业市场组织始于早期的包买商制度,经历了以自由竞争、垄断竞争、寡头竞争等为主要特征的几个阶段后,开始向以合作竞争为主要特征的市场组织模式发展。主要包括卖方之间、买方之间、买卖双方之间、市场内已有的买卖方与正在进入或可能进入市场的买卖方之间在数量、规模、份额、利益分配等方面的关系与特征,以及由此决定的竞争形式。特定市场中的市场主体,在市场交易中的地位、作用、比例关系以及它们在市场上交换的商品的特点,就形成了特定产业的市场组织结构,这些市场主体之间的关系在现实市场中的综合反映集中体现为市场的竞争和垄断关系。市场通过交易和竞争规则将所有

系,又参加产品或项目的工作。通过各部门的参与,不仅调动了部门的积极性,而且由于员工互补的知识技术和能力,提高了集体工作的效率。随着柔性生产方式和弹性专精生产的发展,以及信息技术和知识技术在经济发展中占据着越来越重要的地位,中间性管理组织发挥着越来越重要的作用。中间性组织是由分工协作和共生互补关系联系的大小不一的市场主体构成的,是介于市场与企业之间的组织形式。

管理组织中的联系从纵向联系为主转向横向联系为主,管理组织的环境也从企业内部转向市场,管理组织结构则从层级制转向中间性组织。作为中间性组织中最突出的产业集群,将原料供应商、生产商、销售商及中介机构联系在一起,因此既存在纵向联系也存在横向联系,是迄今最有效率的管理组织结构。纵向联系使得管理成本内部化,减少了外部交易和协商成本,半固定的结网关系又避免了庞大的组织运营成本。横向联系表现在中介结构,包括服务性中介机构和行业协会,前者主要为企业解决资金、技术、信息等难题,后者则负责制定行业规则、市场秩序,统一质量标准,是集群组织内部的规制管理机构。各企业遵守行业协会制定的守则,在一定程度上减少了内部管理成本。而在集群组织内部,纵向联系和横向联系之间,还存在着其他看不见的联系,即合作产生的信任机制。它们渗透在各企业、中介组织之中,由于地理上的集中、交易行为的连续性和规制管理机构的及时监督而产生。此外,集群内部的文化氛围也加速了这一合作——信任过程的实现。信任将集群组织内部纵向关系和横向关系进行联结,形成网络结构,减少管理成本,实现管理组织的创新。

2.3.3 产业集群及其效益特征

产业集群的出现具有古老的历史,在古代就出现了产业集群的雏形。但是对这一现象进行研究却是近20年的事。1990年迈克波特在《国家竞争优势》中首先使用了产业集群这一概念。人们发现产业集群能够增强产业的竞争优势,如何推动产业集群的发展,是当前产业经济学研究的热点问题。

2.3.3.1 产业集群的本质及成因

产业集群是产业发展演化过程中经济活动空间集聚的一种地缘现象。属于产业系统中的某类产业聚集体,即某种特定产业及其相关支撑产业或属于不同类型的产业部门在一定区域范围内出现的经济活动的地理集中。是大量不同类型不同规模等级关联的企业和有关机构通过纵横交错的经济关联和网络关系紧密联系在一起,在特定的地域范围内形成的类似生物有机体的空间集聚体。产业集群涵盖的范围相当广泛,包括一连串上、中、下游产业以及其他企业或机构，涉及有相互关联性的企业、专业化供应商、服务供应商、相关产业的厂商以及特殊基础建设的提供者等。通常，集群会向下延伸至下游的通路和顾客上，也会延伸到互补性产品的制造商以及和本产业有关的技能、科技或是共同原料等方面的公司上。此外，集群还包括大学、标准制定机构、产业协会、贸易组织、智库、培训、资讯、中介等机构。

产业在空间上的聚集发展古已有之，如中国江西景德镇的瓷器业集群，但受到人们的广泛关注还是近 30 年来的事。早在 18 世纪下半叶，在英国与专业化分工相伴的产业聚集已初露端倪。19 世纪初出现了基于地理环境、资源禀赋优势的产业集群，如法国葡萄酒业集群、瑞士钟表业集群等等。到了工业化中期，开始涌现出以大企业为核心的产业集聚发展区，如美国底特律汽车制造业、匹兹堡钢铁工业、克罗地亚造船业等。到了 20 世纪 70 年代，以英国为代表的西方传统产业开始衰落，而意大利北部的产业集群却表现出兴旺景象。进入 20 世纪 80 年代，发达国家的产业集群现象已十分普遍，美国、德国、法国、以色列等许多地区的产业集群呈现出强劲的发展势头。尤其是美国硅谷创造的经济神话，成为世界高科技产业集群发展的成功典范。产业集群令人瞩目的经济绩效才逐渐引起了国际学界、商界和政界的广泛重视。

产业集群本质上是一种有效的中间性产业组织模式，是介于市场和企业等级制之间的一种新的空间经济组织形态。从经济体制的组织视角来考察，现代市场经济体制中，层级组织和市场组织是两种最基本的经济体制组织形态。在层级组织与市场组织之间，有一个宽广的中间地带，处在这个地带上有着多种类型的经济体制组织，它们既不属于纯粹的层级组织，也不是纯粹的完全竞争市场组织。新制度经济学理论称之为“中间性组织”。中间性组织并不是层级组织和完全竞争市场组织的简单折衷，而是层级组织向市场组织逐步递进的某种过渡形态，是介于层级组织和完全竞争市场组织之间，又区别于它们的独立的体制组织形态。作为这种中间性组织形态之一的产业集群，其内部企业之间具有密切的合作与竞争关系，促进了企业效率的提高，同时整个产业的效率也得到提高。产业集群的核心是关联企业之间以及企业和其他机构之间的互补性。这种特性有利于增强产业竞争力，使得区域经济能够可持续发展。[91]

产业集群形成的动力和原因主要有：①节约生产成本。大量相关企业聚集在一起，有的企业会采取差异化策略来细分市场，分工的细化必然带来生产成本的节约。②减少交易费用。企业在一个区域内聚集，运输成本必然下降，同时能够共享交易渠道与信息，从而减少了交易费用。③提升创新能力。企业要在激烈竞争的集群中不被淘汰，必须依赖技术和管理的创新，从而推动企业创新能力不断

2.3.3.3 产业集群的效率特征及竞争优势

产业集群是一种高效的产业组织模式，能够极大地提高区域经济的生产经营效率。作为产业链上相关企业与相关支持服务体系，依据专业化分工与协作建立起中间性组织，产业集群介于纯层级和纯市场两种组织之间，比层级灵活比市场稳定，既有层级的协调性又有市场的竞争性，兼具两者的效率优点。能够克服市场失灵导致的交易费用过高，又能克服层级失灵导致的组织成本过高，在交易费用和组织成本中取得了一个平衡点，保证费用的最小化，效率的最大化。因此，产业集群具有较高的效率特征。在这种特殊的组织结构下，集群内的每个企业都可以获得集群外的企业所没有的竞争优势。

与其他产业组织模式相比，产业集群呈现出如下特征：①地域集聚性。即大量企业集聚在特定的地域内，既相互独立又相互关联，利用群体优势形成外部规模经济。②互惠共生性。企业再集群内可以形成功能互补和资源互换的互惠共生关系，使得各自都有更大的生存和发展空间。③合作竞争性。企业竞争是普遍存在的，但互惠共生又是一种合作，集群企业间的竞争是一种为达到共同发展相互促进的合作竞争。④资源共享性。企业可以共享集群区域内的交通、金融等公共设施，人才、信息等资源，以及知识溢出和区域品牌等效应。⑤灵活专业性。产业集群内，大量的中小企业相互集中在一起，生产分工细化与专业化程度提高，企业间形成密切而灵活的专业化分工协作，形成柔性的生产体系。产业集群的竞争优势主要体现在以下几个方面：

(1)经营成本优势。产业集群是企业为了自身利益最大化，在地理上近距离集聚所形成的互相依托、互相作用的产销集合体，由于相对集中布局，形成了一个高效的专业化分工协作体系，从而使企业获得了明显的成本优势。其直接表现在原材料的采购运输、信息技术的搜寻获取、产品设计的协作开发、大型设备的投资运行、中间产品的生产加工、最终成品的整合配套、各类商品的市场交易、委托代理的搜寻识别等方面成本的节约与降低。还表现在由于其形成的规模经济和范围经济、劳动力的有效供给，以及专业化分工协作带来的生产效率的提高和生产成本的降低。

(2)技术创新优势。大量相关企业聚集在一起，会受到隐形的竞争压力，强化了彼此间的竞争，迫使企业不断进行技术创新和组织创新。同时由于企业彼此接近又可能产生互相学习的效应，大大加快了企业创新步伐，形成了良好的创新环境，从而使企业具有明显的创新优势。主要表现在：创新激励效应、创新学习效应、创新文化氛围、创新服务体系、创新合作体系、创新人际环境，以及隐性知识的传播与扩散、技术人才的交流与聚集、创新网络的形成与运行等方面。

企业与企业间、企业与支撑机构间集聚形成“创新网络”是集群保持持续创新优势的重要基础。

(3)资源配置优势。关联企业及相关机构在空间上的大量集聚,也导致从原材料供应到销售渠道直至最终用户的资源聚集,从而形成结构完整的涵盖了上中下游的资源配置体系。由于材料、技术、资金、人才、信息、服务、劳动力等在集群内的大量聚集,使得集群企业和成员对其所需要的各种资源具有更多的选择渠道和更大的选择空间,在给集群企业配置资源带来极大方便的同时,也大大降低了企业配置资源的成本,使得企业能够以更高的效率来生产产品或提供服务,从而获得更大的竞争优势。

(4)合作协同优势。集群内企业通过不同价值链相互衔接,形成一个分工合作协同竞争的价值网络,并以多样化的产品、差异化的服务和低廉化的价格获得外部的范围经济。分工协作的互动关联,推动着集群产业升级,当集群网络中核心或关键企业的产品制造技术提高时,协作成员将迅速做出反应并适时调整,以完善其共同的价值链,这为专业化企业提供大量生存发展机会,也不断提高产业集群整体的生产效率。产业关联性、价值网络化和地缘接近性,使得集群企业会尽可能地采用各种互利性的合作或协作形式,以发挥其协同竞争优势。

(5)品牌营销优势。区域品牌是集群内企业宝贵的无形资产,是企业通过共同努力而树立的一种具有独特性的“群体品牌”,如法国香水、意大利时装、瑞士手表等,企业利用群体效应,集中广告宣传,形成区域品牌。区域品牌是集群内众多企业品牌精华的浓缩和提炼,更具有广泛的、持续的品牌效应。因此,区域品牌对集群企业具有一种无形的品牌价值,这些都将使企业获得营销上的优势。像在意大利的服装业集群中,大多数企业都利用“区域品牌”效应,以专卖店的形式在全球范围内直销,从而获取纵向一体化垄断利润。

2.4　复杂系统分析方法及自组织理论

随着人类社会的进步和科学的发展,人们对事物的认识不断深入,从孤立分离的视角转向系统分析的视角,使人们对客观事物的认识更加全面、更加深刻。系统方法的特色之一是强调从整体上、全局上去认识、改造和管理事物,追求系统整体的最大效能。复杂性系统科学是系统科学的新发展,它以复杂系统和事物复杂性为研究对象,是研究和分析复杂事物的全新框架,为解决社会经济系统的复杂问题提供了新的途径和手段。

2.4.1 系统科学的基本观点和方法

系统科学思想、理论和方法的形成、发展和演化,是伴随着人类社会的进步和科学技术的发展而进行的。在早期系统思想的基础上,系统科学理论的发展和演进,大体上经历了现代系统理论的形成、系统自组织理论的出现和复杂性系统科学的发展等几个阶段。

2.4.1.1 系统的概念及原理

系统泛指由两个或两个以上具有相互作用的个体组成,能完成个别元件不能单独完成的工作的群体。系统是处于自身相互关系中以及与环境的相互关系中的要素集合,是具有动力学联系的诸元素之内聚统一体。可以表述为:如果一个对象集合中至少有两个可以区分的对象,所有对象按照可以辨认的特有方式相互联系在一起,就称该集合为一个系统。集合中包含的对象称为系统的组成部分(简称组分),最小的即不需要再细分的组分称为系统的元素或要素。它至少概括了以下三点内容:第一,系统是由至少两个要素(部分)组成的盟体,孤立的一个要素是不能组成系统的;第二,要素之间、要素与整体之间以及系统与环境之间都存在一定的有机联系,从而在系统内部及系统与环境之间形成一定的结构和秩序;第三,系统整体具有不同于各个组成部分(要素)的新功能。

系统是由元素和子系统构成的。元素的本质特征是具有基元性,相对于给定的系统它是不能也无需再细分的最小组成部分,元素不具有系统性,不讨论其结构问题;子系统具有可分性、系统性,需要且能够讨论结构问题。有些子系统可以只有一个元素,子系统对母系统具有相对的独立性。元素和子系统都是系统的组成部分,简称组分。系统要素之间的联系是内在的、有凝聚力的、协调一致的,这种联系属动力学而非静力学。系统整体所显示的一切动力学性质首先来自系统内部,来自元素之间的动力学相互作用。同时也来自环境本身的动态变化,来自系统与环境的动力学相互作用。元素之间的动力学相互作用、环境的动力学变化必然通过系统整体的状态、特性、行为表现出来。直接刻画元素之间的动力学相互作用几乎是不可能的,可行的做法是刻画系统的整体状态、行为、特性的动力学变化。

系统科学以这样一个基本命题为前提:系统是一切事物的存在方式之一,因而都可以用系统观点来考察,用系统方法来描述。一般地说,现实世界不存在没有任何内在相关性的事物群体,凡群体中的事物必定以某种方式相互联系,否则不称其为群体。凡是用系统观点来认识和处理问题的方法,亦即把对象当作系统来认识和处理的方法,不管是理论的或经验的,定性的或定量的,数学的或非数学的,精确的或近似的,都叫作系统方法。系统研究研究方法强调还原论方法和整体论方法的结合、分析方法与综合方法的结合、定性描述与定量描述的结合、局部描述与整体描述的结合、确定性描述与不确定性描述的结合、静力学描述与动力学描述的结合、理论方法与经验方法的结合、精确方法与近似方法的结合、理性与直觉的结合,等等。这些结合是系统研究方法之精髓所在。

自然界和人类社会中普遍存在系统,例如一个生物、一个机器、一个企业等,都是系统。对所有的系统来说,都具有下面的特性:①多元性。系统都是由多个个体组成的,最小的系统也是由两个个体组成的,没有只有一个个体组成的系统。一些系统可以按组成系统的实体分成独立的个体,但一些系统只能够抽象的将系统分解为一些组成系统的要素。②相关性。任何一个系统的组成个体之间按照一定的规则相互作用,系统内不存在与其他个体没有任何联系的孤立个体。③整体性。组成系统的个体之间的关联,把所有的个体联系在一起,产生了整体性。系统具有整体性,即整体具有部分或部分综合所没有的性质,这是系统最重要的特性。用系统的观点和方法看待和分析问题,就是要研究系统的整体性。系统都具有自己的整体性,不同的系统具有不同的整体性,认识和研究系统不能将系统割裂为孤立部分,否则就是盲人摸象,掌握不了系统的整体性。

2.4.1.2　系统的结构与功能

系统的结构是指系统内部各组成要素之间在空间或时间方面的相互联系相互作用的方式和顺序。只有要素还不能构成系统,还不能体现系统的整体性。构成系统的要素之间还必须是有机的相互作用、相互联系,形成一定的作用方式,也就是必须组成一定的结构,才能发挥整体作用,才能成为系统。所以凡系统都有自己特有的结构。系统研究最关心的是把所有元素关联起来形成统一整体的特有方式(包括关联力)。组分及组分之间关联方式(系统把其元素整合为统一整体的模式)的总和,称为系统的结构。在组分不变的情况下,往往把组分的关联方式称为结构。

当系统的元素很少、彼此差异不大时,系统可以按照单一的模式对元素进行整合。当系统的元素数量很多、彼此差异不可忽略时,不再能够按照单一模式对元素进行整合,需要划分为不同的部分,分别按照各自的模式组织整合起来,形成若干子系统,再把这些子系统组织整合为整系统。一种最简单的情形是,由于系统规模太大,必须对元素“分片”管理,因而把整系统分为若干子系统,但不同子系统具有相同结构。组织和结构是两个有差别的概念。只要组分之间存在相互作用,就有系统结构。但有结构不等于有序。在相对的意义上,结构分为有序的和无序的两大类。处于热平衡态的气体系统的元素(分子)由分子力相互作用,不停地随机碰撞,形成特定的系统结构,但属于无序结构。组织仅指有序结构,有组织的系统就是具有有序结构的系统。

系统的结构可按静态和动态、空间和时间进行分类。当系统处于尚未运行或停止运行的状态时各组分之间的基本联接方式,称为系统的静态结构(或称为框架结构)。当系统处于运行过程中所体现出来的组分之间相互依存、相互支持、相互制约的方式,称为系统的动态结构(或称运行结构)。系统内组分在空间的排列或配置方式,称为系统的空间结构。系统内组分在时间流程中的关联方式,称为系统的时间结构。有些系统主要呈现空间结构,有些系统主要呈现时间结构,有些系统兼而有之,后者称为时空结构。

系统的结构具有层次性。一个系统有自己的结构,但对于更大范围或更长过程的系统来看,这个系统就成为其子系统或要素之一,系统的结构就以这个子系统与其它子系统或要素构成高一级层次的系统和结构。反之,对更小范围和更短过程的系统来说,它的其中的一个子系统或者一个要素都是一个系统,都有自己的结构,原来的结构就成为它的外部条件了。由于系统结构的多层次性和层次纵横交错的复杂性,也就体现了结构的相对性。在一定层次上是系统的结构,在另一层次上就可能看成要素而不考虑其结构,在一定层次上是要素,在另一层次上就成为独立的系统,必须考虑其内部的结构。即使同一系统从不同角度考察,其结构也不相同。因而要求具体问题具体对待,才能准确地掌握系统的结构。

系统的功能是通过系统行为表现出来的。系统的行为是系统相对其外界环境所表现出来的任何变化或可以从外部探知的一切变化。系统行为会对所处的环境造成影响,并对环境中某些事物乃至整个环境存续与发展产生作用。系统的功能是系统与外部环境相互联系相互作用的过程的秩序和能力,这种秩序和能力是通过系统的行为表现出来的,它体现了一个系统与外界环境之间的物质、能量和信息的输入与输出的交换关系。系统功能是刻画系统行为,特别是系统与环境关系的重要概念。

2.4.1.3 系统科学方法论特征

系统科学在当今的任何一个学科中都有其重要的地位,其所具有的方法论特征主要表现在:分析事物的整体性综合性和动态性,认识系统的关联性、有序性和涌现性,处理问题的定量化、模型化和最优化等方面。

(1)分析事物的整体性、综合性和动态性。系统科学把一切事物都看作是一个系统,要求在分析事物时要从系统整体性出发,进行综合性考察和动态性分析。①整体性。主要表现在系统的性质、功能及其运动规律只有从整体上才能显示出来,系统的整体呈现了各个组成要素所没有的新特性。组成系统的各要素之间,其相互联系和作用不能离开整体去考虑。研究整体中某一要素或某些要素的作用也不能脱离整体和整体的环境。因此,分析事物时应从整体出发,研究其整体规律。②综合性。客观事物都是一个系统,都是由诸多要素按照一定的规律组成的复杂的综合体,因此,在对其分析研究时必须进行综合考察,即都要从它的组成部分、结构、功能以及环境的相互联系、相互作用和相互制约等诸多方面进行综合研究。③动态性。任何事物都是发展变化的,要在动态过程中揭示它们所具有的性质、规律和功能,并把握其过程和未来趋势。通过分析系统内部各要素相互作用以及外部环境变化对系统的影响,来揭示事物变化发展的原因、途径、动力和规律。

(2)认识系统的关联性、有序性和涌现性。系统科学认为,任何系统都与其所在环境相互依赖、相互制约,系统内部要素之间以及与外部环境之间的相互作用与联系,形成结构有序的统一体,涌现出系统的整体功能。①关联性。任何系统都是具有内、外相互作用的同一整体,而客观事物相互联系和相互作用的形式是多种多样的,正是这种多样性的联系,决定了系统的多样性;要素与要素之间,每一要素的作用,都要对其他要素产生一定的反应;系统整体的特性和功能有所变化,必然要影响到要素及要素之间的关系;系统与环境的相互作用由系统的功能来表现,而系统的功能又是由系统的结构所决定。②有序性。任何系统都是有结构的,总是作为有秩序的完整有机整体而存在,结构的有序性是系统功能得以实现的内在根据;具有同样组成成分的事物,由于各成分在事物内部的排列次序上的改变,可以引起事物性质上的根本变化;系统与要素之间的有序结合可以获得大大不同于要素简单相加所能得到的整体功能。③涌现性。将若干部分按照某种方式整合成为一个系统,就会产生出整体具有而部分或部分总和所没有的东西,如整体的形态、整体的特性、整体的行为、整体的状态、整体的功能、整体的困难、整体的机遇、整体地解决问题的途径等。一旦把系统分解为它的组成部分,这些东西便不复存在。即系统与组分或子系统相比有质的提升和新的飞跃。

(3)处理问题的定量化、模型化和最优化。现代系统科学采用定量与定性相结合的方法,通过建立相应的模型,对具体问题进行优化处理。①定量化。任何系统都有定性特性和定量特性两方面,定性特性决定定量特性,定量特性表现定性特性，以前一些复杂系统的方法只能够做到定性分析，当前对于复杂的系统已经在很大的程度上能获得定量的特性，在正确的定性认识基础上科学选择基本变量，建立定量描述体系。②模型化。对于涉及因素和关系较多的系统，有时很难一下子把所有的因素和关系理清，甚至有些因素也并不需要完全弄清楚，而往往又要求进行定量分析，这就需要简化处理，抽象为理想模型，通过对模型进行实验和研究，以达到解决实际问题的目的。③最优化。在解决实际问题的时候，根据总体需要为系统确定出最优目标，采取一定的手段和方法，统筹兼顾，协调好整体与部分的关系，使得部分的功能目标服从系统整体的最佳目标，从多种可能的途径中，选择出最优的系统方案，使系统的运行处于最优状态，达到最优效果，实现总体最优的目的。

2.4.2 复杂系统的分析思路及方法

在相当长的一段时期中，人们认为复杂系统是线性系统的叠加。但随着人们对复杂系统的不断研究，当前人们已经发展出研究复杂系统的一套方法，不断的揭示复杂系统表现出的各种独特性质与复杂系统运行的内部机制。

2.4.2.1 复杂系统及其复杂性

复杂系统及其复杂性的研究是系统科学发展的新阶段。在现代系统科学中，一般把组成事物的各种系统分成简单系统、随机系统、复杂系统三大类，复杂系统是相对于简单系统和随机系统而言的。简单系统的元素和变量较少，相互作用是较为简单的线性关系，可用牛顿力学方法去加以解析。随机系统的元素和变量巨大，但其间的耦合较弱且具有随机性，只能用统计的方法去分析。而复杂系统则是指具有中等数目的元素与变量，相互作用是较为强烈非线性耦合关系，具有对局部信息做出反应的智能性、自适应性主体的系统。在复杂系统中不存在中央控制，元素或个体(子系统)通常只掌握局部信息，没有哪个元素或个体能够知道其他所有主体的状态和行为，每个元素或个体都只能从个体集合的一个相对较小的集合中获取信息，处理"局部信息"，做出相应的决策。系统的复杂性主要表现在聚集性、非线性、动态性、开放性、适应性、多样性、涌现性等方面。

(1)聚集性。在系统的演变过程中，较小的、较低层次的元素或个体通过某种特定的方式结合起来，形成较大的、较高层次的个体，这往往是宏观形态发生变化的转折点。这里的聚集不是简单的合并，也不是消灭个体的吞并，而是新类型的、更高层次上的个体的出现；原来的个体没有消失，而是在新的更适宜自己生存的环境中得到了发展。简单的主体的聚集相互作用，必然会涌现出复杂的大尺度行为。这是指主体聚集后产生的结果，这种涌现的结果是复杂适应系统的一个基本特征。

（2）非线性。非线性是指系统内的主体以及它们的属性在发生变化时，遵从的是非线性关系。系统个体之间相互影响不是简单的、被动的、单向的因果关系，而是主动的适应关系。这在主体与系统或环境反复的交互作用中特别显著。在复杂系统中，以往的历史会留下痕迹，以往的经验会影响将来的行为，各种反馈作用（包括正负两方面的反馈）交互影响的、互相缠绕，形成复杂非线性关系，从而导致复杂系统的行为难以预测[92]。因此，复杂系统在曲折的进化过程中，呈现出丰富多彩的性质和状态。

（3）动态性。由于系统个体之间以及系统与外界之间存在着复杂的相互作用，复杂系统的结构和状态都是不断变化的。结构的变化主要是指个体之间相互作用关系的变化；状态的变化涉及个体的状态变化和系统整体的状态变化。因此，复杂系统的结构和状态是不平衡的，都处于动态过程中。系统的动态不平衡并不排除局部或瞬间的平衡，即系统总体上是不平衡的，但其局部平衡是可能的；从长期角度看是不平衡的，但某一短暂时间内又可以是平衡的。不平衡动态是系统变革和进步的根本力量。

（4）开放性。复杂系统本身就是一个开放的系统，该系统在发展演化的过程中，不断与外界环境进行物质、能量和信息等方面的交换，从而保持系统的生存与发展。同时由于外界环境的时变性、不确定性和不可预测性，会不同程度地对系统产生扰动和影响。这种扰动和影响会对系统内个体的行为产生作用，刺激个体根据自身目标和利益重构与其他个体间的结构关系；同时也有助于促进系统产生一致"对外"的倾向，合力寻求适应环境变化的方法，并引导系统向适应环境的方向发展进化。

（5）适应性。所谓适应性是指复杂系统的主体能够与环境以及其他主体进行交互作用，进行信息和资源的交流，为实现自身目标而调整和改变行为模式，从而适应环境变化的要求。主体通过交往"学习"和"积累经验"，不断修改其自身的规则和结构，改变自己的行为方式和运动轨迹，或与其他主体进行合作或竞争，争取最大的生存和延续自身的利益，从而体现了主体不断适应环境变化的能力。因此，复杂系统中的成员被称为有适应性的主体，也正是主体的适应性造就了纷繁复杂的系统复杂性。

（6）多样性。复杂适应系统的多样性是一种动态模式，其多样性是复杂适应系统不断适应的结果。系统主体是主动的活的实体，个体与环境的相互影响和作用是系统演变和进化的主要动力。主体能与其他主体和环境甚至整个宏观系统一道演变或进化，包括新层次的产生，分化和多样性的出现，新的、聚合而成的、更大的主体的出现等等,都是在这个基础上逐步派生出来的。每一次新的适应都为进一步的相互作用和新的生态开辟了可能性,从而为系统产生多样性的结构或模式创造了条件。

(7)涌现性。所谓涌现性是指复杂系统的整体涌现性,即系统整体才具有,孤立的部分及其总和不具有的特性。涌现是复杂适应系统层级结构间整体宏观的动态现象,其产生的根源是自适应性主体在某种或多种毫不相关的简单规则的支配下的相互作用。个体的适应与系统的演化相互关联,微观个体的进化会导致宏观系统呈现出新的状态和结构。涌现能够在所生成的既有结构或功能的基础上再生成具有更多组织层次的结构或模式,这种在宏观尺度上看到的结构或模式的涌现,即所谓自组织现象的出现。

2.4.2.2 非线性与非平衡系统

"非线性"是相对于"线性"而言的。所谓"线性"是指两个变量之间所存在的正比关系,线性系统中,部分之和等于整体,描述线性系统的方程的不同解加起来仍然是原方程的解。非线性是指两个变量间的关系,不成简单比例(即线性)关系。线性关系只有一种,而非线性关系则千变万化,线性只是非线性的特例,它是简单的比例关系,各部分的贡献是相互独立的;而非线性是对这种简单关系的偏离,各部分之间彼此影响,发生耦合作用,这是产生非线性问题的复杂性和多样性的根本原因。

由非线性函数关系描述的系统称为非线性系统。非线性系统能表现出许多独特的性质,这些性质决定了非线性系统具有复杂性,是系统表现出复杂性的根源。非线性现象具有以下特征:非线性系统中各种因素的独立性丧失,整体不等于部分之和,不再满足叠加原理,非线性方程的两个解之和不再是原方程的解;非线性系统中参数的极微小变动,在某些条件下或一些关节点上,可以引起系统运动形式的定性改变,甚至可以在较长时间后引起系统运动性质的根本改变。现在我们认识到自然界和人类社会中大量存在的相互作用都是非线性的。

非线性系统一般具有极限环、分岔、混沌等现象,这是线性系统所不具备的。极限环是系统相空间里的一个闭合轨迹,稳定的极限环会使系统处于周期震荡的状态。分岔是指在非线性系统中,当决定系统的参数发生变化时,对于一定的参数值,系统失去稳定性而同时出现两个或多个解的现象。混沌是确定性系统中由于内禀随机性而产生的一种复杂的、貌似无规则的运动,其初始条件极为敏感,初始条件的细微差别可导致其解值的巨大偏差。对于某一个确定的非线性系统,在一种初始条件下是稳定的,而在另一种初始条件下则可能是不稳定的,或者在一种输入作用下是稳定的,而在另一种输入作用下却是不稳定的。

“非平衡态”是相对“平衡态”而言的，所谓平衡态是指系统处于这样一种状态，即在没有外界（与系统有关的周围环境）影响的条件下，系统各部分的宏观性质长时间内不发生变化的状态。如果一个热力学系统与外界没有任何能量或物质交换，内部也不存在宏观流动，宏观性质不随时间或空间而改变的状态就称之为平衡态。所谓非平衡态是指在外部环境的影响下，或在内部各种因素的相互作用下，系统的宏观性质或状态随着时间或空间的变化而变化的状态[93]。在现实世界中并不存在完全不受外界影响，并且宏观性质绝对保持不变的系统，因此不存在绝对的平衡，所以平衡态只是一个理想化的概念，它是在一定条件下对实际情况的抽象和概括。平衡总是相对的，它只是非平衡现象的一个特例，非平衡和运动一样都是绝对的。

人们研究得比较早的系统是平衡态系统，要求系统本身处于平衡状态。但是自然和社会中的绝大多数系统都不断与外界有着物质与能量交换的系统，都属于非平衡系统，如生命系统和生态系统也都是非平衡系统，生态平衡并不是真正意义上的平衡态，而是不断与外界交换物质和能量的非平衡定态。同样产业经济系统也需要与外界进行交换，也处于非平衡定态。如果某些外部或内部条件发生改变，造成这种定态失稳，则会出现生态破坏或经济危机。人们认识和研究非平衡现象是以平衡现象为基础的，从简单已知的平衡状态去分析理解复杂的未知的非平衡状态。平衡是系统发展相对稳定的阶段，系统的相对平衡状态是认识的开始，深入了解系统在非平衡条件下的演化才能了解系统的本质和规律。

非平衡系统具有平衡系统没有的重要特性，在远离平衡的状态下，非平衡系统会出现自组织现象。当一个系统处于开放状态，在该系统从平衡态到近平衡态，再到远离平衡态的演化过程中，当达到远离平衡态的非线性区时，一旦系统的某个参量变化达到一定的阈值，通过涨落，该系统就可能发生突变（即非平衡相变），原来的无序混乱状态转变为一种时间、空间或功能的有序的新状态。这种在远离平衡区形成的新的、稳定的、宏观的有序的结构，需要不断与外界交换物质和能量才能维持，并保持一定稳定性，且不因外界微小扰动而消失。系统只有离开平衡态，才能从无序向有序方向演化，非线性保证了系统所有要素之间都存在相互联系和相互作用。

非平衡系统的自组织理论是 20 世纪 60 年代末期开始建立并发展起来的一种系统理论。它的研究对象主要是复杂自组织系统（生命系统、社会系统）的形成和发展机制问题，即在一定条件下，系统是如何自动地由无序走向有序，由低级有序走向高级有序的。20 世纪 70 ~ 80 年代，耗散结构理论、协同学、超循环理论等自组织理论,从不同的角度丰富了系统科学的内容,使系统理论上升到一个新的高度。自组织理论的科学性不仅在于它能够完整地描述出现代科学系统的共同机制与规律性,而且在于它来源于自然科学,又超越于自然科学具有普遍的方法论意义。

2.4.2.3 复杂系统研究的基本方法

复杂性系统科学的研究历史大致划分为早期的研究存在基础、中期的研究发展演化、后期的研究领域综合等三个阶段。在早期的研究存在基础阶段中,其主要成就表现为一般系统论、控制论、信息论、人工智能等。在中期的研究发展演化阶段中,其主要成就有:耗散结构理论、协同学、超循环理论、突变论、混沌理论、分形理论和元胞自动机理论等[94]。在后期的研究领域综合阶段中,复杂性系统科学研究不再是分门别类地进行,而是打破以前的学科界限,进行综合研究,所涉及的主要内容有:复杂适应系统、非适应系统(如元胞自动机)、标度律、自相似、复杂性的度量等。

在复杂性系统科学理论体系中,突变理论、混沌理论、分形理论和元胞自动机理论等形式科学,主要利用数学对复杂系统的演化过程进行形式化描述,如利用相空间中的吸引子来描述系统演化的终极状态。常见的吸引子有:焦点和结点、极限环、环面、奇怪吸引子。焦点和结点代表系统的平衡态;极限环代表系统的周期运动;环面代表系统的准周期运动;奇怪吸引子表示系统的混沌运动。不同的类吸引子分别表示了系统演化的不同目的性行为。奇怪吸引子是混沌运动的吸引子,是相空间中的分形点集,具有分数维,需要分形理论来刻画它。元胞自动机是一种离散的动力系统,它和连续动力系统有类似的演化行为和吸引子,可用来模拟生命现象,研究系统的整体突现性质。形式科学中的突变论研究不连续的突变现象,对演化中的突变行为给予抽象的、形式的和定量化的描述与说明。

复杂系统研究中所涉及的基本原理有:①开放性原理:系统具有不断与外界环境进行物质、能量、信息交换的性质和功能,开放性是系统演化的前提,也是系统稳定的条件。②突变性原理:系统失稳而发生状态突变是系统质变的一种基本形式。系统发展过程中存在分叉而且突变方式很多,使系统质变和发展也存在多样性。③稳定性原理:开放系统能够在一定的范围内进行自我调节,保持和恢复系统原有的有序状态,功能结构,具有一定自我稳定的能力。④自组织原理:在复杂的非线性作用下,涨落放大形成长程相关,系统内个体自发组织起来,从无序向有序,从低级有序向高级有序发展。⑤相似性原理:系统的结构功能,存在方式和演化过程具有差异的共性,是系统统一性的一种表示,系统表现出同构和同态。

当前研究复杂系统一般采用以下几种技术手段[95]:①隐喻方法。传统的科学方法论中一般不使用隐喻,但是在复杂系统的研究中,隐喻方法则很重要。美国圣塔菲研究所的霍兰教授成功的将隐喻方法应用到了复杂适应系统理论和涌现理论中。②模型方法。科学中为了研究某一具体的系统,通常将这一系统抽象为理想的模型。研究复杂系统同样可以建立各种各样的模型,例如元胞自动机、复杂网络等。一个好的系统模型都抓住了支配这一系统的重要因素。③数值方法。随着计算机技术的发展,数值计算方法越来越多的应用到了复杂系统的研究之中,使用数值方法发现了很多新的现象,例如洛伦兹发现混沌现象就是使用计算机数值计算非线性迭代时发现的。④计算方法。计算方法研究问题是否可以计算,怎样计算,找到算法解决问题。遗传算法、人工生命都是利用这种方法进行研究的。⑤仿真方法。很多复杂性问题使用常规方法研究是无能为力或者成本高昂的,但是使用计算机对实际的系统进行模拟仿真,可以得出很多有意义的结果。例如交通系统的控制与规划问题,很多时候都在使用模拟方法加以研究。

2.4.3 系统的协同竞争与自组织

系统的自组织理论是20世纪60年代开始发展起来的一种系统理论,主要研究复杂自组织系统(例如激光系统、生命系统、经济系统、社会系统等)的形成和发展机制,包含协同学、耗散结构理论、突变论等,能够揭示系统为什么会从无序状态向有序状态演变。

2.4.3.1 协同学的基本原理

协同学是研究协同系统从无序到有序的演化规律的新兴综合性学科。协同系统是指由许多子系统组成的、能以自组织方式形成宏观的空间、时间或功能有序结构的开放系统。协同学理论是德国理论物理学家哈肯(*H. Haken*)在研究激光理论的过程中创立的。60年代初,激光刚一问世,哈肯就注意到激光的重要性,并立即进行系统的激光理论研究,并于1969年提出了系统协同的思想,在他1970年出版的《激光理论》一书中多处提到不稳定性,为后来的协同学准备了条件,1976年系统地论述了协同理论,1977年以来,协同学进一步研究从有序到混沌的演化规律。1979年前后联邦德国生物物理学家艾根将协同学的研究对象扩大到生物分子方面。先后发表了《协同学导论》、《高等协同学》等著作。

在深入研究激光理论的过程中,哈肯发现激光是一种典型的远离平衡态时由无序转化为有序的现象,并发现在合作现象的背后隐藏着某种更为深刻的普遍规律,由此建立起了协同学理论。协同学以系统论、信息论、控制论、突变论等现代科学的最新成果为基础,吸取了结构耗散理论的大量营养,采用统计学和动力学相结合的方法,通过对不同的领域的分析,提出了多维相空间理论,建立了一整套的数学模型和处理方案,在微观到宏观的过渡上,描述了各种系统和现象中从无序到有序转变的共同规律,研究了系统在外参量的驱动下和在子系统之间的相互作用下,以自组织的方式在宏观尺度上形成空间、时间或功能有序结构的条件、特点及其演化规律。系统各要素之间的协同是自组织过程的基础,系统内各序参量之间的竞争和协同作用是系统产生新结构的直接根源。

协同学认为远离平衡态的开放系统在外部参量的相互作用下与外界有物质或能量交换,系统内部会通过子系统之间协同作用,自发地在宏观尺度上形成空间、时间或功能的有序结构。协同系统的状态可以由一组状态参量来描述,这些状态参量随时间变化的快慢程度是不相同的。但是当系统逐渐接近于发生显著质变临界点时,变化慢的状态参量的数目就会越来越少,有时甚至只有一个或少数几个,这些为数不多的慢变化参量完全确定了系统的宏观行为和演化状态,这样的参量还反映了系统的有序化程度,因此这样的参量就叫作序参量。其他的状态参量都受到序参量的支配,序参量的变化可以通过非线性方程描述,称之为演化方程,主要有主方程、朗之万方程、福克—普朗克方程等形式。协同学的基本原理有协同效应原理、支配原理和自组织原理。[96]

协同效应原理:任何一个复杂系统,当在外来能量的作用下或物质的聚集态达到某种临界值时,子系统之间就会产生协同作用,协同作用是系统有序结构形成的内驱力,能使系统在临界点发生质变产生协同效应,使系统从无序变为有序,从混沌中产生某种稳定结构。这一原理说明系统运动发展的支配机制在于子系统(或构成要素)之间的相互联系、相互作用和相互影响。协同效应是指由于协同作用而产生的结果,是指复杂开放系统中大量子系统相互作用而产生的整体效应或集体效应。

支配伺服原理:即在系统变化的临界点,快变量服从慢变量,序参量支配子系统行为。其实质在于规定了临界点上系统的简化原则——“快速衰减组态被迫跟随于缓慢增长的组态”,即系统在接近不稳定点或临界点时,系统的动力学和突现结构通常由少数几个集体变量即序参量决定,而系统其他变量的行为则由这些序参量支配或规定。该原理从系统内部稳定因素和不稳定因素间的相互作用方面描述了系统的自组织的过程。系统处于临界点附近时,稳定性遭到破坏。系统的快参量将衰减迅速,对系统状态没有大的影响;而慢参量则缓慢增长，对系统状态起支配作用。

自组织原理：系统在远离平衡的状态下，具有稳定的能量、物质或信息的输入与输出时，子系统（或构成要素）之间的协同作用使得系统形成新的稳定结构。这种稳定结构的形成不需要外部命令，完全是系统自身的各要素之间通过相互作用按照某种规则而自发形成的，具有内在性和自生性特点。自组织原理解释了在一定的外部能量流、信息流和物质流输入的条件下，系统会通过大量子系统之间的协同作用而形成新的时间、空间或功能有序结构。自组织现象无论在自然界还是在人类社会中都普遍存在。

2.4.3.2　系统内的竞争与协同

竞争与协同是自然系统（包括有机系统和无机系统）中存在的普遍现象，特别是在生物界和人类社会中表现得最为突出，作为系统运行的两大机理，竞争与协同决定着系统演化的方向。系统内部的要素之间以及系统与环境之间，既存在整体同一性又存在个体差异性，整体同一性表现为协同因素，个体差异性表现出竞争因素，通过竞争和协同的相互对立、相互转化，推动系统的演化发展，这就是竞争协同律。无论是自然界还是人类社会都处于普遍联系和变化发展之中，其中各事物、现象、系统和要素之间无不存在协同现象和竞争活动。正是协同和竞争的作用，才使现实世界呈现出动态的普遍联系和变化发展的繁荣景象。

竞争是指两个或两个以上事物或系统彼此妨碍或制约，以及为了各自利益相互之间的对立和斗争。其主要表现为对立面的相互排斥、相互否定和相互争胜、相互争优。在生物学领域，竞争是指在资源有限时，有共同需要的个体间引起的相互作用，从而导致个体的存活力、生长和繁殖降低的现象。生物进化论的成功，使人们看到了竞争在事物演化发展过程中的推动作用。自从地球上有了生物，便有了生物之间的竞争，“物竞天择，适者生存”的法则一直主宰着生物界的演化历程。“物竞”就是生物之间的生存斗争，“天择”就是环境的选择，只有适应环境的生物才能在竞争中获胜，才能生存发展。

人们对竞争的重视的原因之一在于，竞争现象在自然界、人类社会和思维领域都普遍存在，并发挥着重要作用。无论是植物与植物，还是动物与动物，甚至是人与人，生活在现实世界上，只要碰到一起，自然就会争夺某些自然资源，出现个体与个体之间、种与种之间、群与群之间的竞争。竞争优胜劣汰的本质属性，使得它能够通过激励与淘汰机制的共同作用，形成推动社会进步的不竭动力。亚当·斯密是第一个比较系统地提出了竞争如何在经济发展中发挥作用的，认为追求私利的个体能够在实现自身目标的同时实现社会效益的最大化，竞争能将个体对利益的追求和社会利益统一起来，并导致资源的有效配置。

协同是指事物之间的合作、配合、协调、适应、和谐以及事物或系统之间的相容性、共存性。在自然生物群落中，生物之间不仅有体现为负相互作用的竞争，同样也存在体现为正相互作用的协同，如"和睦共处"与"互利互惠"的共生和共栖关系，以及协同适应与协同进化现象等。协同进化一般是指两个相互作用的物种在进化过程中发展的相互适应的共同进化。广义的协同进化是指生物与生物、生物与环境之间在长期相互适应过程中的共同进化或演化。自然界中生物与生物之间，以及生物与环境之间的协同是影响生物进化的关键因素。生存在一定自然环境资源制约中的种群，通过相互之间的竞争与协同，互相驱使对方提高自身的性能和复杂性，从而实现种群之间的协同进化。

从系统科学的视角看，协同是指事物或系统在联系和发展过程中其内部各要素之间的有机结合、协作、配合的一致性或和谐性，以及在某种模式的支配下事物或系统产生不同于原来状态的质变过程。狭义协同是指与竞争相对立的合作、互助和同步等行为；广义协同则是指在复杂大系统内，为了实现系统总体目标，各子系统或各个组成部分之间相互配合、相互支持而形成一种良性循环状态。协同作为客观世界的一种普遍现象，是客观事物之间相互联系的基础和前提，它使客观世界的普遍联系得以实现。协同是一种集体行为，表现为系统中各个子系统（或构成要素）之间相互协调的、合作的或同步的联合作用。协同是系统整体性、相关性的内在表现。

在自然界中，生物之间的竞争与协同也是相辅相成的，在特定的条件下两者可以相互转化。竞争的结果可能是优胜劣汰、物种消亡、适者生存，也可能走向相互适应、相互刺激、协同进化，达到群落和生态系统的相对稳定；而协同的结果则是各得其所、共同发展，并在新的层面上形成竞争。在产业系统中也是如此，企业之间通过竞争来相互排斥、相互作用，并以此为基础建立了相互合作和相互依赖的关系。竞争导致协同，协同反过来又引导着竞争，协同和竞争的对立统一是经济系统演化发展的动力源泉。市场主体在竞争的过程中，为了提高自身的竞争能力，往往要进行各种形式的合作，使企业的规模和实力得到增强；而这反过来又会引发更加激烈的竞争，导致范围更大的、更加深入的协同作用。

系统科学认为竞争和协同是系统演化的动力和本质，个体通过竞争与协同表现出系统的整体性。耗散结构和协同学理论都认为系统的演化与发展取决于竞争基础之上的协同。竞争与协同既对立又统一，它们相互对立、相互促进，推动着系统的发展。竞争和协同是相互依存的，竞争导致协同，协同引导竞争，没有竞争就没有协同,没有协同也就没有竞争。在这个由多层次、多方位的事物或系统构成的世界中,无穷多样的事物或系统通过无穷多种方式在进行着竞争,以致最后达到这个复杂系统的整体协同,而在整体协同的状态下又由于其内部各个子系统、各个要素的相互竞争,使得整个世界呈现出纷繁复杂的多样性和不断的变化状态。

2.4.3.3　系统演化的自组织与他组织

系统演化是物质世界普遍存在的一种现象,只要在足够大的时间尺度上看,任何系统都处于或快或慢的演化之中。所谓演化是指系统的结构、状态、特性、行为、功能等在一定的环境中随着时间的推移而发生的变化。系统演化有广义和狭义之分。狭义的演化仅指系统由一种结构或形态向另一种结构或形态的转变。广义的演化包括系统从无到有的形成(发生)、从不成熟到成熟的发育、从一种结构或形态到另一种结构或形态的转变、系统的老化或退化、从有到无的消亡(解体)等。通常存在两种演化方式:一种是渐变方式,系统的状态随时间连续逐渐的变化,当时间间隔无限小时,两个状态之间的差别也无限小;另一种是质变方式,系统状态发生突变,突变前后状态变量的个数、状态变量的形式等都可能发生显著变化。在系统演化过程中,渐变与突变是相互联系的。突变是连续变化造成的,系统序结构的改变(相变)既有突变也可能有渐变。

世间事物大体分为组织与非组织两类,具有有序结构的群体是组织,否则为非组织。静态来看,组织是指系统内的有序结构;动态来看,组织是指系统有序结构的形成过程。根据组织者的不同,可将系统的组织过程分为他组织和自组织两类。作为一种存在物或名词,自组织指那些在没有特定外部作用而自行建立起有序结构的对象群体;他组织则是指那些在特定外部作用干预下获得有序结构的对象群体。作为一种行为或动词,自组织指一种有序结构自发形成、维持、演化的过程,即在没有特定外部干预下由于系统内部组分相互作用而自行从无序到有序、从低序到高序、从一种有序到另一种有序的演化过程,广义地说,还包括反向的演化过程;他组织指系统按照特定外部作用从无序到有序、从低序到高序、从一种有序到另一种有序的演化过程,以及反向演化过程。

他组织是在外部指令或外部力量作用下,使系统的结构、状态、行为发生改变的过程。如果系统是在外界的特定干预下获得空间的、时间的或功能的结构,则称之为他组织结构。他组织的主要特征是:有一个系统以外的组织者来组织系统使其按事前确定的计划、方案变化,达到预定的目标。他组织现象中组织者与被组织者的关系就是控制与被控制、管理与被管理的关系。他组织过程与控制是紧密相连的,或者说它们是对同一问题从不同角度进行分析。通常他组织是强调被控制对象即系统的行为，强调系统对组织者的响应，研究系统状态发生质变的过程，质变后与质变前有哪些区别等。而控制是强调组织者的行为，讨论如何才能使系统发生变化，控制者的输入怎样影响系统的输出，以及输入与输出的关系等。通常把对一个“死”系统（系统中不包含人）的控制（组织）过程称为控制；而把对于包含人的“活”系统，其控制（组织）过程称为管理。

自组织是指在无外界指令或特定干扰的情况下，系统内部要素（子系统）“自发地”组织起来，使系统的结构、状态、行为发生改变的过程。系统完全依靠其子系统相互默契而自动形成的有序结构，则称之为自组织结构。自组织的主要特征是：在没有外部组织者的情况下仅靠系统内部的相互作用来实现自身的有序化的。从效果上看，自组织与他组织现象一样，都使系统达到了一定的目的，都是实现了某种确定的状态。但从原因上看，系统新结构的形成、新功能的出现是由不同的内外因机制主导的。他组织的主导因素是外部机制，自组织的主导因素是内部机制。但在自组织问题上，既要研究系统内部机制，也要分析外界条件，外界条件与系统机制共同决定了自组织系统的性质。自组织现象无论在自然界还是在人类社会中都普遍存在。一个系统自组织功能愈强，其保持和产生新功能的能力也就愈强。

人们研究发现自组织是系统存在的一种最好形式，是系统在一定环境下最易存在、最稳定、最高效、最具自适应能力的状态，是自然界和社会长期演化选择和形成的非常优化的进化方式。自然界各个子系统在演化过程中，已经形成了一套有效利用自然资源、物质和能量的利用率最高的循环方法和道路。自然界经过长期演化，已经证明自组织的方式比他组织方式更为优秀。所以，即使对于那些在他组织作用下形成的系统，也应该调动其自组织机制，使其达到自组织状态。因此，对于生态系统，不能人为“组织”，造成生态失衡（如大量围湖造田，把湖边沼泽“组织”成“良田”，导致生态的恶化）；要维持生态平衡，不能过量采伐树木，使之可以自我繁殖；尽量减少工业废气，保护地球表面臭氧层等，使其达到自组织状态。现在人们已经意识到使自己的行为限制在生态系统的自组织范围内活动。对于产业经济系统也是如此，不能随心所欲地组织生产、安排经济活动，必须符合经济规律，这就是要求应尽量使产业经济系统处在自组织状态。

2.5　本章小结

本章主要阐述和讨论了本研究所涉及的有关理论基础，主要包括资源环境理论中的生态脆弱性理论、自然资源有限性理论、可持续发展理论，包括产业生态理论中的循环经济与清洁生产理论、产业生态化理论、循环经济生态园区理论，还包括产业组织与产业集群理论中的产业结构理论、产业组织内涵理论、产业集群效益理论，以及复杂系统理论中的系统科学理论、复杂系统理论、协同竞争及自组织理论。本章指出，人类要解决资源环境问题，就必须把握自然资源的有限性和生态环境的脆弱性，合理利用自然资源和保护生态环境；循环经济是将清洁生产与废弃物综合利用有机结合，建立闭合循环的生产消费模式，各国纷纷构建循环经济工业园区以提高资源利用水平，产业生态化模仿自然生态系统构建产业生态系统，倡导一种全新的、一体化的产业生态循环模式；产业组织具有三重内涵，不同的产业组织有不同的功能和效率，从而对产业结构有不同的影响，作为高效产业组织模式的产业集群，是产业空间聚集的一种地缘现象，具有显著的竞争优势；将经济社会系统做为复杂系统来考察，是一种全新的视角和观点，对深入剖析产业系统内部运行机理具有积极作用，从而为本书的进一步深入研究打下理论基础。

第3章　产业组织模式与生态脆弱区的可持续发展

产业组织模式是建立在一定的生产组织、市场组织和管理组织基础上的产业体系的具体构成方式和运行模式的总和，它包括产业内企业间的关系构成方式和各企业或企业内生产要素的组合方式。不同的产业组织模式会形成不同的功能和效率，其优劣程度可用产业的资源配置、规模效率、竞争适度、交易费用、可持续发展等水平来衡量，最终表现为产业经济效率和环境生态效益。因此产业组织模式的优劣对生态脆弱地区发展会产生重大影响。

3.1　产业组织模式与生态脆弱区经济发展的关系

在我国，脆弱生态环境的分布（生态脆弱地区）遍及全国，面积达155.82平方公里，占到全部国土面积的15.3%，生态脆弱地区的可持续快速发展，是区域协调发展战略的重要任务。采用不同的区域产业生产组织模式，会对区域经济发展和生态环境状况产生重大影响。因此，深入研究和分析产业组织模式与生态脆弱地区经济发展的关系，对我们探索生态脆弱地区实现跨越式快速发展和可持续绿色发展的有效路径具有重要的理论指导意义。

3.1.1　产业结构优化升级与生态脆弱区经济发展

产业结构是指各产业组成的状态和发展水平以及产业间的生产联系和数量的比例关系。各产业能否实现均衡高效发展取决于各产业的配置比例及产业内部的运行机制。产业结构优化是指推动产业结构合理化、高级化、高效化及生态化发展的过程。通过产业结构的优化升级，能够有效地推动和促进生态脆弱地区经济的协调持续发展。

3.1.1.1　产业结构优化的内涵及目标

产业结构优化是指通过对产业及产业内部各企业类型、数量、规模、水平、质量、结构、关系等方面的调整，使各产业实现高效协调发展，满足社会不断增长需要的过程，它是在科技进步和系统创新条件下，产业结构系统从低级水准向高级水准、较低形式向较高形式的演进过程。产业结构优化升级包含了产业结构合理化、产业结构高级化、产业结构高效化、产业结构生态化四重内涵，其终极目标是实现产业体系的资源配置最优、经济效益最好、产业效率最高、生态效益最佳。

(1)产业结构的合理化。产业结构合理化主要是指产业与产业之间协调能力的加强和关联水平的提高。即在一定的经济发展阶段上，为使产业经济效益得到提高，根据科学技术水平、消费需求结构、人口基本素质和资源条件，对不合理的产业结构进行调整，实现产业要素和产业资源在产业间得到合理配置和有效利用，使各产业都得到持续的协调发展。协调发展作为产业结构合理化的主要内容，要求在产业间和产业内部必须保持符合产业发展规律和内在联系的适当比例，这不仅包括产业的比例要保持协调、产出应该要适应市场需求的变化、要充分利用各种经济资源等表面现象，还包括产业结构应该具有一定的自我调整、自我发展的能力，即产业结构自动、快速地向经济资源得以最有效配置的最优化状态逼近的能力。

(2)产业结构的高级化。产业结构高级化也称为产业结构高度化，是指在科技进步推动、社会需求拉动、激励竞争触动等多种因素的作用下，产业结构从较低一级水平向更高一级水平演进，由低水平状态向高水平状态跃迁，产业整体素质和效率从较低水平向较高水平发展的过程。产业结构的高级化程度，反映了一个地区产业发展的阶段和方向，标志着该地区产业总体发展水平。产业结构高级化是一个由量变到质变的相对动态过程，即产业结构向高技术化、高知识化、高资本密集化、高加工化和高附加值化方向发展，不断地向更高方向不断演进的动态过程。产业结构高级化的一个重要标志是与经济发展阶段相适应的支柱产业和主导产业群的形成，代表现代产业科技水平的高效率产业部门的比重不断增大。

(3)产业结构的高效化。产业结构高效化是指通过科技进步、结构创新、组织创新、机制创新、管理创新等的推动，使产业结构向更高效率和更高效益方向的转化过程。在这一过程中，产业之间和产业内部的各种关系得到进一步协调，产业资源和产业要素在各产业间的配置得到进一步优化，产业效率和产业效益得到进一步提高。其主要表现为，各种社会资源不断从低效率产业向高效率产业转移,使低效产业的比重不断降低和高效产业的比重不断增大;产业内及产业间的各种组织结构和协调关系,由较低效率状态向较高效率状态转变。产业结构从以低生产率、低技术含量、劳动密集型产业为主的低效型产业结构向以高生产率、高技术含量、技术和资本密集型产业为主的高效型产业结构演进。

(4)产业结构的生态化。产业结构生态化是指按照自然生态规律和物质循环机理,考虑自然生态系统的自净能力和承载能力,在自然生态系统的承载能力范围内,对特定地域空间内的产业系统进行生态整合与生态重构,使产业结构向生态环境友好,资源充分利用,经济效益与生态效益相统一,产业发展与资源环境相协调方向发展的结构优化过程。产业结构生态化是模拟自然生态系统的结构对产业生态系统的结构进行优化的动态过程。在产业生态化的系统中,各类企业通过一定的产业生态链彼此联系,在企业之间形成类似于自然生态系统食物链的上下游关系结构,由下游企业消费利用上游企业产生的副产品和废弃物;在产业之间形成类似于自然界的资源提供者、生产者、消费者、分解者共生的生态型产业结构。

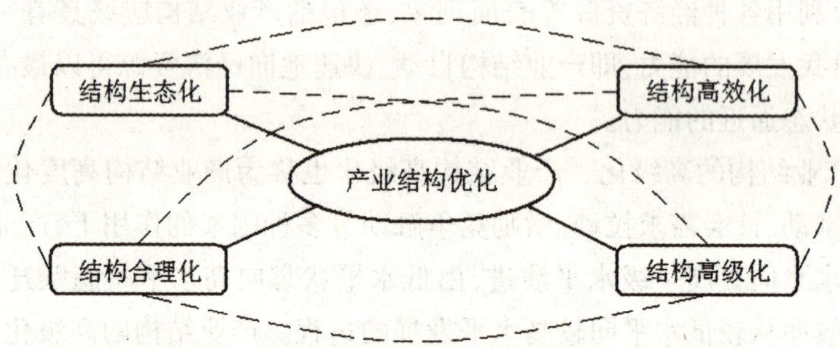

图3-1　产业结构优化中合理化高级化高效化生态化的有机统一

产业结构优化升级是实现经济持续增长的关键环节和必要条件。产业结构合理化、高级化、高效化和生态化四个方面是相互联系、密不可分的。产业效率和经济效益的提高是传统产业结构优化主要内容,也是产业结构优化的根本目的,随着人类对生存发展的资源环境越来越重视,绿色低碳发展已成为全球不可逆转的发展趋势,资源效率和生态效益的提高就成了现代产业结构优化客观要求。产业结构的合理化和高级化的根本宗旨就是为了提高产业发展的效率(包括生产效率和资源效率)与效益(包括经济效益和生态效益),产业结构的合理化和高级化是高效化和生态化的基础,产业结构的高效化和生态化需要一定的合理化和高级化来支撑。在产业结构优化过程中只有合理化、高级化、高效化、生态化形成了有机统一(如图3-1所示),才能真正实现资源配置最优化、经济效益最大化、产业效率最高化、生态效益最佳化目标。

3.1.1.2　产业结构优化与区域经济发展

区域经济的发展,主要表现为产业生产要素从低效率部门向高效率部门的转移以及区外生产要素不断流入区内高效率的生产部门,这种生产要素的变化,实际上就是产业结构的变化。区域经济学的理论认为,区域经济的本质是充分发挥区域优势,在空间市场一体化的条件下,实现区域间的合理分工,以最大限度地获取空间经济的整体效益,区域优势主要包括资源优势、区位优势和发展阶段优势,而发挥区域优势的关键就在于建立能充分体现该区域优势的区域产业结构,可以说区域经济发展的落脚点是区域产业结构科学合理的建立。库茨涅茨和钱纳里曾指出,所谓发展就是经济结构的成功转变。因此,区域经济的发展关键就是区域产业结构的变化与发展。产业结构优化对区域经济的发展具有重要的促进作用,主要表现在:

(1)产业结构优化能够有效提高区域经济增长率。产业结构优化调整的积极意义在于,合理的产业结构调整能有效地推动区域经济增长,经济结构特别是产业结构可以被视为经济增长最主要的源泉之一。经济增长并不是脱离产业结构变动而单独发生的过程,而恰恰是产业结构不断调整以不断提高其功能的结果。产业结构质上反映了各种产品和生产要素在产业部门间的流动和渗透,在量上反映了产业之间的比例关系。从市场供求均衡的角度看,产业结构可以被看作是一种资源转换器,即通过各产业在投入产出上的相互联系,把各种资源转化为物质产品和服务产品,以满足社会总需求。资源转换器的运转效率的高低,直接关系到区域经济增长是否能持续,而产业结构的优化其实就是转换器的效率不断提高的过程。在区域经济中各部门与各行业的需求增长并非都是同步的,而部门与行业的需求差异势必引起总的需求结构发生变化,根据效率原则应把有限资源优先分配给需求增长较快的部门,由于生产结构与需求结构的变化是同步的,对生产结构的调整恰好满足需求变动的要求,使社会资源得到有效利用,从而有效地促进区域经济增长。

(2)产业结构优化能够有效提升区域经济竞争力。产业结构的优化,有利于区域经济的发展和实力的积累,从而有利于区域竞争力水平的提升。产业结构反映了区域经济发展的方向和总体水平,不同的产业结构状态实质上代表了不同的资源配置状态,这将直接影响区域经济的兴衰和发展后劲的大小,并在很大程度上决定区域竞争力水平的高低。经济发展水平的提高必然伴随着产业结构的优化,产业结构优化所体现的合理化、高度化、高效化特征会产生正向的结构效应,会进一步推动经济的发展和竞争力的提升。合理的产业结构可以使区域内的资源配置达到更为有效的状态,增强区域间的产业分工与产业互补的合理性,并通过改善产品结构和产业结构,增强区域的竞争力。产业结构的优化必然伴随着产业素质的提高,伴随着科学技术在更深更广范围内的应用,促使整个区域在教育、科研、城市居民素质等多方面的提高和发展,从而通过高端产业的发展提高整个区域经济的竞争力。

(3)产业结构优化能够有效地促进区域经济低碳化。产业结构与区域生态环境变化存在长期的动态均衡关系,产业结构变迁是影响区域环境质量的关键因素,产业结构的不断优化是提升环境质量、促进区域低碳化的重要途径。在低碳经济约束下,产业结构合理化不但要求遵循再生产过程的比例关系,追求关联产业规模适度、产业联系比例协调和增长速度均衡,而且要求以节约经济和持久经济为理念,以资源的减量化、再利用、再循环原则,以物质能量梯次和闭路循环使用为路径,以自然资源还原、恢复、再生成为手段,在提高产业的关联水平基础上,经济社会达到科学合理、长期持久稳态增长的和谐的产业结构状态。产业结构高度化不仅要依据传统的产业结构演进规律使产业结构由低到高不断发展,而且还要根据低碳经济的发展模式,进一步提高能源利用效率高的产业比重,逐步减少或淘汰能源浪费严重、碳排放量大的产业,在低碳的节约性、持久性和相伴性生态经济引导下,遵循发展低碳经济的原则进行产业升级。

3.1.1.3 生态脆弱地区产业结构优化的途径及影响因素

我国的生态脆弱区由于自然条件、地理区位、历史发展等方面的原因,通常都是经济发展滞后的贫困地区。特别是在我国西部的生态脆弱地区,其产业结构的整体水平不高,产业内部结构层次较低,是造成西部生态环境恶化严重[97]、制约工业化进程和经济发展的主要因素。因此,要是西部生态脆弱地区实现跨越式快速发展和可持续绿色发展,就必须改变经济发展方式,强力推进产业结构优化,使区域产业结构合理化、高度化和高效化。产业结构优化的目标是在产业之间协调发展的基础上实现资源配置最优化、经济效益最大化和生态效益最佳化。产业间协调就是要求在产业规模比例合理和产业相互紧密关联的前提下取得较大的结构效益(包括经济效益和生态效益)。

区域产业结构的优化可以在三个层面上进行:①宏观层面,沿着第一、二、三产业优势顺次演进的方向进行;②中观层面,沿着劳动密集型、资本密集型、技术(知识)密集型产业优势顺次演进的方向进行;③微观层面,沿着原材料(初级产品)、粗加工(中间产品)、精加工(最终产品)产业优势顺次演进的方向进行。因此,可以通过以下途径来促进生态脆弱地区产业结构优化。

(1)适度转变东西部产业分工格局。西部开发资源、东部加工制造产品的分工格局造成了产业结构升级缓慢。要改变这一状态,则需要调整和优化产业组织模式,并依靠政府通过产业政策和产业分工来进行。树立资源开发、资源输出与资源就地加工相结合的新产业组织理念,促使西部地区由单一开发产业模式逐步转变为资源开发和加工相结合的产业模式。如西部精细化工的发展,就可以提高资源的附加值,提升区域优势。

(2)促进传统工业向新型工业转变。西部应构建和培育出新型的工业产业组织模式,加快信息技术和高新技术在工业领域的运用,加快用高新技术和先进应用技术改造提升传统工业产业,提升其技术水平和市场竞争力。在利用资源特色优势的同时,有意识的进行新技术、新产品的开发和研究,推出技术含量高、能满足市场需求高的产品。利用新技术对重工业进行技术改造,提升劳动生产率,提高轻重工业相互配套能力,淘汰高耗能企业设备和产品,拓展高新技术企业在工业中的发展空间,加快工业化进程。

(3)促进传统服务业向现代服务业转变。现代服务业是为企业和公共机构提供服务,从生产企业内部职能分离出来的新型产业,主要包括金融、保险、房地产和商务服务业(如法律、商业咨询等),具有运用密集知识为客户提供专门性服务的特点。现代服务业的发展可以直接推动相关生产部门的经济发展,提高地区经济效益。因此,西部要构建和培育新型的服务产业组织模式,改革不合理的限制现代服务业发展的政策,制定适合其发展的相关政策,鼓励和引导西部现代服务业的大力发展。

(4)促进产业结构向生态优化方向调整。西部的产业结构必须向生态化方向发展,构建新型的产业生产组织模式,引入循环经济,通过上下游形成产业共生组合,一家企业的副产品是另一家企业生产的原材料,这样,不仅节约了资源,提高了生产效率,还减少了排放,保护了生态环境。同时,形成以资源产业(产品)为主导产业,其他配套产业共同发展的企业群,发展副产品和废弃物资源相结合的产业循环生态链,以经济效益优势和环境效益优势共同提升产业层次,优化产业结构。

影响生态脆弱区产业结构调整优化的主要有四大因素:①需求因素。这是产业结构变动的牵引力。需求结构变化导致产业的兴衰更替,促进产业结构的演化。随着需求结构的变动,一些产业较为迅速的形成和发展,另一些产业发展缓慢甚至停滞不前。②供给因素。这是产业结构变动的物质基础。在不同国家、不同地区的不同时期,不同的经济资源和自然禀赋,加之不同的人力资本结构,形成不同的产业结构。③技术因素。这是产业结构变动的驱动力。由于技术进步和新产业的不断出现,使得产业间的协调和均衡一次次被打破,而每一次突破都会驱动产业结构的一次升级。④体制因素。这是产业结构变动的必要保障。不同经济发展阶段的经济体制和产业政策,构成影响产业结构的制度性因素,是决定资源配置效率和结构升级的重要保障。在上述因素的综合作用下,产业结构不断优化将促进经济发展方式不断转变,因此,西部生态脆弱地区的产业结构优化必须充分考虑这四大因素。

3.1.2 产业组织的本质及对产业结构优化的影响

产业组织是产业结构的微观基础。产业组织有序度的变迁和提升决定着产业结构层次的演进和升级,因此,深入探讨产业组织的本质属性及其对产业结构的影响,对深刻认识生态脆弱区产业结构优化和发展方式转变的规律具有积极意义。

3.1.2.1 产业组织三重结构关系

传统产业组织理论注重市场结构对市场绩效的影响,侧重研究同一产业内企业间的市场关系,即企业间的垄断竞争关系,本书涉及的产业组织不仅包括产业市场组织,还包括产业生产组织和产业管理组织,三者既彼此独立,又相互影响、相互制约、相互适应,统一于产业组织这一整体中。

(1)产业生产组织。是指产业内为实现企业与环境相互适应、协调发展获取高效的经济效益(或生态效益)而结成的生产组织形态,即通过对各种要素和生产过程的不同阶段、环节、工序的合理安排,使其在空间上、时间上结成一个协调的系统,并在成本最低、利润最高的情况下按照合同要求生产产品。在产业系统内部,存在着从事专业化分工的企业,作为系统中的基本元素,它们不是孤立的,而是存在着生产、经营、合作等各种各样的联系。当这种联系具体表现为一定的操作规程、物流的流动路线、工艺技术要求等内容的生产过程时,则构成了产业生产组织结构。产业生产组织结构是指产业内企业结成的一个协调的系统,系统内企业通过原材料采掘——零部件生产——中间产品生产——制成品组装——成品销售——售后服务的流程来进行生产,并保持时间上的连续和空间上的合理安排,目的是提高产业的生产效率和经济环境效益。一个完整的产业生产组织结构元素应包括原料生产加工企业、零部件生产企业、中间产品生产企业、制成品组装(生产)企业、成品销售企业、售后服务企业(公司)、废品回收再利用企业等。然而,不管某个产业的生产组织元素如何,采取何种形式联系、组合,才是决定该生产组织结构是否有效率的关键。

(2)产业的市场组织。是指产业各部门(企业)之间市场关系的具体表现形式。产业即市场,其含义是产业要通过市场实现其全部活动,通过市场界面表现自己的行为。产业内企业间市场关系的表现方式及特征也称为产业市场组织。它主要包括卖方之间、买方之间、买卖双方之间、市场内已有的买卖方与正在进入或可能进入市场的买卖方之间在数量、规模、份额、利益分配等方面的关系与特征,以及由此决定的竞争的形式。换言之,特定市场中的诸市场主体,在市场交易中的地位、作用、比例关系以及它们在市场上交换的商品的特点,就形成了特定产业的市场组织结构,这些市场主体之间的关系在现实市场中的综合反映集中体现为市场的竞争和垄断关系。市场通过交易和竞争规则将所有利益主体组织起来,形成一个可以实现交易、指导生产和服务顾客的系统。该系统由于市场的作用而具有自组织的特性,每个企业在不自觉中参与产业市场组织效率的进化。因而,产业市场结构决定着产业组织的过程、性质和功能。不同的产业市场组织结构,亦会导致不同的产业市场效率。

(3)产业管理组织。是指为实现产业目标,将产业发展必需的人力、物力、财力、信息等,按照一定结构组成的系统性整体及相互关系。管理组织是指人们为着行使一定的管理职能而结成一定的管理关系,并且具有一定结构形态的系统及其所展开的协调活动和过程,是由人组织的、有一定目标的开放系统。产业管理组织通过协调、控制等管理手段使产业中的人力、物力、财力、信息等得到有效利用,以实现产业的既定目标。它表现了组织各部分排列顺序、空间位置、聚集状态、联系方式以及各要素之间相互关系的一种模式,是执行管理和经营任务的体制。所以,产业管理组织结构基本元素是产业中各种具有管理功能的机构,包括企业内部具有管理功能的组织以及控制协调企业间关系的管理组织。这些管理组织的功能是在时间上主动去调节系统的结构和行为,使得产业与其环境连续地处于相互适应状态,由此获得系统的生存和发展。特定的产业管理组织结构,会产生特定的产业管理效率。

产业组织中的三重组织结构,既彼此独立,又相互影响、相互制约、相互适应,统一于产业组织这一整体中。产业组织的内涵除企业在市场中的结构状态和相互关系外,还应包括在产业经济活动中形成的各种具有特殊功能的产业组织实体。即产业系统为实现自身目标,体现自身价值,形成的各种正规的或非正规的产业组织。如为生产社会所需产品而形成的产业生产组织(企业或企业集团);为完成产品的交换过程和寻求产品的价位实现方式所形成的产业市场组织;为实现对产业活动的有效控制形成的现代产业管理组织。也就是说,产业生产组织、产业市场组织和产业管理组织是现代产业组织的三重基本内涵。因此,本书界定的产业组织,除了狭义的产业组织概念(产业市场组织)外,还包括市场上出现的生产者集团与消费者集团的关系和生产者与宏观调控组织之间的关系以及由此形成的复杂系统。

3.1.2.2　产业组织的本质属性

产业组织的本质是将产业内生产力要素进行组合(组织与整合)形成新的产业生产力的过程,以及由此形成的关系和实体。社会生产力是指参与社会生产和再生产过程的一切物质的、技术的要素的总和,它体现了社会生产中劳动者运用劳动手段加工劳动对象以生产使用价值的能力和社会生产发展的水平。生产力的源泉,是人口、资源与环境。马克思指出,从事社会生产实践的劳动者、劳动对象和以生产工具为主的劳动资料是构成生产力的基本要素。此外,现代社会生产力的重要要素还包括科学技术、资本、管理等。在劳动力发挥作用的情况下,劳动力与工具的结合形成劳动生产力,与自然力结合形成自然生产力,与科学技术结合形成科学技术生产力,与资本结合形成资本生产力,与管理结合形成管理生产力。作为生产力的力量源泉的劳动力人化在劳动者身上,自然力物化在劳动资料和劳动对象之中,而科技力、资本力和管理力则渗透到生产力三要素中以提高其素质。

对一个产业而言,通过良好的组织与整合(组合),各种生产要素在组合中能够内生出比其简单结合所生成的生产力水平更高的生产力,也就是能够创造出一个新的使用价值的生产能力,创造出一个生产力增量。这个增量不同于直接增加要素投入而产生的生产力增长,而是原生产力及其要素在横向作用机制下高效组合的产物,而这种整合的过程以及形成的关系和实体就是产业组织。生产力的发达程度可由生产效率来体现,生产力发达,则效率就高。在生产力要素相同的情况下,不同的产业组织模式会产生出不同的生产力和不同生产效率。自然资源、资本、劳动者、技术等要素以创造出最大的生产能力为原则被有机组合,这些生产力又在质、量、空间和流动中重新整合,通过分工、合作、聚集、集成、范围等效应,会产生出质和量的放大,从而提高了生产率。

对生产力的组合可分为三个层次:第一个层次是劳动者与劳动工具和生产资料的结合,即基本生产力要素的简单结合,我们称之为“初次组合”,初次组合出现的简单的个体生产者和经营者形成了所谓的“市场组织”。第二个层次是对第一个层次已形成的各生产力进行的再次组合,我们称之为“二次组合”,二次组合形成的企业就是所谓的“科层组织”。企业组织作为产业组织的微观基础形式,就是通过一定的制度和契约关系,以层级制的形式将各生产要素组合起来形成一定的生产力。第三个层次是对第二个层次形成的各生产力在产业之间、地域之间进行的进一步整合,我们称之为“高次组合”。高次组合会形成企业联盟、企业网络、产业集群等所谓的“中间组织”。在三个层次中,初次组合形成了生产力,二次组合和高次组合都提高了生产力,促进了生产力的发展。

在今天科技飞速前进,生产力高度发展,社会分工不断深化的新经济时代,产业组织对生产力组合方式以更多的新形式表现出来。产业组织对生产力的组织作用在人与自然之间、区域之间、产业之间发挥着作用,影响体现在众多的方面。在产业资源利用方面,表现为人与自然的关系,其促进生产力发展的组合方式就是合理充分的利用资源,实现人与自然的协调共生;在产业生产要素组合方面,追求生产要素在流动和聚集中实现高的资源配置效率;在产业空间区域方面,企业集聚、产业集群等现象极大的促进了地域分工与专业化生产,推动了区域生产力的发展。

3.1.2.3　产业组织对产业结构优化的影响

如前所述,产业结构优化是各产业协调发展、产业总体发展水平不断提高的过程。它主要包括产业结构合理化、产业结构高度化、产业结构高效化。合理化要求产业部门数量合理,以及适应市场需求;高度化要求产业的高加工度、高附加值和技术集约;高效化不仅要求产业的高经济效益,而且还要求产业的高生态效益。各国和各地区经济发展的实践证明,经济发展,一方面是国民生产总值等总量的不断增长,另一方面是与之相伴的产业结构不断演进。总量和结构是相互依存、相互作用、紧密联系的两个独立运用的经济现象。一般而言,在经济发展中,总量增长很大程度上取决于结构的状态。当产业结构同市场需求相适应,又能迅速吸收新技术时,就意味着产业间和产业内部实现了资源的优化配置,形成了最优的产业结构,而这时产业结构则为总量持续增长和经济发展创造了可能与条件。区域产业结构的调整和优化,除了产业政策与制度因素以外,产业组织的优劣程度更是不可忽视的重要因素。先进的产业组织模式可以加速和促进产业结构的优化与升级。主要表现在以下几方面:

(1)产业组织的优化是区域产业结构优化的微观基础。产业结构的实质是生产要素在各个部门或产业之间的配置,产业组织的实质是产业内各个企业或企业内的生产要素的组合方式,所反映的是生产要素在产业内部的配置,是一种微观的产业结构。没有产业组织作为微观上的载体,产业结构对生产要素宏观上的配置就无法完成。从交易费用理论来看,生产要素和产业资源的配置和协调,可以通过市场价格组织、企业科层组织或者是中间性组织来进行。因此,产业组织的优化实质是产业结构的微观基础的优化。

(2)合理的产业组织是区域产业结构优化升级的前提。对区域产业结构的调整、优化和升级应该先从产业组织的合理化入手。单纯的产业比例关系的调整仅仅是产业"宏观结构"的改变,而产业的"微观结构"并没有因此而变化。如果调整产业的这种"宏观结构",既定的目标很难实现。因此,产业结构的调整和升级必须是宏观和微观、表层和深层的结合,微观结构的合理性包括劳动力资源、资本、技术,以及与之相关的各方面配合的合理性,这就是产业组织的再造。因此,产业结构的优化升级必须以产业组织的优化为前提。

(3)产业组织的优化能够促进区域产业结构的合理化。产业组织模式的优化,能够有效减少外部资本、技术等生产要素进退本区域障碍,扩大区域内企业的规模和数量,形成较高的集中度,因而容易建立起专业化分工协作网络,形成企业间的有效协调,使区域的优势产业、相关产业的比较竞争优势发生变化,从而影响地区的产业结构。对于供给过剩、产业失去比较优势等不合理的产业结构状况,也可以通过企业退出、撤并、一体化等组织方式,使原来不合理的结构状况实现平衡,从而促进区域产业结构的合理化。

(4)产业组织的创新能够促进区域产业结构的高度化。产业组织模式的创新,其先进的生产方式、管理模式和竞争形式能够为企业吸收新技术提供条件,促进先进技术在企业的投入与使用,从而为发展技术密集型产业提供基础。如企业之间竞争方式的变化,通过合作构成生产网络,每个企业都生产它最核心的产品,则整个产业代表的是所有企业核心能力的总和。产业整体竞争力和单个企业竞争力提高,从而有资金、有实力也有动力实行技术创新。创新技术在整个区域扩散、传播和广泛使用,能够带动区域内其他产业和企业发展,进而促进区域产业升级换代,推动产业结构的高度化。

3.1.3 产业组织模式与生态脆弱区的经济发展

不同的产业组织模式,由于其内部的联结方式和运行模式不同,会对区域经济的发展产生不同的影响。良好的产业组织模式能够有效地促进生态脆弱区经济社会的可持续协调发展。

3.1.3.1 产业组织演进与区域产业竞争力

在市场经济条件下,理性的市场主体在激烈的市场竞争中,为了获取竞争优势,获得更大的经济收益,不仅不断进行着更能节约生产费用的生产组织结构的变革,更能节约交易费用的市场组织结构的调整,还进行着能够节约管理费用的管理组织结构的转变。伴随着各市场主体生产组织结构、市场组织结构及管理组织结构的不断演进,产业组织结构也在不断动态演进,资源的配置效率不断得以提高,产业竞争力得以不断增强。

从产业组织演进轨迹看,产业组织的不断创新伴随着微观组织(如企业)的不断变革。从生产组织结构来看,从家庭作坊到企业的产生,再到大型企业联合,然后随着集中化基础上的多样化,产生了多角经营的混合公司,从企业集团和跨国公司到区域产业集群的出现,其中的生产费用、交易费用和管理费用不断变化,分工越来越细,协作越来越深入广泛,产业集中度越来越大,从而使得产业组织不断趋于高级化、合理化。而此时,产业的竞争力也得到了大幅度的提升。因此,良好的产业组织的产生,是为了应对外界环境条件的变化,在市场竞争中不断自动进行着相应组织结构调整和创新的过程。从中可以看出,产业组织结构演进、调整和创新的过程,其调节的主体是市场机制,而非政府安排。

然而,目前我国处于新旧体制交替时期,传统体制的巨大惯性对政府行为还有很大影响,体现在产业组织结构调整上,就是各级政府对发展企业集团的强烈偏好,并且都急不可待地捏合着各种企业集团。但是,这些企业集团大多是集而不团,集团内部的生产、交易和组织管理费用非常高,因此企业效益并没有提高,产业竞争力也无从谈起。因此,完全行政强制式的非市场性的干预产业组织结构的政府行为,是非效率的。但是结合中国的实际情况,产业组织结构的演进也不可完全交由市场去自发调节。首先,中国的市场经济还不十分成熟,市场调节的盲目性、滞后性往往给国民经济造成很大的损失;再者,产业组织演进是十分缓慢的,西方发达国家产业组织调整经历了 200 ~ 300 年,如果照这一经验,中国的产业发展可能永远都要落后于西方国家,而且差距会越来越大。因此,我国产业组织演进必须在不断推进市场化进程的条件下,使市场自发调节与政府干预行为有效结合。

在一个特定的历史阶段,某一区域的产业组织结构必须与当地的区位条件和产业环境相适应,才能取得最好的产业效率,合理的产业组织是产业经济资源合理配置及有效利用的前提条件。产业组织合理化,就是要在企业内部形成合理的产权结构、治理结构和组织结构,从而有效地利用各种要素和条件,创造出持久的经济优势;在企业之间,通过合理的竞争与合作的市场关系,通过企业扩张、兼并、破产、转产等途径,重组产业组织结构,改变经营结构和方式,将各具优势的企业连接成有序的企业群体和企业网络,通过分工合作、协调配合和互利共赢,形成产业整体的竞争力。

3.1.3.2　产业组织模式与区域产业经济效益

产业发展是区域经济建设和区域经济发展的重要内容,区域经济增长和区域经济效益是区域经济发展追求的重要目标,因此区域产业的发展必须以提高经济效益为中心。而良好的产业经济效益的取得,又必须以科学合理的产业组织结构为前提。产业组织模式是产业内企业间关系构成的具体方式,不同的产业组织模式具有不同的生产经营效率和不同的交易成本,因而对特定的时期而言,不同的产业组织模式对产业经济效益会产生不同程度的影响。产业组织作为一个经济系统,其结构模式决定了其产生的功能和效率,这主要是通过产业系统的输出和输入关系以及输出和输入之比表现出来。产业经济效益是指在产业生产和再生产过程中,占用和投入生产要素和劳动耗费与所产出的适合社会需要的劳动成果之间的比较。

产业经济效益是所有产业组织体都必须追求的目标,但即使在同一个产业内,由于产业组织模式的不同,会导致不同产业组织体的产业经济效益不同,有的赢利,有的亏损。若某个产业组织体的运行是盈利的,则称其具有正经济效益,若是亏损的,就称其具有负经济效益。在产业经济系统中,各产业组织体经济效益的正负和大小是一条连续变化的谱线,对一个具体的产业组织体而言,其经济效益的好坏和大小可用一个经济效益指数 I_{ECON} 来描述,并可在一个直线坐标系中表示(如图 3-2 所示)。其中,坐标原点表示产业系统在运行过程中输出完全等于输入,即产业组织体没有盈利(经济效益为0)。坐标原点左边的经济效益指数为负值,表示系统处于负经济效益的亏损状态;坐标原点右边的经济效益指数为正值,表示系统处于正经济效益的盈利状态。离坐标原点的远近反映了产业经济效益的高低,离原点越远表示经济效益越高,而离原点越近则表示经济效益越低。每一个产业组织的经济效益状况都可以用该坐标系上的一个点表示。

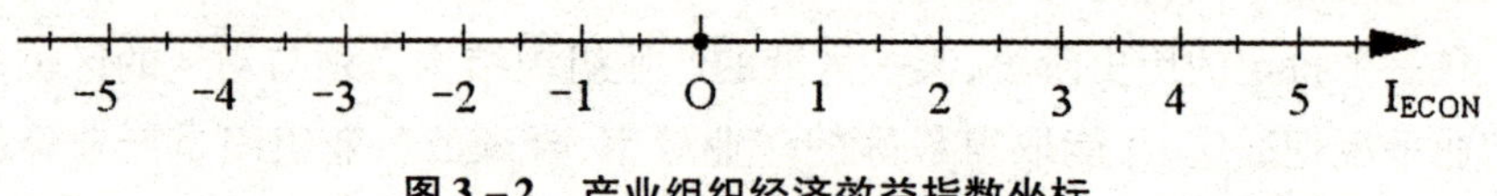

图 3-2 产业组织经济效益指数坐标

不同产业组织模式对不同生产要素在不同时间和不同空间上的不同组合,直接影响到产业的生产经营效率,从而影响产业的经济效益。产业组织模式经历从低级到高级、从不合理到趋于合理的演进过程。早期手工作坊模式生产量小,不能适应逐渐扩大的需求。大规模机器生产改变了这一面貌,此时生产方式由单件生产转向批量生产。随着企业数量增多和规模扩大,寡头垄断的市场结构形成,为垄断企业带来了极大的规模经济效益。然而,生产的进一步扩大和集中,导致产品“供过于求”;庞大的层级制结构导致管理的低效率,信息不畅增大了组织内部交易成本;多样化需求与刚性生产方式相矛盾,造成有效需求不足等,大大降低了企业的经济效益。随着 20 世纪 90 年代计算机技术、信息技术的极大发展,刚性的生产方式逐渐被精益、柔性生产方式所取代,企业之间以外包、供应链组织、集群组织等联系在一起，竞争方式由单一竞争转向合作竞争，取胜的关键不再是企业规模，而是企业核心能力的竞争。层级制管理组织逐渐被中间性管理组织所取代，行政命令则由松散的联结所代替。随着产业组织模式的变化，产业经济效益也得到不断提升。

总之，合理的产业组织模式不仅能够降低企业的管理成本和内部交易成本，提高生产率，而且能够促进企业的有效竞争，提高创新率，促进经济效益的实现。适应市场环境高效有序的产业组织模式，还能够迅速应对市场变化和拓展市场空间，促进社会资源的有效地配置和充分利用，激励合作竞争和持续创新，以规模经济、范围经济和持续创新来形成产业竞争优势，从而促进产业经济的有效增长。

3.1.3.3　*产业组织在加速生态脆弱区经济发展中的作用*

区域经济发展是指由区域经济增长带来的经济总量增长和区域产业结构的不断演进和升级。因此，生态脆弱区经济发展的前提是经济增长。传统的经济增长理论将劳动、资本、技术和土地等生产要素定义为经济增长的基本要素。新经济增长理论则将要素范围渗入到组织和制度中，突出知识和组织制度在经济增长中的作用，并将组织定义为经济增长的四大要素（劳动、资本、生产力、组织）之一。合理高效的产业组织模式，能够有效地促进生态脆弱地区的经济增长，加速区域经济的发展，主要表现在提高产业竞争力、提高资源配置效率和保护生态环境等方面。

（1）提升脆弱区产业竞争力。产业竞争力归根结底是产业组织模式的问题。产业组织是指同一产业内企业间的关系，包括竞争合作关系、资源占用关系、市场行为关系等。竞争合作关系决定了市场结构是垄断、竞争，还是垄断竞争的形态，资源占用关系表现为市场集中度，市场行为则是产业提升经济绩效的必要手段。研究表明，大企业主导、中小企业共生的寡占市场对产业发展最具影响力。事实上，寡占市场上，规模经济和范围经济会同时发生，当市场机会成熟时，传统的制造厂商会扩张生产线，同时承担大量的以前通过市场来实现的行为，这是纵向一体化的行为；产业规模和市场规模的增加将会导致高水平的企业专业化。企业专业化水平的提高将会导致零部件和设备厂商的专业化，而这些零部件和设备原先是企业自己生产的（逆纵向一体化）。这也表明，横向的并购来提升企业集中度，以及纵向一体化来提升企业实力，都是占据市场份额、提升市场控制力的重要组织行为。在产业组织研究者看来，技术创新是最为重要的市场行为。一方面，通过技术进步造成生产成本下降，企业获得价格竞争优势；另一方面，形成产品差异化，企业获得非价格竞争优势。

(2)保护脆弱区生态环境。首先,企业通过横向合并重组,提升产业集中度,有利于实现规模经济。规模经济要求资源集约利用,从而可以提升资源利用水平,减少副产品和废弃物的产生,从而减少对环境的污染和生态的破坏。其次,有利于控制储存和加工过程中的环境污染。在集聚区内,许多粗放经营的中小企业由于资金和技术水平的限制,缺乏污染治理的能力,而适当的集聚通过共享各种基础设施,在园区对产业的三废进行统一处理,减轻了单独建立治污设施的成本,增强了治污的有效性。再次,大量企业聚集在一起有效地促进企业信息交流,比如污染预防、能源有效利用、水管理、资源的再生利用和其他环境管理方法和技术。另外,产业间竞争合作(竞合)关系的良性互动,使得一家企业成为另一家企业的上(下)游企业,许多原本需要直接排放到环境中的副产品可以通过产业链连接而被消化吸纳,最终排放到环境中的副产品就会大大减少。最后,集群内企业间相互信任、相互依靠、相互协作的合作与竞争关系,有利于集群内企业之间以及企业与本地相关主体在提高资源利用效率、减少环境污染方面取得共识。这就为发展循环经济提供了可靠的支撑,确实把环境效益落到了实处。

(3)提升脆弱区资源保护效果。合理的产业组织能够促进产业集中,这就可以把脆弱区丰富的自然资源利用好,扶植特色优势产业,使得区域外部和内部投资相对集中,并且最终形成主导产业,形成自己的主导产业集群,进而带动区域经济的发展。反之,如果再生资源不进行适当集中,再生资源难以形成规模,就不利于资源的合理高效利用,甚至造成资源的极大浪费。同时,合理的产业组织通过技术创新能够调整资源结构和产业结构,改变产业的资源消耗模式,使产业生产从大量浪费转向合理运用。最后,合理的产业组织使得新企业不断进入,从而促使副产品交换网络形成,竞争的存在使企业将更有效使用这些副产品资源。政府通过制定各种鼓励提高资源利用效率和回收使用各种材料的政策,将诱使企业产生最大化利用资源的动机,鼓励企业进行清洁生产。

区域产业组织模式的演化反映在其生产组织结构中分工与协作关系的变化、市场组织结构中竞争与合作关系的演变,以及其管理组织结构及方式的优化等三个方面,通过这三者整合与创新,能极大地提高生产效率、促进技术进步、加速区域经济发展。特别是一些新型的产业组织模式,将柔性生产技术、有知识有技术的劳动力、相关联的企业等整合在一起,降低了交易成本,激励了合作创新,提高了产业效率;形成很强区域产业优势。因此,产业组织模式的选择,对加速区域经济发展具有重要的意义。

3.2　产业组织模式与生态脆弱区生态环境的关系

人们的各种生产生活活动都会对生态脆弱区的生态环境产生显著影响，不当的生产方式和产业组织模式甚至会导致生态脆弱区生态环境不可逆的严重破坏。因此，深入分析和研究不同产业组织模式对生态脆弱区生态环境可能造成的影响，对研究生态脆弱地区的可持续发展问题有着重要的意义。

3.2.1　生态环境脆弱区的表现及其成因

生态脆弱区对环境因素变化反映敏感，抗外部干扰能力较弱，自身稳定性较差，自恢复功能不强，系统可塑性较小，原有的平衡和稳定容易被各类扰动打破，在自然、经济和社会等多重因素作用下，很容易导致生态环境恶化，引起土地生产力的明显下降乃至消失，进而导致经济严重衰退。

3.2.1.1　生态环境脆弱区的主要表现及特征

生态环境脆弱区具有抗干扰能力弱、时空波动性强、边缘效应显著、恢复能力差等特点，容易向生态环境恶化的方向演替[7]。通常表现为植被破坏、草地退化、土壤沙化、土地石漠化、地质灾害、生物多样性减少、环境污染，等等。它最为显著的特征是：①生态环境的气候变化大，在相同的时间内，它的气候变动率超过其他地区；②生态环境的稳定性较差，在同样的影响力下，它的环境变动要远远超过其他地区；③生态环境恢复功能低，自调节能力明显低于其他地区。生态脆弱区作为两种不同类型生态系统交界过渡区域，相对于其他具有特定意义的生态区域来说，具有其自身的一些特殊性质：

（1）环境敏感性强，抗干扰能力弱。生态脆弱区生态系统结构稳定性较差，对环境变化反映相对敏感，容易受到外界的干扰发生退化演替。生态脆弱地区的内部格局和生态结构的"扰动—响应"过程时间间隔很短，而且响应强度较强[83]。一旦自然的或人类活动引起的环境条件改变，系统迅速响应，趋向结构更简单，功能更单一的状态，胁迫压力释放后，系统自我修复能力弱，难以恢复胁迫前的状态。在生态脆弱区生态系统中，环境与生物因子均处于相变的临界状态，对全球气候变化反应灵敏。具体表现为气候持续干旱、植被旱生化现象明显、生物生产力下降、自然灾害频发等。

（2）边缘效应显著，环境异质性高。生态脆弱区具有生态交错带的基本特征，因处于不同生态系统之间的交接带或重合区，是物种相互渗透的群落过渡区和环境梯度变化明显区,具有显著的边缘效应。生态脆弱区的边缘效应使区内气候、植被、景观等相互渗透,并发生梯度突变,导致环境异质性增大。具体表现为植被景观破碎化、群落结构复杂化、生态系统退化明显、水土流失加重等。

(3)时空波动性强,退化趋势明显。波动性是生态系统的自身不稳定性在时空尺度上的位移。在时间上表现为气候要素、生产力等在季节和年际间的变化;在空间上表现为系统生态界面的摆动或状态类型的变化。环境退化具体表现为植被景观破碎化、群落结构复杂化、水土流失加重等。在人类活动为主导作用的多重胁迫下,区域环境结构和功能退化,生态脆弱区生物量及生物多样性指数明显下降;地表植被盖度降低土体结构受到破坏;环境容量降低,环境资源的再生能力消退。

(4)大江大河源头,重要生态屏障。生态脆弱地区同时又是我国重要的生态功能区域,其生态系统的服务功能和环境系统的外部影响对于整体和其他区域都具有重要意义。首先,生态脆弱地区大都具有典型的过渡性特征,如农牧交错带、海岸带等,由于所处位置的独特性,使其对整体的生态系统多样性和稳定性具有特殊意义[98]。其次,由于地理要素运动所形成的整体性和联系性,使生态脆弱地区的生态服务或环境影响会作用于其他区域,如大江、大河的源头区域,重要的湿地、风沙源地区等。

以上情况表明,我国生态脆弱地区,特别是西部生态脆弱地区的地位特殊,是我国大江大河的源头,也是我国发达地区重要的生态屏障,具有十分重要的生态功能。同时,这些地区的生态环境十分脆弱,非常容易受到人类活动的干扰和破坏。然而,生态脆弱与发展滞后、贫困落后与过度开采、落后生产方式与生态环境破坏的长期恶性循环,使得本已十分脆弱的生态环境已不堪重负。因此,必须用新的产业组织模式来改变陈旧落后的生产方式,在提高产业生产效率的同时,减少甚至消除人们生产活动对生态环境的负面扰动,只有这样才有可能使西部生态脆弱地区的生态环境得以保护和恢复,实现西部生态脆弱地区的跨越式快速发展和可持续绿色发展。

3.2.1.2 我国生态环境脆弱区面临的主要问题

生态脆弱区具有气候敏感性、系统不稳定、生态脆弱性等特征,随着我国经济社会的快速发展,必然会导致发展区域经济与保护生态环境的严重冲突。在我国工业不发达的区域范围内,特别是西部欠发达地区,生态安全和环境问题更为显著,更易沦为生态脆弱区,与环境的冲突将越加激烈。我国的生态环境脆弱区主要面临以下几方面的问题:

(1)生态失调与环境恶化。主要包括:①土壤侵蚀加剧,水土流失严重。最近20多年来,水土流失面积平均每年净增3%以上,土壤侵蚀模数平均每年高达3000吨/平方公里,云贵川等石漠化发生区,每年流失的表土就接近10毫米,输入江河水体的泥沙总量约40~60亿吨。②草地退化严重,沙化面积剧增。截止到2010年我国共有各类沙漠化土地近180万平方公里,其中,生态环境极度脆弱的西部8省区就占96.3%。我国北方60%以上的天然草地分布在生态环境比较脆弱的农牧交错区,该区中度以上退沙化面积已占草地总面积的53.6%,每年退沙化草地扩展速度平均在200万公顷以上。③湿地持续退化,调蓄功能下降。20世纪50年代以来,全国共围垦湿地3.0万平方公里,直接导致6.0~8.0万平方公里湿地持续退化,蓄水能力降低200~300亿立方米,土壤次生盐渍化程度增加,每年受灾农田约100万公顷。④生态功能减弱,生物多样受损。由于过度砍伐森林、过度放牧等原因,森林植被毁坏严重,生态系统的平衡关系失调,改变了长久以来形成的生物多样性,使森林对气候的调节功能减弱,水土保持困难;由于湿地退化,许多两栖类、鸟类等关键物种栖息地遭到严重破坏,生物多样性严重受损。

(2)经济落后与生活贫困。自然条件恶劣和生态环境恶化还直接导致生态脆弱地区长期处于经济发展落后和人民生活贫困状态。①自然环境恶劣,经济发展滞后。由于气候气象、地质地貌、交通区位等自然环境条件较差,使得生态脆弱地区的经济发展缓慢滞后,经济发展方式落后原始,生产效率低下。大多数的生态脆弱地区经济还没有完全摆脱贫困状态。②自然灾害频发,贫困不断加剧。据统计,我国生态脆弱区每年因沙尘暴、暴风雪、泥石流、山体滑坡、洪涝灾害等各种自然灾害所造成的经济损失2千多亿元人民币,自然灾害损失率年均递增9%,普遍高于生态脆弱区GDP增长率。2010年全国95%以上的绝对贫困人口分布在生态环境极度脆弱的老少边穷地区。③气候日趋干旱,用水资源短缺。我国北方生态脆弱区耕地面积占全国的64.8%,实际可用水量仅占全国的15.6%,70%以上地区全年降水不足300毫米,每年因缺水而使1300~4000万公顷农田受旱。从而导致贫困问题十分突出,不但贫困面大,贫困程度深,而且返贫率高。

(3)基础薄弱与发展乏力。长期以来,生态脆弱地区的经济发展多是传统的粗放型模式,不合理的开发导致生态环境遭受人为破坏并持续恶化,过垦、过牧、排放、污染等人类干扰的负面影响强烈,其所谋求的经济发展必然是不具可持续性的。由于历史、自然、社会等方面原因,基础设施发展滞后,“行路难、用电难、饮水难”等问题大量存在。受国家与地方财政体制等方面的限制以及经济发展水平的制约,生态脆弱地区政府的财政能力普遍很弱,自给率极低,财政支撑经济建设、调控经济运行的力度不足,大多属于"吃饭财政",保吃饭与保建设的矛盾十分突出,提供公共服务的能力严重不足[99]。由于政府财力的制约,在缺少外部推动的条件下,根本没有能力进行大规模的基础设施建设和生态环境治理。由于经济总量小,经济结构比较单一,特色经济尚未形成规模,缺乏骨干企业和龙头企业的支撑,经济发展乏力。生态环境脆弱和基础设施薄弱,已成为制约我国生态环境脆弱地区加快发展的"瓶颈"。

3.2.1.3 我国西部地区生态环境脆弱区的成因

生态脆弱性是自然因素和人类短期经济行为共同作用的结果,影响生态脆弱性的自然因素主要包括全球或区域性自然过程引起的气候、水文、地貌、地质、植被、土壤等变化,其背景是在漫长的地质年代形成的。人类短期经济行为包括因工业、农业、牧业、交通、运输等行业发展产生的毁林、耕垦、过牧、过量灌溉等行为。造成我国西部生态脆弱区生态退化、自然环境脆弱的原因除生态本底脆弱外,人类活动的过度干扰是其直接成因。

(1)自然环境因素与自然灾害所导致的生态脆弱性。脆弱性的自然因素大致可以分为四类:①地质脆弱因子,主要指地质断裂构造作用,也包括火山活动;②地貌脆弱因子,包含有海拔、坡度、水资源、植被和营养元素在地表的分布等;③气候脆弱因子,包括降水的分布不均、寒冷或炎热、大风和天气的反常变化等;④生物脆弱因子,如生物入侵、关键物种灭绝,以及传染性疾病等。自然灾害是导致系统脆弱性最主要的自然因素,如全球气候变暖对大气环流及动植物生长带来的影响,旱灾和洪灾给河流和湖泊生态系统带来的扰动,海平面上升对海岛生态系统带来的压力等。当引发脆弱性的自然因素出现后,生态系统受其影响和扰动,其正常功能被打乱,当着这影响和扰动超过了弹性自调节的"阈值"并由此导致反馈机制的破坏时,系统发生了不可逆变化,从而失去自恢复能力,形成生态脆弱区。在我国西部地区自然环境因素导致的生态脆弱性较为突出。

(2)产业组织模式不合理造成生态环境的持续恶化。主要是粗放的经济增长模式,以及过度依赖资源型产业,导致生态环境的恶化。我国经济增长方式粗放的特征主要表现在重要资源单位产出效率较低,生产环节能耗和水耗较高,污染物排放强度较大,再生资源回收利用率低下,社会交易率低而交易成本较高。2006 年中国 GDP 约占世界的 5.5%,但能耗占到 15%、钢材占到 30%、水泥占到 54%;2000 年中国单位 GDP 排放 $CO_2$0.62 公斤、有机污水 0.5 公斤,污染物排放强度大大高于世界平均水平;而矿产资源综合利用率、工业用水重复率均高于世界先进水平15～25个百分点；社会交易成本普遍比发达国家高30%～40%[1]。在传统经济增长模式下，中国西部地区的经济发展严重依赖于地区资源，西部地区发展走的是一条高消耗、高污染、低产出的工业化道路。这种典型的资源型经济发展模式加剧了粗放型经济发展与有限的生态环境承载能力之间的矛盾，导致生态环境退化和自然资源严重短缺，出现生态环境日渐恶化的趋势。

（3）生态脆弱与贫困落后交互作用导致的恶性循环。西部地区生态环境的先天不足，加之人类长期的不合理开发利用，过度垦荒、放牧和滥砍乱伐，致使生态系统脆弱、水土流失严重、气候条件恶劣、森林覆盖率低，加剧了西部地区生态环境的恶化。我国以占世界9%的耕地、6%的水资源、4%的森林、1.8%的石油，养活着占世界22%的人口，人地矛盾突出已是我国生态脆弱区退化的根本原因，如长期过度放牧引起的草地退化，过度开垦导致干旱区土地沙化，过量砍伐森林资源引发大面积水土流失等。据报道，我国环境污染损失约占GDP的3%～8%，生态破坏（草原、湿地、森林、土壤侵蚀等）约占GDP的6%～7%[3]。生态环境脆弱导致了生产生活承载力低，从而导致了经济落后于贫困；贫困与落后又会进一步导致过度的滥垦乱伐，从而进一步加剧生态环境的脆弱性；以此往复，恶性循环。

（4）生态意识薄弱与片面追求经济增长的负面影响。由于历史、地理和经济原因，西部地方政府对保护生态环境的重要性和紧迫性认识不足，政府的传统政绩观念也还未改变。长期以来，许多地方政府重发展轻保护思想普遍，经济上追求GDP，保护生态环境的理念意识淡薄，有的甚至以牺牲环境为代价，单纯追求眼前的经济利益；落后地区政府出于赶超需要，片面追求经济的高增长，导致西部地区资源枯竭和生态环境的不断恶化。个别企业受经济利益驱动，违法采矿、超标排放十分普遍，严重破坏人类的生存环境。许多民众环保观念淡漠，对当前严峻的环境形势认知水平低，而且消费观念陈旧，缺乏主动参与和积极维护生态环境的思想意识，资源掠夺性开发和浪费使用不能有效遏制，生态破坏、系统退化日趋严重。

3.2.2　传统的资源开发与生产模式对生态环境的影响

西部地区是我国能源和矿产资源的聚集地，具有能源和资源的比较优势，长期以来形成了西部卖资源、东部卖产品的分工格局。传统资源开发生产模式容易造成严重的环境污染和生态破坏，而且是资源开发越多，环境污染和生态破坏越严重，经济发展条件越恶劣的恶性循环。

3.2.2.1 传统资源开发模式导致的区域生态退化

传统的资源开发模式和落后的生产组织方式,对区域生态造成了不可恢复的巨大破坏。主要表现在森林锐减、植被毁坏、草地沙化、生物多样性丧失以及生态功能退化等方面,这在西部地区表现的最为突出和明显:

(1)森林面积锐减。全国解放后,随着国家经济建设高潮的掀起,对木材资源的需求量与日俱增,为满足生产建设的需要,国家组织了对西部地区原始森林的大规模采伐。由于采取的是无节制的大面积砍伐,使这些地区的森林覆盖率迅速下降。例如云南省解放初期的森林盖率超过50%,后来曾一度下降至20%左右,西双版纳由解放初期的2000万亩森林,下降到只剩900多亩。由于森林开采和森林培育等生产环节的组织模式落后,导致采育严重失调,出现了令人优虑的严重"森林赤字"。以云南迪庆藏族自治州为例,上世纪70~80年代,该州每年砍伐消耗的木材量约130万立方米,而林木生长量则只有110万立方米。在四川阿坝藏族自治州,每年消耗的生活用柴为100万立方米,这相当于其生长量的1.6倍。

(2)地表植被破坏。矿产资源开发建设常常要大范围占用森林草地,挤占牧场农田,随意的采挖、选矿、运输堆放,导致地表植被大范围地被破坏。特别是一些露天开采矿,剥土弃渣采掘矿石改变了原有的地形地貌,破坏了风景景观[100],使地质遗迹受损;弃土弃渣压占土地、造成森林植被破坏,致使土石裸露,地表径流增加,加剧了矿区土壤侵蚀,导致水土流失和水资源衰减;由于表土层破坏严重、土壤消失,或者表土结构坚硬或过于松散,都使植物生存基础缺失或脆弱、地表植被遭破坏;采矿放顶而直接产生地表变形干裂,在雨水作用下形成土壤侵蚀和水土流失,暴雨季节极易形成泥石流。以陕西潼关黄金产区为例,在大规模开发时期,矿区的采矿坑口多达2000个,排放的矿山废石、尾渣800多万吨,压占土地、植被面积200多公顷。据测算,陕北油、气田开采排放的弃土、弃渣达1.5亿吨,年新增水土流失量1800万吨以上[101]。陕西神府煤田自20世纪80年代中期开发以来,毁坏耕地近700公顷,堆放弃土弃渣6000多万吨,破坏植被5000多公顷,年增加土壤侵蚀量4514万吨,增加入黄泥沙2019万吨[102]。

(3)土地沙化严重。在西部的许多资源开采区,由于滥垦滥挖等开发方式不当导致地表植物大量死亡,覆盖率降低,从而诱发土地的沙质荒漠化。由于资源区土壤粗粒化,土壤肥力低,使得地表植被生长困难,造成沙质荒漠化等灾害的频繁发生。一些草原地区,由于过度开矿土地、牲畜超载放牧、滥采滥挖药材等也造成了大面积天然草地的退化沙化。此外由于生态环境和气候的变化,导致草原害虫的天敌生存困难甚至于消失，使害虫大面积泛滥，严重的虫灾在很大程度上加速了天然草地退化、沙化的进程。目前，我国已经沙化的土地占国土面积的1/4以上，超过了全国的耕地面积。其中，95%以上的沙漠化土地集中在我国西部省区[103]。西北地区近年发生的沙尘暴，与青藏高原草甸退化、西北地区草原荒漠化不无关系。

(4)生物多样丧失。生物多样性是指一定范围内多种多样活的有机体有规律地结合所构成稳定的生态综合体。由于西部地区这些年来对各类资源的开发、对资源的不合理利用以及不科学的工程建设，致使森林面积和地表植被减少、地下水位下降、生态湿地萎缩、土地草地沙化、生态环境污染等，从而导致许多生物的生存环境遭到破坏，野生动植物栖息环境破碎化，生境破碎，生物失去家园，致使一些生物物种和种群迅速萎缩，有的甚至灭绝消亡。生物多样性的减少，必将恶化人类生存环境，限制人类生存发展机会的选择，甚至严重威胁人类的生存与发展。

(5)生态功能退化。西部地区出现的森林和植被的大面积毁坏、土地沙化、环境污染、生物多样性下降等，严重影响了区域生态系统各个层次的结构、功能和动态，进而导致整个生态系统功能的退化。人类对生态系统的干扰方式多种多样，归纳起来，有如下两大方面：对生态系统的结构的干扰，即由于人类对自然资源的过度索取，引起自然生态系统结构的变化，如砍伐森林、过度放牧、乱捕滥猎、围湖造田等，造成了生态系统的结构性失衡；对生态系统的功能的干扰，即由于大量工业和生活废弃物排人自然界，改变了原有的生态系统自我调节、自我净化的能力，造成了生态系统的功能性失衡。

3.2.2.2 传统产业生产方式造成的区域环境污染

西部地区工业产业的发展长期处于落后状态，由于生产工艺、生产技术和生产方式的落后，其工业废弃物和排放物数量巨大，且得不到有效地无害化处置，各类废弃物的排放造成了一些地区的土壤、水体、大气都受到不同程度的污染，致使生态环境恶化。主要表现在由于工业生产排放的废渣、废水、废气所造成的固体污染、液体污染、气体污染等方面。

(1)固体废弃物造成的环境污染。工业生产和矿物开采过程中产生的固体废弃物主要有冶炼渣、粉煤灰、炉渣、煤矸石、选矿生产中产生的尾矿等。固体污染在矿产资源开发过程中表现得最为突出，矿产开发产生的固体废弃物占工业固体废弃物的85%左右，其中尾矿和煤矸石占工业固体废弃物产生量的40%[12]，目前我国每年产生尾矿废弃物就多达6亿多吨。矿山排出的大量矿渣及尾矿的堆放，除了占用大量土地，严重污染水土资源及大气外，还经常发生塌方、滑坡。因为矿渣及矸石中含有大量在现实技术条件下无法利用的矿物，长期露天堆放会引发一系列环境问题，如矿渣的氧化分解会释放出大量有毒、有害元素，在雨水的淋滤下，污染地表水体，可溶成分随水从地表向下渗透，向土壤迁移转化，富集有害物质使堆场附近土质酸化、碱化、硬化，甚至发生重金属型污染。例如，废渣中的硫铁矿以硫酸和氢氧化铁的形式脱离废渣，形成具有很强的腐蚀性和溶解能力的酸性溶液，它可以将废渣中所含的各种重金属及其伴生的稀散元素大部分溶解，使废渣的酸度和毒性不断增加。

(2)液体废弃物造成的水体污染。液体废弃物是指矿业开发和工业生产过程中产生的废水和废液。各种金属、非金属矿业的废水以酸性无机物为主，并多含大量重金属及有毒有害元素（如铜、铅、镉、锌、砷、锡、六价铬、汞、氰化物）等；石油、石化业的废水中则含有挥发性酚、石油类、苯类、多环芳烃等有机物质；造纸、食品等工业部门的废水有机含量也很高。这些工业废水中都含有大量的有毒有害物质，对水体会造成严重的污染。虽然西部国有大、中型选矿厂对选矿废水的处理做了一些工作，但达标排放、零排放的企业为数不多，一些中、小型选矿厂，生产设备落后，技术水平低，大多数没有水处理装置，选矿废水未经达标处理就随意排放，甚至直接排入地表水体中，使土壤或地表水体受到污染，许多溪流受到矿坑废水、洗选废水、氰化废水等的严重污染，含有重金属、氰化物、酸碱等有毒有害物质较高，进而导致原来靠溪水灌溉的良田受到污染，严重危害人类的健康。废水通过地表径流或下渗进入到地下水中，通常会造成整个矿区乃至更大区域范围水体污染，从而影响整个区域的生态系统。

(3)气体废弃物造成的大气污染。气体废弃物也称工业废气，是指工业生产过程中产生的各种排入空气的含有污染物气体的总称，主要包括：二氧化碳、二硫化碳、硫化氢、氟化物、氮氧化物、氯花氢、一氧化碳、硫酸（雾）铅、汞、铍化物烟尘及生产性粉尘等。工业废气直接排入空中会对大气造成污染，废气中的有害物质通过不同的途径进入人体，有的直接产生危害，有的还有蓄积作用，会更加严重的危害人的健康。西部地区的很多中小企业，由于技术水平低和生产工艺落后，或者出于节约成本的考虑，对在采矿、选矿、冶炼过程中产生的工业烟尘、粉尘及有毒废气等不加以处理直接排放进大气中，造成严重空气污染，威胁人们的健康和生命安全。矿山冶炼中释放的废气、粉尘形成酸雨和尘雾等，即使一些无毒矿物的开采，也会产生水体富营养化、土壤恶化、大气能见度下降，甚至形成酸雨。一些地方小煤矿滥采乱挖、土法炼焦，使得大量的CO_2、SO_2和烟尘等污染物排向空中，煤炭矸石的随意堆放，造成煤炭矸石氧化自燃，形成难以扑灭的地下火龙，煤炭矸石自燃产生的大量有害气体，严重污染了空气。洗煤厂排放的煤尘、焦化厂及土焦厂的油烟、水泥厂的岩尘等，黑烟冲天，尘沙弥漫，空气呛人，对周围的人畜健康造成危害，也严重污染的空气。大气污染物不但对生存在该矿区周围的人类危害很大，而且对其他生物的影响也非常大。虽然植物大多能吸收或吸附大气中的有害气体和尘埃，但超过一定的限度也会影响其生长发育[104]，甚至造成大面积的死亡，这样又衍生了新的生态环境问题。

3.2.2.3 传统资源开发模式造成的区域地质灾害

传统落后的矿产资源采掘开发模式容易导致生态环境污染和资源浪费，同时还时常会导致矿区地质灾害的发生，严重影响了人民群众的生命财产安全。其中岩崩滑坡和泥石流、采空区塌陷及地面沉降、采矿诱发的地震所产生地质灾害最为突出[105]。

(1)矿区岩崩滑坡和泥石流灾害。我国许多露天矿山在开采、开挖过程中，经常发生边坡岩体失稳和岩石崩塌，开采中剥离出的大面积表层土壤与松散物等容易诱发滑坡和泥石流地质灾害。井下开采由于支护和回填不及时，也常会发生岩崩。采矿堆积和弃渣堆积形成了大量的松散物源，在降水量大和强度高的雨季和汛期极易形成泥石流。过去的一些老旧矿山，由于乱采滥挖、乱堆乱放，把矸石废料、尾矿矿渣堆放在河床、河口、公路铁路两侧的路边等，有的堆放在相对低洼处或沟谷中，堵塞河床，影响天然地表径流，改变水文条件，同时又为泥石流提供了大量松散物源，一遇暴雨造成水土流失，发生塌方滑坡、泥石流，尾矿、矿石等被携带冲入江河湖泊，造成水库河塘河道淤塞，洪水排泄不畅，最后引发大的山洪和泥石流，冲毁公路、铁路和建筑设施。严重的滑坡和崩塌量有时会达到几百万甚至上千万立方米，除造成运输和生产中断、附近建筑物遭受破坏外，严重地影响人民群众的生命财产安全。河南秦岭西峪沟金矿，将数万立方米的矿渣堆放在沟底，以致河道严重受阻，1994 年 7 月中旬，暴雨形成的泥石流沿沟下泄，曾使道路及生产、生活设施遭到严重破坏，30 多人丧生。2008 年 9 月 8 日，山西临汾市襄汾县塔山铁矿尾矿库发生特大溃坝，造成 276 人死亡的特大事故发生[106]。

(2)采空区塌陷及地面沉降灾害。矿井采空区的地面塌陷与沉降是矿区的主要地质灾害之一。在矿山开采过程中，因地下原生矿体矿层和伴生岩石被大规模采空后，形成大量规模大小不等的地下空间。采空区上覆岩层的原始应力平衡状态受到破坏，在重力作用和地应力不均衡等因素的影响下，首先在采空区域出现裂缝，顶板岩石依次向下脱离，发生冒落、断裂、弯曲等移动变形，导致采空区塌陷,最后逐渐发展为采空区的地面的塌陷或沉陷。据不完全统计,1990~2005年7月,陕西神木矿区采空面积超过41.69km²,其中大柳塔矿井采空面积已达27.09km²,且随着煤炭开采量的增长而增长[107]。矿区地面沉降主要是由采矿排水产生地下水漏斗引起的,降落漏斗常因地下水补给条件的差异和岩层导水性的各向异性,在平面上发育不均匀,采用水溶法开采岩盐所形成的地下溶腔,也容易导致地面沉陷。一些老旧矿区,由于过去的采矿挖掘活动无序,采空区分布十分复杂,尽管金属矿围岩较为坚硬,仍可引起地面下沉变形及倾斜变形,因为叠置的采空区相互作用和影响,局部地区地表和山体开裂变形。采空区塌陷和地面沉降往往会破坏土地和建筑物,基础设施及许多建筑物只能被迫迁移。

(3)采矿诱发地震及涌突水灾害。采矿诱发的地震简称矿震,是一种危害较大的地下型人工诱发地质灾害。矿震发生原因是矿区开采等工程活动人为地改变了原本稳定的地壳结构和表层的应力分布,导致某些应力集中部位发生破坏而引发地震。石油和天然气、盐卤、地下热(汽)储的开发,废液处理和油田开采中的深井注水,钻井过程中的井漏,矿山抽、排水,固体矿床的开采等工程活动都可能诱发地震。可分为直接诱发和间接诱发两类:①直接诱发的地震。采矿往往需要辅之以爆破、开掘井巷等,从而直接引起崩塌、冒落、瓦斯突出;当矿山岩体(山体)受到突然冲击,矿物和土石崩落、地层滑动或陷落,矿井坍塌、洞穴发育地段发生塌陷等,均可引起冲击地震,造成危害。②间接诱发的地震。开采卸载时,由于应力集中引起岩石破裂和应变能释放,间接诱发地震。在采空区范围内一定的地质构造环境下,如有断裂带通过,沿断裂形成的应力突然释放,产生大量的能,也可能导致和诱发地震发生。抽水采矿、矿井顶板陷落、岩洞塌陷也可引发地震。而在矿区外围,也可因上述冲击地震而产生传递作用,沿构造方向发生地震迁移,造成更大范围的地震灾害。此外,矿井涌突水也是矿区经常发生的严重地质灾害。近年来全国许多矿山特别是煤矿和金属矿床采区大都发生过突水或突泥事故,造成巨大的人员伤亡和财产损失,引发的灾情相当严重。发生在各矿山城市的矿井涌突水爆发性强,常不易预测,涌水量大,且含泥沙量大,危害性大。

3.2.3 先进产业组织模式能够提高区域生态效益

生态环境是人类生存最重要的基础,也是区域经济可持续发展的基本前提。先进产业组织模式不但能够提高产业经济效益,也能够有效提高区域生态效益,区域经济的可持续发展必须选择先进合理的产业组织模式。

3.2.3.1 不同产业组织模式对环境生态效益的影响

自然环境是人类生存和发展所依赖的各种自然条件以及环绕人们周围的各种自然因素的总和。它包括人类生活的一定的生态环境、生物环境和地下资源环境。自然生态环境作为人类社会经济发展的客观基础,它为人类提供生存所需的生产和生活的条件,为经济和产业的发展提供能量、原料和承载体。环境中的自然资源是人类进行生产活动和赖以生存的物质基础。不仅生产过程的劳动对象、劳动资料来自自然环境,而且劳动者的生存、繁衍和能力的提高以及社会生产全过程都要在环境中进行。地球的自然资源和环境的容量是有限的,人类的各种活动会对自然生态环境产生重大影响,生态环境的破坏,最终会导致人类生活环境的恶化,从而严重地制约人类社会经济的可持续发展。因此,现代产业发展,除了注重产业经济效益外,也更加关注产业的环境生态效益。

生态效益是指人们在生产中依据生态平衡规律,使自然界的生物系统对人类的生产、生活条件和环境条件产生有益影响和有利效果,它关系到人类生存发展的根本利益和长远利益。产业系统的环境生态效益是指在产业系统生产经营运行过程中,其输入和输出的内容对自然生态环境产生的有益影响及有利效果,如果其促进了自然生态环境的平衡或改善了原有的自然生态环境状况,则称该产业系统具有正环境生态效益,若其破坏了自然生态环境的平衡和恶化了原有的自然生态环境状况,则称该产业系统具有负环境生态效益。当然,产业生态环境效益的正负(好坏)和强弱是连续变化的,是一条连续的谱线。某一产业系统生态效益的好环和强弱可用一个生态效益指数 I_{ECOL} 来描述,并在一个直线坐标系中表示(如图3-3所示)。其中坐标原点表示产业系统的运行对原生态环境没有产生任何影响(保持原生态环境状况)。坐标原点左边的生态效益指数为负值,表示系统具有负生态效益;坐标原点右边的生态效益指数为正值,表示系统具有正生态效益。离坐标原点的远近反映了生态效益的强弱,离原点越远表示生态效益强度越强,而离原点越近则表示生态效益强度越弱。每一个产业系统的生态效益情况都可以用该坐标系上的一个点表示。

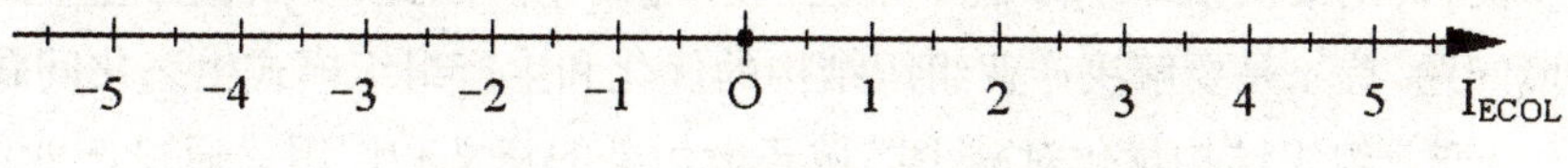

图3-3 产业组织生态效益指数坐标

任何一个产业系统的运行都会对其所处的生态环境产生影响,但不同的产业组织模式具有不同的产业功能和产业效率,因此也会具有不同的生态环境效益。科学合理高效有序的产业组织模式,在实现经济效益的同时,会产生正的环境生态效益,能够促进自然生态环境的平衡甚至改善原来的自然生态环境,使产业系统的生态效益状态处于图3-3中坐标系原点的右边。而不合理的产业组织模式的运行则可能会产生负的环境生态效益,对资源、环境等产生严重的影响,这类产业系统的生态效益状态处于图3-3中坐标系原点的左边。具有负生态效益的产业组织模式,会对自然生态系统造成负面影响和严重破坏,甚至会严重威胁到人类的生存环境和社会经济的可持续发展。这样的例子在人类产业经济发展的历史上并不少见,机器大工业时期的大规模生产方式为人类创造了巨大的物质财富,但也对产业的生态环境造成了极大的破坏。人们开始逐渐从沉痛的教训中认识到产业生态效益的重要性,受自然生态系统运行原理的启示,并从产业生态原理中寻找到了一条构建正生态效益型产业组织模式的途径——循环经济型产业生产组织模式。

3.2.3.2 先进的产业组织模式能够减少环境污染

当前世界发达国家大都在不同的历史时期经历了由贫困引起的环境破坏阶段,由工业化发展所引起的环境污染阶段以及由大量生产、大量消费引起的生活垃圾泛滥等三个阶段。目前,中国正被上述三种环境问题同时困扰。2005年,中国贫困人口2.07亿,贫困造成的环境破坏问题突出。同时,工业化快速发展,消耗大量的化石资源,产生大量污染,不合理的能源结构和产业结构成为制约中国环境问题的主要原因。伴随着中国近30年超过10%的高速增长率,使环境污染问题加剧,生态破坏难以修复。根据国际能源组织公布的中国1990~2007年间二氧化碳排放情况看,2004年之后剧增情况令人瞠目。这就表明工业化发展引起的环境问题是中国最大的问题,同时验证了“波特假说”——加强环境规制可以激发被管制企业创新,在有利于企业提升竞争力的同时,减少环境污染——在中国的产业调整与节能减排中不具说服力。有学者指出,中国大气污染的首要原因是过度分散型产业组织结构下的重工业发展。在过度分散化的产业组织结构下,企业生产规模过小,无法发挥规模经济效应,造成严重的资源浪费,结果从整体上降低了中国的环境效率。因此,要解决工业化带来的环境问题,首先是要解决产业组织结构的优化和生产组织模式生态化问题。

(1)产业组织结构优化对减少区域环境污染的意义和作用。通过产业组织结构的优化,一是可以提高产业规模。中国在工业化过程中,严重依赖化石等能源资源为基础,长期重工业化及民营企业的过度进入,导致产业规模小,产业效率低、技术水平落后,资源利用率低下。加上环境保护制度不健全,监管不得当,导致产业污染严重。产业组织优化升级,能够减少污染高、产能低的小企业,促进产业集中,提高集聚经济效益和资源利用率。二是能够促进转变产业结构。从微观上看,构成产业的各个企业通过提升其资本积累和技术能力,或者通过提高集中度,形成产业聚集等产业组织结构调整手段,推进产品的高附加值化,开发、生产、流通等各阶段的效率化,从而提高整个产业创造附加价值的能力。

(2)产业生产组织模式的生态化可从根本上减少环境污染。生产组织模式的生态化,就是根据生态学原理,按照资源利用最大化和废物排放最小化原则,改造产业生产的各个流程和环节,运用最新的清洁生产技术、节能减排技术、资源转化技术、无害处理技术、梯级循环技术、资源共享技术、产业链接技术、减量高效技术、共生均衡技术等,重构产业生产组织体系,使每个生产环节都能够高效地利用各种资源,并始终保持不向外排放任何污染废弃物,使整个产业生产体系形成一个高效无污染的产业生态系统,从而实现整个系统的零排放或微排放。因此,可以说产业生产组织模式的生态化是解决区域环境污染的根本途径。

目前,中国的环境问题已经成为一个迫在眉睫亟需解决的问题,决定产业转型的关键还在于转型意识,加快企业从追求利润最大化向社会责任经营转型。从中国与世界的环境效率对比可以看出,中国与发达国家的差距很大,发达国家向发展中国家的环境技术转让将是解决世界环境问题的重要手段。中国也应通过开发新能源、减少对化石能源的过度依赖、促进能源结构合理化等手段加强环境保护。

3.2.3.3　先进的产业组织模式能够促进生态修复

所谓生态修复是指遭到干扰和破坏的生态系统,当消除了干扰因素减轻了负荷压力后,依靠生态系统的自我调节能力与自我组织能力使其向有序的方向进行演化,或者利用生态系统的这种自我恢复能力,并辅之以人工措施,使遭到破坏的生态系统逐步恢复或使生态系统向良性循环方向发展。

自然界发生的各种事件会改变生态系统的结构与功能,这些事件就称之为干扰,干扰可分自然事件干扰(如地震、火灾、水灾、泥石流、虫害、大风等)和人类活动干扰(如砍伐、开荒、种植、开山、放炮、采掘、施工、排放、污染等)。干扰促使某一相对稳定的生态系统发生变化,旧的环境和物种破坏了,新的环境和物种又会产生,并在一定时间内维持其相对稳定。在没有严重干扰的情况下,自然生态系统会定向地、有秩序地由一个阶段发展到另一个阶段,这称为生态内因演替。演替的结果,最终会出现一个相当稳定的生态系统平衡状态,这称为顶极稳定状态。每一演替阶段有其特定生物群落特征,顶极稳定状态的群落称为顶极群落。干扰常使生态系统受损并改变，称为外因演替。生态系统正常演替总是从低级向高级发展，而干扰使演替进程发生变化，严重时，如人类大规模活动，则使生态系统向相反方向演替，这称为逆序演替。生态修复就是使被干扰生态系统的逆序演替转向正常演替。

生态修复主要是指那些在自然突变和人类活动影响下受到破坏的自然生态系统的恢复与重建，恢复生态系统原本的面貌。任何一个自然生态系统都具有一定的生态平衡自恢复或自修复功能，所谓自恢复是生态系统依靠其自身的力量将自己受损的结构和功能恢复到受干扰前的平衡状态。生态系统恢复应该包括恢复结构、恢复功能、恢复持续性三个方面。恢复结构就是恢复一个生态系统原有的完整性，即恢复物种多样性和完整的群落结构；恢复功能就是恢复生态系统原有的空气净化功能、水净化功能、气候调节功能、生态平衡功能等；恢复持续性包括恢复的生态系统出现以下几种状态结果：①恢复到最理想的原来状态；②重新获得一个既包含原来特性，又包括人类有益的新特性状态；③形成一种改进的和原来不同的生态系统。

研究表明，人类生产活动产生的各种扰动是造成生态系统改变而出现逆向演替的最主要原因，而要消除这种扰动带来的危害，天然修复和人工修复是主要的方式。天然修复就是强调人类不对其进行干扰，让受损的生态系统自发向初始、完善的生态系统自然演进，这种方式具有显著的优越性，能够促进生态系统的复杂性、稳定性、持续性，但对面临经济必须快速发展的西部生态脆弱地区来说，不进行生产、不对系统输入物质和能量是不太现实的。人工修复则强调人类在生态修复中的作用，其具体内容包括：采用现代生态修复技术实现生态系统的地表基底稳定性，保证生态系统的进展演替与发展；恢复植被和土壤，保证一定的植被覆盖率和土壤肥力；增加生物多样性，实现生物群落的恢复，提高生态系统的生产力和自我维持能力；减少或控制环境污染等。像荒山植树、退耕还林、恢复植被、让动物回到原来的生活环境中、通过选择特殊植物和微生物、人工辅助建造生态系统来降解污染物等都是修复生态的有效办法。事实上，实现很好的人工组合能够显著促进自然修复过程。

在西部经济发展过程中，选择合适的产业组织模式，能够转变经济发展路径，实现产业转型和快速发展。采用先进的生产组织模式，减量化地使用各类自然资源并使之得以高效利用，使各个生产环节都不存在有害物质的排放，在整个产业生产过程除有用的产品外，只有少量剩余物质甚至没有剩余物质排放，而这些微量排放的剩余物质，完全可以被现有的自然生态系统消化吸收，大大有效地降低了人类生产活动对自然生态系统产生的负外部性，使生态系统由负向演替转向正向演替，从而逐步实现生态系统的自我修复。因此采用先进的产业生产组织模式构建起来的产业体系，在不影响区域经济和产业发展的同时，还能够有效地促进区域生态系统的修复。

3.3　产业组织模式与生态脆弱区资源保护的关系

不同的产业组织模式具有不同的功能和效率，传统落后的产业组织模式，只追求产业经济效益，不注重资源环境效益，对资源环境的负面影响较大，特别是在生态脆弱地区，这种产业组织模式会导致资源的大量浪费和生态环境的严重破坏。只有采用新型的经济效益和生态效益俱佳的产业组织模式，才能使生态脆弱地区的资源环境得到高效利用和有效保护。

3.3.1　生态脆弱地区资源开发的脆弱性

我国大多数的生态脆弱地区由于自然条件和历史的原因，长期处于贫困落后状态，经济发展滞后，完全依靠大自然要生计，采掘和开发自然资源，成了一些地区主要的生活来源。由于生态脆弱和环境恶劣，这种开发活动又使得资源环境遭到破坏，加剧了生态环境的脆弱性。

3.3.1.1　生态环境与自然资源

从环境保护的视角来看，环境与资源是两个相互交融涵盖的概念，两者有着紧密的联系。按照我国《环境保护法》的定义："环境是指影响人类生存和发展的各种天然的和经过人工改造的自然因素的总体，包括大气、水、海洋、土地、矿藏、森林、草原、野生生物、自然遗迹、人文遗迹、自然保护区、风景名胜区、城市和乡村等。"根据联合国环境规划署的定义："所谓资源，特别是自然资源是指在一定时间条件下，能够产生经济价值，提高当前和未来福利的自然环境因素的总称"。因此自然因素的总体既是人们一般理解的环境概念，也是人们普遍理解的资源概念。严格来说，资源有广义和狭义之分。广义的资源包括自然界和人类社会的一切物质和能量，即所有的自然资源和人文资源。既包括一切为人类所需要的自然物，也包括以人类劳动产品形式出现的一切有用物，还包括无形的资财，如信息、知识和技术，以及人类本身的体力和智力。而狭义的资源则仅指自然资源，一般地，自然资源是指具有社会有效性和相对稀缺性的自然物质或自然环境的总称。自然资源是人类生活和生产资料的来源，是人类社会和经济发展的物质基础，同时也是构成人类生存环境的基本要素。在环境保护研究领域，生态环境和自然资源是视为同一个概念的，只是从不同的角度去定义而已。

在经济学领域，资源被定义为生产过程中的全部投入，因为资源是与生产过程有关，是生产过程中的输入，所以资源与生产要素在很多情况下是当成同义词使用的。以往的经济学在微观上是以生产中的投入产出研究为内容，在宏观上以经济总量等为内容，由于土地和矿产等资源被占有后，就形成所有权，进入生产过程，可以为拥有者带来财富。因此，在经济学中，土地和矿产等资源代表着自然资源。由于研究角度和研究内容的不同，可以将自然资源进行不同的分类。如按自然资源在经济领域中不同产业的地位来划分，可分为第一产业（农业）的自然资源、第二产业（工业）的自然资源、第三产业（服务业）的自然资源等；按自然资源的实物类型和环境要素来划分，可分为土地资源、气候资源、水资源、矿产资源、森林资源、海洋资源、农业资源、交通资源、旅游资源，等等；按资源的可再生性来划分，可分为可更新可再生性资源和不可更新耗竭性资源（如图 3－4 所示）。

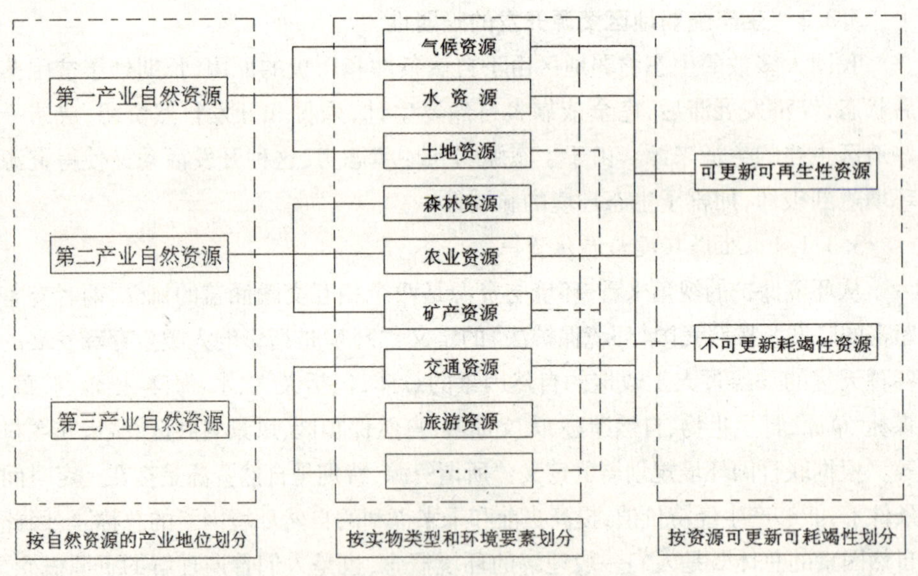

图 3－4　自然资源的不同分类

矿产资源是具有重要经济价值的自然资源，它由地质作用形成于地壳中，并以气态、液态和固态形式存在，是地壳在其长期形成、发展与演变过程中的产物，是自然界矿物质在一定的地质条件下，经千百万年地质作用而聚集形成并沉积下来的。矿产资源主要包括：石油、天然气、煤炭等能源矿产，铁、锰、铬等黑色金属矿产，铜、铅、锌、钴、镍等有色金属矿产，金、银、铂、把等贵金属矿产，铀、镭、针等放射性金属矿产,铭、铟、斓、饰等稀有、稀土金属矿产,菱镁矿、滑石等冶金辅助矿产,钾盐、硫、磷等化工矿产,高岭石、膨润土、蒙脱石等非金属材料矿产,各种石料、石灰岩、石膏、石棉等建筑材料矿产,红宝石、蓝宝石、翡翠、玛瑙等宝玉石矿产和地下水(热)资源等。目前,全球已经发现矿产资源200余种,中国已经发现矿产资源171种,其中探明储量的有157种。这些矿产资源广泛用于工农业生产、高新技术和国防等领域,贯穿于人类生活始终并与国家安全密切相关。

3.3.1.2 自然资源的有限性和可耗竭性

在这个地球上,人类赖以生存的自然资源和环境要素并非是取之不尽用之不竭的,由于资源分布的空间差异性和部分资源地理位置的固定性,使自然资源表现出了分布不均匀和有限的特点,进而使人类经济活动出现了差异性和局限性。

(1)自然资源的有限性。自然资源的分布受太阳辐射、大气环流、地质构造和地表形态结构等因素的影响,有明显的区域差异,分布也不均匀。一定区域内的自然资源在相当长的时间内是确定的,其种类特征、数量多少、质量优劣都是由其地理位置和自然环境决定的。由于任何一种矿物的形成不仅需要有特定的地质条件,还必须经过千百万年、上亿年漫长的物理、化学、生物作用过程,因此,相对于人类而言是不可再生的,消耗一点就少一点。其他的可再生资源如动物、植物,由于其再生能力受自身遗传因素的制约,受外界客观条件的限制,不仅其再生能力是有限的,而且利用过度,使其稳定的结构破坏后就会丧失其再生能力,成为非再生性资源。与其他有限资源相比,太阳能、潮汐能、风能、动植物等这些可再生性资源似乎是取之不尽、用之不竭的,但从某个时段或地区来考虑,在一定的时期内所提供的资源依然是有限的。可替代资源的品种也是有限的。煤、石油、天然气和水力、风力等资源都可用于发电,但总的来看,可替代的投入类型是有限的。例如,温室技术可替代土地资源而生产粮食,空间的利用可以替代工业及住宅用地的不足,但作为人类生存必须具有的淡水和氧气至今还没有找到可以替代的资源。

(2)自然资源的稀缺性。人类的任何一项活动都必定与特定的资源发生直接或间接的联系。离开了资源,人类的生存和发展无从谈起。因为资源的可使用量是有限的,而且人类获得资源的能力是受限制的,即使自然的可使用量是无限的也是如此。由于人类欲望无限,对物质和精神追求的永无止境,总是在不断地追求着更高的生活品质质量,促使人类在有限的资源基础上最大限度地开发资源,生产最多的产品,以满足不断增长的需求,而这种追求本身会遇到时间、空间和各种资源的限制,于是人们也就不断的为自己制造出了更多的难题和更大的麻烦,于是又要花力气发展自己以解决这些问题,克服这些难题。由于在一定的时空范围内能够被人们利用的自然物(资源)是有限的,而人们对物质需求的欲望是无限的,两者之间的矛盾构成资源的稀缺性。资源稀缺是一种自然环境系统固有的特征,同时也是自然环境系统影响经济系统的主要原因。资源的可使用量与人类获得资源的能力、资源获得的市场价格及资源使用的市场效益比较衡量有关。部分资源的可使用量是可以发生变化的,如水体自净能力,自然界可提供的自净能力是有限的,但人类可以通过建造污水处理设施对水进行处理,再排放进入水体,这实际上是对水体自净能力的放大。只要水处理成本小于水使用的收益,这种投资是可持续的。人类获得资源的能力虽然受技术的限制,但根本是由资源的市场价格与资源开发成本的比较衡量决定的。

(3)自然资源的可耗竭性。地球上的任何一种自然资源在数量上都是有限的,矿产资源是地球形成以来的46亿年间逐渐形成的,每一种矿产都是在特定的地质条件下才得以形成并保存至今的。矿产资源一旦被开采利用,即开始逐渐减少,直到完全耗尽为止,资源的实物形态将会永远消失。虽然形成矿产资源的地质过程至今仍在继续着,即是说至今仍有新的矿产资源在形成中,但人类历史对于地质历史来说实在太短暂了,而人类对矿产资源的开发利用速度又实在太快了,如果人类仍然不节制地大规模开采,许多不可再生的矿产资源在不久的将来会被耗竭。按美国学者梅多斯于1974年的计算,全世界的金银最多可开采20年;石油、汞、铜、铝可开采40年;天然气可开采60年;锌、锰、铁、煤可开采100年。可耗竭资源一般是矿物资源,它们是经过千百万年才形成的物质,所以从人类有意义的时间看,这些物质的存在数量是固定的,不能再生。矿物资源又分成两种:一种是使用后就消耗掉的,不能再循环,如矿物能源类;另一种是理论上可以循环的,如金属资源。热力学第二定律和熵增加原理表明,使用一定物质的最后趋势是不可得性,即各种矿物质经过反复使用最终会变得过于分散无序,并与杂质混合,从而不可恢复,或者若要将其恢复则需要耗费更为巨大的能量和物质,从而失去了恢复的价值。更重要的是"恢复"是另一个大量使用"不能再循环的矿物能源"的过程。所以,可循环是理论上的,在实际中,这个过程是要付出经济代价而不是自然形成的。

3.3.1.3 生态脆弱地区资源环境的脆弱性

在生态脆弱地区由于其生态环境的敏感性较高、抵抗外界干扰能力较弱、恢复生态平衡的能力较差等特点,导致其生态环境的脆弱性,这种脆弱性表现为当这一生态系统受到干扰时,容易从一种状态转变为另一种状态,而且一经改变,很难恢复原来的状态。因此,该区域的资源环境一旦遭到破坏就很难恢复或者根本无法恢复。脆弱区生态环境脆弱性的根源一方面是受脆弱区本身地形地貌、自然气候、土壤质地及自然植被等结构因素的限制,另一方面是受到人类经济与社会活动的强烈干扰所致。其中,人类的经济开发活动是加剧脆弱区生态环境脆弱性的根本因素。生态环境的脆弱性通常是由生态环境的敏感性和生态环境的稳定性来衡量的。

生态环境的敏感性是指在自然状况下生态系统某一生态过程潜在的活动强度,以及生态系统或环境对各种自然和人类干扰的变异程度,用来反映区域生态环境遇到干扰时偏离平衡态的概率,以及产生生态退化症兆的难易程度或可能性。简言之,生态系统的敏感性表示生态系统的人类活动反应的敏感程度,及其在外力作用下产生生态环境问题可能性的大小。生态敏感性高的地区成为生态敏感区,生态敏感区就属于生态脆弱地区,随着人类活动的不断加剧,地球的许多地方已经非常脆弱,很容易因人类的活动而被破坏从而反过来影响人类自身的安危,比如极地地区、原始森林、湖泊、湿地等。在生态脆弱区生态系统中,环境与生物因子均处于相变的临界状态,对全球气候变化反应灵敏。具体表现为气候持续干旱,植被旱生化现象明显,生物生产力下降,自然灾害频发等。

生态环境的稳定性是指自然生态系统抵抗外界干扰并维持自身平衡稳定的能力[108],主要包括抗扰稳定性和恢复稳定性两个方面。抗扰稳定性也称为抗变能力,反映生态系统抵抗外界干扰和维持系统的结构和功能保持原状的能力;恢复稳定性是指生态系统被完全"破坏"后重新恢复原来的结构和功能的能力。生态脆弱区生态系统结构稳定性较差,对环境变化反映相对敏感,容易受到外界的干扰发生退化演替,而且系统自我修复能力较弱,自然恢复时间较长。在生态脆弱地区,其生态系统的稳定性较差,即表现出了不稳定性,这反映了该生态系统自身结构与功能以及系统所处环境因素的易变性。也就是说,脆弱区的生态系统在人类活动的扰动下极易失去稳定,偏离原有的平衡稳定态,出现生态退化;而退化后的生态系统自身也很难恢复到原有的平衡状态。

由于上述脆弱性,使得生态脆弱地区的人们在资源开发和生产经营活动中会对资源环境产生显著的扰动,容易造成负面的不可逆的影响,甚至导致资源环境的严重破坏,降低资源环境对人类的服务功能,缩短资源环境的可利用周期,这就是区域资源环境的脆弱性。当然,生态环境脆弱地区,并不等同于生态环境质量最差的地区,也不等同于自然生产力最低的地区,只是在生态环境改变的速率上,在抵抗外部干扰的能力上,在生态系统的稳定性上,在相对于全球变化的敏感性上,包括在资源空间竞争的程度上,表现出明显的脆弱性。因此,对生态脆弱地区来说，如果对其资源环境没有进行全面系统的科学论证，没有从生态效益、环境保护、资源高效利用和可持续发展的高度来科学规划资源开发，不采用先进的产业组织模式和生产组织方式来进行资源的开采、提炼、加工，不采用现代最新的科学技术和产业整合技术来对矿产资源进行最大化的综合利用，其资源产业工业体系的运行就造成极大的浪费，不仅不能实现跨越式的快速发展，而且还会对生态环境造成严重污染，对资源环境造成严重破坏。

3.3.2 传统产业组织模式对资源环境的影响

在传统经济增长模式下，西部地区走的是一条高消耗、高污染、低产出的资源型经济发展道路，传统产业组织模式加剧了粗放型经济发展与有限的生态环境承载能力之间的矛盾，出现了自然资源严重短缺和生态环境日渐恶化的趋势。

3.3.2.1 传统资源开采方式造成的资源浪费与破坏

传统的资源开发与采掘模式以及落后的工业生产加工模式，不仅造成了区域的生态退化和环境污染，还导致了大量宝贵资源的浪费甚至破坏。在矿产资源、土地资源和水资源方面的浪费和破坏表现得最为突出。

(1)矿产资源的浪费与破坏。由于管理不善和生产工艺落后，导致了矿产资源开发过程中的资源浪费和破坏严重。主要表现在是开发技术落后、资源利用率低下造成的资源浪费和管理不到位、缺乏科学规划造成的矿产资源的完整性遭到破坏等方面。西部地区矿产资源利用方式还比较粗放，矿产资源总回收率和共伴生矿产资源综合利用率分别只有20%和25%左右，比国外先进水平低30个百分点。绝大多数中小型矿山没有开展综合利用，大中型矿山开展综合利用的也仅占40%。以铁矿石为例，钢铁企业开采铁矿就只要其中的铁，大量伴生的矿物被丢弃，铁矿石被开采出来之后，要经过破碎、细碎、初选、粉磨、精选几个步骤，很多的开发企业没有经过很好的细碎作业，就进行了初选，导致大量的铁矿石资源在初选阶段就被当成废料扔掉，造成了大量的资源浪费。特别是西部的一些偏远落后地区，受资金限制，没有经过地质勘查部门的勘探评价和科学的论证规划，采矿布点不合理，开采技术不科学，甚至没有完整的技术方案就盲目开采，造成资源的严重浪费和破坏；矿山企业生产规模小的居多，陈旧的设备加上落后的技术，矿产资源的利用率低下；由于生产技术落后和采选方法陈旧，难以对矿产资源进行综合利用，更谈不上对采选、冶炼过程中排出的尾砂、尾矿、废渣等的综合利用。一些地方为追求短期经济利益，乱采滥挖、采富弃贫、采易弃难、采富弃贫、采厚弃薄、一矿多开、大矿小开、优矿滥开，超能力生产和超强度开采，以大量消耗资源、缩短矿山服务年限为代价，使矿产资源遭受严重损失。

(2)土地资源的浪费与破坏。不科学的矿产资源开发会导致大量宝贵的土地资源被占用甚至破坏，诸如矿床开采作业本身占用或破坏的土地、开发矿产资源过程中产生非矿剥离体(覆盖层、夹石、尾矿等固体废弃物)堆放占用或的土地、矿山生产区生活区占用或破坏的土地、矿山开发引致水土流失破坏的土地等。①露天采矿场占用及破坏土地资源。露天开采在短时间内削平山头，填平凹谷，在缓坡上截出陡崖，将绿地变成裸岩荒地。②矿山固体废料场、尾矿库占用及破坏土地资源。据不完全统计，我国因固废尾矿堆存占地近 6 万多公顷，且每年还在以 8% 以上的速度递增。③地裂变形和地面塌陷破坏土地资源。原来平整的土地由于采矿塌陷造成凹凸不平，洼地部分终年积水，丧失耕作价值；地裂变形区地表水漏失，蓄水性变差、水田变旱地，导致田地荒芜。④矿山生产设施建设占用土地资源。矿山生产设施、矿场建设主要包括矿部办公用房、居住用房、工业广场、洗选厂房、加工场地、破碎车间、料堆仓库，以及矿石输运通道和公路铁路交通设施等，这些地面设施占用了较多的土地资源。许多矿山闭坑后，矿山地面设施基本废弃，其占用土地难以复垦利用，造成了大量土地资源的闲置和荒芜。总之，不科学的矿产资源开发导致的土地资源浪费和破坏相当严重。

(3)水体资源的浪费与破坏。矿产资源开发中，特别是采选矿生产中的许多生产工艺过程都需要用到大量的水，不合理的资源开发活动会导致大量水资源的浪费甚至破坏。许多矿山，区域地质和水文地质条件相当复杂，采矿时必须对地下水进行疏干排水，甚至要深降强排，由于疏干排水，在许多岩溶充水矿区，引起地面塌陷，导致地下水位下降，使地下水循环径流条件收到影响，矿山地下水均衡系统遭到破坏。在部分区域，地表水不断涌入地下或矿坑，形成地表水的漏失，如破坏了地表水、地下水均衡系统，造成大面积疏干漏斗、泉水干枯、水资源逐步枯竭、河水断流、地表水入渗或经塌陷灌入地下，影响了矿山地区的水生态环境。使生态用水、土壤水分也随之减少，各种林木、草灌的生长和产量也受到相应影响，增加了造林难度，延缓了植被覆盖率增加的进程。此外，在矿山开发和采选生产过程中会产生受污染的废水，如选洗矿水、废石堆渗透与尾矿坝渗透的渗滤酸性废水等，其中危害最大的是选洗矿水。若选矿企业生产技术装备水平低，水洗完后的废水没有经过环保设施处理，排出的废水含有重金属、氰化物、酸碱等有毒有害物质较高，排出的废水进入附近地表水和地下水系统，从而造成水资源的污染和破坏，使农民的灌溉和居民的生产和生活用水受到严重影响。

3.3.2.2 传统的产业组织模式造成的资源短缺

我国虽然地大物博,矿产种类齐全,各类资源丰富,但相对于众多人口而言,无论是矿产资源还是土地资源和水资源方面,人均占有量都较少,是一个人均资源相对短缺的国家。特别是在矿产资源方面表现的最为突出。矿产资源是不可再生的自然资源,是人类生存和发展不可缺少的物质基础,当今世界95%以上的能源和80%以上的工业原料都取自矿产资源。我国的矿产资源具有以下特点:矿产资源总量较为丰富,但人均占有量少;资源结构性矛盾突出,大宗矿产资源相对不足;资源质量相对较差(贫矿多和难选矿多、组分复杂的共伴生矿产多、中小型矿和坑采矿多、大型超大型矿与露采矿少),经济可利用的资源储量不足;资源分布不均衡,产区与加工消费区错位等。由于历史的原因,我国在过去的很长一段时间内采用传统落后的产业生产组织模式,资源产业的发展是粗放型的,主要靠扩大规模求得经济增长,综合利用率低,资源浪费现象十分普遍,环境的污染严重,企业的经济效益低下,竞争能力较弱,面临严峻的资源短缺形势。

自20世纪80年代之后,中国逐步融入到矿产资源市场的国际竞争之中,在其中发挥着举足轻重的作用。中国以其自身的资源禀赋优势和开放的姿态活跃着全球矿产资源市场,同时中国巨大的经济规模和强劲的经济增长势头所带来的资源需求,成为全球矿产资源消费增长的重要因素。这一需求因素不仅影响着世界资源市场的供求格局,更重要的是,资源的保障程度将对未来中国经济持续发展有着决定性影响。自20世纪90年代以来,中国进入工业化中期阶段,经济取得了持续、高速增长。在进入21世纪后的几年内,中国经济取得了年均增长10%以上的成就,逐渐成为最具影响力的新兴市场经济国家。随着矿物产业的高速发展,我国已经成为世界矿产品生产大国;随着经济高速发展导致需求剧增,我国已成为世界矿产品第二消费大国;随着供需矛盾日趋紧张,我国成为矿产品净进口大国。资源短缺问题,特别是矿产资源供给与经济增长不相适应的问题,已越来越成为影响我国经济快速发展的最迫切、最严峻的制约因素。

目前,中国已经是世界上第一大铁矿石消费国和进口国、第一大有色金属消费国、第二大石油消费国和第三大石油进口国。在石油方面中国自1993年首次成为石油净进口国之后,石油进口量逐年递增2000万吨左右。目前我国石油的对外依存度早已超过50%,远高于30%的国际公认警戒线。中国是世界第一大钢铁生产国,对铁矿石的需求旺盛。2007年铁矿石进口量与2000年相比增长了4.47倍,目前国产矿的自给率不足46%,有54%的铁矿石要依赖进口,呈现出严重短缺的态势。在有色金属方面,中国每年要大量进口铜、铅、锌等矿产资源,而且多重有色金属的缺口都呈现出逐年扩大的趋势,2008年精炼铜缺口达到144.1万吨,占当年消费量的28%。而同年的精铜矿进口量占世界总进口量的21%,位居世界第二,精炼铅的缺口达到20%。据有关专家预测,在未来年内我国短缺的矿产有石油、铀、铁、锰、铝土矿、锡、铅、镍、锑、金等10种;严重短缺的有铬、铜、锌、钴、铂族元素、锶、钾、硼、金刚石矿产等9种。总之,在当前和未来的相当一段时间内我国经济发展所面临的关键制约因素是矿产资源短缺问题。

造成我国经济发展中资源短缺的原因很多,诸如我国的人口压力过大、尚处于工业化发展中期、自然资源禀赋不足等,但产业组组织结构不合理、产业生产组织不科学、产业组织模式不先进,也是应该引起高度重视的一个原因。主要表现在:①产业结构不合理,经济对高消耗产业具有结构性依赖。所谓高消耗产业是指在国民经济中矿产资源消耗比较高的(产业)行业,如金属冶炼及压延加工业、化学原料及化学制品制造业、非金属矿物制品及建材业、煤气电力及水生产和供应业、石油加工、炼焦及核燃料加工业等。有关研究表明,我国现阶段经济增长对高消耗产业依赖较大,高消耗产业对经济增长的直接影响力在1/3以上。②生产工艺较落后,资源开采加工浪费过大。由于矿产资源采掘、洗选、提炼的生产技术和加工工艺落后,导致的生产效率低下,许多矿产企业的采选回收率不足50%,远低于发达国家的80%。在生产过程中造成的资源浪费巨大。③产业组织模式不先进,资源的综合利用率低。由于未采用生态型的产业组织模式,没有形成完整的由产业食物链构成的产业生态系统,使得资源开采加工过程中产生的许多尾矿、共伴生矿、固体废物等都没有得到有效的回收和更有价值的综合利用,造成了各种宝贵伴生资源的大量浪费,还造成了生态环境的严重污染和破坏。

3.3.2.3　传统产业组织模式对西部资源产业发展的影响

如前所述,我国经济的发展遇到了资源短缺的困境。由于我国资源分布存在着地域差异,大多数能源和资源分布在中西部地区,例如我国最重要的能源煤炭的储量74%集中在山西、陕西、内蒙古和新疆等中西部省区,而经济较发达的东南部沿海地区经过几十年的高速发展,自身储藏的能源资源已消耗殆尽接近枯竭,出现了能源资源十分紧缺的发展困境,由此形成了长期北煤南调、西煤东运、西电东送、西气东输的局面。可以说,西部地区已成为我国经济发展的能源资源重要接续地。西部资源型产业不仅在西部地区经济发展中发挥着重要的支撑作用,同时还肩负着为我国经济可持续发展提供能源支持的重要使命。然而,由于长期采用传统的产业生产组织模式,导致西部地区的资源型产业出现了一系列的发展困境，其中最突出的问题表现在以下几个方面：

(1)产业效率低下，堕入资源陷阱。一般而言，丰富的自然资源会支持区域的经济增长，然而，国内外经济发展的历史则表明，自然资源并不会必然带来快速的经济增长。很多时候，那些具有资源优势的自然资源丰富地区和国家的经济发展却大多落后于资源贫乏的地区和国家，这一奇怪的现象在经济学中被称为资源诅咒或资源陷阱。作为当今经济社会可持续发展的世界性难题，资源陷阱现象目前在国内外资源地区具有一定普遍性，这在我国西部的资源富集地区也不例外。历史上的分工格局，使西部多数资源地区的经济发展长期依赖于本地资源，资源型产业在当地占有相当大的比重，由于资源结构单一、产业结构单一、产业组织简单、生产工艺落后、技术含量较低、生产效率低下、产业链条较短，没有形成大规模产品延伸的产业链，其生产的产品大多只是处于产业价值链低端的初级资源型产品，产品附加值较低，导致资源型产业的效率低下。这也使得西部资源地区的经济发展与东部发达地区的差距越拉越大。特别是当一些地区的资源经过大规模开采后逐渐步入枯竭期，区域经济面临着经济衰退风险，陷入了资源陷阱和不可持续发展困境。

(2)资源效率低下，资源浪费巨大。由于产业组织结构不合理，西部的资源型产业的中小企业居多，竞争无序，加之对矿产资源的管理不到位，自然资源的价值被严重低估，导致很多企业在资源开采加工过程中存在“吃肥丢瘦”的急功近利思想，有的矿产开采企业甚至出现了采主弃副、采富弃贫、采易弃难、采厚弃薄等掠夺式开采现象，造成了资源的极大浪费和严重破坏。有些小型的煤矿、石油企业采用已淘汰的旧式开采法的开采回收率极低(有的还不足20%)，远远达不到国家规定的要求，导致资源白白的流失。在西部地区的矿产资源开发中，大型、超大型矿较少，中小型矿较多，乡镇企业、个体企业的矿业产量占有较大比重，特别是在煤炭、铅锌矿开采中所占比例更大。例如，煤炭有1/3是小煤矿生产的，铅锌矿一半是由小矿山生产的。这些小矿山和个体采矿业大多设备落后，技术陈旧，人员素质低，往往受经济利益驱使，非法无证开采、越界开采、滥采乱挖、野蛮开采，浪费、破坏资源的现象屡见不鲜。此外，一些高耗能行业如焦炭、钢铁、电石等，生产过程中产生的大量焦炉煤气和高炉煤气浪费也十分惊人。许多焦化厂、电石厂的富余煤气在熊熊燃烧，大量煤气被点了“天灯”。据测算，如果不采取有效地手段来加强管理，不采用新型的产业组织模式来组织生产，按照目前的开采速度和浪费情况，我国的石油、天然气仅供几十年的开采，即使资源丰富的煤也只够几百年的开采。而我国的可再生能源发展尚处于初期，风能、水能、太阳能、核能还没有进入大范围投入和使用阶段，经济增长仍依靠不可再生的煤、石油、天然气等资源。

(3)生态效益极差,环境污染严重。由于没有采用先进的具有生态化功能的产业组织模式,西部地区的资源型产业的生态效益极差,环境污染非常严重。尤其是西北地区地广人稀,植被覆盖率低,生态环境比较脆弱。由于忽视生态环境保护与建设,片面追求眼前经济利益,使矿山开采中剥离的矿渣、排出的废气和污水等引起植被破坏、水土流失、土地沙化、大气和水污染等,造成比较严重的环境污染和生态破坏。例如,煤矿开采破坏了地表植被和地下水,导致粉尘以及多种气体污染物的大量排放。云、贵、川三省交界处的土法炼硫磺问题,西南等地的土法炼汞、炼砷问题,陕北的土法炼油问题,都具有明显的地区性污染的特点,其引起的生态破坏往往是毁灭性的。由于滥砍乱伐,黄土高原和长江上游地区的森林、植被屡遭破坏,水土流失加剧。这样,就造成了资源开发越多,环境污染与生态破坏就越严重,经济发展的条件也就越恶劣的恶性循环。这些问题已严重影响到当地人民的生产和生活,也严重制约了西部经济、社会的可持续发展。

3.3.3　生态型产业组织模式对区域资源环境的保护意义

具有生态功能的新型产业组织模式,能够在企业内部、企业之间、行业内部、产业之间,以及在整个区域内整合协调资源,重组生产流程和产业链条,能够节约化减量化地使用各种自然资源,实现对资源的高效利用和综合利用,是解决我国经济发展资源短缺的一个有效的重要途径,对生态脆弱区经济发展中的资源保护具有重要的积极作用。

3.3.3.1　具有生态功能的产业生产组织模式

具有生态功能的产业组织模式,在组织产业生产过程中不仅追求产业经济效益,也更加注重资源环境效益。具有生态功能的产业组织模式是根据产业生态学原理,模仿自然界生物群落及食物链构成连接方式,将产业内的生产力要素及生产工艺流程进行有机整合形成的,能实现资源高效利用、多级利用和循环利用的,对生态环境友好的产业生态系统组织模式。从发展的情况来看,具有生态功能的产业生产组织模式,已在多个层面呈现出了多种形态;从组织跨度来看,有在企业内部、企业之间、产业内部、产业之间、区域内部、区域之间等不同层面构成的;从组织形态来看,有循环经济、生态产业链、生态产业园、生态产业集群、生态产业网络、循环产业集群等不同表现形式。目前出现最多是循环经济、产业生态链、产业生态园这三种生态型产业组织模式。

(1)循环经济生产组织模式。按照自然生态系统物质循环和能量流动规律来重构生产流程和构建生产体系，使企业或整个产业生产体系能和谐地纳入到自然生态系统的物质循环的过程中。该生产组织模式是以资源的高效利用和循环利用为目标，以“减量化、再利用、资源化”为原则，以物质闭路循环和能量梯次使用为特征，通过模仿大自然的整体、协同、循环和自适应功能去规划、组织和管理，并按照自然生态系统物质循环和能量流动方式运行的生产组织模式。在资源开采环节，提高资源综合开发和回收利用率；在资源消耗环节，提高资源利用效率；在废弃物产生环节，开展资源综合利用；在再生资源产生环节，回收和循环利用各种废旧资源。该生产组织模式对生产过程的要求是，在投入端尽可能少地输入自然资源；尽可能地延长或扩大资源和产品的使用周期和范围；最大限度地减少废弃物排放，力争做到排放的无害化，实现资源再循环，尽可能地利用可循环再生的资源替代不可再生资源，使生产合理地依托在自然生态循环之上；尽可能地利用高科技和知识投入来替代物质投入。

(2)产业生态链组织模式。是由产业的价值链、产品链、技术链等与产业食物链有机融合后形成的产业链构成的产业生产组织模式。价值链是指在每一区域内各企业在进行价值创造和追求价值增值过程中所形成的企业间价值增值接续和传递的链状关系；产品链是指以某一市场前景较好优势产品为链核，由产品关联度较强的对某个产品生产环节具有优势的企业构成的产业链条；技术链是指以某项核心技术或工艺为基础，通过产业技术或产品技术的上下联系形成的产业纽带。食物链的概念来源于自然生态学，是指生态系统中生物依次取食其他生物所构成的营养结构和能量物质传递方式或接续链条，食物链上物种间的相互依存关系也可映射到产业系统中，由具有上述排泄取食依存关系企业构成的链条就是产业食物链。产业生态链是产业价值链、产品链、技术练、食物链有机融合的结果。相对于传统产业链，生态产业链在创造利润方面的优势主要体现在：发掘了废弃物和副产品的再生利用价值，从而创造了新的企业利润增长点；企业间形成了一定的共生关系，在地理位置、有形资产、人力资源及优惠政策等方面享有一定的专用性等，从而降低了企业副产品交换的交易成本。

(3)产业生态园组织模式。这类产业组织模式是依据清洁生产要求、循环经济理念和产业生态学原理而设计建立的一种新型产业园区。它是在一定区域内将若干产业、行业、企业与当地的社会和自然生态系统融合形成的产业生态系统，具有多样化的产业结构和柔性的自适应功能，其组成包括当地农业、制造业、服务业、原住居民及基础设施等一切自然和人文生态资源，是一个社会－经济－自然复合生态系统和产业共同体。其目标是在提高企业经济效益的同时，尽量减少其对环境的影响。园区通过物质流或能量流传递等方式把不同工厂或企业连接起来，形成共享资源和互换副产品的产业共生组合，使一家工厂的废弃物或副产品成为另一家工厂的原料或能源，模拟自然生态系统，在产业系统中建立“生产者—消费者—分解者”的循环途径，寻求物质闭环循环、能量多级利用和废物产生最小化。通过产业的合理组织，在产业的纵向、横向上建立企业间能流、物流的集成和资源的循环利用，实现资源在不同企业之间和不同产业之间的充分利用，重点在废物交换、资源综合利用，形成以二次资源的再利用和再循环为重要组成部分的循环经济产业体系，以实现园区内生产的污染物低排放甚至零排放。

此外，在全球低碳经济和微排经济背景的约束下，一些地区还出现了生态产业集群、生态产业网络、循环产业集群等生态型产业组织模式的雏形，并呈现出了较好的经济和生态效益。

3.3.3.2　先进产业组织模式能够提高资源利用水平

随着经济发展的加速和人们需求的提高，资源的稀缺和经济增长之间的矛盾日益突出，并成为制约可持续发展的一个重要因素。因此，资源的高效利用、综合利用、循环利用成为缓解资源稀缺和经济增长矛盾的一个有效措施。生态型产业组织模式的存在形态和运行方式尽管各有不同，但与传统的产业组织模式相比，他们都有资源投入减量化、资源利用高效化、资源使用循环化、废弃物质资源化的特征。因此，要从根本解决资源浪费巨大、利用水平低下的问题，还必须从产业组织机构和产业生产组织模式入手，改变西部产业组织结构分散和生产组织模式不合理的状况，限制高耗能、高耗水、高污染产业的发展，淘汰落后的生产能力、工艺技术和低级产品。只有采用先进的具有生态功能的产业组织模式，才能较为充分的利用各类资源原本蕴含的价值，提高资源的利用率，真正发挥出西部地区的资源优势，使其成为经济发展优势。

(1)先进的生态型产业组织模式对资源的高效利用主要表现在，通过对区域产业结构、企业种群和生产组织模式的调整，重构生产工艺流程和续接产业链条，依靠科技进步和制度创新，提高资源的利用水平和单位要素的产出率。在区域范围内采用新型的产业组织模式对各类企业或产业进行重组，能够有效的提高整个区域的资源利用效率。资源利用效率提高主要体现在节能、节水、节材、节地等方面，这是通过一系列生态化产业链的设计与重构，一系列生态型关键技术植入与采用，一系列“高”与“低”、“新”与“旧”的替代或替换，以及在一些关键生产环节和传统工艺基础上的节能型或节约型工艺结构优化等来实现的。例如，围绕产业生产技术水平的提高，通过高效管理和生产技术替代低效管理和生产技术、高质能源替代低质能源、高性能设备替代低性能设备、高功能材料替代低功能材料等来促进资源的利用效率提高；围绕资源的合理利用，在一些生产环节采取余热利用、中水回用，零部件和设备修理和再制造，以及废金属、废塑料、废纸张、废橡胶可再生资源替代原生资源、再生材料替代原生材料资源化利用等来实现资源的使用效率提高。

(2)先进的生态型产业组织模式对资源的综合利用主要表现在，通过运用新的生态化技术工艺和生产流程，以及采用新的生态化管理组织模式，对产业系统中企业关系和资源流程进行整合与重组，从而使人类所需的各类自然资源(包括矿物资源、植物资源和动物资源等)以及生产中产生的各类废弃剩余物(废渣、废液、废气、余热、余压等)得以综合有效地利用。在矿产资源开采过程中，通过新型产业组织模式，运用新技术和新工艺来组织采掘生产和分选冶炼，除能得到高品质、高精度的主矿产品和物质外，还能以其先进的科学技术方法和生产工艺流程，对其共生矿和伴生矿进行综合系统开发，对自然资源各组成要素进行多层次、多元化和多用途的合理有效利用。自然界各种物质和资源很少是纯净的单一体，绝大多数的物质是以混合物或化合物的形式存在，在生产过程中除了产生主产品以外，还会产生一些副产品和下脚料等剩余物质，传统产业生产组织模式往往将这些剩余物质作为废弃物抛弃并排放到自然界中，不仅造成资源的极大浪费，还给生态环境带来极大危害。而新型的产业组织模式则可采用新型资源化技术，通过对各类相关企业和工艺流程的有机连接，使这些剩余物质转化为有用之物或原料，投入到另一个生产环节，形成多元利用、梯级利用和高值利用，从而创造出更多的财富和价值。采用先进的生态型产业组织模式和高效的环保型生产技术对资源开采、生产过程中主料、辅料和伴生料综合利用，对再生资源综合利用，既可以缓解资源匮乏和短缺问题，又可以解决环境污染问题。

(3)先进的生态型产业组织模式对资源的循环利用主要表现在，通过组织与整合产业系统中的各企业关系，构筑资源循环利用产业链，建立起生产和生活中可再生利用资源的循环利用通道，达到资源的有效利用，减少对自然资源的索取，在与自然和谐循环中促进区域经济的发展。生态型产业组织模式对资源的循环利用可以渗透到农业、工业和生活服务业的各个领域。在农业生产领域，农作物种植和畜牧水产养殖本身就须要符合自然生态规律，可以通过科学的组织和先进的技术来形成有机耦合的农业循环产业链，遵循自然规律并按照经济规律来有效组织农业生产。在工业生产领域，则可以在生产集中区内通过对相关设施的整合与配套，以工业副产品、废弃物、余能、余热、废水等资源为载体，进行物料资源、水体系统、能源热源、技术信息等方面的集成，在不同产业之间建立纵向、横向产业链接，促进资源的循环利用、再生利用。如围绕能源，实施热电联产、区域集中供热工程，开发余热余能利用、有机废弃物的能量回收，形成多种方式的能源梯级利用产业链；围绕废水，建设再生水制造和供水网络工程，合理组织废水的串级使用，形成水资源的重复利用产业链；围绕废旧物资和副产品，建立延伸产业链条，可再生资源的再生加工链条、废弃物综合利用链条以及设备和零部件的修复翻新加工链条，构筑可再生、可利用资源的综合利用链。

3.3.3.3　先进产业组织模式可实现区域高效绿色发展

研究结果表明，产业生态化是区域产业与资源环境协调发展的唯一路径选择，这就需要将区域的一切产业活动都纳入到区域生态系统的循环中，将原来单一线性的"资源——产品——废弃物"污染排放过程改变为"资源——产品——再生资源"的物质循环反馈式流程，使资源能够减少浪费，提高利用率。从上述的讨论可以看出，通过整合优化后形成的高效有序的具有生态功能的产业组织模式，不仅能够极大地提高产业的生产效率，还能有效地提高资源的利用效率，因而具有良好的经济效益；同时由于其生产运行中表现出的低投入、低消耗、高效率、高产出的低碳和微排特征，使得产业经济发展对区域生态环境的影响降低到自然生态系统能够自行消纳的程度，因而也具有良好的生态效益。因此采用先进的具有生态功能的产业组织模式，能够有效促进区域经济的高效快速发展和绿色和谐发展。

先进的产业组织模式可以提高生产力，实现产业的高效率发展。好的产业组织模式能够突破地理空间的限制，快速整合人流、物流、信息流、资金流等要素，实现合理的专业化分工与协作，在区域之间、区域各单元之间形成相互协调、优势互补、既竞争又合作的良性经济运行模式。将零散的生产要素组合成有竞争力的产业形式，改进生产方式、竞争形式和管理模式，实现生产要素资源的产出最大化。资源、劳动力和技术是经济增长和社会进步的源泉。技术的创新则是经济增长的直接动力，特别是社会发展到今天，资源已经越来越短缺，技术的作用也就越来越明显。根据马克思政治经济学理论，生产关系要适应生产力的发展要求才能促进生产力的发展。技术进步也是一样，技术进步真正要运用到产业中，促进产业的高速发展，就必须依靠合适的"生产关系"——产业组织模式。

先进的产业组织模式是产业发展、经济发展的基础，能够保障其发展，并支撑其进行创新。先进的产业组织模式是生产组织模式中分工与协作关系的进化；市场组织中企业与企业之间、供给方和需求方之间的关系的调整；管理组织方面企业内部管理方式的进化,这三者之间的整合和创新,可以保证技术的发展运用到产业中,提高生产效率、促进技术进步、加快产业的发展。对于特定的区域,在分析区域产业经济要素基础上,通过正确定位、合理规划、整合资源,构建起科学合理、高效有序的产业组织模式,能够形成区域产业优势,并促使具有强劲带动作用的区域主导产业的经济、生态和社会效益的全面提升,进而带动区域其它相关产业的发展和提升,促进区域经济协调发展。

先进的产业组织模式可以保护生态环境、改善环境,实现绿色发展。通过产业组织模式的生态化改进,按照产业生态学原理,将生态环境融入到企业生产过程中,通过产业和企业间联结的网络结构,重新分工协作,将资源和生产进行合理的分配与协调,结合科学技术的改进,将企业生产对生态环境的影响降到最低,达到经济效益与生态环境效益的统一。首先,先进的产业组织模式可以提高生产力的发展,生产力的发展可以提高资源的利用效率,减少废弃物的排放;同时技术的创新可以实现资源重复利用和废弃物的彻底处理,保证环境质量。其次,先进的产业组织模式改变传统的粗放型生产模式,改变企业传统的生产观念——只注重经济效益而忽视生态效益,为了短期经济的发展不顾生态环境。先进的产业组织模式彻底改变这种生态理念,要求实现又好又快的发展,既要求经济的快速发展又要求注重生态效益,保证实现可持续发展。最后,先进的产业组织模式可以实现产业结构的高度化,更加重视资源和技术的投入产出比例,保证资源的合理利用。

先进的产业组织模式,通过科学的整合与改造,将生态效益融入到产业发展中。通过对废弃物的无害化处理,减少生产和生活活动对生态环境的影响,采用废弃物排放减量化和清洁生产技术,应用燃煤锅炉的除尘脱硫脱硝技术,工业废油、废水及有机固体的分解、生化处理、焚烧处理等无害化处理,降低工业生产过程中的废气、废液和固体废弃物的产生量。通过改进生产工艺流程,采用循环经济新工艺、新技术、新设备,对生产过程中产生的废水、废气、废渣和余热、余压进行综合利用,减少对资源的浪费,提高资源的有效利用率;通过企业与企业之间的相互合作,以及资源的循环再生,使各环节产生的废弃物在多层次、多环节、多渠道的合理再利用和重复利用;通过再配合技术的改进,实现废弃物的最小化排放和资源的最大化利用,从而实现对生态环境的保护和区域经济的可持续发展。

3.4 本章小结

本章重点分析和讨论了产业组织模式与生态脆弱区经济发展、生态环境和资源保护之间的关系。分析了产业结构优化与区域经济快速低碳发展的正向关系,探讨了生态脆弱区产业结构优化的途径及影响因素,研究了产业组织的三重结构与本质属性,指出先进的产业组织可以加速和促进产业结构的优化与升级,进而推动生态脆弱区经济社会的可持续协调发展。研究了生态环境脆弱区的表现、问题及其成因,指出传统的资源开发与生产模式会造成区域生态退化、环境污染及引发地质灾害问题,而先进的产业组织模式能够促进生态修复、减少环境污染、提高区域生态效益,只有经济效益和生态效益俱佳的产业组织模式才能使生态脆弱区的资源环境得到高效利用和有效保护。研究了生态脆弱地区资源的有限性和资源环境的脆弱性,指出传统产业组织模式会造成区域资源浪费与破坏、资源短缺,使资源型产业发展陷入困境,而先进的具有生态功能的产业组织模式能够提高资源利用水平,保护生态环境,实现经济效益和生态效益兼得,是生态脆弱地区高效快速发展和绿色和谐发展的有效载体和必由之路。

第4章　西部生态脆弱区的生态环境及经济发展状况

西部生态脆弱区是目前我国重点关注的区域之一，特殊的地质地貌和气候条件使得该区域生态环境异常脆弱，且由于受地理位置、历史、民族习惯等因素的影响，该区域经济发展缓慢、人民生活水平普遍偏低、产业结构不合理，经济发展方式仍以资源消耗和生态环境为代价。为探索西部生态脆弱区生态环境与经济发展的关系，实现经济可持续发展，有必要对西部生态脆弱区的生态环境和经济发展状况进行研究。

4.1　西部生态脆弱区的分布及生态状况

本节在分析我国生态脆弱区的主要类型、区域划分、生态环境状况的基础上，进一步剖析西部生态脆弱区的成因、主要特征及表现，并结合调研西部三个典型生态脆弱区的实际，明确西部生态脆弱区的具体分布与生态脆弱性情况，为西部各地区因地制宜制定相应的产业发展政策提供科学依据。

4.1.1　我国生态脆弱区的基本状况

我国国土面积在东西方向和南北方向上的跨度都比较大，地质情况和气候类型多种多样，由不同因素导致的生态环境状况也比较复杂，因此生态脆弱区的类型也呈现出多样性。把握好我国生态脆弱区的分布及生态状况规律和特点，不仅可以更好地理解我国生态脆弱区的基本类型与特征，还能够为后面章节对西部生态脆弱区域状况的深入分析提供基础。

4.1.1.1　我国生态脆弱区的主要类型

我国的国土面积幅员辽阔，从经度位置看，东西横跨了五个时区；从纬度位置看，南北跨越了多个气候带。地质结构和地形状况复杂多样，地势高差巨大，地表高低起伏。西部以山地为主，东部则以平原和丘陵为主，地势总特征为西高东低。从青藏高原向北、向东延伸，各类地形呈阶梯状逐级降低。既有雄伟的高原、起伏的山岭、广阔的平原、低缓的丘陵，还有各类大小不等、群山环抱、周高中低的盆地；既有高山又有峡谷；既有陆地又有海洋；既有沙漠也有绿洲。全球陆地上的5种基本地形类型，我国均有分布。其中山区面积占全国总面积的2/3。因此，我国生态脆弱区的类型较多。根据生态系统抗干扰能力、气候敏感程度、时空波动性、边缘效应及环境异质性等脆弱性特征，我国最典型的生态脆弱区主要由以下几类：

(1)林草交接与农牧交错类。①林草交接类脆弱区。属于半湿润森林草原带向半干旱草原带过渡的地区，一般位于我国南北冷暖气流作用强烈的气候过渡带，属于温带大陆性气候和温带季风气候交界处，因此表现为同时具有大陆性和季风性的气候特征。其过渡带特征明显，群落结构复杂，环境异质性大，对外界反应敏感。②农牧交错类脆弱区。既有农业又有牧业的区域，如我国东部农耕区与西部草原牧区相连接的半干旱生态过渡地带。由于区域自身内部结构的不稳定性，如土壤干燥贫瘠、地表组成物质疏松等，加之外部环境的变化幅度加大，如降水量少且变动幅度大、风多风大等，导致农牧交错区呈现出严重的草地退化、沙化和盐碱化。表现出植被分部地带摆动、农区牧区交错分布、农业发展不稳定、农业生产力低下等方面的特征。

(2)荒漠绿洲与草原沙化类。①荒漠绿洲类脆弱区。属于干旱沙漠与绿色植被的交接过渡地带，所谓绿洲是指沙漠中有水源保证，适于植物生长的独特地理景观。我国的沙漠绿洲边缘带大多位于西北干旱半干旱地区，如内蒙古河套平原和宁夏银川平原，贺兰山以西祁连山、阿尔金山和昆仑山以北地区，塔里木盆地南缘、准噶尔盆地南缘、塔克拉玛干沙漠、河西走廊等地区都是比较典型的沙漠绿洲边缘带。②草原沙漠类脆弱区。大多位于我国西北的草原退化和土地沙化地区，该区域环境异质性大、自然条件恶劣、年均降水量少、水蒸发量大，水资源极度短缺、土壤贫瘠、植被稀疏、风沙活动强烈、土地沙漠化严重。该区域处于人类活动和自然力量交会的地带，在干旱风蚀作用和人类活动干扰下，极易导致边缘带固定沙丘的活化和耐沙植物的死亡，造成沙化入侵。

(3)岩溶山地与阶梯过度类。①岩溶山地类脆弱区。通常位于表层土壤浅薄、水土流失严重的山地高原区，区域降水量大，融水侵蚀严重，人类过度砍伐山体林木资源，大面积的陡坡开荒，造成严重水土流失，植被覆盖率低，加上喀斯特石山区土层薄、基岩出露浅、暴雨冲刷力强，大量的水土流失后岩石逐渐凸现裸露,呈现“石漠化”现象,在大雨的作用下,极易发生山体滑坡、泥石流等自然灾害。②阶梯过度类脆弱区。位于我国地貌特征的三大阶梯之间的相互过度区域,区域内山峦起伏,坡陡谷深,地貌类型多样。大坡度山地在重力作用下容易产生滑坡与崩塌。其基底往往有比较深而大的断裂层,具有很大的高度差,在应力梯度作用下,易形成地震活动带。特殊的地形条件导致该地区形成既不同于山地又不同于平原的特殊地理现象,极易发生地质灾害。

(4)高原复合与山地起伏类。①高原复合类脆弱区。主要分布于雅鲁藏布江中游高寒山地沟谷地带、藏北高原和青海三江源地区等。生态环境脆弱性表现为地势高寒、气候恶劣、自然条件严酷、植被稀疏,具有明显的风蚀、水蚀、冻蚀等多种土壤侵蚀现象。包括高原冰川、雪线及冻原生态系统,高山灌丛化草地生态系统,高寒草甸生态系统,高山沟谷区河流湿地生态系统等。②山地起伏类脆弱区。主要分布于青藏高原向四川盆地过渡的横断山区,生态环境脆弱性表现为,地形起伏大、地质结构复杂,水热条件垂直变化明显,土层发育不全,土壤瘠薄,植被稀疏,受人为活动的影响强烈,区域生态退化明显。包括亚热带高山针叶林生态系统、亚热带高山峡谷区热性灌丛草地生态系统、亚热带高山高寒草甸及冻原生态系统、河流水体生态系统等。

4.1.1.2 我国西部生态脆弱区的区域划分

仅从生态特征考虑,可将我国的生态脆弱区划分为:北方半干脆弱区(范围东起科尔沁草原经鄂尔多斯高原南部和黄土高原北部,西至河西走廊东端约25万平方公里的地区)、北方干旱脆弱区(范围主要包括甘肃、新疆的61个县(市)约为59万平方公里的地区)、南方丘陵脆弱区(北至长江,南至两广,东至海域,西至云贵的大片低山丘陵区域)、西南山谷脆弱区(包括由一系列高山峻岭和金沙江、澜沧江、怒江等紧密排列的岭谷相间区的横断山区)、西南岩溶脆弱区(主要包括贵州、广西的76个县(市)共约17万平方公里的地区)、青藏高原脆弱区(面积共约260万平方公里,属于高寒海拔生态脆弱区)等区域。从区域经济与生态联系的视角,为了研究的方便,我们将西部生态脆弱区划分为:西北干旱及沙漠化、西南山地及石漠化、青藏高寒复合侵蚀等三大区域。

(1)西北干旱及沙漠化地区。包括黄土生态脆弱区(太行山以西、青海省日月山以东,秦岭以北、长城以南,面积约40万平方公里)、河西生态脆弱区(黄河以西,东西长千余公里,南北宽百余公里)、蒙西生态脆弱区(包括阿拉善、乌海、巴彦淖尔和鄂尔多斯等及包头以西地区,面积约39万平方公里)、天山生态脆弱区(新疆中部长约2500公里,宽约280公里,平均海拔约5000米的地区)、河套生态脆弱区(位于内蒙宁夏,西到贺兰山,东至呼和浩特市以东,北到狼山、大青山,南界鄂尔多斯,面积约2.5万平方公里)、塔里木脆弱生态区(位于天山和昆仑山,阿尔金山之间,东西长1400千米,南北宽约550千米,面积约56万平方千米)、准噶尔脆弱生态区(准噶尔部控制天山南北,在西起巴尔喀什湖,北越阿尔泰山,东到吐鲁番,西南至吹河、塔拉斯河的广大地区)。

(2)西南山地及石漠化地区。该区域北起秦岭山脉南麓,南至广西盆地,西至横断山脉,东抵罗霄山脉西侧,跨中国大地貌单元的三级阶梯。主要包括西南山地农牧交错脆弱区和西南岩溶山地石漠化脆弱区。西南山地农牧交错生态脆弱区主要分布于青藏高原向四川盆地过渡的横断山区,行政区域涉及四川阿坝、甘孜、凉山等州,云南迪庆、丽江、怒江,以及贵州西北六盘水等40余个县市范围内,地形起伏大、地质结构复杂、水热条件垂直变化明显的区域。西南岩溶山地石漠化生态脆弱区又称西南喀斯特地区,主要分布于我国西南石灰岩岩溶山地区域,行政区域涉及川、黔、滇、渝、桂等省市的部分地区。典型喀斯特岩溶地貌景观生态系统,喀斯特森林生态系统,喀斯特河流、湖泊水体生态系统,喀斯特岩溶山地特有和濒危动植物栖息地,等等。

(3)青藏高寒复合侵蚀地区。青藏高原位于中国西南部,介于北纬26°至39°,东经73°至140°之间,即横断山脉以西,喜马拉雅山以北,昆仑山和阿尔金山、祁连山以南的大片地区。包括青海省、西藏自治区、四川西部、云南新北部、甘肃西南部、新疆南部等边缘地区,以及雅鲁藏布江中游高寒山地沟谷地带和藏北高原和青海三江源等地区。总面积共约260万平方公里,约占我国陆地总面积的26%,是我国面积最大,环境最为脆弱的地区[109]。其中西藏、青海、甘肃三省区的生态环境整体上属于极度脆弱区,四川、云南等省藏区的生态环境属于强度脆弱区。青藏地区的平均海拔在四千米以上,是世界上面积最大地势最高的高原,也是中华的水塔,黄河、长江、澜沧江(湄公河)都发源于此,区域河流还有怒江、雅鲁藏布江、恒河、印度河,等等。

除了上述西部的三大脆弱区外,从全国范围来看,典型的区域还有:①东北林草交错生态脆弱区。分布于大兴安岭山地和燕山山地森林外围与草原接壤的过渡区域,涉及河北承德、张家口和内蒙古呼伦贝尔、兴安盟、通辽、赤峰等县市旗。②北方农牧交错生态脆弱区。主要分布于蒙、吉、辽、冀、晋、陕、宁、甘等8省区,年降水量300~450毫米、干燥度1.0~2.0的北方干旱半干旱草原区域。③南方红壤丘陵生态脆弱区。该区主要分布于我国长江以南红土层盆地及红壤丘陵山地,涉及浙、闽、赣、湘、鄂、苏等六省,属于生态过渡特征明显,环境异质性大,对外界反应敏感的地区。④东部水陆交接生态脆弱区。主要分布于我国东部水陆交接地带,行政区域涉及我国东部沿海诸省(市),典型区域为滨海水线500米以内、向陆地延伸1～10公里之内的狭长地域。

4.1.1.3 我国生态脆弱区的生态环境状况

我国生态脆弱地区的生态环境状况总体上不容乐观，且大多数地区的生态环境都显现出了逐渐恶化的趋势。造成生态脆弱的原因，既有干旱、高寒等原生性的气候问题，及缺水、土薄等原生性的地质问题，也有人为造成的“三废”污染等派生性的环境问题，但脆弱地区生态问题更多的还是由于人类生产生活的不理性不合理的过度行为引起的生态平衡破坏，导致生态脆弱区地表的土、水、空气等人类生存的最基本因素都存在严重问题。最突出的问题主要表现为水土流失严重、水资源短缺加剧、植被破坏严重、荒漠退化加速、高寒干旱严重、环境承载下降、生物多样锐减、自然灾害频发等方面，必须引起人们的高度警觉与重视。

(1)水土流失严重，水源短缺加剧。我国的许多生态脆弱问题从根本上说多与地表土的流失或者变异有关。有关数据显示全国每年水土流失面积占国土总面积的19%左右。例如秦岭－伏牛山以北、黄河河套地区及阴山以南，太行山以西，日月山以东的广大黄土高原区域，由于黄土地特有的地形破碎、沟壑纵横、土质疏松、降水集中、暴雨强度大等物理特性，再加上多年农牧业发展对植被的破坏，导致水土流失严重。我国本身就是一个水资源严重短缺的国家，人均水资源量仅为世界人均量的四分之一，被列为全球最缺水国家之一。在全国的农业自然灾害中，旱灾就占了70%。水资源短缺在生态脆弱区表现的更为突出，既有气候性缺水，也有资源性缺水，还有工程性缺水。新疆、内蒙、甘肃、陕西云南、重庆、河北等许多地区的长年干旱缺水，近年来湖泊库区及地下水的水位下降严重。

(2)植被破坏严重，荒漠退化加速。许多生态脆弱地区，由于气候地质的自然条件影响，以及人为的滥砍滥发、毁林毁草开荒，导致森林和草地破坏严重。大量林地被侵占，森林植被遭到破坏，森林生态功能严重衰退。过度放牧和滥采乱挖，导致草原生态严重退化，大面积的牧场无草可采食。以内蒙为例，原横贯东西的1700万亩梭梭林目前已只剩下不到300万亩的残林；草场退化面积达5000万亩。据估计我国荒漠化土地约260万平方公里，占全国土地面积的27%，其中西部地区的荒漠化最为突出，在174万平方公里的沙漠化土地中，西部就占了96.3%，西北近3亿公顷的天然草地，中度以上退沙化已占53.6%，并已成为我国北方主要的沙尘源。此外，西南喀斯特地区也出现了大片石漠化区域，植被破坏，岩石裸露、保水力差，既不耐旱又不耐涝。

(3)高寒干旱严重，环境承载下降。主要以新疆、青海、西藏三省区的沙漠地区和帕米尔高原及青藏高原为代表，特别是塔克拉玛干地区最为严重。此外，还包括北疆、东疆的沿边地带和青藏高原的河源区。其特点是海拔高、气温低、降水少、生态系统结构简单、抗干扰能力弱和易受全球环境变化影响等。由于地势高，夏季风难以影响此地，导致降水少；空气较薄，保温性能差，加之地表生态脆弱，岩石裸露，使得青藏高原地区常年平均气温较低。在高寒与干旱的交替作用下，这一地区生态系统的生产力每况愈下，结果使有限的环境承载力进一步下降。生态环境的加速恶化、土地质量的不断退化、气候的更不稳定、水资源的持续危机，再加上这些区域的海拔地势高、气候干冷、水源匮乏、植被生长期进一步短、生态环境恶劣，使其环境容量和承载力进一步下降。

(4)生物多样性锐减，自然灾害频发。在生态脆弱区中受环境恶化威胁的高等植物物种近 5 千种，约占总种数的 20%，高于世界平均水平近 15%。在"濒危野生动植物种国际贸易公约"列出的 640 个世界性濒危物种中，中国就有 156 种，约占其总数的 25%。不少珍贵动植物的数量和分布区明显减少，由于大量湿地退化，许多两栖类、鸟类等关键物种栖息地遭受严重破坏，水域的某些珍贵水生物种和敏感物种逐步减少以至消失，生物多样性严重受损。由于生态环境恶化，导致我国生态脆弱地区的自然灾害频发，每年都有局部的洪水和局部的旱灾、虫灾、地震、泥石流等。生态的破坏使农业的生态链被损害，影响农业的收成。森林砍伐、草地破坏、杀虫剂的过度使用、化肥的滥用，已经使土地的生产能力日益退化。生态环境的恶化加剧了各种自然灾害的发生，造成巨大的经济损失。

4.1.2　西部地区的生态环境脆弱问题

西部生态脆弱区的重要特征是其具有脆弱的生态环境，特别是在人类的不合理开发利用的影响下，生态环境恶化严重，严重制约了西部地区的经济发展。且由于各个分区处于不同的地理分布带，导致他们的生态脆弱问题各不相同，因此表现出不同环境特征及现状。通过深入分析西部地区生态环境脆弱性问题，为制定西部生态脆弱地区经济发展对策提供科学依据。

4.1.2.1　西部区域的地域范围及背景

"西部地区"包括陕、甘、宁、新、藏、青、滇、黔、川、渝、蒙、桂等 12 个省市区，土地面积约为 685 万平方公里，占全国国土总面积的 71.4%，目前人口总数约为 3.8 亿人，约占全国总人口数的 29%[110]，耕地面积占全国的 40%，草场面积占全国的 55.9%，森林面积占全国的 36%。西部地区地域辽阔，南北跨越 28 个纬度，东西横贯 37 个经度，远离海洋，自然条件丰富多彩，纷繁复杂。绝大部分土地被山地、高原和盆地所占据。我国的四大高原即青藏高原、黄土高原、内蒙古高原和云贵高原,四大盆地即塔里木盆地、准噶尔盆地、四川盆地、柴达木盆地均集中于西部地区。从地势上看四大高原占据西部的绝大部分,四大盆地位居其中。由于地质地貌及气候的差异较大,形成了西南季风、西北干旱和青藏高原等三类自然气候区,呈现出各自的自然特点。

其中西南部属于季风区域,具有气候温和、降水丰富、湿度就大、无霜期长等特点;西北部呈现出明显的半干旱和干旱的气候环境,具有降水量少、蒸发量高、温差大、风力强的特征;青藏高寒地区,具有气候寒冷干燥、日照时间长、热量年较差小日较差大的特点。除西南地区气候相对湿润,气温相对均衡外,其他地区均表现出年降水量较少的特征,且呈现出由东南向西北部降水量递减的趋势,从而形成了气候在西部地区整体相对干旱,气温差异相对较大的特征。复杂的地理气候条件,将人迹罕至的冰川雪原、广袤浩瀚的戈壁大漠、溪渠干涸的黄土高坡、土壤石漠的云贵高原与孕育生命的森林、绿洲、草原浑然一体,在几千年历史长河的沉淀中,积聚了太多的空旷与悲苍,成为一片富饶、神奇而又浸透着贫困落后的区域,西部低收入县和贫困县人口分别占全国81%和77%。

西部绝大多数省区市处于内陆腹地和西部边陲,全国78%的少数民族和87%少数民族自治(州)盟、自治县(旗)分布在这个地区,与中亚、西亚和南亚等14个国家毗邻,陆上边境线长达13000多公里。与蒙古、俄罗斯、中亚五国(塔吉克斯坦、吉尔吉斯斯坦、哈萨克斯坦、乌兹别克斯坦、土库曼斯坦)、西亚、南亚一些国家(伊朗、阿富汗、巴基斯坦、印度)相连,紧靠缅甸、泰国、越南等东南亚国家。由于西部地区远离国内与国外发达的大市场,导致其与这些市场接触较弱。受交通、信息通讯的制约,西部地区不仅自然资源和商品的输出受到运输成本的限制,而且发展经济所必须的人才、技术、信息、资金等资源也不易得到。再加上西部地区周边国家经济市场均不太发达(俄罗斯除外),使得西部地区的对外开放,科学技术的引进、资金的获得和管理技术的支持受到很大的限制。

西部地区地理上的基本特征是:①地势高差大。西部地区的地势西高东低、北高南低。川西滇西山地自北而南的走向清晰地反映了山脊线、高原面和谷地海拔沿同一方向递降的特点。地势起伏之大也为其他各区所罕见,最大高差相差近7500米。②山区面积广。西部地区的山地占其陆地面积的80%以上,山地面积超过90%的省有贵州、云南和四川,重庆、陕西的山地面积也逾80%,其余各省(区)的山地面积均达50%以上。③平均海拔高。全世界陆地平均海拔高度约860米,我国大陆平均海拔高度1595米,西部地区的平均海拔高度在3000米以上。位于第一级阶梯的青藏高原，平均海拔在4000米以上；位于第二阶梯的内蒙高原、黄土高原、云贵高原都在2000米以上。

中国西部地区由于其特殊的地形地貌、地理位置以及气候条件，历史上生态环境条件就较为脆弱，再加上近年来一系列自然环境的演变和人类行为的干预后，西部地区已成为中国生态环境最脆弱的地区，大部分地区的森林覆盖率很低，水土流失严重，大量的河道淤积，河床升高，黄河一年的断流时间超过200天，荒漠化面积以每年两千多平方公里的速度扩展。严重的生态环境脆弱问题不仅对西部地区发展有很大的影响，并且对中东部地区的社会和经济发展都构成了很大的威胁。因此，近年来中国西部生态环境问题受到越来越多的关注。特别是在西部大开发的过程中，如何加强生态环境保护和建设，已成为加快西部发展必须研究的关键问题。

4.1.2.2　西部地区的生态脆弱性

从生态学观点看，生态系统一般都潜育着脆弱性和再生性的双重功能。一方面可承受一定的外界压力，并通过自我调节的功能（生态阈限）修复，另一方面生态系统更容易遭受破坏，导致生态环境恶化，具有一定的脆弱性。所以，在既定的技术水平条件下，生态脆弱地区的经济发展面临着严峻的环境承载力限制。人为干扰已被认为是驱动种群、群落和生态系统退化的动力，而人类活动正是西部生态系统恶化的根本驱动力。因此，我国西部地区由于受气候、地质等自然因素的影响，加之人为破坏生态环境严重，生态系统的脆弱性十分突出。主要表现在环境容量较低、稳定弹性较小、扰动影响敏感、恢复能力较弱、边缘效应显著、自然灾害易发等方面。

（1）环境容量较低，抗扰弹性较小。环境容量是生态系统在维持其再生能力、适应能力和更新能力的前提下，说能承受得人类活动影响的最大负荷量。在西部许多生态脆弱区的生态资源匮乏、土地产量低、人口承载量小、物质能量交换在低水平条件下进行。当人口密度超过土地资源承载量时，极易引起土地退化和资源量失衡，甚至会导致生态环境恶化。生态系统的稳定弹性力较小，抵御外界干扰能力较差，一旦自然或人类活动引起环境条件改变，系统即迅速响应，趋向结构更简单或功能更单一的状态。如山地平原交界区由于地形反差大，山高谷深，山体陡峻，河床纵比大等因素，使得其对降水量变化反映特别明显，在暴雨时易发生水土流失甚至滑坡、泥石流等现象。干旱地区更易遭受旱灾威胁和沙尘暴危害，浅薄贫瘠的土壤，在受到侵蚀时更易于导致土地退化和趋向石漠化。

（2）扰动影响敏感，恢复能力较弱。西部生态脆弱区生态系统的结构稳定性较差，对环境变化和外界扰动的影响反映较为敏感，容易受到外界的干扰发生退化演替。由于其调节生态平衡能力差，内部结构不稳定，对外界干扰表现出较大的敏感性，其生态系统的稳定性易于被破坏。例如在水土严重流失的侵蚀劣地上，对温度和水分的敏感性增强，对植被重建极为不利。由于生态环境脆弱带内自然环境变化频繁且幅度很大，使该区生态系统适应力相对较弱，一旦外界破坏其生态平衡，往往失去其再生能力，系统退化加剧，自我修复能力减弱，自然恢复时间拉长，使生态环境不断恶化。如干旱、半干旱地区因风蚀形成的沙化土地和荒漠化土地，南方地区因水蚀产生的红色沙漠、白沙岗等侵蚀劣地，生态环境极为恶劣，自然再生能力极差。

（3）边缘效应显著，植被恢复缓慢。在西部生态交错地带的边缘效应显著，出现了生物群落过渡和环境梯度变化，区内气候、植被、物种、景观等相互渗透，使环境异质性增大，边缘生物的变异和密度增加。如西部一些林草过渡带的林缘草地，每平方米植物种数达30种以上，明显高于其内侧的森林群落和外侧的草原群落每平方米的植物种数，各种生物竞争激烈，使生态系统呈现出植被景观破碎化、群落结构复杂化、生态系统失稳化的"三化"状况。生态脆弱区的植被一旦遭到破坏，恢复起来极为困难和缓慢，例如西南喀斯特地区，受岩溶区地质背景与土壤因素的影响，植被具有明显的耐旱、富钙等特征，植物群落自然生长缓慢，从草本群落恢复至灌丛群落需要20多年，至乔木群落需要50年左右，至顶级群落则需要80年以上。因此，该区域的特殊动植物资源，一旦遭到破坏就很难恢复。

（4）地质水纹脆弱，自然灾害易发。西部许多地区的地质气候条件特殊，使其具有地质、土壤、水纹、地貌等方面的脆弱性。例如西南喀斯特地区的岩溶多重富钙介质环境，在地壳运动和岩溶的双重作用下，使其岩体、水体、土体、生物群落形成层次结构，形成了特殊的岩溶—土壤—水纹—地貌生态系统的脆弱性。由于岩土界面缺少风化母质过渡层，土壤受风雨侵蚀，细粒物质减少，土壤有机质及养分含量减少，保水保肥性能减弱，土壤微生物功能多样性降低。由于西部地区地跨青藏高原和黄土高原、云贵高原、内蒙古高原等两大阶梯，地形以山地丘陵为主，山高谷深、沟壑纵横，地质构造复杂，表层岩体破碎，因而崩塌、滑坡、泥石流等表生性地质灾害广为发育、类型多样，对人类的危害较为严重，西部各省区的地质灾害类型如表4-1所示[111]。

表4-1　西部地区各省地质灾害类型统计

省区	灾害类型
陕西	地震、滑坡、崩塌、泥石流、地裂缝、地面沉降、膨胀土灾害、黄土湿陷
甘肃	地震、滑坡、崩塌、泥石流、黄土湿陷、水库淤积与塌岸、地面塌陷
宁夏	地震、滑坡、崩塌、泥石流、地面塌陷、湿胀干缩、河岸坍塌
青海	地震、滑坡、崩塌、泥石流、冻胀融沉、地面变形、矿坑塌方
新疆	滑坡、泥石流、崩塌、地震、冻融、矿坑塌陷
内蒙	地震、滑坡、崩塌、泥石流、土地冻融
云南	地震、滑坡、泥石流、崩塌、岩溶地面塌陷、地裂缝、土体胀缩、膨胀土灾害
贵州	滑坡、岩溶地面塌陷、崩塌、地裂缝、泥石流、地震、膨胀土灾害
四川	地震、泥石流、滑坡、崩塌、地裂缝、采空塌陷、岩溶灾害、膨胀土灾害
重庆	崩塌、滑坡、泥石流、地震、地面塌陷、地裂缝、岩溶灾害、膨胀土灾害
西藏	崩塌、滑坡、泥石流、冻融胀沉、河岸坍塌、地震
广西	崩塌、滑坡、泥石流、地面塌陷、地裂缝、膨胀土灾害

资料来源:经过实地调研根据相关信息和资料收集整理

4.1.2.3　西部地区生态系统的退化

生态系统退化是指由于人类对自然资源过度或不合理开发利用而造成的生态系统结构破坏、功能衰退、生物多样性减少以及土地生产潜力衰退、土地资源丧失等一系列生态环境恶化的现象。表现为在一定的时空背景下,自然生态系统在受到自然因素或人为因素干扰和作用下,导致生态系统要素和生态系统整体发生不利于生物和人类生存的量变和质变,系统的结构和功能发生与原有的平衡状态或进化方向相反的位移。西部生态脆弱地区生态系统退化的特点是:一旦生态环境遭到破坏,生态平衡失调,使其恢复是非常艰难的,主要表现在恢复时间过长以及资金投入量大,而且有些破坏甚至是不可挽回的。西部地区生态系统的退化,主要表现在水纹生态系统退化、土壤生态系统退化、草原生态系统退化等几个严重方面。

(1)水体生态系统退化。主要表现为水土资源大面积的流失和淡水生态循环系统的退化。西部地区是我国水土流失最为严重的地区,西部10省区(不包括内蒙和重庆)水土流失面积为86.62万km^2,占全国水土流失总面积的52.50%,占西部地区国土总面积的15.7%。其中南方的长江上游石灰岩山区及泥石流区、占宁夏全区2/3的南部山区、甘肃的陇东黄土高原区都是水土流失严重地区。贵州省总面积的73%、广西的52%,以及云南、四川部分山区的石灰岩地质结构，导致水生态循环系统退化，工程性缺水严重。此外，包括水质、淡水藻类、河湖岸带、水生动植物、沉积物等因素构成的水生态系统也出现了严重的退化现象，许多淡水生态系统水质均已退化至地表水 IV－V 级质量水平，浮游藻类结构简单，多样性指数低，河（湖）岸带宽度狭窄，水生植被和植物均有退化演替趋势。

（2）土壤生态系统退化。主要表现为土壤的内部结构、理化性状，土地环境日趋恶劣，逐步减少或失去该土地原先所具有的综合生产潜力。西部水土的大面积流失，在造成表层土壤损失的同时，也造成了土壤贫瘠化。土壤贫瘠化的主要原因是土壤中大量的有机营养物质被雨水带走，造成的物质结构和微生物多样性下降。表现为土壤有机质含量下降，营养元素亏缺，土壤结构破坏，土壤被侵蚀，土层变薄，土壤板结，土壤发生酸化、碱化、沙化等。土地沙化的形成主要发生在脆弱生态环境下（如戈壁、荒漠等干旱及半干旱地区），由于人为的过度开发（如滥垦、滥伐及过度放牧）或自然灾害（如干旱、鼠害及虫害等）造成了原生态植被的破坏、衰退甚至消失，从而引起地表沙质化、沙丘活化，导致生物多样性减少、生物产能下降、土地生产潜力衰退以及土地资源流失。

（3）森林生态系统退化。我国西部森林资源相对较少，面积约占全国森林面积的 37.50%。由于人类活动的干扰（如滥伐、过垦及不合理经营等）或自然因素（如火灾、虫害及大面积的塌方等），使原生森林生态系统遭到严重破坏，从而导致其逆于其演替方向发展，导致当地森林生态系统退化的发生。西部除西南（西藏东南部）保存有少数的原始森林外，其他地区森林几乎都可归属于退化森林生态系统的类型。其主要表现为：森林生态系统结构简单，物种多样性匮乏，残次林多；森林整体的破碎化程度高，物种分布不均，抗干扰能力差；以中、幼龄林为主体，森林生态系统年龄结构极不合理。这些生态系统结构问题不仅加剧了森林生态系统的脆弱性，还阻碍了森林生态系统的平衡发展，最终导致我国西部大面积的森林生态系统发生退化的现象。

（4）草地生态系统退化。草地生态系统是我国青藏高原和西北地区当地人民赖以生存的基本资源，因此，草地生态系统对西部地区的经济发展和生态环境保护起着至关重要的作用。我国西部草地生态系统退化主要表现为：优良草地面积不断减小，草地品质偏低；天然草地的面积逐步减少，质量不断下降；草地载畜力下降，普遍超载过牧，草地“三化”（退化、沙化、碱化）不断扩展。由于片面地追求经济效益，各地都大力发展畜牧养殖业，牲畜的饲养量不仅没有减少，反而呈现增加的趋势，使实际载畜量远远高于理论载畜量。目前全国草地退化面积在1.35亿公顷左右，绝大部分发生在西部地区退化最严重的牧区和农牧交错区，平均产草量下降30%～50%，过度放牧导致草地质量等级下降，优良牧草的种类减少，毒草种类和数量增加，从而导致草原生态系统的持续退化，形成恶性循环。

4.1.3　西部典型生态脆弱区状况调研

为了将区域生态环境与区域经济发展状况联系起来，从研究方便上考虑，我们将西部生态脆弱地区划分为西北干旱及沙漠化生态脆弱区、西南山地及石漠化生态脆弱区以及青藏高寒复合侵蚀生态脆弱区等三大区域。这三个区域都有各自不同的生态脆弱特点，通过对这三个典型脆弱区的深入调研，来进一步深刻把握西部生态脆弱区的生态环境状况。

4.1.3.1　西北干旱及沙漠化生态脆弱区的生态状况

西北干旱及半干旱地区是指我国北纬35°以北和东经106°以西的内陆地区，包括新疆全境、甘肃河西走廊及内蒙古贺兰山以西的地区，以及陕西、宁夏等地区，由内蒙古高原东南部边缘带、陕北黄土高原区、鄂尔多斯高原区等部分组成。气候干旱、黄土堆积、土地沙化几乎在整个区域均可发现，地表物质组成疏松、地形破碎，是中国传统的水土流失区。本区属于半湿润半干旱气候区，降水量小，蒸发量大，各河段径流量小，泥沙含量高，属季节性河流发育。加上人类活动干扰，生产极不稳定，丰欠更替，灾害频繁，导致环境退化趋势日益明显。该区域的生态环境状况及特征主要表现为水资源严重短缺，生态灾害频发、水资源蓄耗分离，水生循环失衡、稀疏型地表植被，区域荒漠严重、退化型土壤结构，土地沙化严重等方面。

(1)水资源严重短缺，生态性灾害频发。西北地区的水资源严重短缺，平均引水率高达60%以上，远远超过国际上引水率低于50%的参考警戒值。尤其是一些内陆河流域引水率极端偏高，如新疆乌鲁木齐河流域和甘肃河西石羊河流域引水率高达160%以上，引水量大大超过了水资源总量，严重破坏了水资源的自然平衡，导致湖泊萎缩和地下水位快速下降。由于水资源紧缺，不仅限制了西北地区的社会经济发展，而且面临土地退化和自然灾害增加的严峻趋势。近50年来，西北地区由于缺水导致了天然森林面积减少49%～58%，草地面积减少16%～92%；干旱、沙尘暴等自然灾害发生频数增加，灾害程度加剧。若这种情况不能尽快得到有效遏制，将会导致内陆河下游绿洲全面消失、高原和荒漠湖泊干涸、高山冰川和积雪消亡等生态环境灾难。

(2)水资源蓄耗分离，水生态循环失衡。出现了水资源形成区与消耗利用区相互分离的状况。水资源形成在高原或高山地区,而消耗在平原、绿洲和荒漠地区,水资源的时空分布显著不均匀,地表水与地下水相互转换十分频繁,打破了水生态循环系统的平衡。江河中上游大量的拦水或引水措施,使下游出现断流,加大了蒸发消耗分量,减弱了下游的径流分量,改变了水资源分布格局及水循环平衡。过量开采地下水,形成许多地下水漏区。如甘肃武威水漏区面积达 $10km^2$ 以上,漏斗水位深达 75m;甘肃永昌水漏面积达 $150km^2$ 以上,漏斗水位深达 57m。农作物和自然植被根系无法到达水漏深度,减弱甚至中断了通过植物根系和土壤抽吸的自然输送过程,改变了地下水的输送方式和循环速度,影响了地下水对生态过程的参与程度和地下水的动态平衡特征。

(3)稀疏型植被分布,地表荒漠化严重。西北干旱区的地表植被稀疏,以荒漠为主要植被类型,基本上是由旱生小半乔木、半灌木、小半灌木和灌木构成。在干旱荒漠严酷的生态环境下,大部分植物的叶面缩小或退化,以绿色嫩枝代行光合作用。由于植物用于同化作用的水分极为有限,只能勉强维持这种平衡,生物物质的生产与积累过程甚为缓慢,限制了植物的生长、发育和传布,造成植物种类贫乏,结构简单,荒漠化严重。西北地区的荒漠性低山,缺乏水分的平原地区,植被都很稀疏,植物种类简单,植株矮小且覆盖度很低,乔木树种甚为贫乏。荒漠占据除阿尔泰山南麓和东阿拉善北部外的几乎所有盆地的沙地、冲积平原、宽广台地、山前洪积扇和前山与低山区,在昆仑山甚至达到北坡的中山带,以及昆仑内部山地与昆仑主脊以南高原谷地的高山带。

(4)退化型土壤结构,土地沙漠化严重。西北干旱区的土壤决定部分属于退化型结构,包括物理退化、化学退化、生物退化等多种形式。自然水力风力侵蚀造成水土流失,导致了土壤物理退化,出现土层变薄、土壤沙化等。人类长期单一耕作种植制度,过度消耗某些养分,导致了土壤化学退化,出现有效养分含量降低、养分不平衡、可溶性盐分含量过高、土壤酸化碱化等。过度依赖化肥农药等,导致土壤生物退化,出现生物数量减少,群落结构改变,有害生物数量增加,而有益生物数量减少等。此外,由于地下水位大幅度下降,植被衰亡,致使大片土地沙化,可耕地比例较小(如表 4-2 所示),对发展农业生产极为不利。据调查,西北地区直接由人类活动引起的土地沙化占土地沙化面积的 95%,主要分布在宁夏、甘肃、青海。

表4-2　西北各地区土地利用状况

区域	评价面积/万 km^2	水面（%）	林地（%）	草地（%）	耕地（%）	人居建设（%）	难利用地（%）
陕西	20.57	1.1	23.0	34.0	27.1	13.2	2.0
甘肃	40.06	0.3	9.6	33.0	13.5	5.7	38.7
青海	71.67	1.9	3.8	57.6	0.9	0.6	35.5
宁夏	5.18	1.1	5.1	42.0	26.3	14.5	11.5
新疆	164.00	0.5	2.2	31.9	2.7	1.5	61.0
西北合计	334.43	0.8	4.6	36.8	5.4	2.7	50.0
全国	960.00	1.8	14.2	31.6	14.5	4.7	33.0

数据来源:2010年国家统计局数据

4.1.3.2　西南山地及石漠化生态脆弱区的生态状况

西南喀斯特地区北起秦岭山脉以南，南至广西盆地，西始云贵高原，东南抵达南岭山脉，涉及滇、黔、桂、湘、川、渝、鄂、粤八省（区、市），是全球三大喀斯特集中分布区之一，总面积约54万 km^2，以滇、黔、桂3省区为主。区内地形地貌复杂、各种喀斯特地貌均有分布，属亚热带、热带湿润气候区。该地区集“老、少、边、山、穷”于一体，总人口近1亿，有壮、苗、布依、侗、瑶、彝等31个少数民族，少数民族人口在4000万以上，贫困人口相对集中，人地矛盾非常突出，群众为了生存，不得不掠夺式的开发当地自然资源，导致水土流失、石漠化等生态环境问题严重，从而陷入“环境脆弱-贫困-掠夺资源-环境退化-进一步贫困”这样恶性循环的“贫困陷阱”。西南喀斯特脆弱生态环境特征主要表现为以下三个方面：

（1）山区土壤贫瘠，土地石漠严重。西南岩溶山地属于喀斯特地貌，可溶性岩经水流溶蚀和侵蚀，大量可溶性营养元素被带走，土壤表层较薄，且无机元素较缺乏，植物生长困难，由于土壤营养流失较快，靠动植物和微生物消亡产生的腐殖质类有机肥力补充不足，土壤贫瘠导致地表植物覆盖率低和易受到侵蚀。侵蚀的直接结果是土壤流失和质量降低，甚至出现大面积岩层裸露的严重土地石漠化现象。据遥感资料显示，西南岩溶地区岩石裸露率大于30%的石漠化地区有10.04万 km^2，而岩石裸露率大于50%的石漠化地区达7.55万 km^2。滇、黔、桂3个省区是西南岩溶地区石漠化的重点区，石漠化面积约6.79km^2，并且石漠化仍在进一步加剧。在黔南、桂西1.6万 km^2 的范围内，岩石裸露率大于70%的严重石漠化区域的面积，近10年来以每年91.4km^2 的速度增加。

(2)工程性缺水区,人畜饮水困难。由于岩溶地区的地表地下双层空间结构导致地表水源严重漏失,岩溶渗漏和植被稀少致使地表含蓄水能力差,特殊地理地质环境存不住水,表层岩溶带泉水也随之枯竭,形成了工程性缺水区。致使水资源总量丰沛的岩溶地区,由于水资源的时空分配不均匀,经常出现人畜饮水困难,旱涝灾害交替发生。在降水量偏少年份或旱季,耕地无水灌溉而形成大面积干旱;在降水偏多年份或雨季,排泄不畅的低洼盆地常常发生洪涝,淹水时间少则几天多则数月。由于土层浅薄、土壤持水能力低,加上缺乏植被系统的调蓄,涝后又很快出现干旱现象。"涝是一条线,旱是一大片",旱灾在西南岩溶地区尤显严重。在石漠化最严重的滇、黔、桂 3 个省区,因工程性缺水造成饮水困难的人数,1997 年为 800 万,2011 年为 700 万,而农田灌溉问题则更加严重。

(3)环境承载超荷,自然灾害频繁。西南喀斯特地区土地资源匮乏,却分布有 48 个少数民族,总人口近 1 亿,是中国最主要的贫困区域之一。在有限的土地上盲目掠夺资源和破坏环境是过去人们的生存法则。处于西南核心地段的贵州,喀斯特面积约 $12.96 \times 104\text{km}^2$,占全省总面积的 73.5%。"人口 - 土地"矛盾极其突出。据贵州省统计局公布的 2011 年贵州人口发展状况报告显示,2011 年末,全省人口 4238 万,其中常住人口 3469 万,平均人口密度超过 230 人/km^2,农业人口 2256.24 万,占总人口的 65%。由于特殊的地质地理结构和脆弱的生态环境,使得喀斯特岩溶地区的生态承载力十分有限,人类活动所造成的影响,已超过了自然生态环境所能承载的负荷,使得西南岩溶地区成为各种自然灾害和地质灾害最为频发的地区,其造成的损失也最为严重。

(4)土地功能低下,生态贫困循环。滇、黔、桂 3 省区岩溶县(岩溶面积大于 30% 的县)人均耕地只有 0.06hm^2,坡耕地占 70%,其中 25°以上的坡耕地约占 20%,50% 以上为中低产耕地,贵州 80% 以上属于坡陡贫瘠的低产耕地。由于土地的生产力低,迫使农民毁林开荒,新垦坡地 3 ~ 5 年便失去耕种价值,甚至变成裸岩荒坡。为了生存,人们不得不继续掠夺式开发,从而陷入"生态脆弱—贫困—掠夺开发—环境退化—更贫困"的恶性循环。石漠化地区的人均收入普遍低于其他地区,如广西岩溶石漠化区 20 多个县 1998 年人均财政收入仅为 165 元,只有广西同期平均值的 40%。在西南岩溶石漠化区的 300 个县中,共有贫困县 153 个[112]。按照 2011 年 2300 元扶贫标准,2012 年底,贵州农村贫困人口仍有 923 万人,贫困发生率 26.8%,贫困人口在全国的占比为 9.3%;农民人均纯收入仅有 4600 元。

4.1.3.3　青藏高寒复合侵蚀生态脆弱区的生态状况

青藏高寒复合侵蚀生态脆弱区位于亚洲大陆中部的青藏高原，主要包括西藏、青海以及四川、云南、甘肃各省藏区，总面积为 250 万平方公里，平均海拔在 4.0km 以上，海拔 4.5km 以上的高原腹地年平均气温在零度以下。高原上冰雪和寒冻风化作用明显，多年冻土连续分布于中北部，厚达 80 ~ 120m，是中低纬度最大的冻土岛和最大的冰川作用中心。该区域作为亚洲大气环流系统的交汇场，对周边气候环境和大气环流有着重要影响，不仅直接驱动我国东部和西南部的气候变化，而且对北半球气候甚至对全球气候都会产生影响。青藏高原既是我国藏族人口的聚居地区，又是生态环境非常脆弱的区域（生态脆弱度分布如表 4 – 3 所示[113]），其生态状况和环境问题主要表现在高寒低温辐射强、干旱风蚀土退化、过牧鼠害草失衡、气候恶劣灾频发等方面。

表 4 – 3　青藏高原生态脆弱情况

强度	极强度生态脆弱区			强度生态脆弱区		生态脆弱区
省份	西藏	青海	甘肃	四川	云南	甘肃、四川、云南三省的藏区
脆弱度	0.833	0.805	0.782	0.629	0.593	

数据来源：王永莉．主体功能区划背景下青藏高原生态脆弱区的保护与重建[J]．西南民族大学学报（人文社科版），2008，(4)：42 ~ 46

（1）高寒低温强辐射。青藏高原巨大的海拔高度，使得温度低成为高原气候的主要特点，形成冰川、冻土的发育和产生独特的冰缘与寒冻风化作用。高海拔所导致的相对低温和寒冷也非常突出，高原面上最冷月平均气温低达 – 10 ~ – 15℃，大面积最暖月平均气温低于 10°。由于青藏高原上的大气稀薄、空气清洁、气候干燥，使得太阳的辐射强度大，总辐射高达 540 ~ 800kj/cm^2。强烈的太阳直接辐射使高原上地表和近地面空气白昼强烈增温，而夜间迅速冷却，一年内有较长时间出现正负温度的交替变化。冰缘冻融作用及寒冻风化作用，形成了高原土壤和微地形特征。在气候寒冷气温较低的冷力影响和太阳强辐射的热力作用下，使得高原上的自然地理形成过程及植物生长发育状况，都与高纬度低海拔区的相同气温数值区域有所不同。

（2）干旱风蚀土退化。高原上的干旱大风，使得土地风蚀化严重。风力作用在青藏高原的西北部干旱、半干旱地区是最活跃的因素，高原的大风日数比同纬度其他地区更多，尤其在冬春两季，持续数日长达半年之久。根据有关部门近 26 年的统计，西藏堆龙德庆县每年大于 8 级大风的日数平均有 34.8 天，最多65天。1~6月大风平均26.9天,占全年大风天数的77%。极端最大风速达32.5m/s;日喀则地区每年大于8级大风的日数有27~80天,极端最大风速为32.5m/s。强劲的干旱西风拔草吹土,形成巨大沙暴和流动沙丘,造成植被毁坏和地墒锐减。据不完全统计,柴达木盆地平均每年以6.67万公顷的速度在增加;在西藏"一江两河"地区,沿雅鲁藏布江的公路经常被风沙埋没,使交通受阻,贡噶机场因风沙导致能见度差而影响飞机起降,迫使机场每年都要关闭30余天。

(3)过牧鼠害草失衡。由于高寒草地土壤发育年轻,植被稀疏,加上高原面上气候干寒,土壤微生物活动较弱,有机质分解缓慢,植被生长较慢,因此高寒草原生态系统的承载力有限。人口增加对草地的超载过牧和不合理利用,导致高寒草原生态失衡,出现严重退化的局面。相关调查资料显示,在青海放牧天数长达245天左右的冬春草场,玛沁、甘德、久治、班玛等地共超载64.11万只羊,超载率达55%以上。牛羊过度啃食和践踏,使草场产量下降,并向逆行方向演变。玛曲等地的草地生态系统平均每亩干草产量由上世纪60年代的300公斤下降到100公斤以下。草地退化、植被低矮稀疏,给鼠类的繁衍与活动提供了适宜的条件,据测定高寒草甸草场的地下鼠由每公顷8~10只增加到30只之多。严重的鼠害使土地裸露率由过去不到的10%增加到现在的30%。

(4)气候恶劣灾频发。青藏高寒地区的气候条件较为恶劣,除了高寒低温、空气稀薄、干燥风大、太阳辐射度高以外,还有昼夜温差大,气候变化快,极端天气、气候时有发生,从而导致自然灾害频发。该区域最常见的气候灾害有低温霜冻、暴雪寒潮、冰雹雪崩、暴雨山洪、大风干旱等,对农牧业生产的危害非常严重。高寒地区的冬春干旱和4~5月份的晚霜常造成农作物死苗,而8~10月份的早霜则影响农作物的灌浆成熟,造成严重减产。在青南、藏北高原区,由于地处背风区,很少受到来自海洋水气的影响,部分地区长年降水量不足100mm,远不能达到满足农作物和牧草生长的需要,使得自然植被十分稀疏,属于青藏高原的重干旱区。春旱之时,牧草返青推迟,河流流量减少,湖泊干涸,牲畜饮水困难,对于以农业为主的地区,干旱威胁更为严重,尤其雅鲁藏布江中游农业区为甚。

4.2 西部生态脆弱地区的自然资源状况及生态压力

西部生态脆弱地区的自然资源极为丰富,但在自然资源开发的过程中,往往以追求经济利益最大化为目的，而忽视对生态环境的保护，生态脆弱性决定了其生态系统一旦遭受破坏就难自行修复，区域发展面临着巨大的生态压力。因此，深入了解西部地区的自然资源情况，分析和掌握其生态环境承载力，把生态效益和社会效益结合到以后的西部大开发中至关重要。

4.2.1　西部生态脆弱区的自然资源状况

西部地区各类自然资源的人均占有量都超过中东部地区，其中人均可开发水能资源、草地面积、矿产资源接近甚至超过世界平均水平。我国工业生产中使用的大部分重要自然资源也都来自于西部。因此，研究西部生态脆弱区的自然资源状况，以期为资源的合理开发，可持续利用提供依据。

4.2.1.1　西部生态脆弱地区的气候地质情况

一个区域的气候状况和地质地貌是影响区域自然生态状况和生态承载力的重要因素。区域气候是指区域天气和大气状况以及气象要素在足够长的时间内（通常是30年）反映出来的极值、均值和变率等统计特性；地质是指地下的物质组成、结构、构造、发育历史等，以及矿产资源的赋存状况和分布规律等；地貌则是指地球表面的各种形态及地势高低起伏变化区域的气候状况和地质地貌制约区域的能量基础、水热组合及自然要素的发育方向，规定物质、能量循环的规模、强度和结构，最终决定该区的生态、环境的类型、质量和承载能力。西部生态脆弱地区的地域广阔，自北到南跨越了7个纬度气候带，自东向西跨越了多个复杂的地质台阶，其特殊地质背景和海拔差异，使其气候状况和地质地貌具有多样性和复杂性，表现出类型多样的气候地质特点。

（1）从气温方面来看。由于海拔高度和平均日照的差异较大，西部不同区域间的平均气温有较大差异。太阳年辐射总量由3305MJ/m^2（四川峨眉）到11000MJ/m^2（西藏昆沙），年日照时数由784h（四川宝兴）和946.8h（四川峨眉）到3353.9h（青海冷湖）。整个西南地区除高海拔区外，年平均温度都在10℃以上。其余大部分地区在10℃以下，青藏高原年平均温度在0℃以下。西北干旱区只有塔里木盆地中心区年平均温度高于10℃。冬季平均气温在内蒙古是-10～-20℃；北疆-12～-16℃，南疆气温比较高，塔里木盆地温度在-4～-8℃；青藏高原除东南部分外，在-10～-16℃之间；秦岭以南的西南大部分地区高于0℃，云南和广西的南部高于10℃。夏季平均气温内蒙古东部在18～20℃，西部在24℃左右；准噶尔盆地20～24℃；塔里木盆地24℃以上。

（2）从降水方面来看。西部各地区的年均降水量差别也很大，年降水量由6.9mm（新疆托克逊）到4095mm（藏南巴昔卡）。西北地区干旱少雨，年均降水量为154mm,四分之三的地区属于干旱、半干旱区,是我国水资源最短缺的地区。西南地区气候温和、降水丰沛,年均降水量在1098mm以上,是西北地区的7倍。青藏高原绝大部分地区降水小于500mm。东经100°以东,秦岭以南的大部分地区,以及西藏东南部的边境小块地区,年降水量超过了1000mm,是西部降水量最丰沛的地区。400~500mm的年降水量等值线沿内蒙古东部地区的南界,经过黄土高原,到兰州,再到藏东南,大体呈东北—西南走向,此线以北、以西的我国西部大部分地区属于半干旱、干旱区及极端干旱沙漠区。内蒙古西部、新疆东部及塔里木盆地,年降水量低于50mm;祁连山、天山及阿尔泰山降水量在200~400mm。

(3)从地质方面来看。西部地区呈现出多山地、多高原、多盆地等地质特征。我国地壳最活跃的部分大都分布在西部地区。从早古代到新生代,不同时代的板块俯冲带、褶皱带、缝合线和深断裂带也相对集中分布在西部。这一特殊的地质环境使我国西部地区形成了全世界最高大的山地、高原和全国最大的高原性盆地。在我国的3个地势阶梯中,西部地区几乎全部位于第一、二级阶梯之上,只有广西一隅位于第三阶梯之上。西部境内绝大部分被山地、高原和盆地占据。我国西部作为整个地球的致高点,是高山之颠和大河之源。从帕米尔高原延伸入中国境内,发育了喜马拉雅山、冈底斯山、昆仑山脉、天山山脉、阿尔泰山以及横断山脉等一系列山脉。我国几乎所有的大河如雅鲁藏布江、长江、黄河等,都从这些西部山脉发源。在山与河之间是无垠的大戈壁、大草原和黄土地。

(4)从地貌方面来看。西部有被内力推移而抬升的高原和山地,也有低洼盆地和平原,还有起伏错落的丘陵。如青藏高原的珠穆朗玛峰海拔为8844m,横断山脉的许多山峰都超过了6000m。天山山脉东段的吐鲁番盆地艾丁湖面海拔为-155米,距其仅有150km的博格达山峰海拔为5445m,二者高差达5600m。位于内蒙、宁夏、青海等内陆干洼地区是以风力作用为主的沙漠和戈壁地貌。在青藏高原以及天山、阿尔泰山和祁连山等地区有多年冻土的冰川地貌。在贵州、广西、云南东部是大面积碳酸盐类岩石裸露的喀斯特地貌。在黄土高原,西起湟水流域,经六盘山麓、鄂尔多斯高原,东止西辽河流域的广大范围地区是经流水作用的各种黄土地貌。内蒙高原东部以及滇东、黔西、桂西有广泛的玄武岩喷发形成的熔岩地貌。在黔东南、桂中、滇南有红层丘陵山地地貌等等。

4.2.1.2 西部生态脆弱地区的自然资源状况

西部地区作为中国经济的欠发达地区,也是自然资源的欠开发地区,各种自然资源的种类及蕴藏量都较为丰富,具有巨大的开发潜力。在全国陆地蕴藏的资源中,有 62.80% 的淡水、82.50% 的水能、71.40% 的国土、37.80% 的耕地、89.65% 的草原、56.39% 的森林、77.23% 的物种、36.50% 的煤炭、43.90% 的石油、78.75% 的天然气、90% 的稀土、62.20% 的矿产等都分布在西部地区。西部的淡水资源、土地资源、生物资源、能源资源、矿产资源的总量巨大,但各类资源的分布和丰度不均衡。在分布方面,西北以能源、矿产和耕地资源的潜力较大,西南则以淡水、水能和森林资源的优势明显。在丰度方面,西北的能源和矿产丰度较高,西南的淡水和森林丰度较大。总的来看,矿产资源多、水能蕴藏量大、生物多样性丰富是西部地区最为突出的资源优势。

表 4-4 西部各省区的水资源状况

区域	地表水资源(亿 m^3)	水能蕴藏量(万 kw)	可开发量(万 kw)
重庆	511	1438	750
四川	2620	14269	10346
贵州	1035	1874.5	1683.3
云南	2221	15000	9166
西藏	4482	20056	5659.3
陕西	420	1275	551
甘肃	273	1724	1069
宁夏	8.5	212	90.2
青海	623	2337.5	2099
新疆	793	3355	853.5
广西	1880	2133	1751
内蒙	371	482.5	238.7
合计	15237.5	64156.5	34257
占全国比例/%	56.2	95.0	90.4

数据来源:王绍武等主编. 中国西部环境演变评估——中国西部环境特征及其演变[M]. 科学出版社,2002,02

(1)西部的水土资源。从淡水资源看,西部仅地表水资源总量有 15237.5 亿立方米,占全国总量的 56.2%。集中分布于青藏高原和蒙新高原的各类湖泊,分别占全国湖泊总面积和总储水量的 66% 和 78%,仅西藏和新疆等地的冰川水资源就占全国内陆河区水资源的 24%。但西部的水资源分布不平衡,西南占全国总量的 42% 以上,而西北则还不足 10%。西部各省区的水资源分布状况如表 4 - 4 所示。从土地资源看,西部现有的耕地、林地、草地分别为 4966.33、11859.30、26047.81 万 hm^2,分别占到全国的 38.19%、52.11%、97.83%,人均面积远高于全国平均水平,西部各省区的土地资源分布状况况如表4 -5 所示。西部待开发利用的土地面积约 7.8 亿亩,占全国的 70% 左右,主要分布在西北和南方丘陵区。西部的土地资源虽然面积广数量大,但质量较差丰度较低,耕地资源较为贫乏。[114]

表 4 -5　西部各省区的土地资源状况

区域	耕地/万 hm^2	森林/万 hm^2	可利用草地/万 hm^2
重庆	264.5	297.5	23.76
四川	662.4	1904	1375
贵州	490.3	754	169.6
云南	642.1	2179	79.18
西藏	36.26	1266	6466.7
陕西	514	939.9	317.9
甘肃	502.47	466	1291.2
宁夏	126.9	26.6	246.8
青海	68.8	243.6	4034.3
新疆	398.6	640	5160.2
广西	440	1144	80.67
内蒙	820	1998.7	6802.5
合计	4966.33	11859.3	26047.81
占全国比例/%	38.19	52.11	97.83

数据来源:王绍武等主编. 中国西部环境演变评估——中国西部环境特征及其演变[M]. 科学出版社,2002,02

(2)西部的生物资源。西部地区气候多变,地形复杂,野生动植物丰富,但分布呈非均衡性。西北干旱少雨,生态环境不如西南,生物资源也不如西南丰富。但西北气候具有云量少、光热条件好、昼夜温差大的特点,有利于植物的光合作用,因而棉花、甜菜、瓜果等产品质量优越。例如新疆的长绒棉、葡萄、甜瓜、西瓜等特产在国内外久负盛名;陕西有各类动物 600 多种,植物 3000 多种;西藏地区有野生动物 700 多种,植物 5000 多种。西南地区是我国野生动植物资源宝库。例如四川就有动物 1000 多种,植物 10000 万种,属国家保护的珍稀动物就有 59 种,超过全国的一半还多;贵州有动物 900 多种,植物 600 多种,有

158种珍稀动植物列入国家重点保护名录；云南有动物1700多种，植物17000多种，重点保护的野生动物就有199种。西部中草药资源丰富且质量较好。

（3）西部地区的能源资源。西部能量资源的探明储量占全国的比重也接近57%，水、煤、油、气、风、太阳能等兼备。西部地区多山，而且落差大，水能丰富，水能资源理论蕴藏量大约为6.41亿千瓦，其中可用水电资源3.42亿千瓦，分别占全国总量的95%和90.4%（如表4－4所示）。西部地区已探明的煤炭资源储量占全国的80%以上，已探明的石油储量已超过40亿吨，仅新疆的石油远景储量就占全国陆地储量的40%以上，已探明的天然气地质储量1.74万亿立方米，占全国总探明油气储量的77.6%。新疆和甘肃的戈壁大漠、蒙古高原黄土高原和云贵高原有大量的风能储备。内蒙的风能储量全国居首，可开发容量超过1.5亿千瓦。西北地区和青藏高原的太阳能资源丰富，尤其是在青藏高海拔地区，辐射强、日照长，大气稀薄，透明度好，地广人稀，非常适合太阳能资源的开发。

（4）西部地区的矿产资源。我国西部地区赋存有包括两个世界级构造成矿带在内的三大成矿带，成矿地质条件优越，矿产资源蕴藏量丰富，品种较为齐全，许多矿产在全国占有重要的地位。目前我国已发现的171种矿产在西部地区均有发现，全国已探明有储量的矿种161种，60%以上的分布在西部。不少矿产资源的可采矿储量在全国占有很大比重，其中钾99%、镍88%、汞86%、铬80%、铁73%、锰69%、磷53%、铜52%、锌47%、铅43%、铝37%。以铅、锌为主的有色金属，以锡、镍、钒、钛、稀土为主的稀有战略性矿产，以铂族金属为主的贵金属等储量都占有较大的优势。总的来看，西部地区的矿产资源丰富品质较好，在全国所占的比重较大，矿床规模较大分布较为集中有利于勘探开发，潜在可开发储量巨大，是我国资源战略接替区。

4.2.1.3　西部地区矿藏分布与开发情况

我国矿产资源的空间分布整体失衡，主要表现为东部地区的矿藏资源分布教少，而西部地区蕴藏了大量的优质矿产资源（如表4－6所示）。

表4－6　西部地区主要矿藏资源

地区	主要矿藏资源及全国储量排名
重庆	锶储量全国第一，锰和钡矿储量分别居全国第二和第三
四川	钒、钛储量全国第一，铁矿储量全国第二，硫铁矿、碘、镉排全国前列
贵州	重晶石储量全国第一，铝土矿储量全国第二，煤炭储量全国第五
云南	富银、富铜、锰、磷储量全国第一，磷、铜、铅、锌储量全国第三

续表

地区	主要矿藏资源及全国储量排名
西藏	铀矿、硼矿，铬矿、刚玉、工艺水晶储量全国第一，铜矿、石膏、磷、镁、硫、泥炭、砷、瓷土、重晶石、钴、石墨等储量在国内名列前茅
陕西	煤、石棉储量全国第三，有天然气、钼、汞、高岭土储量全国第二
甘肃	铬、铊、碲储量全国第三，镍、钴、钯、锇、铑、硒储量全国第一
宁夏	冶镁白云岩储量全国第三，石膏、煤炭储量全国第六
青海	锂矿、锶矿、冶金用石英岩、电石用灰岩、化肥用蛇纹岩、芒硝、盐矿、钾盐、镁盐、石棉、玻璃用石英岩储量全国第一
新疆	铍、钠硝石、白云母、蛭石、陶瓷土储量全国第一，镍、铬铁矿、冶金用脉石英、自然硫、长石、蛇纹岩、膨润土、水泥用大理岩储量全国第二
广西	锰、锡、砷、膨润土储量排全国第一
内蒙	煤炭储量全国第二位，铁、铜、铅、锌储量居全国前10位

资料来源：根据实地调研和对相关资料的收集整理得到

西部地区的矿产资源分布也呈现出明显的地区集中特点，在已探明的主要矿产资源中，81%的煤炭集中在陕西、新疆、贵州；99%的石油集中在新疆、陕西、甘肃、青海；88%的天然气分布在四川、新疆和陕西；99%的铬铁矿分布在西藏、新疆、甘肃和青海；75%的铜矿分布在西藏、云南和甘肃；76%的铅锌矿集中在云南、甘肃、四川、陕西和青海；85%的铝土矿分布在贵州和广西；97%的钾盐和90%的钠盐高度集中分布在青海和柴达木盆地；92%的硫铁矿分布在四川、贵州和云南；98%的磷矿集中在云南、贵州、四川、陕西和青海。天然气、铝土矿、煤炭资源基础储量也分别占据了全国总量的83.6%、59.4%和51.2%（详见表4－7）。

表4－7　2010年西部与全国主要矿产资源基础储量对比

地区	石油（万t）	天然气（亿m3）	煤炭（亿t）	铁矿石（亿t）	铜（万t）	铝土矿（万t）
全国	317435.3	37793.2	2793.9	222.3	2870.7	89732.7
西部	106512.1	31611.0	1432.0	58.2	1230.8	53324.9

数据来源：中华人民共和国国家统计局（2011）

西部地区的矿产资源集中区主要包括：①塔里木能源资源集中区；②黄河中游能源资源集中区；③东天山北祁连有色贵金属及能源资源集中区；④柴达木能源化工矿产资源集中区；⑤秦岭中西段地区有色贵金属资源集中区；⑥西

南“三江”中南段有色金属资源集中区;⑦攀西黔中矿产资源集中区;⑧四川盆地天然气资源集中区;⑨红水河右江有色贵金属资源集中区;⑩西藏“一江两河”有色贵金属资源集中区等。经过几十年的建设和投入,西部矿产资源开发已经形成了一个从原矿开采→初炼→精炼→初加工→产品制造的系列生产体系。包括从煤炭、石油、天然气等能源,到黑色金属、有色金属、贵重金属,再到化工非金属以及建材等多种矿产品在内的产业,已初步形成了南北各具特色的空间组织体系。西部不仅是我国矿产资源接续地,也成为重要的矿产品生产基地。

西部在矿产资源开发利用方面存在的问题有:①开发难度较大,利用程度较低。由于技术经济条件和开发条件恶劣等方面的原因,暂时不能开发或暂时难以利用的矿产资源储量较大,煤炭、铁矿、钒矿、钦矿、铝土矿、硫铁矿、玻璃硅质原料和重晶石等矿产,开发利用程度相对较低,已利用储量还不足40%。②低品位矿较多,贫矿比重较大。已勘测的大多数重要矿产的品质较低。铁矿中贫矿占93.52%,能够直接入炉的只占探明储量的3.77%,铜矿品质高于1%的也只占42.91%,大于30%的富磷矿占西部总储量的11.82%,而小于12%的贫矿比重占到11%。③复杂矿质较多,综合利用困难。例如西部铝土矿资源几乎都是一水型,含硅量高,铝硅比过低,生产加工氧化铝时耗碱量过大。如云南、贵州、四川等地的磷矿均属胶磷矿,矿石类型复杂,含杂质多,利用困难。

从矿产资源已开发结果看,由于开采方式和生产工艺落后,资源利用率不高,滥采滥挖现象严重。西部地区矿产通常都共生或伴生有多种矿物,由于目前采选冶工艺落后或开发方向不合理,结果只能利用一种或几种矿产,而丢弃了多种其他矿产,使得资源利用各个环节都有不同程度的浪费。西部矿产资源回收利用程度位于30%—40%的较低水平,贵州总回收率只有25.5%。大部分共生,伴生综合性矿产的潜在优势得不到发挥。例如目前不少矿山为民采,既无地质资料又无矿山设计,采取了掠夺式的开采方式,采富弃贫,造成资源极大浪费。四川、贵州、云南等地,农民用土法提炼硫磺,资源利用率只有20%左右,只有正常开采方式的一半。新疆、内蒙等地的铬铁矿含大量难熔的硬铬尖晶石,而目的技术水平只能用来冶炼高碳素铬铁合金,低碳素铬铁合金困难较大。

西部一些地区对矿产资源的不合理开发,给当地的资源生态环境带来了严重的负面影响。由于大型、超大型矿较少,中小型矿较多,乡镇企业、个体企业的矿业产量占有较大比重。例如,西部地区煤炭有1/3是小煤窑生产的,铅锌矿一半是由小矿山生产的。这些小矿山和个体采矿业大多设备落后,技术陈旧,人员素质较低,受经济利益驱使,无证开采、越界开采、滥采乱挖、野蛮开采,浪费矿产资源和破坏生态环境的现象屡见不鲜。据不完全统计,乡镇集体煤矿的矿井回采率不到30%,个体煤矿的回采率仅为15%,有些地方的小矿所丢弃的尾矿中有用成分的含量已达到了工业品位,矿产资源浪费严重。其对生态环境的破坏主要表现在:破坏植被景观,引起水土流失;尾矿废矿堆积,影响土地利用;“三废”任意排放,污染生态环境;地下采空塌陷,诱发地质灾害等方面。

4.2.2 西部生态脆弱区的生态环境承载力

随着经济的发展和人类活动的干扰,近年来西部生态脆弱区的人地矛盾日益突出,生态脆弱性问题凸显。生态承载力作为揭示区域生态环境脆弱性的重要评价指标,其理论及研究方法备受国内外学者的关注,已成为生态学、资源学、环境科学与生态经济学研究的交叉前沿领域[115]。西部生态脆弱区的生态环境承载力是有限的和脆弱的,必须引起我们的高度重视。

4.2.2.1 生态环境承载力及其主要评价指标

生态承载力的概念有广义和狭义之分,广义上讲,生态承载力是指在保持系统原有结构和稳定性的前提下,生态系统对干扰的承受能力。狭义的生态承载力则主要指生态系统对人类活动干扰的承受能力。就西部地区而言,目前导致生态脆弱和环境问题的根源除了一些自然的因素外,最主要的还是来自人类活动的干扰,是由于人类活动超过生态系统的承受能力造成的。因此,本研究中提出的生态承载力概念,即某一时期某一地域某一特定的生态系统,在确保自身系统结构和功能不受破坏、资源合理开发利用和生态环境良性发展的前提下,生态系统对人类活动干扰的承受能力。它包含资源与环境子系统的供容能力及其可维持的社会经济活动强度和具有一定生活水平的人口数量。西部生态脆弱地区的经济社会发展必须与生态承载力相适应才具有可持续性。

区域生态承载力可用以下方法来进行评价。①生态足迹法。生态足迹是指维持人类生存所需要的或者指能够容纳人类所排放的废物的地域面积,通过计算区域内具有生物生产力的地域空间面积,来衡量其生态承载力。②状态空间法。以状态空间轴表示系统各要素(资源、环境、社会、经济、生态)状态向量,通过承载状态点与承载曲面的比较来描述人类活动与生态承载力之间的相互关系,来判断生态系统是否超载。③供需平衡法。根据各种资源的存量与需求量、生态环境现状与期望状况之间的差量,来反映生态环境系统对经济社会发展和人类各种需求在量与质方面的满足程度。④承载指数法。生态承载力大小受生态弹性能力、资源承载能力和环境承载能力的制约，因此生态承载力指数由生态弹性指数、资源承载指数和环境承载指数构成。

生态足迹反映的是在一定的技术条件下，维持某一物质消费水平下人的持续生存所必需的生态生产性土地面积。以具有等价生产力的生物生产性土地为衡量指标，并将研究内容扩展至经济层面，以衡量人类活动与生态系统的协调状况[116]。由于生态足迹计算模型能够对城市生态的可持续发展状态进行明确界定，其计算结果直观明了可以在区域之间进行横向比，可操作性、可移植性较强，因此得到了广泛应用。刘晓娜等采用生态足迹模型，以云南、贵州、四川、广西、重庆五省（自治区、直辖市）为案例区，定量计算了1990～2008年云南、贵州、四川、广西、重庆五省（自治区、直辖市）生态均生态足迹呈递增趋势，人均生态承载力总体呈减少趋势[117]。本研究团队的魏媛等用此方法测算了贵州省1999～2008年10年的人均生态承载力构成情况，如表4－8所示。

表4－8　贵州省1999～2008年人均生态承载力构成（hm^2/cap）

年份	耕地	林地	草地	水域	建筑用地	人均生态承载力	生物多样性保护面积（12%）	可利用人均生态承载力
1999	0.60506	0.21285	0.00470	0.00095	0.06896	0.89252	0.10710	0.78542
2000	0.59459	0.21042	0.00459	0.00094	0.06854	0.87909	0.10549	0.77360
2001	0.58681	0.20817	0.00452	0.00093	0.06834	0.86878	0.10425	0.76452
2002	0.57331	0.20741	0.00442	0.00118	0.06320	0.84952	0.10194	0.74758
2003	0.55258	0.21045	0.00430	0.00102	0.06353	0.83188	0.09983	0.73206
2004	0.54135	0.21018	0.00424	0.00079	0.06297	0.81953	0.09834	0.72119
2005	0.56538	0.22030	0.00442	0.00079	0.06785	0.85874	0.10305	0.75569
2006	0.55991	0.21926	0.00437	0.00061	0.06815	0.85230	0.10228	0.75002
2007	0.55834	0.21951	0.00436	0.00046	0.06868	0.85135	0.10216	0.74919
2008	0.55383	0.20820	0.00460	0.00093	0.06745	0.83501	0.10020	0.73481

数据来源：根据贵州省各年度的相关数据计算得出

表4-9 西部地区生态承载力向量空间的分量指标的选取原则及权重

向量空间	分量指标	分量单位	选取原则	指标权重	指标阈值
经济发展	GDP	亿元	最大值	0.0783	0.0732
	人均GDP	元	最大值	0.0114	0.0161
	非农产业比重	%	最大值	0.0003	0.0001
	城乡收入水平比	以农为1	最小值	0.0030	0.0023
	人均财政收入	元	最大值	0.0125	0.0269
社会人口	人口总量	万人	平均值	0.0781	0.0755
	人口密度	人/每平方公里	平均值	0.1244	0.1175
	万人拥有高等学校学生数	人	最大值	0.0996	0.0887
	教育经费投入占GDP比重	%	最大值	0.0154	0.0290
	百人拥有移动电话人数	人	最大值	0.0732	0.0676
	万人拥有医疗技术人员	人	最大值	0.0068	0.0124
	城镇化水平	%	最大值	0.0058	0.0033
资源环境	可利用水资源总量	亿立方米	最大值	0.1618	0.1592
	可利用土地资源总量	万公顷	最大值	0.2455	0.2578
	工业三废处理率	%	最大值	0.0076	0.0094
	万元GDP自然灾害损失	万元	最小值	0.0292	0.0179
	万元GDP能耗	吨标煤/万元	最小值	0.0233	0.0207
	城市人均公共绿地面积	公顷/人	最大值	0.0238	0.0225

数据来源：王彬彬，西部地区生态承载力动态研究[J]. 青海社会科学，2008，(4)：83~87

从表4-8中可以看出在1999~2008年的10年间，贵州耕地承载力呈总体波动下降趋势，这表明耕地资源提供各类生物资源的能力在下降。随着贵州省经济的发展和城市化进程的加快，城市不断向周边扩张，耕地被蚕食，耕地数量呈现减少的趋势，同时石漠化、水土流失导致的耕地质量有所下降，本地区能提供的农产品随之减少，农产品消费在一定程度上依赖外部供应。林地人均生态承载力所占比重仅次于耕地，表明贵州省近年来的退耕还林和石漠化治理取得了一定成效。建设用地人均生态承载力总体呈下降趋势，这表明随着工业化、城镇化步伐的加快，对既有耕地占用不断加大，可供建设用地在不断减少。草地和水域的人均生态承载力总体上呈现下降趋势，波动性不大，这说明贵州省草地和水域资源提供各类生物资源的能力不断下降[118]。总的来说，贵州的生态承载力呈下降趋势。

状态空间法将生态承载力视作多维空间的一个矢量,其中的每一个分向量均代表一项环境要素的承载力。针对西部各生态脆弱地区的生态系统特征和生产生活方式,也可以通过三类向量空间来分析评价其生态承载力状况[119]:①经济发展向量空间。反映区域生态系统在经济社会发展创造物质财富方面所承受的压力。②社会人口向量空间。反映区域生态系统在人类为提高生活水平、推进社会进步方面所承受的压力。③资源环境向量空间。反映区域生态系统在人类社会拥有的资源量和消耗资源强度等方面所承受的压力。王彬彬等通过对西部生态状况的分析,提出了对这三大向量空间中分量指标的具体内容及选取原则,并给出了各指标的权重及阈值,如表4-9所示。

4.2.2.2　西部生态脆弱区的资源环境承载力状况

资源环境承载力是指在一定的时期和一定的区域范围内,在维持区域资源结构符合持续发展需要区域环境功能仍具有维持其稳态效应能力的条件下,区域资源环境系统所能承受人类各种社会经济活动的能力[120]。西部生态脆弱地区既是自然资源的富集区,又是经济欠发达与生态环境脆弱区,其经济社会发展必须与生态承载能力相适应。随着新一轮西部大开发的深入实施,西部地区经济社会发展已经进入一个新的上升阶段。因此,必须对其资源环境承载力状况进行认真分析,以生态承载力为依据来调整区域产业的结构布局,选择与之相适宜的产业组织模式具有重要的现实意义。西部生态脆弱地区的资源环境承载力状况,可采用供需平衡法来分析,在考虑到有关生态省建设指标和省级主体功能区区划指标关系,对西部资源环境供需情况的评价指标选取如表4-10所示。

表4-10中的指标权重反映了各指标在评价结果中所占的分量和所起作用的大小,本研究在层次分析法的基础上,吸收了熵值法、均值法、调查法的优点,通过计算调整修正后得出。以2010年底的数据为基准,通过多种途径采集了西部12个省区市与表4-10中评价指标的相关数据(包含了一些估测的数据),对其进行了深入的分析判断,采用均值化法对所采集的数据(G_i 和 X_j)进行无量纲化和标准化处理,使所有评价指标数据都成为无量纲化的标准数据。根据对应的指标权重,采用线性加权叠加方法,可分别计算出相应区域的资源环境供给系数和资源环境需求系数,具体计算公式如(4.1)所示:

$$G=\sum_{i=1}^{12}G_iP_{Gi};X=\sum_{j=1}^{12}X_jP_{Xj}\quad(i,j=1,2,\cdots,12)\tag{4.1}$$

根据上述计算得出的区域资源环境供给系数 G 和资源环境需求系数 X 值,可以通过(4.2)式,计算出区域的资源环境承载力盈余系数。

$$Y = \frac{G - X}{G} \tag{4.2}$$

表 4-10　西部资源环境供需情况的评价指标及权重

资源环境供需		评价内涵	评价指标		指标权重	
G	资源环境供给	资源禀赋	G_1	水资源总量	PG_1	0.19465
			G_2	可耕地面积	PG_2	0.09877
			G_3	建设可用地面积	PG_3	0.12634
			G_4	区域草地面积	PG_4	0.05638
			G_5	区域森林面积	PG_5	0.27509
			G_6	区域湿地面积	PG_6	0.08936
		环境容量	G_7	建设区绿地覆盖率	PG_7	0.12783
			G_8	环保经费占 GDP 比重	PG_8	0.06763
			G_9	工业废水排放达标率	PG_9	0.06732
			G_{10}	工业二氧化硫去除率	PG_{10}	0.06732
			G_{11}	固体废弃物综合利用率	PG_{11}	0.06732
			G_{12}	自然保护区面积占比	PG_{12}	0.05541
X	资源环境需求	资源需求	X_1	区域人口总数	PX_1	0.10245
			X_2	区域 GDP 总量	PX_2	0.06331
			X_3	人均 GDP 值	PX_3	0.01143
			X_4	水资源开发利用率	PX_4	0.06154
			X_5	万元 GDP 用水量	PX_5	0.06428
			X_6	万元 GDP 耗能量	PX_6	0.10456
		环境压力	X_1	不可用土地面积占比	PX_7	0.04152
			X_2	万元 GDP 废水排放量	PX_8	0.15336
			X_3	万元 GDP 废气排放量	PX_9	0.13153
			X_4	万元 GDP 废固排放量)	PX_{10}	0.11231
			X_5	自然灾害发生频率	PX_{11}	0.06123
			X_6	环境污染事故发生率	PX_{12}	0.09248

数据来源：根据有关资料收集整理计算得出

西部 12 省区市的资源环境承载力盈余系数及资源环境承载力状况如表 4-11 所示。

表4-11 西部各省(区、市)资源环境承载力状况

西部省区市	资源环境供给系数(G)	资源环境需求系数(X)	承载力盈余系数(Y)	资源环境承载状况
西藏	1.36910	0.73612	0.46233	可载
四川	1.52133	1.19926	0.25170	可载
云南	1.32271	1.15787	0.12454	可载
陕西	0.99783	0.94367	0.05428	接近满载
广西	1.50112	1.54920	-0.03203	轻微超载
青海	0.71276	0.75813	-0.06366	轻微超载
甘肃	0.95796	1.06218	-0.10879	超载
重庆	0.93106	1.12425	-0.20750	超载
贵州	0.88165	1.14290	-0.29632	超载
内蒙	1.01286	1.34867	-0.33155	超载
新疆	0.81389	1.15545	-0.41951	超载
宁夏	0.65064	0.97831	-0.50362	严重超载

数据来源:根据GXY评价模型及其指数分析原理测算得出

从研究数据的分析来看出,西部地区的资源环境承载力的总体情况不容乐观,有三分之二的省区处于超载状态。由于各省份所处的经济发展阶段不同,大部分地区特别是一些欠发达的生态脆弱地区经济增长方式相对粗放,能耗指标较高,资源环境承载力面临着巨大的压力。相对薄弱的生态基础和较为低下的环境保护能力,也导致了部分生态脆弱地区环境容量较小,例如新疆、宁夏等地由于经济实力较弱,想要短时间内通过提高环保能力和改善生态基础,来提升资源环境承载力有较大困难。部分生态脆弱地区由于资源的不足,也使得资源环境承载力受到严重影响,从获取的数据不难发现,广西、重庆、贵州、甘肃、青海、宁夏和新疆在资源上都存在不同程度的短缺现象,尤其是在广西和重庆等西部经济发展的重点地区表现的更为突出[121]。

4.2.2.3 西部生态脆弱区生态承载力的主要特征

生态承载力包括两层基本含义:第一层涵义是指生态系统的自我维持与自我调节能力,以及资源与环境子系统的供容能力,为生态承载力的支持部分;第二层涵义是指生态系统内社会经济子系统的发展能力,为生态承载力的压力部分。

生态系统的自我维持与自我调节能力是指生态系统的弹性大小,资源与环

境子系统的供容能力则分别指资源和环境的承载能力大小;而社会经济子系统的发展能力指生态系统可维持的社会经济规模和具有一定生活水平的人口数量。通过对采集到的相关数据进行深入分析后可以发现,西部地区的生态承载力具有变化性、复杂性、有限性、临界性和脆弱性等方面的特征。

(1)变化性。西部地区资源环境系统结构发生变化可以引起资源环境承载力的改变,这就是它的可变性。资源环境承载力的变化一方面与资源环境系统自身的运动变化有关,另一方面与人类对资源环境所施加的作用有关。资源环境承载力在质的规定性上的可变性表现为承载力指标的改变,在量的规定性上的可变性表现为承载力指数大小的改变。在西部地区,人们对自然环境资源的不断索取改造,很容易诱发当地资源环境系统结构发生改变,由此会引发当地的生态承载力同样发生相对应的改变,这正是西部地区生态承载力变化性所在。

(2)复杂性。西部地区生态承载力的发展所形成的环境系统是一个综合了社会、自然、经济等要素复合而成的复合系统,不论是定性阐述或定量分析,都要涉及多方面的因素,尤其是在进行生态承载力的量化时,更需要多学科、多领域相互交叉,进行综合研究,我们不能片面的注重单方面的影响与研究,要以全局的视角整合西部地区的发展,保证生态承载力处于可载的状况,才能促使西部地区的经济、政治、文化、生态的和谐共存于发展,这正是生态环境承载力研究的复杂性之所在。

(3)有限性。从系统的角度来讲,区域的资源供给能力和环境的容纳能力是有一定限度的,这就从根本上决定了资源环境承载力也是有一定限度的,不是无限大的。生态资源环境承载力有一个相对的极限,也就是存在所谓的最大资源环境承载力,我们在发展西部地区经济的时候,必须要控制好对资源、环境的索取程度,不能超负荷的开采利用自然资源,要做到一边开采一边保护,必须认识到西部地区资源虽多,但是不能过度开发利用自然资源,这正是生态环境承载力的有限性所在。

(4)临界性。临界性是指由某一种状态或物理量转变为另一种状态或物理量的最低转化条件;或者由一种状态或物理量转变为另一种状态或物理量。因生态环境的承载力有一个极限值,当西部地区经济发展、资源利用、环境状况在生态承载力之内时,区域内生态承载力才会更加稳定与协调的发展,一旦突破生态承载力的临界值,区域内势必会形成资源、环境、人口的超载情况,突破了生态承受力的最高限度,从而造成不利于当地经济、政治、文化发展的趋势。

(5)脆弱性。西部地区生态系统是一个不同于其他系统的复杂动态系统和开放系统，有时、空、量、序的变化。生态系统内外存在多物质、大能量、高密度、快运转和多信息的变化和交换，输入和输出量巨大，在物质变化与交换中的每一个环节都至关重要。因为西部地区现阶段的生态价值链与生态链均处于一个不稳定的状态，没有形成多链来加固价值生态链，一旦发生生态承载力超载，即物质变化和交流的一个环节断裂，势必会造成整个价值链生态链的崩塌，因此，我们说西部地区生态承载力存在脆弱性的特征。

综上所述，西部地区虽然矿产资源丰富，环境资源优美，但是仍然存在许多生态脆弱性问题，特别是近年来西部大开发中存在若干的滥采、滥伐、过耕、过牧等一系列生态不合理利用的现象，严重超过了生态承载力所能允许的范围。通过分析得出西部地区生态承载力存在变化性、复杂性、有限性、临界性和脆弱性等特征，我们必须重视这些特征，以保证西部地区生态承载力可载，促进经济、政治、文化、生态和谐发展。

4.2.3　西部大开发面临的生态环境压力

生态环境压力是危及生态环境系统稳定性的外界干扰（如人口增长、资源短缺或环境污染等）及其所产生的生态环境效应。人类生产活动是西部生态系统所面临和承受的重要干扰因素，随着西部大开发的深入推进，人类经济活动对生态环境影响逐步增强。特别是随着工业矿产开发、农林牧业生产以及改善贫困人口状况等各类生产经营活动的加剧，西部地区面临的生态环境压力越来越大。

4.2.3.1　工业及矿产开发的生态环境压力

工业化是现代社会的必经之路，无论是发达国家还是发展中国家的快速发展，工业都是最直接最重要的推动力。西部绝大多数地区仍然处于欠发达的状态，发展工业经济是其快速发展最直接最快速的途径之一。然而，从世界工业经济的发展历程来看，在工业化发展初期，粗放的工业经济模式往往会对生态环境造成极大的压力。目前我国的西部地区仍处于工业化的初级阶段，工业生产方式和工业组织模式较为粗放和落后，工业发展中必然存在着各种环境污染问题。特别是我国许多重要的能源矿产资源都分布于西部（如贵州、陕西、内蒙古、新疆等地的煤炭资源储存量就超过全国储存量的 80%，铁、铜、铅、金、磷等矿产资源等也大多分布于西部脆弱生态区），西部地区通常都是以本地的资源优势作为其工业发展的基础，这对当地的生态环境造成巨大压力，并呈现出加剧的趋势[122]。

（1）工业废气带来的生态环境压力。随着西部地区工业化进程的加快和工业企业的增加,大量能源燃料燃烧和生产工艺过程中产生的各种含有污染物(如二氧化碳、硫化物、氟化物、氯化物、硫酸雾、铅汞烟尘及生产性粉尘等)排入大气造成的空气污染,给生态环境带来了巨大压力。例如贵州煤炭中的含硫量高达3%~5%,燃烧排放的二氧化硫较大,二氧化硫的污染负荷超全国平均值的60%,加上喀斯特山区地形封闭、静风频率高、逆温层厚,使得废气难以扩散,多富集于底层,易于形成酸雨,全省年降水PH值平均为4.18~5.59,是全国最为严重的酸雨区之一。在矿产资源开发中的土法冶炼,还伴有严重的铅、砷、氟等粉尘污染。2006年甘肃徽县的"铅污染事件"、2009年陕西省凤翔县的"铅污染事件",就是由于当地的化工厂或冶炼厂超标排放含铅废气导致的。

(2)工业废水带来的生态环境压力。随着西部地区工业的迅速发展,工业生产过程中产生的废水、污水和废液的种类和数量迅猛增加,各种生产用料、中间产物和产品及各种污染物质随水流入河道,造成各种水体的污染,给生态环境带来了巨大压力。特别是在干旱半干旱地区,水资源是各业发展及生活需求的瓶颈,工业废水对水资源的污染显得更为突出。根据2000年的一份环境资料统计,仅西北地区就有日排水100m^3以上的工业企业4044家,年用水量为183.59亿m3,新鲜水用量为21.3亿吨,汞排放量为0.6吨,镉排放量为16吨,六价铬排放量为7.3吨,铅排放量为65吨,砷排放量为93.3吨,挥发酚排放量为417.0吨,氰化物排放量为49.8吨。黄河干流、渭河干流、石羊河流域、疏勒河流域等21个城市(地区)的主要河段,已经受到严重污染,有些河段的水质甚至达到了劣V类。

(3)工业废渣带来的生态环境压力。西部地区的矿产资源开发和工业生产加工过程中所产生的各类固体废弃物(例如煤矸石、粉煤灰、钢渣、高炉渣、赤泥、塑料和石油废渣等),大量堆积在环境中,给生态环境带来了巨大压力。仅采掘业废渣排放量占全国总量就高达41.2%。工业废渣和垃圾在露天的大量堆积,在氧化和腐败过程中会产生大量的酸性和碱性有机污染物,并会将矿石、废渣等固体废物中含有酸性、碱性、毒性、放射性或重金属成分溶解出来,形成有机物质,重金属和病原微生物三位一体的污染源,经雨水淋溶、地表水体径流、大气飘尘,污染周围的土地、水域和大气,甚至通过渗滤造成地表水和地下水的严重污染。西部地区工业废渣有不断加剧的趋势,仅陕西在2002~2008七年间工业固体废物的产生量就达到112.5%,云南、贵州、四川等省的工业废渣排放问题也较为严重。

(4)矿产采掘带来的生态环境压力。随着近些年来西部地区能源和矿产资源开采力度的加大,已形成了许多采空区,经常出现采空区的地质塌陷、地表建筑坍塌、塌陷区地表裂陷、地下水位下降等情况。由于矿产一般埋藏在地表深处,开采可能造成土壤和植被的毁灭性破坏,且在开采过程中会破坏地壳内部原有的力学平衡状态而引起地表塌陷,使环境受损。大规模开采易造成生态景观破碎化、生态环境荒漠化,使得人类的生存空间遭受破坏,农业生产结构在渐变中失调,良田被迫荒废,并有可能加速土地的荒漠化、水源污染等等。矿山开采过程中的废弃物(如尾矿、矸石等)需要大面积的堆置场地,从而导致对土地的过量占用和对堆置场原有生态系统的破坏。上述影响往往需要花费大量人力、物力、财力经过很长时间才能恢复,而且很难恢复到原有的水平。

4.2.3.2　农林牧业开发的生态环境压力

对自然生态系统的人为干扰和负面影响,除了工业生产和矿业开发带来的污染与破坏外,农林牧业生产的不合理开发利用也是造成自然生态系统恶化的重要因素之一。农林牧业的过度开发和不良运作,往往会直接导致土壤系统、水体系统、植被系统的污染和破坏,从而导致整个生态系统恶化。由于西部地区多是我国大江大河的发源地,又是我国大气环流的上风向,特殊的地理位置,使得其生态的恶化,不仅会对下游地区的生态环境造成负面影响,甚至还会严重威胁中东部和全国的生态安全。严重的水土流失,会使下游河道湖泊淤积,悬河悬湖增多,洪水调蓄能力下降,洪涝灾害加剧;黄河上游生态平衡失调,会使江河断流,直接影响下游工农业生产和人民生活;生态恶化导致强沙尘暴频繁发生,西北已成为我国华北地区甚至东南沿海地区的重要风沙源。

(1)农业生态环境压力。由于西部地区脆弱生态区多分布于贫困的农村地区,因此在其经济活动中农业活动占有很大比重,农业活动对生态系统的影响又主要表现在土地开发利用上。对土地的不合理开发利用,会打破生物与环境相互作用所建立起来的自然生态平衡,带来一些意想不到的后果。西部地区的农业超量使用化肥和农药导致诸多水域富营养化,农产品中农药、硝酸盐和重金属等有害物质残留量超标,威胁了人们的身体健康,地膜应用造成一定的“白色污染”。西部的农作物秸秆和畜禽粪便等农业生产残留物综合利用水平不高,秸秆焚烧和粪便随意排放现象比较普遍,不仅浪费了大量宝贵的生物资源,而且造成了严重的空气、土壤和地下水等的污染。总之,西部地区不合理的农业活动加剧了土壤的侵蚀和环境的污染,给生态环境造成了巨大压力。

(2)林业生态环境压力。西部地区的天然林比例、森林质量和生态功能因长期掠夺式采伐均呈下降趋势。据有关资料统计,近10年来,西部地区天然林、防护林的面积分别下降了14.49%和51.07%。西北地区林业用地1.39亿hm^2,占全国的52.8%,森林覆盖率只有12%。除西南几个省外,西部大多数省区的森林覆盖率都较低,青海省森林覆盖率不足1%,新疆维吾尔自治区为10.79%,宁夏回族自治区为1.45%。黄土高原秦汉时期森林覆盖率为60%,现在已不足6%。由于长期毁林开荒,享有“植物王国”之称的云南西双版纳原始森林面积急剧下降,森林生态系统正面临着进一步恶化的趋势,整个地区原始森林已所剩无几。由于森林生态系统的破坏,导致严重水土流失和生态环境恶化,生物多样性受到破坏,生物种群不断减少,甚至濒临灭绝。

(3)牧业生态环境压力。畜牧业是西部地区历史悠久的基础产业,我国的五大牧区(蒙、新、藏、青、甘)都分布在西部地区。牲畜以生物生产者(绿色植物)为食,是生态系统中的消费者,牲畜数量与结构变动直接关系着生态平衡。近年来,西部荒漠化、水土流失以及春季肆虐北方的沙尘暴等生态灾难,都与西部畜牧业的粗放经营直接相关。长期以来,人们认为草原是取之不尽、用之不竭的自然资源,只看重它的经济功能而忽视它的生态功能,掠夺性经营和超载放牧日趋严重。多数牧民仍习惯于旧式粗放的游牧方式,划区轮牧等先进生产技术推广缓慢,对草原牧草的无限索取,使西部草原面临着牧草资源匮乏,生物多样性减少,草地生产能力下降,草地退化等严重生态问题。我国草地退化面积约1.35亿 hm^2,绝大部分发生在西部,退化严重的地区平均产草量下降30%~50%。

西部地区不合理的农林牧业开发,导致过垦、过牧的现状极为常见,它是草场退化、水土流失和风沙蚀化的主要原因。农林牧业的掠夺式开发和滥砍滥伐使地表裸露,表土疏松,加重了土壤的侵蚀作用。由于土壤结构遭污染、森林植被遭破坏、草原植被遭侵蚀,引起了严重的水土流失。目前西部水土流失面积为104.5万 km^2,水土流失率达15.5%,占全国水土流失总面积的58%,黄土高原水土流失面积的50万 km^2,土壤侵蚀模数高于5000吨/(km^2·a),陕北黄土丘陵沟壑区土壤侵蚀模数高达3万吨/(km^2·a),每年从三门峡输入黄河的泥沙约16亿吨,严重的水土流失使土地退化盐渍化,土地生产力下降,旱涝灾害频繁发生,生态环境恶化,严重制约了粮食生产,陕西、甘肃、青海三省人均粮食徘徊在280kg,人民生活极为贫困。总之,西部地区的农林牧业使生态系统承受了极大的压力。

4.2.3.3 贫困人口脱贫的生态环境压力

人既是生产者也是消费者,一个地区要实现社会经济与生态环境的协调发展,就应该有适度的人口比例。然而,我国西部地区不仅人口规模大、增长速度快,而且贫困人口的占比非常高。全国572个国家扶贫开发工作重点县中有375个县位于西部地区,这些县的贫困人口较多,经济发展远远落后于其他地区。2009年,西部地区贫困发生率为8.3%,远远高于全国3.8%的平均水平,高于东部、中部的 0.5% 和 3.3%（见表 4-12），贫困发生率超过 5% 以上的省份有贵州、云南、西藏、陕西、青海、甘肃、新疆。2010 年，西部贫困人口为 1715 万，贫困率为 6.1%。2011 年，我国扶贫标准上调到人均年纯收入 2300 元，首次超过世行低标准的贫困线，导致我国贫困人口大幅度超过 1 亿以上，西部贫困人口增加到 8000 万人以上，贫困率高达 23% 左右[123]。贫困人口脱贫的生态环境压力主要体现在以下几个方面。

表 4-12　2000~2009 年中国各地区农村贫困状况

指标		2000	2001	2002	2003	2004	2005	2006	2008	2009
全国贫困人口规模（万人）	全国	3209	2927	2820	2900	2610	2365	2148	4007	3597
	东部地区	487	393	465	448	374	324	268	223	173
	中部地区	1091	996	888	1030	931	839	705	1004	1052
	西部地区	1632	1537	1468	1422	1305	1202	1175	2649	2372
贫困发生率（%）	全国	3.50	3.20	3.00	3.10	2.80	2.50	2.30	4.20	3.80
	东部地区	1.30	1.00	1.20	1.20	1.00	0.80	0.70	0.80	0.50
	中部地区	3.40	3.10	2.70	3.20	2.80	2.50	2.10	3.40	3.30
	西部地区	7.30	6.80	6.50	6.20	5.70	5.20	5.10	7.80	8.30
农村贫困人口比重（%）	东部地区	25.20	13.40	16.50	15.40	14.30	13.70	12.40	5.56	4.80
	中部地区	34.00	34.00	31.50	35.50	35.70	35.50	32.80	25.05	29.20
	西部地区	50.80	52.50	52.00	49.00	50.00	50.80	54.70	66.10	65.90

数据来源：《2005 中国农村贫困监测报告》、《2006 中国农村住户调查年鉴》、《2007 中国农村住户调查年鉴》、《2009 年中国农村贫困监测报告》、《2010 年农村监测报告》。

（1）盲目开发和不恰当利用自然资源与环境。贫困人口为了生存，往往盲目地开发利用自然资源与环境，却不知其行为会带来严重的生态环境问题。如在青藏高原的河源区，贫困牧民的主要能源来自牲畜粪便，由于大部分粪便被用作能源燃烧，肉产品也绝大部分被外运销售，所以每年的能量输出很大，但缺乏相应的能量补充，使土壤平衡受到破坏，草场退化。为了获得食物和动物皮毛，人们猎杀了老鼠的天敌，致使草场鼠害面积急剧增加，加上牧民的过牧行为，使草地生态环境十分脆弱。在干旱半干旱草原地区，贫困人口为脱贫扩大牲畜种群数量，毁草垦荒，草原植被大面积破坏，造成草原沙漠化和潜在沙漠化。在黄土高原地区，贫困人口为了满足对薪柴的需要，不得不过度砍挖，加上粗放的耕作方式，引发了严重的水土流失和土壤退化。

（2）贫困人口所在的地区往往人口分布过密。一个地区自然生态系统的承载能力是有限的,特别生态脆弱地区,如果贫困人口的分布密度过高,很容易由于人类活动的过度干扰,导致自然生态环境的破坏和生态系统功能的退化。在西部生态脆弱的山区,自然生态系统受坡度、地质构造等自然因素的制约,形成了固有的脆弱性和不稳定性,对人口的承载能力远低于平原地区和丘陵地区。在生态脆弱地区,由于自然环境和生存条件恶劣,在艰难的生存条件下,人的生存率和寿命相对较低,为了能在与大自然的艰难抗争中有足够的人力保障,长期以来当地居民都有多生子女以解后顾之忧的心理和习惯。因此,越是贫困落后生存条件恶劣的地区,人口出生率和人口分布密度就相对越高。人口分布数量超过当地的自然生态承载能力,必然会带来严重的生态环境破坏。

(3)大量贫困人口对生态保障区产生的影响。中国的贫困地区,从自然生态和地理空间来看,大部分分布在中西部的高原山区、高寒山区、沙漠荒漠地区、喀斯特石漠化地区、黄土高原水土流失严重地区、大江大河的源头地区等生态脆弱及国家生态屏障区域。2010 年国务院印发《全国主体功能区规划》中限制开发区域由原来的二十二片增加至二十五片,其中十七片分布在西部,这类区域是国家重点生态保障区,也是贫困人口集中分布的地区。据《中国农村扶贫开发纲要(2001 -2010 年)》中期评估报告,我国的贫困人口主要分布在生产生活条件较差、自然灾害频繁的地区。此类贫困地区生态环境脆弱、经济发展的资源环境承载能力不强、大规模集聚经济和人口条件不够好,大量的贫困人口脱贫会对这些地区的生态环境造成巨大压力。

(4)贫困人口文化素质低对生态环境的影响。西部生态脆弱地区贫困人口的文化素质普遍较低,思想观念落后,生态环境保护意识不强,很容易导致对生态环境的人为破坏。由于生态脆弱地区的教育条件落后,受整体教育程度的限制,包括部分基层领导干部在内的广大少数民族群众的环境意识不高,对环境问题的了解程度和污染潜在危害的认知往往很模糊。为摆脱贫困,人们往往只顾眼前局部的个体利益,不考虑长远全局的整体利益,结果造成严重的环境污染和生态破坏。人口文化素质决定生态环境意识,影响对自然资源的利用和开发程度。例如有些地区土法炼硫造成的局部毁灭性公害,局部地区形成酸雨,受害区寸草不生,耕地土质严重破坏。脆弱的生态系统一旦破坏,要想恢复至原来水平非常困难,付出的代价远远高于因破坏生态环境带来的收益。

4.3　西部生态脆弱地区的经济发展状况

西部地区生态环境极为脆弱，这一环境特点同时也决定了该地区的经济发展与我国其他区域经济发展相比存在着巨大差异。总体上看，西部生态脆弱地区的经济特点可归结为发展层次低、速度慢，经济效益和生态效益双低下。本节回顾了西部地区的经济发展历程，总结西部大开发以来西部生态脆弱区的发展成就及面临的挑战，系统考察了西部生态脆弱地区的经济发展状况，探讨西部生态脆弱地区经济发展与生态环境保护协调并进的路径。

4.3.1　西部地区的经济发展历程

西部经济的发展和西部地区生态环境状况的演变是同步进行、相互交织的。在引发西部生态环境变化的诸多因素中，人为的经济活动是最主要的因素之一。在西部地区经济开发的过程中，人类对大自然的过度开发、产业结构安排的不合理以及经济政策的误导或盲目实施等行为都可能成为西部生态环境问题产生的根源。不断恶化的西部生态环境又反过来成为制约其经济发展的主要因素。

4.3.1.1　新中国成立前西部的经济发展历程

在中华民族起源与发展的历史长河中，中国西部地区的经济发展曾有过辉煌的一页，创造过光辉灿烂的华夏文明。在数千年前，西部地区曾是个林草丰美、绿荫遍地、畜牧繁茂、农业发达、人丁兴旺、富裕殷实的秀美之地[124]。黄河流域成为了中华民族的发祥地，从炎黄二帝到周秦汉唐，中华民族以黄河中上游地区为中心不断繁衍生息，开辟了东西通达、南北连贯、水陆共进的对外经济发展模式，中国西北地区一直是全球最发达的地区之一。春秋战国时期，西部的秦国最终统一中国，关中地区（今陕西一带）成为当时的政治经济文化中心，以“天下三分之一”之地，集聚财富“什居其六”[125]；隋唐鼎盛时期，西部地区的社会经济更是达到了一个前所未有的新高度，形成了以黄河中游、关中平原及四川成都平原为中心的农业、畜牧业、手工业和商业的高度繁荣，人口也较东部繁盛。

从宋代开始，中国的经济中心逐渐开始东移，西部经济发展逐渐落后于东部。一方面是由于丝绸之路兴盛所依托的气候条件蜕变，加上过度垦殖等人为因素，使黄土高原等地的植被破坏、水土流失、水患频发，干旱与沙化状况日趋严重,西部经济发展受限;另一方面,随着经济的发展和指南针在航海业的广泛应用,沿海地区在交通、资源方面的优势开始凸显,中国开辟了通往外部世界的新通道,加之元朝时期的兵燹导致丝路贸易中断,西部地区的经济地位逐渐下降。到了明、清时期,东部沿海地区已形成了以农业和手工业为主要产业的经济社会发达地区。鸦片战争以后,伴随着西方列强入侵,西方近代的资本、技术、文化也开始传入我国,并由东部沿海向西部地区缓慢渗透。例如19世纪末法国人对滇越铁路的修建,长江航运的开通,为西部经济发展打通了交通之路等。

虽然到了民国时期我国西部地区的工业经济有所发展,但东西部地区的经济发展差距却越拉越大。中国的近代工业主要集中在沿海和长江流域的各省份,西部绝大多数地区仍是以农业或畜牧业为主的自给自足的自然经济模式,原始落后的农牧畜业以及传统的手工劳动在很长的一段时间里在西部处于支配地位,西部地区的工业经济基础十分薄弱。有关资料显示,当时我国70%以上的工业和交通运输设施都集中于东部沿海地区,除此之外的广大内陆地区实现的工业总产值占全国的22.4%,而国土面积占全国70%的西部地区创造的工业总产值仅占到全国的9%。1937年中华民国政府经济部登记注册的3935家工厂(不包括矿场,但包括公用事业和兵工厂)中,有1235家(占30%)设在上海,2063家(占52%)设在沿海各省,仅有637家(占17%)设在内地[126]。

抗日战争全面爆发后,随着东南沿海、沿江一带的沦陷,迫使东部的一部分企业和学校内移西迁,在一定程度上促进了西部经济文化的发展。西迁的厂矿主要集中在四川、贵州、广西及湘西等西南地区。随着工业重心的迁移,各类人才、资金、设备、技术和市场也从沿海和长江流域部分地向西转移,形成了以昆明、贵阳、重庆、成都等为中心的各路交通网线,奠定了西部地区工业发展的基础。为了应付战争初期军需民用的巨大需求,中华民国政府在西部执行一条以重工业建设为主导,大中小企业一起上的开发后方工业经济的政策原则,建立了包括冶金、机械、化工、电器仪表、纺织、食品等上百种行业的工业企业,形成了一个基本能够自给的、比较稳定的体系和工业基础结构,特别是重工业有了迅猛的发展,逐渐形成了以重庆为中心的重工业基地。

抗战时期,西部地区工业有了快速发展迅速,民营厂矿从战前的270家,发展到1943年的4000余家;国营厂矿仅资源委员会所属单位,从战前的16家,增加到1945年的118家。在大后方逐步形成了重庆、川中、广元、川东、桂林、宝鸡、昆明、贵阳等11个工业区[127]。带动了西部农业、商业、交通、邮电的发展,主要农产品总产量基本满足了战时的粮食需求;商业经营规模扩大,重庆、成都、昆明、贵阳、桂林、西安等城市作为内地货物集散枢纽，逐渐成为战时的贸易中心；在交通方面，建成了滇缅、中印、湘桂、岳车和湘川等重要公路干线，铁路、驿运、水运、航空运输也有不同程度的发展。但从 1942 年开始，受多种因素的影响，快速发展的西部工业经济开始出现停滞、减产或倒闭的趋势，生产逐渐萎缩。抗战结束后，政治经济文化重心又重新东移。

4. 3. 1. 2　计划经济时期西部的经济发展情况

在新中国成立以前，西部地区虽然有了一定的工业基础，但基础十分薄弱，生产力十分低下，发展十分缓慢。新中国成立后，西部地区才真正得到了大的发展。建国初期，新中国通过三年经济恢复建设，确立了国营经济的领导地位，国家进行大规模工业建设的前提已经基本具备，但源于旧中国近百年半封建半殖民地历史遗留下来的沿海和内地经济发展极不平衡的格局依然存在。1952 年，国土面积为 12% 的沿海占全国工业总产值比重仍然高达 69. 4%，而国土面积达 80% 的中西部占比却只有 30. 6%，且主要集中在长江沿岸的重庆、武汉等地，其他地方尤其西部大部地区，还没有近现代工业和工业城市。针对这一全国区域经济格局严重失衡的问题，中央政府在统一了中国的土地制度、农村经济组织和城市产权制度，建立了计划经济体制后，开始着手解决东西部经济发展不均衡的问题。

国家确立了平衡工业布局和以备战为目的的区域发展目标，采取了高度集中的计划经济模式，开始实施重工业优先的发展战略，坚持“加快中西部地区经济发展，统一规划，合理布局，统筹兼顾，发挥优势，均衡发展”，在资金、技术、人才和建设项目方面向中西部地区倾斜，并掀起了建设西部的热潮。1953 年开始的“一五”时期，国家将全国基础建投资总额的 18. 52% 投入西部，156 项重点工程有近 1/3 放在西部[128]。在西安、成都、兰州、新疆等地和附近区域新建了航空兵器、电力电子、机械制造、有色金属、纺织印染、石油化工等企业和基地。为配合这些大项目和基地的建设，西北西南投巨资修建了成渝、保成、兰新等铁路，以及青藏和川藏公路，初步形成了西部交通运输路网。这一切为西部经济的发展奠定了基础，使西部地区的社会经济状况发生了历史性的质变。

据统计，“一五”（1951 ~ 1955）期间，为了“在全国各地适当分布工业生产力，逐步改变旧格局，促进经济落后的西部地区经济发展，使工业布局有利于战备要求”，我国政府将正式施工的 150 个重点项目中的 86 个企业布置在中西部地区，所占比达 57. 3%。围绕这些项目，又确定了 694 个限额以上的重点配套工程，有 472 个设置在内地，而其中的大部分也落户在西部。1952 ~ 1957 年，内地投资比重从39.3%上升到49.7%，内地工业产值由29.2%上升到32.1%。通过“一五”期间的促进与开发，西部地区的发展步伐明显加快，落后面貌得到了很大改观。1952～1965年间，西部工业实现了年均20%以上的增长速度，初步建立起了近代工业的基本框架和生产体系，兰州、乌鲁木齐、包头、成都等新兴工业城市迅速崛起，东西部相对差距缩小了12.6个百分点。

20世纪60年代开始，我国的国际政治环境发生了很大变化，国防安全成为国家面临的首要任务，国家根据一、二、三线的战略布局，重点强化了三线建设[129]。国家总投资的42.4%用于三线，其中70%以上投到了国防、原材料、燃料动力、机械制造和铁路运输等行业，全国1400多个大中型项目，三线地区就占55.8%。同时还将沿海地区的一批企业的近400个项目、14.5万职工、近4万台设备搬迁到三线地区。三线建设是中国建设史上一次具有战略意义的大会战，从1964～1978历时14年，涉及到10个西部及内陆省区，先后建成了成昆、贵昆、襄渝、阳安、焦枝、湘渝、川黔等七条铁路新干线，使西部地区的工业经济比例得到大幅度提升。尤其是70年代，从西方引进了一批以石油化工、冶金为主的重大项目47个，有23个建在西部，对提高西部工业结构层次和工业技术档次影响深远。

经过三线建设，我国在一定程度上缩小了东西部之间的差距，西部地区交通状况大为改善，技术和生产力水平明显提高，逐步形成了以国防和机械工业为重心，以煤炭、电力、钢铁、有色金属工业为基础的庞大“三线”工业。但是，由于三线建设主要是从政治、军事需要考虑，过分强调军工业和重工业发展，没有考虑到与地方产业链的协调分工，人为地割断了工厂企业间有机联系，加上正值“十年动乱”，不少项目不能配套，致使其生产能力难以发挥，经济效益十分低下。此外，国家大中型企业“嵌入”式的封闭体制，形成了西部经济的二元结构并存，传统生产与先进技术不兼容现象。因此并没有从根本上改变西部经济落后的格局。但不可否认的是，三线建设中大项目的实施却提高了西部工业能力，加速了城市化进程，把西部产业经济推上了一个新的平台。

4.3.1.3 改革开放后西部地区经济发展状况

1978年，在党十一届三中全会以后，中国进入了改革开放的全新发展阶段。国家的区域经济政策由过去均衡发展战略，逐步转移到以经济效益和效率为重心的非均衡发展上来。经济开发的地区重点由内地向沿海转移，资源的空间配置由过去单一的国家预算转向了投资主体的多元化。根据产业发展的梯度转移理论，为更快地引入外资和更好地承接国外产业技术转移，国家采取了优先发展沿海地区的非均衡发展战略，先后在沿海地区建立了多个经济特区，在财政、税收、信贷等方面给予优惠政策，通过在投资、财税、价格、外资和外汇等方面的政策性倾斜，鼓励一部分地区“先富起来”，并按照东、中、西三大梯度的顺序由沿海逐步向内地扩散。国家经济社会发展战略的这一划时代变化，拉开了东西部发展差距进一步逐步扩大的序幕。

在“六五”(1981～1985)建设期间，国家提出了利用沿海地区现有基础，“充分发挥其特长，带动内地经济发展”的发展战略，以及沿海、内陆、少数民族和不发达三类地区各自的发展方针。国家进一步确定了珠江三角洲、长江三角洲等多个沿海经济特区，进一步开放了大连、秦皇岛、天津、烟台、青岛、连云港、南通、上海、宁波、福州、广州等14个沿海城市。这些经济特区和开放城市组成了中国沿海开放地带和工业城市群，在工业、农业、交通等方面呈现出领先优势。同时国家在资金方面也大幅度向东南沿海地区倾斜，沿海11个省区市的工业基本建设投资占全国的比重由“五五”期间的44.0%提高到46.0%。而对西部投资比重则大幅度下降。例如在三线建设的高潮时期，国家在四川的投资占全国的14.5%，到1984年该比值则降为4.4%。

在“七五”(1986～1990)建设期间，国家按照地理区位和经济技术水平，将全国划分为东部、中部、西部三大经济地带，提出了三大经济地带的不同发展政策，即加速东部沿海地带的发展，同时把能源、原材料建设的重点放在中部，并积极做好进一步开发西部地带的准备。根据这一方针，国家充分利用沿海地区的经济技术优势建设重大项目，使东南沿海地区迅速崛起，国家综合国力得到了显著增强。在西部地区则是对部分三线建设项目和工业基地进行调整、改造和提高。停建、缓建一批基建工程项目，加强配套服务设施；让一些军工企业转向民品生产；对难以维持生产或重复建设的工厂和科研生产基地，实行关、停、并、转、迁。西部各省区通过大力发展农业和消费品工业，缓解城乡市场供应。在这一时期，东西部地区的发展差距在不断拉大。

在“八五”(1991～1995)建设时期，国家针对区域经济发展中存在的问题，进行了一系列的政策的调整，对西部地区实行一些倾斜政策。一是强化了这些地区的扶持政策，安排了一批促进产业结构的升级和关联带动的产业项目；二是加大了对西部地区资源开发项目的投入，包括西部水利综合开发以及加快发展西部石油和煤炭等；三是扩大沿周边地区的对外开放，鼓励发展边境贸易，使西部的边贸旅游和对外经济得到了快速发展；四是加快东西走向交通和通讯干线的建设，兴建了南昆、南疆、西康、宝中、兰新线等铁路和众多公路，使西部交通营运能力和通讯能力明显得到改善。但从总体来看，“八五”期间，东部固定资产投资占全国的67.41%，中部占20.43%，但西部仅占12.16%。“八五”期间全国 GDP 年平均增长在 11% 左右，东部达到了 15% 以上，而中西部仅为 9% 左右。

在“九五”(1996～2000)建设期间，国家在坚持“效率优先”的同时，注重“兼顾公平”，区域发展战略的指导思想调整为：按照统筹兼顾、合理分工、优势互补、协调发展、利益兼顾、共同富裕的原则，逐步实现生产力的合理布局。在此期间，西部地区的社会经济发展虽然取得了较大进步，存在的问题也相当严重。随着中国经济的逐步市场化，资源产品的计划价与市场价之间的差距日趋扩大，使作为“资源输出型”经济的西部地区蒙受不利影响。西部地区大办“五小企业”的发展模式造成了环境污染、生态破坏，生存状态恶化。随着产品市场由卖方市场转向买方市场，西部地区普遍存在的技术落后，创新速度缓慢，设备老化，资金和人才的东流等问题，使得东西部存在的差距被越拉越大。到 1999 年底西部地区的 GDP 总量仅为东部地区的三分之一[130]。

4.3.2 东西部发展的差距与西部大开发的成就

日益拉大的东西部差距，已经严重地影响到了我国经济社会持续稳定的发展和全体人民共同富裕目标的实现。国家西部大开发战略的提出和实施，为加速西部经济社会的发展、缩小东西部间的差距、实现西部经济社会发展的历史性跨越，创造了新的历史机遇。西部大开发战略实施以来，西部地区在经济水平、产业发展、基础设施和生态环境建设等方面都取得了显著成效。

4.3.2.1 *改革开放后我国东西部地区的发展差距*

随着改革开放和国家经济发展战略重心的东移，国家政策和投资的倾斜，使东部地区迅速崛起。东南沿海地区率先打开了我国对外开放的大门，成功地引进了外资和承接了世界产业的转移，使国家的整体经济实力和竞争力有了很大提升。改革开放以来，我国各地区的社会经济发展都取得了显著的成就，我国在国际上的地位明显提高。但同时，随着东部地区经济的迅速发展，东西部间的区域发展差异日趋突出，经济发展差距的不断扩大，已成为影响我国经济发展的一个重大问题，对我国经济现代化和全国各族人民共同富裕的目标是一个严峻的挑战。从我们查询整理计算的有关数据(如表 4－13 所示)中可以看出，在改革开放后的 20 多年里，“东西部之间的差距”不仅没有缩小，反而呈现出了不断扩大的趋势。最突出之处主要表现在以下几个方面[131]：

(1)东西部在 GDP 总量方面的差距。在改革开放起始的 1978 年，全国的 GDP 总量为 4141.32 亿元，其中，东部地区的 GDP 总量为 2180.15 亿元，占全国份额的 52.64%，西部地区的 GDP 总量为 774.15 亿元，占全国份额的 18.69%，东部是西部的2.82倍;1989年全国的GDP总量为16961.24亿元,其中,东部地区的GDP总量为9335.48亿元,占全国份额的55.04%,西部地区的GDP总量为2974.11亿元,占全国份额的17.53%,东部是西部的3.13倍;1999年全国的GDP总量为88215.62亿元,其中,东部地区的GDP总量为50830.28亿元,占全国份额的57.62%,西部地区的GDP总量为15651.22亿元,占全国份额的17.74%,东部是西部的3.25倍。从以上数据可以看出在改革开放的后20年里,东西部地区的经济总量及其在全国经济总量中所占份额的差距在不断扩大。

(2)东西部在人均GDP方面的差距。在改革开放起始的1978年,全国的人均GDP为430.23元,东部地区的人均GDP为606.8元,西部地区的人均GDP为281.59元,只相当于全国平均水平的65.5%,东部地区的人均GDP是西部地区的人均GDP的2.15倍;1989年全国的人均GDP为1504.94元,东部地区的人均GDP为2244.77元,西部地区的人均GDP为937.46元,只相当于全国平均水平的62.3%,东部地区的人均GDP是西部地区的人均GDP的2.32倍;1999年全国的人均GDP为7013.15元,东部地区的人均GDP为10956.22元,西部地区的人均GDP为4366.24元,只相当于全国平均水平的62.3%,东部地区的人均GDP是西部地区的人均GDP的2.51倍。由此可见,东西部地区在人均GDP方面存在着较大差距,而且这个差距在这20年里还在不断扩大。

表4-13　各年份东西部地区的GDP及经济增长率情况

年份	GDP总量(单位:亿元)				人均GDP(单位:元)			经济增长率(%)		
	全国	东部	中部	西部	全国	东部	西部	全国	东部	西部
1978	4141.32	2180.15	1187.02	774.15	430.23	606.80	281.59	13.19	17.03	15.50
1979	4593.26	2409.84	1350.30	833.12	470.90	662.02	299.28	10.9	10.54	7.62
1980	5087.84	2684.01	1490.89	912.94	515.46	729.06	324.29	10.77	11.38	9.58
1981	5470.78	2864.14	1628.90	977.74	546.68	766.69	342.64	7.53	6.71	7.10
1982	6003.69	3153.49	1754.81	1095.39	590.60	831.34	378.03	9.74	10.10	12.03
1983	6698.64	3518.37	1974.76	1205.51	650.30	917.27	412.17	11.58	11.57	10.05
1984	7876.90	4208.49	2270.87	1397.54	754.80	1084.67	473.00	17.59	19.61	15.93
1985	9383.77	5062.24	2669.59	1651.94	886.51	1291.40	552.64	19.13	20.29	18.20
1986	10420.49	5615.31	2978.27	1826.91	969.28	1413.10	601.82	11.05	10.93	10.59

续表

年份	GDP 总量(单位:亿元)				人均 GDP(单位:元)			经济增长率(%)		
	全国	东部	中部	西部	全国	东部	西部	全国	东部	西部
1987	12249.45	6679.77	3463.67	2106.01	1120.72	1657.69	683.42	17.55	18.96	15.28
1988	15173.30	8362.92	4175.14	2635.24	1366.64	2045.78	842.30	23.87	25.20	25.13
1989	16961.24	9335.48	4651.65	2974.11	1504.94	2244.77	937.46	11.78	11.63	12.86
1990	18754.69	10175.31	5169.25	3410.13	1640.36	2382.11	1050.98	10.57	9.00	14.66
1991	20498.51	11840.00	5674.78	2983.73	1769.81	2739.91	908.46	9.30	16.36	-12.50
1992	25938.20	14648.19	6713.29	4576.72	2213.71	3357.94	1378.93	26.54	23.72	53.39
1993	33712.36	19432.50	8522.98	5756.88	2844.52	4414.14	1716.08	29.97	32.66	25.79
1994	44459.08	25673.77	11259.74	7525.57	3709.56	5783.36	2217.52	31.88	32.12	30.72
1995	57534.93	32639.00	14414.93	10481.00	4750.20	7244.10	2795.03	29.41	27.13	39.27
1996	67375.35	37876.00	17187.03	12312.32	5505.02	8347.70	3248.82	17.10	16.05	17.47
1997	76339.23	43275.40	19307.76	13756.07	6175.01	9457.66	3909.42	13.30	14.26	11.73
1998	82558.24	47096.00	20673.15	14789.09	6617.31	10224.04	4162.42	8.15	8.83	7.51
1999	88215.62	50830.28	21734.12	15651.22	7013.15	10956.22	4366.24	6.85	7.93	5.83
2000	98504.23	57412.00	24003.66	17088.57	7771.97	12040.10	4721.64	11.66	12.95	9.18
2001	108546.40	63610.30	26207.84	18728.22	8504.97	13273.72	5138.48	10.19	10.80	9.60
2002	120575.60	71176.65	28680.58	20718.38	9386.75	14757.45	5646.72	11.08	11.89	10.63
2003	139254.10	82967.41	32590.36	23696.31	10775.93	17064.11	6417.59	15.49	16.57	14.37
2004	167587.20	99494.72	39488.97	28603.48	12892.51	20201.56	7704.23	20.35	19.92	20.71
2005	183084.80	109924.60	37230.30	33493.30	14040.00	23768.00	9338.00	9.25	10.48	17.10
2006	210871.00	128593.10	43218.00	39527.10	16084.00	27567.00	10959.00	15.18	16.98	18.01
2007	249529.90	152346.40	52040.90	47864.10	18934.00	32283.00	13212.00	18.33	18.47	21.09
2008	300670.00	177579.60	63188.00	58256.60	22698.00	37213.00	16000.00	20.49	16.56	21.71
2009	340506.90	196674.40	70577.60	66973.50	25575.00	40800.00	18286.00	13.25	10.75	14.96
2010	401202.00	232030.70	86109.40	81408.50	29992.00	46354.00	22476.00	17.82	17.98	21.55
2011	472881.60	271354.80	104473.90	100235.00	35181.00	53350.00	27731.00	17.87	16.95	23.13
2012	518942.10	295892.00	116277.70	113904.80	38420.00	57722.00	31357.00	9.74	9.04	13.64

注:表中数据是根据《中国统计年鉴》、《新中国五十五年统计资料汇编》、分省统计年鉴、国家统计局数据以及其它有关资料的数据,经查询整理,并按当年价格计算后得出的

(3)在经济增长率方面的差距。在改革开放起始的1978年,全国平均经济

增长率为38.04%，东部地区的经济增长率为42.88%，西部地区的经济增长率为32.75%，西部地区的经济增长率只有全国平均水平的86.1%，东部地区的经济增长率是西部地区的1.3094倍；1989年全国平均经济增长率为11.78%，东部地区的经济增长率为11.63%，西部地区的经济增长率为12.86%，西部地区的经济增长率只有全国平均水平的1.1%，东部地区的经济增长率是西部地区的0.9044倍；1999年全国平均经济增长率为6.85%，东部地区的经济增长率为7.93%，西部地区的经济增长率为5.83%，西部地区的经济增长率只有全国平均水平的85.1%，东部地区的经济增长率是西部地区的1.3602倍。可见东西部之间在经济增长率方面存在的差距，在改革开放后的20年里也在扩大。

此外，东西部地区在人均可支配收入及城市居民消费水平方面都有很多差距，根据一项对1999年全国36个大中城市的调查统计，西部10个城市人均可支配收入6095.90元，比东部城市低了1666.08元；西部城市人均消费性支出5175.04元，比东部城市低1186.25元。大量的相关研究还表明，同期东西部地区在外资利用、固定资产投资、产业结构优化、市场化程度、工业化和城市化进程等方面也都存在巨大差距，东部的各项发展指标都远远高于西部。东部沿海地区已经进入“自我积累，自我发展”的良性循环阶段，而西部地区却被某种“循环累退”所困扰。东西部地区日益扩大的发展差距，已经成为了困扰中国继续全面健康发展，实现共同富裕目标的一个不容忽视的问题。因此必须加快西部地区的发展速度，才能走出东西部地区经济发展差距越拉越大的恶性循环怪圈。

4.3.2.2　西部大开发的实施及其战略意义

为了加快西部地区的发展，解决区域发展不平衡问题，在1999年的世纪之交，党中央针对我国发展面临的新形势和新任务，作出实施西部大开发的重大战略决策，并采取各种措施积极推进西部大开发。1999年9月，中共十五届四中全会正式提出“国家要实施西部大开发战略”，全国区域协调发展战略开始全面实施。2000年1月，国务院西部地区开发领导小组召开西部地区开发会议，研究加快西部地区发展的基本思路和战略任务，部署实施西部大开发的重点工作。2000年12月，国务院颁布了《关于西部大开发若干政策措施的通知》，从整体上规定了西部开发的重点、国家重点支持的方面，制定了一系列积极有效的方针和政策，包括加强基础设施建设、引导产业结构优化调整、发展和扶植特色优势产业、促进生态文明建设等方面。

实施西部大开发主要依托亚欧大陆桥、长江水道、西南出海通道等交通干线，发挥西部中心城市作用，以线串点，以点带面，逐步形成中国有西部特色的西陇海兰新线、长江上游、南(宁)贵、成昆(明)等跨行政区域的经济带,带动其他地区发展,有步骤、有重点地推进西部大发展。2006年12月8日,国务院常务会议审议并原则通过《西部大开发"十一五"规划》。目标是努力实现西部地区经济又好又快发展,人民生活水平持续稳定提高,基础设施和生态环境建设取得新突破,重点区域和重点产业的发展达到新水平,教育、卫生等基本公共服务均等化取得新成效,构建社会主义和谐社会迈出扎实步伐。西部大开发总的战略目标是:经过几代人的艰苦奋斗,建成一个经济繁荣、社会进步、生活安定、民族团结、山川秀美、人民富裕的新西部。

这次西部开发的重点任务包括:①加快基础设施建设。基础设施落后,是制约西部经济发展的"瓶颈"。因此要加强对水利、交通、能源、通信以及城市基础设施建设,考虑投资效益的同时多渠道筹集资金。②生态环境的建设和保护。作为这次大开发的重要切入点,包括天然林草保护、退耕还林、退牧还草、防沙治沙、流域综合治理、城市生态重建等工程。③调整产业结构,按照市场导向和比较优势相结合的原则,推进农业的市场化和现代化,培育发展具有竞争优势的加工制造业,有步骤地提高加工深度,同时发展旅游服务等第三产业,逐步形成优势产业群。④发展西部科技教育。引进、推广和应用先进实用技术,开发相应产业关健技术,发展高新技术产业。除发展高等教育外,还要着力加强基础教育、积极发展与各地区优势产业相匹配的职业教育。

经过大开发战略10年的实施,西部地区在各个方面都取得了巨大成就,但东西部之间的发展差距仍然没有得到根本的改变。2010年7月,中共中央、国务院在北京召开西部大开发工作会议,对今后十年深入实施西部大开发战略提出了总体目标,提出要把西部建成国家重要的能源基地、资源深加工基地、装备制造业基地和战略性新兴产业基地。2012年2月,国务院批复同意了《西部大开发"十二五"规划》,对未来几年深入实施新一轮西部大开发进行了战略部署,在基础设施建设领域将继续突出强调交通和水利两个关键环节,在开发政策上,更加注重对西部地区在财政、税收、投资、金融、产业、土地等方面的差别化支持措施,进一步加大资金投入和项目倾斜力度。自新一轮的西部大开发战略实施以来,西部地区在经济水平、社会风气、生态环境等方面都取得了显著的成绩。

西部大开发的重要战略意义主要表现在:①有利于增强西部地区的经济实力,缩小东西部地区的经济差距,促进区域之间的协调发展。②有利于国家对经济结构进行战略性调整,将西部的资源优势转化为经济优势,促进各种资源的合理配置和流动。③有利于民族团结、社会稳定和边疆巩固。我国80%以上少数民族和 80% 内陆边界在西部，西部繁荣发展是国家长治久安和边疆稳定的基础。④有利于全国生态环境治理。对我国大江大河源头和流域水土流失最严重的西部地区的生态建设和治理，不仅能改善西部乃至全国生态条件，而且对可持续发展至关重要。⑤有利于国家扩大内需、开拓国内市场，促进国民经济持续、快速、健康发展。自西部大开发以来，西部崎岖的城乡面貌有了很大变化，人民生活也得到不断提高，可以说，西部确实进入了一个黄金发展期。

4.3.2.3　自西部大开发以来西部发展取得的成效

西部大开发战略实施以来，在国家的政策支持、东部的积极援助以及西部的自身努力下，西部大开发取得了明显成效。随着资金投入力度逐年增加，西部经济结构调整加速，特色产业发展开始起步，经济发展步伐明显加快，财政收入逐年增长，经济效益逐步提高，基础设施建设取得实质性进展。国家加大了对西部地区基础设施建设的支持力度，安排了西气东输、西电东送、水利能源设施、农村基础设施、交通基础设施、通信网络、马路到县、送电到乡、广播电视到村、人畜饮水、沼气利用、节水灌溉等近百项大型重点工程，特别是青藏铁路等一批重大铁路建设工程的建成通车，极大地改善了西部地区的交通条件。同时，在生态环境保护和建设方面也显著加强，局部地区生态环境有所改善。西部大开发以来西部发展的巨大成就，突出的表现在以下几个方面：

(1)区域经济有了大幅增长。随着西部大开发战略执行力度的不断加强，西部地区经济总量迅速增加，人民生活水平和工业化程度也随之不断提高，经济发展速度不断加快。从总量上看，西部大开发战略实施 10 年来，我国西部地区生产总值从 1999 年的 15354. 1 亿元增加到 2012 年的 113904. 8 亿元(当年价格)，增加了 98550. 7 亿元。西部大开发战略的实施为西部地区经济发展提供了强大的动力，1999 年西部各省区的经济增长速度基本都集中在 8% 左右，到 2007 年，12 省区的经济增长率均超过 12%，2007 ~ 2011 年 5 年间，西部各省区的经济发展速度进一步加快，西部成为中国经济增幅最快的地区，地区生产总值增长了 104%，同期，中部增长了 53. 72%，东部增长了 77. 72%。同时，西部地区城乡居民的可支配收入也有了大幅度提高，1999 ~ 2012 的增幅都大大超过了 200%。

(2)产业结构得到一定优化。西部地区工业化水平有了显著提高，工业增加值由 1999 年的 3035 亿元增加到 2007 年的 18094. 5 亿元，增幅高达 496. 2%，在 2008 ~ 2012 之间的年均工业增加值超过了 15%。西部固定资产投资规模占全国的比重由 1999 年的 18. 2% 上升到 2007 年的 20. 6%，2008 ~ 2012 期间固定资产投资的年均增长率超过了 30%。2012 年西部地区固定资产投资达到了

86150亿元,是1999年2728亿元的31.5倍。西部在农、林、牧等特色产业及其产品加工业方面都得到快速发展,2010年,西部农牧产品加工业产值达1.5万亿元,占全国的比重为13.2%。西部地区的资源型产业、装备制造、高技术、制药等产业发展速度明显加快。旅游服务业产值有了大幅度提升,2010年西部地区旅游总收入突破8000亿元大关,是2005年的2.9倍[132]。西部的产业结构得到了一定的优化。

(3)基础设施得到明显改善。截止到2012年底,西部先后开工建设了以青藏铁路、西气东输、西电东送等为代表的187项重点工程,累计投资3.68万亿元。交通建设投资1819亿元,水利建设投资2646亿元,分别占到全国的69.9%和35%。"五纵七横"国道主干线西部路段全线贯通,区域内8条省际干线公路如期建成,公路通车总里程达166万公里,占全国的39.2%。高速公路总里程达2.9万公里,占全国的30.2%。西部已有97%的乡镇和86%的建制村通了油路。新增铁路营运里程1.9万公里,总里程达4万公里,占全国的40.8%。重庆、成都、西安等13个干线机场和31个支线机场改扩建,民用航空机场达到92个。四川紫坪铺、宁夏沙坡头、广西百色等一批大中型水利项目发挥效益,新增灌溉面积5亿亩。油气管网及通信电网等设施的加速建设等,使西部的基础设施得到明显改善。

(4)生态建设取得显著成效。国家在西部地区相继启动实施了退耕还林、天然林保护、退牧还草、风沙治理、三江源生态保护、石漠化治理等一批重点生态建设工程。2010年,西部的森林面积为11681万公顷,森林覆盖率达17.1%,比1999年提高了6.7个百分点。退耕还林成效显著,西部地区累计造林1579.3万公顷,占同期全国造林总面积的34%。退牧还草累计安排草原围栏建设任务4507万公顷,工程区植被覆盖度平均增长14个百分点,工程区生态环境明显改善,生物多样性、群落均匀性、饱和持水量、土壤有机质含量均有提高,草原涵养水源、防止水土流失、防风固沙等生态功能增强,促进了传统草原畜牧业生产方式的转变,特色农牧产业和其他优势产业快速发展。水污染防治积极推进,重点流域水质恶化趋势得到一定控制,化学需氧量和二氧化硫排放量有所减少。

4.3.3 西部生态脆弱地区经济面临的问题

西部大开发战略实施以来,虽然从纵向来看西部的经济确实有了很大的发展,取得了不小的成就,但从横向来看西部的经济发展速度和效率还远低于东部,经济差距依然明显,而且还有继续扩大的趋势。西部生态脆弱地区存在着贫困人口众多、产业发展滞后，生态系统失衡等方面的问题，使其经济社会的可持续发展面临巨大挑战。

4.3.3.1　生态脆弱区域的贫困与落后问题

在西部大开发和新阶段扶贫开发以来，西部地区的农村贫困问题得到了有效的解决，农村贫困人口从1998年的5713万人减少到2008年的2649万人。但从横向上来看，西部地区的贫困问题仍然严峻，2011年中国西部地区农村贫困人口为1751万，贫困人口占全国农村贫困人口的比重达65.1%[133]。其中又以贵州最为突出。按照2300元的国家新贫困线标准，2012年初，贵州还有贫困人口达1521万，占农村人口的45.1%。生态脆弱贫困区分为山地型贫困区、高原型贫困区、内陆干旱型贫困区，以及过渡带型贫困区。这些贫困区具有各自的特点，但都陷入了"贫困超载—环境退化"恶性循环的怪圈，严重制约了生态脆弱区的可持续协调发展。西部贫困地区在地域上表现为集中连片的特点，大多属于绝对贫困，处于恶性贫困陷阱中，脱贫致富的难度较大。最突出的问题主要表现以下方面：

(1)绝对贫困人数减少，相对贫困人数增加。自西部大开发以来，西部生态脆弱地区的贫困状况有所改善，贫困人口减少了2500多万，从1999年到2008年，年均收入从1622元增加到3359元，极大地缓解了贫困状况，从2000~2007年，国家贫困线不断上调，从625元到785元，在对应贫困标准线下，2003和2006年西部的绝对贫困人口数分别为1698万和1175万，分别占全国的58.6%和54.7%，在贫困标准提高的前提下，绝对贫困人数显著减少，相当大的一部分的赤贫者基本解决了温饱问题，但是相对贫困现象更加突出，因为西部地区的反贫困具有较强的脆弱性、不稳定性，重新陷入绝对贫困状态的情况经常发生。通过十年的西部大开发，我们不难发现，农村贫困人口从1998年的5713万人减少到2008年的2649万人。但在横向上与全国的差距还很大。2008年西部地区2649万人的农村贫困人口占全国4007万农村贫困人口的66%。

(2)环境基础设施薄弱，社会经济发展滞后。西部生态脆弱区基础设施建设和经济基础普遍薄弱。由于区位闭塞、地形复杂、交通不便、投资环境较差，加上贫困地区的财政收入较少，用于基础设施建设的投入不够，基础设施的缺乏和落后是制约西部胜太脆弱地区脱贫致富的重要原因之一。在西部生态脆弱地区的特殊地理环境和脆弱的资源条件限制了其生产力水平的提升。特别是地处山地、沙漠、高原、高寒、峡谷大山地区，地理区位环境极差，自然生态条件恶劣，生产生活方式较为落后，居民所从事的农牧业生产活动在组织、技术、规模等方面不能抵御自然灾害的影响，靠天吃饭，对农业生产和初级产品的高度依赖,而且产业规模较小、产业链条较短、产业之间关联程度较低,经济发展较为缓慢。政府极少的财政收入无法发挥对当地产业的引导与扶持的作用。

(3)陷入贫困落后循环,容易产生负外部性。生态脆弱地区陷入贫困的根本原因在于生产方式落后。由于自然条件限制,农作物产量普遍低下,农民只能采取广种薄收,甚至是刀耕火种的方式,致使收入极低且极不稳定。为维持最低生存的基本需求,当地居民必然对其周边的自然生态环境产生严重依赖,在没有必需的外部经济资源注入的前提下,当地居民就不得不以生态换取生存,从而造成生态环境的加速恶化,而生态环境的恶化又加剧了绝对贫困程度,使之陷入贫困与环境恶化的螺旋恶性循环怪圈。西部作为全国的生态屏障,区内生态环境的破坏不仅制约本地经济社会的发展,而且会通过地理要素的运动作用于其他区域,形成区域外部作用(如区域间的环境影响、生态服务等),即出现“外部性”问题,这种外部性的存在导致西部生态、环境和经济利益的失衡。

(4)连片贫困面积较大,脱贫攻坚任务艰巨。西部生态脆弱地区大多处于我国的集中连片特困地区,在国家18个连片特困区中西部占了9个,涉及249个贫困县。这些地区呈现出贫困人口多、贫困面积大和集中连片分布的特征。例如西部的蒙古高原东南边缘风蚀沙化地区、黄土高原沟壑水土严重流失区、秦巴山地生态恶化贫困区、西南喀斯特高原丘陵环境危急贫困区、横断山脉高山峡谷封闭型区、西部沙漠高寒山区环境恶劣贫困区等六个地区就集中了我国近80%的国家扶贫开发重点县和绝大多数贫困人口。这些地区不仅耕地少,土层瘠薄,可供利用的水资源极度短缺,而且旱涝灾害发生的频率极高,农业的自然生产条件极差,粮食作物的年均播种面积亩产不足150kg,脱贫的攻坚任务十分艰巨。

4.3.3.2 与东部地区的差距越来越大的问题

改革开放30多年来,我国国民经济保持了9.8%的年均增长速度,取得了举世瞩目的成就。在经济高速增长的宏观背景中,我国东、中、西部三大经济地带的经济实力虽然都有了较大提高与发展,但从提高与发展的程度看,中西部地区没能与东部地区同步发展,尤其是西部地区处于明显的滞后状态,与东部地区的差距在不断扩大。虽然自西部大开发战略实施以来,西部地区的发展速度达到了前所未有的高度,但东西部地区的经济发展差距仍然没有得到根本的改变。伴随着经济的高速增长,区域经济发展不平衡、区域差距不断扩大的问题亦日益突出,东西部发展差距呈现扩大的趋势。这对我国经济的持续发展会造成现实和潜在的负面影响。东西部差距扩大在以下几方面表现的最为突出:

(1)东西部生产总值逐年拉大。地区生产总值(GDP)是本地区所有常住单位在一定时期内生产活动的最终成果,是最能反映当地的经济发展水平的指标。从表4-14的统计数据可以看出,东部地区的生产总值(GDP)在全国的比重占据了绝对优势。而西部地区的生产总值(GDP)只占全国五分之一左右。从2000~2012年各年度的东西部地区生产总值(GDP)的差异的变化情况来看,两者的绝对差每年都在增大,2000年两者的相差值为40323.43亿元,到了2012年两者的相差值扩大到了295835.00亿元,其扩大幅度还呈现出了逐年增大的趋势。从表中还可以看出,西部大开发给西部地区的经济发展带来了巨大的飞跃,2006年以后西部的GDP在全国的占比开始有所提高,但西部地区的经济发展水平还是远远低于东部地区,人均GDP存在着巨大差距,地区GDP的差距仍然越拉越大。

表4-14 东西部地区GDP发展差距 单位:亿元

年份	全国GDP	东部GDP		西部GDP		东西部GDP差距	
		总量	占比	总量	占比	绝对差	占比差
2000	98504.23	57412.00	58.28%	17088.57	17.35%	40323.43	40.93%
2002	120575.60	71176.65	59.03%	20718.38	17.18%	50458.29	41.85%
2004	167587.20	99494.72	59.37%	28603.48	17.07%	70891.24	42.30%
2006	210871.00	128593.10	60.98%	39527.10	18.74%	128532.10	42.24%
2008	300670.00	177579.60	59.06%	58256.60	19.38%	177520.50	39.68%
2010	401202.00	232030.70	57.83%	81408.50	20.29%	231972.90	37.54%
2012	518942.10	295892.00	57.02%	113904.80	21.95%	295835.00	35.07%
2012年人均GDP(元)		57722.00		31357.00		26365.00	

数据来源:根据各年度的《中国统计年鉴》整理,东西部数据根据所属地区的各省数据加总

(2)地方财政的收支差异明显。地方财政收入是地方政府为履行其职能、实施公共政策和提供公共物品与服务需要而筹集的一切资金的总和。地方财政支出则是地方政府为实现其职能,将财政资金按照预算计划向有关部门和方面进行支付的活动。地方财政收入与支出是最能反映当地产业发展水平与基础设施建设的重要指标。由表4-15中可以看出,东西部的地方财政收入差异巨大,东部历年的财政收入基本上都在西部的三倍以上;东部历年的财政支出也基本上是西部的一点五倍。从2000~2012年的数据来看,东西部财政收入差距呈不断增大的趋势,而且增幅度在逐年上升,这说明东西部的财政收入差距越来越大;在财政支出方面,由于国家对西部地区不断加大投资力度,虽然其差距与东部地区的财政支出越来越大,但是其增幅较财政收入差距要小得多。

表4-15 东西部地区地方财政的收入支出差距 单位:亿元

年份	东部地区财政		西部地区财政		东西部财政差距	
	收入	支出	收入	支出	收入差	支出差
2000	3947.0	5276.5	1127.3	2601.1	2819.5	2675.4
2002	5458.3	7505.2	1430.5	4074.8	4027.8	3430.4
2004	7458.2	10434.0	1982.9	5133.1	5475.3	5300.9
2006	10844.4	13591.0	3059.4	7626.8	7785.0	5964.2
2008	16729.7	20737.6	5159.2	13765.7	11570.5	6971.9
2010	23005.4	30182.2	7873.4	21403.6	15132.0	8778.6
2012	32679.1	42093.1	12762.8	32269.1	19916.3	9824.0

数据来源:根据各年度《中国统计年鉴》整理,东西部数据根据所属地区的各省数据加总

(3)城乡居民收入的差距拉大。城镇与农村居民人均纯收入是最能反映一个地区的经济发展水平和居民生活状态的一个重要指标。从表4-16中的统计数据可以看出,从2000~2012年所统计的每个年度,不论是城镇居民人均纯收入,还是农村居民人均纯收入,东部地区在历年的人均收入值都远高于西部地区。从东西部居民人均收入差距情况看,城镇居民人均纯收入差距,从2000年的2202元,扩大到2012年的9022元;农村居民的人均纯收入差距,从2000年的1844元,扩大到2012年的4790元。而且各年度的差异呈现出不断扩大的趋势。这些数据说明,虽然在西部大开发后,西部地区城镇居民和农村居民的收入和消费水平都有了较大幅度的提高,但在三大区域中仍然是最低的,而且与东部地区存在的巨大差距还在不断地扩大。

表4-16 东西部地区城乡居民的人均收入差距 单位:元

年份	东部地区人均收入		西部地区人均收入		东西部人均收入差距	
	城镇居民	农村居民	城镇居民	农村居民	城镇居民	农村居民
2000	7850	3476	5648	1632	2202	1844
2002	9356	3916	6675	1792	2681	2124
2004	11523	4565	8031	2192	3492	2373
2006	14967	5188	9728	2588	5239	2600
2008	19203	6598	12971	3518	6232	3080
2010	23273	8143	15806	4418	7467	3725
2012	29622	10817	20600	6027	9022	4790

数据来源:各年度《中国统计年鉴》等整理计算得出

从上述分析的情况看，西部地区无论在区域生产总值、区域财政收支，还是在城乡人均收入等方面都存在着巨大差距，而且这种差距不仅没有因实施西部大开发而缩小，反而呈现出越来越大的趋势。此外，我国东西部地区经济发展水平的差距还不仅仅表在以上三个方面，同样在城市化水平、文化教育水平和医疗卫生及健康水平等方面也出现了明显的差距，而且这种差距也愈来愈大。东西部地区发展差距拉大的原因主要是，东部地区经过改革开放 30 年的积累，已经有了一个强大的经济基础，非公有制企业蓬勃发展，工业化程度高，处于自主增长的快速发展阶段。而西部许多省区工业化仍处于初期阶段，经济基础相对薄弱。其中差距越来越大的原因是多方面的，自然条件和历史基础、交通运输、政策因素和战略性产业布局的不同是产生差距的重要原因。

4.3.3.3　经济效益和生态效益双低下问题

自西部大开发战略实施以来，国家不断加大了对西部地区的支持力度，西部地区经济社会发展不断加快，产业结构调整初见成效，经济效益和自我发展能力开始增强，并以基础设施和生态环境建设为突破口，着手解决西部地区发展的基础性问题，居民生活水平也有了大幅度提高。然而，虽然从纵向来看西部的经济确实有了很大的发展，取得了不小的成就，但从横向来看西部的经济发展速度和效率还远低于东部，经济差距依然明显，而且还有继续扩大的趋势。以“高投入、高消费、高排放、低效益”为特征的粗放式、煤电油为主体的重化工业经济模式，及其直线型的产业生产组织模式，不能有效地遏制住西部地区自然资源浪费的状况和生态环境恶化的趋势。西部发展中的经济效益和生态效益双低下问题主要表现在以下几个方面：

(1)产业发展不平衡，生产力水平较低。西部地区长期以来是我国军事、能源等重工业基地，形成了重工业发达、轻工业发展滞后的格局。由于军工及重工业企业市场有限，无法与广大人民群众的生活相联系，使得产销不对路，本地产品产能过剩和对外地产品高度依赖并存。由于较低的技术设备和产品加工层次，导致产品无法与中东部地区或国外产品进行竞争。加上产业设备普遍落后，不能实现先进技术的吸收、应用和转化；人力资源素质偏低，产业处于全球产业价值链低端，产业增值不高，经济效益较低。据粗略统计，2000～2008 年，西部地区物质资本边际生产率由 0.422 万元上升为 0.438 万元，增加了 6.6%，但均低于 1999 年的 0.477 万元。同期西部地区技术效率年平均增长率为 -0.8%，表明其与东部地区的差距越来越大。

(2)资源配置效率低，产业竞争力不足。西部产业以“小、散、全”为特征，难以形成规模经济;由于布局分散,企业间缺乏内在联系,资源不能合理流动;企业专业化程度低且自成体系,难以形成分工协作。生产方式粗放、生产技术落后、管理水平低下,以及劳动者整体素质不高等,导致了西部地区产业的劳动生产率普遍低下。有关资料数据显示,2003 年西部 25 个工业行业中,全员劳动生产率全部低于东部地区,2004 年西部地区各行业的劳动生产率的均值仅为东部地区的 66%。此外,随着西部大开发战略的强力推进,西部地区的能源矿产等自然资源大量消耗,剩下可供开发的已经不容乐观。在全球资源紧缺、资源价格日趋上涨的背景下,西部依赖自然资源发展传统产业必然面临巨大的成本压力。资源配置效率和产业生产效益不高,导致了西部产业的竞争力不足。

(3)资源利用率低下,资源能源消耗大。由于矿产资源定价不合理,企业开采成本极低,导致采主弃副、采富弃贫、采易弃难,甚至掠夺式开采、严重浪费和破坏资源的现象;许多小企业的现代化程度和开采率极低,导致资源利用率低下。由于生产方式落后,使得西部地区的单位 GDP 能耗远远高于东部。权威部门数据显示,2003 年西部地区工业企业天然气的每万元消耗量高达东部的 16. 15 倍,煤炭、高炉煤气和汽油的每万元消耗量是东部地区的 4 倍多,焦炭、焦炉煤气、煤油、电力的消耗量是东部的 3 倍多。特别是宁夏、青海、贵州、甘肃、内蒙等省区的能源消耗远远高于全国平均水平。2005 年在全国各省市区中,单位 GDP 能耗绝对值最高的为宁夏回族自治区,为 4. 14 吨标准煤/万元,是最低省份广东 0. 79 吨标准煤/万元的 5 倍。

(4)环境污染较严重,生态功能在退化。自西部大开发以来,随着西部各种工业园区的建立,许多高耗能、高污染项目进入园区,环境污染较为严重。有害物质引起毒害的量与其无害的自然本地之间的差距加大,环境污染的空间范围扩大。主要表现为废水对水体的污染,废气二氧化硫超标,城市大气浮尘指数过高等。西部单位 GDP 的污染强度大大高于东部和全国,每 1 元 GDP 值的污染排放是全国的 1. 14 倍,是东部的 1. 53 倍。随着西部环境污染的加重,生态系统的功能也在退化,生态调节能力差。由于西部地区的森林比例不合理,缺乏多样性,导致其对火灾、气候变化及病虫害较为敏感,生态功能失调,气候恶化;资源采掘留下了大量废渣,过度开采导致区域的生态环境不可恢复,滥垦滥伐导致大量植被破坏,都造成了生态环境破坏和生态功能退化。

4.4　西部生态脆弱地区的产业发展及存在问题

西部生态脆弱地区的产业发展存在不少桎梏性因素，其中，脆弱的生态环境尤为关键。选择一个适合西部地区产业发展的组织模式，有利于解决经济效益与生态效益双低的问题。只有深入分析和了解西部地区目前的产业结构及其生产组织模式当中存在的问题，才能做到有的放矢。

4.4.1　西部地区的产业发展及产业结构特征

西部的工业化进程可分为三个阶段，已经历了半个多世纪。在这过程中西部工业得到较大程度的发展，实现了经济全面迅速的增长。但是其工业化进程仍处于初级阶段，产业结构的矛盾仍然很突出，有待进一步的优化。

4.4.1.1　西部地区的产业发展与工业化进程

在产业发展进程中，工业化是一个国家或地区进入现代化的必由之路。工业化是指工业（特别是其中的制造业）或第二产业产值在国民生产总值中比重不断上升的过程，以及工业就业人数在总就业人数中比重不断上升的过程。工业化过程一般都伴随着工业比例的不断提升、产业布局的不断完善、产业结构的不断优化。西部产业结构的演变与发展、升级与优化，反映了其工业化水平的不断提高。经过半个多世纪的建设，西部地区各省区的工业化进程取得了巨大成绩，建立起了规模较大、相对完整的工业体系，工业增加值已经占到 GDP 的 30% 多。目前。我国西部工业化阶段处于钱纳里所划分的经济增长阶段的第二时期末，即工业化初期向中期转型的阶段。西部工业化进程始于 1953 年开始执行的“一五”计划，历时半个世纪。具体说来，可分为三个发展阶段。

（1）奠定基础的起步发展阶段（1953～1978）。该阶段主要是照搬前苏联的工业化发展模式，采取“重工业优先”的战略。经过“一五”和“三线”建设，西部整体交通状况大为改观，建立起了能源、化工、原材料及国防为主的门类较全的重化工业体系，奠定了西部地区工业化的基础。由于这个时期的工业体系大多是从国防安全考虑，导致了以工业为主体的现代经济和以农业为主体的传统经济的隔离，形成二元经济结构，没有对地区的经济起到明显的催化和拉动作用。1978 年，西部地区三大产业中第二产业产值在 GDP 中的比重为 42.71%，比 1952 年的 15.62% 有了很大提高。但由于当时第一产业与第二产业的比重相当，且第三产业比重太低，因此，西部在 70 年代末仍然处于工业化初期阶段。

1978年西部第二产业在GDP中的比重与全国48.16%的差距为5.35个百分点。

(2)步履艰难的缓慢发展阶段(1978~1999)。该阶段正处于国家由计划经济体制向市场经济体制转化的阶段。随着国家发展中心的东移,东部地区迅速崛起,竞争力急速增强。由于西部地区未能适时地进行工业结构转换和产业水平提升,竞争力则明显减弱,工业化发展步履艰难且进程较为缓慢。以资源开发为主的产业发展体系没有根本改变,产品结构单一且处于低端层面,二元经济结构依然明显;企业规模偏小,技术设备落后,技术创新困难,大量的"五小企业"带来了环境污染和生态破坏。此外,西部地区的工业化和城市化不同步,产业结构与工业组织的断裂也成为制约工业化进程的原因。虽然在1990~1993年之间,西部的轻纺业和电子制造业有了较快发展,西部工业产值占GDP的比重34.67%迅速提高到了40.28%,但之后这一比重几乎保持不变。

(3)西部开发的快速发展阶段(1999~2010)。该阶段是国家实施西部大开发战略时期,西部地区真正迎来了工业化的快速发展阶段。西部在继续推进基础设施建设的同时,强化了技术改造和产品结构调整。西部各地在资源禀赋的基础上发展起了主导产业和支柱产业,如农业产业化、精细化工、生物医药、航天航空、电子制造等,工业产业结构不断得到调整。企业组织结构不断优化,大企业集团发展壮大,小企业的经济活力和地位也不断增强。工业经济发展的科技含量大幅上升。2007年,我国大中型工业企业拥有研发人员108.3万人,占全部从业人员的2.5%,比1995年增长3.2倍;大中型工业企业共投入R&D经费2112.5亿元,比1995年增长13.9倍。然而,目前的西部重点工程建设仍没有走出西部开发资源、东部加工制造的分工格局,西部的结构调整、工业化进程、产业竞争力与东部相比仍有巨大差距。

(4)新一轮的西部大开发阶段(2010年至今)。2010年7月在北京召开的中央西部大开发工作会议,标志着新一轮西部大开发战略的启动实施。会议提出了今后10年深入实施西部大开发战略的总体目标:"西部地区综合经济实力上一个大台阶,基础设施更加完善,现代产业体系基本形成,建成国家重要的能源基地、资源深加工基地、装备制造业基地和战略性新兴产业基地;人民生活水平和质量上一个大台阶,基本公共服务能力与东部地区差距明显缩小;生态环境保护上一个大台阶,生态环境恶化趋势得到遏制"。与前一个10年相比,新一轮西部大开发,从某种意义上可以说是西部大开放。西部与欧亚14个国家或地区接壤,历史上是中国最早与欧亚通商的地区。新一轮西部大开发的推进和"新丝绸之路"(新欧亚大陆桥)的贯通,将给西部工业化进程带来前所未有的发展机遇。

4.4.1.2　西部地区产业结构变化的主要特征

产业结构演变和升级是工业化水平提高的标志，区域产业结构主要反映的是区域内各个产业部门之间的比例关系，通常是用三次产业比重来表示。根据库兹涅茨的研究统计分析，随着区域经济的发展，第一产业产值比重将会下降，而第二、三产业比重将呈上升，并呈现出高度化趋势。自实施西部大开发战略以来，西部地区产业结构发生了很大变化，产业结构比例得到了提升和优化，但仍然处于初步工业化发展阶段，即重化工业阶段初期。西部地区的工业化发展水平与东部地区以及其他发达地区相比，还存在着相当大的差距。产业发展过程中大量存在重引进、轻消化的现象。企业发展水平低、技术创新能力弱、市场营销能力差等，成为制约西部地区产业结构提升的重要因素。自大开发以来，西部地区产业结构的变化主要呈现出以下特征。

(1)产业结构高度化进程加快。产业结构高度化是指产业结构由低级不断向高级演化的趋势，主要表现为产业结构调整速度、优化速度和变化速度明显加快。从 2000 年以来，西部各省区市的产业结构调整速度明显加快，第一产业比重显著下降，二、三产业比重均有上升。产业结构优化速度也有所提高，第一产业增加值和从业人员所占的比重每年都在持续下降，第三产业增加值和从业人员所占的比重则稳定上升。但是西部地区的产业结构优化与东部乃至全国相比仍存在着较大的差距。以 2009 年为例，我国东部沿海地区三次产业结构为 7.7 ∶52.3∶40.1，中部地区则为 13.7∶50.0∶36.3，而西部地区则为 13.8∶47.6∶38.6，三个地区相比西部地区第一产业比东部沿海地区高出 6.1 个百分点，比中部地区高出 0.1 个百分点；而占主导产业的第二产业比重比东部沿海地区低 4.7 个百分点。

(2)三级产业内部发展不平衡。主要表现为：第一产业比重仍然较高，第二产业发展滞后，第三产业发展相对超前，产业内部结构不合理。第一产业的比重有所下降，但仍偏高且结构不合理，农业人均劳动生产率较低。第二产业比重与东部差距扩大，工业增长率和贡献率与东部地区的差距呈现出进一步拉大的态势。工业内部发展不平衡，能源、原材料等重工业超“重”，消费品生产、加工等轻工业工业偏“轻”。重工业总产值和从业人员所占比重都远远超过轻工业，轻重工业未能形成良好配套。第三产业比重上升较快但内部结构不合理，呈现出以传统服务业为主低级化状态，餐饮、运输、邮电等基础设施部门的比重过高，而金融、保险、房地产等新兴产业比重过低。其中交通、通讯等发展严重滞后于区域经济发展的需要，一些“瓶颈”产业长期阻碍着西部的发展。

(3)二元结构的矛盾仍然突出。西部地区的二元经济结构主要表现在城市和农村两个层面。在城市层面,中央投资发展的现代工业与地方投资兴办的地方工业并存,但两者却互为封闭,中企的下游产业链设在区外的东部加工区,独立于地方经济体系的运行,缺乏与地方的分工协作。在农村层面,农村工业和传统农业各自为阵,农村工业以乡镇企业为主体,与城市工业部门关联度不高。这种二元经济模式是由多种复杂的历史原因造成和非经济因素推动,具有自我封闭、自我循环、自成体系、工业布局分散、远辐射力强、近辐射力弱,对推动区域内经济发展的作用力小的特征。虽然在西部大开发以后这种二元状态有所改变,但矛盾仍然突出。由于二元经济结构的存在,生产要素合理流动的效率较低,造成了工业化、市场化、城市化和社会化程度低,阻碍了西部的现代化进程。

(4)三低一高的工业产业居多。西部虽然已形成了与资源优势结合程度高的产业体系,但由于产业链条缺损,优势产业技术老化,产业内部"三低一高"产业居多。所谓三低一高,指的是低技术水平、低专业化程度、低劳动生产率及高比较成本。低技术水平的行业主要集中在能源加工业,西部地区黑色金属冶炼及压延加工在制造业中所占的比重最大,而东部地区通信设备、计算机及其他电子设备所占的比重最大。西部地区的专业化行业少于东部地区,2004 年的一项研究显示,专业化系数大于 1 的行业,在西部只有 13 个,而东部则有 17 个,西部地区、劳动生产率与东部地区相比也较为低,各行业的比较劳动生产率均值只有 0.66。此外,西部地区各行业的比较成本高,具有比较成本优势的行业较少,2004 年仅有 11 个行业具有比较成本优势。

4.4.1.3 西部地区产业结构优化的思路和途径

自西部大开发战略实施以来,特别是新一轮大开发启动以后,西部地区的经济发展很快,其产业结构在一定程度上也得到了优化。但与基础设施建设与生态改善等西部大开发其他一些重点任务完成情况相比存在很大的差距,与全国尤其是东部地区的差距非常悬殊。西部地区产业结构整体水平不高,产业内部结构层次低,成为制约西部工业化进程和经济发展的重要因素。因此,必须加大力度推进西部产业结构的优化,在产业之间协调发展的基础上实现产业结构的合理化与高度化。通过合理的产业规模比例,强化产业间紧密关联和相互作用,产生的一种不同于各产业能力之和的整体能力,提高产业之间有机联系的聚合质量;以技术创新和应用为动力,推动产业结构从低层次向高层次的发展。根据西部目前的产业结构现状,可以通过以下思路和途径来进一步优化。

(1)利用承接东部产业转移的机遇,适度转变东西部产业分工格局。由于历史原因形成的西部开发资源东部加工制造产品的分工格局，造成了西部产业结构升级缓慢。要改变这一状态，就必须树立资源开发、资源输出与资源就地加工相结合的产业组织理念，促使西部地区由单一开发产业模式逐步转变为资源开发和加工相结合的产业模式。如西部精细化工的发展，就可以提高资源的附加值，提升区域优势。产业转移是优化生产力空间布局、形成合理产业分工体系的有效途径。西部地区应该充分利用东部地区开始产业转移的机遇，按照“政府引导、市场导向、优势互补、互利共赢”的原则，加强与东部地区在基础设施、生态环境、特色农业、资源利用、装备制造、现代服务业等领域的合作，积极承接东部地区的产业转移，形成更加合理的东西部产业分工格局。

(2)引导传统工业向新型工业转变，促进结构向生态优化方向发展。通过对传统产业信息化和生态化，加快信息技术和高新技术在传统工业领域的运用，加快用高新技术和先进应用技术改造提升传统工业产业，构建和培育西部新型的工业产业组织体系。在利用资源特色优势的同时，利用新技术对重工业进行技术改造，提高轻重工业相互配套能力，淘汰高耗能企业设备和产品。引入循环经济，通过上下游形成产业共生组合，一家企业的副产品是另一家企业生产的原材料，这样，不仅节约了资源，提高了生产效率，还减少了排放，保护了生态环境。同时，形成以资源产业(产品)为主导产业，其他配套产业共同发展的企业群，发展副产品和废弃物资源相结合的产业循环生态链，以经济效益优势和环境效益优势共同提升产业层次，形成生态化的产业结构。

(3)对传统农业进行现代农业改造，推进服务业向现代服务业转变。对西部地区传统农业的现代化改造，主要是通过运用现代工业来装备农业、用现代科学技术来改造农业、用现代管理方法来经营农业，逐步实现农业生产的科学化、机械化、电气化、水利化、良种化，以及农业经营的产业化、市场化、服务化等。通过优化农业结构，缩小西部农业在三次产业中的比例。对西部地区传统服务业的现代化改造，就是运用现代信息技术和现代管理手段，对传统服务业进行整合与改造，培育形成计算机软件服务、移动通信服务、信息咨询服务、教育培训服务、生态环保服务、商务会展服务、现代物流服务等新型服务业态；发展壮大银行、证券、信托、保险、租赁等现代金融业，建筑、装饰、物业等房地产业，会计、审计、评估、法律等中介服务业等，从而优化第三产业的结构。

(4)构建产业园区和培育产业集群，通过产业聚集实现结构的优化。西部地区应按照主体功能区要求，合理调整产业布局，着力培育和壮大一批承载能力强、发展潜力大、经济实力雄厚的重点经济区(带)。通过统筹规划构建产业园区,合理确定产业定位和发展方向,形成布局优化、产业集聚、用地集约、特色明显的产业园区体系。把产业园区作为承接产业转移的重要载体和平台,引导转移产业向园区集中,促进园区规范化、集约化、特色化发展,增强重点地区产业集聚能力。培育和壮大产业集群,发挥规模效应,提升辐射带动能力。发挥产业集群内已有重点产业、骨干企业的带动作用,吸引产业链条整体转移和关联产业协同转移,提升产业配套能力,促进专业化分工和社会化协作,促进工业化与城镇化相融合,从而实现区域产业结构的优化。

4.4.2 西部生态脆弱地区产业组织的形态特征

西部生态脆弱地区的产业发展与东部地区有着许多不同之处,在产业生产方式、产业组织结构特征、产业组织模式等方面存在较大差距。除了产业分工格局对产业结构的制约以外,产业组织结构不合理也是西部地区产业发展水平的一个重要原因。通过深入分析西部生态脆弱地区产业生产方式的特点和产业组织结构的特征,可以更全面地把握其产业组织模式存在的问题以及原因。

4.4.2.1 西部生态脆弱地区产业生产方式的特点

影响西部生态脆弱地区产业发展的一个重要因素是生产方式。马克思曾指出:“各种经济时代的区别,不在于生产什么,而在于怎样生产,用什么劳动资料生产。”判断一个产业体系,不仅要看其生产结果的产品,以及形成的产业结构,更要看到其产业发展中的深层因素——生产方式。生产方式是生产物质产品和谋取利润的方式,包括生产力、生产条件、生产关系和劳动方式等。由于西部地区的产业大多依赖于本地的资源禀赋,资源型产业占有相当大的比重,加之西部地区经济实力弱、产业规模小、产业链条短、产业关联度低等,使其难以完全摆脱高投入、高能耗、高排放的粗放型生产经营模式。落后的生产方式,使西部地区的劳动生产率低下,单位产值能耗很高。虽然西部大开发后的生产方式有所改进,但其落后的特征仍然沉疴难起,主要表现出以下特点:

(1)路径闭锁循环,产业效益低下。西部生态脆弱地区生产方式落后的一个重要特征,是其粗放生产方式的低端路径锁定,并由此带来的产业效益低下。长期以来,资源型、高能耗、粗加工产品成为西部许多地区的比较优势产品,由于缺乏创新的能力和动力,大部分制造企业在高能耗、低创新的粗放型模式下徘徊与发展,不断被重复和强化,造成生产方式的“固化”和路径“闭锁”。在追求地方GDP的动力作用下,粗放的、消耗资源的甚至是破坏生态资源的经济发展模式成了一种既现实而又无奈的选择。有关研究表明,西部地区各省区市的工业经济效益普遍较低,三分之二以上的西部省区市的工业经济效益综合指数得分都低于

0.06,其中西藏、内蒙、广西、重庆、四川等省区的得分在0.06～-0.14之间,贵州、青海、甘肃、宁夏等省区的分更低,在-0.60～-0.29之间[134]。

(2)生产技术落后,劳动生产率低。西部地区粗放落后的生产方式所形成的产业组织结构不合理、生产工艺落后、管理水平低下,以及技术装备水平和劳动力素质低等多方面的原因,导致西部地区三次产业劳动生产率都低于全国平均值。西部第一、二、三产业的劳动生产率比全国平均低31%、19%、34%。西部地区劳动生产率低的行业相对较多,有关数据显示,2003年西部25个工业行业中,全员劳动生产率全部都低于东部地区;化学原料及化学制品制造业、化学纤维制造业、黑色金属冶炼及压延加工业、专用设备制造业、交通运输设备制造业、热力的生产和供应业等六个行业,全员劳动生产率不及东部的一半[135]。2004年西部地区各行业的劳动生产率的均值仅为东部地区的66%。虽然西部大开发后,西部地区的劳动生产率有了快速增长,但与东部地区相比差距还是呈逐渐拉大趋势。

(3)资源利用率低,能源消耗量大。西部地区自然资源和劳动力等"初级生产要素"丰富,但高技术人才等"高级生产要素"缺乏,技术创新力不强,因而西部一开始走的就是自然资源比较优势的"高投入"粗放型道路。过多地依赖于高投入,导致资源利用效率不高,许多有价值的资源在生产过程中被当作废物抛弃,造成了极大的浪费。权威部门数据显示,2003年西部地区工业企业天然气的每万元消耗量高达东部的16.15倍,煤炭、高炉煤气和汽油的每万元消耗量是东部地区的4倍多,焦炭、焦炉煤气、煤油、电力的消耗量是东部的3倍多。特别是宁夏、青海、贵州、甘肃、内蒙等省区的能源消耗远远高于全国平均水平。2005年在全国各省市区中,单位GDP能耗绝对值最高的为宁夏回族自治区,为4.14吨标准煤/万元,是最低省份广东0.79吨标准煤/万元的5倍。

(4)环境污染严重,生态难以持续。在长期形成的国内区域产业的分工格局中,西部地区工业结构很不合理,表现为能源和原材料工业比重大,粗加工工业比重大,使得西部"资源高消耗"、"污染高排放"的产业占很大比例。其中大多数传统企业的技术低下,设备陈旧,工艺落后,能源和资源利用率不高,缺乏治理污染的技术及设施,很容易造成大气、水体和固体废弃物污染,使生态环境遭到破坏。据统计,西部地区万元产值排放的污染物,要比东部地区高出1～5倍。西部地区传统的粗放型资源开采与加工方式,造成了资源的极大浪费和生态环境的巨大破坏。自西部大开发以来,生态环境局部有所改善,但其总体恶化的趋势仍未得到有效遏制。粗放落后的生产方式,不仅降低了西部地区的发展质量,也严重影响了西部资源生态环境的可持续性。

4.4.2.2 西部生态脆弱地区产业组织结构特征

产业组织结构是指产业系统中，处于某一产业链（包括产业价值链和产业生态链）的相同或不同节点上各企业竞争或合作的关系结构。产业组织模式就是产业系统中各种企业之间的竞争或合作的关系结构的具体表现形态。在市场经济条件下，高效有序的产业组织模式，能够迅速应对市场变化和拓展市场空间，促进社会资源的有效配置和充分利用，激励合作竞争和持续创新，以规模经济、范围经济和持续创新来形成产业竞争优势。改革开放以来，产业组织变革的最大推动力是我国经济从计划体制转向市场体制的改革。由于我国西部地区市场化改革相对滞后，在产业构成中公有制企业或公有资产为主的企业仍然占据了过大的份额，政府直接干预产业市场的情况仍然较为普遍。目前，西部生态脆弱地区的产业组织结构呈现出以下主要特征：

（1）产业集中度低与工业企业规模偏小。集中度是衡量产业组织竞争性与垄断性的重要指标，用行业前几位规模最大企业的市场份额来表示。工业企业规模结构是指不同规模企业的构成和数量比例关系，在很大程度上反映着规模经济利用和技术进步状况。由于历史和自然等方面的原因，西部生态脆弱地区的产业集中度较低，企业规模普遍偏小。根据有关资料统计，西部地区除了烟草制品、石油煤焦等六个政府严格控制的自然垄断行业的集中度较高外，其余行业的集中度都普遍偏低。根据国家统计局 2005 年发布的《中国工业经济统计年鉴》显示，进入全国大型工业企业排名的 2154 家大型企业，西部仅 376 家，占 17.456%，而东部则有 1298 家，占总量的 60.26%。西部进入全国工业 500 强和 1000 强的企业分别只占 15.6% 和 14.8%，而东部则分别占到了 65.2% 和 64.2%。

（2）政府行政垄断与市场过度竞争并存。西部地区的行政垄断主要是在长期的计划经济体制下通过行政性限制准入和计划配置资源而形成的。行政性垄断具有内生的反竞争性和天然的反规模经济特性。行政权利的滥用造成了行政干预，抑制了市场优胜劣汰的竞争机制，从而不利于企业的正常发展。西部地区行政垄断与过度竞争并存主要表现在：一方面，在地方保护主义和为本地区利益的驱使下，不断扶植规模较小的新企业，限制生产要素的自由流动，投资限额审批制度，抑制了规模经济的形成。另一方面，随着中央的放权以及财税体制改革，地方经济实力与地方利益高度关联。地方投资越大，职工的收入越高，在利益的驱动下，地方行政部门便大力新建地方加工企业，导致西部许多行业出现了过度竞争和生产能力的闲置，许多企业甚至出现持续的亏损。

（3）产业构成趋同与处于价值链的低端。随着西部大开发战略的实施，西部地区工业企业数量大增。但同时在地方利益驱动下重复建设、盲目建设项目有增无减,西部地区工业结构相类似,产业构成趋同。特别是西北省区工业内部结构基本相同,都是以原材料开采和加工业为主的产业结构,且都以初级加工为主,产品重叠度较高,企业间竞争激烈。西部生态脆弱区大部分产业属于能源型、资源型产业,企业大多处于产业价值链的底端,产业链条短且单一,加工生产的产品附加值较低,企业重复进行低水平生产,生产效率低下,产业经济效益欠佳。近年来西部地区的产业构成状况虽有所改善,但特色经济、比较优势和协作效益不明显,生产要素在区域间合理流动和配置的体制和机制没有形成。目前西部一些单一资源型工业城市由于资源枯竭出现了经济结构性衰退现象。

(4)组织结构欠佳与专业协作水平较低。在全球工业化及现代化进程中,产业组织发展呈现出两个趋势:一是生产要素越来越集中于专业化大型企业;二是生产要素向大型企业协作配套的小企业扩散,即企业组织呈现出越来越大和越来越小的两极化趋势。而西部地区的现实则是,大的不大,小的不小,大而全,小而全的情况十分突出。由于大中小企业之间产业配套不够,小企业享受不到社会化大生产和分工协作的利益,大企业则不能享受规模经济,从而降低了劳动生产率和经济效益。西部地区大中小企业之间严重缺乏专业化分工与协作关系,使得西部地区大中型企业内工艺加工过程齐全,零部件外购率低,形成“大而全”;小企业生产技术水平低、设备陈旧落后、技术力量薄弱、管理混乱、生产效率低、产品质量差、价格高、资源浪费严重。

4.4.2.3　产业组织模式存在问题的原因分析

产业组织模式作为区域产业体系的具体构成方式和运行模式的总和,它包括产业内企业间的关系构成方式和各企业或企业内生产要素的组合方式,是产业系统中各种企业之间的竞争或合作的关系结构的具体表现形态。前面的研究结果表明,不同的产业组织模式会形成不同的功能和效率,其优劣程度可用产业的资源配置、规模效率、竞争适度、交易费用、可持续发展等水平来衡量,最终表现为产业经济效率和环境生态效益。自西部大开发战略实施以来,西部地区产业组织结构虽然得到一定的改善,但是与东部地区相比仍然存在着很多问题,如西部工业产业集中度低、企业规模结构小型化、专业协作水平较低、行业平均利润率不高、技术创新能力弱、产业效益不够好、能源资源消耗大、生态环境恶化快等。造成这些问题的主要原因包括以下几个方面:

(1)市场化进程相对滞后,国有企业的比重偏高。市场化程度与产品要素市场、中介组织的发达程度,以及政府规模和办事效率密切相关,市场化程度的高低,反映了产业组织的市场基础是否规范,也直接关系到产业经济的市场竞争效率。从表4-17可以看出,西部地区的市场化进程较为滞后,1998~2007年的市场化指数每年都远低于东部。根据2004年中国工业统计年鉴,西部国有资产额占总资产额比重为72.88%,远远高于东部的44.23%和全国的55.99%。西部的市场化程度较低和国有经济比重过高、层级管理体制僵化、管理运行成本高昂、市场反应速度迟缓、以及过分的政府主导等,导致整个产业的市场绩效低下。并且,西部地区集体工业落后,乡镇工业不发达,以及合资和外资等工业少,外向型经济薄弱,进而导致西部地区产业的活力不足,增长乏力。

(2)企业规模结构不合理,小而全企业较为普遍。企业规模结构对市场结构形态和市场运作效率具有重要影响。对西部地区18种规模以上制造业的计算结果表明,2006年西部地区前4位和前8位(CR4和CR8)的18种制造业行业中,仅有饮料制造业、烟草制品业等四个行业的市场集中度(CR4)超35%。黑色金属冶炼等几个属于低集中寡占型行业以外,其他行业均属原子型行业,由于这些行业里中小企业居多,从而市场集中度低,企业间竞争激烈。此外,计划经济时期遗留下来的大而全和小而全组织形式,也是制约西部企业提高技术创新能力、增强核心能力、深化产业分工的重要因素。全能式的企业不具备分工优势,导致资源配置效率低下,产业内部企业间缺乏分工协作的相互作用,在各个环节上都很难具备竞争优势,在一定程度上制约了西部产业组织结构的演进。

表4-17 东西部地区市场化指数随时间的年度变化分布

区域	1998	1999	2000	2001	2002	2003	2004	2005	2006	2007	平均
西部	3.195	3.109	3.511	3.927	4.260	4.526	5.168	5.270	5.455	6.233	4.218
东部	5.416	5.158	5.825	6.927	7.328	8.079	8.912	9.324	9.805	10.654	7.936
全国	4.822	4.547	5.141	5.986	6.782	7.433	8.052	8.700	9.463	10.053	7.141

本表来源:贺炎林等,中国首发新股超高抑价现象研究—基于市场化程度的视角,中国软科学2012(10):33-47

(3)产业组织形态较落后,现代产业集群不发达。产业组织形态反映了产业系统中企业之间的竞合关系及性质,以及企业之间的合作基础或方式。现代产业组织形态是一个从“纯市场形态”到“一体化形态”的形态谱系,依次分布着“纯市场形态”、“企业群落”、“网络组织”、“产业集群”、“战略联盟”、“企业集团”和“一体化形态”等七种典型的组织形态。一系列研究表明,其中的产业集群是一种最具产业效率的产业组织形态。在当今的世界经济版图上,凡是具有强劲发展势头与竞争活力的地区,都具有产业集群的身影。产业集群已经成为我们国家区域经济发展的重要组织形式和中小企业发展的重要载体。改革开放和西部大开发以后,虽然西部地区也涌现出了一些产业集群,但无论从数量上、规模上,还是质量上仍存在很大的改善空间。

(4)产业生产组织不科学,产业生态循环未形成。生产组织是指为了实现某个生产目标,对生产要素和生产过程的不同阶段、环节、工序进行合理安排,在空间上、时间上结成一个协调系统的过程及实体。在产业系统内产业链上的专业化分工企业之间存在着生产、经营、合作等各种各样的联系,当这种联系具体表现为一定的操作规程、物流路线、生产流程、工艺要求等内容的生产过程时,则构成了产业生产组织结构。西部地区绝大多数产业生产组织的科学性较差,对生产过程中的结构设计、要素配置、生产流程、组织管理等环节,以及产业内及产业间的企业关联、聚集、整合、协同等方面,主要着眼于产业的价值增值,而对产业的生态增值重视不够,没有形成有效的产业生态循环链条,产生的大量废弃物在浪费资源的同时,也对生态环境造成了严重的污染和破坏。

4.4.3　西部生态脆弱地区产业发展所面临的问题

西部生态脆弱区的产业规模较小、集中度不够、产业效率低下,归根结底是产业组织结构不合理。加上脆弱区以资源型产业为主导,在传统粗放生产模式下造成环境污染和生态退化愈演愈烈。因此,西部生态脆弱区产业的规模化发展和高度化升级主要面临着规模效率、资源约束、生态环境等方面的问题。

4.4.3.1　产业组织结构的规模和效率问题

在区域产业系统中,企业的规模化对区域产业集中度的提高和区域产业组织的优化会产生重大影响。区域企业规模化是指重点推动区域先导产业和支撑产业内的技术创新型企业集团化、规模化发展,提高企业技术创新能力和企业规模经济效益,进而提高产业集中度,增强区域竞争力,实现主导产业跨跃式发展。区域规模化企业的数量越多、规模越大,对区域经济的带动和吸引作用就越强;反之,对区域经济的带动和吸引作用就越不明显。西部生态脆弱地区仍处于工业化初期阶段,产业集中度低,企业规模偏小,缺少规模效应和带动效应,产业效率低下。适度的企业规模有利于提高产业组织效率和产业经济效益,而过度集中的企业规模则有可能形成垄断,降低市场效率,抑制企业创新,造成资源配置的低效率和产业的低效率。如何把握这一个平衡,是西部地区亟待解决的核心问题。

西部生态脆弱地区产业组织的规模化和产业集中度的提高,可以从三个层面来实施:①在企业内部的层面。扩大单个企业的生产规模,使其在使用更大型和更有效率的机器设备时的规模成本降低,使采用高性能的大型机械设备变为现实。②在企业之间的层面。通过企业之间共用零部件和原材料使成本下降获得规模经济效应,并且促进企业专业化生产,从而提高了质量,且可以分摊长期生产成本。③在区域产业层面。可以通过合理兼并和重组来促进企业规模的扩大和产业集中度的提高,企业之间可以通过水平并购、垂直重组、联合协作等方式来加快生产经营规模的扩张速度。产业规模化和集中度的提高,不仅会带来生产效率的提升,还会带来大规模采购的收益。采购量的增加增强了企业在要素市场上的地位,这表现为讨价还价的能力以及获取信息的能力的增强。

然而,企业过度的规模化也会产生负面效应,随着产业集中度的不断提高和企业规模的不断扩大,会逐渐形成几个联合企业或企业集团的寡头竞争格局,甚至某个企业可能由于强大的竞争优势而吞并或击败对手,最终成为垄断企业。垄断可能在初期享有规模经济,但后期则可能由于没有竞争对手而失去创新的动力,甚至导致创新的停滞和生产的低效率,不利于整个产业的发展。因此,西部生态脆弱地区要避免垄断带来的低效率,就需要寻求企业规模和有效竞争的平衡,既能产生规模经济,又不抑制市场竞争的有效性,要在产业发展的前提下促进企业间合作竞争,即企业之间既有竞争,也有合作,且合作大于竞争的方式。合作竞争市场组织是西部地区产业发展和组织优化的最优选择,它既促能进市场竞争,又能实现规模经济效益,从而使组织结构得到优化。

要使西部生态脆弱地区的产业组织形成有效竞争,应从两方面来着手:①调整企业规模结构,提高资源配置效率。通过调整企业的存量资产和增量资产来优化企业规模结构。通过企业破产、兼并机制来实现存量资产的重组,建立产权转让市场来盘活国有资产存量;通过专项投入和政策扶持来促进企业规模的内部性增长,从而优化企业的规模结构。②促进分工和专业化,避免企业恶性竞争。规范和引导西部中小企业的市场化发展,对规模不科学、设备陈旧、竞争力弱的小企业,由优势企业通过兼并、收购、转让等方法对其改造和重组;对"全能型"的小企业,通过产品结构调整,使其成为小而精、小而专、小而特的小企业与大企业协作配套,与大企业建立稳定的经济联系;对产品没有销路、污染严重、资不抵债的小企业,要坚决依法实行破产。

此外,要实现西部生态脆弱地区的产业组织规模效益和有效竞争,还必须发挥好政府的引导作用。①通过进一步深化经济体制改革,引进现代企业制度,推动市场竞争,打破地区、部门和所有制之间的分割,使资源跨地区、跨部门、跨所有制流动，按照生产的内在经济联系重新组织资源，从而改善西部地区产业分散化和生产集中度低的状况。②通过制定相应的产业组织政策，加快企业间的联合重组，建立以大企业为中心的现代产业组织结构。加强对企业兼并方案的研究、审查和监督，防止盲目兼并。有计划有步骤地发展西部地区的证券市场，通过货币资源的有效配置实现优势企业的迅速壮大，促进产业集中度的提高。③通过制定区域产业技术政策，增强区域产业技术基础，提高区域产业技术水平、技术创新能力，增强区域产业的整体素质。

4.4.3.2　产业规模化跃升与资源约束问题

在世界经济快速发展的今天，自然资源短缺已经成全球性问题。中国通过改革开放以来几十年的高速发展，成为全球第二大经济体和第一制造大国，但同时也付出了巨大的代价，消耗了大量的自然资源，资源环境约束的矛盾越来越突出。西部地区虽然属于自然资源较丰富的地区，但由于区域分布的不均衡，同样也存在着自然资源的结构性矛盾。西部大开发展战略实施以后，虽然西部地区加快了工业发展步伐，加大了资源开发力度，但由于传统的高投入、高消耗、高排放、低效率的粗放型增长方式没能完全杜绝，使有限的资源加速耗竭，环境状况进一步恶化，使西部地区的新一轮发展在资源存量和环境承载两方面都受到制约。此外，西部生态脆弱地区产业的规模化和高级化发展，除了受到自然资源的制约以外，还面临着人才、技术、资金等方面资源短缺的约束。

(1)自然资源的约束。西部生态脆弱地区本身就存在着自然资源分布不均的结构性矛盾，西北缺水、西南缺土是不争的事实，西部不同的地域，在水资源、土地资源、能源资源、矿产资源、生物资源等方面也表现出了不同的短缺。虽然西部地区占国土面积2/3以上，但适宜耕作和人居的土地少。在严重超载的土地上强行开发，必然会产生严重的生态问题。西部近年来资源开发片面注重经济效益而忽视资源保护，使得资源开采浪费严重；在资源利用过程中，长期的“三高一低”的生产方式导致自然资源消耗严重，浪费巨大，使得西部地区的自然资源总量已大为减少，这对西部素来以自然资源尤其是矿产资源作为产业竞争优势的来源是十分不利的。而且资源型产业大都具有成本递增的特点，开发到一定程度，就难以通过技术来提高效益水平。

(2)人才资源的短缺。西部生态脆弱地区产业的规模化发展，需要大量地人才资源。然而，长期以来由于经济发展和生活条件的落后，造成有文化素质的科学技术人才和管理人才大量外流，特别是在改革开放以后的相当一段时间里，西部人才的“孔雀东南飞”现象十分普遍，从而造成了西部的人力资源缺乏，尤其是高科技人才十分短缺。与此同时，西部地区的人力资源开发滞后，人力资源短缺,反过来又造成了西部地区经济的严重滞后,从而形成恶性循环。西部生态脆弱地区产业的技术进步和规模化升级,需要一大批高素质的人力资源来保障,产业的快速发展和绿色发展,需具备必要的高技术条件和高水平的现代化管理。因此,只有加大人力资源投入,大力开发和积蓄人力资源,才能真正有效地提升西部生态脆弱地区产业的规模化和高科技化水平。

(3)技术资源的稀缺。西部生态脆弱地区产业的规模化发展和高级化升级,需要充足的技术创新资源来保证。科技创新是先进生产力代替落后生产力的重要标志,是推动区域经济发展的强大动力。然而,西部生态脆弱地区绝大多数产业领域的技术储备不足,技术创新资源稀缺,技术集成和创新能力薄弱,没有形成有效的区域创新系统和高效的区域创新网络。主要表现在:企业工程技术人员严重短缺,技术创新投入严重不足,科技资源配置机制欠佳,创新资源结构失衡,技术信息渠道不畅,技术创新平台缺乏,技术创新手段落后,协作创新氛围不好,并由此导致了技术创新主体错位、技术创新要素欠缺、创新要素聚集乏力、科技转化效率低下、科技创新能力不足等后果。这制约了西部生态脆弱地区自主创新的发展,影响了产业的规模化发展和高级化升级。

(4)资金资源的制约。西部生态脆弱地区产业的规模化发展和高级化跃升,需要强大金融支持和大量资金为后盾。虽然自西部大开发以来,国家给予西部大量的资金支持,但由于西部生态脆弱地区原有的经济基础较为弱小,财政收入极为有限,使其产业的规模化发展和高级化跃升,仍然面临着资金严重短缺和货币供给不足的制约。此外,由于西部生态脆弱地区的企业实力不强、民间资本薄弱、贷款限制较多、融资渠道有限等外部原因,以及信用体系不健全、市场信息不对称,以及"逆向选择"和"道德风险"等内部原因而造成的企业融资困难,也成为制约西部地区中小企业的发展"瓶颈",企业受资金的制约而难以发展壮大。资金资源的不足,制约了西部产业的规模发展和高级化升级,制约了企业在新产品研发、技术创新以及在人力资源方面的投入。

4.4.3.3 产业发展的生态环境恶化问题

一个区域的生态环境状况往往体现了该区域的资源和经济的关系。随着社会生产力水平的不断提高,生态环境与产业发展之间的依存度越来越高,相关性越来越强。区域自然资源禀赋与生态环境条件已成为区域产业结构形成和调整的重要依据,只有适宜地域生态环境的特点、合理利用自然资源的产业结构和产业组织,才具有强劲的生命力、拓展力和竞争力。生态环境优良、自然资源丰富,产业发展就有雄厚的自然基础与和越的生境条件,才有可能培育出长足发展的优势产业,并形成不断升级的合理产业结构。反之,若对资源环境的无节制地超强消耗和破坏损毁，将导致产业缺乏自然基础的支撑，原本有特色的产业也会逐步丧失其比较优势，甚至出现生存危机。因此，优良的生态环境是西部生态脆弱地区产业发展的基础和前提。

然而，就目前而言，生态环境问题仍然是西部生态脆弱地区产业规模化发展和高度化升级所面临的最严峻问题。区域生态环境的脆弱性往往都与区域人们生存的贫困性紧密联系在一起，生态脆弱地区往往也是最为贫困的地区，恶劣的生态条件往往也不太适宜人类的生存。在恶劣的生存条件下，贫困地区人们往往会为了勉强维持生存而进行滥采滥挖，对自然资源进行掠夺式开发。其结果必然会导致严重的水土流失、环境破坏、生态退化，使生态系统的自然生产力和生态功能降低。这反过来又会进一步影响人们的生存和发展，从而进一步加剧人们的贫困，由此形成循环往复的恶性循环。历史的经验证明，在区域生产力发展水平还很低，生存问题和温饱问题还没有解决时，片面强调生态环境的保护与建设，往往都是一厢情愿和徒劳无功的。

国内外的实践证明，要根本解决区域的生态脆弱和贫困问题还是要依靠区域的经济增长。而区域经济的增长，则需要以资源优势为基础，建立现代产业体系。产业作为经济增长最重要的载体，其产生、发展、演化过程在提升经济总量、丰富人民物质文化生活的同时，又必然会对生态环境产生负面影响。西部的许多生态脆弱地区具有较为丰富的自然资源，这是其摆脱生态贫困自然物质基础，然而，自然资源的开发与利用过程，不可避免地要面对环境破坏和生态退化的不利影响。如何最大限度地减少自然资源开发与利用对环境造成的破坏和给社会带来的不利影响，是西部生态脆弱地区产业优化发展中面临的一个不可回避的重要问题。自西部大开发以来，西部许多生态脆弱地区产业的发展仍然普遍沿用过去粗放的增长方式，这在农业和工业两个方面都表现得较为突出。

在农业方面，西部生态脆弱地区的农民普遍采用的是一种外延式的生产方式，对生产的投入大部分集中在土地与劳动的投入之上，广种薄收、超载过牧、乱砍滥伐现象普遍，从而造成水土流失、土地沙化、盐碱化、旱涝等自然灾害加剧，土地生产力降低。人地关系紧张，贫困程度加深，生态环境恶化，人类的生存受到威胁。一些地区的农民在农业生产过程中为降低成本，使得使用价格低廉、高毒、高残留农药和化肥的现象十分普遍。农业对生态环境的污染主要表现在：过度施用化肥、农药造成的土壤污染，焚烧秸杆造成了空气污染和土壤氮、磷、钾的缺失，农业塑料等废弃物对环境的污染等。此外，集约化畜禽养殖业的迅猛发展，也是造成农业污染的重要因素。由于对大量畜禽粪便缺乏处理能力,随意堆放或直接倒入河流,进入水体或渗入浅层地下水,造成了大面积污染。

在工业方面,对生态环境的影响主要表现在:矿产资源开发造成的生态破坏,工业生产产生的“三废”造成的环境污染,资源能源消耗强度过大造成的高废弃高污染等。西部许多地区的矿产开发,造成了大面积的植被毁灭和环境破坏。例如甘肃一煤炭开采区,2005 年采空面积达 20 平方公里,占该矿区总面积的 15.5%,采空地面塌陷破坏耕地和草地 3 万多亩,造成的房屋倒塌、河流干涸和生物链破坏等经济损失每年高达 5600 万元。西部多数的能源资源型企业的环保投入不足,“三废”排放普遍超标,对生态环境的污染日趋严重。此外,由于生产技术落后,导致主要是原材料消耗强度和万元产值能耗居高不下,西部地区万元产值排放的污染物比东部地区高出了 1 ~ 5 倍,每年因生态环境破坏造成的直接经济损失高达 1500 亿元。因此,工业对西部生态环境的负面影响十分严重。

4.5 本章小结

本章首先分析了西部生态脆弱区的基本类型、特征、分布及环境状况,在充分调研西部典型生态脆弱区(包括西北干旱及沙漠化生态脆弱区、西南山地及石漠化生态脆弱区以及青藏高寒复合侵蚀生态脆弱区)生态状况的基础上,深入解读西部地区的生态环境脆弱问题。同时,有针对性地研究了西部生态脆弱地区的自然资源状况,建立了生态环境承载力指标体系,指出西部生态脆弱区面临着农林牧业开发、能源矿业开发以及脱贫致富的生态环境压力。接下来对西部生态脆弱区的产业发展历程及取得的成就进行了系统的梳理,指出生态脆弱区同时面临贫困落后问题、与发达地区差距越来越大问题,以及经济效益和生态效益双低等问题。此外,本章也分析了在生态脆弱的背景下,西部地区的产业结构特征、产业组织形态特征和产业发展所面临的主要问题,指出目前产业结构表现为三次产业不平衡、二元结构矛盾突出及三低一高产业居多,产业组织结构表现为集中度低、过度竞争、产业趋同及专业化协作水平低,产业的规模化发展和高度化升级主要面临为规模效率、资源约束、生态环境等方面的问题。通过对上述问题的理性思考和科学分析,为西部生态脆弱地区发展的产业组织模式选择奠定了研究基础。

第5章　西部生态脆弱地区发展的产业组织模式选择

本章对西部生态脆弱地区面临的双重历史任务——必须实现可持续绿色发展与必须实现跨越式快速发展进行了剖析。通过对循环经济和产业集群两种产业组织模式的效益差异性进行研究比较，在深入分析西部生态脆弱地区循环经济和产业集群发展状况和存在问题的基础上，提出了循环产业集群模式是实现西部生态脆弱地区实现快速绿色发展的可行有效模式。

5.1　西部生态脆弱地区面临的双重历史任务

通过前述章节研究可以得出这样的结论：克服西部生态脆弱地区自身发展的“硬伤”和破解其面临“经济和生态双重危机”的困境是西部生态脆弱地区迫切需要走出的“洼地”。不仅要快速的走出这块“洼地”，而且要强调绿色，在发展的背景下保证社会、环境、资源的和谐。因此，西部生态脆弱地区必然面临着可持续绿色发展和跨越式快速发展的双重历史任务。

5.1.1　历史任务之一：必须实现可持续绿色发展

西部地区的发展关系到我们国家的整体发展水平，特别是西部生态脆弱地区的发展尤为关键。在过去几十年里，西部生态脆弱地区的发展主要是靠采掘大量的自然资源、破坏生态环境取得的。新时期西部生态脆弱地区经济的发展绝不能走过去的老路，应该重视生态环境的保护和资源利用率的提高，走可持续绿色发展的道路。

5.1.1.1　西部生态脆弱地区在全国生态系统中的重要地位

在中国的经济版图上，西部地区地处内陆西陲，横跨了三大地质台阶和多个气候带,地域面积辽阔,人口相对稀少,自然资源丰富,有着特殊的气候条件、地理环境、地质地貌。西部生态脆弱地区是我国主要水系的“江河源头”,是我国森林、草原、湿地、湖泊等主要生态载体的集中分布区,是我国整体自然生态系统的气候调节地和气候灾害的生态屏障,是我国乃至南亚、东南亚地区的“江河源”和“生态源”,更是亚洲乃至北半球气候变化的“启动器”和“调节器”。因此,西部生态环境属于全国性的公共产品,其生态状况对我国整体生态环境有重大影响,关系到国家的生态安全和社会的可持续发展。作为我国的生命水系之源、气候生态屏障、生态能源储地、生物资源宝库,西部生态脆弱地区在我国整体生态系统中具有极为重要和极为特殊的战略地位。

(1)西部生态脆弱地区是我国的生命水系之源。西部生态脆弱地区是我国经济发展三大引擎——珠三角、长三角、京津冀地区生命水系——珠江、长江、黄河的发源地。位于青藏高原的腹地、青海省南部的三江源地区,是孕育中华民族、中南半岛悠久文明历史三大河流——长江、黄河、澜沧江的源头汇水区,是我国乃至亚洲的重要水源地,素有“中华水塔”、“亚洲水塔”之称。而位于西南乌蒙山脉的滇、黔等地区,则是我国第四大河流珠江的发源地。在三江源区域内有昆仑山脉和唐古拉山脉横贯其间,众多大山终年积雪、冰川广布、河流密集、湖泊众多、沼泽遍地,是世界上水源湿地海拔最高、面积最大、类型最多的地区。黄河、长江、珠江等水系,孕育了古老的中华文明,哺育了华夏的中华儿女。因此,西部生态脆弱地区是我国的生命水系之源。

(2)西部生态脆弱地区是我国的气候生态屏障。西部地区特别是西北地区位于我国整体生态系统的上风向,是我国的气候调节地和自然灾害的生态屏障。地跨东北西部、华北北部和西北大部分地区的三北防护林,能够有效锁住风沙,调节气候变化,减轻自然灾害,是我国最重要的气候灾害和沙尘灾害屏障。我国开展的三北防护林工程,从新疆到黑龙江风沙危害区营造形成了防风固沙林1亿多亩,治理了20%的沙漠化土地,沙漠化土地由20世纪80年代的2100平方公里减少到1700平方公里;科尔沁、毛乌素两大沙地森林覆盖率分别达到20.4%和29.1%,实现了土地沙漠化逆转;赤峰治理开发沙地2100万亩,占沙化土地的58%;榆林沙区森林覆盖率已由1977年的18.1%上升到38.9%,沙化土地治理度达68.4%。三北防护林作为生态屏障有效地改善了我国的气候生态环境。

(3)西部生态脆弱地区是我国的生态能源储地。西部地区的水能、风能、光能等可再生能源的蕴藏量十分丰富,是我国重要的再生生态能源储备地。在水能方面:我国西南地区的水能资源非常丰富,仅云南、四川、西藏、贵州和重庆5

省区市的水能资源可开发装机容量约为3.6亿kw，占全国的67%；其经济可开发容量约为2.4亿kw，占全国的59%。在风能方面：我国西部地区的风能资源占全国的50%以上，特别是西北的一些地区，全年日平均风速5m/s的天数在50天以上，个别地区达200天以上，有效风能密度都在200w/m^{2}以上。在光能方面：西北区和青藏高原区的光能较为丰富，青藏高原区各地太阳辐射能年总量达5800～8700zj/m^2，是我国的太阳辐射高值区；内蒙古西部、新疆东部和河西走廊地区年日照时数为2800～3400小时，为全国日照时数的高值区。

（4）西部生态脆弱地区是我国的生物资源宝库。西部地区的地域跨度大，各类气候地质状况都有，复杂的气候地质条件，高度的环境空间异质性，孕育了西部丰富的生物多样性，生态系统中植物和动物的种类繁多、数量巨大。因此，西部生态脆弱地区动植物资源的种类和数量都十分丰富，是我国各种生物资源的重要宝库。西部的多种气候条件，从寒温带、温带、暖温带、亚热带等，植被随气候条件相应变化，动物生活环境复杂多样，因而，动植物种类非常丰富，特产种类也比较多。全国55%以上的动物资源种类和60%以上植物资源种类都分布于西部地区，其中珍惜资源所占比例较大。西部的动植物资源一直给人类提供着食物、衣服、药材，甚至是工业原料，是我国在保健饮料、天然色素、香精香料、淀粉油脂、食用菌、中药材等方面的动植物资源宝库。

5.1.1.2　西部生态脆弱地区正面临着严峻的生态环境问题

目前，我国西部生态脆弱地区生态环境状况的特点可以概括为：生态系统普遍脆弱，生态保护能力较低，局部环境虽有改善，但总体生态仍在恶化，正面临着一系列严重的生态环境污染、自然生态恶化、生态功能退化等方面的问题。特别是西部城市的生态环境问题最为突出，污染治理水平较差，空气、水体及土壤的污染都较为严重，整体可持续发展能力较低，对中国整体生态环境构成威胁[136]。根据统计，全国80%的水土流失面积、81.43%的沙化面积和93.27%的草地“三化”面积都分布在西部地区。近年来我国出现的黄河断流、长江中下游洪水、沙尘暴灾害等问题都主要是西部地区生态退化累积作用的集中爆发。西部生态脆弱地区面临的生态环境问题主要表现在水土生态系统、森林生态系统、草原生态系统、生物生态系统等方面的不断退化。

（1）水土生态系统的不断退化。主要表现为水土流失和水资源短缺。西部地区是我国水土流失最严重的地区。2004年西部地区水土流失面积为284.8万平方公里，占全国当年水土流失总面积的80%，2005年西部地区水土流失趋势有所缓减，但流失面积仍达到了282.6万平方公里，占当年全国水土流失总面积的77%。水土流失和水源分布不均，导致了西部的水资源短缺。西部水资源总量虽有 15349. 1 亿立方米，但分布极为不均，西南地区占西部总水量的 82%。除四川盆地外，西部大部分地方水资源短缺。西北地区干旱少雨，水径流量非常低，水资源短缺的矛盾极为突出。西南地区则主要表现为区域性、季节性和工程性的短水。大面积的水土流失和水资源短缺，加上人类活动对生态环境的干扰以及对水体土壤的污染等，使西部生态脆弱地区水土生态系统不断退化，功能锐减。

(2)森林生态系统的不断退化。由于自然生态环境的演变和人类活动的影响，导致西部森林资源不断锐减，生态功能不断退化。目前我国西北地区除了秦岭和横断山脉外，大部分地区森林覆盖率过低，例如青海、新疆、宁夏、甘肃和西藏的森林覆盖率分别只有 0. 35%、0. 79%、1. 54%、4. 33% 和 5. 84%，大大低于全国平均水平。青海柴达木盆地原有固沙植被 200 多万 hm^2，由于过度采樵造成植被破坏，已有 33% 土地沙化。这些地区森林覆盖率的降低，已成为近几年来频繁发生沙尘暴的主要发源地。西南地区虽然具有丰富的森林资源，但森林资源破坏现象严重，一些岩溶山区还出现了严重的石漠化现象。森林生态系统呈现数量型增长与质量型下降并存的变化趋势，森林类型比例向不合理化方向演化，呈现出经济林占比上升和天然防护林占比下降趋势，森林的生态功能不断下降。

(3)草地生态系统的不断退化。由于人类的滥垦、滥牧、滥伐、滥采以及滥用水资源等，使得西部草原出现了大面积退化，每年的退化面积都在 0. 5% 左右。宁夏、陕西、甘肃和西藏的草原退化率分别高达 97. 37%、58. 55%、45. 17%、30. 36%，有些退化草场的牧畜超载率达到了 500% 以上；每年有 10 多万农牧民进入阿拉善，造成大面积草场破坏和功能退化。随着草原生态功能的不断退化，形成大面积的草地沙化。西北五省区和内蒙古是我国沙漠化最严重的地区，沙漠化总面积达 188 万平方公里，占全国沙化面积的 71. 32%。随着沙化面积的持续攀升，沙尘灾害的发生日趋频繁，影响的面积也不断扩大，几乎波及大半个中国。近年来的一些沙尘暴不仅袭击了西部、京津和华北的部分地区，就连长江以南的南京、上海等城市也受到不同程度的影响。

(5)生物生态系统的不断退化。由于西部地区自然条件恶劣，生态环境脆弱，随着水土生态系统、森林生态系统、草原生态系统的不断退化，导致西部植被生态系统失衡和动物生态系统退化。西部地区的许多生物种群濒临灭绝，野生动植物随着森林砍伐和草场开垦而涉临灭亡，使这些物种面临严峻的局面。以陕西为例，陕西有濒危植株 95 种，其中 45 种为国家重点保护植物，其中 4 种被定为濒危种，21 种为渐危种，20 种为稀有种。云南“西双版纳”素有“生物王国"之称,但是由于长期砍伐森林导致生态破坏严重,生物物种减少,大量珍稀动植物濒临灭绝,分布区域不断萎缩。据统计,我国有390多种野生动物濒临灭绝,而仅仅在新疆就有100种左右。新疆的野生双峰驼数量已不足200峰,新疆虎和高鼻羚羊已绝迹,全区有22.3%的野生动物物种受到威胁。

5.1.1.3　西部生态脆弱地区必须走可持续绿色发展之路

西部地区在我国极为特殊和重要的生态地位,及其所面临的极为严峻和持续恶化的生态状况等问题告诉我们,西部生态脆弱地区必须加强生态环境建设,必须加大生态环境保护,必须走可持续的绿色发展之路。西部地区生态环境问题主要还是由于人们不合理的经济行为造成的,经济活动对生态系统的过度侵扰造成了区域生态环境质量下降的问题,生态环境质量下降反过来吞噬了经济发展的成果,成为西部经济发展的制约因素。西部生态脆弱地区的生态恶化与经济落后(贫困)之间具有极强的相关性,二者互为因果,相互生成,相互强化,形成了累积效应,导致了生态恶化与经济贫困的恶性循环。要使西部生态脆弱地区实现经济发展与生态环境的相互和谐与良性循环,就不能走过去不可持续的"黑色发展"和"褐色发展"之路,而必须走可持续绿色发展之路。主要原因如下:

(1)传统的黑色发展之路已经走到了历史尽头。所谓"黑色发展"道路就是指西方国家所走过的大量使用和消耗石油、煤炭等黑色化石能源的工业化道路。西方发达国家的黑色工业化过程,在过去短短几百年的时间里已经消耗了地球上经过上亿年才沉积下来的大量黑色化石能源。据有关资料统计估算,目前地球上已探明的石油、天然气、煤炭的储量分别为10195亿桶、144万亿立方米、10316亿吨,可供开采的时间分别为43年、63年、231年。地球上的石油、天然气、煤炭已快消耗殆尽。尤其是近百年来工业革命在全球范围的勃兴,极大地加剧了矿物能源的消耗,按照最保守的估计,人类能够使用石油、煤炭的历史将在今后的200~300年终结。西部生态脆弱地区化石能源的储量十分有限,开采较为困难,而且很容易造成生态环境的破坏和生态的污染。因此,黑色发展道路没有出路。

(2)传统的褐色发展道路已使得地球不堪重负。所谓"褐色发展"道路是指传统工业化过程走过的高能耗、高污染、低效率的重化工,以及高消费、高消耗、高排放的工业化道路。西方国家及发达地区的传统工业化过程已经表明,褐色发展道路不仅大量消耗了地球上所稀缺的各种资源和能源,其排放的各种废弃物还对地球的资源环境造成了严重的污染,给地球的生态系统带来了严重的破坏。工业废气排放造成的严重大气污染和温室气体效应,使人类的生存环境持续恶化,各种气候性自然灾害频发。褐色发展产生的各种水体污染和各种固体有害废物,已使地球不堪重负,严重地威胁到了人类的生存环境。西部生态脆弱地区的生态环境十分脆弱,生态承载能力十分有限,若采用褐色发展必然会导致其生态系统的崩溃。因此,决不能走褐色发展之路。

(3)传统增长方式已造成西部生态环境恶化。在西部生态脆弱地区,由于贫困落后所产生出的强烈发展愿望,极容易导致急于求成的短期行为。自西部大开发战略实施以来,西部的许多地方纷纷采取赶超战略,虽然当地的经济有了明显的发展,但基本上都采用的是传统增长方式,走的是高投入、高消耗、高污染、低效益的粗放型发展道路。以土地换资金,以空间求发展,以资源和环境为代价,确实换取了GDP快速增长,但同时也带来了严重的资源环境问题,大量未来赖以发展的宝贵资源消耗殆尽,环境污染积重难返,生态承载力基本达到饱和,经济发展难以持续。实践经验表明,为了片面追求经济的数量增长,不惜以牺牲资源和环境为代价的赶超战略不仅不能缩小差距,甚至会造成生态环境的严重破坏和资源的极大浪费[137],对西部地区的发展构成了严重的威胁。

(4)可持续绿色发展才是西部发展的必由之路。西部生态脆弱地区的生态环境一旦遭到破坏,其资源优势也会自动丧失,牺牲自然环境等于自我毁灭,需要付出沉重的代价,也将会失去永久的效益。西部生态脆弱地区的发展,既不能盲目仿效东部经济发展的模式,也不能走浪费资源、破坏生态,先污染、后治理的老路,而必须根据自身优势,走一条可持续的绿色发展之路。绿色发展是将产业的市场化和生态化进行有机结合,充分体现自然资源价值和生态环境价值,在高新技术为支撑下,采用新型的生态化产业组织模式,使产业经济发展与自然生态环境相互和谐,从而获得经济效益和生态效益的双收益[138]。只有走绿色发展之路,西部生态脆弱地区才能在利用资源禀赋的同时,实现生态的良性循环和资源的永续利用,才能真正实现可持续发展。

5.1.2 历史任务之二:必须实现跨越式快速发展

自新中国成立年以来,特别是改革开放三十多年以来,西部地区经济发展虽然取得了卓越成就,但是仍然存在贫困面积大、扶贫攻坚难、与东部地区差距越拉越大等问题。在新的历史条件下,要想尽快缩小与东中部发达地区的差距,西部生态脆弱地区就必须走跨越式发展道路,实现跨越式快速发展。

5.1.2.1 西部生态脆弱地区在全国经济系统中的重要地位

西部生态脆弱地区在全国的经济系统中具有重要的战略地位。特别是自西部大开发以来,西部地区在全国经济发展中的作用和影响日益突出,呈现出快速强劲的发展态势,连续7年的发展速度都超过了东部地区,地区综合经济实力大幅提升,在全国经济大盘中的GDP占比也有所增加,从2004年的17.08%增加到2012年的21.93%,增长了4.85个百分点。随着西部地区成渝、关天、北海等多个经济区的相继建立,以及西部地区在航空、机电、化工、装备、汽车、信息等一大批高新技术产业的发展,西部地区的总体经济实力和地区影响力也在逐渐增强。此外,西部地区作为中国经济发展的战略纵深地带,在解决中国新一轮长线发展中所面临的资源短缺、产业转移、内需增长、均衡发展等方面的一系列战略难题中,将扮演极为重要的角色,发挥十分重要的作用。

(1)在解决我国资源瓶颈中的地位和作用。经过改革开放以来的快速发展,我国已成为世界第二经济大国,诸多重要基础产业的产量规模已在世界上名列前茅。然而,资源约束的矛盾却越来越突出。经过多年的不断勘探开发,我国自然资源禀赋的"家底"已经基本摸清,存量资源的总体状况并不乐观。在45种主要工业矿产品中,我国有25种是严重短缺的。资源短缺已成为我国经济进一步发展的瓶颈。虽然可以通过更大程度地利用国际市场来解决,但由于国际环境的动荡性和国际市场的波动性,无法保证其稳定性和可靠性。而西部地区作为我国最重要的后备资源富集地,蕴藏着大量的能源和矿产资源,我国实施的"西电东送"和"西气东输"工程,就是为了把西部地区已经开发的能源资源输送到东部地区。西部资源已经成为我国经济整体实现持续增长的最重要支柱之一。

(2)在承接东部产业转移中的地位和作用。东部地区经过30多年的高速发展,随着土地成本、人力成本等生产要素成本的不断上升,已进入到了经济发展规律的结构调整和产业转移阶段。西部地区作为我国的一个后发展地区,由于拥有包括自然资源、市场、科技等在内的各种后发优势,因而在我国经济结构调整中,可以在承接产业转移,改善经济结构方面发挥重要作用。西部地区经过10多年西部大开发战略的实施,无论是在基础设施建设,还是在建立产业支撑体系等方面都取得了重大进展,为承接东部产业转移奠定了坚实的基础。随着西部地区几十个国家级产业开发区和几百个工业园区的建立,标志着西部地区承接发达地区产业转移的能力已经具备。西部地区在我国新一轮的经济结构调整中,将肩负起承接产业转移、改善经济结构的历史重任。

(3)在扩大国内需求增长中的地位和作用。在我国经济结构的诸多矛盾中,供需结构矛盾最为突出。由美国金融危机引致的世界经济危机,使我国的外向型经济的发展遇到了极为严峻的挑战。供需结构失衡的问题已成为阻碍我国经济平稳快速发展的最主要矛盾,扩大国内需求改善供需结构,已成为我国经济发展的迫切任务。西部地区不但土地广袤，而且拥有近4亿人口，是一个开发程度虽然不高，但发展潜力十分巨大的市场。虽然基础设施仍然比较落后，城乡居民人均消费支出较低，但其扩大投资和消费空间巨大。不论从投资还是消费的角度看，西部都将是我国经济发展中需求增长潜力最大的区域。在某种意义上说，在扩大内需的战略中，西部地区将在新增需求中占据越来越大的比重。因此，西部地区将在我国经济结构调整中承担起扩大内需的主要任务。

(4)在实现区域均衡发展中的地位和作用。改革开放以来的高速发展，已使我国的整体经济实力有了很大提升，然而我国经济发展中的区域平衡、社会公平等方面的问题也日趋突出。东西部地区经济发展的差距和矛盾，已日益成为我国宏观经济运行中的一个突出问题。中国经济能否保持持续、稳定的长波增长，一个关键因素就是能否在较短的时间内解决好东西部均衡发展问题。特别是西部生态脆弱地区，生态脆弱与经济贫困共存，经济状况远低于全国平均水平，相当一部分群众仅仅解决了温饱，还没有完全摆脱贫困，而且贫困面积较大，减贫攻坚任务艰巨。因此，尽快缩小东西部差距，实现区域经济的协调发展，使西部地区与全国一道同步建成小康社会，已成为我国新一轮发展的紧迫任务。西部生态脆弱地区的加快发展，对促进我国的区域均衡具有十分重要的意义。

5.1.2.2 西部生态脆弱地区发展过程中存在的主要问题

自西部大开发战略实施以来，西部地区得到了飞速发展，取得了显著成就。特别是自新一轮西部大开发实施以来，西部地区的整体发展速度有了极大提升，整体实力有所增强，呈现出强劲的发展势头。国家重点规划建设的许多工程和项目，已经开始发挥经济效益、社会效益和生态效益。特别是在基础设施建设、生态环境建设、居民生活水平不断提高等方面的成绩较为突出。西部地区的产业结构调整有了一定提升，经济效益和自我发展能力也有了一定增强。然而，由于西部地区经济发展的长期滞后，总体的生产力水平仍然较低，还没有能够完全摆脱传统增长模式和过度依赖自然资源的状况。对西部生态脆弱地区来说，发展差距问题、区域贫困问题、效率低下问题、资源环境问题等经济发展中的旧矛盾和旧问题仍然存在，有些问题还十分突出，主要表现在：

(1)发展差距问题依然明显。从前面章节的研究结果可以看出，西部生态脆弱地区的经济，虽然自西部大开发以后有了较大发展。无论是区域经济总量、人均GDP、经济增长率，还是城市农村居民的人均可支配收入和消费水平都有了大幅度的提高。但西部地区的各种发展指标与东部发达地区相比的差距仍然十分明显,特别是在经济发展总量、人均 GDP 和人均可支配收入等方面的差距极为巨大,而且各项指标的绝对值差距还呈现出了越拉越大的趋势。此外,西部生态脆弱地区在产业结构优化、生产技术条件、生产力水平、市场化程度、工业化水平、城市化进程,以及地方财政收入、外资引进利用、基础设施状况、交通运输能力、医疗卫生条件、文化教育水平、公共社会保障等方面的许多指标,都低于与国内的其他地区,这造成与东部地区的差距更为巨大。

(2)区域贫困问题非常突出。西部生态脆弱地区的贫困问题非常突出,主要表现为贫困人口多、贫困面积大、贫困程度深。需要国家重点扶持的重点贫困区域、贫困县、贫困村数量众多。目前全国 592 个国家扶贫开发重点县中,西部有 375 个,占国家扶贫开发重点县总数的 63.3%。全国有 14.81 万个贫困村,其中西部有 74301 个,占贫困村总数的 50.2%。西部生态脆弱地区的贫困人口多,贫困发生率高,其贫困人口从 2000 年的 1632 万增加到 2009 年的 2372 万,占比由 2000 年的 50.8% 上升到 2009 年的 65.9%,呈现出上升趋势。2009 年西部地区贫困发生率为 8.3%,远远高于全国 3.8% 的平均水平,高于东部、中部的 0.5% 和 3.3%,贫困发生率超过 5% 以上的省份有贵州、云南、西藏、陕西、青海、甘肃、新疆。其中,少数民族贫困问题尤其突出。

(3)效率低下问题仍然存在。由于产业结构不合理、技术工艺较落后,组织模式不科学等,使得西部生态脆弱地区的产业效率低下。主要表现为:①价值链低端徘徊。西部多为资源型产业,原材料等初级产品的比重较大,产品处于产业价值链低端,价值增值不高,转型升级缓慢,长期在低端徘徊。②生产力水平低。由于生产技术低下、工艺设备落后、生产组织不合理、缺乏高素质的人才,技术创新能力较弱等,导致企业的生产力水平较低。③产业竞争力不足。随着能源矿产等资源大量消耗,开发难度在不断加大,过度依赖自然资源发展的传统产业面临巨大的成本压力,导致产业竞争力不足。④产业发展不平衡。由于西部地区长期以来是我国军事、能源等重工业基地,路径依赖性使得西部产业发展十分不合理,即重工业发达,轻工业发展滞后。

(4)资源环境问题十分严峻。西部生态地区采用的传统产业生产组织模式,主要依赖于粗放式、掠夺式、高投入、高排放的落后生产方式,从而导致产业生产过程中的开采利用率不高、资源浪费巨大、环境污染严重、生态恶化严峻等方面的一系列问题,使得资源环境问题十分突出[139]。最突出的表现在以下几个方面:①企业的规模过小和生产较为分散,导致自然资源大量浪费。②企业间的专业化分工协作较差,导致资源利用率不高。③产业链较短以及耦合度较低,导致资源不能得到充分利用。④产品结构比较单一,没有形成完整的产业生态链条,导致工业三废污染非常严重。⑤西部全能型企业居多,副产品资源化和无害化处理能力较弱,对生态环境的危害较大。⑥分散孤立的众多中小企业,没有环保配套能力,形成了西部地区的小企业大污染的局面。

5.1.2.3 西部生态脆弱地区必须走跨越式快速发展之路

历史的经验已经表明,发展是硬道理,解决发展中各种问题的根本出路是发展。因此,要解决西部生态脆弱地区发展过程中存在的各种问题(包括经济问题和生态问题),必须依靠发展。西部生态脆弱地区的社会经济发展水平,大多还处于工业化发展的初期,经济落后和生态贫困仍然是其面临的最突出和最主要问题,加快发展是其最紧迫的第一要务。大量需要脱贫致富的区域和人口,以及贫瘠脆弱的自然生态环境,使西部生态脆弱地区脱贫攻坚的任务十分艰巨。党的十八大已经提出了要在2020年前把我国全面建成小康社会的奋斗目标,西部生态脆弱地区必须跟上全国的发展步伐。面对与东部地区越来越大的发展差距,西部生态脆弱地区只有加快发展,才能在2020年前与全国其他省区一道同步进入小康社会。因此,西部生态脆弱地区必须走跨越式快速发展之路。

(1)西部生态脆弱地区不能走跟随发展之路。由于历史自然、区位地域以及各种固有条件的限制,西部生态脆弱地区的发展速度较慢,无论是在经济总量和发展实力上,还是经济环境和发展条件上,都与东部地区存在着巨大差距。如果西部生态脆弱地区,采用跟随发展的战略,亦步亦趋地跟随东部地区发展,则会由于马太效应与齿轮效应的作用,使两者的差距越拉越大。自西部大开发以来,东西部地区的这种差距不仅没有缩小,反而越拉越大呈不断扩大的趋势,就充分说明了这一点。经过简单的计算可以得出,西部地区即使与东部地区保持相同的增长速度,其差距也会按指数规律逐年增大。假定东西部人均GDP都按9%的年增长率计算,则5年后的东西部差距将扩大到原差距的1.54倍,10年后将达到2.37倍。因此西部生态脆弱地区不能走跟随发展之路。

(2)西部生态脆弱地区必须走快速发展之路。西部生态脆弱地区的经济落后,而且贫困面大,而且减贫发展的任务艰巨,要想缩短与东部地区差距,就必须加快发展步伐。从表5-1中的测算情况来看,假设全国和东部地区每年的人均GDP增长速度为8%并保持不变,西部地区每年的人均GDP增长速度分别比之高出1、2、3、4个百分点,即分别为9%、10%、11%、12%的情况下,西部地区赶上全国平均水平的时间分别为45年、23年、15年、11年,赶上东部地区的时间则为105年、54年、36年、27年。西部要快速发展,东部也在快速发展,综合起来看,即使西部地区始终保持高于东部地区4个百分点以上的发展速度,也需要 20 ~ 30 年才能赶上东部的发展水平。因此,西部地区要想尽快缩小与东部地区的发展差距,就必须走快速发展之路。

表 5 – 1　西部人均 GDP 赶上全国和东部所需的时间测算

区域	指标	1	2	3	4
全国	人均 GDP 增长速度	8%	8%	8%	8%
东部	人均 GDP 增长速度	8%	8%	8%	8%
西部	人均 GDP 增长速度	9%	10%	11%	12%
西部	赶上全国所需时间	45 年	23 年	15 年	11 年
西部	赶上东部所需时间	105 年	54 年	36 年	27 年

计算基准:以 2000 年的相关数据为基准

(3)西部生态脆弱地区不能走传统发展之路。传统发展道路包括西方发达国家走过的传统工业化道路和计划经济国家走过的传统工业化道路。西方发达国家的工业化过程主要依赖的是从殖民地国家掠夺大量的能源、原材料和各种财富,向其殖民地和世界各国大量倾销其产品,片面强调机械化与自动化,致使失业问题严重、贫富差距拉大、经济社会动荡,其先污染后治理的发展模式,造成了自然资源的大量消耗和生态环境的严重污染。而计划经济国家的传统工业化走了一条由国家计划推动,重化工业优先发展、以粗放型增长方式为主、过分追求高速度、排斥城市化、片面强调自力更生的工业化道路。这两种传统发展道路存在的弊端,给社会经济的和谐以及资源环境的可持续发展都带来了严重的负面影响。因此,西部生态脆弱地区绝不能走传统工业化发展道路。

(4)西部生态脆弱地区必须走跨越发展之路。跨越式发展是指在一定历史条件下,落后者在追赶先行者的过程中,通过科学技术和发展模式的创新,跨越先行者走过的某个发展阶段或某种发展模式,从而实现赶超的超常规行为。历史的经验已经表明,传统发展模式不能解决西部的问题,特别是产业集群的出现使得区域发展的梯度转移理论不再成立,以比较优势理论为依托的梯度发展模式不再现实。西部生态脆弱地区如果仍然按照常规模式,循规蹈矩、按部就班地发展,永远不可能缩短与东部发达地区之间的差距,而且还可能越拉越大,永远陷入被动落后的恶性循环之中。因此,西部生态脆弱地区必须另辟蹊径,走超常规的跨越式快速发展之路,通过产业组织模式和体制机制的创新,实现对传统发展模式、发展速度和发展阶段的跨越,从而缩小与发达地区的差距。

5.1.3 两类产业组织模式及其综合效益的比较

传统的产业生产组织模式，无法从根本上解决西部生态脆弱地区发展所面临的资源环境问题和产业效率问题。循环经济模式具有较好的资源环境效益，产业集群模式则有很高的生产经营效率。通过对两者经济效益、生态效益和综合效益的深入比较分析，可以为新型产业组织模式选择提供重要的理论依据。

5.1.3.1 循环经济——可持续绿色发展的产业组织模式

从前面讨论分析可知，西部生态脆弱地区的发展正面临着严峻的资源环境和生态恶化问题。传统的发展方式及其直线开放型的生产组织模式，依赖于粗放型、掠夺式的生产方式，规模分散和粗放低效的生产过程，只注重生产环节的价值增值，不重视生产过程的环境效益。线性的一次性原料使用模式和低效生产方式，必然导致资源的利用率不高和资源的浪费严重，造成自然资源的大量投入和大量消耗，废弃物质的大量产生和大量排放，给区域的自然资源和生态环境带来严重的负面影响。因此，直线开放型生产组织模式不具有可持续性。而循环经济模式，属于循环闭合型的生产组织模式，能够有效地解决资源环境问题，具有良好的生态环境效益，是一种可持续的绿色生产组织模式。循环经济模式的优势特征和环境效益主要表现在以下几个方面：

(1)能够有效地实现资源的循环和高效的利用。循环经济侧重于在整个产业生产过程中的物质循环应用，强调资源的循环利用和高效利用。该生产组织模式把资源综合利用、清洁生产、生态设计和可持续消费融为一体，根据生态规律和经济规律，对产业生态环节进行规划，对生产经营活动进行设计，通过重构产业生产体系，形成不同企业间具有资源共享和副产品互换关系的产业共生组合，将上游的废弃物作为下游生产的原材料，实现废物的综合利用和各类资源的循环利用。循环经济中的物质运行是以“资源投入→生产转化→再生资源→资源投入”不断往复的循环流动为特征，使资源在整个生产过程中被多次重复利用和反复循环利用，使各类物质和能量在生产流程中得到多层次利用和梯级利用，从而大大提高物质资源的利用率。

(2)能够有效降低过程资源和存量资源的消耗。循环经济模式以“减量化、再利用、再循环、资源化和无害化”为原则，要求在整个生产过程中尽最大的可能节约物质资源，通过低碳技术、绿色技术、循环技术等先进生态技术的运用，将每个生产环节都与前后项环节或领域进行物质和能量的优化配置，形成物质资源的生态循环，大大提高了物质资源的利用率，降低了生产过程中对资源的消耗。企业对副产品进行再吸收和再利用，产生的废弃物在经过资源化后又作为原料重新进入到下一轮生产环节，或作为原料进入另一类生产过程，一个企业的副产品或废弃物作为另一个企业的生产原料，使物质和能量资源在整个生产环节的利用率大为提高，减少了整个生产过程对资源的需求量，从而降低了整个产业系统对存量资源的消耗。

(3)能够有效地避免环境的污染和生态的恶化。循环经济模式不仅能够减少对存量资源的开发，延长有限资源的利用期限，还可以有效减少最终剩余物质的产生，使产业剩余物最小化。产业剩余物是指产业生产过程中产生的，直接排放到环境中对环境造成一定影响的物质。产业剩余物最小化是以降低产业生产对环境侵害压力为前提，通过技术创新和工艺改进，在生产过程中将潜在生产剩余物数量和有害性降到最低，减少整个生产过程中最终剩余物的产生和排放。通过无害化处置对既成的剩余物进行物理上的变性，从而大大地减少产业生产过程对生态环境造成的干扰和影响，以及有害物质排放对生态环境造成的污染和破坏。即使有极少量最终剩余物质的排放，也是在自然生态系统能够自行调节和吸纳的范围内，从而避免了自然生态系统的恶化。

(4)能够促进生态环境改善和生态功能的恢复。采用循环经济模式，可以在不同企业之间、不同产业之间、不同行业间建立起产业联系，在整个区域内形成产业生态链，一个产业或行业企业的废弃物就可以成为其他产业或行业企业的资源，通过这种产业生态链关系的形成和延伸，使得副产品和废弃物尽可能在区域系统内部被消化吸收，从而在整个区域内极少产生废弃物质甚至不产生废弃物质。使整个区域产业系统不存在有害物质的排放，即使有极少无害的最终剩余物排放，也远远低于自然生态系统的自我消纳和自我净化能力，使人类生产活动对生态环境的负面影响极微。在人类活动干扰较小的情况下，自然生态系统的自我修复功能会发挥作用，随着时间的推移，区域生态环境会不断改善，一些退化的生态功能也会逐渐得到恢复。

5.1.3.2　产业集群——跨越式快速发展的产业组织模式

西部生态脆弱地区经济落后的集中表现是产业落后，而产业落后又主要体现在产业结构的支离分散和低端化、产业集中度不够、产业效率低下、经济效益较差、发展速度缓慢，以及技术工艺落后、创新能力不够、综合竞争力弱等方面。究其根本原因还是产业组织模式的不科学。要使西部地区尽快赶上全国发展步伐，走出经济洼地，实现跨越式快速发展，必须选择高效有序且具有竞争优势的产业组织模式。产业集群模式具有集聚优势和提高产业效率的优势，能使产业在特定区域内集中化、网络化和根植化，促进产业结构的调整和优化，提升区域产业的技术创新能力和区域产业的生产经营效率，形成产业竞争优势和区域竞争力,带动区域经济跨越式快速发展,是一种可实现跨越式快速发展的产业组织模式。产业集群模式的特征优势和产业效率主要表现在以下几个方面:

(1)能够有效提高区域产业集中度和产业关联度。产业集群实际上是将产业发展与区域经济通过分工专业化与交易的便利性有效地结合起来,大量的相关企业及其相关机构群集在特定的空间范围上,可以通过延长产业链条使产业完整度提升,通过产业聚集使产业集中度提升,通过功能配套使产业关联度提升,通过制造业与服务业互动使产业融合度提升。随着产业完整度、集中度、关联度、融合度的不断提升,给集群企业带来的规模经济价值也在不断增大,使集群企业从中获得更高的规模经济效益。任何一个新企业进入集群,都会增加当地原有企业利用分工网络的好处。供应商的进入,能为生产企业提供更多的供货服务;生产商的进入,能为供应商带来更多的市场。随着集群企业的增多和产业集中度的提高,集群内的分工更细,专业化程度更高,形成的关联度也就越大。

(2)能够有效促进区域产业的优化和效率的提升。产业集群对外部交易条件和市场环境变化有较强的自我适应性和自我调节能力,其构成要素和组织结构可以根据复杂多变的市场竞争环境,不断灵活地进行重新组合和自适应调整,通过内部细密的专业化分工与协作,使集群企业成为高新技术设备的受益者或协同者,从而以较低成本获得产业的整体升级和产业的结构优化。产业集群使得同一行业的生产要素、人力资源等聚集在同一区域,可避免区域内的盲目重复建设和浪费行为的相互比拼,使经济资源自动远离单打独斗的产业,转向产业集群集中,实现合理分工。随着专业化分工的细化及扩散效应的扩大,不断推动市场供应的增加与生产要素质量的提升,所形成的分工与协作网络、劳动力共享市场、边干边学机制等,大大提高了企业生产率和整个产业的效率。

(3)能够有效提升产业创新能力和区域竞争优势。产业集群形成的资源共享、专业化分工协作,以及社会关系网络,扩大了集群企业可以利用资源的边界,加速了知识和技术的交流与转移,容易使集群企业形成专业知识、生产技能、市场信息等方面的累积效应。同时企业也时刻面临同行竞争的压力,使集群内的企业时刻保持创新的动力。集群环境产生的激励与评估作用,率先创新企业获得的超额利润,以及集群创新网络形成的良好创新环境与激励创新氛围,有效地提升了集群整体的产业创新能力。产业集群的不断创新,可以有效提高资源配置效率和产业生产效率,形成的自我强化和自我协调机制,不断协调和发展产业竞争力、基础竞争力和环境竞争力等,从而提高整个集群区域的竞争水平。从而在整合力、竞争力、吸引力和影响力等方面形成整体竞争优势。

(4)能够有效带动区域经济的跨越式快速发展。产业集群可以极大地优化社会资源配置,促进中小企业发展,更好地发展区域特色经济,推动区域经济的整体发展。作为新型工业化实现的重要载体,产业集群模式独特的产业效率和竞争优势,对区域经济的发展具有强劲的带动作用,能够有效带动区域经济的跨越式地快速发展。产业集群是指具有相互关联的企业及其相关机构在特定空间上群集,会在特定的空间上产生新的增长极,从而跨越了区域产业自身缓慢累积的增长阶段,在集群的外部性和整体优势的作用下,通过极化效应和乘数效应,使各类资源和产业要素向集群不断聚集,集群内部的企业或产业得到快速增长。在集群产业得到快速发展的同时,还能通过扩散效应和辐射效应,带动周边地区经济的增长,从而有效地带动整个区域经济体的快速发展。

5.1.3.3　循环经济模式与产业集群模式的效益差异

循环经济模式和产业集群模式各自都有其不同的优点和不足,在此,我们通过一个综合效益模型来对两者的差异性进行比较分析。

(1)产业组织模式的效益模型假设:

①任何一种产业生产经营组织模式的综合效益 Y 都包含有产业经济效益 Y_J 和环境生态效益 Y_S 两个部分,即:

$$Y = Y_J + Y_S \tag{5.1}$$

②经济效益 Y_J(在一定程度上可用产量来衡量)的变化和增长规律服从科布－道格拉斯(Cobb－Douglas)生产函数,即:

$$Y_J(t) = C_J N^{\alpha}(RK)^{1-\alpha} = C_J \lambda e^{(1-\alpha)gt} \quad (0<\alpha<1) \tag{5.2}$$

在整个产业组织的总资本 N 不变的情况下,要素效率 R 反映了区域生产力水平,在一定的时期内为常数,技术经济要素 K 受人力资源、科技进步、知识创新等因素的影响,并呈指数增长,即 $K=K_0e^{gt}$,g 是其增长率,α 为弹性系数,λ 为常数,C_J 为相应的效益量纲系数。

③生态效益 Y_S(在一定程度上可用资源环境的补偿收益来衡量)的变化和增长规律服从逻辑斯谛(Logistic)生态函数,即:

$$Y_S(t) = C_S \frac{M_S X_S^0 e^{r_s t}}{(M_S - X_S^0) + X_S^0 e^{r_s t}} \tag{5.3}$$

其中 M_S 相应组织模式生态效益的资源环境最大容量,X^0 为其生态效益的初始值,r 为增长率,C_S 为其相应的量纲系数。

④用A代表以产业集群组织模式运行的产业组织体,B代表以循环经济组织模式运行的产业组织体,则这两种产业组织体的综合效益可分别表为:

$$Y_A(t) = Y_{AJ} + Y_{AS} = C_{AJ}\lambda_A e^{(1-\alpha_A)g_A t} + C_{AS}\frac{M_{AS}X_{AS}^0 e^{r_{AS}t}}{(M_{AS} - X_{AS}^0) + X_{AS}^0 e^{r_{AS}t}} \quad (5.4)$$

$$Y_B(t) = Y_{BJ} + Y_{BS} = C_{BJ}\lambda_B e^{(1-\alpha_B)g_B t} + C_{BS}\frac{M_{BS}X_{BS}^0 e^{r_{BS}t}}{(M_{BS} - X_{BS}^0) + X_{BS}^0 e^{r_{BS}t}} \quad (5.5)$$

(2)两种产业组织模式下企业的经济效益比较分析。根据上述模型,可分别得到产业集群和循环经济两种模式的经济效益函数:

$$Y_{AJ}(t) = C_{AJ}\lambda_A e^{(1-\alpha_A)g_A t} \quad (0<\alpha_A<1) \quad (5.6)$$

$$Y_{BJ}(t) = C_{BJ}\lambda_B e^{(1-\alpha_B)g_B t} \quad (0<\alpha_B<1) \quad (5.7)$$

为便于比较,假定产业集群模式和循环经济模式两者的产业规模相等(在一定意义上可理解为两者的总资本相等),即都处于相同生产力发展水平的地区,两者的弹性系数和量纲系数相等,即有:

$$R_A = R_B; C_{AJ} = C_{BJ}; \alpha_A = \alpha_B \quad (5.8)$$

由于产业集群体中的企业比循环经济体中的企业具有更强的竞争性,产业集群体比循环经济体具有更强的创新优势和产业效率,使得产业集群体中的经济技术要素比循环经济体中的经济技术要素具有更大的增长率,即:

$$g_A \geqslant g_B \quad (5.9)$$

由(5.8)和(5.9)式可知:

$$(1-\alpha_B)g_B \leqslant (1-\alpha_A)g_A \quad (5.10)$$

此时,由(5.6)和(5.7)式,并注意到(5.8)式后,可得出:

$$\lim_{t\to\infty}\frac{Y_{BJ}(t)}{Y_{AJ}(t)} = \lim_{t\to\infty}\frac{\lambda_B}{\lambda_A}e^{[(1-\alpha_B)g_B-(1-\alpha_A)g_A]t} = 0 \quad (5.11)$$

故存在充分小的 $\varepsilon_1>0$ 使得:

$$Y_{BJ}(t) < \varepsilon_1 Y_{AJ}(t) \quad (t\to\infty) \quad (5.12)$$

即,当 $t\to\infty$ 时,有:

$$Y_{BJ}(t) << Y_{AJ}(t) \quad (5.13)$$

该结果表明,在满足(5.10)式的条件下,随着时间的发展,以产业集群组织模式运行的产业经济效益将远大于以循环经济组织模式运行的产业经济效益。

(3)两种产业组织模式企业的生态效益比较分析。由(5.3)式和(5.4)式,可以分别得产业集群组织模式和循环经济组织模式的生态效益函数:

$$Y_{AS}(t) = C_{AS}\frac{M_{AS}X_{AS}^0 e^{r_{AS}t}}{(M_{AS} - X_{AS}^0) + X_{AS}^0 e^{r_{AS}t}} \quad (5.14)$$

$$Y_{BS}(t) = C_{BS}\frac{M_{BS}X_{BS}^0 e^{r_{BS}t}}{(M_{BS} - X_{BS}^0) + X_{BS}^0 e^{r_{BS}t}} \quad (5.15)$$

其中 M_{AS},M_{BS}分别为两者对应的资源环境的生态效益最大容量,r_{AS},r_{BS}为两者生态效益增长率,X_{AS}^0,X_{BS}^0为两者对应的生态效益初始值。

假定两种组织模式的产业组织体处于同一区位,资源环境条件相同,两者的生态效益量纲系数相等。而以循环经济模式运行的产业组织体资源环境的生态效益容量要大于以产业集群模式运行的产业组织体资源环境的生态效益容量,即:

$$C_{AS}=C_{BS};M_{AS}<M_{BS} \tag{5.16}$$

由于循环经济模式采用物质能量多重循环,能够实现资源的高效利用,而且对生态环境的负面影响要小于一般的产业集群模式,因此,以循环经济模式运行的产业组织体的生态效益增长率要大于以产业集群模式运行的产业组织体的生态效益增长率,即:

$$r_{AS}<r_{BS} \tag{5.17}$$

根据(5.14)和(5.15)式,并注意到(5.16)和(5.17)式后可导出:

$$\lim_{t\to\infty}\frac{Y_{AS}(t)}{Y_{BS}(t)}=\lim_{t\to\infty}\frac{C_{AS}M_{AS}X_{AS}^0[(M_{BS}-X_{BS}^0)e^{-r_{BS}t}+X_{BS}^0]}{C_{BS}M_{BS}X_{BS}^0[(M_{AS}-X_{AS}^0)e^{-r_{AS}t}+X_{AS}^0]}e^{2(r_{AS}-r_{BS})t} \tag{5.18}$$

故存在充分小的 $\varepsilon_2>0$,使得:

$$Y_{AS}(t)<\varepsilon_2 Y_{BS}(t)\quad(t\to\infty) \tag{5.19}$$

即,当 $t\to\infty$ 时,有:

$$Y_{AS}(t)<<Y_{BS}(t) \tag{5.20}$$

该结果表明,在满足(5.17)式的条件下,随着时间的发展,以循环经济模式运行的产业组织体的生态效益将远远大于以产业集群组织模式运行的产业组织体的生态效益。

(4)两种产业组织模式的综合效益。由以上分析可以看出,对产业集群模式而言,虽然具有很好的产业效率和竞争优势,可以获得较高的产业经济效益,但由于生产过程中没有充分考虑环境的因素,还存在资源和能源消耗过高和环境污染的情况,一些企业排放的生产废弃物也不能得到有效处理和充分利用,使其环境生态效益不够好,即产业集群生产模式的综合效益不能达到最佳状态。对循环经济模式而言,虽然其注重生产过程中物质资源的高效利用和废弃物的有效处理,具有较高的环境生态效益,但由于循环产业链是由不同产业(企业)间的生产废弃物和生产原料衔接而成,市场比较单一,企业间也缺乏竞争活力,加之绿色技术及生产成本的原因,导致其生产效率和经济效益较低,即单纯循环生产模式的综合效益也不能达到最佳状态。因此,无论是传统产业集群模式还是单纯循环经济模式,都不能综合效益最好的产业组织模式。

5.2 西部生态脆弱地区循环经济的发展状况及制约因素

循环经济是西部生态脆弱地区实现可持续绿色发展的一条有效途径，而构建产业生态园则是实现循环经济模式的重要形式。目前西部生态脆弱地区的许多城市都已经开始积极推进循环经济生产和产业生态园区建设，然而在推进循环经济和生态园区建设的过程中，还存在着一些需要克服的问题。

5.2.1 西部生态脆弱地区循环经济模式推行情况

在全球低碳经济和绿色经济浪潮的推动下，进入新世纪后西部许多地区也同全国一样，积极开展了循环经济的试点探索，并在一定程度上进行了推广，为西部生态脆弱地区广泛发展循环经济积累了经验、奠定了基础。

5.2.1.1 西部生态脆弱地区循环经济发展的缩影

自循环经济模式引入国内以后，在全国范围内得到积极地推广。虽然西部地区经济发展比较落后，但在政府的积极引导和大力推动下，循环经济在西部三大生态脆弱区内都开展了试点，并在一定的范围内得到了推广和发展。西北干旱及沙漠化生态脆弱区域内的陕西、甘肃、宁夏、新疆、内蒙等省区，西南山地及石漠化生态脆弱区域内的四川、贵州、云南、重庆、广西等省区，青藏高寒复合侵蚀生态脆弱区内域的西藏、青海等省区，都根据自身区域特点及产业发展实际，制定了发展循环经济的规划，出台了相应的扶持政策和鼓励措施，积极开展了不同领域和不同层面的循环经济试点推进和推广建设工作，取得了一些可喜的成效。下面分别以三大生态脆弱区的典型代表陕西、贵州、青海为例，来分析西部生态脆弱地区循环经济的发展状况。

(1)陕西循环经济试点及发展情况。陕西省2004年就开始着手发展循环经济，在重点行业、重点园区及重点地市选择了29家单位开展循环经济试点工作，支持企业循环式生产，鼓励产业循环式组合，促进区域经济循环式发展，按照城市、园区、企业三个层次开展循环经济试点示范，并取得了一些显著的效果。比如龙钢集团基本实现了高炉、焦炉和转炉煤气的“零放散”，当年产生的冶金废渣全部实现回收利用，水资源循环利用率达到90%。西安汉斯集团固体废物的利用率达到100%，水循环利用率达到86%。同时，在火力发电、石油化工、钢铁有色、煤化工、建材、造纸、印染、食品、医药等高耗水行业的重点企业中有30多家的废水实现了循环利用，榆林国华能源公司、中钢西安重机公司等一批在省内有影响的企业达到了污水"零排放"。全省工业用水循环利用率达60%以上。

(2)贵州循环经济试点及发展情况。贵州省是我国开展循环经济试点较早的省份。2002 年初就开始了循环经济型生态城市建设,当年贵阳就被国家列为我国首个循环经济型试点城市,2004 年联合国环境规划署将贵阳确定为全球唯一的循环经济试点城市。2007 年出台了《促进循环经济发展的若干意见》,积极探索和推进循环经济发展,在推动试点示范、综合利用资源、推行清洁生产和促进能源原材料等特色优势产业可持续发展方面取得了积极成效。特别是在铝及铝工业、磷及磷化工、煤及煤化工、煤电一体化等方面的成效显著。继六盘水等被列为国家级试点城市后,遵义、铜仁、龙里等地的多个项目也被列为国家级循环经济示范试点单位,开阳磷矿、宏福磷矿、赤天化纸业等一批大型国有企业被国家列为循环经济试点企业。所有的试点项目都取得了很好的生态效益。

(3)青海循环经济试点及发展情况。青海省于 2003 年开始起步,从资源节约、综合利用和清洁生产等方面入手进行循环经济的试点和推广。先后出台了一系列的相关举措,来推进循环经济的试点和推广。在青海益德集团和青海酒业集团进行了清洁生产试点及其经验推广;通过在 30 户省属重点企业进行节能降耗和综合利用技术推广,提高了冶金、建材、化工医药等重点耗能企业的资源综合利用水平。此外,循环利用矿产资源、盐湖化工循环经济、潜在资源开发等方面的成效也十分突出。2010 年国家发改委正式批准了《青海省柴达木循环经济试验区总体规划》,重点规划建设格尔木工业园、德令哈工业园、乌兰工业园、大柴旦工业园等四个循环经济工业园,构建以盐湖化工为核心的六大循环经济主导产业体系,形成资源、产业和产品多层面联动发展的循环型产业格局。

西部生态脆弱地区内的各省区,除了都在一些重点耗能污染的工矿企业开展循环经济试点和推广外,还在农林牧等领域积极探索适合自身实际的循环经济模式。例如甘肃河西地区的点、线、面农业循环经济发展模式[140],宁夏的循环种养、沼气开发、秸秆利用等方面的循环经济模式,新疆伊晋县的有机生态农业循环经济发展模式,内蒙巴彦淖尔以玉米、肉羊循环、林板为主线的循环经济模式,陕西的农业水资源利用、果业及种植循环模式,贵州的粮食作物、经济作物、生态畜牧、水产养殖等的循环模式,四川和重庆的猪—沼—果(蔬)、多元循环、立体农业等循环经济模式,云南的林果—饲草—畜牧—沼气"循环经济模式,广西的养殖 + 沼气 + 种植及种植 + 养殖 + 加工循环经济模式,西藏和青海的畜牧业循环经济模式等。以上这些循环经济模式的试点和推广都取得了积极效果。

5.2.1.2 西部生态脆弱地区循环经济发展的驱动形式

近十年来，西部生态脆弱区内的各省区市，纷纷从生态建设、污染防治、资源节约的实际出发，因地制宜，突出重点，积极探索适合本地情况的循环经济发展模式和驱动方式，不仅从工业、园区、城市等层次探索循环经济发展模式，还从农户、小流域、村镇等层次探索农业和农村形态的循环经济模式，使循环经济与生态建设和污染防治有效结合。同时还在充分考虑自身已有的产业特点，结合目前循环经济技术发展的基础之上，努力构建自己的循环经济体系。通过制定适合于本省区的循环经济发展规划，出台循环经济发展的相关指导意见，制定相关的地方法规和相应的激励政策等，多措并举来推动本地的循环经济发展。总体看来，西部生态脆弱地区推动循环经济发展模式，主要有示范带动型、企业带动型、园区驱动型和城市驱动型等。

(1)重点示范带动型。即先选择重点地区、重点行业和重点企业进行试点，在循环经济发展试点成熟以后，再对成功经验进行广泛地宣传，并在各个层面进行广泛动员，通过重点地域、重点行业、重点企业的示范带动，以及政府的共同推广，实现整个地区循环经济的发展。例如，陕西省开始就选择了 29 家重点单位开展循环经济试点，并以其为示范来带动循环经济的全面发展。云南省循环经济理念指导和推进 10 个重点行业、30 个工业园区和 7 个工业基地的发展建设，在企业开展循环经济的同时，要求抓好 200 个村庄、1 万户农户循环经济示范。甘肃省遴选了一批省级循环经济示范市(县)和示范企业，建设 7 大循环经济基地、改造提升 36 个园区、打造 16 条产业链、培育 100 户试点企业。青海省拟将柴达木盆地建成循环经济试验示范区等。

(2)试点企业带动型。主要是根据企业自愿、政府引导的原则，在冶金、煤炭、电力、建材、化工、轻工等行业，选择一些能源资源消耗大、废弃物排放压力大、生态环境影响大的企业开展循环经济试点。按照建立现代企业制度的要求，建立健全资源节约管理制度。积极推行清洁生产，开展环境管理体系认证，力争试点企业单位产品能耗、物耗、水耗及污染物排放量达到国内或国际先进水平。典型的模式有广西的贵糖模式和华润模式、内蒙的包钢模式和伊东模式、新疆的天业模式和米东模式、四川的天原模式和鸿鹤模式、贵州的开磷模式和赤化模式等。其中，尤以广西贵糖集团的循环经济模式最为出名，其设计形成的 6 个系统来综合利用各类排放物质，不但减少了废弃物的排放，而且还提供了企业的经济效益，起到了很好的示范带动作用。

(3)生态园区驱动型。即通过循环经济生态园区的建设来带动循环经济的全面发展。首先选择多个园区开展循环经济试点，按照发展循环经济的要求进行规划、建设和改造,发挥产业集聚和工业生态效应,形成资源高效循环利用的产业链,提高资源产出效率,并以此为推动,驱动全省区市的循环经济发展。例如,在青海西宁的甘河工业园区,以西部矿业为主的一批企业从项目的引进、产品开发、生产工艺等各个环节,都注重以循环经济模式来驱动园区的经济发展。新疆呼市的托克托工业园区通过打造一流工业园区,已经形成了煤、电、灰、铝一体化产业链,其循环经济过程可用粉煤灰等废物生产电缆、涂料、汽油、柴油、纸、水泥、砖,等等,最终将粉煤灰吃干榨净,凸显其良好资源环境效益的示范带动作用,推动了整个区域的循环经济发展。

(4)生态城市驱动型。这种模式其实是重点地区带动型的演变,只不过是将重点地区的范围扩大,然后再发展到整个区域。西部省份一般是选择资源型城市开展试点,积极发展资源深加工产业,形成以资源为链条的系列主导产业基地。开展资源节约和废弃物综合利用,力争资源综合利用率达到同类城市的先进水平,资源综合利用产生的经济效益达到全国先进水平,企业污染物排放达到国家标准。例如,贵州省将贵阳市作为首先发展的重点,将贵阳市设立为全国首个循环经济生态试点城市,设计了八大循环体系,然后通过贵阳市的带动作为促进整个贵州省的循环经济发展。类似的城市还有四川的广安市、云南的普洱市、陕西的商洛市、甘肃的金昌市、青海的格尔木市、内蒙的乌海市等都属于全国的循环经济示范城市,对区域的循环经济发展发挥着重要的驱动作用。

5.2.1.3　西部生态脆弱地区循环经济发展的主要特征

在西部大开发战略实施以来,西部地区发生了很大变,经济社会建设取得了巨大成就。然而,大多数地区仍然采用高投入、高消耗、高排放、不协调、难循环、低效率的传统增长方式,给西部生态脆弱地区的资源和环境造成了很大的负面影响。西部地区的各省区市已充分认识到了这一问题的严峻性,逐步把保护自然资源和生态环境放在了重要的位置,通过积极发展循环经济这种现代经济发展模式,努力构建环境保护型、资源节约型社会。各地政府先后出台了一系列促进循环经济发展的政策与法规。在农业、能源、化工、冶金、建材等领域构建了各具特色的循环经济产业体系。在国家大力推进循环经济发展的大背景下,西部地区的循环经济发展得到了政府的积极引导和政策的大力支持。现阶段西部生态脆弱地区循环经济的发展表现出以下主要特征:

(1)政府强力的主导。2003年,中央政府提出了发展“循环经济、转变增长方式,走可持续发展之路”的口号;2005年,提出构建“资源节约型、环境友好型社会的构想”,进一步强调节资源、保护环境,提升发展质量;2006年,提出降低能源消耗、提高资源利用效率、减轻环境污染、保护环境。中央的政策从宏观层面新型的社会构建到微观层面资源的节约，提高了资源的利用效率，促进了循环经济发展。西部地方政府认真贯彻中央政策，将“节能、减排、保护环境”作为发展循环经济的目的。西部各省区市政府专门成立了相关工作组、循环经济工作领导小组、节能减排办公室等，将“节能减排”指标任务分解量化，层层下达到地区、行业和企业，并以此为切入点，推动企业清洁生产和循环经济的发展。可以说在西部地区循环经济发展的初级阶段，政府起着至关重要的强力主导作用。

(2)专门规划的引导。在“十一五”期间，西部地区的各省区市都相继制定了在“十一五”期间的循环经济发展规划和循环经济实施意见。例如，云南、贵州、四川、重庆、宁夏等省区都专门制定了循环经济发展的“十一五”规划。新疆、青海、甘肃、内蒙等分别出台了关于加快发展循环经济方面的实施意见和指导意见，编制了重点行业循环经济发展规划，把发展循环经济作为“十一五”的重点任务，提出了循环经济发展目标、原则、重点和政策措施。西部的绝大多数省区市都相继制定了循环经济发展的“十二五”规划。可以说西部生态脆弱地区每个循环经济项目的开展和每个循环生态园区的构建，都离不开一个专门规划的引导。循环经济发展专门规划的制定，一方面能够衡量其发展的进展，另一方面能够保证规划按计划实施，起到了重要的引导作用。

(3)法规制度的保障。为了使循环经济发展在制度上得到进一步保障，西部的一些省区在贯彻执行国家《清洁生产促进法》、《节约能源法》、《循环经济促进法》等法律法规的基础上，结合自身实际制定了相应的地方法规。例如，贵州省2004年出台了我国第一部循环经济领域的地方法规，即《贵阳市建设循环经济生态城市条例》，青海省2005年制定了《青海省资源综合利用条例》和《青海省盐湖资源开发与保护条例》，陕西省2011制定了《陕西省循环经济促进条例》和《陕西省新型墙体材料发展应用条例》，甘肃省在出台了《甘肃省资源综合利用条例》之后又于2012年颁布了《甘肃省循环经济促进条例》等。这些地方性法规的建立为当地循环经济的发展提供了重要的法律保障。

(4)政府政策的支持。在建立地方性相关法规的基础上，西部生态脆弱地区的地方政府，还从财政、税收、金融、土地、环保、建设、科技等方面出台相关的鼓励扶持政策，支持和促进循环经济的发展。例如，四川省制定了相关政策，把符合循环经济要求项目列入政府投资的重点领域优先安排，给予一定的直接投资、资金补助或贷款贴息支持。甘肃省制定了相应政策，对发展循环经济企业给予直接投资、财政贴息、财税优惠等，对节能型企业进行适当补助和资助，对绿色产品的推广应用进行适当补贴，对资源再利用给予税收优惠。青海省从2011 年起，每年安排资金 10 亿元，通过贷款贴息、以奖代补、投资补助等方式，用于柴达木循环经济试验区的循环经济园区的产业建设。此外，西部其他省区也都相继制定了鼓励和支持循环经济发展政策。

5.2.2　西部生态脆弱地区产业生态园的发展状况

产业生态园是循环经济模式落实的重要途径。通过深入了解和全面把握西部生态脆弱地区产业生态园的建设状况，系统研究和深入分析其发展中存在的主要问题，对于探索和选择更加适合西部生态脆弱地区发展的新型产业组织模式具有十分重要的意义。

5.2.2.1　西部生态脆弱地区农业生态产业园发展状况

农业循环经济[141]是农业经济的一种新型经济发展模式，它是以循环经济理念和可持续发展思想为指导，运用生态工程方法，强调以资源循环利用和环境保护，使经济效益、社会效益和环境效益相协调的农业发展模式。农业生态园是农业循环经济的一个重要平台，它是将农业生产及其相关活动，按照生态学原理进行衔接和布局，建立起能合理利用自然资源、保持生态稳定和持续高效的农业生态系统，提高农业生产力，获得更多的粮食和其他农副产品，实现可持续的生态农业。农业生态园还将农业活动、自然风光、科技示范、休闲娱乐、环境保护等融为一体，实现生态效益、经济效益与社会效益的统一。西部生态脆弱地区在农业生态园建设方面也取得了一些成绩，可以通过陕西、贵州、青海三个省的情况来反映西部生态脆弱地区农业生态园的发展概况。

(1)陕西农业生态产业园发展概况。陕西的农业生态产业园发展成效显著，例如，杨凌农业高新技术产业园区聚集了一批科研院所、龙头企业和拳头产品，培育了一批农业产业项目，研发农业科技成果 45 项，获国家专利 18 项，非专利独占技术 8 项，部分成果实现了产业化，有效地推动了农业循环经济发展。陕西渭南就有各类现代农业园区 205 个，其中省级园区 16 个，市级园区 95 个，园区总面积 48.7 万亩，年产值达 68 亿元，带动农民增收效果显著，所在区域农民收入普遍增长 30% 以上。陕西渭北的农业生态园则以“果、沼、畜、草、水”生态循环模式为主，以沼气新技术为中心的“五配套”、“三位一体”庭院生态模式实用又经济。所形成的渭北“两环一链”的循环经济发展模式，达到了农民增收、企业增效、土地增肥、农村环境改善的综合目标。

(2)贵州农业生态产业园发展概况。贵州根据地处高原山地特点，积极发展农业生态产业园，并取得了突出成效。例如，贵州龙里结合山区实际，发挥区位和气候优势，突出蔬菜、绿壳蛋鸡、经济林（刺梨、核桃、酥李等）的特色，推进农业产业化，将农业生态产业园建成富农、惠农、强农的载体。贵州普定采取“养殖场 + 沼气 + 茶种植”或“养殖场 + 有机肥生产 + 茶种植”的循环经济产业模式，把农业生物有机肥厂作为农业生态产业园内的产业衔接点，以生态种养殖带动农民增收致富。贵州余庆按照“山上林、果、茶，山下粮、油、菜，水里养鱼、虾，庭院喂畜禽”的思路，发展立体生态循环农业，并取得了显著成效。在2013年贵州开展的“5个一百”工程中，共有113个省级高效农业示范园区在立项建设，全省每个县都至少有一个以上的省级农业生态产业园。

（3）青海农业生态产业园发展概况。青海结合自身实际，在能源生态和农牧业生态方面的建设农业生态产业园的特点突出。例如，青海农村按照能源生态模式建设生态园，把猪舍、厕所、沼气池、蔬菜大棚组建在一起，并与农户住宅配套建设，形成生活能源和肥料产生源，缓解了当地缺柴少电问题。农业部曾在2001年和2002年分别拨款200万，支持青海在互助、平安、湟中、贵德等4个县和西宁市城北区，以及大通、湟源、化隆等8个县实施农村能源生态园建设，取得了较好效果。此外，青海在现代农牧业良性循环体系方面的生态产业园建设成效也十分显著。例如，青海的西宁、贵南、湟源、民和、大通、海南等地的农业生态产业园都取得了可喜的成效，在循环农牧装备、农牧循环技术、农牧业功能拓展、农牧业循环经营等方面的成绩较为突出。

以上三个省区只是西部生态脆弱地区农业生态产业园发展状况的一个缩影，实际上西部地区的各个省区市，在农业产业生态园建设方面，都取得了一定的成效。例如新疆的哈密、昌吉，甘肃的金昌、会宁，宁夏的银川、平罗，内蒙的巴彦淖尔、突泉，四川的成都、华蓥，重庆的江津、荣昌，广西的百色、北海，云南的沧源、永德，西藏的日喀则、达孜等地市县的农业生态产业园和生态农业建设都非常具有特色。各地都结合自身的区位条件和发展实际，充分发挥当地的资源优势和产品特色，积极探索各种促进农林牧业循环发展的模式，在种植、养殖、粮食、瓜果、蔬菜、药材、花卉、草业、加工、营销、旅游、节水、环保等方面的循环经济示范效果非常显著。这不仅带动了当地农民的增收致富，还有效地促进了当地农业产业化和生态化的快速发展。

5.2.2.2 西部生态脆弱地区工业生态产业园发展状况

工业生态产业园作为工业企业间实现循环经济的有效途径[142]，是根据清洁生产要求、循环经济理念和工业生态学原理，通过生态重组等手段设计建成的一种新型工业园区。工业生态产业园以生态循环再生为基础，企业之间在副产品交流与管理方面有密切的合作，相互之间存在协同和共生关系，以最优的空间和时间形式组织生产和消费过程中所产生的副产品交换,最大限度地充分利用资源,最大程度地减少对生态环境的负面影响。西部生态脆弱地区工业生态产业园的建设,既可以提高资源能源的利用效率,增加经济社会效益,又可以保护和建设生态环境,是工业循环经济和工业生态化的重要载体。西部的生态脆弱地区的工业生态产业园建设也取得了一定的成绩,下面也主要以陕西、贵州、青海省为例,来了解西部生态脆弱地区工业生态产业园的发展情况。

(1)陕西工业生态产业园发展概况。陕西在工业循环经济和工业生态产业园方面的建设成效显著。例如,陕西渭南的龙门工业生态产业园,就属于国家生态工业示范区,总面积78平方公里,工农业人口7.8万人,聚集了规模以上的企业80多家,形成了洗煤、炼焦、煤气、炭黑、甲醇、粗苯,炼铁、炼钢、轧钢、钢渣、水泥、制砖等方面的8个工业循环链条,取得了良好的工业经济效益和资源环境效益。陕西神木的锦界工业生态产业园是陕西省实施"三个转化"战略和发展循环经济的示范园区,园区现已形成载能、建材、煤焦化、农畜产品加工等四个产业片区,所有工业项目都实现了大循环和综合利用。陕西宝鸡的陇县工业生态产业园以绿色食品、绿色能源和绿色建材为主开展循环经济。陕西工业生态产业园,在电力、煤炭、钢铁、有色、化工、建材等方面的成效最为突出。

(2)贵州工业生态产业园发展概况。贵州积极促进工业生态产业园和工业循环经济发展,取得了可喜的成效。例如,贵州小孟工业生态产业园,聚集了600多家企业,重点围绕装备制造、电子信息、烟草医药及绿色食品等打造生态循环产业链,获得了国家新型工业化产业示范基地的称号。贵州开阳工业生态产业园,聚集了以开磷集团为代表的一大批中大型企业,实施"矿、电、磷、煤"一体化的循环经济发展战略,取得了很好的示范效果,成为国家级循环经济试点示范单位。贵州清镇、白云等地的工业生态产业园,以煤、电、铝等产业为主线,开展绿色循环生产和资源综合利用,取得了非常好的产业经济效益和资源环境效益。此外,福泉、大龙、普定、桐梓、绥阳、毕节等地的工业生态产业园区,在资源利用、环境保护、经济效益方面都非常具有特色。

(3)青海工业生态产业园发展概况。青海在工业生态园和循环经济方面的建设工作十分出色。例如,青海西宁地区的工业生态产业园,先后引进了多晶硅、单晶硅、电解铜箔、电子铝箔、电解铝、镍铬合金,以及机织藏毯、梳绒精纺、高原动植物精深加工、中藏药等一批投资规模大、产业特色明显、资源循环利用、产业链延伸的优势项目,经济生态效益十分明显。柴达木地区的工业生态产业园则建起了盐湖化工、石油天然气化工、煤化工、冶金和有色金属、特色生物、新能源六大循环经济主导产业体系,形成了资源间循环利用、产业间循环组合、企业内循环生产，余热发电、粉尘回收、废气（渣）综合利用的环境友好局面。此外，青海的海东、甘河、平安、乌兰、格尔木、德令哈、大柴旦等地的工业生态产业园也非常具有特色，生态环境效益十分显著。

上述三个省区工业生态产业园的发展状况只是西部生态脆弱地区工业循环经济园区发展的一个缩影，西部其他各省区也都结合自身实际，开展了工业生态产业园建设。例如，新疆的石河子、伊犁河谷、甘泉堡等地，甘肃的民乐、武威、泾川等地，宁夏的灵武、中宁、平罗等地，内蒙的蒙西、包头、阿拉善等地，四川的成都、攀枝花、广安等地，重庆的双桥、永川、九龙等地，广西的贵港、贺州、田东等地，云南的安宁、祥云、华坪等地，西藏的达孜、柳梧等地，在工业生态产业园建设和工业循环经济发展方面都非常具有特色，在产业生态园的循环经济运行中，表现出了资源节约、环境友好的特点取得了较好的生态环境效益。从我们研究分析的结果来看，工业生态产业园作为循环经济的一个重要载体，在缓解西部生态脆弱地区生态环境压力方面确实起到了积极作用。

5.2.2.3 西部生态脆弱地区生态产业园发展存在的问题

从前面的考察调研情况可以看出，西部生态脆弱地区各省区市都开展了生态产业园的建设，无论是在农业生态产业园建设还是在工业生态产业园建设方面都取得了一些积极的成效，一些地区的生态产业园的成效还非常突出。不仅使资源和能源得到高效利用和循环利用，废弃物和有害物的排放大为减少，对生态和环境的影响大大降低，使区域生态环境有所改善，而且一些园区的一些项目还取得了可观的经济效益，实现了经济效益和生态效益的双赢。然而，从我们深入广泛的调研情况发现，西部生态脆弱地区的生态产业园建设，在局部区域和少数项目取得了可喜的成效，但从大范围的全局来看，仍存在许多亟需解决的问题。在各种问题中最突出的还表现在发展不平衡和分布不均匀、特色不突出和产业不关联、循环不经济和效益不突出、链条不完整和生产不清洁等方面：

（1）发展不平衡和分布不均匀。从整个西部生态脆弱地区来看，无论是农业生态产业园还是工业生态产业园的发展状况都具有不平衡性。首先是各省区之间发展的不平衡和不均匀，有的省区发展情况较好，各类生态产业园类型和数量较多，一些园区的经济效益和生态效益都较为突出；而有的省区发展情况较差，无论是园区的种类还是数量都相对较少，园区之间经济效益或生态效益差异较大，有的甚至没有多少效益。再有，就是各省区内发展的不平衡和不均匀，有的省区政府的主导力度不够，缺乏科学的整体规划，采取让园区自生自灭的消极措施。没有从本省区整体的产业结构地域分布、生态环境区位状况、区域特色资源禀赋、产业生态衔接关系等方面来进行科学地规划和系统地设计。从而使得各类生态产业园区的发展极不平衡，分布和结构都较为杂乱，没有起到应有的作用。

(2)特色不突出和产业不关联。从我们深入调研的情况还发现，某些省区的某些生态产业园没有自身的特色，没有依托本地的特色资源或资源禀赋，没有主导产业和产业主体。有的园区就像一锅杂烩汤，什么内容都往里装，什么产业都有，什么产品都生产，但什么都不强，什么都不优，没有什么竞争优势，其经济效益自然也不高。有些园区为了获得国家和政府对循环经济和生态产业的相关优惠和相关补贴，打着"生态产业园"的旗号，和"开展循环经济"的幌子，却只顾经济增长和经济效益，不顾资源环境和生态效益，盲目引进互不关联的企业，企业之间不能形成有效地产业链条，或者只有产业价值链而没有产业生态链。有的园区甚至不顾自身的生态主题，盲目引进一些高消耗、高排放、高污染的企业，使园区失去了其应有的价值和意义。

(3)循环不经济和效益不突出。从我们的调研中还可以发现，西部生态脆弱地区有相当一部分生态产业园，在循环经济生产中还存在着循环不经济和经济效益不够高的现象。由于园区的产业结构不合理，聚集的相关企业数量较少，企业间的资源生态关联度不够，废弃物的综合利用和循环利用不能形成规模，因此对各种废弃物的资源转化和循环利用没有规模效应，从而出现了循环不经济的现象。此外，一些园区还由于生产组织模式不科学，物质资源的循环链条比较单一，产业生态循环链结构不够稳定，容易产生循环生产过程的波动，企业间的循环结构关系较为固化，企业之间不能形成有效地竞争合作关系，特别是企业之间缺乏有效竞争，容易使企业产生创新惰性，必然导致企业生产效率的低下，从而导致园区运行的循环不经济现象，使整个园区的经济效益不够理想。

(4)链条不完整和生产不清洁。在我们的调研中还可发现，西部生态脆弱地区的一些生态产业园，仍然还没有完全解决资源浪费、废物排放和环境污染严重的现象。一方面是因为，科技创新和科技进步还没有跟上，虽然在一定程度上解决了部分资源循环利用问题，如对一些大宗的废弃物和副产品已得到了较好的循环利用和综合利用，但是由于技术和成本方面的问题，对于一些伴生的废弃物和副产品则未能进行循环利用和综合利用。另一方面是由于，园区内的企业种类和数量较少，无法对所有的各种废弃物和副产品都形成循环生态链条，或者一些废弃物质的产业生态链条较短或不够完整，没有形成完整的物质传递闭合回路，从而导致在一些生产环节上的不清洁生产，跑、冒、滴、漏和废弃物排放的情况还较为严重,对生态环境造成污染和破坏的现象还时有发生。

5.2.3 西部生态脆弱地区发展循环经济的制约因素

从前面讨论的情况来看,西部生态脆弱地区在发展循环经济过程中确实取得了一些可喜的成就,但也仍然存在着许多问题,这些问题不解决将严重影响西部生态脆弱地区循环经济的良性发展。从目前来看,制约其循环经济发展的关键因素主要表现在观念、资金和组织等几个方面。

5.2.3.1 制约循环经济发展的观念因素

制约循环经济良性发展的因素很多,但观念因素则是制约西部生态脆弱区循环经济发展的首要因素。思想观念的优劣、新旧是决定循环产业经济如何发展的根源,只有先进的观念才能带动指导循环经济快速良性发展。西部生态脆弱地区的落后,首先就是观念落后[143]。西部一些地区科学发展和谐发展的观念还没有完全树立,干部群众的资源意识、环境意识、生态意识还不够强,唯GDP论的传统政绩观还相当普遍,企业只追求经济效益不重视环境效益的"经济人"意识还相当严重等。这些因素导致了西部地区的一些地方政府和企业,对循环经济发展的兴趣不大,重视的程度不够,推动的力度不足。此外,一些地方政府在产业规划和布局中缺乏循环经济理念,也阻碍了当地经济的发展。因此,制约循环经济发展的观念因素主要表现在以下方面:

(1)地方政府落后的传统政绩观念。由于唯GDP论的传统政绩观,使得每届地方政府在任期内都希望地方生产总值能够大幅度增长,因此,对当地官员来说,他们往往注重短期利益而忽视长期利益。西部大开发给西部生态脆弱地区的发展带来了很多机遇,许多地方通过引进外资和外部项目,建立起了新的生产项目和生产体系,在一定程度上解决了当地富余劳动力的就业问题,同时也增加了政府的税收来源,拉动了当地的GDP增长,给当地政府官员带来了政绩。一些地方政府在巨大经济利益面前,为了获得短期经济利益,在选择项目时,只注重产业经济经济效益而忽视资源生态效益,对一些企业或项目存在的高消耗、高排放、高污染背景视而不见,甚至采取纵容保护的态度,这在很大程度上也纵容了当地企业的污染行为。这种重经济轻环境的观念使得政府对循环经济的发展缺乏动力支持,抑制了循环经济在经济建设过程中的积极作用。

(2)当地民众薄弱的环境生态意识。西部一些地区的民众对发展循环经济的意识薄弱,主要表现为:①许多人在很大程度上把生态环保这一全社会每一个公民均应有的责任,认为主要是政府的事,自己在这方面无能为力。②民众对发展循环经济的重要性缺乏足够的认识。由于文化素质普遍相对较低,对循环经济这一新型的经济组织形态缺乏足够的关注和深入的了解。③民众对发展循环经济的参与意识薄弱。由于长期的贫困,民众更多关注的是自身的生存条件,往往认为对环境保护的事情跟自己的切身利益关系不大。④民众对人口资源环境需要协调发展的缺乏认识不足,导致了人口增长过快、自然资源的过度开采,造成了对生态环境的严重破坏,形成"越贫越开、越开越贫"的恶性循环。以上这些因素在一定程度上也抑制了循环经济的发展。

(3)企业价值追求的经济唯一思想。西部地区部分企业的唯经济思想主要表现为:①企业以追求利润最大化为经营的唯一目标。西部的一些企业往往只把自己当作是一个理性的"经济人",没有承担社会责任意识,认为经济效益是衡量企业的唯一标准,或认为对经济效益的追求是企业的唯一目的。②生态环境的外部性使企业缺乏环境意识。生态效益对于企业来讲是外部效应,对企业经济效益影响不大,在没有外部力量约束的情况下,企业一般不会过多考虑生态效应,而往往会以高开采、高消费和高排放来换取高利润。③缺乏有效监管组,助长了企业忽视生态环境的行为。一些地区的相关法律法规不健全,以及一些执法部门的执法不严、有法不依现象,使得一些企业在环境保护和治理污染方面的不作为,导致一些地区的循环经济发展步履维艰。

(4)产业布局缺乏的循环经济理念。西部生态脆弱地区的一些地方政府,在制定本地的产业规划和产业布局方面缺乏循环经济理念,也导致了循环经济良性发展的困境。循环经济发展要求在小、中、大三个层面实现,小是指企业内部的清洁生产,中是指企业之间建立生态产业链,大则包括由循环型生产所带来的资源能源利用结构的优化、废物回收处理利用技术的提高、人们生产生活方式的转变等一系列的社会发展和变化。对"小"层面的单个企业来说,只有规模足够大、排放的废弃物"足够多"时,企业才具备独立对其进行循环利用的经济可行性。对于西部众多的中小企业来说,只有搭建起相互之间的产业生态链,共同寻求资源利用的连续性和规模化,才能实现循环经济的良性发展。然而西部许多地方的产业规划布局则缺乏这样的循环经济理念,使得循环经济发展困难。

5.2.3.2　制约循环经济发展的资金因素

循环经济的良性快速发展,往往需要巨大的资金支持,这需要在国家和政府的主导下,动员全社会力量来积极参与,特别是需要建立起有效可行的投融资机制,才能从根本上解决发展循环经济的资金缺口问题。但就目前而言,我国西部生态脆弱地区的循环经济发展,在相当大的程度上是在政府的主导下展开的,许多地区的地方政府在循环经济项目方面,承担着主要的融资责任。从我们调研的实际情况可以发现,西部生态脆弱地区在发展循环经济方面存在着巨大的资金缺口,由于西部地区循环经济的投资渠道较为单一,缺乏对循环经济系统的金融支持政策,融资机制相对滞后,还没有形成市场化的融资机制,许多企业缺乏投资发展循环经济的积极性,导致循环经济的发展还很难从市场上寻找足够的资金。资金因素对西部生态脆弱地区发展循环经济的影响主要表现在以下方面:

(1)资金缺口巨大和投入严重不足。从我们调研的情况来看,资金不足是制约西部生态脆弱地区循环经济产业发展的重要因素之一,局大多数地区和各个生态园区都普遍反映,在循环经济建设方面存在巨大的资金缺口。循环经济的产业化需要大量的资金投入,资金的高投入是循环经济产业发展的基本特征和重要条件,特别是支撑循环经济的技术创新,更需要大量的资金投入,而要将科研创新成果转化为现实的生产力,进而发展成为一个高效的微观循环经济体系,没有强大的资金支持是很难做到的。西部生态脆弱地区严峻的自然资源形势、生态环境状况和经济发展目标都决定了西部循环经济产业巨大的资金需求。但西部生态脆弱地区大多属于经济欠发达地区,财政收入总量较小,金融资源总量很低,资金投入严重不足,难以对循环经济发展提供足够的资金支持。

(2)政府缺乏系统的金融支持政策。循环经济具有公共产品性质,具有一定的外部性特征,即在外部激励缺乏情况下,市场经济主体没有支持循环经济发展的积极性和主动性。由于西部生态脆弱地区的一些地方政府,还没有系统地出台当地全面支持循环经济发展的金融政策,缺乏明确的信贷范围和优惠信贷措施,对循环经济发展过程中可能出现的风险缺乏相应的补偿政策。而原来已有的金融支持循环经济发展政策则主要集中于传统优势产业,对科技含量高的新兴产业和循环经济中的高技术产业的支持力度不够,短期经济效益仍然是一些地方政府实施金融支持力度的重要标准。原有的金融支持力度不够和现行的信贷政策缺陷,导致了相当一部分循环经济建设项目的资金困难,这在很大程度上抑制了西部生态脆弱地区循环经济的良性快速发展。

(3)融资机制滞后和融资渠道单一。由于西部生态脆弱地区对循环经济金融支持的渠道狭窄,尚未形成多层次、多形式、多渠道的筹资机制,不能满足循环经济发展和产业结构调整的融资需求。目前西部地区循环经济的发展主要依靠政府的财政投入,商业银行贷款也主要投向了一些大型的项目,资金来源渠道较为狭窄和单一。但大部分循环经济项目和企业都难以从政策性银行获得贷款融资的支持。由于西部市场化程度相对滞后,民间资本及外部投资非常有限,且民间金融发展受到很大限制,导致循环经济金融支持体系不健全。由于循环经济往往具有高风险、高投入、外部性等特征，这与金融机构追求低成本高收益的经营理念不符合，因此各金融机构对投资参与发展循环经济的积极性不是很高，很难使之对循环经济项目提供充足的资金支持。

(4)企业缺乏投资循环经济积极性。企业作为市场经济的投资主体，其是否投资发展循环经济主要考虑两个因素：一是投入成本的大小和带来利润的多少，二是对可能存在投入风险的判断。由于企业在循环经济利润有限前提下面临的各种费用过多，致使其缺乏投资循环经济的动力。例如，在我们的一项调查中，某些企业面临的税费压力较重，仅增值税一项就占到了营业额的10%左右，还有其他附加税、企业所得税、土地使用税、教育基金等等，加起来甚至超过了企业收入的35%。此外，投资循环经济还存在着许多风险，例如技术风险、市场风险、财务风险、自然风险等。从现实来看，大部分经济主体都是风险回避者，面对存在潜在巨大风险和不确定性的循环经济技术投资和项目建设，自然会抑制各经济主体发展循环经济的积极性。

5.2.3.3　制约循环经济发展的组织因素

组织管理及运行协调机制关系到一个组织能否有效地运行和健康地发展，循环经济作为一种产业生产组织模式，组织因素会对其稳定运行和良性发展产生重大影响。循环经济产业组织是由多个利益主体(企业)，在一定的空间范围内和一定产业生态环境中，通过物质代谢和生态传递关系联接起来的产业生产体系，其组织目标就是在生产和经营的生产活动中，在实现经济价值的同时，通过物质资源在各企业间的循环利用和高效利用，减少废弃物的产生和排放，最大限度地降低对环境产生的影响，从而获得生态效益。组织因素将影响循环经济组织目标的实现和组织体系的发展。制约西部生态脆弱地区循环经济发展的组织因素，主要表现在政府管理机制、产业生产组织、企业内部管理，以及循环经济体系中企业间的利益协调机制等几个方面。

(1)政府管理机制方面的问题。西部生态脆弱地区的一些地方政府，在循环经济法规体系和政策体系方面尚不完整配套，一些循环经济的地方法规缺乏可操作性；没有形成指导本地循环经济发展的总体规划和推进计划；资源利用效率的指标和核算体系不健全；政府机构多头管理和部门职责分工不明的状况有待完善；对循环经济的有效激励政策、回收处理体系和合理费用机制还未完全建立；对循环经济的宣传、动员、教育和培训等方面的工作还需大力加强；等等。此外，一些地方政府的职能部门对环境管理的监测监管力度不够也是制约循环经济发展的一个重要因素，主要表现为对环境监测的标准和监管职责不够明确，监测管理手段和技术比较落后，环保部门行使职能的手段有限，监测手段落后和监管力度不足,难以形成对污染排放的有效监控和管理。

(2)产业循环组织方面的问题。西部许多地区的循环经济大多还仅限于企业层面,且在产业层面的企业之间还没有真正形成资源综合利用的产业群落和生产体系。由于西部生态脆弱地区的大多数企业属于单株企业,致使资源和能量难以综合利用。一般产业园区内的企业也大多为单株移植型或区域分散型,企业彼此之间的关联度不强,极大地限制了资源跨产业的循环利用,并成为资源在跨产业之间循环利用的现实和客观障碍。即使在已经建立的生态产业园区内,在很大程度上也尚未形成更深层次的循环,相关园区以及周边地区缺乏协调与合作,未建立完善的物流系统,物质、能量循环受地域限制,不同产业之间的循环机制尚不成熟。特别是由于企业的种类和数量较少,难以在企业之间形成有效的竞争合作机制,导致产业层面循环经济的效率较低。

(3)企业内部管理方面的问题。企业内部的环境管理是西部生态脆弱地区企业生产组织管理中的弱项,企业因缺乏环境管理影响了企业主动开展清洁生产和资源循环利用。西部生态脆弱地区大多数企业的管理目标一直是以生产收益为指向,至于企业的生产活动是否会对社会造成损失和伤害,企业往往不会予以足够的关注,如果不是问题非常严重,一般也不会采取治理措施。因此,企业内部往往没有设置专门从事关注环境效益的部门,而且从原料组织到生产再到产品销售整个过程中也没有系统化、标准化、程序化的环境行为规范,企业各部门维护环境质量的职责权利也不明确。环境管理的缺失使得企业在集约利用资源和能源、改造旧工艺和设备、消除产品的环境影响等方面缺乏动力,组织管理上不具备支持清洁生产的条件,给企业循环经济的开展带来不利影响。

(4)利益平衡机制方面的问题。主要表现在:①局部利益与全局利益的失衡。由于资源和环境具有损益的公共性,循环经济效益往往是通过全局效益来实现的,政府强调全局的经济效益和生态效益,企业则只注重自身利益的最大化。政府不可能对所有的资源环境因素进行全面的统筹和管理,企业也很难按照政府意愿去积极进行生产工艺改造或污染控制投入,导致局部得失往往与全局利益相左。②内部效益与外部效益的失衡。企业实施循环经济的过程,往往伴随着其内部效益的外部化,这在市场化日趋成熟的今天具有很大的难度。趋于自身利益最大化的选择,绝大多数企业会逃避污染治理和放弃对新工艺的投入,因为在相同的市场环境内,环保投入与环保不投入的企业效益是不相等的。因此,如何平衡循环经济中的利益分配机制,也是西部生态脆弱地区循环经济发展必需认真解决的问题。

5.3　西部生态脆弱地区产业集群的发展状况及存在问题

在新一轮的产业结构大调整中,西部很多地方抓住东部产业转移的机会,通过积极发展产业集群来带动当地经济快速发展。西部生态脆弱地区的产业集群大多是依托当地的资源禀赋和廉价劳动力,资源密集型或劳动密集型的传统产业集群居多,这些产业集群在带动当地经济快速发展方面发挥了积极作用,但也存在着一些自身难以克服的严重问题,需要加以深入地研究与分析。

5.3.1　西部生态脆弱地区产业集群的发展状况

进入 21 世纪,西部生态脆弱地区陆续出现了一些企业群落和产业集群,在农业方面主要表现为以各种农业合作组织形式聚集在一起的农业产业群落,在工业方面则主要表现为以当地资源优势为依托的资源型产业集群。

5.3.1.1　西部生态脆弱地区农业产业集群的发展状况

农业产业集群是基于产业集群和农业自身特点的结合,表现为一组在地理上相互临近的、以生产和加工农产品为主的企业或农户以及互补机构,在农业生产基地周围,由于共性或互补性联系聚集在一起而形成的一个有机群体。农业产业集群作为农业产业化的一种组织模式,是农业产业化发展的内在要求,也是农业产业成长的一条重要途径。作为农业产业化的高端形式,农业产业集群的形成对于提高农业的规模化、组织化、集约化水平,提升农业创新能力,促进现代农业建设,推动区域经济发展具有重要战略意义。西部生态脆弱地区的农业产业集群,是伴随着西部大开发的步伐逐步发展起来的,目前在西部的西北、西南和青藏三大生态脆弱区域内,都有相当数量的农业产业集群发展,其中许多农业产业集群都表现出了非常好的农业产业效益。

(1)西北地区的农业产业集群发展状况。西北各省区都发展了各具特色的农业产业集群,例如,陕西榆林等地的特色农业产业集群,甘肃定西等地的马铃薯产业集群,新疆的棉花、番茄等产业集群,宁夏的特色果品、清真牛羊产业集群,内蒙的农牧、林沙产业集群等都非常具有特色,在带动农民增收,促进农业产业化发展方面发挥了积极的作用。有些地区已形成较为完整的农业产业体系,起到了很好的示范作用,例如甘肃张掖作为“国家现代农业示范区”,充分发挥区域优势、推进专业化布局、产业化经营、标准化生产,以玉米制种、马铃薯加工、肉牛养殖、高原夏菜、设施葡萄等特色产业为主线构建产业集群,这些已经形成，产前、产中、产后各环节全程衔接，龙头、基地、农户的利益机制日趋完善。市场牵龙头、龙头带基地、基地连农户的产业组织形式已初步形成。

(2)西南地区农业产业集群发展状况。西南地区的农业产业集群也有自身的特色。例如，四川南充、宜宾、广元等地的种养殖农业集群，重庆长寿、江津、渝北等地的特色农业集群，云南呈贡、中甸等地的花卉产业集群，贵州都匀、遵义等地的茶叶产业集群，广西来宾、宁明等地的蔗糖产业集群，都对当地的农业产业化发展起到了强劲的带动作用。一些地区在产业集群的带动下，使农业结构、农业效率、农业贡献不断提高。以重庆三峡库区为例，随着现代农业基地规模不断壮大，主导产业加速向最适宜区域聚集，产业集聚度不断提高，优势农产品区域布局更趋合理，形成了柑橘、蔬菜、草食牲畜、生物药材、名优水产等多个优势产业带，在种植、养殖、加工、销售各个环节培育和壮大了一批农民合作经济组织和龙头企业，带动产业的蓬勃发展。

(3)青藏地区农业产业集群发展状况。青藏高原地区也根据自身的高原特点，发展起来了一批农牧业产业集群。以青海省为例，其农牧业产业集群的分布主要在西宁市各县、海东地区，部分分布在青南和柴达木盆地，这些地区的农牧业的集中度和产业化程度较高，是带动当地农民脱贫致富的重要途径。近年来，青海的农牧业产业集群已初步形成了以蔬菜种植、辣椒加工、青稞、小麦、油菜、蚕豆、马铃薯、特色果品、花卉等为主的农业集群区，以及以饲草、生态畜牧、藏羊肉、细毛羊、耗牛肉、耗牛绒、藏毯毛等为主牧业集群区。西藏地区也在采取多种措施推进农业产业化和集群化，引导乡镇企业重心向农畜产品加工、特色产业转移，培育和扶持有发展前景的农业产业化龙头企业，已有504个专业合作组织带动7.5万农户增收，产加销一体化等现代农牧业经营模式正在逐渐推广。

从以上的情况看，农业产业集群和农业产业化在西部生态脆弱地区的各省区都有了不同程度的发展，在优化当地的农业结构、推动当地的农业发展、带动当地的农民增收、拉动当地的经济曾长等方面起到了一定的积极作用。但通过我们的深入调研也可以发现，农业产业集群在西部生态脆弱地区的发展很不平衡，而且在各省区之间以及同一省域内各地区之间的差异很大。有些省区和地域的农业产业集群，数量众多，规模很大，而且质量较高效益较好，并形成了较为完整的农业产业体系，农业产业集中度和产业化程度都较高。如四川、重庆等地的一些农业产业集群，其集群成员不仅有种养农户、农产品加工企业和销售企业，还有相应的配套服务机构、金融机构、相关的地方政府部门、行业协会等中介机构、农业研究机构等。而有些省区的农业产业集群发展则相对落后，如西藏等地。

5.3.1.2　西部生态脆弱地区工业产业集群的发展状况

工业产业集群在拉动区域经济快速增长中的卓越表现,受到了世界各国的高度重视,也受到我国社会各界的广泛关注,各地区纷纷把发展产业集群作为带动本地经济快速发展的重要途径。改革开放后,东部地区的产业集群得到了快速发展,形成了强劲的竞争优势。自西部大开发以来,随着历史上形成的产业集聚的进一步发展,西部一些产业基础好、资源丰富且区位优势明显的地区已形成了一些较有影响的产业集群。西部地区的各省区市及其下属的各级地方政府都已经将培育发展工业产业集群作为本地经济发展战略的重要内容。近些年来,西部的三大生态脆弱区——西北、西南和青藏等地的各级地方政府,都在根据各自的有利条件和资源禀赋,积极打造各具特色的工业产业集群。工业产业集群的发展给西部生态地区经济带来了新的活力。

(1)西北地区工业产业集群的发展状况。近年来,西北各省区的工业产业集群发展迅速,并呈现出了强劲的发展趋势。例如,陕西已在装备制造、能源化工、高新技术和传统产业等四大领域发展形成了20多个产业集群。甘肃根据自身特色着力打造石油化工、有色冶金、煤化工、先进装备制造等领域的产业集群,大力培育新能源、新材料、生物制药、现代服务业等具有增长潜力的产业集群。宁夏在煤化工、新材料等领域,按照基地化、大型化、规模化发展思路打造多个产业集群。新疆着力培育石油石化、煤化工、电力能源、有色金属、机械装备、钢铁、建材、特色轻工等领域的大型产业集群。内蒙按照传统产业新型化、新兴产业规模化、支柱产业多元化的要求,全力打造能源、化工、冶金、装备制造、高新技术等领域的大型产业集群等。

(2)西南地区工业产业集群发展状况。在三线建设奠定的工业基础上,西南地区产业集群的发展势头更为强劲。例如,四川的成都、德阳、绵阳、自贡等地都已形成许多大型产业集群,在电子信息、食品加工、冶金建材、家具制鞋等领域的竞争优势明显。重庆已在电子信息、新型材料、装备制造、新型能源等领域,形成了以笔记本电脑及设备为标志的多个大型产业集群。贵州已在轻工食品、煤电能源、磷铝工业等领域形成了多个大型产业集群,并在装备制造、新型材料、生物医药、电子信息等领域打造有竞争力的产业集群。云南在生物、烟草、化工、装备制造等多个传统产业集群的基础上,着力培育生物医药、新材料、光电子等新兴产业集群。广西已在食品、汽车、石化、冶金、机械等领域形成了多个大型产业集群,并积极向生物电子、海洋装备等领域扩展。

(3)青藏地区工业产业集群发展状况。青藏高原地区也在根据区域实际,依托自身优势积极发展工业产业集群。例如,青海地区依托柴达木循环经济试验区、西宁经济技术开发区和西宁—德令哈—格尔木新型工业带,积极发展特色优势产业集群,以在新能源、新能源、盐湖化工、有色金属、石油天然气、煤化工、装备制造、特色轻纺、生物制品等领域形成了多个产业集群。同时,青海还依托本地太阳辐射强度大、日照时间长、太阳能资源极为丰富的优势,积极发展太阳能产业,拟打造全国最大的太阳能产业集群。西藏的拉萨、昌都等地也出现了一些工业产业集群的雏形,例如,拉萨经济技术开发区中的高原绿色食品和藏药加工制造集群,达孜工业园区的民族特色手工、民族特色食品等产业集群,昌都地区的矿产资源产业集群等。

总之,西部生态脆弱地区各省区市的工业产业集群都有不同程度的发展,一些基础较好的地区产业集群还表现出了强劲的发展态势。例如,四川省就计划在几年之内打造5个超2000亿元级、10个超1000亿元级、25个超500亿元级的产业集群。重庆拟在“十二五”期间建成,7个千亿级产业集群和30个百亿级产业集群。陕西已基本建成了6个千亿级和10个百亿级的产业集群。新疆拟将用5年时间着力打造5个千亿级产业集群。甘肃也提出力争在5年内培育出5个千亿级和20个百亿级产业集群。广西也在原有1个千亿级产业集群的基础上,分级阶段打造13个上千亿级的产业集群。在西部的一些主要城市,如西安、成都、重庆、兰州、昆明、贵阳、呼和浩特、柳州等城市和地区,产业集群在经济地图上已逐渐表现出由点状发展成带状的趋势,对西部经济发展的影响越来越大。

5.3.1.3 西部生态脆弱地区产业集群形成的主要模式

区域企业聚集和产业集群的形成,一般都有一定的历史背景和客观原因,从韦伯区位理论的视角来看,集聚的产生是自下而上的,是通过企业对集聚好处的追求自发形成的。主要是基于四个方面的因素:①生产过程的专业化要求;②劳动力的高度分工要求;③集聚可以降低生产成本;④集聚可以节约一般经常性开支。因此,区域产业集群的形成可能涉及资源禀赋、市场需求、产业环境等方面的因素。而在现实中存在的一些产业集群则可能还与一些地理的、历史的、政治的和偶然的非经济因素有关。西部生态脆弱地区的一些产业集群,则不完全是市场导向形成的,例如三线建设时期,西部一些地区的产业聚集,则是为服从国家的政治战略意图形成的。改革开放以后,特别是西部大开发以来,西部生态脆弱地区产业集群的形成主要有以下类型:

(1)资源禀赋吸引型模式。主要是由于区域特殊的资源禀赋,吸引大批企业集聚在资源地周围从事资源的开发以及与资源紧密相关产业生产,从而形成产业集群。典型代表有贵州仁怀的白酒产业集群、四川夹江的陶瓷产业集群、新疆建设兵团的棉花产业集群、内蒙古准格尔的煤炭产业集群、甘肃平凉的畜牧产业集群、青海格尔木的太阳能产业集群等。这类集群的主要特征有:①区域资源充足。区域内要有足够的、能持续稳定供应的、可供集群企业开发利用的资源,如矿产资源、农牧业资源、科技资源、人力资源等。②技术比较成熟。开发利用资源的技术要比较成熟,开发的连续性可以得到保证,不会产生环境污染和造成资源的浪费、流失。③开发潜力较大。大批企业聚集在资源地周围,通过对资源的开发利用,可以产生较高的附加值,带来合理的投资回报。

(2)市场自发聚集型模式。主要是由于区域特定的市场条件和良好的经营环境,吸引企业自发地向该区域聚集,从而形成产业集群。四川成都的家具产业集群,即是通过成都家具市场的吸引,大量家具制造企业集聚而形成的市场吸引型产业集群。此外,陕西户县的纸箱产业集群、云南昆明的鲜花产业集群都属于自发聚集的产业集群。这类集群的主要特征是:①市场需求量大且较为稳定。特定的区域市场要有足够大的需求量或强大的辐射能力,能为大批企业的集聚提供市场,市场的需求方和供给方都比较稳定。②产品生产方便且较为经济。市场区域内产品生产具有经济性,即市场上所需产品就近生产比在区域外生产后运抵市场更具有经济性。③经营环境较好且知名度高。集聚地的软硬环境条件都比较好,企业的生产经营很少受到非市场因素干扰,集聚地在业内有着较高的知名度。

(3)历史遗留基础型模式。主要是由于特定的历史时期,国家基于某种非经济目的,采用行政命令方式推动产业集聚形成的。例如,我国历史上的几次国防科技工业调整都在西部地区,第一次是"一五"期间,国防工业新建项目主要安排在了西部地区,苏联援建的35个国防工业中有21个安排在四川、陕西两省。第二次是20世纪六七十年代的三线建设,政府主导的产业转移,使国防工业大规模内迁,在中西部地区13个省共投入2050亿资金,建成了近2000个大中型企业和科研机构,从而在中西部地区形成了国有大中型军工企业积聚区。例如,陕西的汉中、四川的绵阳、广元,贵州的贵阳、安顺,当时四川的重庆等地军工产业聚集区,以及与之配套的长庆油田、攀枝花冶金工业、六盘水煤炭工业等。西部大开发以后,这些历史遗留的工业基础,逐步形成了产业集群。

(4)政府引导扶持型模式。主要起源于政府的规划和引导,以及强有力的政策扶持,促使大量企业在特定区域内集聚,形成产业集群。典型代表如陕西西安的高科技产业集群、四川成都的集成电路产业集群、重庆的笔记本电脑产业集群等。这类集群具有以下特征[144]:①政府的影响作用大。政府对区域内资源配置和环境建设有足够的调控力和影响力,能够对企业生产、经营产生直接的影响。②政府的支持力度大。政府能够对入驻企业提供含金量较高的支持,如税收减免、土地价格优惠等等,对拟投资企业有较强的吸引力。③政府的服务很到位。政府能够动员一切政府资源和社会中介服务力量为企业提供优质服务,能够急企业之所急,帮企业之所需,及时协调解决企业生产经营和发展过程中遇到的困难和问题。这类集群往往起点较高,发展较快。

5.3.2 产业集群是西部生态脆弱地区快速发展的重要推动力

西部生态脆弱地区的发展离不开产业集群的贡献。可以说,在过去十几年的时间里,西部生态脆弱地区经济的快速发展,促进是产业集群发展的结果。产业集群对西部生态脆弱地区发展的推动作用主要表现在,促进了区域经济增长、提升了区域竞争能力、发挥了区域竞争优势等几个方面。

5.3.2.1 产业集群有力地促进了西部生态脆弱地区的快速增长

西部生态脆弱地区大多属于欠发达地区,欠发达地区的落后则集中表现在其产业的落后,而产业落后又主要源于产业结构的支离分散、产业集中度低、产业组织不合理、产业效率低下、经济效益较差、发展速度较慢、技术工艺落后、创新能力不足、综合竞争力弱等方面,以及由此引起的发展和增长速度缓慢。而产业集群恰恰能以其特有的集聚优势和产业效率,使产业在生态脆弱的欠发达区域内集中化、网络化和根植化,促进产业结构的调整和组织结构的优化,使区域经济总量得到快速积累和增加,使区域产业资源得到有效整合与合理配置,通过提高区域的资源利用效率,提高区域产业生产经营效益,提高区域投资和放大投资效应,带动西部生态脆弱地区经济的快速增长。产业集群对西部生态脆弱地区经济快速增长的促进作用主要表现在以下方面:

(1)促进资本总量增加。区域产业集群之所以能够促进西部生态脆弱地区的经济增长,其中一个重要的原因是产业集群能吸引大量的企业、资本和劳动力流入集群地区,产业集聚促进了地区有形资本和无形资本的增加,而无形资本和有形物质资本一样提高了地区的人均资本量,从而提高了人均产出水平。产业集群一旦形成,其高效的运作体系就会吸引附近乃至全球的企业、资本、人才和其他资源要素流入。有了人力资本,就可以开发、消化和吸收所需的技术;有了资金资本,可以研发和购买所需的技术;有了资源的积累可以使规模化生产成为现实。通过不断壮大集群自身规模,来增大区域的经济规模和区域资本总量,使区域具备了进一步发展壮大的各种要素,为区域经济持续增长提供了有力保障。这在产业集群发展得较好的一些西部地区表现得最为突出。

(2)促进资源有效整合。产业集群对西部生态脆弱地区资源整合的促进作用体现在三个层面:①产业层面的优胜劣汰。在产业集群内部企业的退出壁垒较低,部分企业退出的社会制约因素不多,运营不良的企业可以通过产权交易或企业并购的形式退出该产业,将现存资产转到效益比较好的企业中实现优化配置。②企业内部的资源调整。产业集群内的企业可把有限的资源集中起来实行目标集中战略,即主攻某个特定的顾客群、某产品系列的一个细分区段或某个市场。集群内配套产品和专业化部门的存在,使企业把一些生产环节或辅助业务转包出去以强化核心功能。③人力资源的优化配置。上述两个层面的资源变化,必然导致区域熟练的劳动力从集群外或集群内的低生产率部门,转移到集群内的高生产率部门,劳动力的这种转移,提高了西部欠发达地区的劳动生产率。

(3)促进生产效率提升。西部生态脆弱地区产业集群的形成,将促进区域专业化分工的深化,这意味着生产效率的大幅提高。分工越是细致,效率提高越快。集群企业中便具备了这一特性,高效的分工使得集群有着超高的效率。高效率便意味着高产出,高产出就会带来规模效应,从而降低生产成本,增加产业收益,推动区域增长。产业集群通过合理的专业化分工与横向经济协作能够有力推动区域经济发展。产业集群由各种大小不一的企业通过分工协作形成企业系统而获得规模经济效益,提高整个产业的生产效率。同时,由于集群内的同质企业之间产品的相似性,必然存在相互之间激励的竞争,这种竞争保持了企业的创新活力,使企业的生产效率不断得到提高。正是由于产业集群的这种既竞争又合作的竞合机制,促进了西部生态脆弱地区生产效率的不断提升。

(4)促进投资效应放大。产业集群的高效率,不仅意味着区内资源利用高对效率进一步投资的吸引,还意味着具有较高的投资放大效应。随着集群内客商的云集,不断吸引投入品供应商、特殊技能员工、配套产品和服务、专业化技术和信息的进入,各种要素处于可利用状态给投资创造了便利条件。投资表现为新行业的嵌入和原有行业生产规模的扩大,若新企业提供的是一种新产品或服务,则会拉长区域产业链,增加产品附加值,提高资源利用率;若是从原产业生产过程中分离的一部分,则使生产更加迂回,产业分工更细化,原有企业生产更加专业化,进一步提高原有企业的生产率;由于产业集群的存在,使得西部生态脆弱地区任何一个经济部门或产业的出现与扩张,均可引起区域内各经济部门供应和需求的连锁反应,使区域经济总量得到大幅增加,从而推动区域增长。

5.3.2.2　产业集群有效地提升了西部生态脆弱地区的竞争能力

西部生态脆弱地区要实现经济的迅速崛起,快速推进工业化进程,必须以产业集群为载体加速产业聚集,强化产业发展,以提升本地竞争力。产业集群可以使区域按劳动分工形成专业化产业区,有利于西部欠发达地区整体竞争优势的形成。在以绝对优势、比较优势、要素禀赋或规模经济形成的专业化产业区中,大量企业集中于某个主要的产业,以纵向和横向合作竞争关系构成产业链,其中关联类、依附类、生产性和非生产性的基础设施,围绕着生产经营性企业发挥作用,通过分工协作和资源共享,降低生产成本,提高生产效率,从而提升西部生态脆弱地区的产业竞争力。从实际调研情况来看,西部生态脆弱地区已有的产业集群,确实能够通过其具有的集群效应来强化其竞争优势,使相应区域的竞争力得到大幅度提升。主要表现在以下几个方面:

(1)生产成本降低带来的竞争力提升。主要表现在:①外部经济的存在减少了企业的投入。集群公共资源的共享,从而减少了企业在交通、通讯、水电等有形资源,以及在优惠政策、个性服务、地区品牌等无形资源方面的投入。②集聚经济的存在减少了企业的运营成本。由于集群企业地理方面的临近性,使企业在经营活动中的运输费用、搜寻费用、交易费用大为减少,从而降低了产品的生产成本。③规模经济的实现降低了产品的单位成本。产业集群形成的规模专业化市场,互补性企业集聚在一起,使各企业之间相互提供市场,规模化生产经营降低了产品的成本。④合作关系的建立降低了原料的采购成本。同行业的企业通过合资、合作或建立联盟,不仅可以降低原材料的价格,而且也节约了单位运输成本。上述生产成本的降低,提高了区域产品的竞争力。

(2)组织结构优化带来的竞争力提升。产业集群能够使西部生态脆弱地区的产业组织结构得到优化,从而提升区域的竞争力。主要表现在:①推动区域产业组织结构的不断优化。产业集群使得区域内相关产业的企业规模构成、产权构成和比例关系发生变化,逐渐形成合理的分工网络,从而不断推动产业组织结构的优化。②协调集群企业之间的良性竞争。产业集群对组织内部的企业结构和分工协作有一种自适应的调节能力,其灵活的组织形式能够保持集群内部较强的竞争压力来推动企业之间的良性竞争,从而有效提高企业的生产经营效率和市场竞争力。③促进集群企业之间的有效合作。集群内部不仅包括上游的产品生产企业,也包括下游的配套企业和服务提供商,能够实现产业的合理化分工,促进企业间高度细致的分工协作,从而增强区域产业的整体竞争力。

(3)产业效率提高带来的竞争力提升。产业集群的产业效率主要体现在资源配置效率和生产经营效率两个方面。①产业集群的资源配置效率优势。作为一种介于市场与层级之间的新型产业组织形式,产业集群相对于传统产业组织而言,更有利于提高资源的配置效率。由于其能够有效克服垄断和市场结构中损害资源配置效率和社会福利的弊端,实现两种不同结构市场的优势互补,从而提高了产业资源的配置效率。②产业集群的生产经营效率优势。集群企业的生产效率在产品价值链的各个环节上体现,单个企业所能拥有的资源相对于其对利润的无限追求总是有限的。在激烈的竞争面前,企业通过在价值链优势环节上的合作,充分发挥单个企业在价值链某个或某些环节上的竞争优势,实现企业之间的资源共享和优势互补,从而实现整个产业生产效率的提高。

(4)创新能力增强带来的竞争力提升。西部生态脆弱地区产业集群的形成,有利于促进企业学习创新,提高区域创新能力[145],从而提升区域的竞争力。主要体现在:①形成企业竞争的创新氛围。彼此接近的企业竞争的隐形压力,会不断进行产品技术创新和组织管理创新,通过对产品设计、开发、包装、技术和管理方面的不断改进和创新,以适应迅速变换的市场需要。②促进知识技术的转移扩散。产业集群的益处效应,使创新知识很容易外溢,经常的面对面交流,不仅加快了显性知识的传播,而且也有利于隐性知识的扩散,隐性知识的快速流动反过来又促进显性知识的扩散。③降低企业创新的风险成本。集群环境的社会资本,有利于企业之间建立互信关系,方便各种创新资源的获取,可以有效降低创新的风险和成本,从而提高单个企业和整个集群的创新效率。

5.3.2.3 产业集群可以充分发挥西部生态脆弱地区的资源优势

自然资源总是稀缺的,资源禀赋是区域经济发展的必要条件。改革开放以来,我国经过几十年的高速发展,资源能源短缺的矛盾日益突出,已成为东部及沿海地区进一步高速发展的瓶颈。因此,在新一轮产业结构调整中,呈现出东部产业向中西部转移的态势。西部地区作为我国资源和能源的储备地,蕴藏着丰富的自然资源和能源矿产,西部生态脆弱地区的许多地方还处于欠发达和欠开发状态。如何利用好西部这一份宝贵的资源,是摆在人们面前的重要课题。从西部地区产业集群的发展情况可以看出,产业集群可以充分发挥西部地区的资源优势,通过集群产业链的不断延伸和扩展,不断提升资源的附加值,使资源的价值得以充分体现,变西部资源优势为经济优势,从而推动西部生态脆弱地区的快速发展。产业集群对西部地区资源优势主要表现在以下方面:

(1)减少资源的巨大浪费。资源型产业集群的形成,可以大幅度降低和减少过去西部一些地区对矿产资源进行小规模零散开采造成的巨大浪费。在偏僻落后西部生态脆弱地区,中小型矿居多,大型矿较少,乡镇和个体矿所占比重较大。由于设备简陋,技术落后,人员素质低,受经济利益驱使,常常出现大矿小开、一矿多开、采富弃贫、粗放经营、滥采乱挖、野蛮开采、掠夺开采的现象,形成低产量、低利润、高浪费、高污染的状况。由于企业的单打独斗,开采回收利用率极低,造成了资源的巨大浪费。据统计,乡镇煤矿和个体煤矿的回采率分别不到30%和15%。例如,在陕蒙接壤的活鸡兔沟矿区,20多个煤矿的平均资源利用率仅为20%,大量宝贵的煤炭资源被破坏和浪费。而在已形成产业集群的地区,这种资源巨大浪费现象都有了很大改观。

(2)促进资源的综合利用。资源型产业集群的形成,可以聚集各类资源利用的相关专业企业,协同合作的资源开发,可以使西部地区的资源得到综合利用。西部一些从事矿产开发的中小企业,由于资金和技术限制,独自开发作业,很难对所开采的资源进行综合利用,资源的综合利用率都非常低,大量共生矿、伴生矿、低品矿被丢弃。例如,西部的许多铜矿都伴生其他金属矿,采选企业往往只回收铜,其他金属很少回收,使大量有价值的伴生金属流入尾矿中,造成大量宝贵资源的浪费和环境的污染。而在西部的一些产业集群聚集区,资源综合利用的情况则要好得多,不仅能对共生、伴生、低品和难采的矿进行综合开发与有效利用,还能对选矿过程中产生的尾矿、煤矸石等进行综合回收和合理利用,甚至还能对矿产品加工过程中产生的渣、尘、泥、灰等进行综合利用。

(3)延长资源的产业链条。产业集群中的产业链条,可以通过对资源深加工和精细加工环节的延伸,来提升资源产业的价值链。西部生态脆弱地区的矿产资源产业在过去粗放式发展中,存在着资源消耗严重,技术水平低下,产品结构单一,产业链条较短,经济效益较差等方面的问题。而产业集群则可通过专业化分工协作,依托初级产品的优势,延长产业链,通过对资源的深精加工来提高资源产业效益。以内蒙包头的稀土资源为例,其稀土资源非常丰富,占世界已探明储量的75%以上,过去低价出口稀土矿,导致稀土资源外流、地方经济也得不到发展。西部大开发以后,包头市逐步发展起了稀土产业集群,2012年共聚集了70多家稀土企业,形成了6大产业集群,稀土矿产品比重大幅下降,深加工产品大幅增长,稀土产业得到了迅猛发展,使资源优势真正转化成经济优势。

(4)提高资源的价值增值。产业集群可以通过将资源与资本和知识的有效整合,提高西部生态脆弱地区资源的价值增值,使西部的那些资源富集贫困区摆脱“资源诅咒”,得到快速发展。西部地区大多都依托资源禀赋来推动经济发展,由于经济薄弱和技术落后,其资源产业往往只能够生产和提供处于价值链低端的初级产品,导致一些资源富集地区,不仅没有享受到“资源优势”,反而陷入了“资源陷阱”和“资源诅咒”的囧境。而产业集群的出现为这一问题的解决开辟了道路。例如,贵州瓮福、开阳一带的磷化工产业集群,就是从“资源、资本、知识”融合的视角，将其优势的磷矿资源与大资本和高技术整合，通过纵向延伸产业链发展磷化工产业，生产高端的磷化工产品；通过横向整合产业链发展碘、氟、重稀土等产业，生产伴生的高价值产品，从而给资源带来了新的价值增值。

5.3.3　西部生态脆弱地区现有产业集群存在的主要问题

西部地区产业集群的发展，对推动区域经济快速增长、提升区域产业竞争力、发挥区域自然资源优势方面起到了积极地促进作用。不过，由于西部生态脆弱地区的许多产业集群还刚刚起步，仍存在着许多问题，在很多地方都不够完善，还不能完全发挥出其应有的作用。最突出的问题表现在：集群发育程度较低，产业竞争能力较弱；集群组织机制不全，集群效益发挥不够；产业生态效益欠佳，资源环境问题严重等方面。

5.3.3.1　集群发育程度较低，产业竞争能力较弱

虽然西部生态脆弱地区内的各省区市，产业集群都有了不同程度的发展，但总的来看各地的发展差异较大，主要表现为产业集群的总量较少、区域分布不均、发育程度不高等。产业集群有着自身的形成机制与发展规律，除了资源禀赋和企业主体外，还包括产业生态、市场机制、制度环境、组织机构等多种因素。如果不遵循集群发展规律，仅仅依靠政府的行政命令，很难形成真正意义上的产业集群，即使通过强制命令形成了一些企业聚集，也不能真正地发挥出应有的集群效应。而西部生态脆弱地区的这类情况则相当普遍，一些通过盲目指令建设的产业集群，企业之间联系不够紧密，相关上下游产业以及支撑互补产业的配套协作也较少，关联度低，产业链的连续性和整合性欠缺，分工难以向纵深发展。西部生态脆弱地区产业集群的发育程度低最主要表现在以下方面：

(1)产业集群的区域发展不均衡。但由于历史、区位、自然条件等方面的限制和不平衡发展战略的影响，西部地区的产业集群发展起步较晚，目前形成的产业集群还处在初级阶段，零星分布的状态，不仅集群数量较少，而且发展水平较低规模较小，区域分布也不均衡，与东部地区相比还相当落后。据有关数据统计，我国制造业产业集群在东、西、中部产业集群数量之比为 79：12：9[146]，即西部地区的产业集群数量远远低于东地区，其中真正在全国具有竞争优势的产业集群不多。从西部区域发展情况来看，各省区间产业集群的发展也极不均衡，四川、重庆、陕西等地的发展较好，宁夏、青海、西藏等地的发展较差。西部低端型或低成本型的产业集群居多，集群效应及规模经济效应均不明显，远远没能发挥出资源集聚、高效发展的集群效应，以及对区域经济的强劲带动作用。

(2)产业集群的发展层次还较低。西部地区的产业集群主要以能源、原材料以及重化工业等为代表的资源密集型产业为主,资源深加工方式缺位,产业纵向拓展不够,产业集群的发展层次较低。由于产品大多处于价值链低端,很难将资源优势转化为商品优势,从而丧失了大量的产品附加值。以冶金工业为例,西部主要集中在产业链上游的采选、冶炼上,而下游的延压加工发展滞后。2009年,上游采选业与延压加工业产值之比,西部为1∶5.81,而全国为1∶7.42;冶炼业与延压加工业产值之比,西部为1∶0.27,而全国为1∶0.93;上游金属冶炼及延压加工产值与下游装备制造业产值之比,西部为1∶1.09,全国为1∶2.54。由此可见西部与全国的水平存在着较大差距。此外,西部在装备制造业方面,下游生产所需附加值较高的零部件大多来自外部,集群的整体利润率较低。

(3)产业集群的产业链条欠完善。由于西部许多地区的产业结构趋同,而且产业集中程度都较低,产业间的配套协作能力较低下,从而导致分工链条不完善,产业链条不完整。由于企业分工外包意识不够,许多产业集群更多表现为企业的地理扎堆,集群内企业之间的配套协作关系较弱,多数产成品及零部件还只在单一企业内部完成,无法通过利用“外包”降低采购、生产、运输和营销成本,实现规模效应,资源的配置效率较低。由于集群内企业的协作较少,价值链之间难以协同,很难形成价值链之间的良性互动,所以产业链比较脆弱。作为串联集聚区企业的链条骨干起不到密切联系的作用。由于集群区内的产业链缺损严重[147],使得企业的集聚成为松散的联合,没有形成自身发展的内在机制,无法通过上下游产业间的互动与外溢来促进产业关联的形成与发展。

(4)产业集群的竞争能力不够强。西部地区的产业集群主要依托区域的资源禀赋与原有的产业基础,其形成和发展则主要依赖于政府的引导。而通过创新推动、知识溢出、投资促进等先进的产业集群方式发展的实例不多,这使得西部产业集群发展形式较为单一,与东部地区产业集群相比创新动力不强,没有明显的竞争优势。即使一些发展比较好的集群,也只是集聚程度比较高,难以发挥集群互动创新的系统效应,还有一些产业集群基本上是靠国家投资,如四川德阳的装备机械产业区及克拉玛依的石油化工基地等,都是依赖外界要素推动,而不是源于内在自发的崛起,基本上没有形成真正的专业化分工与协作,更没有形成关联产业的互动与互补效应。此外,西部资源型产业大多都处于价值链低端、资本积累速度慢、自我发展能力较弱,使得产业竞争力也不强。

5.3.3.2 集群组织机制欠佳,集群效应发挥不够

制度机制因素对于产业集群发展具有极为重要的作用,好的制度机制不仅

是产业集群迅速成长的有力保障，更是产业集群保持竞争力的重要支撑，反之则可能抑制集群的发展。由于西部许多产业集群是依靠国家扶持成长起来的，国有大中型企业所占的比重较大，使得有效的市场竞争机制还不够完善。过多的政府干预和欠佳的政策环境，致使集群内部的自组织机制受到抑制，很难形成有效的竞争合作氛围，从而导致集群创新动力不足、资源配置效率较低、生产效率和产业效益不够高等。由于市场化进程迟缓，集群组织机制不够完善，再加上市场与法制、效率与竞争、开放与创新等方面的意识不强，导致产业集群的规模效应和扩散效应受到抑制，影响了西部产业集群聚集效应和竞争优势的发挥。西部产业集群的制度机制问题主要表现在以下方面：

(1)产业集群的政策制度体系不够完善。由于行政管理体制以及经济社会体制的割裂，致使产业集群制度环境不完善，政府功能缺位和政策支持不到位的情况在西部生态脆弱地区较为普遍。一些地方没有完善的产业政策体系，对产业集群缺乏科学整体规划[148]，发展目标和发展方向都不明确。政府在集群建设中的监督、引导、规划等职能发挥不充分；对于集群企业在市场进入、财政、税收、融资方面的扶持政策还不到位；对如何引导、扶持、调控产业集群的发展没有有效措施和思路。适合产业集群发展的制度不健全，制约着产业集群的发育，传统管理体制使资源大都向国企和传统产业倾斜，非国有经济和高新技术产业获取资源受到很大限制，阻碍了资源的合理配置和有效整合。公共产权难以形成有效的激励和约束机制，导致资源配置效率及生产效率低下。

(2)产业集群的自组织机制还未能形成。高效有序的产业集群是在市场机制作用下，生产要素按照回报最高律在产业和地域间充分流动，引致相关企业在一定区域内集聚而成的，其快速形成需要完善的市场体制机制为保障，其高效率运行则需要依靠其内部自组织机制发挥作用。由于西部地区的传统计划经济体制基础比较牢固，作为国家资源能源重工业基地，国有经济比重较高，虽然市场化在不断推进，但在计划经济体制下形成的以纵向管理为主的条块分割体制还没有实质性改变，金字塔式组织结构还相当突出，计划机制在资源配置中的影响根深蒂固，生产要素在产业间和地区间的流动还要受到各种壁垒的阻碍，资源流动的开放性不够，制约了生产要素在区域内的集聚和关联产业群的形成，同时也制约了集群内部自组织机制的形成和发挥作用。

(3)集群企业的合作创新氛围尚需营造。在西部生态脆弱地区的一些产业集群，企业之间既缺乏有效竞争合作，没有形成良好的合作创新氛围。一些由市场带动而自发形成的企业集群不能形成有效地竞争，由于行业自律性组织不完善，缺乏相应的行业引导，少数企业为了短期利益，走低端低价的模仿路线，往往会引发同行企业的恶性竞争，导致“柠檬市场”的出现，从而抑制了企业创新的动力。而一些由政府行政主导的产业集群大多属横向类型，企业之间缺乏专业化的分工协作和相互的经济联系。因此，企业的合作竞争意识较差，产业集群内信息平台建设缺乏，不能形成知识流和信息流，集群内企业员工不能进行技术上的交流，难以形成互相学习、互相激励、积极创新的文化氛围。集群创新网络尚未形成和发挥作用，导致集群的创新动力不足和创新能力不够。

(4)产业集群的协同竞争优势发挥不够。竞合博弈和协同竞争是产业集群整体竞争优势的重要来源。西部地区的现代工业主要是以能源、原材料为主的重化工业，大规模投资主要依赖国家调控的大中型企业，这些“大而全”企业具有集产、供、销、服务一体的组织结构特征。加上当地小型企业的封闭式运作，企业间很难通过“共生共荣”来形成专业化的分工与协作。因此，许多产业集群尚未形成产业化的分工与协作机制，大多数企业与集群内其他企业联系较少，只能算是企业在区域上的简单扎堆，企业之间难以形成竞合博弈与协同竞争的局面。由于缺乏有效竞争，致使企业的活力和效率低下，导致资源配置效率和产业经济效益不够。由于企业间缺乏合作竞争意识，不能通过有效的竞争而达到协同，导致产业集群的协同竞争优势得不到发挥。

5.3.3.3 产业生态效益欠佳，资源环境问题严重

西部生态脆弱地区的大多数产业集群都属于传统的资源型产业集群，由于在技术、工艺、设备及管理等方面比较落后，使集群发展始终在产业价值链的低端徘徊。受经济利益的驱使，大多数企业只注重在产业价值链中追求价值增值，而对生态环境方面的问题重视不够。因此，西部的许多产业集群都是企业围绕着资源产业的价值链聚集形成的，资源直线型的利用模式，使集群内物质循环的生态链条较少，从而使资源的消耗和浪费加大。西部资源型产业集群普遍存在着“高投入、高消耗、高排放、不协调、难循环、低效率”等方面的问题，有些地区和行业的产业集群，这方面的问题还相当突出，产业集群的快速增长在很大程度上是单纯依靠消耗大量物质资源实现的，存在着严重的高排放和高污染问题。主要表现在以下方面：

(1)产业链短和循环链条较缺乏。西部生态脆弱地区的传统产业集群物质资源的流动和传输大多是单程的，其内部产业链条较短，而且主要是都处于产业价值链低端的初加工环节，输入的物质资源也主要是沿着“资源→产品→废弃物”的直线路径运行；由于缺乏物质循环的产业生态链条，物质资源沿着“资源→产品→再生资源→产品”的循环路径往复式运行的情况较少。资源深加工和综合利用的不足，造成大量原材料外输和大量加工品内运的低效状况。例

如,甘肃有色金属只有4.3%进行了加工冶炼,云南锰矿的80%是以矿石销售,四川的农产品只有10%进行了深加工。产业价值链低端和产业生态链缺乏,不仅导致原材料产品附加值的低端化,而且还导致大量资源的消耗和浪费,给西部生态脆弱地区的资源环境带来了巨大压力。

(2)资源节约和充分利用不够好。由于西部许多资源型产业集群的技术老化,一些大中型骨干企业相继进入更新期,更新改造资金短缺和技术创新能力较弱,技术装备无形损耗严重,产业技术落后和生产力水平低,导致生产过程中资源利用率较低。由于缺乏对资源产品深加工的产业链条和物质重复利用的循环路径,大量宝贵的资源得不到充分利用。特别是一些资源型中小企业集群,很少有企业采用资源循环技术和综合利用技术。例如,克拉玛依、金昌、白银、玉门、铜川、六盘水、个旧、攀枝花等地的一些资源型中小企业集群,采用资源综合利用的企业不足10%,而且在这些企业中80%以上的综合利用率不到20%。新疆一般油井的采收率还不足40%,而在陕北一些油井的采收率甚至只有百分之十几。此外,一些企业的恶性竞争和粗放经营,也导致了资源严重浪费。

(3)最终剩余物质排放仍然较高。产业的最终剩余物,是指输入(投入)到产业系统中的物质原料,在经过整个加工生产过程之后,在输出(产出)产品的同时,还剩下的不能再继续利用的物质废料。事实上,一个理想的产业生态系统,由于物质再生循环机制较完善,资源再生和循环利用系统颇发达,最后剩下来的真正不能再继续利用的剩余物质极少。而西部生态脆弱地区的资源型产业集群,绝大多数都没有形成有效的资源循环利用和综合利用体系。一些企业虽说也采用了一些循环生产技术,但也仅仅是对其中的小部分资源进行了综合利用和循环利用,而相当大的一部分宝贵资源仍未得到充分、有效利用,其剩余物质中包含了大量的有用资源,也作为废弃物排放掉了。例如西部有些地方小矿所丢弃的大量尾矿中有用成分的含量甚至已达到了工业品位。

(4)环境污染问题尚未根本解决。西部地区过去发展资源型产业造成了巨大的资源消耗和环境污染。资源型产业集群作为一种高效的产业组织模式,只是在提高生产效率和降低生产成本方面较为突出,而对于资源型产业存在的严重环境污染问题,仍未得到根本地有效解决。由于产业生态链条和循环经济不发达,西部地区的绝大部分资源型产业集群,对生态环境的污染依然较严重。例如,甘肃河西走廊地区的资源产业集群,产生的大量废气、废渣、废水,给生态环境造成了污染,又如六盘水攀枝花的煤炭冶金工业基地、关中地区的煤化工基地、克拉玛依乌鲁木齐的石油化工基等地的产业集群,都给当地的生态环境带来了巨大压力。此外,西部的一些中小企业集群对环境的污染更为严重,例如西南等地的土法炼硫、炼汞、炼砷,西北等地的土法炼油等,都给生态环境带来了极大危害。

5.4 西部生态脆弱地区新型产业组织模式的选择与创新

西部生态脆弱地区要同时完成跨越式快速发展和可持续绿色发展这两大历史任务,就必须处理好产业发展中经济效益和生态效益的关系。以往的产业组织模式不具备快速和绿色并行的功能,因此必须对产业组织模式进行创新,在原有产业组织模式的基础上,探寻适合西部生态脆弱地区既能实现跨越式快速发展,又能实现可持续绿色发展的产业组织模式。

5.4.1 一种新型的产业组织模式:循环产业集群

传统产业组织模式在许多情况下其生态效益和经济效益是相矛盾和冲突的。单纯发展循环经济或单纯发展产业集群都有各自的优势和劣势。因此,必须对其进行全面的分析和评判,探寻和设计有效可行、能实现优势互补、劣势对冲的新型产业组织模式。

5.4.1.1 *循环经济模式的生态效益较好但经济效益不够*

循环经济产业模式是根据不同企业投入产出物质能量的情况,按照自然生态的物质循环原理和产业生态的工业代谢规律,将各企业按"生产者"、"消费者"、"分解者"关系进行连接,形成产业体系物质流动的闭路循环,改变过去"资源投入→生产消耗→废物排放"的直线型产业生产组织模式,形成"资源投入→绿色生产→再生资源"的循环型产业生产组织模式。从而改变了过去产业生产过程中,由于大量资源的过度消耗和大量废物的对外排放所带来的资源环境问题,具有较好的生态效益,是实现可持续绿色发展的有效模式。但由于单纯循环经济模式固有的组织结构缺陷,使其存在着结构刚性固化,运行不够稳定,缺乏竞争效率,经济效益欠佳等方面的问题。因此,不能很好地肩负起快速发展的重任。循环经济模式的优缺点主要表现在以下方面:

(1)减少资源消耗,资源效益较好。循环经济模式在企业内部通过采取对生产源头物质投入的减量化,对生产过程产生的剩余物质再循环,对生产末端各类物质的再利用等手段来提高资源的利用率;在企业之间通过产业代谢的物质纽带,将相关企业联系在一起,形成物质资源流动和总综合利用的循环链条,使一个企业的副产品或废弃物，成为另一个企业输入的原料，来提高资源的利用率，从而节约了各种资源，降低了资源消耗，产生了很好的资源效益。从西部生态脆弱地区开展循环经济的情况来看，虽然许多试点地区和企业的循环经济开展得还很不好，但资源节约的效益已十分突出。许多企业就是采用先进的资源转化技术和循环利用技术，使过去的生产废弃物质变成了可用资源，通过上述循环路径，不仅节约了大量资源，减少了资源消耗，还获得了客观的经济效益。

(2)降低废物排放，生态环境友好。由于循环经济模式在整个生产环节都采用清洁生产和循环利用模式，在每个生产环节都尽最大可能地减少废弃物质的产生与排放，尽量避免废物排放给环境带来的污染和危害。在各生产环节及各企业之间废弃物的循环利用也大大减少了最终剩余物的产生。因此，整个循环经济系统需要向外界排放的废弃物质将大为减少。由于循环经济要求对不能再继续使用的废弃物质进行无害化处理，因此，废弃物排放对环境造成的负面影响也会大为降低，从而表现出其对生态环境的友好性。这一点在西部生态脆弱地区的一些试点企业和试点地区表现得十分明显，通过开展循环经济有效地遏制了生态环境不断恶化的趋势，有些企业和地区通过对过去遗留堆积下来的废弃物进行资源化处理和利用，还大大改善了当地的生态环境状况。

(3)结构刚性固化，运行不够稳定。由于单纯循环经济模式在产业层面的有效运行，依赖于企业之间以副产品和废弃物为纽带建立起的循环链条；而系统的持续运行，则要求这种物质循环链条的结构相对固化，企业在链条上的位置也相对固定，这将导致企业间存在很强的依赖性，从而存在很大的运行不稳定风险。由于在链条中，下游企业生产所需投入（输入）的原料是上游企业生产排除（输出）的副产品或废料，因此，一旦链条上某个的企业出现了问题不能正常生产，便会波及链条上的某些企业，甚至使整个循环链条无法正常运行。此外，由于不同企业在不同环节的生产规模和不同副产品的产量大小不一，会造成某些企业所需的生产原料达不到规模经济的程度，从而也影响了运行的稳定性。这也是为什么西部的很多地方和产业很难建立起稳固循环链条的原因。

(4)缺乏竞争效率，经济效益欠佳。另外，在循环经济模式的产业系统中，产业链条的结构相对固定，企业之间的关系也比较固化，企业间独特的循环位置和很强的依赖关系，导致企业之间没有多少竞争压力，不能形成有效的竞争。由于企业间缺乏竞争，必然会导致企业竞争惰性的滋生，使企业缺乏竞争活力和创新动力，使得循环生产过程中的许多诸如资源转化、高效利用、循环衔接等方面的技术问题，无法得到快速有效解决，从而导致企业的生产成本较高和生产效率低下。由于循环链条上的每个企业都有极强的关联性,在传导机制的作用下就会导致整个循环系统的产业效率低下和经济效益欠佳。由于经济效益不足,也导致了许多企业没有实施循环经济的积极性。这也是为什么在西部一些地方和企业,循环经济模式很难推行的一个重要原因。

5.4.1.2 产业集群模式的经济效益较高但生态效益欠佳

产业集群是提高产业竞争力的重要途径。随着经济的全球化过程,一个国家或地区的国际竞争力,关键取决于其产业集群的竞争力,产业集群已成为一国或地区竞争优势的源泉。对西部地区而言,产业集群能以其特有的集聚优势和产业效率,使产业在欠发达区域内集中化、网络化和根植化,促进产业结构调整和优化,提升区域创新力和竞争力,能够有效地带动区域实现经济的快速增长。然而,由于传统产业集群仍然沿用的是物质资源利用的直线开放方式,随着这种产业集群规模的不断扩大和产量的持续增加,必然会导致对自然资源的大量消耗,同时产生大量的废弃物质。自然资源的大量采掘和废弃物质的大量排放,必然会给自然生态系统带来严重的负面影响,使生态系统持续恶化。因此,产业集群模式的经济效益较高,但生态效益欠佳。主要表现在以下方面:

(1)组织结构灵活,生产效率较高。产业集群作为一种重要的产业组织形式,其合理的产业组织结构使不同规模企业之间应形成恰当的数量比例,在不同规模企业之间结成完整而细密的分工网络,并对外部交易条件和市场环境的变化具有极强的自我适应性和自我调节能力,其主要成分和组织结构可以根据复杂多变的市场竞争环境灵活地和不间断地进行重新组合和自我适应调整,借助于集群内部细密的专业化分工与协作,可以使资源在产业链中得到充分利用,更好地整合需求与供给的信息,从而提高产品和服务的生产效率,为企业赢得市场商机打下良好基础。产业集群的资源共享,可以使每一个企业都成为高新技术设备的拥有者,或大中企业的协同者,从而以较低的成本获得产业的整体升级和组织的结构优化。产业集群的聚集效应和规模效应,使产业效率大大提高。

(2)竞争合作创新,竞争优势明显。产业集群可以通过其内部的竞争合作机制和集群合作创新,形成强大的产业创新能力和协同竞争优势,从而带动区域经济快速发展。众多企业聚集在一地,彼此靠近的同质企业,面临着非常的竞争压力,这使企业必须时刻保持竞争活力,通过不断地创新技术和改进工艺来保持竞争优势,通过不断地竞合博弈来不断提高生产效率。来自外部的竞争压力,也使企业间产生了强烈的合作竞争意识,集群创新网络的形成为集群企业提供了合作创新平台,使集群的创新能力和创新效率有了大幅度提高。产业集群内部的自组织机制，可以使企业间的竞合博弈达到协同。通过竞争合作将每个企业其最具竞争优势的核心能力整合起来，通过高效的专业化分工协作，形成强大的协同竞争能力，从而发挥出集群的强劲竞争优势。

(3)缺乏循环链条，资源利用不高。由于传统产业集群主要是通过产业价值链来聚集企业，其最主要的目标是追求产业价值的增值，集群企业也主要是以经济利益的最大化为其追求的唯一目标。因此，对资源的利用也主要采用最为简便的"资源投入→产品生产→废物排放"直线开放模式，很少采用较为复杂的"资源投入→产品生产→再生资源"循环闭合模式。因此，传统产业集群除了产业价值链条以外，很少有产业生态链条，没有形成资源高效利用的循环回路。由于缺乏物质资源重复利用和循环利用的渠道和途径，导致传统产业集群的资源利用率不高，从而导致资源的大量消耗和巨大浪费。这一现象在西部生态脆弱地区的一些资源型产业集群表现得最为突出，由于没有对资源进行循环利用和高效利用，大量宝贵资源被作为废弃物排放掉了，造成了资源的巨大浪费。

(4)存在环境污染，生态效益欠佳。由于传统产业集群中缺乏产业生态链，不能有效地对物质资源进行循环利用、综合利用和高效利用，因此对资源的利用率较低，这必然导致自然资源的"高投入、高消耗、高浪费"以及废弃物质的"高产生、高排放"。由于传统产业集群一般都没有采用循环生产和清洁生产技术，使得各个生产环节各类生产废弃物质的产生和排放，特别是资源型产业集群废弃物产生和排放的问题最为严重，大量不能得到有效利用和无害化处理的废弃物质的产生和对外排放，必然会给自然生态环境造成巨大的负面影响，导致环境的严重污染和生态的持续恶化。因此，传统产业集群特别是传统的资源型产业集群，存在着严重的环境污染问题，生态效益极差。在西部生态脆弱地区的所有资源型产业集群，几乎都存在着生态环境污染问题。

5.4.1.3　循环经济和产业集群的整合与融合——循环产业集群

西部生态脆弱地区的绿色发展离不开循环经济模式，通过该模式可极大提高资源的利用效率，减少废弃物的排放，降低对自然生态环境的负面影响，从而实现区域经济的绿色发展；西部生态脆弱地区的快速发展同样离不开产业集群模式，需要集群的力量来整合中小企业，加强企业间的合作与竞争，提高产品竞争力，从而促进区域经济的快速发展。然而，两者固有的缺陷与不足，使两者都不能独立地承担起西部生态脆弱地区必须绿色快速发展的重任，都不是区域快速绿色发展的最佳产业组织模式。因此，必须对循环经济模式和产业集群模式进行有效整合让其达到有机融合，通过两者的优势互补与劣势对冲，形成一种既具有绿色发展功能又具有快速增长功能且能带动西部生态脆弱地区实现绿色快速发展的最佳产业组织模式。对两者的整合可以从以下方面考虑：

(1)在产业系统的稳定性和有效性方面。以产业集群模式的组织灵活性来克服循环经济模式的结构僵化性,从而保证产业系统运行的稳定性和有效性。使新的产业组织模式具有:①快速的自我适应与调节能力。产业集群结构对外界变化的极强自我调整与适应能力,其结构的灵活性正好可以弥补单纯循环生产过于僵化与不足。②及时的信息传递与共享机制。单纯循环模式的最大缺陷就在于一旦形成循环链条,就难以针对市场变化及时做出调整,而产业集群对市场反应的敏感,可以弥补这方面的缺陷,及时的信息传递与共享使生产效率更高。③良好的系统运行与稳定状态。产业集群内企业的多重资源和信息的交流通道,可以克服单纯循环经济中的结构固化和循环渠道单一造成的运行不稳定弊端,形成一种高效率的动态稳定的产业组织模式。

(2)在产业系统的高效率和竞争性方面。以产业集群模式的竞合高效性来克服循环经济模式的缺乏竞争性方面的缺陷,从而保证产业系统的高效率和竞争优势。主要表现为:①通过竞争来创造活力。由于单纯循环经济中的企业一般分布于产业链的不同环节而缺乏竞争,而集群企业之间的激烈竞争能够有效弥补这方面的不足,通过竞争来增加活力和提升效率。②通过合作来强化竞争。由于单纯循环的经济效益不高,从而导致整体竞争力较弱,而集群企业的竞合博弈与协同竞争能够有效弥补这方面的不足,通过合作竞争来强化整体的竞争力。③通过创新来提高效率。由于单纯循环经济僵化的模式使企业缺乏竞争活力和创新动力,导致企业生产效率不高,而产业集群的竞争活力和创新动力可以有效弥补此不足,通过不断竞争来提升产业效率。

(3)在产业系统的节约性和持续性方面。以循环经济模式的资源循环高效利用来克服产业集群模式的资源利用率不高方面的缺陷,从而保证产业系统的低消耗和持续性。通过循环经济与产业集群的整合与融合以实现:①提高资源利用率。传统产业集群模式的生产方式粗犷,资源利用较低,而循环经济模式对资源的层级利用、循环利用、综合利用等,可以有效弥补这一缺陷,提高整个产业系统的资源利用率。②减少资源消耗量。传统资源型产业集群存在资源高消耗的问题,循环经济模式对资源循环综合利用和对资源产品的深加工,可以缓解对资源的过度依赖,从而减少资源的消耗。③提高资源的持续性。通过循环经济对产业集群的融合,使各种资源在产业集群内得到循环利用、分级利用、综合利用和高效利用,减少了资源的消耗和浪费,从而提高资源的可持续性。

(4)在产业系统的生态环境影响方面。以循环经济模式的环境友好的低排放来克服产业集群模式存在的环境污染方面缺陷,从而保证产业系统的低排放和低污染。通过循环经济与产业集群的整合与融合可以实现:①减少剩余物质的产生。在集群生产中采用资源分级利用和循环利用工艺,在提高资源利用率和节约资源的同时,可以大大减少整个生产过程最后剩余物质的产生量。②降低废弃物质的排放。采用清洁生产方案,尽可能减少或消除各个生产环节废弃物的产生与排放,由于整个生产过程的最终剩余物质较少,降低了废弃物质的向外排放量。③避免生态环境的污染。在整个集群生产过程中都采用清洁生产技术,对必须向外排放的不能再继续循环使用的极少废弃物进行无害化处理,从而避免废物排放给生态环境带来的污染和危害。

5.4.2 循环产业集群的内涵结构及功能特征

循环产业集群能够兼顾西部生态脆弱地区可持续绿色发展和跨越式快速发展的需要,既具有较好的环境生态效益,又具有较高的产业经济效益。对其内涵结构和功能特征的深入分析,有助于人们对这一新型产业组织模式的深刻把握,从而为西部生态脆弱地区采用这一模式来实现可持续绿色发展和跨越式快速发展提供科学的理论指导。

5.4.2.1 循环产业集群的定义及基本内涵

循环产业集群是指基于循环经济理念和产业生态学原理而构建营造的,按照循环经济模式运行的产业集群[149]。循环产业集群作为一个新型的产业生态系统,以资源循环利用最大化和环境负面影响最小化为原则,以资源和信息共享为基础,以网络协同和集群创新为手段,以追求高的经济效率和好的生态效益为目的,以物质能量的多层次循环和阶梯式利用为特征来组织生产经营活动。它是特定区域内产业价值链、产业知识链和产业生态之间共生共存而形成的众多企业及相关机构所组成的具有物质、能量和信息循环功能的空间聚集体。它通过政府扶持、市场培育和企业创新,形成高效有序的自组织结构和合作创新的生态化网络。循环产业集群作为循环经济和产业集群的有机统一体,是生态效益和经济效益俱佳的新型产业组织模式。一个理想的循环产业集群应具有以下重要内涵。

(1)追求资源利用的最大化与剩余废物的最小化。循环产业集群运行的一个重要理念就是资源的节约,即通过各种手段和各种途径,使各种资源都得到高效利用,以最大的可能节约资源。循环产业集群通过相互耦合的多个循环链条和多重嵌套的复杂循环网络,将资源节约和高效利用策略贯穿于整个集群的各个层次和每个环节,包括输入源头的“减量化”、再生产过程的“再循环”、再输出尾间的“再利用”,使各类物质在每个企业内部进行微循环,在每个结点群落企业之间进行小循环，在各个节点群落之间进行中循环，在整个集群层面进行大循环，从而使资源在每个环节和各个层次都得到高效利用和循环利用。循环集群中的创新网络能够为每个环节资源的高效利用，以及各个环节之间循环利用的衔接提供技术保障，从而实现资源利用的最大化和最终剩余物质的最小化。

(2)追求生产成本的最小化与产业效率的最大化。循环产业集群运行的另一个重要理念就是生产的高效，既通过高效的产业生产组织形式，调动系统的自组织机制，优化资源配置，最大可能地提高生产效率。循环产业集群通过围绕产业价值链的企业聚集，形成企业间的竞争合作关系和产业规模经济；通过产业价值链与产业生态链的相互耦合，实现资源的循环利用与高效利用，减少生产原料的投入成本和废弃物质的处理成本；通过集群企业间的互信环境和资源共享，降低企业的各类生产成本和交易成本；通过企业之间不断竞合博弈，使企业保持创新动力和竞争活力，提高个体企业的生产效率；通过企业间的专业化分工协作，使每个企业都将其最具竞争优势的核心能力嵌入到产业链中，从而使整个产业链条直至整个循环集群的产业效率得到提高。

(3)具有互惠共生的稳定性和有序竞争的高效率。循环产业集群中的企业之间的关系，是围绕产业价值链和产业生态链形成的竞争合作与互惠共生关系，企业之间既有竞争又有合作，通过不断地竞合博弈形成的互惠共生体，具有很好的稳定性。产业价值链将企业间的经济利益和价值增值联系在一起，产业生态链将企业间的物质流动和循环利用联系在一起，使企业之间彼此形成互利共赢的共同体。多条产业价值链与产业生态链的交叉耦合与相互融合，以及各层次循环网络的相互嵌套，为企业共生体提供了物质流动和价值增值的多重通道，从而保证了各个共生体的稳定性。循环集群内部的自组织机制，可以在共生体内部以及共生体之间形成有序竞争，并通过不断地竞合博弈达到协同，形成稳定有序的自组织结构，呈现出整体竞争优势，从而实现竞争的高效率。

(4)具有生态环境的友好性和经济增长的高速性。环境友好和高速增长是循环产业集群最重要最突出的内涵。循环产业集群在每个生产环节和各个集群层面都采用清洁生产与循环利用策略，在最大限度节约利用资源的同时，尽最大可能地避免或减少各个生产环节的废弃物的产生。循环产业集群模式与其他产业组织模式相比，在生产和输出同等价值的产品和服务的情况下，所需投入和消耗的资源要节约很多，同时产生的不能再继续循环使用的最终剩余物质也同样很少，经过无害化处理的极少剩余物质的排放，不会对生态环境造成负面的影响。同时，由于循环产业集群的产业高效率和强大竞争优势，以及由此产生的聚集效应，会使其自生得到快速发展和高速增长。由于其发展的绿色性和增长的高速性，使其能够有效带动区域经济实现绿色快速发展。

5.4.2.2　循环产业集群的主要结构和功能

循环产业集群的结构示意如图 5－1 中的(c)所示。从构成主体来看，循环集群是由大量具有互惠共生关系的企业群落，按照产业物质代谢的循环关系连接构成，而这些企业群落又是由大量相关企业聚集而成，企业群落里既有同质的竞争性企业，也有异质的共生性企业，它们共同构成了复杂的竞争合作关系。从网链结构来看，产业价值链和产业生态链共同蕴藏在循环产业集群内，两者并不完全重合，但相互耦合交织在一起，形成了复杂的多重嵌套和循环的网络结构，具有复杂系统的层级自相似特征。从共生关系来看，生产者、消费者和分解者企业群落共生于循环产业集群内部，形成一个类似于自然生态结构的系统，企业之间和群落之间在物质、能量和信息流动上实现了纵向闭合和横向耦合，形成多重网络嵌套和物质循环流动的产业共生网络。循环产业集群具有以下主要功能：

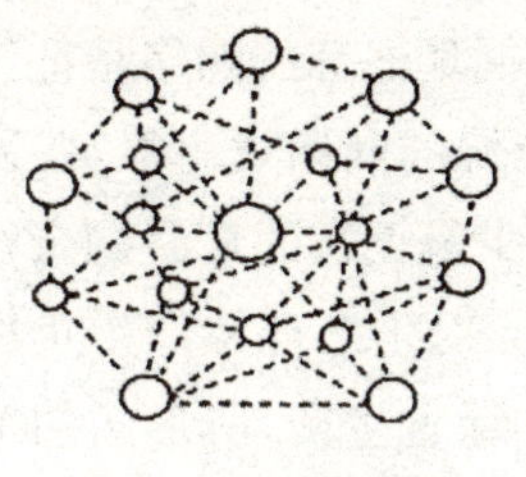
(a)产业集群结构

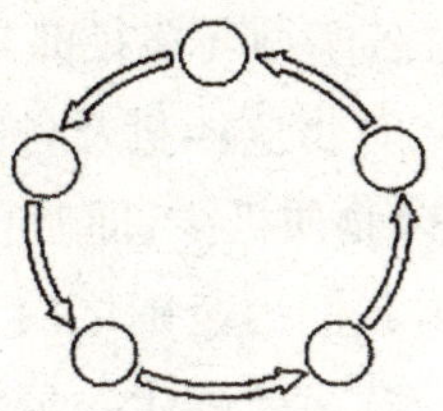
(b)循环经济结构

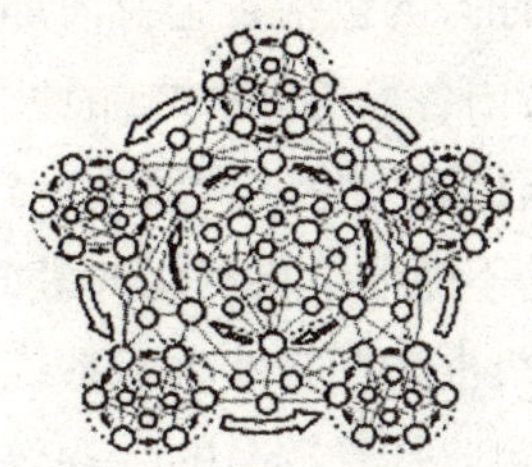
(c)循环产业集群结构

图 5－1　产业集群、循环经济、循环产业集群中的企业关系结构

(1)高效的生产产品和提供服务功能。通过生产和制造人们所需的物质产品以及经营和提供人们所需的相关服务，为人类社会创造物质财富，是循环产业集群的第一功能，也是其最主要和最重要的功能。如果没有生产产品和提供服务这一功能，产业系统也就失去了存在的价值和意义。循环产业集群具有生产和服务高效率的特点，在循环集群的共生网络中，企业间存在着广泛的竞争合作关系，竞争会不断激发单体企业的创新动力，不断促进生产效率的提高，从而使企业获得更强的竞争力；共生合作则提高了企业间的协作能力，在单体竞争力不断提高的过程中促进整体协同，从而提高产业整体竞争力。竞争合作与协同共生关系，大大提高了集群的生产效率和服务效率，表现为生产的高效率和经济的高收益，因此，循环产业集群具有高效的生产和服务的这一基本功能。

(2)高效的资源利用和最小剩余功能。循环产业集群作为一个产业系统，其运行过程是在输入端输入原料,经过加工制造和生产经营,在输出端输出产品或服务。循环产业集群在加工制造和生产经营过程中引入了循环生产机制,产业价值链和产业生态链上伴随着物质循环、能量流动和信息传递,即物质在企业间的逐级传递、多重循环和综合利用,节约了资源,减少了浪费;能量在产业链条上的传递和分层利用,降低了能耗,提高了效率;循环经济技术、清洁生产技术、废弃物资源化技术等的交流与共享,提高了整个集群资源的利用率。围绕副产品形成的产业共生关系,形成了物质能量的层级循环利用和资源利用的高效率,使其在向外提供同等价值量的产品和服务时,一次资源的消耗量最低,无法再利用的最终剩余物最少,从而实现资源高效利用和剩余物质最小功能。

(3)高效的生态经济和绿色发展功能。循环产业集群是按照自然生态和循环经济原理,根据产业物质和能量的代谢循环规律,采用系统工程方法构建起来的产业生态系统。其内部的物质循环是在多个层面多重嵌套的网络环路上进行的,既包括各企业内部的微循环,也包括群落内企业间的中循环,还包括了集群内各群落间的大循环,并且各个循环路径都具有循环嵌套的网络特征。由于其低碳绿色的清洁生产过程,对物质能量及各类资源的利用效率极高,所产生的不能继续再利用的最终剩余物质极少,即使有极少量无害的最终剩余物质排放,也是在自然生态系统的承载能力范围之内,不会对生态环境产生负面影响,因此具有较高的生态效益。其高效的生态经济和绿色生产,所形成的绿色竞争优势,可以有效地促进区域经济实现绿色发展。

(4)高效的产业聚集和快速增长功能。循环产业集群具有一般产业集群的区域极化效应和产业聚集功能,其较高的产业效率和强劲的竞争优势,具有扩散效应,可以有效地带动所在区域经济的快速增长。循环产业集群一旦形成,就会以其优异的产业环境、生产效率和经济效益产生极化效应,不断地吸引外部的各类企业、资本、人才、技术及其他生产要素聚集,使其自身得到不断增长。由于集群内产业价值链和产业生态链的耦合交织,形成了多重嵌套的复杂网络和分工协作体系,由此产生的乘数效应,会使其内部的增长不断放大,形成快速增长。循环集群所产生的集群效应,使集群区域资源配置不断得到改善,形成较低的生产成本、较高的产业效率、较强的创新能力,由此产生的强大竞争优势,能够有效带动区域经济实现快速增长。

5.4.2.3 循环产业集群组织模式的重要特征

循环产业集群作为一种新型的生态化产业组织模式,是按照循环经济理念组织和运行的产业集群。因此,它不仅具有产业集群具有的地理集中性、产业关联性、构成多元性、结构网络性、社会根植性、资源共享性、企业竞争性、竞合博弈性、专业协作性、优势互补性、创新集群性、生产灵活性，产业效率性、竞争协同性等方面的一般性基本特征之外，还具有一般循环经济所具有的资源循环与高效利用、低碳生产与绿色经济、清洁生产与生态保护等方面的资源节约和环境友好方面的特征。同时循环产业集群还通过两者的优势互补和弱势对冲，不仅克服了传统产业集群的资源利用效率低，生态环境效益差的弱点，还克服了单纯循环经济的生产效率低、经济效益差的弱点。循环集群最重要的特征主要表现在以下几个方面：

(1)产业关联聚集与专业分工协作。循环集群内的企业具有地缘临近性和产业关联性的特点，围绕产业价值链和产业生态链形成的企业聚集，带来产品、产值等产出的集中，实现资源、能量和信息的有效集成，形成关联效应；同时也带来了信息、人才、技术、资金甚至竞争的聚集，产生聚集效应；经过衍生、扩张、拓展和放大，形成更大范围更具影响的区域布局，释放规模效应。随着分工的不断深化，一些特定的生产环节逐渐从原企业中分离出来，纵向延伸形成了包括上游原材料及零部件供应商，下游销售商及其客户、废弃物吸纳及无害化处理企业的专业化分工协作链条；横向扩展形成包括互补品产品制造、清洁生产支持、循环利用保障、行业中介服务等相关企业在内的专业化分工网络。网络内各成员通过纵横向的相互联系与协作，形成社会专业化分工协作网络模式。

(2)互惠共生合作与协同有序竞争。循环集群内有企业赖以生存和发展的最基本的公共性资源和专门性资源，为集群企业提供了资源共享的平台。集群企业之间形成的互惠共生合作关系，通过物流或能流的传递方式把不同的工厂、企业（或群落）连接起来，形成共享资源和互换产品（包括副产品）的产业共生组合，通过优势互补，实现互利共赢和互惠共生。由于集群企业共居一地所产生的激励竞争压力，迫使企业不断提升质量和改进服务，以形成自己的竞争优势。同时，集群企业之间也期望建立长期稳定的合作关系，以克服其生产、组织和营销功能的结构性约束。与群外部企业的竞争使得群内企业形成对集群整体竞争优势的依赖，竞争各方由纯竞争关系转化为竞合协同关系，形成各种资源要素的合理有序流动和最优协同组合，从而可以提高整个循环集群的运行效率和竞争优势。

(3)资源循环利用与绿色清洁生产。循环产业集群采用“资源→产品→再生资源”的物流循环方式，形成“资源要素→产品→资源要素→产品”的往复循环，从而实现了资源的循环利用。在名生产环节产业价值链与产业生态链的耦合，形成多重嵌套的物质循环网络，在产业系统的各个生产环节都形成了多个循环通道，使每类物质都能够在不同的渠道和不同的层面进行往复循环，不仅大大提高了各类物质资源的利用效率，还极大地减少了最后不可再利用剩余物质的产生与排放。在整个生产过程和每个生产环节，都采用的是绿色清洁产生策略，通过不断改进设计、使用清洁原料、采用先进工艺、改善流程管理、综合利用等措施，削减浪费和污染，提高企业内部和企业之间的资源循环利用效率，避免各类物质排放给环境带来的负面影响。因此循环产业集群具有环境友好性。

（4）依靠创新发展与竞争优势强劲。循环产业集群的高效有序运行和绿色健康发展，必须依靠不断地创新。各类资源能量的循环利用和高效利用，以及各类废弃物质的资源化和无害化处理，需要不断地技术创新和工艺创新支持；生产经营效率和产业经济效益的提升，以及集群发展动力和产业竞争优势的增强，需要不断地机制创新和管理创新作保障。循环集群的聚集效应为企业的创新活动提供了大量的人才、技术、资金等方面的储备，由相关企业、大专院校、科研院所、政府部门、服务中介等组成的集群创新网络，具有良好的创新氛围和共享的资源条件，各种创新力量的相互作用和优势互补，可以大大提升集群创新效率，为有效地解决循环经济运行中的成本和技术这两大关键瓶颈问题提供了保障，从而使循环产业集群始终保持持续竞争优势和绿色健康发展。

5.4.3 循环产业集群是绿色快速发展的最佳产业组织模式

循环产业集群实现了资源环境效益和产业经济效益的有机统一，能够有效解决西部生态脆弱地区经济快速发展与自然生态环境和谐的问题，因而是西部生态脆弱地区实现跨越式快速发展与可持续绿色发展的最佳产业组织模式。可以将其作为绿色增长极，带动生态脆弱地区实现绿色发展和快速增长的历史性跨越。

5.4.3.1 循环产业集群通过有机融合获得的产业组织优势

循环产业集群模式是将循环经济与产业集群两种模式进行有机融合，形成了两者优势互补的有机统一体。这种融合不是在产业集群内简单地推行循环经济，而是将循环理念融合到每一个集群层面和网络环节，使集群生产和循环利用能够相互促进。集群生产的网络柔性及其合作竞争的优势，刚好能弥补单一循环链条的刚性及其缺乏的竞争活力及效率。循环利用的要求促进了集群的专业化分工，集群内复杂“食物链网”的形成，在节约资源和提高效率的同时，还保证了循环系统的稳定性。“循环产业集群”既具备了传统“产业集群”的效率和竞争优势，又具有单纯“循环经济”的资源和环境优势，实现了两者的优势互补及经济效益和生态效益的有机统一。与其他产业组织模式相比，循环产业集群的组织优势主要体现在以下方面：

(1)生产效率和经济效益优势。循环产业集群具有较高的生产效率和经济效益，可带动西部生态脆弱地区实现快速发展。集群企业间的良好协作与专业化分工，使每个生产环节的资源得到优化配置，极大提高了生产效率。物质的闭路循环和能量的多级利用，在提高资源利用的同时，也形成了原料投入的成本优势。循环产业集群要求所有投入物质尽最大可能地在每个生产环节和整个生产过程中消化，大大降低了最终剩余物的处理成本。此外，企业可充分利用本地资源，节约原材料的采购费用，企业间多为门到门运输，有些甚至是管道运输，从而来大大降低运输费用。集群企业形的竞合共生关系，既有相对稳定的互信，又能减少协调费用，从而降低了交易成本。以上这些因素形成的产业效率和经济效益优势，使循环产业集群成为高速发展的产业组织模式。

(2)聚集效应和产业竞争优势。循环产业集群的聚集效应，可以使企业形成柔性专业化集聚，通过彼此的分工与合作，结成稠密的柔性网络组织，共同应对快速变化的外部市场环境。同时，由于企业之间不断的竞合博弈，使创新活动不断涌现，生产效率不断提高。在经济全球化背景下，现代交通通讯技术的进步，克服了地理空间的限制，使各类生产要素的全球性流动增强。在低碳经济背景下，循环产业集群作为全球生产网络中的一个节点，由于其在资源共享、绿色低碳、经营效益等方面的优势，将会吸引更多的企业参与进来。在面对群外企业的激烈竞争，企业更加注重协同竞争的整体利益，以便给自己带来更多的收益。通过企业间的竞争合作形成更高一个层面的协同竞争，给集群带来了强劲的产业竞争优势，从而便循环产业集群成为最具竞争优势的产业组织模式。

(3)资源节约和高效利用优势。循环产业集群从各个生产源头开始就采取资源投入的减量化方案，在生产的各个环节直至整个生产过程都采取资源循环利用和高效利用的策略。通过技术创新，改进生产工艺，增加物料再循环，在保证产量和质量的前提下，从初始生产源头到各个生产环节，再到整个生产过程，都尽最大可能采取减量化投入。通过采用先进的生产技术来提高资源的一次利用率；通过多重密集的循环网络来提高资源的循环利用率。由于产业价值链与产业生态链的循环嵌套和多重耦合，使每个生产环节所产生的相对剩余物质和副产品，都有相应的合理循环利用通道，从而保证能各类资源都得到高效利用。资源高效利用带来的节约，可有效缓解产业发展对资源需求的压力。资源节约和高效利用优势，使循环产业集群成为资源节约型的产业组织模式。

(4)最小剩余和生态环境优势。由于循环产业集群在每个生产环节和各个不同层次，都采用物质循环利用的方案，追求各个生产环节的“零排放”，要求所投入的各类物质都尽最大可能地在整个生产过程中消化。通过各类产业生态链形成的“食物链”和“食物网”，构成了企业互利共生的组织网络，增加了物质的循环渠道、延长了物质的流动链条，减少了各个生产环节废弃物的产生与排放。从整个循环产业集群层面来看，所产生的不能再继续循环利用的最终剩余物质极少。由于循环产业集群所产生的最后剩余物不多，需要向环境排放的废弃物质极少，即使有极少的经无害化处理的剩余物质排放，也是在当地自然生态系统的自净承载能力限度以内，不会给生态环境造成负面影响。由于循环产业集群的最小剩余优势和生态环境优势，使之成为环境友好型的产业组织模式。

5.4.3.2 循环产业集群通过有效整合弥补的产业组织缺陷

传统产业集群模式最大的固有缺陷主要表现在资源综合利用不够高和环境生态效益不够好等方面；而单纯循环经济模式最大的固有缺陷主要表现在系统运行不够稳定和经济效益不够好等方面。传统产业集群主要是以产业价值链为企业聚集的纽带，对资源的利用通常都是直线生产模式，通过不断地与外界环境进行物质和能量交换使产业得以持续运行，具有开放系统的耗散结构特征。企业对价值增值的唯一追求，必然导致资源的大量消耗和废物的大量排放，生态环境恶化在所难免，具有不可持续性。单纯循环经济主要是以产业生态链为企业聚集的纽带，由于其单路循环的固化结构，无法形成规模经济和有效竞争，缺乏运行的稳定性和产业的效率性，在实际的运行中很难达到最佳效果。而循环产业集群则通过有效整合弥补了两者的上述缺陷。主要表现在：

(1)弥补了单一循环经济的组织运行结构不够稳的缺陷。单一循环经济模式是按照产业物质循环代谢关系，用产业生态链将彼此承接的关联企业串联起来形成的循环产业链条，在链条的各个节点上往往只有单个的企业，在这种串联式结构使企业之间的彼此依赖性最强，但稳定性最差。在运行过程中，一旦某个链段和生产环节上的企业出了问题(停产或产量波动)，就会波及链条上的所有企业，影响整个循环链条的稳定运行。此外，由于不同物质在不同的生产环节上所产生的副产品或废弃物的规模和数量是不同的，致使一些以上游副产品或废弃物为生产原料的企业由于无法形成规模效应而失去稳定。而循环产业集群中的网络结点都是有多企业的群落构成，多重嵌套的循环网络，为每个企业的物料来源和废物去向提供了多个通道，从而有效地解决了上述缺陷。

(2)弥补了单一循环经济的产业经济效益不够高的缺陷。在单一循环经济模式中，由于企业间的物质承接关系相对固定，结构比较僵化，很难在企业之间形成积极有效地竞争，容易使企业产生竞争惰性，缺乏创新动力和积极性，导致技术创新能力低下，很难在较短的时间内有效地解决在循环生产中遇到的在资源综合利用、循环利用、高效利用，以及降低生产运行成本等方面的技术难题，使企业的运行成本高和生产效率低，从而致使整个循环经济体系的经济效益不够。而在循环产业集群的网络结点上众多的企业之间可以形成有效竞争，使企业保持了活力与创新性，不同群落之间的竞争，又侃企业之间通过竞合关系达到协同，集群创新网络的形成为企业提供了良好的创新平台，未解决循环生产中的各种技术问题提供了保障，从而有效地解决了循环经济效益不高的问题。

(3)弥补了传统产业集群的资源综合利用不够科学的缺陷。传统产业集群中，企业主要是围绕产业价值链来追求价值的增值，经济利益最大化是其追求的唯一目标，在直线型生产模式下，为获取最大经济效益，企业往往只注重一次性资源的价值增值，而对资源综合利用的循环利用重视不够，因而对这方面技术创新和工艺改进投入较少，致使资源综合利用和循环利用的技术落后，资源高效利用的成本较高。由于传统产业集群内基本没有完整的产业生态链条，生产过程中资源一次性使用后形成的许多副产品和剩余物质，得不到进一步的有效利用。传统产业集群的资源利用率不够高，造成了巨大的资源浪费。循环产业集群通过产业生态链与产业价值链的有机融合和有效整合，形成多重嵌套的物质循环网络，可以有效解决由于资源利用率不高造成的资源巨大浪费问题。

(4)弥补了传统产业集群的环境生态效益不够高的缺陷。由于传统产业集群主要采用的物质资源直线流动的线性生产模式，很少有资源的重复利用和循环利用，资源的综合利用率一般都较低，因此随着产业集群生产规模的不断扩大，必然会导致自然资源的大量消耗，同时产生大量的废弃物质，自然资源的大规模采掘和废弃物质的大量排放，也必然会对自然生态环境造成负面影响，导致自然生态系统的不断恶化。因此，传统产业集群的生态环境效益不高，不具有发展的可持续性。而循环产业集群通过其有机的生产组织机制和复杂的循环生产网络，使各类资源形成多渠道多层面循环流动，在各个生产环节形成资源的充分利用和“零排放”，在实现资源利用最大化的同时，也实现了最后剩余物的最小化，由于几乎没有有害的物质向外排放，因而有效地解决了上述问题。

5.4.3.3　循环产业集群是生态脆弱地区快速绿色发展的有效载体

循环产业集群本质是一个产业生态系统，与传统产业集群相比，除了遵循物质运动因果规律和一般经济规律以外，还遵循自然生态规律和产业经济规律。它是仿照自然生态系统构建，按照自然生态循环机理运行，符合自然承载能力，具有高效的经济过程及和谐的生态功能的产业集群和网络化生产组织。

循环产业集群不仅提供了一种终结西部生态脆弱地区“生态贫困”的可行模式，还凸显出终结“生态贫困”的价值维度和道德诉求，是一种真正体现“以人为本”、实现人与自然和谐发展的最佳产业组织模式。作为西部生态脆弱地区实现跨越式快速发展与可持续绿色发展的一种新型产业组织模式，循环产业集群必将成为西部生态脆弱地区“绿色增长”有效载体和推进器，带动区域经济实现快速发展和绿色发展的历史跨越[150]。主要依据如下：

(1)循环产业集群模式符合绿色增长的内涵要求。绿色增长是资源节约型和环境友好型经济增长模式，是资源消耗低、环境污染少、产品附加值高、生产方式集约的一种经济增长形态。它不以高能耗、高物耗、高排放、高污染为代价，而是依托新的绿色技术和绿色管理，对资源的高效利用和循环利用，减少对资源的消耗，降低废弃物的排放，在保持经济增长的同时消除对生态环境的负面影响。绿色增长模式在实际操作中主要是通过要素价格、差别税赋以及其他的一些政策措施来激励所有的企业开展低碳生产、绿色生产、清洁生产、循环生产，从而实现可持续的绿色增长。全球金融危机给世界各国带来强烈冲击的同时，也悄然催生着一场新的产业革命，可以说“绿色增长”已成为一种大趋势。而循环产业集群模式正符合绿色增长的所有内涵。

(2)循环产业集群模式具有产业综合效益的最佳表现。产业综合效益包括产业经济效益和产业生态效益两个部分，不同的产业组织模式的综合效益差异较大。若用经济效益指数坐标(图3-2所示)和生态效益指数坐标(图3-3所示)来构建一个二维坐标空间(图5-2所示)，则产业综合效益可由效益指数空间(图5-1(a))中的一个点来反映。当某个产业组织体的效益指数处于D象限内，则表示其经济效益和生态效益均为负值，综合效益最差；传统产业集群的效益指数通常位于B象限内，所以其综合效益较差；单纯循环经济的效益指数通常处于C象限内，其综合效益也较差。循环产业集群的效益指数都处于A象限内，其经济效益和生态效益都为正值，其综合效益较好。而最理想的循环产业集群是处于图5-1(b)的A_{HH}区内，具有最佳的产业综合效益。

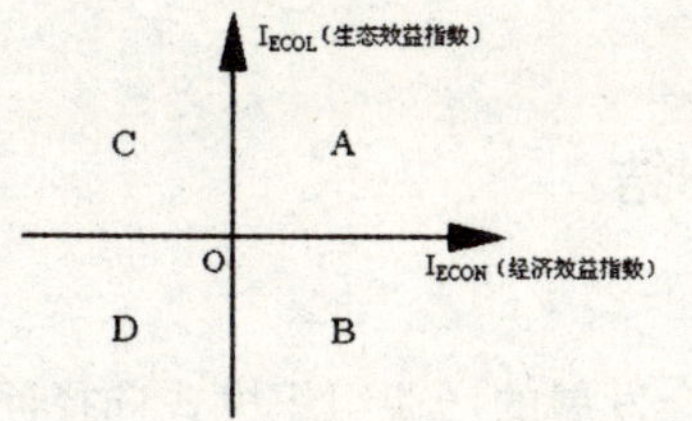

(a)产业组织体的效益指数空间

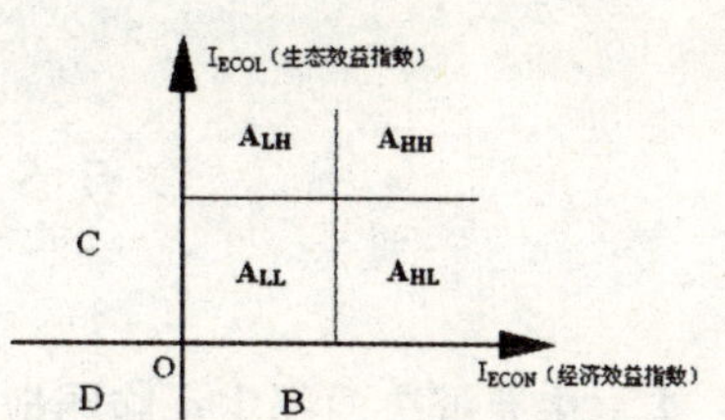

(b)综合效益较好的指数分布区域

图 5－2　产业组织体的效益指数空间及区域分布

(3)循环产业集群模式能够有效促进区域的绿色发展。循环产业集群给所有的集群企业创造了良好的低碳生产、清洁生产、循环生产的绿色发展环境，使企业能够共享清洁生产的公共资源；各类企业的云集给企业之间副产品和废弃物的相互利用和循环利用创造了条件，也为废弃物的集中处理和资源的转化提供了可能。资源集中处理为企业资源的高效利用和循环利用提供了方便，也减少了企业自己处理有害废弃物的成本；循环产业集群内强烈的生态环境意识和浓厚的绿色生产氛围，迫使企业重视生态环境保护，自觉开展清洁生产；循环集群内企业开展循环生产和绿色生产的成功业绩具有示范作用，会不断地引导和吸引其他各类企业模仿。因此，循环产业集群模式的采用，可以有效地促进西部生态脆弱地区的绿色发展。

(4)循环产业集群模式能够有效带动区域的快速发展。循环产业集群通过聚集经济形成的生产效率和产业效益优势，会不断吸引外界各类相关企业和各类资源要素的进入；产业价值链与产业生态链的深度融合所形成的产业生产网络，使各企业之间以及各产业之间产生很大的关联性，由此形成的关联效应和乘数效应，会使各类资源的进入和投资的增加，产生强烈的指数放大效应，从而推动循环集群高速增长。由于企业间的不断竞合博弈，集群企业始终保持了竞争活力和创新动力，使企业的创新能力和生产效率都得到不断提高；企业之间的竞争合作关系，使集群企业通过竞争达到协同，在集群整体层面上形成协同竞争，给循环产业集群带来了强大的竞争优势，对区域经济发展具有强劲的带动作用。因此循环产业集群模式能够有效地带动西部生态脆弱区域实现快速发展。

5.5 本章小结

本章主要解决西部生态脆弱地区经济社会发展的产业组织模式选择问题。深入分析了西部生态脆弱地区面临着可持续绿色发展和跨越式快速发展的双重任务，比较了循环经济模式和产业集群模式的综合效益，指出循环经济模式具有较好的资源环境效益，但经济效益不足；产业集群模式有很高的生产经营效率，但环境生态效益不够，亟需探寻综合效益最优、具备快速和绿色并行发展的产业组织模式。本章以陕西、贵州和青海为例，研究了该区域发展循环经济和产业生态园的状况，分析了该地区推行循环经济的制约因素，以及西北、西南和青藏地区产业集群的发展状况与存在问题。在此基础上，全面探讨和构建了西部生态脆弱地区新型产业组织模式——循环产业集群，循环产业集群通过有机融合具备一般产业集群和循环经济的全部优势，通过有效整合弥补了单一产业集群生态效益不够好、资源利用不够高以及单一循环经济经济效益不够好、组织运行不够稳的缺陷，是一种既具有绿色发展功能又具有快速增长功能的，综合效益最佳的、能带动西部生态脆弱地区实现绿色快速发展的产业组织模式。循环产业集群必将成为西部地区经济社会发展的“绿色增长极”，推动西部地区与全国同步全面建成小康社会目标的实现。

第6章　循环产业集群的形成条件及发展演化机制

作为循环经济集群运行的最佳模式，循环产业集群的形成、发展和演化过程需要特定的环境条件和机制作用。本章将从产业生态学的视角，借助于复杂系统自组织理论的分析方法，深入研究和分析循环产业集群的产业生态基础及形成路径；企业群落由产业集群到创新网络的演进过程；集群创新网络的发展与循环产业集群的形成等方面的机理问题。由此，为西部生态脆弱地区营造相应的产业生态环境，构建循环产业集群提供理论依据和对策思路。

6.1　循环产业集群的产业生态基础及群落的形成

循环产业集群作为一个复杂的产业生态系统，是处于特定自然和社会环境中的众多企业，受到一定的生态位条件和聚集势的影响和作用，在系统自组织机制作用下，通过竞争达到协同，沿着一定的发展演化路径，经过多级有序进化而逐渐形成的。

6.1.1　循环产业集群的产业生态基础及一般演化路径

循环产业集群本质上是一个产业生态系统，它除了遵循物质运动因果规律和经济规律以外，还需遵循生态和系统变化规律。其仿照自然生态系统构建，符合自然承载能力，在一定的自然和社会环境中，按照自然生态循环机理运行，是具有高效经济过程及和谐生态功能的网络化产业组织模式。

6.1.1.1　产业生态系统的基本构成及主要特征

产业生态系统是相对自然生态系统而言的一个特殊生态系统，它是在一定时间和空间范围内，由产业成员群体及其支撑环境共同组成的一个有机整体。

在一个理想的产业生态系统中,各个产业之间、行业之间相互影响、相互依赖,通过各种联系形成一个复杂的网络体系,物质、能量和信息的流动并非孤立或简单叠加的,而是像自然生态系统那样进行着有序的循环运行。类似于自然生态系统的食物链关系,产业生态系统也可以利用上游产业(企业)的废弃物作为下游产业(企业)的生产原材料,把生产过程中原本直线的物质流动"循环"起来,从而达到减少环境负担、获取经济利益的双重效果,以实现资源的高效利用和循环利用,废弃物排放和环境污染的最小化,最终实现经济效益与生态效益最大化的可持续和谐发展。

产业生态系统由产业成员群体和支持环境共同构成。产业成员群体主要有生产者群体、消费者群体、分解者群体三大类。生产者群体包括:资源开采企业(矿山)、原料加工企业(工厂)、原料种植企业(农场)等;消费者群体包括:产品生产商、产品供应商、产品销售商、单位消费体、个体消费体等;分解者群体主要包括:废品回收企业、废品分类企业、废品加工企业、废物转化企业、垃圾处理企业等。支持环境除了市场、管理、社会氛围、基础设施等外,还包括生物、非生物以及气候等环境。市场包括交易场所、交易者、价格、资金等;管理包括管理部门、政策、法规、司法等;社会氛围包括产业文化、根植性、行业自律、企业诚信等;基础设施包括交通、通信、网络、水电等设施;生物包括动物、植物、微生物等;非生物包括矿物、能源等;气候包括阳光、温度、湿度、空气、降水等。

产业生态系统的构成具有层次性、多维性、网络性特征:①层次性。通过模拟自然生态系统的生态位食物链,形成不同层次的从"生产者→消费者→分解者"的产业生态链。各层次上的产业链既是一个相对独立的开放系统,又可看作是一个更高级系统的子系统或功能单位,不同层次间存在着物质和能量循环。②多维性。产业生态系统内的循环不是单一材料或单一产品的一维循环,而是多维循环,即有多种物料和能量参加的多方位的循环。产业生态系统内形成的多层次、立体型的物质和能量网络传递与层级利用,实现了系统内的物质和能量的循环流动和高效利用。③网络性。产业生态系统是按生态经济学原理和知识经济规律组织起来的网络化的生态经济复合系统,在产业生态系统中错综复杂、纵横交错的网络链条主要包括产业价值链和产业生态链两大类,产业价值链上的企业追求产品价值的增值,产业生态链上的企业则实现了废弃物的资源化循环利用。

产业生态系统是极其复杂的"人造"经济系统,具有系统复杂性的全部特征[151,152]。主要表现在其构成要素的复杂性、组织结构的复杂性、要素流动的复杂性、相互作用的复杂性、自适应性的复杂性、遵循规律的复杂性等方面，同时还表现在外界环境的复杂性方面，这种复杂性不仅源于经济技术、政治法律、社会文化、自然生态等因素各自的复杂性，还源于这些因素相互作用的复杂性。在产业体系内的物流和能流、新陈代谢以及产品生命周期、产业兴衰演替方面遵循经济生态学规律；在产业资源开发对自然环境影响以及产业生产活动对生命支持系统的胁迫及其影响方面遵循自然生态学规律；在人类生产消费活动与周围自然、经济、社会环境关系方面遵循人类生态学规律；其物质生产单元、环节或体系之间在时间、空间、数量、结构和层次上遵循工程生态学规律。

产业生态系统是一个开放系统，具有复杂系统的开放性特征。从系统与外界联系的角度看，作为参与到自然界物质循环的一个特殊有机体，产业生态系统是地球物质循环的组成部分，与周围环境相互联系，不断地与外界进行物质、能量和信息等各种形式的流动与交换，因此具有开放性的自然属性。从经济属性的角度看，产业系统的生产需要从外部输入能量和物质，产品需要消费市场，产生的废物需要内部处理或运送到系统外，利用自然生态系统的净化吸收能力消除其不良影响，因此，产业生态系统是一个高度开放的系统。系统不仅要经常引进和吸收周围环境的先进技术、人才、新材料、新能源等，而且系统内的人流、物流、价值流和能量流在整个产业生态系统中按照多种工艺路线合理流动，以互联的方式进行物质能量转换，从而产生价值增值。

6.1.1.2　产业生态系统的共生关系及功能结构

产业生态系统中成员群体之间以及企业个体之间的关系，类似于自然生态系统中生物群落之间以及生物个体之间的共生关系，相互之间的联系形成了产业共生网络。企业共生表现为不同企业间通过合作来共同提高生存能力和获利能力，实现对资源的节约和环境保护。在自然生态系统中存在许多食物链条，食物链之间联系错综复杂、纵横交错，彼此交织在一起形成网状结构，这就是“自然生态食物链网”。同样，在产业生态系统中，各个企业单元之间会有着能量、物质和信息的流动，企业之间或企业与所处环境之间也会形成类似于自然生态系统中“生产者—消费者—分解者”关系的食物链条，而且一个企业会与多个不同企业产生联系（如图6－1所示），从而形成具有网状结构的“产业生态食物链网”，即产业共生网络。

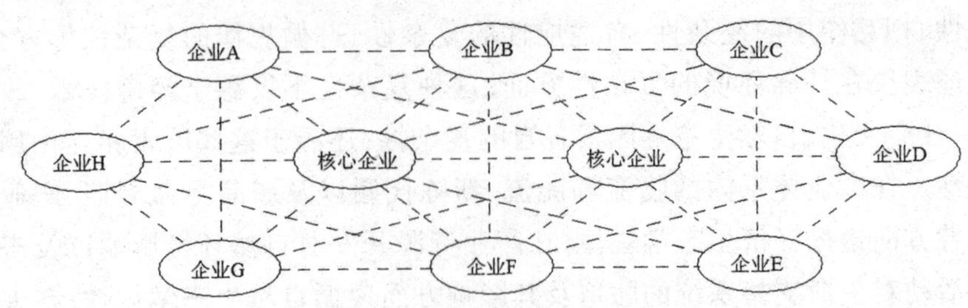

图6-1　一个企业与多个企业间的联系

(1)产业共生链网。产业共生链是循环经济的典型模式,其实质是通过不同类型的企业在空间分布上的集中和企业间合作,形成资源高效利用、能源节约循环、要素耦合优化。而由多条产业共生链交织耦合后形成的产业共生网络,则能使产业系统中的多种物料和能量参与多方位多层面的循环,通过物质和能量在企业间的传递与交换,使物质和能量得以充分利用;通过信息资源、人力资源、技术资源、资金资源等在网络成员间的交换,形成经济效益和环境效益,使产业系统总体资源增值。产业共生关系的本质是企业间的合作关系,这种合作关系更加重视生产剩余物及副产品的传递和交换,通常以剩余物和副产品的交换为纽带,以资源的充分利用和环境的良好保护为目标。由各产业共生单元通过一定的产业共生关系链接而成的产业共生网络具有显著的生态功能特征。

(2)产业共生单元。是产业共生网络中进行物质、能量、信息等生产和交换的基本组织单位[153],是建立产业共生体或产业共生关系的基本物质条件。产业共生网络中的共生单元不仅包括产业生态系统中的各个企业,还包括与网络整体物质、能量的流动密切相关的节点。共生单元有同质类和异质类之分,同质类共生单元在性质和功能方面相近,具有替代性特征,相互间多属竞合关系,异质类共生单元在性质和功能方面差别明显,具有互补性特征,相互间多呈现和合关系;不同共生单元之间结成产业共生网络。例如参与副产品或剩余物交换的相关企业都是产业共生单元,它们在生态链的关键环节上展开合作。各节点所要求的生产要素互不相同,不同的共生单元在不同的节点上也有着不同的比较优势,因此不同的共生单元在产业生态系统中也有各自不同的生态位,只有处于正确生态位上的共生单元才具有竞争优势。

(3)产业共生关系。是指共生单元相互作用的方式和相互结合的形式,体现产业共生单元之间物质、能量、信息的交换方式,反映产业共生单元之间的作用机理和强度。企业之间主要存在着竞争、合作、竞合、共生、寄生等方面的关系。而共生关系又有平衡互惠共生、非平衡互惠共生和偏利共生等类型。在产业生态系统中,共生关系表现为产业共生链相邻游企业间的耦合关系。主要包括串联耦合、并联耦合、复联耦合三种类型。①串联耦合。是指上游企业向下游企业提供自己的产品(包括副产品及废料),而下游企业则将其作为原料进一步加工生产,形成的产业链条;②并联耦合。是指某个上游企业的产品(包括副产品及废料)输往多个下游企业,以及某个下游企业要输入多个上游企业的产品(包括副产品及废料)的产业链条;③复联耦合。是指既包含了串联耦合关系,又包含了并联耦合关系的复杂耦合关系体。将单一串联耦合和单一并联耦合形成的链条,经过多重嵌套耦合形成的复合生态关系网络,其废料利用率相对较高,稳定性相对较好,最有利于物质、能量与信息的良性循环。

(4)产业共生功能。由产业共生网络构成的产业生态系统具有输入—转换—输出功能。系统不断从外界输入物质、能量、信息等,经过共生网络的物质循环、能量流动、信息传递、生产加工等转换,不断向外界输出转化后的物质、能量、信息等。大量的物质、能量、信息要经过共生网络反复的流动交换和加工处理,使其具有独特的功能特征,主要体现在经济功能和生态功能两个方面。①经济功能。系统从外界获取生态资源和经济资源,经系统投入加工转换后,向社会提供所需的产出与产品、服务与文化,实现产品生产、流通、消费等各种功能。②生态功能。系统具有为区域经济发展及居民生产生活提供一定数量与质量的生态环境及生态资源的功能。包括资源供给、环境接纳、废弃物资源化处理和分解还原等生态调节功能。产业生态系统的生态功能是其最具独特性的功能,它不仅能通过自然的调节与净化功能,以维持能流和物流的通畅,还能通过对生态的开发、污物的防治及处理以及合理的产业布局,来迅速恢复并维持其生态活力并具备创造新的生态资源的能力。

6.1.1.3 产业生态系统的自然环境与社会环境

产业生态系统总是处在一定的环境中并与外界不断发生着联系。广义的产业生态系统的环境是指影响产业生态系统发展与演化、产业共生关系形成与变迁、产业共生单元组织和行为等所有因素的总和。产业共生环境是产业共生的外部条件和共生关系形成和发展的基础,其对共生单元行为模式的影响往往是通过物质、信息和能量的交换和流动来实现的。产业共生关系面临的环境往往是多重的,不同的产业共生环境对产业共生关系的影响也不同。根据共生环境对共生单元作用效果的不同,可分为正向环境、中性环境和反向环境,市场条件、竞争状况、关联产业及宏观政策的变动,会对产业共生体功能和效益的形成和提升产生直接的影响。良好的产业共生环境有助于产业共生单元间物质、能量和信息的交换，而如果不适应共生环境，共生系统的功能和效率将受到制约。概括起来说，区域产业生态系统所处的环境包括自然环境与社会环境两大类。

产业生态系统的自然环境主要是指产业生态系统所在区域的自然资源、地理地貌、气候状况、区位条件等因素。不仅包括土地资源、矿产资源、能源资源、水利资源和气候资源等，还包括该区域的经济格局和变化趋势等。自然生态环境的承载力是限制产业系统发展规模的一大因素，地理地貌及区位条件对交通组织、企业布局、厂房构建、生产线衔接、产业链形成，以及对物质转换、能量传递、信息流通等循环系统的形成都有重大影响，并直接影响区域的环境、大气、土地、水体等系统。资源生态环境也是影响产业生态系统生存与发展的重要因素。这些因素涉及所在区域的产业种类、产业结构、产业实体的数量和规模、工艺水平、生产能力、物质和能源消耗结构、废弃物的种类、排放量、处理方法、污染扩散状况等。

产业生态系统所处的自然环境的不同会造成其产业发展的不同，这是造成西部地区与东部地区在经济发展方面差距巨大的一个重要因素。西部地区大部分处在高原地区，具有一些限制因素，比如气候条件恶劣、交通极不发达、水资源严重短缺、基础设施比较落后等，虽然西部地区的矿产资源比较丰富，但开发难度较大，不能发挥出应有的经济效益。而东部地区的自然条件相比之下十分优越，交通极为发达，平原地区较多，大部分城市是沿海和沿江，水资源极为丰富，这些条件为产业生态系统的发展提供了极为有利的条件，大部分有竞争力的产业群落都集中在东部地区。如贵州的经济发展与浙江经济发展速度相差是巨大的，浙江的产业群落远超过贵州的产业群落。一个良好的自然环境可以为产业生态系统的健康有序发展起到促进作用，从而带来良好的经济效益和社会效益。

产业生态系统的社会环境，是指对产业生态系统产生影响的所有社会物质和精神因素的总和。主要的社会环境因素有：①政治法律因素，如政局稳定情况、法制建设情况、产业政策情况等，在一个不稳定的政局环境下很难构建一个稳定的产业生态系统，一定的法律法规政策环境对产业生态系统的发展起着抑制或促进作用。②经济市场因素，关系到经济制度和经济状况，如市场经济发育程度、经济发展水平、物质丰富程度、收入消费状况、产业发展状况等，在市场机制较发达和完善的地区，市场配置资源的效率较高，易于构建一个良好的产业生态系统。③社会文化因素，包括文化氛围、教育水平、文学艺术、价值观念、社会道德、宗教信仰、风俗习惯、人文素养、生态观念等，这些因素渗透和约束着人们的观念和行为，会对产业生态系统形成、运行及发展产生持续影响。④科学技术因素。包括区域科学技术的发达程度、知识传播体系及信息传输体系的健全程度、科学技术的应用情况，特别是生态环保技术的成熟应用情况等。这些因素无疑会对产业生态系统资源的高效循环利用，对废弃物的资源化和无害化处理，以及对共生环境的形成产生重大影响。

6.1.2　循环产业集群的生态位条件与企业聚集势

循环产业集群的形成发展，离不开赖以生存的环境生态因子、离不开助其发展的产业生态位条件，更离不开企业群落和产业聚集势的产生，只有在聚集势的作用下才能将企业聚集起来形成集群。

6.1.2.1　循环产业集群的环境生态因子

环境生态因子作为环境生态学中的一个概念，是指生态系统环境中对生物生长、发育、繁殖、行为以及形态特征、生理功能、形状分布等有直接或间接影响的环境因素，如气候、土壤、地形等。环境因子包括生物体外部的全部因素，而生态因子则是生物生存所不可缺少的环境要素，也称生物的生存条件或生存因子，如空气、阳光、温度、湿度、土质以及食物和其相关生物等。这些生态因子不是彼此孤立存在的，而是彼此联系和促进、相互影响和相互制约的。其中某一个因子的变化，都将会在一定程度上引起其他因子的变化和反作用。此外，还存在着一些能够间接影响生物生长和发育的因子，这些因子主要来自食物链，一些物种的消失或是相互竞争的物种的急剧增长可能会对另一种物种造成毁灭性的打击。在任何一种生物的生存环境中都存在着很多生态因子，它们为各类生物的生存和进化创造了各种各样的生境类型。

循环产业集群就是按照自然生态学原理和循环经济理论营造和构建的，其本质是一个产业生态系统，与传统的产业集群相比较，除了遵循物质规律和经济规律外，还需要遵循着生态规律。与自然生态系统相似，循环产业集群的生存与发展也是建立在一系列环境生态因子的基础之上的，在构建过程中需要根据生态学原理考虑其内部成员的产业环境生态因子。产业环境生态因子对循环产业集群的形成发展和演化有着极为重要的作用。产业环境生态因子不仅包括资源禀赋、地理区位、气候环境等自然生态因子，也包括社会道德、价值观念、文化背景、产业传统、人际关系等社会生态因子，还包括基础设施、人力资源、产业结构、科技水平、融资渠道、市场需求等经济生态因子，以及政治局势、法律制度、政府政策、政府效率、廉洁程度等政治生态因子。

产业环境生态因子对产业系统内的企业行为、企业关系、企业利润，以及企业的生存发展产生直接或间接的影响。就一般产业链而言,在产业链上有上下游企业的影响,如供应商、代理商、消费者等,它们的变化对一个企业是至关重要的,供应商的消失可能会使企业遭受重大的损失,或是供应商的增多,会让企业的生产成本有所降低。消费者对于某种产品的偏好变化会使企业多生产或是少生产,从而对于企业的利润产生一定的影响。就循环产业集群而言,群内一个企业的良好发展会上对下游企业的发展产生促进作用,带来比较好的社会效益、经济效益和生态效益。除了产业链上的环境生态因子的影响外,非产业链上的一些自然生态因子、社会生态因子、经济生态因子、政治生态因子等也常常会对循环产业集群的形成和发展产生重大影响。

有关研究结果表明,一个区域产业环境生态因子的优劣,与该区域内产业体系的形成和发展,以及对区域产业集群形成的类型和数量、规模和水平等呈正相关性。从自然生态因子方面看,东部发达地区与西部欠发达地区之间存在着巨大的差异,东部的产业自然生态因子远优于西部,从而造成两者在产业体系和产业集群发展的规模和水平方面的巨大差距。从社会生态因子方面看,江浙一带自古以来的从商观念都比较浓厚,有着良好的社会环境,使其能在改革开放后迅速发育形成一大批类型不同、规模不等的,具有竞争优势、充满活力的产业集群。从经济生态因子方面看,温州的民间融资渠道较多、基础设施较好、人力资源较为丰富,使其产业体系和产业集群得到了很好的发展,形成了"温州模式"。从政治生态因子方面看,凡是政治局势稳定、法律制度健全、产业政策较好、政府廉洁高效的地区,其产业体系和产业集群都能够得到较好的发展。因此,产业环境生态因子对循环产业集群的形成发展和演化有着极为重要的影响。

6.1.2.2 企业生存发展的产业生态位条件

生态位是现代生态学的重要概念,是指生态系统中的生物个体或种群在种群或群落中所占据时间空间的位置及其与相关种群之间的功能关系[154]。生物生态位涉及生物种群的时空位置和功能地位,既包括种群生存空间的特性,也包括个体生物的特性,如能量来源、活动时间、行为规律、种间关系等,同时还包括生物有机体自身在其群落中的机能作用,特别是与其他物种的营养关系。自然物种的生态位实际上是物种能获得和利用的生态资源空间,一个物种的生态位越宽,表明其适应性越强,可利用的资源越多,竞争力越强。自然界中每个物种在进化过程中经过自然选择,形成特定的形态和功能,在生态空间中占有特定的生态位。在生态位重叠的生命系统中往往会产生争夺生态位的竞争,竞争就是为了争夺最适宜生存的生态区域。

生态位的形成过程通常都遵循以下规律:①趋适律。即出于本能生物会寻求最适应自身生存的生态位。②竞争律。不同生物之间会对生存所需资源和环境产生竞争。③开拓律。即生物会不断开拓和占领一切可以利用的空余生态位。④平衡律。即生物的行为总是向着尽量减小生态位势的方向演替。生态位势反映了理想生态位与现实生态位之间的差距,生态位势过大的生态系统是不稳定的。趋适律和竞争律是导致生物竞争行为的根源,开拓律表明生物具有改变自身状况的主动性,平衡律表明生物总是在寻找最适宜自己生存的生态位。为了避免恶性竞争,自然界中许多亲缘关系密切和生活习性相近的物种,通常都会采取错位生存方式,或分布在不同地理区域,或具有不同的栖息地,或采用其他生活方式以避免竞争,如食性上的或活动上(昼夜或季节)的区别等。

产业生态系统与自然生态系统非常类似,也存在某种程度的"优胜劣汰"和"适者生存"法则,企业就像生命体一样,其生存和发展受到环境因素制约,不同企业都有其自身特定的生存条件和生存空间,每个企业都有最适宜自己的"生态位",只有在一定的生态位下企业才能生存和发展。企业的生态位一旦确定,就只能存活在确定环境条件的范围内,也只能利用特定的资源,甚至只能在适宜时间里出现。作为经济生态生命种群的产业也只能存在于一个适宜的微环境中,否则就难以生存、发展和繁衍。产业生态系统中的企业也会有错位经营方式,如许多规模较小、实力较弱的中小型企业可以与那些规模庞大、实力雄厚的巨型企业共生和发展,其根本原因就在于它们选择不同的生态位进行错位经营。

产业生态位是指社会经济生态系统中的某个经济单位(企业、产业或产业群)在特定空间区域内所需的各种生存条件的总和,是企业在特定的产业环境下能动地与环境及其他企业相互作用所形成的相对地位与功能作用。对特定的区域来说,其生态位条件包括该地区的原料资源、人力资源、融资渠道、交通通信、市场情况、政府政策、基础设施、公共环境、科学技术、文化背景等。此外,还包括企业产业的竞争对手和合作伙伴,以及该区域所面临的外部环境,等等,要使某产业能在其中得以长期生存、发展和繁衍,该区域就必须具有与该种群相适宜的生态位条件。生态位是物种在生态系统中的位置,而这个位置的质量确定生存的质量,是否有这个位置也决定了其是否可以生存。

企业的产业生态位主要包括:①企业的功能与价值。企业的功能是为用户提供某种产品或服务、任何企业都不可能完成整个产业系统的全部功能,往往只承担部分子功能;企业的价值是企业在价值网链中的地位,包括企业处于哪些价值链的交点或在一条价值链的哪个位置。②企业的业态与特征。业态是指企业针对特定消费需求,运用特定经营类型、价格策略、销售方式、售后服务等经营手段,提供产品和服务的类型化经营形态;特征包括企业所处的空间和时间,规模和生命周期等,通常地理位置与企业可利用资源之间具有很强的相关性。③企业的资源与掌控。包括消费者资源(如客户、市场份额和品牌忠诚度等)、供应链资源(如供应商、供应品、原材料或服务,供应商关系等)、知识信息资源(如人力资源、知识、信息、企业文化等)、物质资本资源(如设备、土地、厂房、资金等),以及企业对这些资源的掌控程度。

6.1.2.3 企业群落形成的聚集核与聚集势

在一定的产业生态环境下,一些关联企业在某种因素的吸引下,会在某些特定的区域聚集在一起以获取特定的效益。这种最初由若干关联企业构成的聚集体称为产业聚集核,它是区域企业群落形成初期的内核(相当于植物的种子和胚芽)和基础。所谓集聚核是由若干关联的企业和机构以及相应的基础设施在一定的生态位条件下通过相互间的非线性协同作用而组成的有机结合体。显然,一个孤立的企业不能构成集聚核,一群无关联的企业也不能构成聚集核。对于某一特定的区域来说,产业集聚核会对其周边一定范围内的企业产生一定的作用和影响,这种作用和影响源于聚集核发出的产业场,该产业场在聚集核周边区域形成一个梯度位势(势场强度),处于该势场强度作用范围内的企业、产业(或有关机构)受其影响,会产生向聚集核所在区域聚集的趋势,即产业聚集势。

这种企业围绕产业聚集核的聚集现象有深刻的自然物理背景[155],在自然界中经常可以见到,如在饱和蒸汽环境中水滴的形成,就是遵循这一原理。研究结果表明,在纯净空气中如果没有凝结核,即使水汽相对湿度达到600%的过饱和状态也不会出现凝结水滴。因此,凝结核的存在是产生凝结形成水滴的重要条件,而聚集物必须要达到一定的体积和半径时才能起到凝结核的作用。凝结临界半径满足以下公式:

$$r_c = \frac{2\sigma v^a}{RT\ln(p/p_0)} \tag{6.1}$$

这里 r_c 称为在蒸汽压 p 为温度为 T 的蒸汽环境(小生境)中的蒸汽凝结临界半径。即在这一小生境中,当液滴的半径 $r < r_c$ 时会不断蒸发最后消失,只有实际半径 $r > r_c$ 的液滴才能不断地吸附蒸汽中的水分子而不断增大。因此,聚集物的半径必须大于凝结临界半径 r_c 才能起到凝结核的作用,使水汽分子向其聚积,最后形成雨滴。人工降水就是应用这一原理来实现的。

对经济生态系统来说也具有同样的道理。在一定的产业小生境（产业生态位）条件下，只有达到一定规模的产业胚芽才能成为产业集聚核，即只有当关联企业集聚体的“半径”（投资规模、经济总量、关联系数）增大到某一临界值时，才能对周边的相关企业或产业构成吸引，产生吸附和凝聚作用，并不断发展壮大，最后形成企业群落。在特定的产业生态位环境中，区域的产业集聚核既可由内生孕育，也可由外界植入；可由一个大企业繁衍生成，也可由多个中小企业联合形成。不论产业集聚核如何形成，都必须适合于在当地的产业生态位条件下生存和发展，并与当地的产业生态环境融为一体。构成集聚核的企业之间是相互依存的共生关系，它们在一个需要共同维持的稳定、有利的环境中共同生活，才能生息繁衍，发展壮大。

当产业聚集核形成以后，就会在其周围出现一个“场”，对其周边地区产生影响，并具有吸引和辐射作用。我们将这种吸引和推动产业聚集的“势场”叫作“区域产业场”。根据协同学和自组织理论[156]，区域内的产业场是产业集聚核内的子系统（企业、组织、机构）之间经过竞争合作，产生协同作用而形成的。区域产业场一旦形成，它就具有激励与凝聚、熏陶与感染、自律与约束、扩散与辐射等功能。这种“产业场”足够强大时，其所产生的引力、场强、能量等会突破本区域的范围，辐射到周边的及其以外的地区。聚集势不仅对某一区域内相关企业或机构有着吸引力，对区外的技术、资本和劳动等经济资源也有着同样的吸引力，这样有利于群落的迅速成长和市场的迅速扩张。

要在特定区域内形成企业群落或产业集群，首先就必须在该区域培育产业集聚核。产业集聚核的生存和发展状况与地理环境、人力资源、生产原料、市场情况、融资渠道、交通运输、通信设施、政府政策、基础设施、公共环境、文化传统等种种产业生态因子有关，其中的某些因子（如政策、资金、技术、人才、信息、环境等）则可能成为限制因子，若达不到最低要求，集聚核不可能在这个区域中生存。因此，在种植、扶持和培育区域产业集聚核时，应重视对产业生态位的构筑和产业生态环境的培育，对限制性因子进行必要的改造、补充和完善，营造一个适宜的产业集聚核生长的生态位和小生境。只有这样，产业集聚核才能不断发展壮大，发出“产业场”，形成产业集聚势。在“产业场”的作用和“聚集势”的吸引下，核体经过自身的繁衍和企业聚集，才能逐渐形成企业群落。

6.1.3　企业群落的形成及集群发展演化路径

循环产业集群作为一个复杂的产业生态系统，具有一般复杂系统的自组织特性，其形成与发展需要经历由简单到复杂，从低级到高级，由无序到有序，从初创到成熟的演化过程。尽管各类不同的产业集群形成的背景和产生的原因各有不同,但一个健康成功的产业集群通常都要经历:聚集形成了企业群落→协同演进为产业集群→升级涌现出创新网络→网链耦合成循环集群等演化过程。

6.1.3.1 特定生态位条件下企业群落的形成

自然生态中的物种或种群只有在适宜的生态位(微环境)中才能得以生存和延续,生态位是一个物种与其他物种相关联的特定时间位置、空间位置和功能地位。对复合生态系统而言,生态位不仅适用于自然子系统中的生物,同样适用于社会子系统中的功能和结构单元。人类社会活动的诸多领域均存在"生态位"问题,只有正确定位才能突出自身特色,发挥比较优势,减少内耗和浪费,提高社会整体的效率和效益。经济系统作为一个广义的生态系统,企业或产业就是该生态系统中的一类物种或一个"种群",企业要长期生存和发展,就必须选择适宜的生态位,这个生态位就是企业与环境及其他企业的相对定位与功能作用,反映该企业拥有和控制的资源状况,以及对环境的适应性和拓展资源的能力。

企业群落的形成同样需要具备一定的产业生态位条件。当某个区域的产业生态位条件适宜某类产业的生存与发展时,就可能会有相关企业在此扎根并获得可观经济收益,通常这些区域内的资源和要素富集、资源和要素组合条件优越、地理集中和空间接近的地方,具有要素稀缺、难以模仿、不可移动等特点。若在这种产业生态位环境中播下聚集核"种子",就会生根发芽发展壮大,形成产业聚集核。聚集核"种子"可以通过诱发引致、强制种植和引导培育等方式形成。产业聚集核对企业群落的形成起着关键作用,聚集核获得可观收益的示范和影响及其产生的产业场和聚集势,会使其他相关企业产生向该区域靠拢发展的欲望,从而吸引企业不断聚集。随着集聚核扩散繁衍及吸引聚集作用的增强,企业逐渐增多形成群落,其具体变化过程可以通过下面的聚集核演化模型来反映。

为了分析上的简明方便,针对某区域产业聚集核及其变化情况做如下简化假设:①产业聚集核的规模(企业数量)将随着时间 t 而变化,且 t 时刻的规模为 N_t;②聚集核的增大主要由自身繁殖 B 和企业迁入 I 引起;③聚集核的减小主要由自身衰亡 D 和企业迁出 E 引起;④企业的出生率和死亡率分别为 b 和 d,进入率和退出率分别为 i 和 e。则有:

$$B = bN_t, D = dN_t, I = iN_t, E = eN_t \qquad (6.2)$$

这时产业聚集核规模(企业数量)的变化主要由企业的迁入、迁出数和企业的创立、注销数决定。其 t 时刻的变化增量 ΔN 可由下式表示：

$$\Delta N = N_{t+1} - N_t = (B + I) - (D + E) = ((b + i) - (d + e))N_t \quad (6.3)$$

此时，聚集核的生长情况由 b,i,d,e 这 4 个因素决定，其变化状态如表 6－1 所示：

表 6－1　聚集核随 4 个因素关系的变化状态

因素关系	$i>e$	$i=e$	$i<e$
$b>d$	聚集核增大	聚集核增大	变化不确定
$b=d$	聚集核增大	聚集核保持稳定	聚集核缩小
$b<d$	变化不确定	聚集核缩小	聚集核缩小

当聚集核成长到一定规模后，就形成企业群落。针对企业群落连续变化的情况，可将(6.3)式转化为：

$$dN/dt = ((b + i) - (d + e))N = RN \quad (6.4)$$

其中为企业群落的增长率，$R>0$，$R=0$，$R<0$ 分别对应着群落的增长，稳定和衰退。(6.4)式具有如下形式的解：

$$N(t) = N_0\exp(Rt) \quad (6.5)$$

这里的变化随呈指数增长，其变化曲线如图 6－2 所示：

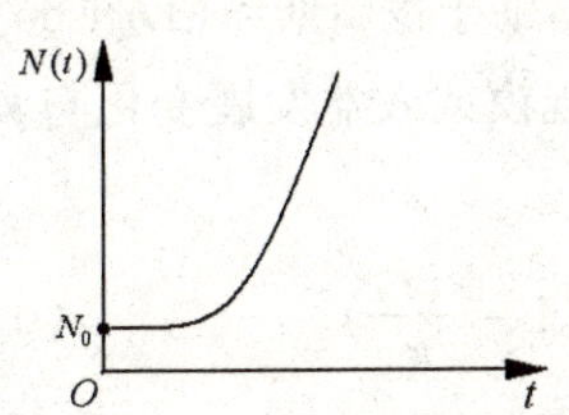

图 6－2　群落指数增长曲线

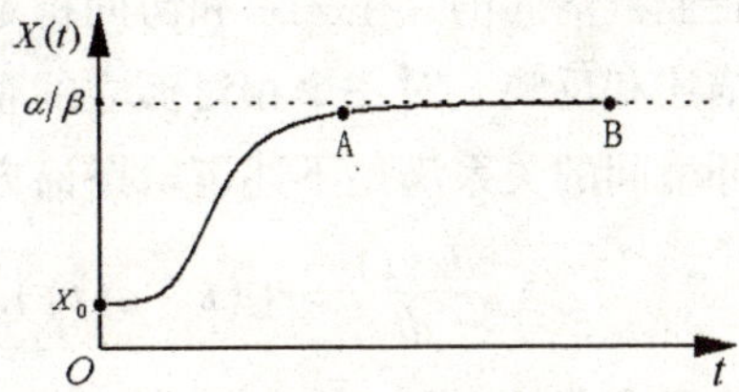

图 6－3　群落增长的逻辑斯谛曲线

由图 6－2 可以看出在没有资源和环境容量限制的情况下，只要 $R>0$，群落就可以无限增长。然而在现实中由于资源、空间、结构等方面的原因，群内企业竞争非常激烈，群落不可能无限增长。若考虑到环境承载力和群落容量的限制，则可将(6.4)式转化为描述群落演化的逻辑斯谛(Logistic)方程：

$$dN/dt = R((K - N)/K)N = RN - (R/K)N^2 \quad (6.5)$$

其中 K 为区域群落容量。若用 $X(t)$ 表示群落结构的有序化程度和产出率，则 $X(t)$ 随时间 t 的变化过程就可用该逻辑斯谛方程来描述，即：

$$dX/dt = f(X) = \alpha X - \beta X^2 = X(\alpha - \beta X) \quad (6.6)$$

其中 α,β 为非零系数，(6.6)式具有下述形式解：

$$X = \alpha / (\beta + Ce^{-\alpha t}) \tag{6.7}$$

其中积分常数 C 由初始时刻($t=0$)的群落产出率 $X_0 = \alpha/(\beta + c)$ 决定。当 $t \to \infty$ 时,$X \to \alpha/\beta$,其变化曲线如图 6－3 所示。由图 6－3 可以看出,在一定的区域内企业群落的产出率(群落规模和有序度)是有限的,当其发展到一定的时期后将趋于饱和。

6.1.3.2 *群落中企业的竞争共生与协同发展*

在现代经济中,竞争是市场运行的基础,也是企业生存与发展的基本方式。在企业群落中的竞争十分激烈,主要表现为企业对生存资源和生态位的竞争,即企业间为争夺优质资源空间和扩大可获得资源空间幅度的竞争。每个企业都受到周围不断变化的环境影响,任何企业不可能找到一个永久的最适合的生态位。随着环境的变化,企业只有不断地调整自己的生态定位,找到最适合自己优势的生态位,才能在竞争激烈的世界中生存下来。而在竞争过程中,只有互惠协作,共生共荣才能共创发展,互惠共生是企业群落通过竞争合作达到协同所形成的最佳生存模式。当企业处于共同的生存环境中时,必然导致生态位分化,即经过激励竞争,部分竞争个体在权衡利弊得失之后,将其部分潜在的生存和发展区移位或退出,以寻求更优的发展空间,从而消除生态位重叠,实现稳定的共生。

企业群落间的共生关系和协同稳定过程,也可借助于逻辑斯谛(Logistic)模型来描述和反映。对一个相对孤立的企业来说,其规模或效益发展变化与其所处的环境间的关系满足下述逻辑斯谛方程:

$$\frac{dx(t)}{dt} = r((k - x(t))/k)x = rx(t)(1 - \frac{x(t)}{k}) \tag{6.8}$$

这里企业的产出水平 $x(t)$ 是时间 t 的函数,r 是理想条件下企业的自然增长率,k 是企业在其所处的产业生态环境中(一定要素禀赋限制下)的增长极限。$(1-(x/k))$ 称为 Logistic 系数,是企业增长的抑制因子。当 $x=k$ 时,抑制因素 $(1-(x/k))=0$,则有 $dx/dt=0$,企业达到最大产出规模,此时的企业处于一个稳定平衡点,如同图 6－7 中的 AB 曲线段。

对企业群落来说,当企业处在多个企业相互影响的群落环境中,情况则要复杂得多。假设群落共有 n 个企业,各企业的规模或效益用 $\{x_1, x_2, \cdots, x_i, \cdots, x_n\}$ 表示,由于企业间存在着竞争与合作,则第 i 个企业的发展变化 dx_i/t,除了与自身的自然增长率 r_i 和增长极限 k_i 有关外,还受到其他 $n-1$ 个企业的作用和影响,即其增长抑制因子中除了 $(1-(x_i/k_i))$ 项外,还包括有其他 $n-1$ 个企业对其变化的作用因素,因此有:

$$\frac{dx_i}{dt}=r_i x_i\left(1-\frac{1}{k_i}x_i+\sum_{j=1}^{n}\gamma_{ij}\frac{1}{k_j}x_j\right)i\neq j\quad(i=1,2,\cdots,n)\tag{6.9}$$

其中 γ_{ij}为第 j 个企业对第 i 个企业作用的影响系数。为了分析上的简便和深入,不失一般性,可考虑只有两个企业相互作用和影响的情况,对企业间的竞争与共生关系进行深入分析。为此,可对上述模型进行简化,假设群落中只有两个相互作用和影响的企业,则(6.9)式简化为:

$$\begin{cases}\dfrac{dx_1}{dt}=r_1x_1\left(1-\dfrac{1}{k_1}x_1+\gamma_{12}\dfrac{1}{k_2}x_2\right)\\ \dfrac{dx_2}{dt}=r_2x_2\left(1-\dfrac{1}{k_2}x_2+\gamma_{21}\dfrac{1}{k_1}x_1\right)\end{cases}\tag{6.10}$$

通过求解微分方程(6.10)式,可得到发展的稳定平衡点:

$$E:(x_1,x_2)=\left\{\frac{k_1(1+\gamma_{12})}{1-\gamma_{12}\gamma_{21}},\frac{k_2(1+\gamma_{21})}{1-\gamma_{21}\gamma_{12}}\right\}\tag{6.11}$$

当 $\gamma_{12}=0,\gamma_{21}=0$ 时,则表示企业 1 和企业 2 之间互不影响,两者之间即不存在生态位重叠,也不存在资源互补,各自将按照逻辑斯谛曲线独立发展,其发展的最终稳定平衡点为 $E:(x_1,x_2)=\{k_1,k_2\}$,这时的群落没有任何聚集效应。当 $\gamma_{12}>0,\gamma_{21}>0$ 时,则表示这两个企业之间存在着资源的互补性或发展的正相互作用,即两企业间很强互补性,两者的存在和各自的资源,可以是对方相互受益,形成互利共生关系。(6.10)式具有 $x_1>0,x_2>0$ 稳定解的条件为 $\gamma_{12}\gamma_{21}<1$,这也是两企业共生稳定的条件,此时两企业联系紧密相互依赖。当 $\gamma_{12}<0,\gamma_{21}<0$ 时,则表示这两个企业之间存在着资源生态位重叠或发展的负相互作用,两者间存在着一定的竞争。其中一个企业的存在对另一个企业的生存和发展起到了抑制作用,此时企业发展的结果取决于两企业的竞争能力,处于竞争优势的一方会将另一方从发生冲突的生态位空间中排挤出去,最后的稳定平衡条件是$\{x_1=k_1,x_2=0\}$或$\{x_1=0,x_2=k_2\}$。

当 $\gamma_{12}=0,\gamma_{21}>0$ 或 $\gamma_{12}>0,\gamma_{21}=0$ 时,则表示其中的一个企业对另一个企业的生存和发展具有正相关作用,而另一方的存在对该企业生存和发展既无利也无害时,即存在着获利方利益输送的单向性,当 $x_1>0,x_2>0$ 时表示企业 1 和企业 2 共生。在 $\gamma_{12}=0,\gamma_{21}>0$ 情况下的稳定平衡点为 $E:(x_1,x_2)=\{k_1,k_2(1+\gamma_{21})\}$,这表示企业 1 和企业 2 的发展稳定规模分别为 k_1 和 $k_2(1+\gamma_{21})$,此时两者稳定共生的条件是 $k_2(1+\gamma_{21})>0$ 和 $k_1>0$。在 $\gamma_{12}=0,\gamma_{21}>0$ 情况下的稳定平衡点为$\{k_1(1+\gamma_{12}),k_2\}$,这表示企业 1 和企业 2 的发展稳定规模分别为 $k_1(1+\gamma_{12})$和 k_2,此时两者稳定共生的条件是 $k_2(1+\gamma_{21})>0$ 和 $k_1>0$。上述情况

可理解为，企业 1 和企业 2 不存在相互竞争关系，其中一个企业可以通过另一个企业获得技术、信息、产品、管理及配套服务等方面的支持。同理，对于 n 个企业相互作用和影响的企业群落的情况，也可以通过求解（6.10）式的微分方程组来进行分析。

6.1.3.3 产业生态系统的演化及循环集群的形成路径

作为一个有机的产业生态系统，循环产业集群是按产业生态学原理和循环经济理念营造和构建，并以循环经济模式运行的产业集群。它是在特定区域内以产业链、生态链和价值链以及共性和互补性相联系的众多企业及相关机构所组成的具有物质、能量和信息循环功能的空间聚集体。作为一个复杂的产业生态系统，循环产业集群也具有一般复杂系统的自创生、自生长、自复制、自整合、自学习、自适应等自组织特性，从孕育、形成、发展到成熟，需要经历由简单到复杂，从低级到高级，由无序到有序，从初创到成熟的演化过程。类似于生命体的自组织过程，产业生态系统中的非线性作用和自组织机制，对一般企业群落的发育和演化，以及循环产业集群的形成和成熟起着至关重要的作用。根据复杂系统的自组织理论，非线性复杂系统形成的自组织有序结构，需要在与外界环境的物质、能量、信息方面的交换中维持。

从资源消耗和物质循环的演变角度看，无论是自然生态系统还是产业生态系统，都有一个从低级到高级不断演进的过程。自然生态系统一般可分为低级、高级和顶级三个资源消耗和物质循环发展阶段。①低级生态系统。也称为一级生态系统。其成员之间是简单的线性关系，物质消耗是简单线性叠加，运行方式是无限制地开采资源和无限制地抛弃废料，如图 6－4(a)所示。②高级生态系统。也称为二级生态系统。其成员之间存在着非线性关系，虽然有一定的物质循环，但总物质还是单一流向，仍会导致资源减少和废料增加，如图 6－2(b)所示。③顶级生态系统。也称为三级生态系统。其成员间存在着物质的超循环关系，物质在系统内部的形成完全闭路循环，只有太阳能来自外部，此时已无原料与废料之分。理想的产业生态系统是处于二级与三级之间，尽可能接近三级的生态系统，只消耗有限的资源，排出极少的剩余物质。如图 6－4(d)所示。

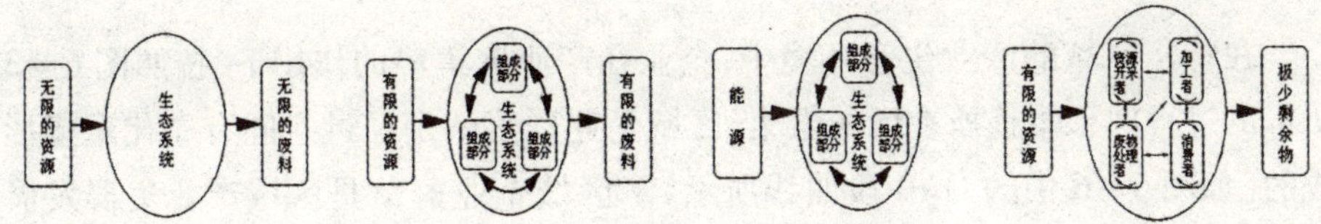

(a)一级生态系统　(b)二级生态系统　(c)三级生态系统　(d)理想产业生态系统

图 6－4　产业生态系统演化发展的层级

专业产业集群是产业生态系统中的一类种群，是专业化和地域化经济的有机聚集体，与自然生态系统的种群类似，产业集群也有其自身的生命周期和成长规律。集群的产生、发展和演化需要一定的空间环境和产业生态条件，并且都会经历形成、发展、成熟、衰退等过程。一个成功的产业集群通常要在企业聚集的基础上经历：企业群落、产业集群、创新网络、循环网络等几个发展进化阶段。[13,14] 其典型的演化路径如图 6－5 所示：

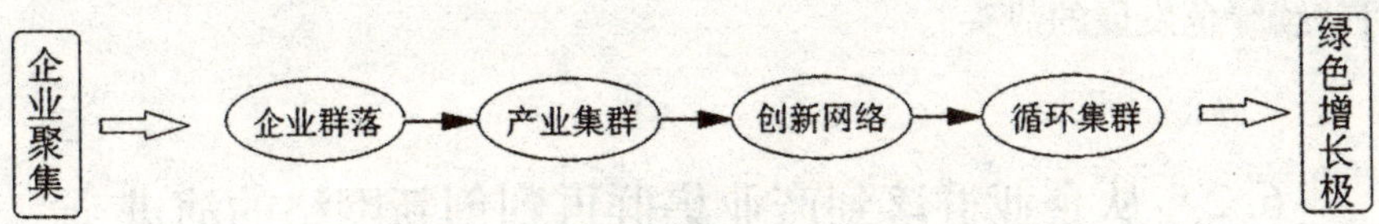

图 6－5　循环产业集群的典型演化路径

在现有的产业体系中，尽管各类不同的产业集群的形成背景和产生原因各有不同，但一个成功产业集群的形成和发育以及发展和演化通常都要企业聚集的基础上经历："企业群落→(结构有序化)→产业集群→(功能有序化)→创新网络→(生态有序化)→循环集群"等演化过程。即在产业聚集的基础上，要经过多个阶梯的有序化演进，才能最终形成高效有序的循环产业集群。产业集群的有序化演进过程如图 6－6 所示。

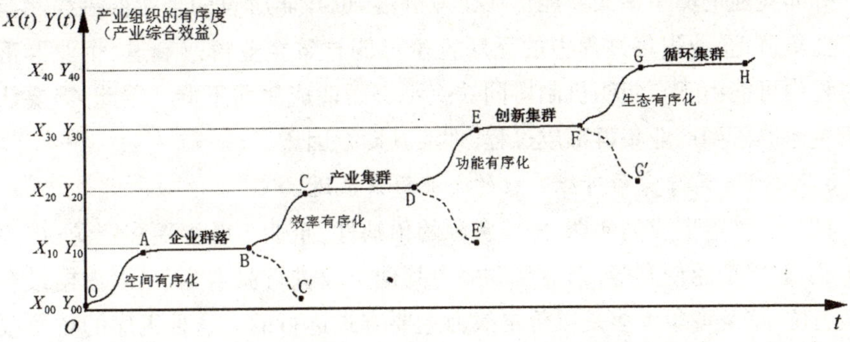

图 6－6　产业集群有序化演进的几个台阶

在特定区域的产业生态环境中,企业在产业聚集势的作用下,按照图6-3所示的过程向聚集核所在区域聚集,区域企业群落就是经过空间有序化聚集形成的(如图6-6中的OAB段曲线所示)。区域企业群落是区域产业集群发展的初级阶段和雏形,产业集群就是在企业群落的基础上经过结构有序化演进的结果(如图6-6中的BCD段曲线所示)。区域产业集群是区域创新网络发展的基础和载体,区域创新网络则是区域产业集群发展的高级阶段,它是在区域产业集群的基础上经过功能有序化演进生成的(如图6-6中的DEF段曲线所示)。集群创新网络的形成及其良性循环创新状态,为产业集群提供了持续不断的创新动力和竞争优势,也为循环集群网络的形成奠定了技术基础,循环集群网络是在集群创新网络的基础上经过生态有序化演进产生的(如图6-6中的FGH段曲线所示)。循环集群网络不仅提升了产业集群的经济效益和生态效益,还延长了产业集群的整个生命周期,保持了区域经济的跨越式快速发展和可持续绿色发展的势头。

6.2 从企业群落到产业集群再到创新网络的演进

在循环产业集群的形成过程中,通常都要经历从企业群落到产业集群,再由产业集群到创新网络的演进阶段,这一阶段为循环产业集群的最终形成奠定了必要的产业集聚环境和循环技术基础。在集群演进的各个关键环节,内部自组织机制起到了至关重要的作用。

6.2.1 企业群落的演进与产业集群的形成

并非企业的简单聚集就能形成企业群落,也并非所有的企业群落都能演化成产业集群,企业聚集过程中的无序竞争可能导致企业群落衰退,企业群落发展过程中可能由于自组织机制协同效应不够而造成集而不群。因此,需要认真分析企业群落到产业集群形成过程,理清其影响因素。

6.2.1.1 无序竞争可能导致的企业群落衰退

在企业群落形成的初期,由于资源的稀缺性,企业为获得更多资源、扩大市场份额、取得交通便利等,都会与群落内其他企业进行激烈竞争,以占据最有利的生态位,这类竞争大多是以价格战为主要方式进行的。这种无序的竞争很容易导致整个企业群落的衰退甚至消亡,这可以借助于协同学理论的分析方法导出。由于企业群落是一个开放系统，与外界进行着物质、能量、信息和资金的交换，加上群落企业间的竞争非常激烈，企业之间的相互作用不是简单的线性关系，而是复杂的非线性关系，因此集群企业在外界输入扰动和内部竞争涨落的影响下，其运行状态在一定程度上具有随机性，这时集群企业的发展和运行状态 $X=\{x_1,x_2,\cdots,x_i,\cdots,x_n\}$ 是一个随机变量。根据协同学和非线性系统动力学理论，整个系统的状态变化可用一组非线性随机动力学方程（广义朗之万方程）[157] 来描述，这时(6.9)变为：

$$\frac{dx_i}{dt}=K_i(x_1,x_2,\cdots,x_i,\cdots,x_n)+\Re_i(t)\,(i=1,2,\cdots,n) \tag{6.12}$$

其中 K_i 是一个与 $x_1,x_2,\cdots,x_i,\cdots,x_n$ 相关的非线性函数，$\Re_i(t)$ 是在外界干扰和竞争驱动下第 i 个企业所承受的随机驱动力（涨落和微扰）。按照协同学的观点，(6.12)式可以看作是一组非线性阻尼振子的运动方程。为了分析上的方便可先略去随机驱动力，并将非线性函数在定态点附近进行多变量泰勒展开，这时(6.12)式可转换为：

$$\frac{dx_i}{dt}=\sum_{j=1}^{n}\alpha_{ij}x_j+f_i(x_1,x_2,\cdots,x_n) \qquad (i=1,2,\cdots n) \tag{6.13}$$

这里 $f_i(x_1,x_2,\cdots,x_n)$ 也是一个与 $x_1,x_2,\cdots,x_i,\cdots,x_n$ 相关的非线性函数。由于集群系统的定态点是稳定的，(6.13)式中线性项的系数矩阵 (a_{ij}) 是负定的，即其本征值具有负实部，因此总可以通过某种线性变换，引入一组新的变量 $\{y_1,y_2,\cdots,y_n\}$ 来使系数矩阵 (α_{ij}) 对角化[158]，这时可将(6.13)式变换为：

$$\frac{dy_i}{dt}=-\gamma_j y_j+g_j(y_1,y_2,\cdots,y_n) \qquad (j=1,2,\cdots,n) \tag{6.14}$$

其中 $\{g_j(y_1,y_2,\cdots,y_n)\}$ 为一组与各子系统（各企业）状态变量有关的非线性函数，对非线性阻尼振子运动方程组来说，运动阻尼系数 $\{\gamma_j\}$ 会随外界控制条件的变化而发生变化。协同学理论的分析研究结果表明，在这个非线性系统尚未达到自组织协同的临界阈值以前，各 $\{\gamma_j\}$ 的值都是不为0的正数。如果考虑到随机涨落力的影响，则有：

$$\frac{dy_i}{dt}=-\gamma_j y_j+g_j(y_1,y_2,\cdots,y_n)+\Im_j(t) \quad (j=1,2,\cdots,n) \tag{6.15}$$

上式中的 $\{\Im_j(t)\}$ 是企业群落系统由于外部扰动和内部涨落等各种因素引起的一组随机涨落力。从方程组(6.15)可以看出，此时企业群落内的各企业（子系统）相互竞争，其发展状态的运动变化既相互关联又杂乱无章，在随机涨落力的作用下只能作无规起伏。因此，此时的企业群落还不具有集群聚集效应。

从以上的分析可以看出，在企业群落形成初期，集聚引起交易成本降低，会不断地吸引更多企业进一步集聚，随着企业数量的不断增加，超过最佳群落规模，就会产生拥挤效应，公共物品边际效应递减，出现公共资源紧缺、要素价格上涨、交通拥挤、环境污染等问题。外部经济性被削弱，使企业的经济效益下滑。此时会出现两种不同的发展趋势：一方面，由于交易成本降低引起企业分化，小企业“扎堆”，走低成本竞争的低端道路；另一方面，由于竞争压力增强，企业会加紧体制与技术创新，降低组织费用，走合作竞争的高端道路。这一现象反映在图6－4中B点所示的分支点上，此时若不能有效地调整和控制群落的内外部条件，调动起群落系统的自组织机制，使系统通过竞争达到协同，形成合作竞争，就很有可能出现整个企业群落的退化甚至衰亡（如图6－6中所示的BC′段虚线部分）。

群落衰退的情况在企业群落出现的初期时有发生。如一些地方通过政府“行政捏合”的“园区”，企业仅仅是在空间上集聚，缺乏关联配套和企业间的协同，不能形成集群效应；在一些自发形成的企业群落中，家庭个体小生产管理比重较大，不仅技术工艺落后，匮乏熟练工人，而且同行间相互排斥，企业基本处于无序竞争状态；有些企业群落的低水平重复严重，具有系统集成和产业链主导能力的大企业过少，生产性服务业发展缓慢，价值链环节分工不足，不能形成上下游相互提升、竞争压力层层传递的协同机制。低水平重复生产对资源的消耗，必然会导致同类企业的恶性竞争，甚至出现“劣币驱逐良币”的“柠檬市场”现象（浙江温州皮鞋、金华火腿、永康五金等就是典型的例子），这些企业群落在经历短暂的辉煌之后，由于发展后劲不足而出现了衰退。这种内耗竞争的恶性循环将最终导致整个企业群落功能性的毁灭甚至消亡[159]。类似的情况在台湾、意大利、日本的经济发展史上都曾出现过，特别是在小企业群落密集地区更是屡见不鲜。

6.2.1.2 企业群落的自组织与竞争协同机制

经过聚集形成的企业群落，最初还只是相关企业在一定区域内的聚集和“扎堆”，还不能算作真正意义的产业集群，不具备产业集群的协同、有序、高效的特征和对区域经济的强关联、强辐射、强带动功能。按照复杂适应系统和自组织理论的观点，系统只有在非平衡非线性状态下，通过内部自组织机制，自发形成高度有序的自组织结构，才具有高效有序的功能特征。系统自组织是指在没有外界指令的情况下，靠系统内各要素协调一致、自发地形成某种内部有序组织模式的过程。自组织是一个动态演进过程，即从非组织到组织（从无序到有序)、从组织程度低到组织程度高(有序程度不断提高)、在相同层次上由简单(均衡、线性、粗糙)到复杂(非均衡、非线性、精致)、不断地提高自身的结构有序度和自适应、自发展功能的演进过程。

按照复杂系统自组织理论的观点,一个远离平衡的开放系统(无论是物理的、化学的、生物的乃至社会的、经济的系统),在与外界不断地进行物质、能量、信息交换的过程中,其内部各子系统间会产生非线性相互作用,当外界条件变化达到某一特定阈值(临界点)时,这种非线性相互作用会使各子系统自发地协调一致行动,使整个系统由原来无序状态转变为一种在时间、空间或功能上有序的状态,形成自组织结构[160],这种在一定条件下系统自发地从无序变为有序的机制就是自组织机制。自组织机制的形成必须具备开放性、非平衡、非线性、涨落性等基本条件,即系统必须处于远离平衡的充分开放状态,系统内部存在着很强的非线性相互作用和随机涨落。在自然界和人类社会中,能够形成和出现自组织机制,并能使之发挥作用的系统,通常称之为自组织系统。企业群落是一个由多要素、多主体和多种联系构成的集合体,具有开放性、非平衡、非线性、涨落性等典型的自组织系统特征[161]。

企业群落的自组织系统特征主要表现在:①开放性。企业群落系统对外界环境是开放的,存在着原料、产品、技术、资金、市场、人力等方面的输入和输出,与自然环境和社会环境有着物质、能量和信息等方面的交换,并与外界发生着广泛的联系。②非平衡。企业群落的运行具有非平衡性,群落内的企业按照市场规律参与竞争,各企业和机构之间存在着专业化和差异性,使系统内部的各子系统(企业或机构)处于一种有竞争变化的有差异的非平衡状态。③非线性。群落企业间的相互作用是非线性的,群落成员中既有竞争者又有合作者,既有供应商也有消费商,彼此间紧密互动、相辅相成,界限模糊,多方面的竞合关系重叠,产生复杂的非线形相互作用。④涨落性。由于企业群落的内外部环境和各种生态因子是不断变化的,不断有企业进入参与竞争,也有企业经过激烈竞争后淘汰退出,这些都表现为系统的随机涨落,通过这种“涨落”实现了优胜劣汰。

若能通过有效措施加大企业群落的开放性,调整和控制企业群落的外部条件和内部环境,使群落系统向远离平衡的非平衡状态发展,就有可能使群落企业间的非线性关系(由(6.12)式中的非线性函数 $K_i(x_1x_2,\cdots,x_i,x_n)$ 反映)出现相干效应,并激发出企业群落系统的自组织机制,当外控条件使系统状态发展到远离平衡的非平衡定态临界点时,企业群落内很可能就涌现出一些具有领导能力的主导企业,其他群落企业就可能在这些主导企业的带领下,跟随其运行和发展的节奏，由无序的随机运动转变为有序的协同运动，企业群落的竞争状态就有可能在内部随机涨落力（由(6.12)式中的项体现）的驱动下，由杂乱的无规竞争转向有序的协同竞争，从而出现集群协同效应，形成集群竞争优势。

群落企业间既存在着竞争也存在着合作，由于地理的接近，价格、性能、质量和服务的相互比较，给群内同类企业带来了竞争压力。企业需要不断提升产品质量，改善产品服务来形成核心竞争力，以避免被集群淘汰；同时，群内企业之间也期望建立长期稳定的合作关系，以克服其生产、组织和营销功能的结构性约束。不断的竞争使个体企业在群落内找到自己最佳位置，并与周边的其他企业形成竞争合作关系，出于对群落整体竞争优势的依赖，企业逐渐将对立竞争转化为合作竞争，通过合作竞争达到整体协同。协同机制能够将不同的企业，不同的部门，不同的资源整合在一起，形成各种资源要素的合理有序流动和最优协同组合，发挥出比单个企业、单个部门、单个资源所能创造效应的总和大得多的协同效应，通过协同效应的要素整合及功能优化，使企业的整体效益最大化。

6.2.1.3 企业群落的协同进化与产业集群的形成

企业群落作为一个非平衡非线性的复杂经济系统，其内部的自组织机制对其演化升级为产业集群具有重要的关键性作用。充分开放、远离平衡、非线性作用和随机涨落是复杂系统产生自组织机制的必要条件。但要实现自组织系统的协同进化，还必须控制外部条件和生态因子（也称为外控参量）使之达到某个特定的阈值（通常称之为临界点）。对一般自组织系统而言，在外控参量尚未到达该临界点以前，子系统间的非线性相互作用所产生的是负反馈机制，系统所处的状态是稳定的，此时，各种随机涨落对系统状态扰动发生的局部偏离会随着时间的推移而逐渐消失。而当外控参量达到临界点后，子系统间的非线性相互作用形成了正反馈机制，系统所处的状态失去了稳定性，各种随机涨落会在这种正反馈机制的作用下被不断的叠加和放大，局部的微小涨落会迅速放大为波及整个系统的“巨涨落”，推动系统由失稳状态跃迁到一个新的稳定有序态，通过非平衡相变形成新的自组织有序结构。

企业群落系统的自组织演变和状态跃迁也是在临界点发生的，当外界控制参量还未到达临界值时，各种随机涨落都会随着时间而逐渐衰减，不会引起整个企业群落状态的根本性变化。而当外控参量达到某个临界点后，各企业间非线性的相互作用所产生的正反馈机制将发挥作用，通过激烈竞争和优胜劣汰的“涨落”，涌现出一个（或几个）能起主导作用的企业（序参量），这个具有序参量性质的企业会支配和引导群落的其他企业协同运动，使序参量主导的这一模式迅速扩大到整个群落系统，将系统推入到一个新的自组织有序协同状态。因此，要使企业群落能顺利地演化为高效有序的产业集群，就必须适时地调整和控制群落的内外部条件，调动起群落系统内部的自组织机制及各子系统（企业、机构、组织等）间的协同竞争动力，通过竞争与合作在临界点上达到协同，使各子系统（企业）在序参量（主导产业）的"支配"和引导下协同运动，进入更加高效有序的自组织状态，成为真正意义上的产业集群。

以上演化过程可以借助于协同学的分析思路导出，在(6.14)式中各子系统的状态变量$\{y_1,y_2,\cdots,y_n\}$中已包含了具有序参量性质的企业和将引导企业群落未来发展的主导产业（用Y表示）。根据复杂协同系统的临界相变原理，当外界环境变化使系统的控制参量R趋于某个临界值R_C时，序参量Y将在竞争中胜出，并出现"临界慢化"，其阻尼系数γ将趋于零。不失一般性，可将(6.14)式中的y_1设为主导产业的状态变量（序参量），当企业群落系统趋于临界状态时，则有：

$$y_1 = Y, \gamma_1 \to 0 (R \to R_C) \tag{6.16}$$

(6.14)式中其余的$\gamma_i > 0 (i = 2,3,\cdots,n)$且有限，根据协同变量判别，此时除序参量$Y$是软模变量外，其余的量$y_2, y_3, \cdots, y_n$都是硬模变量。按照协同支配原理，在这种情况下，可对系统中的所有硬模变量进行"绝热近似"[162]，即令：

$$\frac{dy_i}{dt} = 0 \quad (i = 2,3,\cdots,n) \tag{6.17}$$

在注意到(6.16)式后可由方程组(6.14)得到方程组：

$$\{\gamma_i y_i - g_i(Y, y_2, y_3, \cdots, y_i, \cdots, y_n) = 0\} \quad (i = 2,3,\cdots,n) \tag{6.18}$$

对上述方程组中的)个方程联立求解后可得到下述形式的解：

$$\{y_2 = h_2(Y), y_3 = h_3(Y), \cdots, y_i = h_i(Y), \cdots, y_n = h_n(Y)\} \ (i = 2,3,\cdots,n) \tag{6.19}$$

这表明群落系统中所有的硬模变量$y_2, y_3, \cdots, y_n$都跟着随软模变量Y一道运动，此时群落内所有子系统（企业）$y_i (i = 2,3,\cdots,n)$的行为都受到了序参量Y（主导产业）的支配，与序参量一起形成协调一致的运动，表现出结构上的有序性，这一结构有序化过程表现在图6-6所示曲线中B分支点后的BC段上。若将(6.19)式的结果代入方程组(6.14)的第一式($j = 1$)，并注意到(6.16)式后可得：

$$\frac{dY}{dt} = \frac{dy_1}{dt} = -\gamma_1 y_1 + g_1(y_1, y_2, y_3, \cdots, y_n) = \gamma_1 Y + g_1(Y, h_2(Y), h_3(Y), \cdots, h_n(Y)) \tag{6.20}$$

这即是企业群落系统演化的序参量方程，它主导着整个企业群落的发展演化，在自组织机制不断的自繁殖、自发展、自调整、自强化作用下，系统将沿着新一轮 Logistic 曲线(图 6 - 6 中的 BCD 线段)演化,使整个企业群落进入一个更为高效有序的状态,由此形成的自组织结构就是产业集群(如图 6 - 6 中的 CD 段所示)。这时的产业集群表现出了协同、有序、高效的特征,具有强劲的对外竞争优势,对区域经济产生了强关联、强辐射、强带动作用。

6.2.2 产业集群发展存在的潜在问题和风险

产业集群的形成为区域经济提供了强劲的发展动力,集群企业通过分享规模经济、降低交易成本、协同合作竞争等来获得竞争优势。然而产业集群的发展也存在着许多潜在的问题和风险,特别是一些产业结构单一的传统产业集群的发展后期,常常会出现由于创新动力不足、产业效率下滑导致的竞争优势减退、资源环境恶化等方面的问题,存在着整个产业集群衰退甚至消亡的风险。

6.2.2.1 产业集群发展中潜在的竞争优势减退问题

产业集群之所以能对区域经济产生强劲的带动作用,其中一个最主要的因素就在于其所具有的集群协同竞争优势。然而产业集群也同其他产业组织体一样,具有自身固有的缺陷和生命周期,其成长阶段的一些竞争优势的因素,在进入成熟期后则很可能成为导致其衰退的原因。这一问题对传统的产业集群尤为突出,当其发展到一定程度时,由于自身的路径依赖和锁定效应会产生产业集群的组织结构惰性,容易导致其创新动力不足和生产效率降低,致使集群创新能力下降和产业效率下滑,逐渐丧失原有的核心竞争力。其中传统集群的路径依赖和技术锁定、组织结构惰性及市场反应迟缓、创新动力不足和创新能力下降以及生产效率降低和产业效益不佳是引起其竞争优势减退问题的主要因素。

(1)集群路径依赖和集群技术锁定带来的竞争优势退化。集群内的企业有可能因为某些制度的确定或者技术的选择等原因引发集群路径依赖和集群技术锁定风险,主要表现在:①集群内众多的中小企业是依赖少数核心企业来生存和发展的,技术知识和管理理念的单向传输,容易导致中小企业对大企业的路径依赖,当少数核心主导大企业没落时,众多中小企业往往无力独自面对市场风险。②集群企业的过度专业化,使产业价值链纵向环节的“资产专用性”增强,形成技术锁定,从而导致产业集群不能对自身的技术创新要求做出及时快速的调整,也不能够对产业集群外的技术变化做出灵活的反应。③集群企业过度的依赖性和专业化,使中小企业与大企业之间的技术合作灵活性降低,不能根据外部环境的变化及时调整技术和市场,技术能力被长期“锁定”在一个较低的水平,始终在价值链低端徘徊,从而丧失了集群竞争优势。

(2)组织结构惰性及市场反应迟缓带来的竞争优势减弱。所谓组织结构惰性是指产业集群在发展过程中保持或维护原有组织模式的倾向,是集群发展过程中有组织结构的正规化和制度化特征被固化后所产生的僵化。造成其结构惰性的原因主要有:①集群企业在厂房、设备、人员等方面的一些投资,常具有专用性和不易移转性,变成了集群组织的沉没成本。②集群组织长期发展的历史经验,已在集群内部形成了许多共识、规范与习惯,存在着适应新情况和新变化的惰性。③组织结构调整往往会造成集群内的角色及资源的重新分配,破坏了原有的均衡关系,容易产生集群内部的消极和抗拒。④集群内的高度专业化分工增加了企业资产的专用性,在提高集群生产效率的同时也失去了柔性,降低了企业对环境的应变能力。传统集群固有的结构惰性,使之在面对新的市场变化时反应迟钝,从而导致其竞争力被大大削弱。

(3)创新动力不足和创新能力下降造成的竞争优势下滑。产业集群的资源共享和知识溢出效应使众多企业获得外部经济性,坐享创新外溢红利,但同时也滋生了"搭便车"的思想,产生了集群内企业的创新惰性,企业创新动力不足严重削弱了集群的自主创新能力,从而导致集群整体竞争力下降。由于传统集群的技术含量较低,技术溢出现象较为普遍,许多企业不愿意自主创新,而选择对市场新产品模仿的搭便车,导致集群企业产品雷同现象严重。由于模仿无需付出创新成本,在同等利润下仿制品比原创品的价格更低,一旦市场出现拥挤或萎缩,就会形成低水平的价格竞争,导致整个行业都蒙受损失,从而滋生集群企业的创新惰性。随着集群创新环境的恶化和创新精神的丧失,许多优质的创新要素和创新资源也会逐渐撤离,从而导致集群创新能力下降,竞争能力减退。

(4)生产效率降低和产业效益不佳造成的竞争优势丧失。集群最佳规模在外部不经济所产生的边际成本(拥挤成本)正好等于由于新成员分担运转成本所带来的边际节约这点上。当传统集群进入成熟期时的规模超过最佳规模后,就会导致集群的规模不经济,产生拥挤效应。由于缺乏重大技术创新和营销创新能力,企业的生产效率较低,其竞争手段也基本上是以价格竞争为主。随着企业竞争的加剧,土地、原材料、专业化劳动力、交通运输等影响经营成本因素的价格会不断上升,企业利润下降。集群产品的"低端化"和"过度竞争"又导致了集群企业总是在价值链低端徘徊(价值链低端锁定)。传统的生产技术和激烈的价格竞争甚至有可能使得边际利润下降到几乎为零或负值,从而导致整个产业集群的低效率甚至无效率,使其竞争优势丧失殆尽。

6.2.2.2　产业集群发展中存在的资源和环境问题

产业集群是在一定的产业生态位条件下形成的,其发展需要一定的自然资源和产业资源支撑,包括自然资源、环境资源、人力资源、技术资源、金融资源、市场资源、运输资源,等等。企业有在资源最丰富、成本最低的区域聚集生产和经营的倾向。随着经营规模的不断扩大,资源消耗量的不断增加,企业对低成本资源的依赖程度也会越来越大。传统产业集群中企业的扎堆行为,导致了产业的同质化现象,集群企业生态位的高度重叠,加之线性生产模式对资源的大量消耗,使得企业对资源环境的竞争越来越激烈。传统模式下集群发展未考虑环境的负载容量和适宜密度,忽视了资源的利用效率和生产的资源约束。集群规模的盲目扩大给资源和环境带来巨大压力,导致资源枯竭和环境污染程度加重,出现了严重的资源环境问题,制约了产业集群的可持续发展。主要表现在以下几个方面:

(1)传统产业集群发展中的资源利用效率低下问题。传统产业集群的发展模式是"资源→产品→废弃物"的单向直线模式,集群内的大多数企业是处于价值链低端的粗加工型企业,大中小企业脱节,关联效应较弱,资源的利用率较低。由于没有形成有效的产业链或产业链较短,产品与半成品之间的关联性较低,使得资源在生产过程中得不到充分的层级利用和综合利用,大部分副产品被当作"废物"白白丢弃,在造成了资源极大浪费的同时,也造成的严重的生态环境问题。在一些传统集群中,众多中小企业的规模偏小和生产分散,导致了资源的大量浪费;其低水平的重复建设,企业之间互相争夺资源,形成无序竞争或过度竞争。缺乏协作的过度竞争导致资源配置效率下降,企业不能充分利用自己的核心优势能力来提高生产效率,从而出现资源大量消耗与大量浪费并存的现象。

(2)资源型产业集群发展后期出现的资源枯竭问题。资源型产业集群形成与发展的最大特点是与自然资源的开发利用密切相关。自然资源的数量、质量、分布及开发利用的难易程度等都会对资源型产业集群的形成发展产生重要影响。自然资源总是有限的,许多资源型产业集群在经历了对资源的大量开发、大量消耗的生产辉煌期之后,已面临着资源枯竭难题,进入衰退期。区域资源型产业集群竞争优势的来源之一,是其所在区域的自然资源优势,一旦出现资源短缺,就会导致这些集群竞争优势的丧失,出现发展停滞和衰退,甚至崩溃和消亡的情况。传统资源型产业集群的增长是以大量消耗资源为代价的,随着自然资源的减少,资源质量不断下降,开发难度不断加大,利用成本逐年上升,使得产业集群发展后期资源枯竭问题不断加剧,其产品的竞争优势也逐步丧失。

(3)传统产业集群发展中的废物排放污染环境问题。传统产业集群基本走的都是资源投入大、能源消耗高、环境污染重、劳动力密集的传统发展道路。采用传统的技术工艺进行生产的重化工企业，会产生大量的废气、废液、废渣，若没有先进的技术手段对之进行有效的无害化处理，就会对区域生态环境造成严重的污染和破坏。传统产业集群在经过多年的快速发展后，一般都会进入资源的高消耗期，其消耗的资源越多，所产生的废弃物也就越多，对资源环境所产生的负面影响也就越大。再加上传统产业集群的创新惰性，企业没有主动寻求科技创新的动力，固守落后的工艺和生产线，使得产品的附加值逐年递减，企业盈利能力也逐年下降，企业没有足够的资金、人力、物力去改变传统落后的生产模式，引进先进的无害化生产流水线，最终导致生产落后与环境污染的恶性循环。

(4)污染型产业集群造成的区域生态环境退化问题。传统资源型产业集群大多以资源消耗为主，其粗放的成长方式常常表现为对基础性资源的掠夺式利用。由于专业集群内的企业所属行业相近，所需的资源和原料具有类似性，在集群发展到后期时，往往会出现对区域资源的过度开采，造成对区域生态环境的破坏。此外，同类企业生产加工的对象属性相同，其产生的废弃物也具有类似性。由于资源耗费型企业的技术要素投入不足，生产工艺长期落后，无法对污染废弃物进行有效处理，大批这类企业聚集形成污染集群。污染集群的集中资源耗费和集中污染排放，往往是当地环境容量难以承受的。这样大规模的环境污染，在短期内无法通过生态系统的自我调节和自我修复，使生态化环境回归到原始状况，从而造成区域生态环境的不断退化。

6.2.2.3 传统产业集群进入成熟期后面临的发展风险

传统产业集群主要以传统产业为主导，当其发展进入成熟期后，很可能会由于其内部自身的固有缺陷和外部变化产生的不利因素，使整个产业集群的发展面临衰退的风险。作为一种居于市场组织与科层结构之间的中间组织形态，传统产业集群的发展与演化具有一定的路径依赖性，存在着一定的功能锁定、技术锁定和区域锁定，以及产品同质化、竞争过度、产能过剩、创新力不足、竞争力下降等方面的问题。特别是在全球化经济信息时代，产业生产技术和生产组织模式日新月异，进入成熟期的传统产业集群已跟不上时代的发展脚步，难以灵活应对市场环境的变化，面临着衰退或灭亡的发展风险。主要表现在集群结构周期和网络惰性、集群产能过剩和创新不足、经营的同质化和恶性竞争、对本地优势资源过度依赖等方面的风险。

(1)集群结构周期和网络惰性的风险。结构周期风险是由于传统产业集群的资源结构高度集中于单一产业或有限的几个同类产品上，在集群进入成熟阶段后，当集群产业或企业生产的产品处于产业或产品生命周期的成熟和衰退阶段时,或宏观市场环境发生变化时,若无法及时进行技术创新和市场转移,则很可能导致整个产业集群的老化和衰退,变成难以复苏的“老工业区”。内生性周期风险主要是由集群内产业和产品生命周期引起的,外生性周期风险主要是由宏观经济周期引起的。网络惰性风险主要是传统产业集群中,由于集群主体、资源、活动所构成的网络过度专业化或僵化,由此产生的网络惰性导致的社会资本、技术、信息、人才和物质等资源的缺乏,以及由于网络关系的不完全契约、机会主义、逆向选择、道德风险给产业集群发展带来危害。

(2)集群产能过剩和创新不足的风险。一般而言,要保持产业集群持续高速增长,一个重要的前提条件就是集群产品的市场空间无限大,然而任何一个产业和产品的市场空间总是有限的,因此,传统产业集群存在着产能过剩的风险。特别是当宏观经济处在下行通道,产品的市场容量必然会收缩,这时产能过剩的危机就成为传统产业集群所面临的最严重危机。在传统产业集群进入成熟期以后普遍会存在着产品老化、档次偏低、产能过剩、创新乏力等方面的问题。传统集群中小企业规模较小、实力较弱、现金流量不足,难以进行大规模的设备投资、技术改造和人力资本的投资。由于缺乏专业技术人员等创新要素,技术和产品创新能力严重不足,不能针对其老化的低档次产品和过剩的产能进行有效的升级改造和调整,从而削弱了企业的盈利能力和发展空间。

(3)经营的同质化和恶性竞争的风险。由于传统产业集群在进入成熟期以后往往都存在创新不足问题,由于技术溢出效应的存在,绝大多数的企业都依赖于模仿创新,选择自主创新的企业较少。因此,在不少传统产业集群普遍存在着套牌严重和抄袭成风现象,在产品、价格、营销模式、广告模式等方面相互模仿,甚至在品牌命名、商标设计上都存在模仿现象,从而导致集群内厂商生产产品的同质化、低质化现象严重。过度的模仿加上产品的同质化,往往使得创新企业的产品供应在短期内达到饱和,不仅同质的产品企业之间相互竞争,而且同质的配套企业间也相互竞争,这样在产业链不断延伸的过程中,同质经营之间相互压价和低价竞争必然越演越烈,使得创新企业还来不及享受创新带来的利润,就不得不马上陷入激烈的恶性竞争之中,使得集群企业的发展陷入恶性循环。

(4)对本地优势资源过度依赖的风险。资源型产业集群通常是以本地专有的优势资源为依托,通过建立对这些资源的独特应用能力,将本地资源优势转化为经济竞争优势的。然而对自然资源的过度依赖性,会降低产业集群对市场变化和外界冲击的适应能力。产业集群的核心竞争力在于具有对手难以摹仿的独特优势,但在资源高度依赖的集群中,由于产业或产品结构单一,成员之间对资源的相互依赖程度较高,相互锁定程度较强,降低了集群对市场变化和外界冲击的适应能力。此外,由于资源型产业集群的资产专用性较高,集群专有资产固定资产投入的风险较大,导致多数投资者对固定资产投资谨慎,而更愿意去投资那些本地优势资源。特别是在当本地的资源过度开发面临枯竭,或者出现资源价格大幅波动时,过度依赖资源的集群就会面临衰败的风险。

6.2.3 产业集群向创新网络升级的自组织演进

产业集群有着自己的生命周期,存在着增长的极限。在其发展过程中会出现一系列问题和发展困境,甚至面临衰退和消亡的风险。要想保持产业集群的持续竞争优势和强劲带动作用,就必须充分调动集群内部的自组织机制,使之始终保持创新活力,在集群衰退之前适时地进行演替,并向集群创新网络升级,则可以迎来又一轮的大发展和大繁荣。

6.2.3.1 传统产业集群的增长极限与衰退

产业集群竞争优势的主要来源,是它的优势资源禀赋、资源整合能力和持续创新能力,集群竞争力取决于其组织结构及运行机制对资源整合的协同效应和聚集效应。任何一个产业组织体都有一定的生命周期,产业集群的发展规模及其集聚效应是有限的,其聚集效应和协同效应受到集群产业属性、区域资源禀赋、集群组织结构、协调制约机制、政府政策偏好等多种因素的影响,产业集群发展存在一个有效规模问题,即存在着一个增长的极限约束。当其进入发展的极限期时,产业集群自身的缺陷和弊端逐渐暴露出来,并产生额外的成本。主要表现在[163,164]:资产专用性过高导致的集群风险升级、价值链趋同导致的集群脆弱性、路径依赖性导致的竞争能力削弱、集群溢出效应导致的创新活力减退等方面。随着外部环境的改变和内部矛盾的积累,集群的竞争优势会逐渐丧失,当以上弊端产生的额外成本高于聚集经济带来的收益时,群内企业则很可能向更有利的地区转移,导致原集群的衰退。

从产业集群的发展演化过程来看,区域产业集群一旦形成,就会产生螺旋式的自增强机制,促进集群不断成长,逐渐形成很大的产能规模和较强的竞争优势,在集群发展尚未达到该极限值之前,随着企业个数的增加和集群规模的扩大,其聚集效应和协同效应会不断增强(如图6-6中的BCD段曲线所示)。然而任何事物都有两面性,产业集群竞争优势的形成过程往往也伴随其结构固化和惰性的生成,并产生负面效应。随着集群规模的不断扩大和综合效益的不断提高,负面效应增加的速度逐渐大于正面效应增加的速度,集群的发展速度减慢,当负面效应与正面效应相等时,集聚效应为零,集群的发展达到其最大容量的极值点(图 6-6 所示的 D 点)。当集群规模超过了极值点时,其各种潜在的问题就会暴露出来,聚集效应和协同效应就会大幅度递减,如果产业集群规模过大,会造成集群内部的恶性竞争,或者超过环境与经济承载力及市场负荷,甚至会产生负效应,导致集群的急剧衰退。

从技术进步和产业更替的角度看,技术进步则使市场需求结构发生了变化,技术进步形成的新兴产业 Y 与现有核心产业 X 间存在着市场容量的竞争。两者的变化关系可以通过竞争模型来分析。设 X 和 Y 分别为集群核心产业和新兴产业的规模(产量),K 为市场容量(总需求),R_X 和 R_Y 分别为两者的增长速度系数,则有以下共存竞争方程:

$$\begin{cases} \dfrac{dX}{dt} = R_x X\left(1 - \dfrac{1}{K_X}X + \gamma_{XY}\dfrac{1}{K_Y}Y\right) \\ \dfrac{dY}{dt} = R_x Y\left(1 - \dfrac{1}{K_Y}Y + \gamma_{YX}\dfrac{1}{K_Y}X\right) \end{cases} \tag{6.21}$$

其中 K_X 和 K_Y 分别为在一定市场容量下,产业 X 和产业 Y 的最大可能发展规模,γ_{XY} 和 γ_{YX} 是双方共存于同一市场内的相互影响系数,在定态条件下求解上述方程,可得到三个非空平衡解:

$$\begin{cases} E_1(X,Y) = \{K_X, 0\} \\ E_2(X,Y) = \{K_X(1+\gamma_{XY})/(1-\gamma_{XY}\gamma_{YX}), K_Y(1+\gamma_{YX})/(1-\gamma_{YX}\gamma_{XY})\} \\ E_3(X,Y) = \{0, K_Y\} \end{cases} \tag{6.22}$$

其中 E_1 反映的是新产业还没有出现时的情况。E_2 反映的是新产业出现后与原产业竞争的情况。由于新兴产业满足了市场的最新需求,因此新产业 Y 对原产业 X 的市场需求影响较大,即 $\gamma_{XY} > \gamma_{YX} > 0$。若 $1 > \gamma_{XY} > \gamma_{YX} > 0$,一般情况下有 $K_X = K_Y = K$,则市场竞争的结果是 $X < Y$,即新兴产业的出现导致原有核心产业市场容量减少,使集群原有产业出现衰退。若 $\gamma_{XY} > 1$,$\gamma_{YX} < 1$,市场需求竞争的结果则由 E_3 来反映,即当 $t \to \infty$ 时,有 $X \to 0$,$Y \to K$,这表明当兴新产业对原有产业的替代弹性较大时($\gamma_{XY} > 1$),通过市场竞争,兴新产业将完全取代原有产业,使集群原有的核心产业消亡。

产业集群衰退的一个重要原因是,各种内在和外界因素使集群原有核心产业的技术创新能力不断减弱和退化,从而导致了集群创新优势丧失。如果此时产业集群不能够在竞争压力和协同作用的推动下实现产业的演替和创新的升级,则可能急剧衰退甚至走向消亡(如图 6-6 中的 DE′段虚线所示)。这样的情况在世界产业发展史上时有发生,有许多原来十分发达的产业集群,如今已经走向衰落,有的甚至已经消亡。曾经著名的美国底特律汽车集群,由于未能经受住全球汽车工业危机的冲击,现已衰败破产消亡;美国"128 公路"的电子产业集群,也逐渐失去了创新活力,成为衰落集群的代名词[165];西欧的很多钢铁、煤炭、造船、纺织等集群,也变成日渐萎靡的"老工业区"。这类现象在我国也并不鲜见,如东北三省原有的许多重工装备制造集群,早已成为我国的"老工业区";西南三线的军工产业集群也都出现了类似的问题;浙江、湖南等地的一些小企业集群也陷入了发展困境;珠三角地区的一些产业集群近些年来也显现出了衰落的态势。

6.2.3.2 创新集群是产业集群摆脱发展困境的有效途径

产业集群有自己的生命周期,其发展演化是一个复杂的非线性过程。有些集群能够在较长时间内保持创新活力,维持集群繁荣;而有些集群在发展到一定时间后则会出现创新能力下降,技术低端锁定、生产效率不足、市场竞争乏力,以及资源枯竭、环境污染、生态恶化等方面的问题,面临集群衰退的发展困境和集群消亡的发展风险。要解决产业集群进入衰退期后面临的发展困境,最根本出路就是通过提升集群创新能力,实现集群产业的更替和组织形态的升级。特别是许多传统产业集群,在经过一段时间的快速增长之后,其建立在以低成本、细分工为支撑的规模化生产能力之上的竞争优势已逐渐弱化和丧失。如何以创新为导向,创造高附加值下的高层次可持续竞争优势,实现组织形态的升级是这些集群面临的现实问题。

集群组织形态升级是指处于特定演化阶段的集群,通过转变其现有的组织方式和行为模式,形成新的更为高效有序的组织形态,以获取和提升集群创新能力,从而保持集群持续竞争优势的主动行为。产业集群的升级通常都是沿着产业技术层次和价值链增值等级来进行的,即从传统产业集群向高新技术产业集群演进,或从价值链增值的低端向价值链增值的高端升级。集群升级的主要标志包括:①产业集群内企业的生产效率和效益及整个集群的生产总值都有大幅度提高;②产业集群及其群内企业的经营方式实现了由粗放型向集约型的根本性转变;③产业集群融入全球价值体系,在全球价值链上获取附加值的能力得到提升;④在产业集群内部形成了系统的集群创新网络,集群创新能力得到大幅度提升。

传统产业集群出现衰退的一个最根本原因就在于集群内部失去了自主创新的动力和持续创新的能力。由于在传统产业集群内部只形成了完整的产业网络(包括生产网络和交易网络),而没有真正形成完整的创新网络,缺乏激励创新的氛围和环境,制约着集群创新能力的提升。产业集群的升级问题,归根结底是集群创新机制的建立和集群创新能力的提升问题,集中反映在创新网络的形成及其功能的有效发挥上。集群创新网络虽然都是与产业集群相伴而生，但并不是所有产业集群里的创新网络都必然能够发育成熟并产生强大创新功能的，只有通过外部他组织体制正确的引导和培育，内部自组织机制的作用和协同，才能使产业集群内部的创新网络不断成长，创新功能不断强大，创新能力不断提升，才能真正使之发育成熟，成为产业集群升级的根本动力源。

集群创新网络[166]在产业集群升级中起着至关重要的作用，集群创新网络是指集群内各类行为主体（各类企业、科研机构、高等院校、中介机构、地方政府等）在交互作用与协同创新过程中，通过自组织机制作用建立和形成的，彼此相对稳定、能有效促进创新的各种正式和非正式关系网的总和。正式关系网是行为主体在创新活动和价值创造过程中与其他行为主体结成的长期稳定的联系，通常以客观存在的形式表现出来，主要传递和扩散的是符号编码化知识。非正式关系网络则包括基于共同文化背景的社会网络，以及网络成员在非市场交易活动中建立的人际关系，这种网络能更有效地传递和扩散隐含经验类知识。集群创新网络将创新从线性模式转化为网络模式，大大提升了集群创新能力，从而不断推动集群的工艺升级、流程升级、产品升级、功能升级、链条升级甚至是跨业升级。

从传统产业集群向现代创新集群发展和升级，是产业集群摆脱发展困境的一条最佳途径。创新集群除了具有完整成熟的集群产业网络（生产网络和交易网络）外，更主要的是还具有完整成熟的集群创新网络。集群创新网络作为推动产业集群组织形态向创新集群组织形态演进的基础，是促进产业集群升级的关键。创新集群作为产业网络与创新网络的高度融合体，表现为产业发展与创新过程之间的创新关系，是围绕技术创新和技术商业化而形成的一种组织联系。创新集群是技术创新在特定产业集群内富集形成的，自组织机制在其中发挥着重要的作用。当传统产业集群出现产能过剩和过度竞争时，就会面临"低端锁定"问题，要解决这一问题的唯一办法就是要充分调动集群的自组织机制，引导技术创新聚集，培育创新集群，借助技术创新推动，使产业集群向高度集约化、高附加值化的组织模式发展和升级，以取得绝对竞争优势。

6.2.3.3 传统产业集群向现代创新集群的演进升级

要使产业集群能顺利地由传统集群向创新集群演进升级，就必须采取各种有效措施，充分调动集群的自组织机制，引导各类创新要素聚集，形成创新协同网络，实现创新网络与产业网络的有机耦合。当产业集群的发展进入增长极限区时（如图（6－6）所示的CD段），如果能够采取有效的措施，适时地控制集群的外部条件和内部环境，让控制参量向临界点靠近（$R \to R_c$），使集群序参量 Y 向新的有序度跃迁,则有可能将集群系统带入另一个新的更加有序的状态,形成更为高效、更具创新力的自组织有序结构——创新集群(如图(6-6)所示的DE和EF段),使产业集群焕发出新的生机和活力。产业集群由传统集群向创新集群的有序化演进升级过程,可借助于协同学分析方法导出。

在开发的条件下,集群系统的外部环境和内部因素是不断变化的,产业集群的演化也会受到各种扰动和涨落的影响,如果考虑到各种随机涨落因素,集群系统的序参量演化方程(6.20)就变为:

$$\frac{dY}{dt} = -\gamma_1 Y + g_1(Y, h_2(Y), h_3(Y), \cdots, h_n(Y)) + \Im(t) = G(Y) + \Im(t) \tag{6.23}$$

其中$G(Y)$是序参量Y的非线性函数,$\Im(t)$是包含了各种扰动和涨落因素的随机力。该随机微分方程表明,产业集群系统将在序参量的主导下和随机力的影响下发展演化。序参量Y作为产业集群内的主导产业,可以是标量,也可以是矢量。如果Y是标量,则表明集群内只有一个主导产业在起作用;如果Y是一个m维矢量(即$\vec{Y} = Y_1, Y_2, \cdots, Y_m$),则表明集群内有$m$个主导产业在同时发挥作用。

按照协同学视角,可将系统序参量演化的随机微分方程方程(6.23)式看作是一个非线性阻尼振子的随机运动方程[167]。其中$\Im(t)$是随机驱动力,$G(Y)$是阻尼回复力。这时存在着一个回复力势$V(Y)$(也称广义势和演化势)与$G(Y)$相对应,两者之间满足下述关系:

$$G(Y) = -\frac{\partial}{\partial Y}V(Y) \tag{6.24}$$

这时集群系统的序参量演化方程(2.23)式变为:

$$\frac{dY}{dt} = -\frac{\partial}{\partial Y}V(Y) + \Im(t) \tag{6.25}$$

此时集群系统的进一步发展和变化将在演化势$V(Y)$的引导下,在随机微扰和涨落力$\Im(t)$的驱动下进行。根据非线性随机动力学理论,可以通过求解与(6.25)式相对应的福克-普朗克方程:

$$\frac{dP(Y)}{dt} = \frac{d}{dY}\left(\frac{\partial V(Y)}{\partial Y}P(Y) + \frac{1}{2}Q\frac{dP(Y)}{dY}\right) \tag{6.26}$$

由此,得到状态变量$Y(t)$(序参量)的概率分布$P(Y)$表达式[158]:

$$P(Y) = N\exp\left(-\frac{-2V(Y)}{Q}\right) \tag{6.27}$$

这表明集群主导产业Y的状态分布$P(Y)$与势函数$V(Y)$有关,即主导产业处于某个状态点概率的大小取决于该点在势曲线 $V(Y)$ 上位置的高低，位置越高概率越小，位置越低概率越大。因此，演化势 $V(Y)$ 的形状及其引导趋势将最终决定该产业集群是向更高层次升级演进还是衰退萎缩，或者是维持现状。

为了更清晰地揭示演化势 $V(Y)$ 曲线在临界点附近的形状及变化情况，不失一般性，可将(6.23)式中的 $G(Y)$ 在非平衡定态临界点 Y_{20} 附近进行泰勒级数展开，在注意到(6.24)式后可得[93]：

$$V(Y)=-\frac{1}{2}\alpha_1\gamma^2-\frac{1}{3}\alpha_2Y^3-\frac{1}{4}\alpha_3Y^4=\beta_1Y^2+\beta_2Y^3+\beta_3Y^4 \tag{6.28}$$

其中 $\beta_2>0,\beta_3>0$ 是与集群产业生态位有关的系数，β_1 则是一个与控制参量 R 有关的函数：

$$\beta_1(R)=C(R_C-R) \tag{6.29}$$

这里 C 是一个常数，R_c 是控制参量 R 的一个临界值（与图 6－6 中的 D 点相对应）。对(6.27)和(6.28)式进行计算机模拟后，可分别做出 R 在 R_c 附近变化时 $V(Y)$ 和 $P(Y)$ 随的变化曲线，如图 6－7 所示。

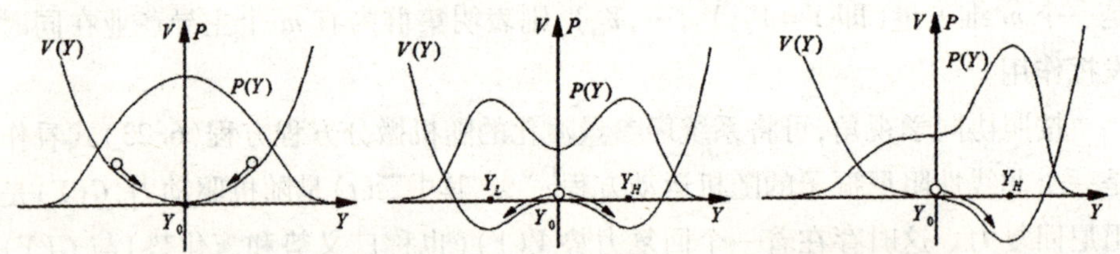

(a)当 $R<R_c$ 时的情况　(b)当 $R>R_c$ 时的情况　(c)调整参数 β_2,β_3 后可得

图 6－7　集群主导产业的演化势 $V(Y)$ 及其概率分布 $P(Y)$ 曲线

在图 6－7 中，图(a)反映的是集群系统在临界点以前($R<R_c$)的情况，此时集群系统的所处状态是稳定的，随机涨落和扰动所造成的偏离，系统会自动恢复。图(b)点则反映了集群系统在临界点以后($R>R_c$)的情况，这时集群系统的所处原状态失去了稳定性，内部涨落和外界扰动会使集群向更稳定状态（图中所示的 Y_L 或 Y_H 点）滑动或跃迁。此时的集群系统有两种变化的可能，要么衰退到 Y_L 点所示的序度较低状态，要么升级到 Y_H 点所示的序度较高状态。即在临界点以后系统的稳定状态出现了分支，集群的演化出现了随机性。对此，可在临界点 $R=R_c$ 附近作 $Y-R$ 曲线，如图 6－8(a)所示，该分叉曲线反映了图 6－6 中分支点 D 点附近系统状态变化（放大）的可能情况。同理，针对图 6－6 中 B 点附近的系统状态变化情况，也可以用同样的方法作出 $X-R$ 曲线，如图 6－8(b)所示。

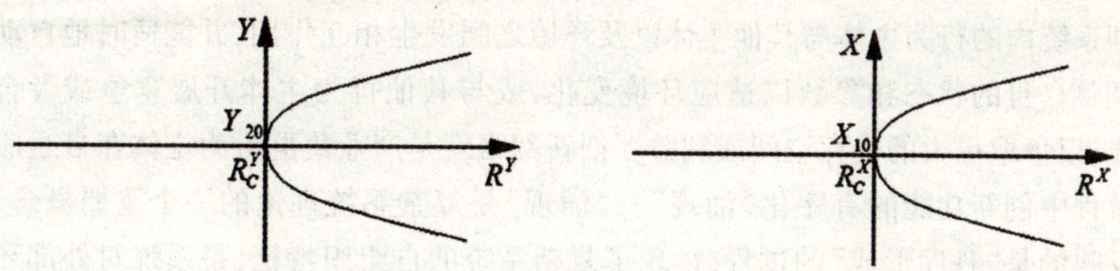

(a)分支点D附近的状态变化情况 (b)分支点B附近的状态变化情况

图6-8 临界点附近的R-Y和R-X曲线

进一步深入研究的结果表明,在特定区域内的 $V(x)$ 形状及其引导趋势与该区域的产业生态位和区域产业场有关,其发展变化趋势直接由区域生态位条件、区域产业场和外控参量等因素决定。在产业集群发展趋近于临界点时,如果能够采取有效手段,调整控制区域产业场,优化产业生态位条件,调动集群自组织机制,则可能出现图6-7(c)所示的演化情况,即在随机涨落力的驱动下,集群系统将自发地向另一个更有序的稳定结构和状态迁移,实现集群系统功能有序化的演进,从而保证了传统产业集群向现代创新集群的升级。

6.3 创新集群的发展与循环集群的形成

创新网络的出现和完善,推动了集群的功能有序化过程,使产业集群向创新集群升级。创新集群不仅能够有效克服技术低端锁定、生产效率不足、市场竞争乏力等问题,摆脱衰退消亡风险,而且为集群的持续竞争优势开拓了新一轮的发展空间,同时也为循环集群的形成奠定了物质、技术、人才、资金等方面的基础。循环集群是在创新集群基础上经过生态有序化过程实现的。

6.3.1 创新集群的形成条件及运行机制

创新集群作为具有强大创新功能的新型产业集群,是在系统自组织机制作用下形成的创新网络与产业网络的有机融合体,是在产业集群基础上经过创新功能的有序化过程形成的。作为具有创新功能的产业系统,创新集群的形成需要一定的系统性条件。创新集群的特殊结构及其协同创新机制,强化了集群的创新功能及效率,从而保持了持续不断的创新动力和竞争优势。

6.3.1.1 创新集群形成及运行所需的系统性条件

创新集群作为特殊的集群产业系统,具有典型的复杂适应系统特征[168]。

即系统内的行为主体与其他主体以及环境之间发生相互作用,并能适时地自动调整自身的状态和参数以适应环境变化,或与其他行为主体开展竞争或者合作,以争取更大的生存空间或利益。创新网络就是产业集群行为主体在自适应过程中创新功能的有序化"涌现"。"涌现"是复杂系统理论的一个重要概念,反映的是"秩序形成"的过程,体现了复杂系统的自组织特征,是系统对外部环境做出的适应性反应。涌现产生出的新的活动形式和外部规则,会对系统内部产生反作用,促进系统原规则的调整和新规则的形成,在系统整体上呈现出单个个体不具有的行为模式[169]。创新集群就是产业集群的自组织涌现,它的形成需要开放性、非线性、临界性、涨落性等系统性条件。

(1)开放性与非平衡条件。开放性作为创新集群形成的前提条件,反映了集群系统与外部环境进行物质、能量、信息、资金等交换的属性。要保持集群创新的活力,就要不断更新内部知识等资源基础,及时从外部引入新的信息和技术,保持对新进入者的开放和对新信息(包括新技术、需求变动等)的敏感,不断强化集群的学习能力和持续调整。非平衡是创新网络实现的基础条件,反映了集群系统内部差异性、多样性和非均匀的特点。集群行为主体(创新单元)之间存在着复杂的竞合关系,只有按照市场规律积极开展竞争与合作,使集群系统处于差异化竞争的非平衡状态,才能出现集群创新的协同效应,形成集群创新网络。因此,只有在集群内营造出适合创新的竞合氛围,激励竞争,鼓励合作,形成非平衡的动态稳定的竞合关系,集群协同创新才会发生自组织涌现。

(2)非线性与相干性条件。非线性是创新集群形成的关键条件,反映的是集群内各行为主体之间以及诸要素间相互作用的非线性关系。集群内各主体各要素之间通过密切关联、功能耦合、多重反馈和循环催化形成的非线性相互关系,是集群系统能够产生自组织的关键因素,创新网络的形成有赖于具有研发能力和核心专长的互补性相关企业存在,以及它们之间的非线性相互作用。相干性是创新集群形成的必要条件,反映的是集群内部非线性相互作用形成的相干效应。相干效应可以使过程的结果反过来作用于过程的原因和过程本身,负相干效应对集群系统具有负反馈自减弱作用,能遏制系统变化,维持系统稳定;正相干效应对集群系统具有正反馈自增强作用,能放大系统变化,导致系统失稳,寻求新的稳定态。集群创新的非线性正相干效应是通过激励创新的正反馈机制实现的。这种正反馈作用能够放大各类创新活动,形成新的稳定有序的集群创新结构。

(3)临界性与可控性条件。临界性是创新集群形成的状态条件,反映的是集群系统处于一个远离平衡的非平衡定态失稳点的临界状态。所有的集群系统都处于一定的外部环境中,并受到一定外场(或称外控制参量)的作用。只有当外部条件的变化使外场达到某一个临界阈值时,集群内各创新主体之间的竞争与合作会突然出现极强的非线性相干效应,系统原来的状态失去稳定,整个系统跟随序参量一道协同运动,向新的稳定有序的集群创新状态跃迁。可控性是创新集群形成的保证条件,反映的是传统集群必然向创新集群演进的可控制性。从上一节的研究分析中我们可以得出,当集群发展到临界状态时,会面临两种可能的序度状态变化,要么低度化衰退,要么高度化兴进。因此,对于集群创新的有序化演进必须满足可控制条件,只有在临界点附近采取有效手段和适当的制度安排,营造相应的内外部环境,在控制参量达到临界点时,使系统处于图6-7(c)所示的状态,才能保证传统集群向创新集群的升级。

(4)涨落性与驱动性条件。涨落性是创新集群形成的背景条件,反映的是集群系统所处背景状态在外界扰动和内部波动的随机性。集群系统中的涨落和微扰总是存在的,它会不断导致集群系统偏离原状态。在未到达临界点前,集群系统在负相干机制的作用下保持稳定,各种涨落不断被遏制,不能打破系统的原秩序;当已达到临界点后,相干机制由负转正,系统的原状态失稳,各种涨落在正相干作用下被不断放大,使原结构模式无法维持。驱动性是创新集群形成的动力条件,反映的是集群系统从原稳定态向新稳定态跃迁所需的驱动力。当系统处于临界失稳状态时,涨落作为序化演进的诱因起着积极的建设性作用,政策、市场、技术、人才和资金等因素引起的涨落(如新思想、新技术、新市场、新举措的闪现等),就成了集群系统有序化演进触发器和动力源,涨落给集群企业带来的利益驱动,是推动产业集群形成自组织机制的原动力。

6.3.1.2　创新集群的网络结构与功能特征

创新集群内具有成熟发达的产业网络(包括生产网络和交易网络),也具有健全高效的创新网络(包括知识网络和技术网络),是产业网络与创新网络的有机融合体。创新经济在创新集群中占有很大比重,所谓创新经济是由创造力主宰,创新力推动,通过新创意、新构想、新思维、新方式和创新行动来实现的新经济。创新集群的构成要素是多元的,从事创新活动的参与者也是多元的,创新集群的内部结构主要是创新活动参与者之间的战略联盟和合作关系;创新集群的外部功能是一种通过自主创新,形成具有竞争优势的产业集群。在创新集群中,承担知识创新、传递和应用的企业、研究机构和大学等,是学习型组织。企业是创新活动的主要参与者,也是创新成本的最大支付者和创新收益的最大获得者。创新集群具有要素层次网络结构、多重网链嵌套融合、网络结点动态活性、集群网络协同创新等方面的特征。

(1)要素层次网络结构特征。创新集群的构成要素包括主体要素、辅助要素和外围要素三个层次。①主体要素构成了创新集群的主体网络。包括:由供应商、产品竞争或互补企业、产品客户企业、其他相关企业等联结成的产业主体网;由创新型企业、高等院校、科研院所、实验中心、其他知识密集型机构等联结成的创新主体网。②辅助要素构成了创新集群的辅助网络。包括:由交通运输、信息通信、水电气路等构成的硬件基础网;由人力资源、信息服务、技术培训、金融信贷等机构构成的公共服务网;由中介组织、行业协会、企业商会等构成的集群代理网。③外围要素构成了创新集群的外围网络。包括:由政府有关部门的财税制度、金融政策、产业创新、技术交易及其他法规等构成的正式规制网;由社会文化、伦理道德、价值规范、人际关系等构成的非正式制度网;由外部资源供应商、产品需求商等联结构的成外部市场关系网。

(2)多重网链嵌套融合特征。在创新集群的主体网络中,产业网络(包括生产网络和交易网络)主要是由产业价值链的联接编织而成的,价值链上的主体以价值链为纽带追求价值增值,即通过合作生产和经营来获得价值的增值;创新网络主要是由产业知识链的联接编织而成的,知识链上的主体是以知识链为纽带追求价值创造,即通过合作创新和研发来获得价值的增值。通过价值链和知识链战略联盟或共生合作,使产业网络与创新网络形成深度嵌套与融合,实现了价值创造与价值增值的有机统一。嵌套与融合是通过企业间的相互作用和互动联系来实现的,其互动形式表现为垂直互动和水平互动,具体的互动关系表现为合作与竞争。同时,在供需关系的相互渗透下,辅助网和外围网也与主体网形成了嵌套融合,辅助网直接为主体网提供所需的资源和基础设施,外围网通过间接作用影响着主体网的行为和相互联结方式。

(3)网络结点动态灵活特征。创新集群作为一个复杂的创新经济系统,具有复杂适应系统的活性动态网络特征,集群行为主体是一群按照一定的行为规则连接的具有能动性的互动主体群。集群网络由若干网络结点联结而成,这些结点是活性的智能体,其间的链接可以是有形的,也可以是无形的,既有静态的也有动态的,呈现出活性结点的网络动态性。在创新网络中,网络成员和创新主体通过自我链接从事复杂性创新,网络结点之间既存在着静态的正式交流也存在着动态的非正式交流,而且这种动态的非正式交流是网络创新的主要源泉。每个活性结点具有自主决策权,对于流经结点的任何信息都具有加工处理能力,由于活性智能结点间的非线性相互作用,涌现出高效的自组织状态。由活性智能结点组成的创新网络对外界具有高度的应变能力、学习能力和适应性。

(4)集群网络协同创新特征。创新集群的核心功能就是价值创造与知识创新,即通过整合群内各要素(智能结点和活性结点)的集体智慧,促进知识在集群内的创造、更新、储存、转移和应用,通过网络协同创新提高集群的创新产出。创新网络使群内企业、供应商、顾客及其他机构的创新形成互动和互补,给予企业广泛尝试的机会,强化了集体学习、增加了创新积累、实现了创新资源的共享、降低了创新的成本与风险、激发了企业协同创新的活力。创新网络内各要素之间非线性相互作用形成的竞争互动,互利共生,及其自组织、自适应功能,使集群创新网络在面对复杂的市场变化时,能利用网络协作优势,实现复杂技术的创新,持续不断的创新动力和创新产品,使创新集群能保持强劲持久的竞争优势,同时也为循环集群的形成储备了必要的创新资源和技术支撑。

6.3.1.3 创新集群中创新优势的形成机制

创新集群是集群发展的高级阶段,是由各类企业、研究机构、高等院校、中介服务、风险投资、政府部门等众多机构和组织,在价值和知识的共享、转移、学习、沟通、合作等传导机制作用下,通过价值链和知识链的连接与耦合形成的具有强大创新功能和创新效率的产业组织形式。其中创新网络的构成要素主要包括组成网络的结点、连接结点的关系链条、网络中流动的生产要素和信息等。主要结点包括各类企业(既有垂直联系的上下游企业和水平联系又有既竞争又合作的同类型企业)、大学或研发机构、政府等公共组织、中介服务机构等。关系链条将各个结点联系起来,在结点之间形成物质流、资金流、知识流、信息流、技术流等,在各类关系链条的交叉耦合下,构成完整的创新网络。在创新集群中,多主体和多要素共同参与创新活动的创新优势主要通过以下机制来实现。

(1)创新集群的组织学习机制。组织学习是获得和放大知识资源及提高创新能力的保障,集群创新能力的提高,依赖于创新网络中的企业主体的不断学习,学习动力来自于企业的竞争压力;学习目的是从外部获取各种有用的经验和知识并转化为自己的竞争优势;学习源泉是各网络主体和集群外部;学习内容包括研发、生产、营销等各个环节的知识和技术。各创新主体间各种正式或非正式的联系促进了学习信息的扩散,许多复杂隐性知识,不能单纯通过市场途径和正式网络获得,而创新集群内部大量的非正式网络,正是传播和交流这类复杂隐性知识的有效途径。企业通过各种网络来分享其他企业成功或失败的经验,在与其他企业的比较中了解到差距,并对集群共有知识进行吸收和萃取,通过对萃取知识的存储、积累、选择、重整、加工、利用,使集群企业的知识存量得以增加、技术基础得以更新、吸收能力得以强化,创新能力得以提升。

(2)创新网络的知识共享机制。知识共享是指通过个体之间彼此相互交流,知识由某个体的经验扩散到整个组织的层面,使个体组织的知识扩散为网络知识的过程。创新集群内企业间的知识共享是涉及企业与非企业的多主体活动,多主体多渠道的非线性复杂交往,产生了知识和技术在集群内的扩散、转移、溢出效应,特别是其非正式网络对隐性知识的传播,为集群知识的共享创造了有力条件。在创新网络中,创新行为个体的知识通过共享系统扩充到创新网络知识库中,网络知识库通过一定的共享机制面向每个创新行为个体。每个行为个体可以通过查询网络知识库获得解决问题的方法和工具,每个行为个体好的方法和工具也通过反馈系统可以扩散到网络知识库里,让更多的行为个体来使用,从而极大地丰富了创新行为个体的知识,也提高了整个创新集群的创新能力和效率。

(3)创新资源的优化配置机制。创新资源指的是直接参与创新活动并对创新成果的形成起决定作用的人力、物力、财力、信息、技术的各类物质和非物质资源。创新集群汇聚了各类多主体的创新资源和要素,包括硬件设施和管理机构、信息和知识共享结构、协调机制为核心的制度性安排等。创新网络的资源具有可选择性、可流动性和非独占性,其创新过程是一个具有复杂反馈机制的,在科学、技术、学习、生产、政策、需求等诸要素之间形成复杂相互作用的过程。创新网络能够通过政府规划和市场机制,有效地集中组织创新资源,有效地协调各创新主体间的相互关系,通过对各类知识的吸纳和与创新需求者(企业等)的对接,完成创新资源在各行为主体间的分配与组合,实现对创新资源的优化配置,从而提高了集群创新资源的配置效率和创新绩效。

(4)创新过程的协同合作机制。集群创新过程是在多个创新主体和创新要素的共同努力和协同合作下进行和完成的,在产业价值链和产业知识链上,各企业与组织之间通过协同合作关系形成知识的互动与扩散,在创新共生的信任合作基础上,形成价值联盟的协同氛围,通过知识(思想、专业技能、技术)分享,形成创新过程的协同合作。创新网络中创新过程的协同合作机制是建立在集群网络特有的资源共享、资本融合、联合攻关、成果分享、效益分配、风险分担等方面优势的基础之上的。集群企业间为解决集群的技术外部性、分担研究开发成本和风险、获得合作伙伴的隐性知识、提升自己的创新能力和效率、获得更大的市场空间等选择协同合作。协同合作创新机制强化了知识链与价值链,创新网络与产业网络的深度耦合,增加了网络创新资源交流程度,提升了创新密度、创新规模、创新强度和创新速度,从而提高了集群创新绩效。

6.3.2 创新集群为循环集群的形成奠定了基础

创新网络的出现和创新集群的形成，为产业集群提供了持续不断的创新动力和竞争优势，也为集群的进一步发展和循环集群的形成奠定了必要的物质和技术基础。除了必要的产业环境、创新能力和聚集优势外，最突出的还体现在为循环集群奠定了重要的人才基础、技术基础、资金基础等。

6.3.2.1 创新集群为循环集群奠定了人才基础

在任何一个产业系统中，人力资源都是第一资源，人才是人力资源中的先进部分。作为科学技术的创造者、拥有者和传播者，科技人才是科学技术的主要载体。对循环产业集群来说，人才显得比资金更为重要。在创新集群的形成和发展过程中，必然伴随着各类创新人才的集聚。创新网络中的信息流动，为人才之间知识和技能的交流创造了一个相互作用的环境，并形成知识累积效应。作为知识创新和技术应用的重要载体，科技人才与创新网络内的其他资源的协同，对于知识生产的过程有着举足轻重的影响。集群创新网络不仅为循环产业集群的形成聚集了大量的科技创新和研发人员，也为低碳技术、绿色技术、循环技术、资源综合利用技术、废弃物无害化处理技术、清洁生产技术、多级复用技术等循环网络各关键环节的工艺和技术的开发应用和攻关创新奠定了重要的人才基础。

（1）创新集群中的创新网络有利于各类创新人才的聚集。集群协同创新网络对各类创新人才会产生聚集效应，是聚集各类科技人才的有效平台。主要表现在：①形成了良好的集群创新环境。创新网络为企业提供了人才、信息、研发、技术、咨询、培训等方面的服务和支撑，实现了知识、信息、技术、资源等从创新网络向产业网络的流动和传递，为人才的聚集营造了良好的集群创新环境。②促进了产业创新人才的聚集。随着创新网络中的研发机构、中介机构、金融机构、风投机构的不断发展和完善，网络结点不断丰富，网络创新趋于频繁，带动了相近或辅助产业的不断发展，从而吸引大批相关产业创新人才的集聚。③降低了集群的人才流动成本。创新网络的组织间联系与中介机构的不断完善，为人才流动提供了方便途径和条件，降低了人才流动的成本，减少了人才的“摩擦性失业”，更容易形成各类人才的集中。

（2）创新集群内高校及科研机构成为高端人才的聚集地。产业高端人才主要包括能熟练掌握某种重要技术的技能人才、具有丰富实践经验的研发技术人才、创新创业人才和高端领军人才等。高等院校和科研院所都是高端人才的聚集地，创新集群中的高校和研发机构对高端人才的吸引和聚集作用更为显著。

例如硅谷的发展,区域内的大学(如斯坦福大学、加大伯克利分校、圣克拉拉大学等)和科研院所中众多智力人才的支撑作用不可估量。具有关资料统计,相关行业的诺贝尔奖获得者有近1/4聚集在硅谷工作,硅谷地区的博士就占到了整个加州的近1/5。同样,在我国的中关村及附近高校和科研院所也聚集了大量的高端人才。创新集群中的企业迫切需要大量的新技术和新工艺为自己的设备产品更新换代;大学和科研机构能够适时地为企业提供技术创新成果和高端技术人才,并希望成果能产生经济效益。由此形成了需求、成果与高端人才的良性互动,从而引起高端人才聚集。

(3)创新集群内的环境氛围吸引着各类创新人才的聚集。主要表现在:①具有良好的创新基础和大量的创新机遇。集群创新网络为企业和创新者提供了良好的创新基础,网络中的高等院校和科研机构的知识发展为集群企业创造了大量新的技术储备和创新机遇,从而吸引各类创新人才聚集。②具有尊重人才激励创新的创新文化氛围。在集群创新机制的持续作用和集群创新文化的不断熏陶下,会出现尊重劳动、尊重知识、尊重人才、尊重创造的良好创新氛围,形成创新智慧竞相迸发、创新人才大量涌现的生动局面。③具有优势互补相互信任的合作创新环境。集群内各创新主体通过资源共享、优势互补、共同投入、风险共担的合作创新,是基于相互了解、彼此信任的社会关系和人际纽带,这使的集群创新更方便更快捷,成本更小风险更低,从而吸引更多创新人才的不断加入。

(4)创新集群为循环集群奠定了研发和管理的人才基础。创新网络聚集了大量的各类专业技术和运营管理人才,为循环产业集群所需的大量技术研发人员和运行管理人才奠定了基础。研发和管理人才作为人力资源中素质层次较高的那一部分,是循环集群高效稳定运行所需的最重要最关键的资源要素。创新集群通过人力资源共享,将人力资源在价值链的各个环节进行优化配置和协调,使人力资源要素能够形成合理流动和最优组合,尽量配置到最能产生经济效益的经济活动中。创新集群中产业网络和创新网络的耦合,不同网络结点上聚集的大量同类企业间的竞争与合作,迫使每个管理者和技术人员都必须不断提高管理和研发水平;不同网链结点上人才的不断交流和流动,是各类企业人才拓宽了知识范围,提高了业务素质,从而为循环集群奠定了良好的研发和管理人才基础。

6.3.2.2 创新集群为循环集群奠定了技术基础

创新集群中集群创新网络强大的技术创新能力和工艺研发效率,为循环集群的形成发展和有效运行奠定了坚实的技术基础和工艺基础。随着经济一体化和新技术革命的快速推进，经济全球化和信息化已经成为发展的重要推动力，创新和学习成为维持竞争力的主要机制。创新网络中各类人才的集聚交流与互动，有效地促进了知识、信息、技术的扩散，使渐进性技术创新成果不断产生；大学与研究机构作为知识与技术的源头，不断创造出新知识与新技术；政府对共同技术研究的支持、中介机构及时传递科技信息、金融机构的风险参与等，极大地促进了创新集群研发能力的提升和研发效率的提高。创新网络中多学科和多技术领域的合作创新与联合攻关，能有效突破循环生态技术的多学科复杂瓶颈，形成突破性技术创新成果，为循环集群的高校运行提供所需的技术和工艺支撑。

(1)创新集群具有强大的技术创新和工艺研发能力。创新集群中的集群创新网络能够在广大的范围内获取创新信息，吸引创新人才，整合创新要素，提升创新技术，形成了强大研发创新能力。①创新网络的技术溢出效应能增强企业的自我研发能力。当某种新技术或新工艺在集群内出现时，就会在溢出效应的作用下迅速扩散，使企业能很快掌握和运用这项技术，提升了企业的工艺水平和研发能力。②创新网络中行为主体的联结有利于提升企业的研发创新能力。企业与大学和科研院所的联结有利于获得技术资源；企业与政府的联结有利于企业更好的利用政府政策；企业与资本市场的联结为企业技术创新提供了资金支持。③创新网络对外部新技术具有"粘合作用"。创新网络所形成的块状经济，不仅为技术和信息的快速传播提供了良好的平台，也对外部的工艺和技术具有吸引作用，能吸引其他先进技术的进入，并使之"粘附"在网络中。

(2)创新集群具有较高的技术创新和工艺研发效率。集群创新网络中各类技术知识信息的长期积累、高度集中和快速流动，以及专业创新主体间的紧密合作与协同创新，对循环集群所需的各种技术和工艺具有较高的研发创新效率。①创新网络拥有大量的创新经验和技术储备。技术知识和能力具有累积惯性，创新网络对人才、技术、知识、信息的吸引和集中，以及相应的流动和积累，形成了大量的创新经验和技术储备，有利于提升研发创新速度。②创新网络能有效融合多领域的技术工艺。集群协同研发能直接将其他产业与本产业的技术融合，或直接将上游技术工艺和下游技术工艺结合，从而使得其对技术、工艺、产品的创新更快、更多、更好。③创新网络具有促进效率的竞争淘汰机制。创新网络中专业人才和各类技术的聚集往往伴随着激烈的技术竞争，通过优胜劣汰机制，将那些低效的技术淘汰，留下的都是高效率的技术，从而不断提高集群创新效率。

(3)创新集群可为循环集群提供绿色低碳技术支撑。绿色技术和低碳技术是循环集群能够清洁高效运行所必需的技术,创新集群的强大技术创新能力有力地支撑了循环集群的技术需求。在低碳经济背景和环境倒逼机制下,集群企业会通过创新网络积极开展绿色低碳技术的研究,这为循环集群的形成奠定了技术上的储备。绿色技术包括:绿色清洁的能源技术、材料技术、生物技术、污染治理技术、资源回收技术,以及环境监测技术和从源头、过程加以控制的清洁生产技术等。既包括以减少污染为目的的"浅绿色技术",也包括以处置废物为目的的"深绿色技术"。循环集群所需的低碳技术主要包括:减碳化技术(高能耗、高排放领域的节能减排、高效利用技术等)、无碳化技术(如核能、太阳能、风能、地热能、生物质能技术等)、去碳化技术(如二氧化碳的捕获与埋存技术等)等。

(4)创新集群可为循环集群提供生态循环工艺支撑。生态循环工艺是循环集群能够持续稳定运行所必需的,创新集群强大的工艺研发效率能对循环集群的工艺需求给予有力支撑。在自然资源枯竭的资源倒逼机制下,集群企业也会通过创新网络积极开展生态循环工业的研发,这为循环集群的有效运行奠定了生产工艺基础。在循环集群产业生态网络中的每个产业生态链条,结点企业之间都需要采用特定的生态循环工艺来进行有效链接。循环集群就是一个物质多层次循环利用的生产体系,输入生产系统的物质和能量在第一次使用、生产第一种产品以后,通过生态循环工艺对剩余物进行第二次使用使其成为生产第二种产品的原料,第二次使用的剩余物继续采用循环工艺来生产第三种产品,不断往复循环使用直到全部用完为止或,最后不可避免的剩余物以对生物无毒无害形式排放。

6.3.2.3 创新集群为循环集群奠定了资金基础

资金是产业发展的关键要素之一。作为产业的血液和润滑剂,资金对于产业价值链、产业知识链和产业生态链的形成及高效运行具有不可替代的作用,对于循环集群来说更需要得到充足资金的支持和保证。产业集群除了有一批起主导作用的大型核心企业外,还聚集了大量的中小企业,在传统的产业集群中,由于中小企业自身存在固有的弱点和缺陷(如自身规模、经营风险、融资成本等),加之市场信息不对称、融资渠道较狭窄、信用体系不健全等原因,使得一些中小企业在发展融资方面出现困难,常常陷入融资困境。而创新集群的形成,不仅促进了中小企业的发展,也能有效解决资金难题。随着创新集群中产业网络和创新网络的相互融合与日趋成熟,金融网络也会伴随着生产网络、交易网络、技术网络日趋完善,其形成的良好投资、融资环境和条件,为循环集群的形成奠定了坚实的资金和融资基础。

(1)创新集群为集群企业提供了良好的融资平台。作为的一个重要依托,金融在创新集群中的地位至关重要。随着创新集群中创新网络与产业网络的深度融合,集群企业对金融服务方式的需求更趋多元,对金融服务的便捷性、成本和效率都提出了更高的要求。同时由于集群创新效率和产业效益的不断提升,为金融业的发展创造了更为有利的条件和更大的成长空间,进一步吸引各类金融机构和投资银行向创新集群聚集,各种政策性融资机构、风险投资公司,金融担保公司也会相继建立,金融机构相互间的竞争与合作,促进了集群内金融服务网络的形成和成熟,并与产业网络和创新网络深度融合,从而进一步推动集群创新网络延伸和规模扩张。金融网络的完善和成熟,促进多元化融资的发展,拓宽了企业融资的渠道,形成具有良好信誉的投融资环境,成为高效的产业融资平台。

(2)创新集群能够有效降低银行信贷的交易成本。集群企业的融资成本往往会受到银行或其他金融机构放贷成本的影响,创新集群降低信贷的交易成本主要反映在初始贷款成本、后续服务成本及规模经济成本等方面。①贷前信息收集成本。对于集群企业的信贷,银行只需对根据大数定律,对集群产业进行市场调查,并从中介机构和地方产业规划中获得更多完备的企业信息,从而节省了对大量单个企业的调查分析。②后续监管服务成本。由于贷款企业所处的产业领域相近,银行在贷前和贷后所使用的技术具有同质性,随着贷后银企业务往来的增多,双方更加了解,再次提供服务时了解更多,使后续贷款服务的成本降低。③群贷规模经济成本。在集群内对同一领域的多家企业贷款,银行将从规模经济中受益,从而降低了银行从事信贷业务的交易成本。银行放贷成本的降低,会提升银行的放贷意愿,有利于集群企业获得资金。

(3)创新集群能够大幅度提高集群企业的融资效率。主要表现在以下几个方面:①龙头企业的融资带动。创新集群内的优秀龙头企业或核心主导企业借助于区域品牌优势,比较容易进入资本市场进行直接融资,从而带动关联的中小企业的直接融资。②地方政府的政策扶持。地方政府通常会采用减免税、低贴息、专项补贴等办法,以及设立发展基金、创新基金、风险投资基金等形式来扶持本地创新集群的快速发展。③外商投资的机会增大。由于创新集群营造了良好稳定的投资氛围,特别是关联度高的集群,投资风险小收益较高,使外商看好集群投资前景,增大了外商投资的机会。④网络融合的配置优化。金融网络与产业网络和创新网络的深度融合,企业间资产技术等资金占用与资金形式间互换等新融资方式,实现了存量资产的优化配置。⑤群内企业的互拆互保。在集群企业之间建立相互信任的基础上可以相互拆借、相互提供担保或群体担保,在资金融通上互惠互利,集群内的多种融资方式和渠道,提高了企业的融资速度和效率。

(4)创新集群可以显著减少集群企业的融资风险。主要表现在:①降低了逆向选择风险。集群创新网络给企业创造了很多交流机会,从而产生信息聚集效应,降低了银企之间的信息不对称度,减少了银行为防范信息不对称而做出的事前逆向选择和信贷配给,从而增加了中小企业的融资机会。②降低了企业道德风险。集群企业依赖于密切合作与长期交往,非常看重自身信誉,一旦失信违约就会面临重要资源或客户的流失,付出高昂代价,甚至可能被迫退出集群,因此集群企业守信度较高,从而降低了道德风险。③降低了银行信贷风险。由于政府政策的倾斜,在专业咨询公司、行业协会等辅助性机构的支持下,集群协同竞争效应明显,企业在集群环境中的竞争力不断提升,使企业逃废债务的可能性减少,从而降低了银行等金融机构的信贷风险。

6.3.3 创新集群向循环集群的进一步升级

创新集群的组织开放、组织合作、组织网络为其向循环网络升级创造了必要条件,其提供的人才、技术、资金支持为循环集群网络的形成奠定了基础。然而,要使集群创新网络真正升级演变为高效有序循环产业集群,还必须完善产业网链,实现产业价值链和产业知识链与产业生态链的有机整合。

6.3.3.1 各类集群中起主导作用的不同产业链条

在现实的各类产业集群中,通常都包含有多个不同种类的产业链条,产业链条是各个产业部门之间基于特定的技术经济关联、逻辑顺序关联、时空布局关联形成的链条式关系形态,集群内的所有企业及相关机构都处在各个产业链条中的某一环节上。产业集群就是众多企业和相关机构由各类产业链条联接,通过纵向顺序延伸和横向关联拓展形成的经济活动有序集合体。根据不同的属性,可把种类繁多的各种产业链条划分为产业价值链、产业知识链、产业生态链三大类。在产业集群发展的不同阶段,产业集群呈现出不同的有序度,也表现出不同的主要属性。因此,在集群中起主导作用的产业链条也是不同的。在传统产业集群中的主导产业链条是产业价值链,创新产业集群中的主导产业链条是产业知识链,循环产业集群中的主导产业链条是产业生态链。

(1)产业价值链与传统产业集群。产业价值链是价值流动和价值增值的链条,它是联接相关产品或服务(从原材料的提供到产品的生产,直至市场的销售等)各环节的产业链条,该链条上的成员通过物质、信息、知识、资金等方面的价值链接,形成有形价值链环,在价值链内随着链条的延生和拓展,形成价值的流动和价值的增值。类型众多的产业价值链条相互交叉、纵横交错,便形成了产业价值网络,即前面所说的产业网络(包括生产网络和交易网络等)。在产业网络中,行为主体之间主要以价值链为纽带形成竞争合作关系,网络节点是各个关联的生产经营企业(即包括纵向的上下游企业,如:供应商、需求商等;也包括横向的水平企业,如:互补企业、合作企业、竞争企业等),各节点大多是通过价值链相互联接的。构成传统产业集群的主体网络就是由价值链联接编织而成的产业价值网络,因此,在传统产业集群中起主导作用的产业链条是产业价值链。(传统产业集群的产业价值链网结构如图6-9所示)

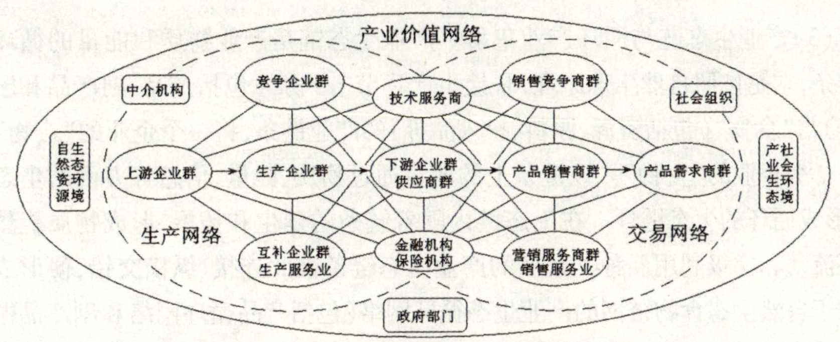

图6-9 传统产业集群的产业价值链网结构

(2)产业知识链与创新产业集群。产业知识链是知识流动和知识创造的链条,它是联接知识要素和知识创造(从知识的识别与获取,到知识的转化与创造,直到知识的传递与共享等)各环节的产业链条,该链条上的成员通过物质、信息、技术、资金等方面的知识链接,形成无形的知识链环,在知识链内随着链条的延生和拓展,形成知识的流动和知识的创造。类型各异的众多产业知识链条相互交叉、纵横交错形成了产业知识网络,即如前所述的创新网络(包括技术网络和研发网络等)。在创新网络中,行为主体之间主要以知识链为纽带形成合作竞争关系,网络节点是各个关联的创新主体(包括企业、高等院校、研究机构、知识中心、信息中心、实验平台等),各节点大多是通过知识链相互联接的。创新产业集群的主体网络是建立在产业价值网络基础之上的产业创新网络,创新产业集群是产业创新网络与产业价值网络的高度融合体,其中产业知识链起着主导作用。(创新产业集群的产业链网结构如图6-10所示)

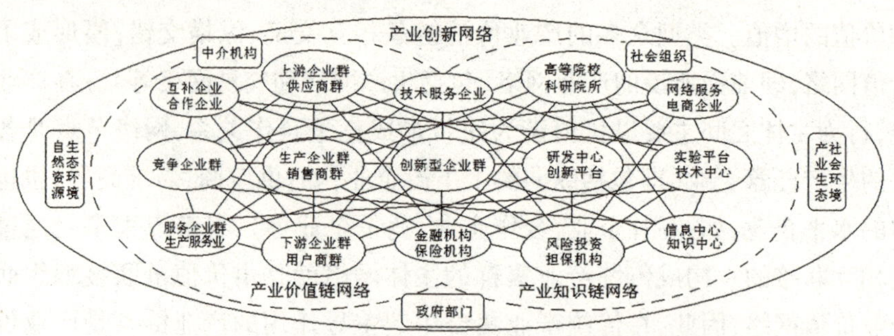

图 6－10　创新产业集群的产业链网结构

(3)产业生态链与循环产业集群。产业生态链是产业物质和能量的循环流动链条,它是按照自然生态原理,联接生产环节"产物"(包括产品、副产品和废弃物等)与"食物"(包括资源、原料、投入品等)的产业链条,将一个企业的"产物"作为下一个企业的"食物"。该链条上的成员通过物质、能量、信息等方面的生态链接,形成循环的生态链环。在生态链内随着链条的延生和拓展,形成物质能量的循环流动和梯级利用。种类繁多的产业生态链条彼此连接、纵横交错,便形成了类似于自然生态食物链网的产业生态循环网络(包括产品循环网络和副产品循环网络等)。在循环网络中,行为主体之间主要以生态链为纽带形成合作共生关系,网络节点是各个生态关联企业(包括生产者企业、消费者企业、分解者企业等),各节点大多是通过生态链相互联接的。循环产业集群的主体网络就是建立在产业价值网络和产业创新网络基础之上的产业循环网络,循环产业集群是产业循环网络与产业价值网络和产业知识网络的高度融合体,其中产业生态链起着主导作用。(循环产业集群的产业链网结构如图 6－11 所示)

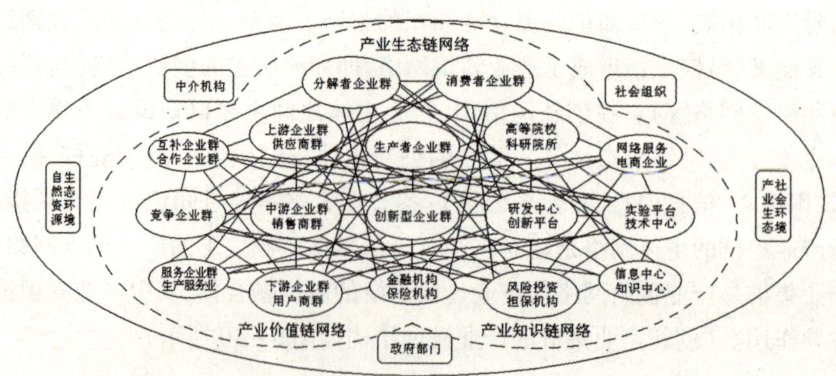

图 6－11　循环产业集群的产业链网结构

6.3.3.2　产业集群中价值链的自组织聚集与强化

产业价值链是基于产业层面价值创造和价值增值活动的产业组织结构。价值链通常以某种核心技术或生产工艺为基础，为追求产业的价值创造和价值增值，将具有相互衔接关系的企业整合起来形成产业链条。集群企业作为理性"经济人"，往往会以追求最大经济利益和经济效益为目标，而一个企业要赢得和维持竞争优势，不仅取决于其内部的价值链，而且还取决于其在产业价值链中与其供应商、销售商以及顾客之间的价值联接。产业价值链追求的是价值创造和价值增值，其经济效益性较为突出，内部自组织机制较容易形成和发挥作用，只要产业价值链条一旦形成，就会产生一定的价值活动优势，形成一定的产业场和聚集势，对其他的周边相关企业产生吸引，形成自聚集、自繁衍、自拓展、自强化等方面的自组织功能。

(1)产业价值链的自聚集功能。在产业集群中，价值链在价值创造活动中表现出的价值增值优势吸引着周边的相关企业，使外围企业及相关机构向价值链靠拢以分享其溢出效应，许多相关企业具有嵌入到价值链中的愿望。因此，产业价值链对集群企业的纵向协作和横向合作将发挥极为重要的作用，它不仅能够吸引企业纵向集聚，向上延伸到原材料和配套服务的供应商，向下延伸到产品的营销网络和客户，也能够吸引企业横向聚集，水平扩展到具有互补关系或合作竞争关系的生产商和相关企业，还能将大学、研究机构、政府、中介机构、金融机构等融入到价值链的增值环节中。在产业价值链的自聚集过程中，单个企业以其最具竞争优势的核心资源和能力嵌入到集群产业链中，这一融入过程既实现了企业自身的价值增值，也促成了产业价值链整体的价值增值。

(2)产业价值链的自繁衍功能。主要表现为在价值链聚集的众多企业的集群环境中，有利于新企业的出现。众多企业的聚集增加了企业相互交流的机会，不仅能及时发现新产品和新服务的市场需求，还能创造出许多新的发展机会。已进入价值链的企业通过积极寻求创造专业化生产要素的方法，不断吸引新的创新要素进入，以强化其知识和技术的深度开发。金融投资机构和各类投资者的加入，使集群企业容易获得所需的资金、技术、人才等创新发展要素，从而降低了新企业的进入门槛和创业风险。此外，价值链的相关产业通常能够吸引相同或相近的要素投入，使供应商得以获得进一步扩张的机会。由于价值链集群的进入壁垒及企业重组障碍较低，其产业生态环境和市场氛围有利于催生新的企业，从而加速了新企业的诞生和产业价值链的自繁衍过程。

(3)产业价值链的自扩展功能。产业价值链是在核心龙头企业主导下，通过产业链的延伸带动一批配套企业发展的。随着配套企业的不断壮大，裂变出新的龙头企业,又带动其他配套企业聚集和发展,形成新的产业链群体,使整个价值链集群不断扩展。随着产业价值链专业化分工协作的深化,其链式效应也引发了价值链条的扩展。化分工使链上企业各展所长,提高了产业生产效率,扩大了价值增值流量,协作使各价值增值环节得以链接和连续。随着产业价值链分工协作的细化,企业只专心于某一环节的产品或服务,使其质量效率和竞争力得到强化,产生了自我繁殖能力和自我扩展功能。分工的内向发展是新专业的产生和创造,分工的外向发展是技术的改进与深化。分工的内向和外向发展相互影响,效率与分工度的交互影响,推动了价值链的扩展。

(4)产业价值链的自强化功能。产业集群中产业价值链的自我强化功能主要表现在不断增强技术创新能力、不断推动产业技术进步、不断向价值链高端拓展等方面。当产业价值链与产业知识链相互渗透、产业网络与创新网络高度融合之后,集群企业创新能力得到了空前的强化。价值链企业间存在着广泛复杂和密切的经济技术联系,一个企业的产出(产物)往往是另一个企业的投入(食物)。当每个企业通过技术创新首先取得了优势地位使其产品更新换代时,必然促使上下游企业进行改革与创新,生产符合其技术要求的原材料或零部件,或提供更高的技术支持和服务,从而推动整个产业价值链的技术进步。并推动产业链不断向价值链曲线的高端拓展和延伸,通过掌握关键技术或核心技术,控制关键链条环节的高端产业,以形成更强的竞争优势,获取更高的价值增值。

6.3.3.3 集群中生态链的他组织整合与搭建

产业生态链是模仿自然生态系统,按照生产者、消费者和分解者关系,以物质能量资源生态关系为纽带,由具有市场、技术或资源关联性的相关产业(或企业)串联形成的,能实现物质在集群范围内循环流动的产业链条。该产业链条通过"原料→产品→废物→原料"的循环过程,将上一个产业(或企业)的产出(包括产生的副产品和排出的废弃物)作为下一个产业(或企业)的投入(包括所需的原材料和其他的投入物),实现资源在区域范围内的循环流动和综合利用。产业生态链以追求产业剩余物的最小化为第一目标,具有吸收和消化产业生产各环节的副产品和废弃物的功能。它以清洁生产和循环利用为手段,通过专业化分工与社会化协作,进行产业物质能量的副产品交换,尽可能地减少各类废弃物质向自然生态系统的排放,从而保持产业环境的友好和生态可持续性。

产业集群是大量企业为了实现价值创造和价值增值,在一定的区域内聚集形成的集群。但这并不意味着所有的企业聚集都必然会形成完整的产业链条,只有当产业部门之间集结成串珠状或者链条状的上下游产业关联时,这才具有产业链的基本形态。产业集群中的产业链条大致可以分为三类:一类是构成产业价值网络的产业价值链;一类是构成产业创新网络的产业知识链;另一类就是构成产业循环网络的产业生态链。对产业价值链来说,在其自身经济效益性和企业逐利倾向的影响下,具有较强的自组织能力。对于产业知识链来说,当其与价值链相互渗透、创新网络与价值网络高度融合以后,则具有了更强的自组织能力。对产业生态链来说,虽然其生态效益性较强,但其经济效益性则相对较弱,在企业逐利行为影响下,其自组织能力也相对较弱。

在产业集群形成初期,往往只有产业链上的某个产业环节或几个间断的产业环节,仅仅是一些零碎脆弱的产业链段,这些链段的绝大多数都具有价值链属性,其中的一些链段同时兼具了价值链和知识链的双重属性,也有极少数的链段同时具有价值链和生态链的属性。在集群系统自组织机制的作用下,企业会在竞争中不断地寻找和调整自己的价值定位和价值取向,以实现最大的价值创造和价值增值。企业通常都会在自己最具竞争优势的价值创造和增值环节定位,并与其相邻的价值环节进行对接,由此形成相关企业的竞合关系。对产业价值链来说,若集群内产业生态环境能使其自组织机制持续发挥作用,起初杂乱的企业价值取向,会逐渐趋于有序化,并相互衔接成相对完整的产业价值链。对产业生态链来说,虽然自组织机制也会在一定程度上发挥作用,但由于自组织能力相对较弱,通常不能自行发育形成连续完整的产业生态链条。

由于传统产业集群所具有的产业生态链条缺乏完整性,往往都是间断的和不连续的,不能形成闭合的物质循环链,导致集群产生的废弃物不能够被全部消化和吸收,对生态环境的污染和损害是不可避免的。要使集群生态系统中物质能量得以循环,实现资源的高效利用和剩余物的最小化,就必须建立起完整连续的产业生态链,然而这仅靠产业生态链的自组织力量是不够的,还必须借助于政府和其他服务机构的他组织作用。这就应该充分发挥政府及相关机构的组织协调能力,针对产业集群内所有生产过程中的物质流向,分析物质循环(特别是废弃物循环)的各种通路,找出其弱链和断链的环节和部位,采取政策引导、财税倾斜、专向补贴、重点投资等手段,引进或植入补链企业;采纳新的环保工艺、新的替代过程和新的替代原料,修补和强化原有的物质生态链段;采用协调整合的方式,接通各个间断分离的产业生态链段,形成连续完整的产业生态循环链。

在自然生态系统中,生物物种和食物链条越多、种群结构和链网结构越复杂，系统就越稳定。因此，要使产业生态链能够保持高效稳定运行，还必须增加生态链条的多元性和复杂性，使之形成复杂的产业生态循环共生网络。对此，可以采取有效措施，调动各方的积极因素，来增加产业种群及其生态联网的多元复杂性。对此，政府必须担当起第三方协调人的角色，充分发挥他组织的协调作用。引导集群企业建立共同的生态经营目标，形成共同的生态社会责任；引导各行业协会、中介机构等致力于各种资源化和无害化技术信息的传播与扩散，为企业转变生产方式提供各种服务；协调各企业从自身环境效益和废弃物消化处理的角度出发，与上下游各类相关企业建立起多层次、多渠道、多途径的稳定合作关系，保证原料来源与废物处理的多通路，以形成稳定的循环生态网链。

6.3.3.4 生态链网与价值链网深度融合形成循环集群

循环产业集群是产业生态网络与产业及之网络和产业创新网络的高度融合体。要使产业集群真正成为高效、有序、稳定，综合效益（包括经济效益和生态效益）最佳，并且具有可持续发展能力的循环集群，还必须让产业生态链与产业价值链和产业知识链相互耦合，使产业循环网络与产业价值网络和产业创新网络实现深度融合。只有让各类物质、能量、信息、技术等多种因素在集群范围内彼此联系和相互渗透，使价值链、知识链、生态链在不同领域、不同产业、不同部门、不同层面、不同渠道之间实现有效衔接与耦合，使物质、能量、信息、价值以多种不同的形式高效循环和稳定流动，才有可能从根本上形成物质资源利用和产出的最大化以及总体剩余物质和排放的最小化，产生出最佳的综合效益。对此可以通过以下途径来实现产业网络的深度融合。

（1）以集群创新网络推进深度融合。创新集群中的创新网络具有很强的技术创新功能和技术创新效率，能够对集群价值链与生态链在不同产业、不同层面、不同渠道之间的有效衔接耦合提供技术支持与保障。集群创新网络可以针对所在集群的企业生产类型和物料流向特征，快速研发出相应的生态集成技术，从而有效推进循环网络与价值网络实现深度融合。融合所需的生态集成技术包括：物质集成利用技术（包括废物回收、循环利用、重复利用和资源替代等方面的集成技术）；能源集成利用技术（包括热电联产、梯级利用、能源回收、能源替代等方面的集成技术）；无害集成利用技术（包括对各类剩余废弃物的分解、资源化、无害化等方面的集成技术）；信息集成利用技术（包括各环节生产者、消费者、分解者的物质流向信息、各种资源管理信息方面的集成技术）等。

（2）培育关键种企业促进深度融合。根据生态学的关键种原理，选出集群中能源、资源消耗较大，废物和副产品排放量大，对环境影响较大，且带动和牵制着其他企业、行业发展的“关键种”企业进行重点培育，可以有效促进循环网络与价值网络的深度融合。因为关键种企业往往都同时具有价值链结点和生态链结点的特征，既是价值链的关键环节，也是生态链的关键环节，是两者的高度融合体。培育关键种企业，需要深入分析其价值传递及工业代谢，并对之进行综合的产业链设计。以关键种企业为核心构建主导产业链，围绕其主产品形成的价值链，实现价值传递和价值增值；以关键种企业的副产品和废物为突破点，有针对性引入补链企业构建产业生态链，把主导产业链产生的副产品和废物作为补链企业的原材料，实现资源的梯级利用和生态循环。

(3)借助自组织力量拉动深度融合。在产业集群中，不管是产业价值网络还是产业知识网络还是产业生态网络，都具有一定的自组织功能，这对三个网络的深度融合，并最终形成循环集群具有重要的拉动作用。在集群产业链中，有些网链本身既是产业生态链也是产业价值链，其价值链属性具有自聚集自自繁衍字扩展自增强等自组织功能，在其扩展形成的产业网络中，企业间不再是简单的生态链和价值链的链状关系，而呈现出复杂的网络联系。企业之间既有竞争也有协作，竞争使得企业保持足够的发展动力，协作则使企业功能互补，从而使大部分企业有更广阔的发展空间。在自组织机制的作用下，企业之间的合作竞争，导致产业价值链和产业生态链相互渗透，使产业价值链与产业生态链达到协同，从而实现了产业生态网络与产业价值网和产业创新网的深度融合。

(4)利用他组织力量推动深度融合。政府和其他社会组织也是推动产业网络融合的重要力量。通过政府等他组织力量的持续作用，可以有效地营造出有利于融合的产业生态环境，整合相关的产业链条，协调网络企业的相互关系，实现网络的深度融合。通过培育相应的产业环境，鼓励各企业从产品生产、产业合作、区域协调等多层次上进行物质、能量、信息的交换，推进主产品网链与副产品网链的融合。通过有效地的政策措施，对相关的产业链条进行纵向、横向和综合的整合，以实现资源的共享和物质能量的多级利用，为集群内的物质流、能量流、信息流等形成网状运动创造必要的条件。通过对产业网络的协调与监控，平衡网络间的各种利益关系，减少因网络冲突导致的合作中断，惩罚不良企业的败德投机行为，维护产业网络稳定，为产业的深度融合保驾护航。

6.4　本章小结

本章研究了循环产业集群的产业生态基础、演化路径及形成机理问题。认为:循环产业集群是按照自然生态系统构建、遵循生态和系统变化规律、具有高效经济过程及和谐生态功能的网路化产业组织模式,其形成发展离不开赖以生存的环境生态因子和产业生态位条件、离不开产业聚集核和产业聚集势的作用,通常会经历:聚集形成了企业群落→协同演进为产业集群→升级涌现出创新网络→网链耦合成循环集群等演化过程。在一这过程中,各环节的内部自组织机制起到了至关重要的作用,如企业群落发展过程中可能由于自组织机制协同效应不够而造成集而不群,又如产业集群发展过程中可能由于无法调动自组织机制导致集群无法升级到创新网络。集群创新网络不仅能够有效克服技术低端锁定、生产效率不足、市场竞争乏力等问题,摆脱衰退消亡风险,而且为集群的持续竞争优势开拓了新一轮的发展空间,其组织开放、组织合作、组织网络为其向循环网络升级创造了必要条件,其提供的人才、技术、资金支持为循环集群网络的形成奠定了基础。在集群创新网络向循环产业集群升级过程中,必须完善产业网链,实现产业价值链和产业知识链与产业生态链的有机整合才能够实现。

第7章 循环集群绿色增长极的内部博弈与效益机制

西部生态脆弱地区经济发展滞后和生态环境恶化的状况，只有通过构建和发展区域绿色增长极才有可能得以根本改变，循环产业集群作为区域发展的绿色增长极的主要载体，可以有效带动西部生态脆弱地区的经济实现跨越式快速发展和可持续绿色发展。深入分析循环产业集群内部企业利益分配关系与创新动因，揭示循环产业集群运行的绩效形成机制，有助于指导西部生态脆弱区循环产业集群的构建和稳定运行。

7.1 循环产业集群与西部生态脆弱地区的绿色增长极

西部生态脆弱地区面临着跨越式快速发展和可持续绿色发展的双重任务，绿色增长极既具有带动区域经济快速发展的功能，又具备低碳绿色和生态环保的特征，是西部生态脆弱地区实现快速绿色发展的理想引擎。循环产业集群的功能和特征和其经济效益与生态效益的有机统一，表明循环产业集群是西部生态脆弱地区绿色增长极的有效载体。

7.1.1 增长极及其对区域经济增长的带动效应

区域增长极是在某一区域内围绕推进性主导产业形成的有活力的产业集合体。增长极内部的产业具有高度关联性，不仅自身能够迅速增长和发展，而且还能通过辐射作用和乘数效应带动周边其他产业部门快速增长。因此，区域增长极对区域经济的增长和发展具有强劲的带动作用。

7.1.1.1 增长极理论及基本原理

经济增长极理论是20世纪40年代初在西方经济学家中开始的一场关于

一国经济平衡增长或不平衡增长大论战的产物。早在1939年,德国经济学家洛施(Angust Losch)就提出“区域经济活动具有向增长极集中的趋势”的思想,但没有进行系统的阐述。直到20世纪50年代,法国经济学家佩鲁(F·Perroux)才对增长极理论作了较为清晰的阐述。佩鲁首先提出了一个完全不同于地理空间的经济空间,主张经济空间是以抽象的数字空间为基础,经济单位不是存在于地理上的某一区位,而是存在于产业间的数学关系中,表现为经济元素之间的经济关系,如果把发生支配效应的经济空间看作力场,那么位于这个力场中推进性单元就可以描述为增长极。他在1955年发表的《略论增长极概念》一书中写道:“增长并非同时出现在所有的地方,它以不同的强度首先出现在一些增长点或增长极上,然后通过不同的渠道向外扩散,并对整个经济产生不同的终极影响。”

佩鲁受物理学中的“磁极”概念的启发,从一般抽象的经济空间出发,认为经济空间存在着若干中心或极点,产生类似“磁极”作用的各种离心力和向心力,每一个中心的吸引力和排斥力都产生相互作用,交汇形成的一定范围的“场”,使区域经济处于非平衡状况的极化过程之中,形成了经济在不同部门、行业或地区,按不同速度不平衡增长[170]。他借喻了磁场内部运动在磁极最强这一规律,称经济发展的这种区域极化为增长极。增长极是围绕推进性的主导工业部门而组织的有活力的高度联合的一组产业,这些产业或企业在一些地区或城市的集聚和优先发展,从而形成恰似“磁场极”的多功能的经济活动中心。增长极不仅自身能够迅速的增长和发展,而且能够以其吸引和扩散作用产生乘数效应,进一步推动其他地区或部门的增长与发展,从而形成经济区域和经济网络。

在增长极的形成与发展过程中会产生极化和扩散两种效应,极化效应促成各种生产要素向增长极的回流和聚集;扩散效应促成各种生产要素从增长极向周围不发达地区的扩散。在发展的初级阶段,极化效应是主要的,当增长极发展到一定程度后,极化效应削弱,扩散效应加强。增长极效应是一种多种效应的复合体,如上游下游效应、集聚效应和互利效应等。佩鲁把这种增长极效应归结为技术的创新和扩散、资本的集中和输出、规模经济效益和集聚经济效益(城市化趋势)。并认为经济发展的主要动力是技术进步与创新,创新集中于那些规模较大、增长速度较快、与其他部门的相互关联效应较强的产业中,具有这些特征的产业称之为推进型产业。推进型产业与被推进型产业通过经济联系建立起非竞争性联合体,通过后向、前向连锁效应带动区域的发展,最终实现区域发展的均衡。

佩鲁增长极理论存在着正负效应分析不足和经济空间过于抽象等方面的缺陷，后来瑞典的缪尔达尔、美国的弗里德曼和赫希曼、法国的布代维尔等经济学家分别在不同程度上进一步丰富和发展了这一理论，使之发展成为区域开发的流行观点。缪尔达尔的“循环累积因果关系原理”指出了增长极产生的两种效应，一种是“回波效应”（极化效应），促成各种生产要素向增长极的回流和聚集，从而产生一种扩大地区之间差距的运动趋势；另一种是“涓流效应”（扩散效应），促成各种生产要素在一定发展阶段从增长极向周围扩散，因而产生一种缩小地区之间差距的运动趋势。此后，罗德温又提出了旨在强化“扩散效应”，遏制“回波效应”的“集中的非中心化”思想，主张在边缘落后地区建立新的增长极或增长中心，使发达地区老增长极和落后地区新增长极协调发展。

增长极理论的主要思想是区域经济发展主要依靠条件较好的少数地区和少数产业带动，应把少数区位条件好的地区和少数条件好的产业培育成经济增长极，即将有限资源投入到规模经济和效益显著且发展潜力大的部门和地区，强化增长极的经济实力，并通过市场传导机制和乘数效应来带动整个区域经济的发展。增长极具有地理空间和经济空间双重意义，其地理空间是指区域内特定的核心区或中心城市，若干推进型企业在这里集聚，其他企业围绕在推进型企业周围，形成相互依存的投入产出关系，并随推进型企业一起发展壮大。其经济空间是指区域内的主导产业或龙头企业具有较强的比较优势，且产品需求量弹性大，企业内外部联系性强，易形成区域增长极的核心部分，从而成为推动整个区域经济发展的动力来源。

7.1.1.2　增长极对区域经济的影响及带动作用

增长极理论提出来以后，很快从一个经济概念上升到一种发展战略，并被许多国家广泛用来解决不同的区域发展规划问题，尤其是对落后地区的开发问题。许多国家尤其是发展中国家已将它广泛应用于经济规划、生产力布局和区域经济的发展战略。在20世纪60～70年代，许多发达国家（如美国、英国、法国、德国、意大利、日本等）和发展中国家（如墨西哥、巴西、委内瑞拉、印度、马来西亚、新加坡等）纷纷将这一理论付诸实践，试图运用这一理论消除落后地区的贫困，促进各地区经济协调发展[171]。无论是发达国家还是不发达地区都曾取得了一定的效果。尽管其中的一些结果不尽理想，但也不乏有许多成功之例，巴西和马来西亚就是通过实施增长极战略，较好地解决了地区发展和收入差距问题。增长极对区域经济的影响及带动作用主要通过以下效应来实现：

（1）区域效应与规模效应。主要表现为：①通过地理位置的靠近而获得区域经济效益。当某一专业化生产的多个生产部门集中在某一区域，可以共同培养与利用当地熟练劳动力,加强企业之间的技术交流,共同承担新产品开发的投资,形成较大的原材料等外购物资的市场需求和所生产产品的市场供给,从而使区域经济活动活跃,获得区域经济效益。②由于经济活动范围的增大而获得的规模经济效益。随着经济活动范围和生产经营体量的扩大,必然导致内部生产经营成本的节约,如可以提高分工程度、降低管理成本、减少分摊广告费和非生产性支出的份额,使边际成本降低,从而获得劳动生产率的提高。此外,由于经济活动在某一区域内的集聚,往往使一些厂商可以不花成本或少花成本获得某些产品和劳务,从而获得整体收益的增加。

(2)支配效应与乘数效应。主要表现为:①经济单位之间影响不均产生的支配效应。现实中的经济单位之间的相互关系是不对称的,有些经济单位处于支配地位,而另一些经济单位则处于被支配地位。增长极中的推进性产业通常都处于支配地位,会产生不同程度的支配效应,通过与其他相关产业和经济单位间的商品供求关系以及生产要素的相互流动对这些经济单位产生支配影响。②推进型产业关联增长引起的乘数效应。主要表现为推动型产业的单位投入引发的系统总产出的成倍增长。由于推动型产业与其他相关产业和经济单位之间存在着前向、后向、旁侧等各种各样的联系,推动型产业的扩张必然会通过与相关产业的投入产出矩阵引起相关产业的扩张,从而使得推动型产业增长引起的区域整体生产、就业和经济效益等方面的乘数性增长。

(3)极化效应与扩散效应。主要表现为:①经济活动和经济要素在地理空间上的极化。快速发展的推动性产业会吸引和拉动其他经济活动和经济要素不断趋向增长极靠拢和聚集,形成地理上的极化,获得集聚规模经济;这种聚集规模经济又反过来进一步增强了极化,加速其增长步伐和扩大其吸引范围。增长极的极化效应,容易导致地理上的二元经济局面。②经济活动和经济要素向周边区域内的扩散。由于推动型产业与其他经济部门存在各种关联关系,一系列的联动机制会使增长极的经济活动和经济要素不断向周围扩散。通过前向关联对上游生产部门产生扩散影响,后向关联对下游生产部门产生扩散影响,旁侧关联对区域其他部门产生扩散影响,通过前瞻影响对新技术产生诱导作用,使各种生产要素从增长极向周围不发达地区的扩散,从而带动周边落后地区经济迅速发展。

增长极理论经历了长达半个多世纪的理论演进和实践检验,尽管其仍存在着许多缺陷和局限性,但仍不失为发展区域经济不可或缺的重要理论之一。增长极理论主张优先发展具有优势的地区和产业,应尽可能把有限的稀缺资源首先投入到投资效益高、发展潜力大的优势区域,使之形成与周围区域有适当经济势差的增长极，再通过区域规模效应、支配乘数效应、极化扩散效应来带动整个区域的发展。虽然过强的极化效应会产生一定的副作用，但实践经验表明，只要政府的政策调控得当，增长极就会对整个区域经济产生强劲的带动作用。改革开放以来，我国的发展战略就是借鉴了增长极原理，在珠江三角洲、长江三角洲、环渤海地区等都市圈逐步构建起了具有巨大影响力的经济空间，形成了辐射作用强大的增长极，表现出了很高的地区竞争力，对区域经济起到了强劲的带头作用。

7.1.1.3 产业集群所具有的增长极效应

由于传统的增长极理论简单明了，容易被政策制定者接受，对发展中国家产生了很大的影响和吸引力。但实践过程中也逐渐暴露出了传统增长极理论存在的一些缺陷，如增长极的扩散效应受到一定的条件限制，条件不成熟地区的扩散效应很小；增长极的极化效应往往会以牺牲落后地区的发展为代价，加剧了区域经济的两极分化；推动型产业（企业）的过度发展，有可能形成“飞地经济”或“孤岛经济”等[172~173]。对此，学术界进行了反思，从而推动了传统增长极理论向产业集群理论的演进。产业集群更加注重区域发展要素中资源整合的协同效应，强调发挥区域各种资源要素的整合能力。理论研究和实践运行的结果都表明，产业集群作为增长极的新型载体，具有很强增长极功能和效应，并能有效克服传统增长极的缺陷，对区域经济产生强劲的带动作用[174]。产业集群的增长极功能和效应主要表现在以下几个方面：

（1）产业集群的效率效应。与传统增长极的区域规模效应对应，主要表现在集群资源配置效率、生产经营效率、技术创新效率等方面。①资源配置效率。作为中间性产业组织形式，产业集群有别于其他传统产业组织，其内部既有充分的自由竞争，又有彼此的协同合作，有利于资源的高效配置，具有更好的资源配置优势。②生产经营效率。产业集群通过大量企业的分工协作获得规模经济，集群企业在价值链优势环节上展开合作，发挥其在这个环节上的竞争优势，形成企业的资源共享和优势互补，从而提高了生产经营效率。③技术创新效率。产业集群良好的技术创新氛围以及集群内信息、知识、技术的溢出和共享，有利于知识的转移和扩散，创新主体和要素的聚集、创新群落和创新网络的形成，以及创新企业的协同，大大提高了技术创新效率。

（2）产业集群的聚集效应。与传统增长极的极化效应相对应，产生集群的聚集效应主要是通过集群自吸引和自聚集等自组织机制来实现。产业集群在价值创造活动中表现出的优势吸引着周边的相关企业向其聚集，以分享其溢出效益和聚集效益。在产业集群的自聚集过程中，除了吸引各类企业的纵向聚集和横向聚集外，还同时吸引着高等院校、研究机构、中介机构、金融机构等进入集群，并融入到价值链的增值环节中，由此带动了人才、资本、技术、劳动力等生产要素的聚集和进入。产业集群的聚集核（极点）所产生的聚集势，会对其周围地区形成一定的向心引力。不仅能将其周围地区的资金、劳动力、原材料、初级产品等资源吸引到极点上来，而且也会对外部资源产生吸引作用，将外部区域的人才、资金、技术等吸引到极点上，形成大量的外部投入，从而带动整个区域的发展。

(3)产业集群的增强效应。与传统增长极的支配乘数效应相对应，它是通过其自繁衍、自扩展、自强化等自组织机制来实现的。①集群自繁衍机制。在有众多企业的集群生态环境中，集群市场氛围创造了许多新的发展机会，不断吸引新的创新要素进入，有利于催生新企业和行业，从而加速了新企业的诞生和产业集群的自繁衍过程。②集群自扩展机制。随着龙头企业与配套企业的不断壮大和专业细化，从配套企业中裂变出新的龙头企业，又带动其他配套企业聚集和发展，形成新的内向化或外向化的专业化分工产业群，从而推动整个产业集群不断扩展。③集群自强化机制。随着产业集群内产业价值链与产业知识链相互渗透、产业网络与创新网络高度融合，集群创新能力和创造能力会得到不断强化，从而不断推动集群的产业技术进步，使产业集群不断向全球价值链高端拓展。

(4)产业集群的辐射效应。对应于传统增长极的扩散效应，主要表现为集群经济活动和经济效益向集群外部的辐射，以及集群经济要素和价值链条向周边区域的扩散。由于产业集群内的主导产业都是出于全球价值链的某个环节上，与集群外的多各产业有着广泛的关联，无论是在产业上下游垂直环节的纵向上，还是互补辅助水平环节的横向上，都与周边区域有着紧密的联系，因此，集群的经济活动和经济效益必然会辐射影响到周边及外界区域。产业集群的快速发展，不可避免地会与外界发生物质、能量、信息等方面的交流，从而带动产品、资金、人才和技术等的流动和扩散。随着产业集群的不断发展和强化，其极化功能会逐渐削弱，扩散功能会逐渐增强，通过资本转移、技术扩散、人才流动等，将其创新成果和经济动力扩散到周边区域，从而带动了整个经济发展。

7.1.2 低碳经济和生态经济及人类绿色发展趋势

目前，社会经济发展与生态环境的矛盾与日俱增，温室效应、大气污染、水污染、资源枯竭等自然灾难日益严重，生态环境问题正不断引起全球的重视，发展低碳绿色经济迫在眉睫。发展绿色低碳经济是经济发展道路的重要抉择，它意味着能源结构的调整、产业结构的调整以及技术的革新，最终达到经济社会发展与生态环境保护双赢的一种经济发展形态。

7.1.2.1　低碳经济概念的产生及实现途径

低碳经济是以低能耗、低污染、低排放为基础的经济模式[175]，是按照可持续发展理念，通过技术创新、制度创新、产业转型、新能源开发、新工艺运用等多种手段，尽可能减少石油煤炭等高碳化石能源的消耗，尽可能降低二氧化碳等温室气体的排放，从而达到经济社会发展与生态环境保护双赢的一种经济发展形态。其核心是能源技术和减排技术的创新、产业结构和能源结构的调整、高碳能源向低碳能源的过渡、发展方式和发展观念的转变，通过低碳经济模式与低碳生活方式，实现经济社会可持续发展。低碳具有相对性：①从能源消费方式看，它相对于无约束的碳密集的能源消费方式具有低碳性。②从经济发展模式看，它相对于依赖碳能源消耗的经济发展模式具有低碳性。③从环境碳通量来看，它相对于人为碳通量增加引发的地球生态圈碳失衡过程具有低碳性。

低碳经济的思想是在全球气候变暖使人类生存和发展面临严峻挑战的大背景产生。自 20 世纪 40 年代末新技术工业革命爆发以来，全球经济飞速发展，导致了高碳经济的盛行，大量化石类碳密集能源的消耗，大量碳化合污染物的排放，使地球产生了的温室效应。随着全球人口和经济规模的不断增长，人类向大气中排入放的二氧化碳等吸热性强的温室气体逐年增加，大气温室效应也逐年增强，引起全球气候变暖、气候反常、空气雾霾、酸雨烟雾、天气灾害等一系列严重问题，已严重威胁到人类社会的可持续发展。气候变化除了受自然因素影响外，还同人类活动，特别是与使用化石燃料、排放碳化物相关，如何应对气候变化已成为全球面临的重大挑战。随着碳能源使用带来的环境问题及其诱因不断为人们所认识，如何从根本上解决这一问题，就成了摆在人们面前的重大课题。

低碳经济思想最早可追溯到上世纪末美国著名学者莱斯特・R・布朗提出的能源经济革命论，其在《生态经济革命：拯救地球和经济的五大步骤》一书中描绘了低碳经济概念的雏形，并指出要尽快从以化石燃料为核心的经济，转变为以太阳、氢能等新型清洁能源为核心的经济，还要建构起零污染排放、无碳能源的循环型经济体系。2003 年，英国政府发布的能源白皮书《我们能源的未来：创造低碳经济》首次在官方文件中提出了低碳经济概念，将低碳经济阐述为通过更少的自然资源消耗和环境污染获得更多的经济产出。此后，我国国务院发展研究中心的《应对气候变化课题组》也提出了低碳经济发展的三大特征：①经济性。低碳经济发展要以市场为导向，不应以牺牲人们的生活条件和福利水平为前提。②技术性。在通过技术进步来提高能源效率的同时,降低二氧化碳等温室气体的排放强度。③目标性。控制地球大气内的温室气体排放总量,将其稳定在不影响人类的生存和发展的水平上,从而实现人与自然的和谐发展。

从产业发展的角度来看,低碳经济作为一种由高碳能源向低碳能源过渡的发展模式,可以通过以下途径来实现:①调整产业结构[176]。增加低碳农业、低碳工业、低碳服务业的比重,降低高碳产业的比重,抑制以化石能源为原料和能源的高耗能产业的发展,鼓励低耗能产业的发展。②调整能源结构。采用新兴无碳能源或低碳能源替代化石类的高碳能源,采用可再生能源替代不可再生能源,尽可能地减少煤炭石油等不可再生高碳能源的消耗。③创新低碳技术。通过技术创新,提高各类能源的利用率,降低各类碳物质的排放率,通过新能源运用技术的突破和低碳化排放技术的革新,实现高碳产业的低碳化。④创新产业组织。通过对产业生产组织的创新与重构,形成低碳产业组织模式,使各类能源在企业之间实现能量的梯级利用和高效利用,使上一个企业的排放成为下一个企业的输入。

从国际发展的层面来看,发展低碳经济已成为各国决策者的共识,许多国家将低碳经济发展提升到前所未有的高度,美国、欧盟、日本等主要发达国家加快了低碳经济转型,力图在新的全球竞争格局中占据制高点,通过以下途径来推进低碳经济发展:①将发展低碳经济提升到国家战略高度;②大力促进商用低碳技术的研发与推广;③发展新型低碳能源和可再生清洁能源;④发展低碳产业和高碳产业的市场准入;⑤严格的能耗效率管制和环境监管标准;⑥广泛倡导低碳生活方式和低碳消费方式;⑦通过碳汇库和碳汇市场开展碳排放交易;⑧构建绿色碳税体系开征碳排放税。以上一系列举动已对世界经济格局产生了重大影响,部分发达国家经过实质性的政策调整,已经走上低碳经济的发展道路,经济增长与能源消耗和温室气体排放同步增长的状况已开始转变。

7.1.2.2 绿色经济概念的内涵及重要意义

绿色是生命与希望的颜色,象征着健康与活力,国际上公认的绿色包含了环保、健康、舒适与和谐等含义。绿色经济是以绿色发展为目标,以经济生态和谐为目的,以传统产业经济为基础,以效率、和谐、持续为追求,以生态产业(生态农业、生态工业、生态服务业)为载体,为适应人类环保与健康需要而产生并表现出来的一种新的经济发展形态。绿色经济发展模式是在传统经济发展模式基础上的一种创新,是建立在生态环境容量和资源承载力的约束条件下,将环境保护作为实现可持续发展重要支柱的一种新型发展模式。该模式将环境资源作为社会经济发展的内在要素,把实现经济社会和生态环境的可持续发展作为绿色发展的目标,把经济活动过程和结果的"低碳化"、"生态化"和"绿色化"作为绿色发展的主要内容和途径。

"绿色经济"一词最早源自与英国环境经济学家皮尔斯于 1989 年出版的《绿色经济蓝图》一书[177]。环境经济学家认为经济发展必须是自然环境和人类自身可以承受的,不会因盲目追求生产增长而造成社会分裂和生态危机,不会因为自然资源耗竭而使经济无法持续发展,主张从社会及其生态条件出发,建立一种"可承受的经济"——"绿色经济"[178]。在绿色经济模式下,环保技术、清洁生产工艺等众多有益于环境的技术被转化为生产力,通过有益于环境或与环境无对抗的经济行为,实现经济的可持续增长。2008 年 10 月,联合国环境规划署发起了"绿色经济倡议",联合国环境规划署从清洁技术、可再生能源、生态系统或环境基础设施、基于生物多样性的商业(如有机农业)、废物及化学品管理、绿色城市、建筑与交通等六个重点领域,提出了绿色经济发展所面临的主要机遇和挑战。

绿色经济通过追求发展人本化、产业生态化、效率最大化,来追求更高层次社会进步的。①追求发展人本化。绿色经济是以人为本的经济,其主要目的是服务于人的需要和人的发展,不是简单地以牺牲经济发展和人类福祉来换取生态环境的保护和改善,而是希望通过人与自然的和谐发展,来更好地实现人类自身的健康持续发展。②追求产业生态化。绿色经济不仅重视自然资源的价值,而且强调对生态环境和自然资源的永续利用和代际公平,持续健康绿色的和谐发展是建立在产业生态化基础之上的,主张通过技术进步和制度创新来重构产业组织,实现产业生态化。③追求效率最大化。绿色经济不仅包含了"绿色"内容,又包含了"经济"内容,追求以最小的资源耗费获取最大的经济效益,以人类的最大经济福利作为目的和动力的资源配置,使自然资源和生态环境得到永续利用和保护的效率最大化和利润最大化。

绿色经济包括的绿色生产和绿色经营需要有绿色技术的支撑。绿色生产是以节能、降耗、减排、弃害为目标,以综合管理和绿色技术为手段,通过对整个生产流程各环节的全过程控制,使产生的污染物最少化的一种生产组织模式。绿色经营是指对经营的绿色策划和绿色营销和产品的绿色设计与绿色定价,把对生态环境造成的破坏和污染代价计入产品成本,实行生态环境有偿使用的制度。绿色技术包括:①绿色产技术体系。保证生产系统的运转对生态系统的消极影响很小或有利于恢复和重建生态平衡。②绿色产品技术体系。保证产品功能的发挥以及报废后的自然降解过程对生态系统的消极影响甚微。③绿色单元技术体系。其在产业技术系统中的应用可明显减轻和部分消除原技术系统的生态负效应。④绿色物化技术体系。保证物质的最大化利用,尽可能把对环境污染物的排放消除在生产过程之中。

绿色发展理念不仅以协同的方式将环境与发展结合起来,还将可持续性纳入经济发展决策中,让环境和资源成为未来经济繁荣的重要驱动力。绿色经济具有友好环境、节约资源、循环经济的取向和特征,以发展绿色经济来推动经济的持续增长,不仅可以创造大量就业机会,减少贫困,同时降低碳依赖和资源紧缺度。这对于当代世界经济的发展具有非常重要的战略意义,特别是对于在传统经济模式下受到资源、市场、劳动力等多方面限制的发展中国家而言,其意义更为重大。作为世界上最大的发展中国家,中国存在许多生态脆弱的地区,特别是西部生态脆弱地区,经济发展与资源环境的矛盾极为突出。发展绿色经济是落实科学发展观的具体实践,是全面实现小康社会目标的战略选择,是解决环境保护与经济发展矛盾、实施可持续发展战略的有效手段,是实现新型工业化的重要途径。

7.1.2.3 全球化的低碳绿色浪潮及发展趋势

低碳绿色经济与传统产业经济的区别在于:传统产业经济是以破坏生态平衡、大量消耗能源与资源、损害人体健康为特征的经济,是一种单向耗竭型经济;低碳绿色经济则是以维护人类生存环境、合理保护资源与能源、有益于人体健康为特征的经济,是一种循环持续经济。低碳绿色经济不仅是生态产业的集合、生产方式的变革、经营活动的创新、评价标准的改变,更是对生产、消费、流通等经济活动全过程"低碳化"、"绿色化"、"生态化"的体现。通过绿色生产、绿色流通、绿色分配来满足人们的物质和精神需求,通过建立低碳经济结构、减少高碳能源消费和温室气体排放,以良性循环的经济体系来共同应对资源短缺和全球变暖。低碳绿色发展模式是人们对传统高碳褐色发展模式存在弊端的反思结果。对历史的反思,曾先后出现过三次推动低碳绿色发展的浪潮。

第一次推动低碳绿色发展的浪潮出现在20世纪60~70年代。通过对经济社会发展过程的反思,人们发现了经济增长对资源环境的负面影响。20世纪60年代美国学者鲍尔丁发表了《宇宙飞船经济理论》,认为在浩瀚宇宙中飞行的"地球飞船",迟早会因人类无序发展、资源耗尽和环境污染而崩溃。1962年美国生态学家卡尔逊发表了《寂静的春天》,指出了生物界以及人类所面临的危险。1969年罗马俱乐部发表了《增长的极限》研究报告,为沉醉于当时经济技术巨大成就的西方世界敲响了警钟。1972年在瑞典首都斯德哥尔摩召开的联合国人类环境会议,喊出了《只有一个地球》的口号,提出环境保护应该成为发展的重要方面。这次浪潮是对褐色经济及其无限增长模式的反思,强调以经济系统以外的力量来治理环境,并开始探索用可持续性的经济模式替代无限增长的褐色经济模式。

第二次推动低碳绿色发展的浪潮出现在 20 世纪 80 ~ 90 年代。通过对传统经济增长导致资源环境退化的反思,提出了可持续发展的思想。1987 年,以"持续发展"为基本纲领的报告《我们共同的未来》经第 42 届联大讨论通过后发表,提出了当今世界环境与发展问题的行动建议。1989 年,英国环境经济学家皮尔斯出版了《绿色经济的蓝图》一书,主张从社会及其生态条件出发,建立一种"可承受的经济"。美国学者阿穆瑞在 1995 年发表的《倍数 4》一书,以及后来霍肯等人发表的《自然资本论》一书,都进一步指出了地球危机之所在,揭示了人类经济发展与自然资源之间不可分离的关系,并提出了经济增长必须与资源消耗脱钩的问题。1992 年在世界环境与发展大会上形成的《里约环境与发展宣言》和《21 世纪议程》确立了人类可持续发展的新战略。

第三次推动低碳绿色发展的浪潮出现在 21 世纪的前十年间,通过对过去 40 多年褐色经济增长超越了地球生态承载能力的反思,提出了全球的绿色新政和低碳发展问题。《联合国气候变化框架公约》缔约方多次召开大会,极力推进低碳发展。2005 年《京都议定书》正式生效,以法规形式限制温室气体排放。2008 年,联合国环境规划署的《全球绿色新政政策概要》报告,呼吁各国领导人实施绿色新政。2012 年的可持续发展大会,提出了绿色经济的新理念。"减少温室气体排放,走低碳绿色发展道路"已由一种科学共识逐渐转变为全球行动。特别是在国际金融危机爆发后,部分发达国家抓住"气候变暖"、"低碳经济"、"绿色发展"等概念,开始了实质性的国家政策调整,加强了政策刺激和国际协调力度,试图在这些领域占得先机,以主宰新型战略性领域的全球治理。

目前低碳绿色经济正孕育着新的经济增长点,也成为新一轮国际竞争的战略制高点。许多发达国家已将发展低碳绿色经济作为引领未来世界经济发展的新突破口。如英国已确定了"低碳经济"战略,制定了《英国低碳转换计划》[179],希望绿色经济能成为英国经济走出泥潭、恢复发展的强大推力。美国奥巴马政府推行的绿色新政,希望通过低碳绿色经济来谋求国家战略转型,通过新能源产业革命再造美国经济增长。日本提出了建设"低碳社会"战略,通过制定《低碳社会行动计划》、《绿色经济与社会变革》等,来强化日本的低碳绿色发展。欧盟也通过制定一系列计划,实施欧盟气候变化项目,推动其成员国减少温室气体排放,并投入巨资支持欧元区的绿色经济发展,以保持欧盟在"绿色技术"领域的世界领先地位。此外,许多发展中国家也在积极推进低碳绿色发展进程,中国和其他新兴经济体在促进发展中国家低碳绿色经济转型中发挥着主要作用。总之,低碳绿色经济已成为不可逆转的全球发展趋势。

7.1.3 循环产业集群与生态脆弱区发展的绿色增长极

绿色增长极在追求经济利益的同时,兼顾生态效益,符合当代社会经济的发展要求,并且绿色增长极汲取了增长极和绿色经济各自的优势,非常适合用于解决生态脆弱区的发展问题。循环产业集群这一新型产业组织模式是生态脆弱区发展绿色增长极的有效载体,是西部生态脆弱区构建绿色增长极的最佳途径。

7.1.3.1 绿色增长极及其与传统增长极的差异

以绿色经济来动绿色增长和实现绿色发展正成为全球化的发展趋势。绿色增长是经济发展与生态环境相协调的,经济效益与生态效益相统一的,经济社会与生态环境可持续发展的经济增长方式。绿色发展是中国现代化的本质要求、小康社会的必由之路、和谐社会的核心内容、新时期发展的必然选择。西部生态脆弱地区要实现跨越式快速发展和可持续绿色发展,必须要有绿色增长极来带动。绿色增长极是将绿色经济理念融入到增长极的构建与发展中,所形成的对区域经济具有强劲带动和绿色发展功能的新型增长极。绿色增长极以追求较高的经济与生态双重效益为目的,通过技术与组织创新来实现资源最大化利用和废弃物最小化排放,充分体现了人与自然和谐共处的可持续发展观。与传统增长极相比,存在着以下几个方面的差异:

(1)在追求增长效益方面的差异。传统增长极主要追求的是经济的快速增长,通过其极化效应吸引和聚集各类要素,使推动型产业得到快速地增长和扩张;通过扩散效应影响其他关联或辅助产业,促进相关产业的快速增长和扩张,从而进一步通过乘数效应带动整个区域经济的快速增长。在效益方面传统增长极追求的主要是社会经济效益,由于片面追求和过于看重经济效益的最大化,往往容易忽视生态环境问题。绿色增长极除了具有传统增长极的经济"增长"功能外,还具有传统增长极不具有的经济"绿色"功能,它以低碳经济、绿色经济、循环经济、生态经济为主体,不以高能耗、高物耗、高排放、高污染为代价,追求在不超出环境容量和不影响环境功能前提下的最大经济增长。在效益方面绿色增长极不仅要追求社会经济效益,而且更注重生态环境效益。

(2)在依靠创新驱动方面的差异。虽然传统增长极中也提及和注意了极点的创新带动作用,但是创新的作用并没有得到充分的重视和发挥,仅仅是作为一种可以引起极化效应的优势而已,这种只注重极化增长的技术创新,在推动经济快速增长的同时,也容易导致极点附近的要素过于集中、区域经济的非均衡性增大，甚至使极点区域的生态环境恶化。而绿色增长极十分强调创新对绿色增长的驱动作用，尤其注重发挥绿色技术与能源技术创新对绿色经济推动作用，在绿色经济和生态平衡理念引导下，技术创新会向有利于资源节约、环境友好，以及促进经济、资源、环境和社会系统良性循环的方向发展，通过技术创新、理论创新、组织创新、机制创新等，使“极化效应”与“扩散效应”达到均衡，实现区域内部经济快速平衡的绿色增长。

(3)在投入要素核算方面的差异。经济系统的增长是通过投入和产出过程来体现的。传统增长极只把进入生产过程的物质资本要素(包括人力、资金、技术及其他生产资料)看作是生产投入，而未将进入生产过程的自然资本要素(包括自然物质、生态环境及其他公共资源)看作是生产投入，因此未将之列入生产成本核算范围内，生产者并没有为这些资源要素支付成本。绿色增长极则将自然资源的节约和生态环境的改善作为其增长的必要内容，除了物质资本要素外，其还把自然资本要素作为重要的投入要素纳入其生产成本核算体系中。生态环境和自然资源历来都是人类生存和发展的基础，当环境资源供给和废物接收能力已明显缺乏时，自然资本便成为经济发展的稀缺要素。因此，绿色增长极将自然资本作为其绿色增长的内生变量，其所占份额越来越大。

(4)在物质消耗排放方面的差异。传统增长极属于资源消耗型、环境侵占型、利用粗放型经济系统，其发展主要是依靠物质资源和生产要素的大量投入，这必然会导致自然物质资源的大量消耗和生产废弃物质的大量排放。其经济的高速增长往往是以牺牲自然资源和生态环境为代价，随着自然资源的枯竭和生态环境的恶化，其对区域经济增长的带动作用也将停滞。绿色增长极属于资源节约型、环境友好型，利用集约型经济系统的发展主要依靠的是技术创新、组织创新、机制创新推动。即通过创新来不断提高资源利用效率，降低能源消耗强度，通过创新来不断提高物质转化效率，降低剩余物质排放强度，追求资源的最大化利用和废弃物的最小化排放，将生产过程中的物质消耗和排放控制在自然生态环境容量和自净恢复承载能力的范围之内，以实现可持续增长。

7.1.3.2　西部生态脆弱地区的发展需要绿色增长极带动

研究结果表明，西部生态脆弱地区大多属于欠发达地区，很多还是少数民族聚居地，不仅生态环境脆弱，而且经济发展落后。西部许多生态脆弱区的不稳定性和敏感性较高，自然承载能力和自我修复能力都十分有限。长期以来，人们以较为简单的生产方式和生产组织模式在如此脆弱的生态环境中生存，始终无法摆脱落后与贫困的困扰，有的区域甚至还陷入经济始终落后与生态持续恶化的恶性循环中。不仅出现了经济和生态的可持续发展问题，有些地方甚至还由此引出了社会民生及和谐稳定方面的问题。在经济发展方面,西部生态脆弱区的经济发展水平远滞后于国家的发展总目标,经济发展速度和效率远低于全国平均水平。在生态环境方面,在人为和自然作用的共同影响下,西部地区的自然生态系统出现逆向退化加剧的态势,生产力程度不断下降,导致系统的承载力降低。

解决西部生态脆弱地区存在各种问题的根本出路是发展。解决经济落后问题要靠发展,解决生态环境问题也要靠发展,解决社会和谐稳定和可持续发展问题更要靠发展,发展是解决西部生态脆弱地区所有问题的关键。加快西部生态脆弱地区的发展对促进区域经济协调发展,逐步缩小地区间的差距,推动整个国民经济快速持续健康发展和经济社会的全面进步,并最终实现共同繁荣和共同富裕都具有十分重要的意义。西部地区只有走跨越式快速发展之路,才有可能跟上东部的发展水平,与全国同步实现小康。西部生态脆弱地区虽然目前的经济总量较小,尚处于工业化发展初期,但也具有一定的资源禀赋优势和后发条件,可以直接学习或引进先进的技术和制度,采用先进的产业生产组织模式,从而大大节省创新研究成本,大大提高产业生产效率,这为其跨越式快速发展提供了可能。

加快经济发展是西部生态脆弱地区的一项紧迫任务,其发展目标就是加快赶上全国的经济发展步伐,尽快缩小与全国的经济发展差距。然而在产业经济落后、自然生态脆弱、区位环境欠佳的条件下,经济发展和基础设施普遍落后,仅仅依靠自然平稳均衡的增长,很难形成快速发展格局,无法实现上述发展目标。因此,要加快西部生态脆弱区的发展步伐,缩小与全国其他地区的发展差距,实现跨越式的快速发展,需要有"增长极"来带动。西部生态脆弱地区可通过自身优势和有效措施来引导产业聚集,以关联产业集群来构建区域增长极。通过增长极的极化聚集效应,吸引区域外的生产要素和各类资源进入本区域,以推动区域的经济快速增长和快速发展;通过增长极的扩散辐射效应以及关联乘数效应,带动区域周边其他产业部门快速增长,从而带动整个区域的快速发展。

西部生态脆弱地区的生态恶化的现实和环境脆弱的状况,决定了其必须走低碳绿色增长之路,必须实现可持续的绿色发展。西部地区拥有较为丰富的矿产资源、较为低廉的劳动力和较为广阔的土地资源,越来越完备的基础设施和政策体系,为产业发展提供了越来越好的条件。然而,以往的经验表明,过去粗放的发展模式对西部生态环境造成了不同程度的破坏,使得西部生态脆弱地区的产业经济发展与生态环境保护之间呈现了显著的负相关性和不可持续性,面临着严峻的生态恶化形势。因此,西部生态脆弱区必须另辟蹊径,走绿色发展之路。绿色经济作为可持续发展的最佳选择,不仅从生产环节入手提倡绿色环保,还渗透到整个价值链的每个环节,以科技进步为手段实现绿色生产、绿色流通和绿色分配。因此,西部生态脆弱地区必须建立起低碳绿色的产业发展体系。

在新的历史发展阶段,西部生态脆弱区的经济社会发展,不仅要注重增长的速度,更要注重发展的质量,既要实现快速增长,又要实现绿色发展[180]。历史的经验表明,以传统产业集群为载体的传统增长极,能够有效提高区域产业效率,迅速提升区域产业竞争力,带动区域经济的快速增长。但其并不能够完全很好地解决区域发展中存在的资源环境和生态脆弱问题,无法担负起带动生态脆弱区实现绿色发展的重任。而绿色增长极作为低碳绿色经济时代的新型增长极,具备了绿色发展和快速增长的双重功能,不仅能大大缓解资源环境的压力、有效改善供给结构,而且能创造出新的市场需求,培育壮大新的增长点,形成新的经济支撑力量,对区域经济的快速绿色增长具有强劲的带动作用。因此,西部生态脆弱地区要实现跨越式快速发展和可持续绿色发展,就必须有绿色增长极来强力带动。

7.1.3.3　循环产业集群是区域绿色增长极的有效载体

循环产业集群不是循环经济和产业集群的简单叠加,而是两者的有机结合体,突出和提升这两种模式的优势,克服和互补两者的不足,是一种能同时担负起跨越式快速发展和可持续绿色发展双重重任的新型产业组织模式。循环产业集群是按产业生态学原理和循环经济理念营造和构建、以集群循环模式运行的产业集群,是在特定区域内以产业链、生态链和价值链以及共性和互补性相联系的众多企业及相关机构所组成的具有物质、能量和信息循环功能的空间聚集体,具有产业集群和循环经济的全部功能特征[13]。在其产业共生循环网络中广泛存在的竞争协调、合作共生、循环生产机制,在提高集群产品生产效率和服务效率的同时,还实现了集群资源的高效利用和集群剩余物的最小化。由于循环集群不仅存在产业价值关联,而且还存在产业生态关联,所以其产生的乘数效应更为显著,对区域绿色发展的带动作用更为突出。

循环产业集群具有增长极的极化和聚集功能,能够吸引区域外的资源和要素向区域内聚集,从而使区域财富增长。在循环产业集群中,企业在价值创造活动的显著业绩和成功优势具有示范作用,能够不断吸引周边和区外的相关企业向其聚集,以追求和分享循环集群的溢出效益和聚集效益。随着关联企业(或产业)的不断聚集,一方面带来了产品、产值等产出的集中,实现资源、能量和信息的有效集成,从而强化了关联效应;另一方面这一聚集过程也伴随着高校、研发、中介、金融等机构的进入,并融入到价值链的增值环节中,由此带动了人才、资本、技术、劳动力等生产要素的聚集和进入,产生聚集效应。经过进一步的衍生、扩张、拓展,形成更大范围更具影响的区域布局,从而释放规模效应产生聚集经济。循环产业集群的极化和聚集功能,能够形成大量的外部投入,从而带动整个区域的增长。

循环产业集群具有增长极的扩散和辐射功能,主要表现为集群经济活动和经济效益向集群外部的辐射,以及集群经济要素和价值链条向周边区域的扩散。由于产业集群内的主导产业都是出于全球价值链的某个环节上,或者是某个产业生态链的某个链段上,与区域内或区域外的多个产业有着广泛关联,无论是产业价值链还是产业生态链,在其上下游纵向环节及其互补辅助横向环节,都与周边区域有着密切联系。因此循环产业集群内的绿色经济活动和经济生态效益必然会辐射影响到周边的其他区域。循环产业集群不断与外界发生着物质、能量、信息、资金等方面的交换,从而带动了产品、资金、人才和技术等的流动和扩散。在循环集群不断壮大过程中,其极化功能会逐渐减弱,扩散功能会逐渐增强,并通过资本转移、技术扩散、人才流动等,将其创新成果和经济动力扩散到区域周边,从而带动了整个经济发展。

循环产业集群具有低碳绿色循环经济的最重要特征,通过对其产业价值链和产业生态链的有机整合,使产业链上每个企业的生产剩余物质,都能够通过多个渠道和途径被其他多个企业层级利用和循环利用,在最大程度上实现对各类物质资源的节约使用和高效利用,从而减少了产业发展对自然资源和生态环境的需求压力,尽最大可能减少了整个产业在生产过程中剩余物质的产生量,能够最大限度地减少废弃物质的排放,使有害污染物的排放为零。此外,还将产业最终剩余物质的排放控制在区域自然生态系统能够自行消纳和自净修复的承载范围之内,从而大大减小了生产活动对资源、环境、生态的影响,使产业生产活动不对自然生态系统造成进一步的损害,有效遏制生态脆弱地区生态状况不断恶化的势头,甚至使已被损害生态系统在自然恢复和自净能力的作用下得到逐步修复。

综上所述,循环产业集群具有绿色增长极的所有功能和特征。循环产业集群将大量具有产业价值联系和产业生态联系的企业在一定的空间上聚集起来,通过有机整合,与相关支撑机构一道构成高效有序的产业生产、流通、创新、循环体系,形成了产业价值网络、产业创新网络、产业生态网络三者的高度融合。循环产业集群形成的多重循环复杂镶嵌型产业生态网络的有效运行,使得资源利用率大大提高,废弃物排放大大减少,可以最大限度的解决生态脆弱区所面临的资源短缺与环境破坏两大问题,实现绿色生态效益的最大化。不仅能够通过其在资源配置效率、生产经营效率、技术创新效率方面的优势,实现产业经济效益的最大化,使自身得到快速增长;而且还能够通过其产生的极化聚集效应、扩散辐射效应和关联乘数效应带动整个区域实现快速绿色增长。因此循环产业集群是绿色增长极的有效载体。

7.2　循环产业集群利益分配与创新动因的博弈分析

循环产业集群作为以多种循环镶嵌的产业价值链和产业生态链的产业生态网络,是由各类共生互补关系相联系的众多企业及相关机构所组成的具有物质、能量和信息循环功能的空间聚集体,其企业间存在着为寻求各自利益而形成的各种竞争与合作关系,并通过不断地博弈而达到稳定和平衡状态的,这在集群企业的利益分配和创新动因方面表现得也为突出。

7.2.1　循环产业集群内部的企业博弈关系及影响

循环产业集群以资源利用最大化和环境污染最小化为原则,以物质能量的多层次循环和梯级利用为特征,以共享资源和信息为平台,以技术创新为手段,以追求高的经济效率和生态效益为目的,来组织生产经营活动。其中的竞争与共生关系必然要涉及集群内部的企业利益和社会福利分配等方面的博弈问题,同时这些又会进一步影响到企业的创新发展。

7.2.1.1　循环产业集群内企业的竞争与合作

循环产业集群内部企业的竞争主要分为同质企业之间的竞争与异质企业之间的竞争。同质企业在原料、生产、加工、技术、产品、服务等方面具有相同性,企业之间更多的表现为竞争关系。同质企业在集群内部的竞争非常明显,虽然在短期内也可能会以合作为主导,或在某个阶段只存在着微弱竞争关系,但从长期来看,由于所需原料和生产产品的同质性,企业生态位高度重叠,决定了竞争才是这类企业间永恒的主题。异质企业在原料、生产、加工、原料、技术、产品、服务等方面具有差异性或异质性,因而,这类企业之间更多的表现为合作关系。异质企业在集群内不是提供相同或类似产品,而是提供不同的产品或进行产品配套,虽然这类企业之间也存在着一定的竞争,但由于其间的配套、互补、辅助关系往往表现为在专业化分工、延伸产业链等方面合作竞争。

循环产业集群的竞争主要表现在争夺资源、产品市场、工艺技术、经营策略等方面:①基于争夺资源方面的竞争。资源总是有限的和稀缺的,企业对经济资源的需求,社会资源在企业与企业之间的分配,必然导致企业与企业之间基于资源方面的竞争。②基于产品市场方面的竞争。企业在市场竞争中,通过提高产品质量、降低产品成本,向消费者提供价廉物美的产品和服务,从而获得一定的市场占有率的竞争行为。③基于工艺技术的竞争。集群企业的生产工艺和技术通常受到集群溢出效应的影响,企业为以先进工艺和技术取得优势地位,往往会在生产工艺和技术方面开展的竞争。④基于经营策略的竞争。集群企业根据自身优劣及环境状况,不断地为创造生存发展空间做出反应和谋划,从而形成了企业之间在经营策略方面互动性的关联和竞争关系。

集群企业的合作是企业之间通过协议或其他联合方式共同开发产品或市场,共同分享成果或利益,以获取整体优势的经营活动。在集群内部,企业之间除了竞争关系以外,还表现为各种直接或间接的合作关系。合作容易在优势互补性和产品互补性的异质企业间形成,即使在同一行业内生产同样产品或经营同样服务的同质企业,其生产经营优势都不可能完全相同,一种产品的生产销售往往可以带动另一种产品的生产销售,企业之间合作可以比独立经营获得更大的收益。同质企业在争夺有限资源时也有可能形成合作,因为如果彼此继续强化竞争,就会导致谁也获得不了利益,当有必要对有限的资源进行重新分配利用时,企业间的合作就成为可能。此外,当企业遇到了瓶颈,仅凭自己的力量难以突破,或实现自身的目标成本太高时,会考虑寻求合作伙伴。

循环产业集群的合作主要表现在专业分工、资源利用、研发创新、开拓市场等方面:①基于专业分工方面的合作。专业化分工使企业只保留自己最具竞争优势的核心业务,而将其他业务转让给更具效率的企业进行,这种分工合作使企业更具竞争力。②基于资源利用方面的合作。低碳绿色经济要求企业对各类物质资源进行高效充分利用,对剩余物质的资源化和无害化处理,通过企业合作可让有限资源发挥最大效用。③基于研发创新方面的合作。集群企业通过相互合作可以获取更多隐性知识,提高研发创新能力,企业通过集群创新网络合作,能够大大提高创新效率和研发成功率。④基于开拓市场方面的合作。集群内大量的中小企业规模有限,仅凭自身力量很难开拓出新的领域,而众多企业的合作则能产生出巨大力量,形成较强的市场竞争优势。

产业集群实际上就是一种合作与竞争的组合,在循环集群中的竞争与合作能够同时并存,且在不同的层面中和不同的成员之间发生。循环集群崇尚的是一种合作竞争,这种竞争不以竞争对手的失败为基础,也不以伤害竞争对手为目的,竞争的目的不在于他人是否赢了,而在于自己是否赢了,不少成功的企业就是建立在他人成功的基础之上的。在循环集群中企业间通过竞争以提高效率达,通过竞争达到协同,并在某些层面形成合作,通过某些层面的相互合作来实现其他层面的成功竞争。合作竞争有别于传统的零和博弈或负和博弈,它以实现合作竞争双方的共同利益为目标,是一种高层次的竞争。合作竞争并不是意味着消灭了竞争,而是从企业自身发展角度和资源优化配置的角度出发,促使企业间的关系发生新的调整,从单纯的对抗竞争走向了一定程度的合作。

7.2.1.2　循环产业集群内企业间的竞合博弈模型

循环产业集群内企业间的竞合博弈可分为处于聚集共生网络和辐射寄生链条上企业间的竞合博弈两种。聚集共生型产业集群是指集群内没有任何一家特大型产业集群,集群内的企业规模相差不大,企业与企业之间的决策没有跟风和模仿关系,而是需要企业间的持续竞争和合作才能维持集群的稳定性,网络共生型产业集群内企业之间由于空间集聚性,大量企业集中在一个地区,生产出来的产业具有相似性,必然会导致企业之间的竞争。辐射寄生型产业集群以龙头企业为主导,中小企业作为辅助企业为大型企业提供配套,大型企业与中小企业之间形成寄生关系,大型企业为中小企业提供技术支持,成品由大型企业推出市场。有的集群企业以上下游产业链的关系存在,上游企业为下游企业提供材料,下游企业为上游企业提供经济来源。下面考虑集群内两个企业合作博弈的情况。

不失一般性,可作如下假设:A、B 两企业在集群中占的资产比例分别为 A 和 B,两者投入合作的资产比例分别为 R_A 和 R_B。每次合作的总投入为 I(包括人力、物力、财力及技术资源等要素,统一量化为货币单位),其中 A 和 B 两个企业投入的份额比分别为 $a=(AB_A/I)$ 和 $b=(BR_B/I)$,只有这两个企业时,则有 $a+b=1$。企业存在守信与失信两种博弈行为,A 和 B 各自采取守信(或失信)行为的概率分别为 p(或 $1-p$)和 q(或 $1-q$)。合作总收益 C 的大小与两企业的预期合作效应系数 $h(h>1)$ 成正相关,合作分配机制是按企业投入的比例进行分配,即 A,B 各自所得的合作收益分别为 aC 和 bC。企业之间的合作受到受一种正反馈的激励,激励系数 $\theta(\theta>0)$ 随着合作次数呈理性递增,合作的次数越多越默契 θ 就越大,合作的效果就越好,合作的收益也越大。

关于聚集共生关系的情况,由于 A,B 两企业的性质相似、规模相当、地位平等,理论上在相同的策略环境中两企业的博弈行为往往会选择相同的策略。若 A,B 相互信任,彼此守信合作,合作的结果是两者都会按照其在合作中的投入比例获得收益;若两者互不信任,彼此失信背叛,其结果是两者的最后收益都为0;若在合作过程中一方守信而另一方失信,其结果是守信方在合作过程中的投入被失信方占取,从而导致 A、B 两企业从此不再合作。对集群企业来说,若在合作几次之前企业间都相互信任,并取得了合作的成功,企业间的信任度与合作愿望会得到加强,企业都会继续采取合作的策略;然而一旦有某个企业在第 n 阶段不合作,则集群内所有企业从此就不再合作。根据上述的假设,可计算和构造出 A、B 两企业在第 n 次合作时的归一化收益矩阵(如表7-1所示)。

表7-1 集群中具有聚集共生关系企业间合作博弈的支付矩阵

<table>
<tr><td colspan="2" rowspan="2">状态(概率)</td><td colspan="2">B企业</td></tr>
<tr><td>守信协同(q)</td><td>失信背叛($1-q$)</td></tr>
<tr><td rowspan="2">A企业</td><td>守信协同(p)</td><td>$a(\frac{pqh}{(1+\theta)^{1-n}}-pq)$;
$b(\frac{qph}{(1+\theta)^{1-n}}-qp)$</td><td>$0;bp(1-q)$</td></tr>
<tr><td>失信背叛($1-p$)</td><td>$aq(1-p);0$</td><td>0;0</td></tr>
</table>

关于辐射寄生关系的情况,假设 A 为集群内的大型企业,B 为围绕大企业开展业务的小企业,两者彼此守信合作时的收益分别为 aC 和 bC;两者互不合作时的收益都为0;由于存在溢出效应,当 A 守信合作 B 失信背叛时,B 可以享受 A 的溢出效应,而 A 则不能达到最优效率。当 A 企业独自经营时,虽不存在合作效应,但由于本身非常强大,B 企业不会对其经营行为产生太多影响,独立经营时两者的收益分别与其独立经营效应系数 k_A 和 k_B 正相关,且有 $h>k_A>k_B$。此外,集群的溢出效应也会对集群企业的收益产生影响,假设集群内共有 m 个小企业通过模仿 A 企业创新成果获得溢出收益,集群溢出率为 $\beta=\alpha m$,其中溢出率系数满足($0<\alpha<1$),即搭便车的模仿企业 m 越多,则集群溢出率就越高;根据上述假设,可计算构造出 A、B 两企业在第 n 次合作时的归一化收益矩阵(如表7-2所示)。

表7－2　集群中具有辐射寄生关系企业间合作博弈的支付矩阵

状态(概率)		B企业	
		守信协同(q)	失信背叛($1-q$)
A企业	守信协同(p)	$apq(\frac{h(1-\beta)}{(1+\theta)^{1-n}}-1)$； $bqp(\frac{h(1-\beta)}{(1+\theta)^{1-n}}-1)$	$a(k_A\frac{p(1-\beta)}{(1-q)^{-1}}-1)$； $b\frac{pk_B\beta}{m(1-q)^{-1}}$
	失信背叛($1-p$)	$a\frac{qk_A\beta}{m(1-p)^{-1}}$； $b(k_B\frac{q(1-\beta)}{(1-p)^{-1}}-1)$	0;0

7.2.1.3　影响集群企业竞合博弈行为的主要因素

竞合博弈中的企业行为可概括为两大类，即守信合作协同与失信对抗背叛。循环产业集群中的企业个体，作为有限理性的“经济人”，总是从自身利益出发来选择竞合策略。一方面会从争夺有限资源、扩大市场份额、巩固行业地位、提升自有品牌、获取最大利益等角度考虑与其他企业开展竞争；另一方面又会从节约社会资本、共享优势资源、联合创新研发、共同开拓市场、形成互补优势等角度考虑与其他企业开展合作。集群企业的竞合博弈是一种不完全信息的重复博弈和非零和博弈，具有企业个体理性与行为不确定性等特征。企业采取何种行为的唯一依据就是自身利益的最大化。若合作协同比对抗背叛更能带来利益时，就会选择前者，反之则选择后者。通过对以上模型及两个收益矩阵参数的深入分析可知，以下一些因素对集群企业竞合博弈行为的影响最为显著。

(1)合作效应与合作次数。从表7－1和表7－2都可以看出，无论是聚集共生关系还是辐射寄生关系的企业，其预期合作效应系数 h 和成功合作次数 n 都会对企业的竞合行为产生影响。预期合作效应是指在特定的外部环境和内部因素作用下，集群企业合作可能对外部环境及内部成员产生的预期影响。包括对提高市场集中度、促进技术进步、改善竞争结构、节约社会资源等方面的预期，以及对提高企业利润水平、盈利能力、市场份额、竞争地位、创新能力、管理能力等方面的预期等。可通过改进合作结构方式、加强企业沟通了解等，来提升预期合作效应，h 反映了实现预期合作效果的可能性大小，h 越大企业间越倾向于长期合作。成功合作次数 n 反映了企业互信守诚合作成功的次数，随着合作成功次数 n 的增多，企业间更加了解互信任，也更容易建立长期稳定的合作关系。

(2)正向激励与分配机制。竞合博弈中的正向激励(以激励系数 θ 表征)作为对企业合作行为的正面强化,可以进一步调动企业的合作意愿,使企业继续采取合作策略。集群企业合作博弈的正向激励在相当大的程度上是通过企业间合作的利益分配机制来体现的,企业作为独立经济个体,都以追逐自身利益最大化为最终目的。因此,合作的利益分配机制 F 会对企业采取何种博弈行为产生极为重要的影响。如果在合作过程中企业的投入没有得到相应的回报,或是低于自己独立经济活动获得的收入,或是企业间感觉分配不公平,都必然会导致博弈企业的合作行为向负面方向发展,甚至会导致某些企业的失信背叛。因此建立一个公平合理的合作利润分配机制,形成合作的正反馈激励,使激励系数 $\theta(\theta>0)$ 理性递增,对于保证集群企业合作的稳定性和持续性具有重要意义。

(3)溢出效应与相互模仿。溢出效应在产业集群中普遍存在,集群环境加速了企业间知识和技术的溢出,使群内企业能在较短的时间内以较低成本获取溢出知识,从而降低了企业获取创新资源的成本,可以使集群企业能够更容易和更快地获得创新成果。研究结果表明,适度的知识技术溢出效应能够有效地促进产业集群的发展,提高集群的整体竞争力;而过度的知识技术溢出效应则可能影响集群企业间的合作与协同,降低集群的整体收益率。从前面讨论的情况看,集群中知识与技术的溢出率 β 与相互模仿企业的数量 m 呈正相关,采取模仿行为的企业越多,溢出率就越高。较高的溢出率容易助长企业的搭便车行为,较容易低成本地获取和模仿别人的创新成果和经营优势,降低了企业间合作经营、协同竞争的意愿。反之溢出率越低,越有可能形成稳定的企业合作关系。

因此,要提高循环产业集群中企业间的竞合协同效应,形成合作竞争优势,可以从以下几个方面来考虑:①提高合作效应系数 h。通过改进合作方式和结构,加强企业间沟通和了解来增加 h 值,提高企业合作愿望。②增加成功合作次数 n。通过建立相应机制、奖励守信行为以及惩戒守信行为,企业彼此互信,成功合作的次数必然增多。③强化正向激励因素 θ。通过建立企业合作激励机制,发挥正向激励因素的作用,调动企业的合作愿意与积极性。④构建公平分配机制 F。将合作过程中的资金投入、承担风险、贡献大小等因素作为合作利益分配重要依据。⑤降低技术溢出效应 β。通过专利保护等措施来降低技术溢出率,减少搭便车的企业受益,从而提高合作意愿。⑤遏制模仿企业数量 m。通过打击剽窃、仿冒等搭便车行为,营造有利于合作的氛围，提高企业间的合作意愿。

7.2.2　循环产业集群内部利益分配博弈分析

作为一种高级的产业组织模式，循环产业集群的构成是极为复杂的，其内部企业都是处于某个网链上的独立经济实体，都以追逐自身利益最大化为最终目的。若企业在网链的投入没有得到相应的回报或低于自己独立经营活动的收入，或企业间感觉到网链利润分配不公平，就必然会影响循环网链的运行效率和稳定性，甚至导致循环产业集群的解体。因此建立公平合理的利益分配机制是循环产业集群高效率运行和稳定有序的关键。

7.2.2.1　基于多企合作利益分配的博弈分析框架

由于循环产业集群共生网络联盟（包括聚集共生网络和辐射寄生链条的混合构成体）构成的复杂性，其高效有序平稳的运行，面临着各种各样的风险。其中由于网络合作联盟中企业的利益分配不均等原因导致的循环网络运行效率降低，甚至网络联盟解体的实际风险尤为突出。因此，要保证循环产业集群能够高效有序稳定的运行，实现绿色的快速发展，就必须建立起科学合理的利益分配机制。在循环产业集群内的合作企业，有的资金雄厚投入巨大，有的创新贡献程度较高，有的承担风险能力较强。因此，在循环产业集群共生网络合作联盟中的利益分配机制，应考虑企业投入的资金、所做的贡献、承担的风险等因素。如何在循环集群内部按协议规则把所得到的利益公平地分配给所有成员企业，实现最优分配，对循环产业集群的高效运行和稳定发展非常重要。

循环产业集群共生网络联盟内多企业合作的利益分配对策，可借助于多个体合作对策博弈方法来研究。在多个体参与的企业合作博弈中，允许局中人（企业个体）进行充分自由的合作，包括在事先协商、协调彼此的策略等，并在终局之后重新分配每个局中人（企业个体）的利益。在多个体合作博弈对策中，合作能否形成或能否成功主要取决于合作后剩余效用在参与合作的联盟成员中分配得是否合理。如果分配不合理，某些局中人（企业个体）就可能脱离原来的联盟而加入其他联盟，或不参加任何联盟。因此，如何合理地制定分配方案是多个体合作对策研究的主要问题。它所研究和揭示的合作方式和合作利益分配等，对现实中循环产业集群合作模式有指导作用，其结论可用于构建循环产业集群共生网络联盟利益分配模式。

在循环产业集群中，可以将具有共生联盟关系的企业个体抽象为独立的“经济人”，企业作为理性的“经济人”在循环网络共生联盟中的行为总是以追求自身利益的最大化为目的，企业之间的联盟与合作也是为了这一目的。由于每个参与循环集群共生网络联盟的企业都是独立的经济实体,其决策行为的唯一依据和最终目标都是其个体期望利益的最大化。因此,合作博弈应当满足企业的个体理性,同时符合共生联盟的集体理性。它强调要在联盟内部按协议规则把所得到的利益分配给所有参与企业,它要求企业合作共生联盟必须找到一种合理的利益分配方式,该方式能够有效激发所有利益主体的合作意愿,并在合作过程中积极作出贡献,使得所有联盟企业都能从合作中获得应有的利益,并使合作共生联盟博弈的结果实现帕累托最优。

循环共生网络内企业合作博弈的实现存在着两个基本条件:①整体一致性条件。即共生联盟合作企业的整体收益大于其中每个局中人(企业个体)单独经营时的收益之和(即 $1+1>2$),从而使局部利益和整体利益保持一致;②局部趋优性条件。即存在着具有帕累托改进性质的分配规则,使每个成员都能获得比不加入联盟时更多的利益,从而使之趋优加入联盟,即企业都有加入联盟合作经营的积极性。整体一致性条件反映了循环产业集群能把合作各方分别具有的独特资源和优势进行有效组合,通过资源共享和优势互补,获得前所未有的新的集群综合优势,即整体收益大于其分散的企业经营时的收益之和。局部趋优性条件则反映了,由于企业间的合作存在着能比独立经营时获得更多的收益,致使企业趋向于与其他企业合作结盟以追求更优的收益。

关于循环产业集群的多企业合作博弈,可建立模型:设产业集群中多个企业的集合为 $N=\{1,2,3,\cdots,n\}$,其非空子集 $S\in N$ 称为循环网络联盟,所有联盟的全体记为 $P(N)$;各企业的收益份额用一个 n 维向量 $x=(x_1,x_2,\cdots,x_n)\in R^n$ 来表示,其中 $x_i(i=1,2,3,\cdots,n)$ 表示第 i 个企业所得的份额;其特征函数 $X(S)$ 表示联盟 S 通过协调其成员的策略所能保证得到的最大的利益,对于空集 Φ 有 $X(\Phi)=0$。此外在循环网络联盟中还满足下面 3 个合理性条件:

①个体合理性条件:$x_i\geq X(i)$, $\forall i\in N$

②整体合理性条件:$\sum\limits_{i\in N}x_i=X(N)$

③联盟合理性条件:$\sum\limits_{i\in N}x_i\geq X(S)$, $\forall S\subset N$ 且 $|S|>1$

由于上述多个企业合作博弈可以存在很多个解,那么怎么去获得一个合理且唯一的解就成了解决问题的关键。

7.2.2.2　多企合作利益分配的博弈求解方法

在网络联盟中,多个企业合作博弈对策的收益分配模型可以有多种解法,在此我们重点讨论核心法(Nucleolus)、最小成本法(Minimum Costs)和沙普利值法(shapley value)等求解方法。

（1）核心（Nucleolus）法

核心求解法从满足整体合理性和个人合理性的合理分配集中选择一组合理分配，它们对任何联盟 S 来说都不被其他合理分配所支配，即是将合作对策 (N,C) 的核心作为收益分配方案。考虑到核心有可能是空集，解决这个问题的方法是给多企合作对策模型中的联盟合理性条件额外增加一个松弛变量。按照给联盟 $S(1<|S|<|N|)$ 的收益 $v(S)$ 所加额外量的方法的不同，又分为最小核心、弱最小核心法和比例最小核心等方法。

在最小核心法中，给所有联盟 $S(1<|S|<|N|)$ 的收益总和都增加一个相同的额外量 ε，这时网络联盟各成员的分配收益问题即为求解下面的线性规划问题：

$$\min \varepsilon$$
$$s.t.\begin{cases} x_i \geq X(i),\ \forall i \in N \\ \sum\limits_{i\in S} x_i \geq X(S)+\varepsilon,\ \forall S \subset N \quad and \quad |S|>1 \\ \sum\limits_{i\in N} x_i = X(N) \end{cases} \tag{7.1}$$

在弱最小核心法中，给联盟 $S(1<|S|<|N|)$ 中的每一成员都增加一个相同的额外量 ε，此时其求解对应的线性规划问题为：

$$\min \varepsilon$$
$$s.t.\begin{cases} x_i \geq X(i),\ \forall i \in N \\ \sum\limits_{i\in S} x_i \geq X(S)+\varepsilon|S|,\ \forall S \subset N \quad and \quad |S|>1 \\ \sum\limits_{i\in N} x_i = X(N) \end{cases} \tag{7.2}$$

在比例最小核心法中，给联盟 $S(1<|S|<|N|)$ 的联盟收益增加一个与其开发收益总和成比例的额外量来求解，因此所求解的线性规划问题为：

$$\min \varepsilon$$
$$s.t\begin{cases} x_i \geq X(i),\ \forall i \in N \\ \sum\limits_{i\in S} x_i \geq (1+t)X(S)+,\ \forall S \subset N \quad and \quad |S|>1 \\ \sum\limits_{i\in N} x_i = X(N) \end{cases} \tag{7.3}$$

（2）最小成本（Minimum Costs）法

也称为最大最小成本（Minimum Costs - Remaining Savings）法，简称 MCRS 法，主要是从联盟企业成本分摊的角度考虑来对合作对策模型求解，对循环网络联盟来说，其利益分配的公式可表为：

$$x_i = x_{i\,min} + \frac{x_{i\,max} - x_{i\,min}}{\sum\limits_{i\in N}(x_{i\,max} - x_{i\,min})}\left[X(N) - \sum_{i\in N} x_{i\,min}\right] \quad \forall i \in N \tag{7.4}$$

其中，$x_{i\,min}$与$x_{i\,max}$可以通过线面的线性规划模型求得：

$$x_{i\,min}\text{或}\,x_{i\,max}$$

$$s.t.\begin{cases}\sum_{i\in N}x_i=X(N)\\ x_i\geq \bar{x}_i\geq 0,\ \forall i\in N\\ \sum_{i\in S}x_i\geq X(S),\ \forall S\subset N, and\ |S|\neq 1\end{cases}\tag{7.5}$$

此外，$x_{i\,min}$与$x_{i\,max}$的求解也可采用一种简化方法，将各个单位的理想利益所得和应该的利益所得分别作为其最高和最低的利益分配所得：

$$x_{i\,max}=X(N)-X(N-i),\ \forall i\in N\tag{7.6}$$

$$x_{i\,min}=X(N)-x_i,\ \forall i\in N\tag{7.7}$$

这种方法称为简化的 MCRS 法。

(3)夏普利值(Shapley Value)法

夏普利值法是在考虑联盟成员的贡献大小的基础上来解决收益分配问题的，夏普利值可以看作是每个联盟成员对该联盟的平均贡献。用 Shapley 值求解时，首先应满足如下公理：①对称性公理。参与者按照随机顺序组成联盟，且每种顺序发生的概率都相等，组合顺序对每个参与者的收益不产生任何影响，所有收益的支付都按照其对联盟的贡献大小来分配，对称性公理体现了合作博弈中各参与方的平等关系。②有效性公理。各个利益相关者的收益之和等于全体利益相关者合作之后企业所得到的总收益。有效性公理要求收益配置符合集体理性。③集成性公理。两个对策之和的值等于两个对策值之和，即对于任何两个相互独立的合作博弈 u 和 v，都有$f(u+v)=f(u)+f(v)$。④虚拟性公理。当参与者的加入与否对联盟的收益不产生任何影响时，则称之为虚拟参与者，且虚拟参与者的收益为零。

我们认为，理论上可以证明，当多个企业参与的博弈同时满足上述公理时，该合作博弈就对应唯一的一种分配形式，若将公理公式化，就可以计算出一种合作联盟的分配方案向量。即在所有 n 个企业合作博弈中的集合(N,v)之上，存在唯一的一个向量函数$x(v)=\{x_1(v),x_2(v),x_3(v),\cdots,x_n(v)\}$满足上述公理，它的第个 i 分量为：

$$x_i(v)=\sum_{i\in S}W(|S|)[v(S)-v(S-i)]\quad i=1,2,\cdots,n\tag{7.8}$$

其中$v(S-i)$是子集 S(联盟)中除去成员 i 后的收益，$v(S)$与$v(S-i)$的差值就是成员 i 对子集 S(联盟)收益所做的贡献值，$W(|S|)$为加权因子：

$$W(|S|)=\frac{(|S|-1)!\ -(n-|S|)!}{n!}\tag{7.9}$$

其中$|S|$是子集 S 中元素的个数。

7.2.2.3　循环产业集群利益分配的算例分析及启示

为了分析的方便和不失一般性，假设循环产业集群内的某个共生联盟由四个企业 A、B、C、D 组成，其目的是以产业网链（产业价值链或产业生态链）的形式，合作开展对某种循环生产关键技术的研发或对某类产品的生产和经营。

若这些企业都单独研发和经营，其经营获利和费用成本的情况如表 7－3 所示：

表 7－3　企业独立经营时的获利及成本（单位：万元）

独立企业	A	B	C	D
经营获利	4554.0	6638.5	1380.5	2442.0
费用成本	759.0	1100.0	231.0	407.0

若企业两两联盟合作研发和经营，则获利和成本的情况如表 7－4 所示：

表 7－4　两企业联盟合作经营时的获利及成本（单位：万元）

企业联盟	A＋B	A＋C	A＋D	B＋C	B＋D	C＋D
经营获利	12529.0	6649.5	7788.0	9003.5	10147.5	4268.0
费用成本	2233.0	1188.0	1397.0	1595.0	1809.5	764.5

若三个企业联盟合作研发和经营，则获利和成本的情况如表 7－5 所示：

表 7－5　三企业联盟合作经营时的获利及成本（单位：万元）

企业联盟	A＋B＋C	A＋B＋D	A＋C＋D	B＋C＋D
经营获利	14872.0	16038.0	9861.5	12353.0
费用成本	2926.0	3168.0	1958.0	2431.0

如果 A、B、C、D 四家企业组成一体化的产业共生网络联盟，则可获利 18425.0 万元，产生成本为 3993.0 万元。而这四家企业在联盟中的利润分配可分别运用核心法、简化 *MCRS* 法、夏普利值法进行计算，其结果如表 7－6 所示。

表 7－6　各种算法下四个企业的利润分配表

算法	X_A	X_B	X_C	X_D
最小核心法	4510.0	6347.0	1540.0	2035.0
弱最小核心法	4702.5	6154.5	1347.5	2227.5

续表

算法	X_A	X_B	X_C	X_D
比例最小核心法	4510.0	6308.5	1534.5	2073.5
简化 *MCRS* 法	4332.4	6282.7	1443.2	2373.8
夏普利值法	4319.2	6222.2	1485.0	2405.7

各种分配方式取值区间的相对比较如图 7－1 所示。

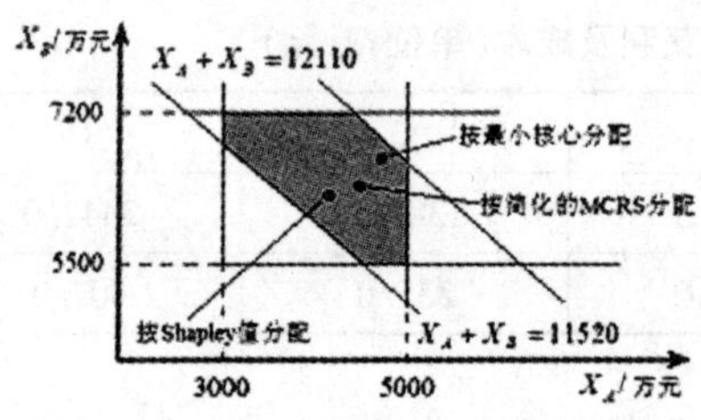

(*a*)*A*,*B* 两企业的收益分配

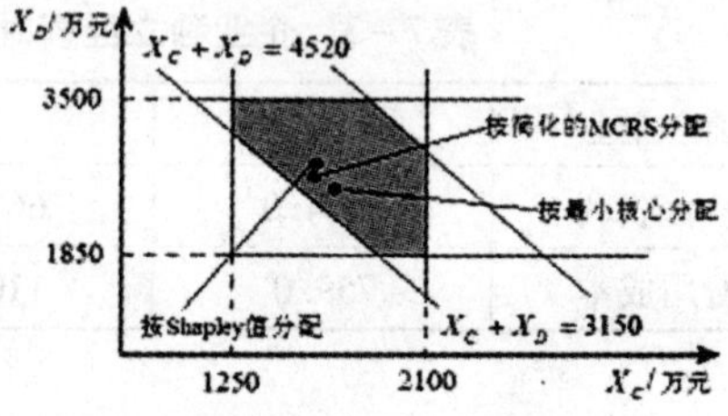

(*b*)*C*,*D* 两企业的收益分配

图 7－1　各种分配方式的结果比较示意图

对以上算例的计算结果进行分析比较后可以得出以下结论：①建立企业间的产业共生网络联盟，可提高整个循环产业集群的效益，显示了合作对策模型对循环产业集群效益优化的有效性；②简化 *MCRS* 法和夏普利值法的计算结果相差不大，对联盟贡献少的企业获得的联盟收益分配相对较少，这两种解法是同情弱势方的方法；③核心法的结果，对联盟贡献越大的企业获得更大的联盟收益，因此是一种根据企业对联盟贡献大小来分配联盟收益的方法；④由于核心法必须照顾到所有局中人的利益，核心法成为了所有联盟成员都不反对的分配方案，其中，最小核心法更加适用于联盟效益分配方案的制定。但核心解极有可能不存在或者为一个集合，所以夏普利值法将成为循环产业集群联盟效益分配方案的次优方案。夏普利值法保证了分配方案的整体效益较大，又不失公平，因而可以确保分配方案的顺利实施。

在上述循环产业集群共生联盟企业的利益分配模型中，一个隐含的假设是联盟成员的经营风险是均等的，即没有考虑集群企业在循环经济生产的风险问题，也就是说，对于联盟 $S=\{1,2,\cdots,m\}$，各成员企业承担的风险均为：$\bar{R}=1/n$。显然，这是一种理想情况。进一步讲，考虑到循环产业集群构成的复杂性，对循环产业集群共生联盟的实际贡献并不一定与各企业的投入与风险承担成正比，它与各企业的努力水平和运作效率也有很大关系。因此，对于联盟企业的分配还应运用综合优化原则，对各方面的影响因素给予不同的权重来进行优化，从而建立起各位科学合理公平,对成员企业有激励的分配形成机制。由于合作对策模型体现了各联盟企业之间的相互影响(竞争与合作),其分配对策可以较好地平衡循环产业集群内各企业的利益关系,能充分提高成员合作的积极性与可靠性,保证循环产业集群循环网络共生联盟的健康稳定发展。

7.2.3 集群企业创新动因及行为策略的博弈分析

集群企业的创新动因和创新能力,对产业集群的发展和演化会产生重大影响,在循环产业集群的最终形成和高效运行中起到了极为关键的作用。因此,考察和分析产业集群内企业的创新动力机制,找出导致集群企业创新动力减退的根本原因,采取有效措施来改善和优化集群的创新环境,对激发企业的创新动力,保持集群的持续创新活力和竞争优势,保证循环产业集群的高效有序和稳定运行具有重要的意义。

7.2.3.1 企业从自身角度出发的创新动力博弈分析

创新活动是企业成长的重要方式,集群企业处于一个竞争激烈的环境中,面临着与其他企业间的生存竞争博弈,适者生存是其成功的自然法则,因此企业会不断地为追逐利润而搜寻和变革。创新就是这种搜寻和变革的集中体现,它通过对资源要素有效整合与变革,提高其内在素质和效用,使企业获得更多的与其他竞争企业的差异性,这种差异性最终表现为企业在市场上的竞争优势。从前面的研究和分析中我们得出,处于特殊聚集环境中的企业面临着巨大的竞争压力,一方面会由于集群的专业化分工、网络化结构、公共资源共享,知识溢出效应、集体学习机制和区域社会资本等有利于其开展创新活动;另一方面也会由于集群溢出过度产生负溢出效应以及企业个体追求眼前利益的短见行为,使企业降低了创新欲望,产生创新惰性,从而导致其创新动力不足和创新能力下降。

企业作为市场中追求自身利益最大化的行为主体,其行为选择总是站在趋利避害角度,注重行为后的结果。企业的技术创新活动需要一支创新研发队伍,常常还伴随着较大的资金投入,且在竞争环境中其结果还具有不确定性,存在着失败的风险。因此在创新问题上企业一般都要站在自身具备的条件和角度来考虑,只有在创新收益大于创新成本时才有创新动力。企业是否进行创新以及创新动力的大小,直接取决于其对创新"纯收益"的预期。一项技术创新活动,既可能由于成功给企业带来很大的收益,也可能由于失败给企业带来一定的损失。尤其是高新技术产业中的技术创新,更具有高投入、高风险、高收益的显著特征。企业是否愿意从事某一项创新活动,往往要在创新投入成本、创新收益回报及创新风险的承受和驾驭能力三者之间进行比较、权衡后做出抉择。

在不考虑溢出效应的情况下，假设集群内某企业的创新只有成功和失败两种情况，成功的概率为 P（这与企业的研发力量、掌握技术和拥有的信息有关），创新的投入为 C，创新成功的收益为 G_S，创新失败的收益为 G_L，企业不创新可获得原有的利润为 G_0，一般情况下有：

$$0 < P < 1, C = \beta G_0, G_S = aG_0 - C, G_L = G_0 - C \tag{7.10}$$

其中 $\beta > 0$ 是创新投入系数，$a > 1$ 是创新成功后企业收益增长有关的系数，它与企业创新动力正相关。该创新博弈模型如图 7－2 所示。

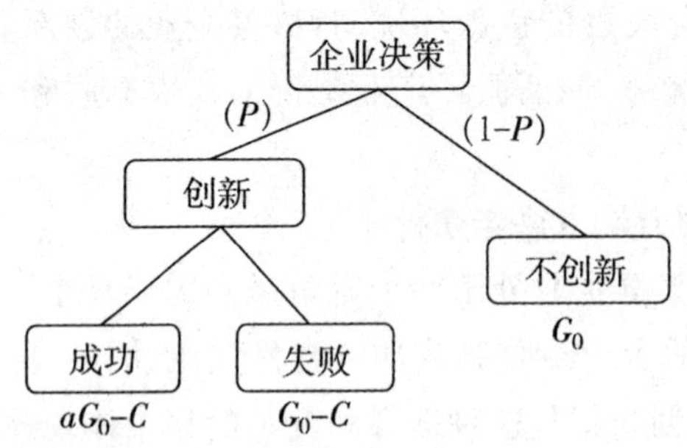

（a）企业创新博弈树

行为决策 / 结果概率	创新	不创新
成功（P）	aG_0-C	G_0
失败（1-P）	G_0-C	G_0

（b）创新博弈收益矩阵

图 7－2 企业创新博弈模型

此时企业创新的期望利润为：

$$\pi_I = (aG_0 - C)P + (G_0 - C)(1 - P) = (a - 1)G_0P + G_0 - C \tag{7.11}$$

企业保守（不创新）的利润为：

$$\pi_N = G_0 \tag{7.12}$$

当 $\pi_I > \pi_N$ 时，理性的企业有创新的愿望，这意味着存在一个使 $\pi_I = \pi_N$ 成立的临界概率 P_C：

$$P_C = C/(a - 1)G_0 \tag{7.13}$$

只有当创新成功的概率 P 满足：

$$P > P_C \tag{7.14}$$

时企业才具有创新的动力。

由(4)可以看出：企业创新成功的临界概率与其预期收益增长倍数 a、创新投入 C 及原有利润 G_0 有关，在其他条件不变的情况下，a 越大 P 越小，C 越大 P_C 越大，G_0 越大 P_C 越小。这就是说高利润行业是高风险行业，在这类企业中的创新往往需要高投入，一旦创新有了突破会给企业带来暴利，但若创新失败则会给企业带来巨额损失，因此企业在科技产品创新投入方面往往都比较慎重。企业创新成功的概率 P 反映了企业创新研发的实力，与企业的研发队伍、核心技术、科技信息及知识状态有关，当企业的创新研发能力一定时，创新投入成本越大，则创新成功的可能性就越大。此外，企业维持原状所获收益 G_0 越大，其寻求创新的动力就越小。若企业产品拥有相对稳定的市场份额，维持一个虽然不高但相对稳定的利润水平，企业可以在相对平稳发展的情况下，科技创新具有较大的风险和不确定性，则企业缺乏主动创新的动力。

7.2.3.2　无溢出效应时企业创新动机的博弈分析

在实际的循环产业集群中，一般都存在着多个同质相互竞争的企业，也有着很强的知识、信息和技术溢出效应，为分析的清晰和简便，我们先讨论在无溢出负效应（自主知识产权能得到充分保护）情况下，只有两个企业竞争时企业的创新动机。考虑集群里有两个生产同类产品的同质企业 A 和 B，不考虑创新成功的概率（即只要创新就能成功）。如果两家企业都不创新（维持原状）可获得原有的利润分别为 G_{A0} 和 G_{B0}；两家企业都创新成功最后所获得的收益分别为 G_{AS} 和 G_{BS}；A 企业创新，B 企业不创新，则两者获得的收益分别为 G_{AH} 和 G_{BL}；A 企业不创新，B 企业创新，则两者获得的收益分别为 G_{AL} 和 G_{BH}。则 A、B 两家企业创新博弈的收益矩阵如表 7－7 所示。

表7－7　两企业创新博弈收益矩阵

B企业 \ A企业	创新	不创新
创新	G_{AS}, G_{BS}	G_{AL}, G_{BH}
不创新	G_{AH}, G_{BL}	G_{A0}, G_{B0}

为讨论的简便，假设创新企业将维持原状生产所获得的利润全部用于创新投入，且两家企业产品原来的市场份额分别为 r_A 和 r_B。如果集群内只有两家企业，而且市场的容量是有限的，则有：

$$r_A + r_B = 1 \tag{7.15}$$

如果 A、B 两家企业都创新并获得成功，则两者的市场份额没有变，仍为 r_A 和 r_B，但由于新产品比原来产品的功能更强、品质更好、价格更高，因此其收益在原来的基础上增加了 a 倍。如果 A 企业创新并获得成功，B 企业不创新，则由于 A 企业产品的品质好而蚕食掉 B 企业的部分市场份额，使得此时两者的市场份额分别变为（$r_A + r_{A/B}$）和（$r_B - r_{A/B}$）；同理，如果 B 企业创新并获得成功，A

企业不创新，则有$(r_A - r_{B/A})$和$(r_B + r_{B/A})$（其中 $r_A > 0, r_B > 0, r_{B/A} > 0, r_{A/B} > 0, r_{A/B} < r_B, r_{B/A} < r_A$）。据此则可得到以下一些关系：

$$G_{A0} = r_A G_0, G_{B0} = r_B G_0 \tag{7.16}$$

$$G_{AS} = r_A a G_0, G_{BS} = r_B a G_0 \tag{7.17}$$

$$G_{AH} = (r_A + r_{A/B}) a G_0, G_{BL} = (r_B - r_{A/B}) G_0 \tag{7.18}$$

$$G_{AL} = (r_A - r_{B/A}) G_0, G_{BH} = (r_B + r_{B/A}) a G_0 \tag{7.19}$$

其中 $a > 1$，注意到(7.16)～(7.17)式后，该模型的博弈矩阵如表 7－8 所示。由此可以推出：

表 7－8　无溢出效应时的创新博弈收益矩阵

A 企业 / B 企业	创新	不创新
创新	$r_A a G_0, r_B a G_0$	$(r_A - r_{B/A}) G_0, (r_B + r_{B/A}) \alpha G_0$
不创新	$(r_A + r_{A/B}) \alpha G_0, (r_B - r_{A/B}) G_0$	$r_A G_0, r_B G_0$

$$G_{AH} > G_{AS} > G_{A0} > G_{AL}; G_{BH} > G_{BS} > G_{B0} > G_{BL} \tag{7.20}$$

这表明，在无溢出负效应的情况下，企业都会有创新的动力。当 A 企业进行创新时，其产品性能更好、成本降低、市场竞争力提升，可以获得更大的市场份额，B 企业如果选择不创新，就会逐步失去竞争能力，丧失市场份额；如果 B 企业也进行创新，那么假定双方市场竞争能力同样提高，市场份额保持不变，但由于产品附加值提升，博弈双方的利润率提高，收益也都会增加。因此，针对 A 企业而言，若 B 企业创新，其最优选择是创新，若 B 企业不创新，其最优选择仍是创新。反之，针对 B 企业来说，若 A 企业创新，其最优选择是创新，若 A 企业不创新，其最优选择也是创新。在这种情况下的纳什均衡是（创新，创新）。即在产业集群内部，若不存在技术溢出的负效应（自主知识产权能得到有效保护，不存在侵权仿冒）的情况下，创新行为得到有效激励，能够在整个集群内形成鼓励创新的氛围，企业都具有积极的创新动力。

然而，在产业集群中事实上存在着很强的信息溢出效应[181]，其正效应对集群的整体创新有利，而其负效应则会导致对创新产品模仿、仿制等搭便车现象，甚至出现剽窃、抄袭、仿冒等机会主义行为。例如在国内的一些传统产业集群里，其生产原料价格和劳动力成本较低，即使产品价格不高，通过仿冒企业也有不错的利润，这在某种程度上减弱了企业创新的动力，使之长期在低层次徘徊。对这些中小企业而言，由于研发能力和资金实力都较弱，对于产品科技创新所需的投入感到难以承受，于是只有走低档产品或模仿他人产品之路，并采取低价战略,随着竞争的加剧,其所获利润会越来越小。因此在实际的产业集群中,企业创新的动机和行为更为复杂。

7.2.3.3 *存在溢出效应时企业自主创新动力条件*

由于集群内存在很强的技术信息溢出效应,信息传递的速度也非常快,这就使得众多企业在创新问题上有了“自主创新”和“模仿创新”两种模式选择。自主创新是指建立在竞争者现有技术水平之上技术突破,超越竞争者的原发型创新行为。模仿创新是指通过模仿竞争者的技术,利用企业现有资源,改造现有的技术水平,实现企业相对技术改进行为。假设集群内的两家企业A和B,沿着相同的路径进行自主创新并获得成功,则两企业获得的收益分别为 G_{AS} 和 G_{BS};若两家企业都模仿竞争对手的技术可获得的基本收益分别为 G_{A0} 和 G_{B0};若A企业进行自主创新,B企业进行模仿创新,则两者的收益分别为 G_{AZ} 和 G_{BM};若A企业进行模仿创新,B企业进行自主创新,则两者的收益分别为 G_{AM} 和 G_{BZ}。则这两家企业创新博弈的收益矩阵如表7-9所示。

表7-9 两企业不同创新模式博弈收益矩阵

A企业 \ B企业	自主创新	模仿创新
自主创新	G_{AS},G_{BS}	G_{AM},G_{BZ}
模仿创新	G_{AZ},G_{BM}	G_{A0},G_{B0}

设自主创新所需投入的成本为 C_Z,模仿创新所需投入的成本为 C_M,且有:

$$C_Z=\beta_Z G_0,C_M=\beta_M G_0,\beta_Z>>\beta_M\geqslant 0 \tag{7.21}$$

其中 β_Z、β_M 称为创新投入系数,若A、B两企业各自原有的市场份额分别为 r_A 和 r_B 则有:

$$G_{A0}=r_A G_0,G_{B0}=r_B G_0 \tag{7.22}$$

若自主创新成功后企业的收益是原来的 a 倍,则有:

$$G_{AS}=r_A aG_0-C_Z=r_A aG_0-\beta_Z G_0=(r_A a-\beta_Z)G_0 \tag{7.23}$$

$$G_{BS}=r_B aG_0-C_Z=r_B aG_0-\beta_Z G_0=(r_B a-\beta_Z)G_0 \tag{7.24}$$

如果A企业采取自主创新,B企业采取模仿创新,由于集群内存在着溢出效应,B企业会对A企业创新成功的技术进行模仿,搭便车所获得的额外收益为 $G_{B/A}=\gamma_{B/A}$,A企业收益将受到等量的蚕食,这里 $\gamma_{B/A}$ 称为创新收益溢出系数($\gamma_{B/A}>0$),它与A,B两企业原有的市场份额有关。注意到(7.22)~(7.24)式后,有:

$$G_{AZ}=G_{AS}-G_{B/A}=G_{AS}-\gamma_{B/A}G_0=(r_Aa-\beta_Z-\gamma_{B/A})G_0 \tag{7.25}$$

$$G_{BM}=G_{B0}+G_{B/A}-C_M=(r_B-\beta_M+\gamma_{B/A})G_0 \tag{7.26}$$

同理，当B企业采取自主创新，A企业采取模仿创新时，设A企业搭便车所获得的额外收益为 $G_{A/B}=\gamma_{B/A}G_0$，$(\gamma_{B/A}>0)$，因此有：

$$G_{BZ}=G_{BS}-G_{A/B}=G_{BS}-\gamma_{A/B}G_0=(r_Ba-\beta_Z-\gamma_{A/B})G_0 \tag{7.27}$$

$$G_{AM}=G_{A0}+G_{A/B}-C_M=(r_A-\beta_M+\gamma_{A/B})G_0 \tag{7.28}$$

将(22)~(28)式代入表7-9后，该创新博弈的收益矩阵如表7-10所示。

表7-10 有溢出效应时的创新博弈收益矩阵

A企业 / B企业	自主创新	模仿创新
自主创新	$(r_Aa-\beta_Z)G_0$， $(r_Ba-\beta_Z)G_0$	$(r_A-\beta_M+\gamma_{A/B})G_0$， $(r_Ba-\beta_Z-\gamma_{A/B})G_0$
模仿创新	$(r_Aa-\beta_Z-\gamma_{B/A})G_0$， $(r_B-\beta_M+\gamma_{B/A})G_0$	r_AG_0，r_BG_0

针对A企业而言，在B企业采取自主创新策略时，只有当 $G_{AS}>G_{AM}$ 时A企业才有自主创新的动力，根据(23)和(28)式，可推得此时A企业有创新动力的条件：

$$\gamma_{A/B}<(a-1)r_A-(\beta_Z-\beta_M) \tag{7.29}$$

在B企业采取模仿创新策略时，只有当 $G_{AZ}>G_{A0}$ 时A企业才有自主创新的动力，根据(7.22)和(7.25)式，可推得：

$$\gamma_{B/A}<(a-1)r_A-\beta_Z \tag{7.30}$$

同理，针对B企业而言，在A企业采取自主创新策略时，只有当 $G_{BS}>G_{BM}$ 时B企业才有自主创新的动力，根据(7.24)和(26)式，可推得：

$$\gamma_{B/A}<(a-1)r_B-(\beta_Z-\beta_M) \tag{7.31}$$

在A企业采取模仿创新策略时，只有当 $G_{BZ}>G_{B0}$ 时 *B* 企业才有自主创新的动力，根据(7.22)和(7.27)式，可推得：

$$\gamma_{A/B}<(a-1)r_B-\beta_Z \tag{7.32}$$

由此我们可得到企业具有自主创新动力的条件如表7-11所示。

表7-11　企业具有自主创新动力的条件

前提条件＼企业动力		A企业具有自主创新动力	B企业个有自主创新动力
对手行为	自主创新	$r_{A/B}<(a-1)r_A-(\beta_Z-\beta_M)$	$r_{B/A}<(a-1)r_B-(\beta_Z-\beta_M)$
	模仿创新	$r_{B/A}<(a-1)r_A-\beta_Z$	$r_{A/B}<(a-1)r_B-\beta_Z$

由此可见,企业自主创新的动力与创新成功后的收益率、创新成本、创新溢出率、企业规模(市场份额)等因素有关,这些因素构成了企业的创新环境参数。当(7.29)~(7.32)式能同时满足时,两企业创新博弈的纳斯均衡为(自主创新,自主创新),此时自主创新是集群内所有企业的最优策略。

7.2.3.4　不同规模(实力)企业间的创新博弈分析

以上的研究分析表明,当企业自主创新所需的投入成本不太大($\beta_Z<(a-1)r_i,i=A,B$)且负溢出效应足够小时,企业具有自主创新的动力。然而对于现实中的产业集群,由于存在着较强的负溢出效应,创新付出的成本较高,企业实力差异较大等因素,往往导致(7.29)~(7.32)式不能够同时得到满足或完全不满足,在不同的情况下不同的企业往往会表现出不同的创新博弈行为。下面分别针对集群内企业实力悬殊较大和实力相当的两种情况来讨论。

(1)企业实力悬殊较大时两企业的创新博弈行为

在产业集群中大企业和小企业在规模和实力上存在较大差异,这主要表现在产品竞争力和市场占有率上。设集群内企业A的实力远大于企业B,即$r_A>>r_B$。此时一般有$\gamma_{B/A}>>\gamma_{A/B},\beta_Z>>\beta_M$。为使分析更加简便清晰,不失一般性,可假设:$r_A=0.8,r_B=0.2,\alpha=5$。分别讨论创新投入和溢出效应不同的三类产业集群,其企业创新环境参数如表7-12所示。将表7-12中的三类数值分别代入表7-10中,可得到这三类集群中企业创新博弈收益矩阵,如表7-13所示。

从表7-13中可以看出,对大企业A来说,无论小企业B的选择是自主创新还是模仿创新,其博弈的占优策略都是自主创新。在A企业选择自主创新的前提下,对小企业B来说有几种可能的选择。在企业自主创新所需的投入较低,且集群内溢出效应不大的情况下,B企业的最优选择是自主创新;在企业自主创新所需的投入和集群溢出效应居中的情况下,B企业的最优选择是模仿;在企业自主创新所需的投入较高,且集群内溢出效应较大的情况下,B企业的占优策略仍然是模仿创新。

表 7－12 当 A＞＞B 时产业集群的企业创新环境参数

类型	r_A	r_B	α	β_Z	β_M	$\gamma_{B/A}$	$\gamma_{A/B}$	投入率溢出率
I	0.80	0.20	5.00	0.40	0.04	0.20	0.02	低
II	0.80	0.20	5.00	0.60	0.06	0.40	0.04	中
III	0.80	0.20	5.00	0.80	0.08	0.60	0.06	高

表 7－13 当 A＞＞B 时企业创新博弈收益矩阵（单位 G_0）

类型	I		II		III	
A 企业 / B 企业	自主创新	模仿创新	自主创新	模仿创新	自主创新	模仿创新
自主创新	3.60, 0.60	0.78, 0.56	3.40, 0.40	0.78, 0.36	3.20, 0.20	0.78, 0.14
模仿创新	3.40, 0.35	0.80, 0.20	3.00, 0.80	0.80, 0.20	2.60, 0.52	0.80, 0.20

（2）企业规模实力相当时两企业的创新博弈行为

在许多中小企业集群中，企业的规模与实力差异不大。为简便起见，假设集群中只有 A、B 两家企业，且其规模和实力相当（即 A≈B），此时有 $r_A = r_B = 1/2$。此时有 $\gamma_{B/A} = \gamma_{A/B}$。不失一般性，可设：$\alpha = 5$，$\beta_Z >> \beta_M$。为使分析更加简便清晰，我们分别针对企业创新环境参数如表 7－14 所示的三类产业集群进行讨论。

表 7－14 当 A≈B 时产业集群的企业创新环境参数

类型	r_A	r_B	α	β_Z	β_M	$\gamma_{B/A}$	$\gamma_{A/B}$	投入率溢出率
I	0.50	0.50	4.00	1.00	0.01	0.30	0.30	低
II	0.50	0.50	4.00	1.00	0.01	0.55	0.55	中
III	0.50	0.50	4.00	1.00	0.01	0.80	0.80	高

将表 7－14 中的三组参数分别代入表 7－10 中，可得分别到这三种情况下的企业创新博弈收益矩阵，如表 7－15 所示。

表7-15　当A≈B时企业创新博弈收益矩阵

类型	I		II		III	
A企业 / B企业	自主创新	模仿创新	自主创新	模仿创新	自主创新	模仿创新
自主创新	1.00, 1.00	0.70, 0.70	1.00, 1.00	0.95, 0.45	1.00, 1.00	1.20, 0.20
模仿创新	0.70, 0.70	0.50, 0.50	0.45, 0.95	0.50, 0.50	0.20, 1.20	0.50, 0.50

可以看出,对规模和实力相当两家的企业来说,随着集群内部创新环境参数的不同,企业的创新博弈可能会出现三种情况。在集群内部溢出效应较小的情况下,两家企业博弈的最优策略都是自主创新;在集群内部溢出效应居中的情况下,企业创新的最优选择会随对手采取战略的不同而有所不同;在集群内部溢出效应较高的情况下,两家企业博弈的最优策略都是模仿创新。

在实际的中小企业集群中,选择何种创新模式依赖于集群内部创新环境参数,取决于企业对创新活动的风险、成本和收益等多方面的权衡。由于集群内具有很强的溢出效应,如果知识产权的保护力度不够,溢出的负效应得不到有效遏制,相关企业就会选择"模仿"策略,坐享创新企业的"技术溢出"成果,从而大大抑制了自主创新企业创新动力。此时"自主创新"对博弈双方来说都是劣战略。当所有的企业都选择了这种"最优"的等待模仿的理性策略时,就会陷入表7-15第III类情况所示的"囚徒困境",整个集群的技术水平就会停止不前。抄袭、剽窃、仿冒以及低价竞争等恶性行为就会越演愈烈,导致"劣币驱逐良币"的"柠檬市场"出现[182]。这种内耗竞争的恶性循环将最终导致整个企业群落功能性的毁灭甚至消亡。

7.3　循环产业集群运行绩效形成的主要机制

循环产业集群模式既具有产业集群的强大竞争优势和产业经济效率,又具有循环经济的资源高效利用和生态环境效益的特质,同时该模式还克服了传统产业集群中生态效益不够以及单一循环经济中经济效益欠佳的缺陷,通过群内各层面产业价值链和产业生态链的有机编织整合形成的集群循环网络,其运行绩效主要体现在经济绩效和生态绩效两个方面。

7.3.1　循环产业集群的经济效益形成机制

循环产业集群的经济效益及其绩效的形成源于多个方面,产业在集聚构成的网络中形成知识的溢出、技术的创新、专业化的分工，以及在企业竞争基础上的相互协作，使得集群的生产成本较低，经济效益显著。其中产业聚集效应产生的低成本和外部经济性、集群企业有效竞争带来的效率提升、产业价值链延伸形成的高端价值增值等三个方面给循环产业集群带来的经济绩效最为突出。

7.3.1.1 聚集效应形成的低成本和外部经济性

聚集效应是指社会经济活动因空间聚集所产生的各种影响和效果，以及吸引经济活动向一定地区靠近的向心力。由于产业经济活动及相关要素的空间集中而引起的资源利用效率和产品生产效率的提高，以及由此产生的生产成本和交易成本的降低，从而吸引企业聚集以获得聚集经济效益。聚集经济效益主要是由"外在因素"（或称外在经济效益）所组成，即某一企业（产业）的生产经营活动会对其他企业（产业）产生影响，提高（或降低）其经济效益。一般而言，当相同或不同类型的企业（产业）在某一区域聚集后，企业会因为地理上的彼此接近而获得好处。各种产业和经济活动在空间上集中产生的经济效果以及吸引经济活动又会形成一种向一定地区靠近的向心力，是导致产业集群形成和不断扩大的基本因素。聚集效应的低成本优势与外部经济性主要表现在以下几个方面：

（1）专业分工深化导致的生产效率提高。分工效应在产业集群中发挥着重要的作用，所谓分工效应是指由于集聚而给区域经济活动主体带来的分工与专业化方面的影响，专业化分工可以大幅提高生产效率，从而有效降低生产成本。主要表现在两个方面：①专业化分工是导致产业集聚形成的直接原因。分工与专业化使得与某种产品生产相关的上下游企业密切联系在一起，形成具有关联效应的产业链条，产业关联效应通过市场对资源的有效配置，使得资源要素和相关企业集聚在一起，形成特定的产业集聚。②产业集聚又进一步促进了专业化分工的深化。同一产业众多企业的空间集聚，扩大的中间产品在一定空间区域内的市场规模，加剧了企业之间的竞争，进而要求分工的深化和专业化水平的提高，专业化分工的深化，不仅提升了企业的核心竞争力，同时还大大提高了企业的生产效率。

（2）专业市场形成导致的经营成本降低。企业聚集形成的专业化市场，可以有效地降低包括运输成本、信息成本、寻找成本以及合约的谈判成本与执行成本在内的空间经营交易成本。分工增强了集群内企业专业化竞争优势，同时也促进了专业化市场的形成，专业化分工使上下游产业链产生了相互之间的专业化需求，从而形成高度的专业化分工和完备的专业化市场。众多企业聚集在一起，企业之间互为市场，彼此提供原材料、生产设备和产品，不仅生产协作方便,供销关系固定,而且距离缩短,运输费用降低,销售费用缩减,从而有利于降低产品成本和销售价格。市场汇集了包括产、供、销在内的大量信息(如产品质量、性能、价格以及供求及其趋势等),并快速、低成本地向集群内部各交易主体传播,能有效地降低事前搜寻交易对象、交易价格和搜寻技术及人才的费用,从而降低了经营交易成本。

(3)企业聚集经营产生的规模经济效应。随着大量企业聚集生产经营,各类产业资源和生产要素不断集中,使区域产业规模不断扩大,从而形成规模经济效应。企业聚集经营产生的规模经济效应主要表现在两个方面:①内部规模经济效应。表现为产业(或企业)内部随着生产和经营规模的扩大,劳动分工更为专业,作业流程更为高效,技术积累和人员熟练度增加,从而形成的在生产、销售、管理等方面效率的提高,以及由此导致在生产和经营方面长期平均成本的下降。②外部规模经济效应。在其他条件都相同的情况下,行业规模较大地区比行业规模较小地区的生产更有效率,行业规模的扩大可以引起该地区厂商的规模收益递增,这会导致某种行业及其辅助部门在同一或几个地点大规模高度集中,从形成外部规模经济。产业集群可通过企业聚集和整体生产经营规模的扩大来获得经济效益的提高。

(4)众多企业聚集形成的外部经济效应。聚集经营带来的外部性经济主要反映在以下两个方面。①资金性外部经济。众多企业的聚集使整个行业规模扩大和产量增加,导致了行业交易成本降低、生产效率提高、劳动力市场共享、集群品牌效益提升等,在市场机制的传导作用下,使整体行业内的企业都得到好处,这是产业集群形成的重要动力。正是因为集群的集聚效应可以给每个企业带来额外的利益,才会吸引更多的企业聚集在一起。②技术性外部经济。产业集群中企业的技术溢出会对其他企业产生正向影响。企业在特定区域聚集有利于新知识、新技术、新创意在企业之间进行快速传播和应用。某个企业通过技术创新所获得的新技术、新工艺和好的管理方式等信息,有很大一部分会外溢出去而成为集群内其他企业的公共知识和技术,从而使得集群内其他企业可以免费获取该福利。

7.3.1.2　集群企业有效竞争带来的效率提升

竞争是企业或其他经济主体在市场环境中为实现自身的经济利益和既定目标而不断进行角逐与争斗。在产业集群中大量同类或异类企业在同一区域聚集,加剧了企业间在资源环境、产品市场、工艺技术、经营策略等方面的竞争。同区域同行业的相互比较,有了明确的业绩评价标尺,加大了企业的竞争压力。绩效好的成功企业可以从中获得成功的荣誉,而绩效差的平庸企业则会因此倍感压力,在不断比较的过程中不断产生了激励。有效竞争作为能充分发挥竞争效力的市场竞争态势,是提高效率的关键和获得竞争优势的重要来源。主要表现为:集群内有众多企业参与竞争,不断有新企业进入集群,再不存在垄断现象;优胜劣汰的竞争压力,促使企业不断改进产品、降低费用,使生产集中在效率高、规模适当的企业中进行。集群企业通过有效竞争带来的效率提升主要表现在以下几个方面:

(1)竞争迫使企业不断地创新获得的效率提升。在集群环境中面对着众多的竞争对手,企业为了生存和发展并取得竞争优势,不得不寻求创新之路。通过创新来不断降低生产经营成本,不断提升技术和工艺、不断改进产品及服务,不断追赶变革浪潮,从而获得生产和经营效率的提升。企业创新的目的是为了提升自身的竞争力以形成竞争优势。企业竞争力是企业所具有的比其他企业更有效地向市场提供产品和服务,并获得赢利和自身发展的综合素质和能力;企业竞争优势是企业竞争力形成的基础和前提条件,表现为企业在产出规模、组织结构、劳动效率、品牌信誉、产品质量、技术研发、管理经营等方面所具有的各种有利条件。在产业集群竞争环境中,面对眼前的竞争对手哪个企业都不可能高枕无忧自满自足,竞争会迫使企业不断进取和创新,以获取竞争优势,在竞争中争取主动,从而获得效率提升。

(2)竞争能使企业有机会寻求更好的效率地位。激烈的竞争迫使企业不断地搜索和探寻有利的生存空间,不断地调整和改变自己的经营策略,以占据最佳的生态位,从而有机会获得更好的效率地位。这主要体现在两个方面:①从竞争对手方面获得的效率优势地位。竞争对手可以吸纳市场周期性波动,使企业能更充分地利用其生产能力;与竞争对手的经常对照比较,可激发企业不断提高自身效率水平;从竞争对手服务的某些细分市场退出,可卸掉企业在这些市场上的包袱,从而获得更好的效率地位。②从差异经营方面获得的效率优势地位。竞争不仅仅通过降低成本来维持或扩大市场份额,还表现在企业产品服务和营销方式差异化方面,差异化经营可以获得较大的市场份额和占有率,规模经济实力的增强又可进一步扩大差异化,形成占有率和差异化的良性循环,从而使企业取得更好的效率地位。

(3)竞争推动集群产业形成更优化的效率结构。集群企业之间的竞争,增加集群产业的市场需求,促进了集群中新企业和新业务的形成,从而改变了集群的产业结构。集群企业作为具有逐利行为的理性个体,在竞争中总是追求自身利益的最大化,从而使得产业资源和生产要素流向集群中效率最高的行业或部门;资本追求利润的本性和市场竞争机制的内在作用,也会促使新的产品销售市场和新的原料供应地的拓展。资源以逐利为目的向高利润产业聚集,出现了资源在不同产业之间转移。稀缺资源在集群内各行业部门的重新配置,资源有机组合形成更具效率的生产力,提高了资源配置效率;新的产业部门替代生产资源短缺的部门,或提高这些部门的资源利用效率,扩大资源供给较为丰裕的产业部门的生产规模,发挥闲置资源的利用效率。从而优化了集群产业的效率结构。

(4)竞争内容方式转变及转型带来的效率优势。集群企业之间的竞争逐步已开始出现了与传统竞争方式不同的转变,并由此带来了新的效率优势。主要表现在以下几个方面:①由对抗竞争向合作竞争的转型。集群内高度的专业化分工以及非正式关系,使企业间形成了一种既竞争又合作的竞合关系,企业之间通过竞争达到协同,由此形成的协同合作竞争比传统对抗竞争更为有效。②由产品竞争向技术竞争的转型。产品竞争是在一定生产技术下,通过降低成本和提高质量来获得产品的市场占有率的,而技术竞争则比产品竞争能产生更高的附加值,从而使企业能够获得更高的效率优势。③由生产竞争向营销竞争的转型。生产竞争的重点是产品的生产过程和成本,手段主要是产品的质量和价格;营销竞争的重点则主要是经营和销售、品牌和服务。营销竞争比以往单一的产品生产竞争更具效率优势。

7.3.1.3　产业价值链延伸形成的高端价值增值

产业价值链是以某项核心技术或工艺为基础,以提供能满足消费者某种需求的效用为目标、具有相互衔接关系的企业集合。价值创造过程主要包括主体活动(原料、生产、储运、营销、服务等)和辅助活动(人力、技术、资金、管理等)两部分,价值链就是由这些活动构成的行为链条。每个企业都处在产业链中的某环节,企业的竞争优势不仅取决于其内部价值链,还取决于其在更大价值系统(即产业价值链)中的地位。从整个产业的价值创造过程来看,产业价值链是由若干相应的价值增值环节构成,单个企业占据其中某个(或几个)环节,价值从一家企业流动到另一家企业,通过价值链传递实现价值增值。传统集群就是众多价值链条编织起来的产业价值网络,循环集群则是价值网络、创新网络和生态网络的高度融合体。循环产业集群可以通过以下三个层面的价值链延伸来实现高端价值增值提升。

(1)微观层面价值链调整带来的价值增值率提升。微观主要体现在企业价值链层面上,企业内部价值链是集群产业价值链的组成部分,集群企业通过对其价值链进行调整重构和重新定位,使其价值创造活动能创造出更多的价值。①企业内部价值链的调整。企业根据其所处的产业链环境及变化情况,通过对资源在其内部价值链上的重新分配，对价值链环节的调整重构，对价值创造活动的重新组合，对价值业务流程的重新再造，来调整优化自己的内部价值链，以提升其价值增值率和追求更高的价值增值。②企业外部价值链的调整。每个企业都位于产业价值链的某个环节上，都希望自己尽可能处于最佳增值环节和竞争优势地位，企业通过寻找与其竞争战略最具有适应性的价值活动联系及组合方式，以确定其与外部产业价值链的最佳接触点，通过对其价值增值环节的重新定位来寻求更高的价值增值。

(2)中观层面价值链拓展带来的价值增值率提升。中观主要体现在产业价值链层面上，集群产业价值链的每个环节上都有大量同类企业，企业在不同环节上相互依存、相互联动，形成一个有机整体(如图7－3所示)。产业价值链的自聚集自强化功能不断吸引企业聚集，其不断的延伸与扩展带来了价值增值率的提升。主要表现在:①纵向拓展。通过企业的纵向聚集和价值链的相互对接，使产业价值链的上下游环节得到延伸，对某个环节来说，上游企业包括该供应商、供应商的供应商，直至基本原材料的供应商，下游企业包括客户、客户的客户，直至最终消费者。②横向拓展。通过企业的横向聚集和价值链的相互对接，使产业价值链扩展到互补产品的生产商、机器设备以及服务供应商、技术支持及服务机构、金融机构，以及通过技能、技术或由共同投入品联系起来的相关企业和辅助配套厂商等。

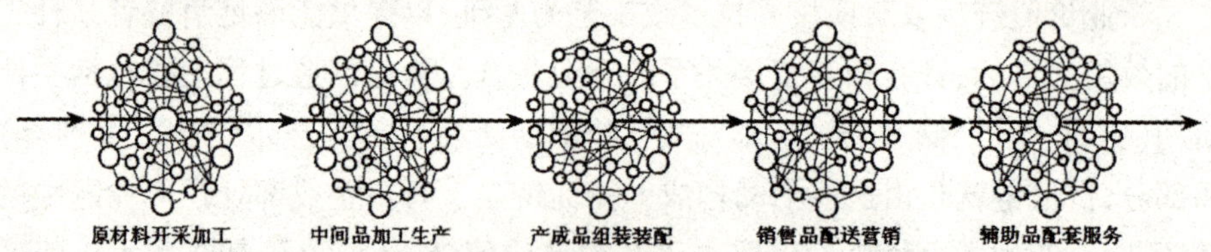

图7－3　工业产业价值链相关环节的部分链段

(3)宏观层面价值链升级带来的价值增值率提升。宏观主要体现在全球价值链层面上，全球价值链是指为实现某种商品或服务的价值，在全球范围内连接生产、销售直至回收、处理等过程价值链条或价值网络。散布于全球的价值链各环节进行着从策划设计、产品研发、生产制造、储备运输、市场营销、使用消费、售后服务、最后循环利用等各种增值活动。区域产业集群往往只是全球价值链上的某个增值部分或增值环节，根据价值链成本曲线和增值微笑曲线(如图7－4所示)，全球价值链各环节的生产成本和价值增值率是不同的，处于价值链高端价值增值率较高，其增值过程的成本较低，附加值较大。区域产业集群在全球产业价值链中的位置决定了其在该产业获得的附加价值高低。随着集群创新网络的不断发育，传统集群向创新集群再向循环集群的演化，推动着产业集群向价值链高端升级。

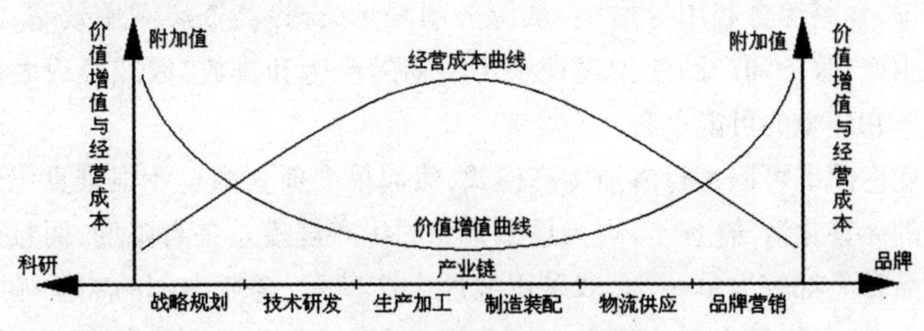

图7-4　产业价值链的成本曲线与微笑曲线

在区域产业集群中，只要产业生态条件允许，在自组织机制的作用下，产业价值链会不断地自我发育和强化，并不断地进行纵向延伸和横向扩展，使集群内的多条产业价值链最后发育成为较为完善的产业价值网络。在产业价值链的不同层次中（包括企业价值链、群落价值链、集群价值链、区域价值链、全球价值链等）。下一个层次往往只是上一个层次的一个部分或一个环节，某个企业总是位于某个群落价值链的某个环节上，某个企业群落又是位于某个产业集群价值链的某个环节上。而从全球范围来看，区域产业集群又可能处于全球价值链的某个环节上。由前面的研究结果可知，区域产业集群只有在其创新网络充分发育，具有强大的创新动力和能力时，才能真正摆脱价值链的低端锁定，实现由传统集群向创新集群再向循环集群的升级，只有这样才能真正镶嵌和融入到全球价值链高端环节上。

7.3.2　循环产业集群的生态效益形成机制

循环产业集群的生态效益形成机制主要表现在：集群企业无害化清洁生产形成的环境生态效益、资源循环利用和分级利用带来的资源生态效益、产业生态链网的多重耦合带来的综合生态效益等三个方面。

7.3.2.1　集群企业无害化清洁生产形成的环境生态效益

在高速发展的工业社会中，工业生产过程的有害废弃物质是造成环境污染和生态恶化的最主要原因，而无害化清洁生产是解决这一问题的有效途径。无害化生产是在生产过程中采用生物、化学、物理等方面的无害化技术，将生产过程中产生的有害物质，进行无害化或安全化处理，以避免生产过程中产生对人体及整个生态环境的危害。清洁生产是指将综合预防的环境保护策略持续应用于整个生产过程之中,以期减少对人类和环境的风险。无害化清洁生产就是采用先进的无害化技术和清洁生产技术对生产过程与产品采取整体预防的环境策略,通过改进工艺设计、采用先进设备、选用清洁原料、使用低碳能源、改善生产管理、物料综合利用等措施,从源头削减污染,提高资源利用效率,减少或者避免生产、服务和产品使用过程中污染物的产生和排放,以减轻或者消除对人类健康和环境的可能危害。

企业内部也可以实行清洁生产模式,然而单个孤立的企业很难真正做到完全彻底的无害化清洁生产。因为单个企业的生产规模总是有限的,而且生产模式和产品种类都较为单一,大多采用线性生产模式,企业内部的物质循环的局限性较大,不可能每个企业都来充当分解者,并对自己产生的所有废物进行分解,企业内部进行所有废物再循环利用的操作性不强,仅凭一个企业的力量很难在废弃物和污染处理上投入大量的人力和物力。因此,单个孤立的企业在无害化清洁生产上不能很好地形成规模效应。此外,单个孤立企业在资源能源方面实现按质利用和梯级利用的空间也很有限,即便是采用了一些清洁生产模式,在一定程度上实现了废物的削减,也不可避免地会使一些仍然还具有利用价值的物质废弃。因此,企业层次的清洁生产对提高资源能源会利用率和减少废物的产生有促进作用,但无法完全彻底地做到清洁无害。

集群企业的无害化清洁生产具有孤立企业所不能达到的若干优势,主要表现在:①可形成物质资源的多层级多循环利用。集群企业的无害化清洁生产,可以将集群内部单个企业产生的废弃物质,在集群内多个企业间进行多个层级和多重循环的利用,使最后需要排放的可能剩余物质趋于极小,从而真正实现了无害化清洁生产。②可扩大无害化清洁生产的规模和范围。集群企业的无害化清洁生产,可以将实施对象和适用范围进一步地泛化和扩大,把清洁生产应用到产业分工系统,实现整个产业集群区域的无害化清洁生产,从而形成规模效应。③可实现效益的最大化和排放的最小化。集群企业的无害化清洁生产,可充分利用集群内部产业链的优势,打破企业层次清洁生产的局限性,形成价值链与生态链的融合,在实现生产效益最大化的同时,也可以实现废物排放的最小化。因此,只有集群企业才能真正实现无害化的清洁生产。

循环产业集群生产形式,就是以单个企业清洁生产为基础形成的集群企业无害化清洁生产。通过企业间的循环生态联系,将无害化清洁生产在单个企业(微观)—企业与企业之间(中观)—整个集群区域(宏观)三种不同的维度开展。这种无害化清洁生产模式按照尽可能地避免生产过程的废物产生、对产生的废物进行循环利用、对最终的剩余物进行末端无害化处置的先后顺序进行,在最大程度上降低物质消耗和环境污染。此外,循环产业集群内部的企业合作共生网络和生态资源共享系统,为各类资源和能源的按质利用和梯级利用提供了便利条件。通过循环产业集群层面实施的跨企业无害化清洁生产方案,有利于人才、信息、技术和经验的分享,可以为企业提供更多的废物循环利用机会,更有利于提高各类物质资源和能源的利用率,减少各类废弃物的排放,降低对生态环境的污染。

循环产业集群作为绿色增长极的有效载体,其绿色理念顺应了低碳经济时代消费者的绿色诉求,清洁绿色产品的市场竞争力表现,激发了集群企业开展清洁生产的积极性。在循环产业集群内,几个增长极点企业会率先变革生产方式,采用无害化的清洁生产技术,通过原材料替代、工艺改进、设备更新、技术改造、优化控制和科学管理以及废物的资源化循环利用等措施与途径,从源头上减少污染物的产生和排放,最终从根本上消除污染。当几个增长极点运用清洁生产技术获得预期效益后,其他企业就会意识到绿色经营能带来超过成本的潜在收益,此时通过集群的知识溢出效应,众多企业会纷纷效仿以争取获得更多的市场竞争优势,清洁生产就在循环集群内推广开来,不仅减少了循环集群内的污染排放,更重要的是营造了循环集群的优质生态环境氛围,使绿色增长极模式在循环集群内部真正得以实现。

7.3.2.2　资源循环利用和分级利用产生的资源生态效益

由于地球自然资源的有限性,资源稀缺已逐渐成为制约人类生存和发展的重要瓶颈,有限资源的大量开采也造成了严重的资源生态问题,而对资源的循环利用和多级利用,可以大大地节约资源,从而有效地缓解资源环境问题。资源循环就是不断将生产过程中产生的废弃物质进行资源转化,使其变为可用物质的过程。资源循环利用就是根据资源的成分、特性和赋存形式,对各生产环节产生的废弃物质资源化,并对其进行循环使用和充分利用。资源循环利用生产模式,表现为自然资源在产业生产体系各个环节中不断地循环和开发,使能源和原材料得到充分加工和利用,将废弃物质极大限度地变为资源再次利用。将废弃物回收再生利用,使之变废为宝化害为利。通过各环节的反复回用,提高资源的利用效率,发挥资源的多种功能和最大功效,在满足社会产品需求的情况下,减少资源消耗和废弃物产生。

在产业生产过程中物质资源的多层分级利用是指:"物质资源在产业生态系统内多个组分和多层生态链中的连锁利用过程,其中上一环节或上层不同环节产生的成品、半成品或废弃物,以串联或并联形式作为下一环节投入的原材料加以利用,使物质资源的利用效率最大化和废弃排放最小化。"物质资源的分级利用将某种物质根据特定的标准分成了不同的等级，设计将不同等级的资源利用到不同的生产环节上，充分发挥其最大的作用。最典型的就是热能量和水资源的多层分级利用。热能量的分级利用在热电冷联产中表现得最为突出，通过对产生的热能进行分级，将高品位的热能用于发电和制冷，中品位的热能用于集中供热，低品位的余热用于温水养殖等；水资源的分级利用在工业生产中普遍存在，由于不同生产工序所需要的水质不同，因此可以将每个生产环节余水进行无害化处理后，分级输送到各个不同水质需求相应环节使用。

循环产业集群具有物质资源在多重循环网络内得到充分循环和高效利用的特征。它能够将不同的企业、不同的部门、不同的资源整合在一起，发挥出比单个企业、单个部门、单个资源所能创造效应的总和大得多的效应，即“1 + 1 > 2”的协同效应。循环产业集群的多重循环网络循环分级利用，是通过对集聚区要素的整合及其功能的优化实现的，具有单个企业所不具有的资源循环利用和物质分级利用优势，因此能产生出很好的资源环境效益。群内企业通常处于产业价值链或产业生态链的不同环节，专门从事某一项技术研发、生产开发、配套服务等活动，集群内各种废弃物的资源化都有专门的企业来进行。同一产业链上的不同环节由不同专业化企业生产经营，使每个企业以最优或接近最优的规模进行经营运作，降低了废弃物在资源转化和循环利用过程中的运行成本，从而提高了资源效率和生态效益。

循环产业集群中的集群创新网络，具有强大的技术研发和工艺创新优势，能为集群内各种废弃物质低成本的资源性转化，以及各类物质资源的高效分级利用和循环利用提供强劲的技术支撑。在许多情况下，由于技术和工艺水平的限制，对某些废弃物质的资源性转化以及循环利用和分级利用的运行成本较高，有些时候甚至没有任何经济效益而导致亏损，这也是为什么在单个企业中推行废弃物资源转化和物质资源分级循环利用较为困难的重要原因之一。而循环集群的创新网络则可以很好地解决这一难题，通过技术资源共享和集群联合攻关，根据工业代谢生态规律，研究高效的资源转化过程和循环技术工艺，为企业提供低成本高效率的转化工艺和循环技术，从而保证了不同企业之间在各类资源转化、再生循环、多级利用方面的可行性和有效性。因此，资源循环分级利用在循环集群内更容易实现也更为有效。

循环集群中企业的和谐共生关系，为资源的循环利用和分级利用提供了便利，因而其资源的利用率更高。互利共生在生物学中是指不同物种以不同的相互获益关系生活在一起，形成对双方都有利的生存方式。循环产业集群中的和谐共生是指不同企业之间的互利合作，通过这种合作，共同提高企业的生存或获利能力。循环产业集群通过有效的物流或能流传递方式把不同的工厂和企业连接起来,形成共享资源和互换产品(包括副产品和废弃物)的产业共生组合,使参与方均可从中获利,从而有利于这种交换互惠关系的长期稳定。集群企业的和谐共生对资源环境效益的贡献,主要体现在企业相互利用副产品和废弃物的合作关系上,也就是通过不同工艺流程和企业间的横向共生及资源共享,为废弃物找到下游的"分解者",形成一个高效率的闭环系统,通过物质的再生循环和分层利用,实现资源利用的高效率。

7.3.2.3　产业生态链网的多重耦合带来的综合生态效率

生态效率是指生态体系创造资源产品和生态价值效率,主要是通过输出(产出)与输入(投入)的比值来反映。在自然生态系统中,生态效率是指生态系统中各营养级生物对太阳能或其前一营养级生物所含能量的利用及转化效率,以能量流线上不同点之间的比值来表示。在产业生态系统中,"投入"是指产业经济体消耗的资源和能源及它们所造成的环境负荷,"产出"则是指产业经济经济体提供的产品服务及生态环境的价值。产业生态系统的综合生态效率则是通过其在产品服务或生态环境的价值创造过程中的能源消耗强度、原料需求量度、废物排放量度、环境影响程度等来反映的。即在其创造的单位经济价值和单位生态价值时的能源消耗强度、原料需求量度、废物排放量度、环境影响程则表明其综合生态效率越高。与其他产业系统相比,循环产业集群中具有多重耦合的产业生态链网,能够有效提高综合生态效率。

产业生态链是一定区域范围内的企业摹仿自然生态系统中的生产者、消费者和分解者之间的关系组合起来形成的,以废弃物和副产品资源为纽带的,具有产业衔接关系的企业群体。通过生产、销售、运送、分解和循环等一系列活动,实现资源和能源等在区域范围内的循环流动。在通常的循环经济体系中,产业生态链条一般都较短也较为单一,往往都不能形成完整的循环回路。而在循环产业集群中,由于产业价值链和产业生态链相互耦合,自组织机制在其中将发挥作用,大量相关企业会在价值链和生态链间不断聚集,使其在纵向上和横向上得到不断地延伸与扩展,不仅能够形成完整的循环链条,也容易发育成复杂的循环网络。在循环产业集群中的多条产业链经过充分发育后,可以形成多重嵌套、相互渗透、彼此耦合的产业生态循环网络,实现多层次、多渠道、全方位的物质循环流动。

循环产业集群内的多重耦合生态链网,能够使集群单位产值的能源消耗强度和原料需求量度降到最低,通过能源资源消耗的最小化来提高集群的单位产品的生态效率。在循环产业集群中不同类型的企业众多,由于创新网络的技术支撑和高效节能技术的应用,可保证进入每个产业生产环节的能量和原材料都得到最高效利用。除了能源和原材料一次性使用的高效率外,还可以将各生产环节产生的余能和余热进行集成、分级、分流,并通过多个渠道向多重耦合的循环生态网络传输,传递给产业生态网络不同层面的具有不同能量品级需求的企业或用户,使进入集群的每一份能源都能发挥出最大的效益。也可以将各生产过程不可避免产生的剩余物质或废弃物进行资源化处理,投入本级生产环节再次使用,或作为网链上其他下游企业的原料,经过多层次的循环往复,使投入的原材料产生出最大效用。

循环产业集群内的多重耦合生态链网,能够使集群单位产值的废物排放量度和环境影响程度降到最低,通过废物排放对环境影响的最小化,来提高集群整体的生态效益。由于循环集群中不同企业的种类繁多、结构复杂,使得集群中任何一个企业产生的剩余物质都可以找到对其进行再利用的另外一家企业。多个产业生态链条和多个产业价值链条的交叉对接,以及各类循环生态网络的多重耦合,使的各类能源能量和各类物质原料在产业生态链网中的传输更加方便快捷,使能源和资源的分层分级利用和再生循环利用更为高效。对整个循环集群而言,在生产过程中产生的最终剩余物非常少,即使有极少量的废弃物排放也要经过无害化处理,因此,循环产业集群对环境的影响自然也非常小,完全可以将其产生的影响控制在自然生态系统的承载能力和自我恢复能力的范围之内,甚至可以使过去恶化的生态系统得到修复。

循环产业集群内通常都有大量的多种不同类型的生态化企业群落,不同生态链段上都有相应的“生产型群落”、“消费型群落”和“分解型群落”。各企业群落之间存在着物质和能量的流动,同时还伴随着资金、信息、技术、人才和价值等的流动。多重循环生态网络的相互耦合,使各类资源都能得到高效利用,大大提高了资源的利用率,在为人们生产和提供所需的绿色产品和服务,并快速推进绿色发展的同时,还减少了对各类资源的消耗,缓解了发展中的资源需求压力;由于循环集群系统最终剩下的剩余物质极少,极少量经无害化处理的最终废弃物,也不会给生态环境带来负面影响。循环集群的溢出效应,有效地促进了企业间在高效利用、废物再生、清洁生产、无害处理等方面的交流、扩散、创新与应用,有助于在位企业和潜在创业者实施清洁生产和循环经济。因此,多重耦合的循环生态链网具有显著综合生态效率。

7.3.3 循环产业集群竞争优势的实现机制

在循环产业集群聚集效应的作用下,各种相关生产要素不断流入,促使集群企业配套的研发、生产、销售、服务等产业化体系不断发展和完善,使资源得到更有效的配置,从而形成强劲的集群竞争优势。这种竞争优势主要是通过集群企业的分工协作、群内核心竞争力整合、集群绿色协同创新等机制来实现的。

7.3.3.1 集群企业分工协作带来的竞争优势

在循环产业集群中聚集的各类企业具有不同工艺技术和生产能力,在自己擅长的方面上比其他企业做得更好,于是就专门从事一定成品或零部件的生产,或者完成成品生产过程中的某些工艺作业,即出现了企业分工。要实现集群的共同目标和企业的最终价值,分工企业之间就必须相互协调各种不同工作任务的安排,即出现了企业协作。循环集群分工协作主要有:①垂直分工协作。将原本企业内部的生产链分解为由若干专业企业协作的生产链,不同企业生产过程互相衔接,最终形成完整的生产过程。②水平分工协作。循环集群中大量最终产品的生产企业,通过水平分工协作生产差别化的产品,形成了集群产品的多样化和系列化。③职能分工协作。表现为企业内部部分职能的外化,将原本内部的设备安装、维修保养、物资储运等职能由协作企业来完成。集群企业专业化分工协作带来的竞争优势主要表现在以下方面:

(1)集聚专业优势。专业化分工使产业链局部环节的生产作业由专业人群来操作,或由专业的企业来完成。在产业链的各个环节上都会有大量的专业人员和专业企业集聚,形成不同的专业化群落,专业化的人员和企业长期专业从事固定的生产操作,有助于其操作经验的积累、操作工具的改进和操作方法的完善。在专业群落内由于溢出效应,专业信息和专业技术容易获得,有利于降低企业学习和研发的成本,利于提高学习和研发效率的提高。专业企业长期专注于其从事的专业生产领域,有利于专业生产要素和资源的集中,有利于专业生产技能和工艺的改进。专业人群和专业企业的集聚,同类专业企业之间加剧了竞争,可以使该领域的效率不断得到提升。因此,循环集群中的专业化分工合作,同类专业企业在产业链某一环节的集聚,以及不同专业企业在同一产业链上不同环节的集聚,使集群的生产效率大为提高。

(2)集合内生优势。在集群企业内部,分工使各个生产过程和作业环节分离出来,形成独立的生产操作体系,按照特有专长将作业人员分类安排在其适宜的岗位上,让有特长的人做自己擅长的事,使得生来只适宜于从事片面特殊职能的劳动力得到充分发挥,使平均社会劳动时间大为缩短,生产效率显著提高。专业化分工协作将不同个体(个人或企业)在某个方面所具有的片面内生优势集合起来共同发挥作用,从而形成循环集群的整体内生优势。在商品交换的市场环境中,交易主体的自然差别,即资源条件、技术能力和专特有长的差异,是商品交换产生的历史起点,也是商品生产者(企业)能够获取比较优势的基础。因此,循环产业集群内部的专业化分工协作,有利于个体(人员、企业)专业特长和内生优势的发挥,在充分利用区域资源禀赋等外生比较优势的同时,也形成了集群自己的内生竞争优势。

(3)集中规模优势。循环集群中的专业化分工协作,不仅促进了新企业的诞生,也促进了集群产业链规模的扩大。在纵向上会有大量不同专业企业在产业链的不同环节上形成纵向聚集,在横向上也会有大量同类专业企业在产业链的同一环节上形成横向聚集,从而形成了产业资源、生产资料和经营要素的集中。产业规模的扩大和各类资源的聚集,有利于生产要素的集中使用和规模效应的有效发挥。一方面大规模巨大的生产资料和经营要素,在众多企业共同使用和消费的情况下,可以带来生产性费用和非生产性费用的节约。另一方面产业规模的扩大,可以使劳动分工更为专业、作业流程更为高效,技术工艺更为科学、操作人员更为熟练,从而带来生产、销售、管理等方面效率的提高,以及生产经营长期平均成本的下降。此外,由于关联效应导致的相关行业及辅助部门规模扩大,也会形成外部规模经济。

(4)集群协同优势。循环集群中的专业化分工协作,会产生协同效应,形成集群的集体生产力。协同效应表现为两个事物经有机结合后,会产生超过两个事物简单相加的效果,即总体功能大于部分功能之和。专业化分工协作在提高了个体生产力的同时,也创造了一种新的生产力,这种由分工协作协同产生的生产力,必然大于群内单个企业生产力的机械之和,这就是集群的集体生产力。集群企业在分工协作中,通过竞争达到协同,在生产设备、技术、信息等方面形成资源共享,在生产品种、批量、进度等方面形成差异化经营,在生产工艺、研发、创新等方面形成优势互补,在生产环节、流程、加工等方面形成协作生产,在产品生产、储运、销售等方面形成协同合作,在每个企业都专注于自己最具竞争力的价值活动中,实现整个集群的企业协同,形成集群的集体生产力。

7.3.3.2 企业资源与核心能力整合形成的竞争优势

资源作为企业发展的源泉,大体上可以分为基础资源和核心资源两大类。基础资源是所有企业所必备的资源,包括企业的土地、厂房、设备等,通常以有形的形态呈现,往往容易被人们所认同。作为企业发展的基础和创造财富的平台,基础资源在企业发展的初期起着重要作用,但其作用将随着企业的不断成长而逐步降低,在进一步发展中则成为相对次要的资源。核心资源是除了基础资源域外具有企业核心特征的、有价值的、稀缺的、不能完全模仿和替代的那部分资源,包括企业的技术、人才、品牌等,通常以无形的形态出现,往往容易被人们所忽视。随着现代企业的发展，企业的资产逐步软性化，技术产品的研发、人才资源的开发、企业品牌的打造等，对企业核心能力的形成产生了越来越重要的作用。核心资源能为企业创造新的财富，是企业持续竞争优势的源泉，决定着企业的发展空间。

每个企业都有自己的核心能力，核心能力是企业在长期生产经营过程中的知识积累和特殊的技能（包括技术的、管理的等）以及相关的资源（如人力资源、财务资源、品牌资源、企业文化等）组合成的一个综合体系，是蕴涵于企业内质中与其他企业不同的一种能力。核心竞争力是企业在某一个时间段独具的，竞争对手不具有的且在短期内难以模仿和复制的，能使企业在竞争环境中能够取得主动，并在相当一段时间内保持持续竞争优势的核心能力。表现为企业在技术和产品创新能力、生产要素和资源整合能力、人力资源及人才竞争能力、生产运行与经营管理能力、企业品牌与产品竞争能力等方面，与竞争对手比较所具备的竞争优势与核心能力差异。核心资源是企业核心能力的基础，将核心资源和运作机制有机融合的组织能力也是企业核心力的重要表现，企业以其独到的核心能力，获取稳定的竞争优势。

企业内部核心资源的整合形成了企业的核心竞争力。其主要表现在以下方面：①核心技术。这是企业获得竞争优势的关键条件，表现为技术专利、产业标准及不同形式知识等，其重复使用会使价值连续增长和报酬递增。②创新能力。包括技术研发、改造、转化、保护等方面的能力，创新能力越强，产品技术含量、质量、性能、工艺和服务水平越高，竞争力就越强；③人才资源。人才是企业竞争力获得的基础和核心资源的核心，作为企业核心竞争力的制定者、执行者和创新者，人才资源是现代企业的希望所在。④企业文化。企业文化是企业核心竞争力的重要内容，良好的企业文化是企业整合更大范围的资源，迅速提高市场份额的重要手段。⑤企业品牌。顾客对企业感性和理性认知的总和，蕴含了企业的经营理念、价值观念及对消费者的态度等，消费者忠诚及尊重的品牌是企业竞争的利器。

对产业集群来说，资源要素、结构要素、能力要素是反映集群整体竞争力的基础要素。①资源要素。包括集群内的人力资源、自然资源、资本资源、基础设施等；②结构要素。包括集群内的市场结构、企业构成、产业链条、组织模式等；③能力要素。包括产业集群的创新能力、制造能力、营销能力、整合能力等。其中集群整合能力对集群竞争优势的形成具有十分重要的作用。整合内容即包括对集群生产资源、产业链条、社会网络、知识累积的有机整合，也包括对集群学习能力、协同能力、生产能力、创新能力的有效整合；整合的对象包括信息、知识、技术、工艺、资金、经验、关系、文化等要素;整合主体包括公司企业、中介机构、研究机构、高等院校、政府机构等;整合的背景是集群共同的社会价值观念和绿色生态文化;整合的动力是互为利益和发展目标的地缘共同价值追求。

循环集群的核心竞争力是在其追求经济价值和生态价值实现的过程中,向顾客提供优于竞争对手并且不易被竞争对手所模仿的,为顾客所看重的产品和服务价值的能力。循环集群的核心能力反映了对其内部资源、技术、知识、能力的整合能力,整合过程涉及集群企业之间不同生产技术的协调、不同技术工艺的组合、不同价值观念的传递、不同产业链条的衔接。核心能力的积累,可以为新产品和新市场的出现创造机会,从而获得更多的超额利润。循环产业集群正是通过对其内部各企业的核心资源,特别是对各企业核心能力的有机整合,来形成集群整体的核心能力的。通过合作博弈机制对集群资源进行有机整合,使各企业以自己最具竞争优势的核心资源和核心能力融入到集群产业链(包括价值链和生态链)中,实现集群的深度分工协作与整体协同,从而形成了集群整体的竞争优势。

7.3.3.3 集群协同创新环境和机制产生的竞争优势

在激烈的市场竞争中,创新是企业发展的源泉,不断创新是产业组织体保持持续竞争优势的不竭动力。然而随着信息经济的高速发展,科学技术和智力知识在经济发展中的作用越来越大,技术创新的主体也越来越多样化,使创新资源分别掌握在不同创新主体手中。任何一个创新主体都不可能完全掌握和控制其创新活动所需的所有资源,只有通过其他主体的支持和帮助,才能有效地利用其他资源,完成创新活动,达到创新目标。在现代产业体系中的许多技术创新问题,不是某个主体或某个机构就能够独自解决的。企业要完成某项技术创新和成果应用时,往往需要多机构、多部门、多企业的协作配合[183],特别是某些关键技术和核心技术的突破,还需要相关企业、高等院校、科研院所、政府部门、金融机构以及科技服务机构等上下联动和横向互动,才能实现目标。因此,协同创新就成了现代企业的最佳选择。

根据协同学系统理论的观点,协同是系统内部各子系统在非线性相干的相互作用下形成的协调一致的运动和相互合作的属性,以及由此带来的系统整体性能的增强。子系统之间的相互协调和协作运行,形成事物间属性互相增强的协同效应,推动事物共同前进并向积极方向发展。对事物双方或多方而言,协同的结果使各个获益,整体加强共同发展。协同创新作为一种新型的创新组织方式,就是通过有效创新协同机制,将创新资源和要素进行有效汇聚,突破创新主体间的壁垒,形成以大学企业研究机构为核心要素,以政府金融机构中介组织创新平台非营利性组织等为辅助要素的多元主体协同互动的网络创新模式，通过知识创造主体、技术创新主体与产品创制主体间的资源整合与互动，充分释放彼此间"人才、技术、资本、信息"等创新要素的活力，形成创新活动的非线性叠加和效率倍增。

循环产业集群具有进行协同创新的有利条件和天然优势。由于大量的相关企业聚集，并在纵向上或在横向上嵌入到集群内不同产业链（产业价值链和产业生态链）的不同环节上，共同的价值追求和相互的利益联系，使企业之间具有进行协同创新的愿望[184]。高等院校、科研院所、中介机构、金融机构、政府部门等不同主体的融入，形成了各类创新主体和创新要素的聚集。特别是产业集群由传统集群向创新集群再向循环集群升级后，实现了产业价值网络与产业创新网络再与产业生态网络的深度融合，带来了知识创造主体、技术创新主体与产品创制主体间的资源整合和互动，突破各创新主体间的壁垒。因此循环产业集群具有协同创新的便利条件，集群企业通过创新网络进行协同创新，能够形成创新资源优化配置、创新要素有效发挥、创新活动协调同步，并实现创新知识共享、创新成果互惠、创新主体共赢。

在循环产业集群内，由于企业间相互利益的联系和共同利益的驱动，一旦在某个产业链点或链环上出现了新思想、新发现或新改进，就会在产业价值网链或产业生态网链上迅速传递，并通过产业创新网络成为整个集群企业的协同创新。由于循环产业集群中聚集效应和示范效应的吸引，大量的信息、人才、技术、资金等创新要素和创新资源向之汇集，形成累计效应；网络则为企业创造了一个竞争与合作并存的协同创新环境；由于溢出效应和网络效应的影响，创新成员间的密切交流和接触，加速了隐性和缄默性知识的传播扩散，这种交流碰撞更能有效激发新思维和新办法的产生；由于根植效应和企业协同效应作用，建立在互信基础上的社会关系网络和合作创新机制，使得群内创新资源得以有效配置，协同创新网络高效运转，从而大大提升了集群企业的创新能力、创新效率和创新成功率。

循环集群的协同创新机制主要表现在：①互惠共生。通过对集群内个创新主体和创新要素的有机联结和有效整合，形成互利互惠的技术创新和价值创造共生体。②博弈协同。通过重复的竞合博弈，逐步形成了竞争、合作与互动的协同模式，实现各主体创新行为的协同。③公平地位。各创新主体之间具有自由公平的市场地位，在协同创新联盟中的利益分配按照价值规律公平进行。④互信合作。创新合作建立在互信基础之上，互信机制使创新交易成本降低的隐性激励机制得到充分发挥。⑤集体学习[185]。知识溢出与共享效应促进了集群知识的流通与扩散—级自主创新与集体学习的互动提高。⑥协同氛围。集群内部协同创新氛围能够提高知识资源交易效率和配置水平,实现创新效率的最大化。这些机制有效地促进了集群创新密度、创新规模、创新强度、创新速度、创新绩效的提高,从而形成强大的竞争优势。

7.3.4 循环产业集群运行稳定的实现机制

系统的稳定性是指系统受到外部扰动后仍能保持或恢复其初始状态的能力,自然界中的每一个系统都具有一定的自身稳定性。循环产业集群的稳定性受到产业生命周期、群内企业信任程度、集群文化融合程度,以及自然要素禀赋、技术创新能力、社会政治环境等诸多因素影响。在循环产业集群中,由于集群企业基于不同生态位的合作共生,产业生态链与产业价值链的深度耦合,物质循环网络和生态链路的复杂多样,使得循环集群比传统集群和循环经济体更为稳定。

7.3.4.1 集群企业竞合共生带来的稳定性

共生是指生态系统中两种以上不同共生单元(生物、物种)之间互相利用对方的特性共同生活在一起形成的互相依赖状态。共生关系中,一方为另一方提供有利于生存的帮助,同时也可能获得对方的帮助。在自然生态系统中无害的共生关系主要有偏利共生和互利共生两种类型,偏利共生对其中的一方是有益的而对另一方不产生影响,互利共生对共生的双方都是有益的。互利共生还涉及共生利益的分配是否均衡的问题,如果共生利益在共生单元之间的分配是均衡的,就称为对称性互利共生:如果共生利益在共生单元之间的分配是非均衡的,就称为非对称互利共生。对称性互惠共生模式是共生关系中的理想类型,而且是最有效率、最有凝聚力且最稳定的共生形态。在自然界中,大部分共生生物并不知道自己正在帮助另一种生物,它们只是选择了对自身最有利的生存方式,这是物种自然选择的本能行为。

共生作为自然界和人类社会的普遍现象,也存在于产业生态系统中,许多企业之间就是靠一定的共生关系生存的。企业群落也同生物群落一样存在着偏利共生和互利共生等类型。对偏利共生而言,由于其共生体产生的共生效益只惠及共生单元的一方,虽然对另一方来说,既无所得,也无所失,但企业作为“智慧”的共生单元和“理性”的市场主体,是不会长期持续做这种“利人不利己”的交易的,哪怕这是一种不损己的交易。因此,偏利共生模式难以被共生企业长期维持下去,也不具有持久稳定的特征。对互利共生来说,共生体产生的共生效益来源于共生单元之间的分工与协作,共生效益在共生单元之间分配,存在着双向的利益交流机制，共生效益惠及所有的共生成员。因此，作为一种"既利己又利他"的互利共生模式能够被共生企业接受并长期维持下去，具有持久稳定的特征。

在循环产业集群中，企业之间存在着持续重复的竞合博弈，通过不断地竞争达到协同，通过协同形成合作，通过合作实现协同竞争。因此，在集群企业间形成的主要是互利共生关系，企业的行为主要表现为：①共享共生行为；同类企业个体之间求同存异，通过资源共享增强各自的核心竞争力，共同创新和开发新产品，共同培育和拓展新市场等。②互补共生行为。异类企业个体之间通过在价值链上和生态链上的分工合作形成共生体或战略联盟，通过彼此之间的优势互补，以取得竞争优势。③交易共生行为。中游企业个体与上游供应商和下游需求商共同组成共生体，将交易行为内化为共生体内部物质和价值的流通，以降低成本提高竞争力。④变异共生行为。传统企业个体在竞和博弈过程中，面对朝阳产业和新生企业的强劲生命力，通过自身变异与新生企业组成共生体，实现协同共生。

集群企业在竞合博弈过程中形成的共生联系主要有：①偶然共生。企业通过偶然共生寻找生存空间和战略伙伴，如在新品开发、新机捕捉、贴牌加工等方面形成的偶然共生等，具有随机性、偶然性、短暂性、不确定性和不稳定性的特征。②间歇共生。在供应关系、社会关系、资金往来等方面形成多介质共生界面，如在产品规格、质量标准、产品配套等方面的间歇共生等，虽然其克服了随机性，但仍具有不确定和不稳定性。③连续共生。表现为共生过程的长期性、连续性、专一性。企业间通过长期竞合博弈形成的合作，在物质流、信息流、资金流、价值流等多方面形成交流互动，因而具有稳定性和连续性特征。④一体共生。不同企业组合形成的具有牢固结构的共生体，相互之间的物质、信息、资金等在共生体内流动，企业与外界的作用要通过共生体进行，虽然其稳定度较高，但由于企业独立性消失会导致效率降低。

循环集群通过竞合博弈形成的主要是互利型的连续共生结构，虽然在绝大多数情况还属于不完全对称互利，但完全对称互利仍然是各企业在博弈中不断追求的理想状态。互惠共生带来效益主要表现在：①共生经济效益。通过共生体内企业间的合作，降低了企业的采购成本、生产成本、运输费用、交易费用，特别是降低了企业副产品和废弃物的出理成本，提高了企业的生产经营效率。②共生生态效益。在共生体内一个企业产生的废弃物不必花费大量资金、时间、精力来处理，就可直接作为另一个企业的生产原料，变废为宝，提高了资源利用效率，减少了环境污染。③共生社会效益。博弈形成的互惠连续共生体，可以使社会资源配置实现帕累托最优,不仅能为企业带来良好的经济和生态效益,还能为企业树立良好的社会形象,从而获得社会效益。因此,集群企业竞合博弈形成的互利共生关系具有很好的稳定性。

7.3.4.2 产业生态链与价值链耦合形成的稳定性

产业生态链是循环产业集群中形成资源环境效益的最重要产业链条,它是集群范围内企业模仿自然生态系统中的生产者、消费者和分解者关系,以物质资源为纽带形成的具有产业生态衔接关系的企业串联体。这种产业链是以产业生态效益为主要追求目标,通过"原料→产品→废物→原料"的循环过程,将上一个企业(或产业)排出的废弃物作为下一个企业(或产业)的原料,在具有市场、技术或资源关联的企业(或产业)之间形成链条,两个企业(或产业)的生态链接称为生态链段或环节,多个生态链段构成生态链条,多个生态链条首位相接形成闭合的生态链环。物质和能量沿不同的环节逐级流动,原料、能源、废物在各环节要素之间形成立体环流,通过物质和能量在其中反复循环使用获得最大限度的利用,以实现物质资源在集群范围内的循环流动和综合利用以及废物资源的再增值。

产业价值链是循环产业集群中形成产业经济效益的最重要产业链条,它是集群范围企业按照价值创造过程的价值形成规律、传递顺序及增值环节,以价值流动为纽带形成的具有产业价值衔接关系的企业串联体。这种产业链是以产业经济效益为主要追求目标,对"资源开采、分级供应、设计研发、原料采购、订单处理、加工制造、配件生产、产品组装、仓储运输、批发经营、终端零售、售后服务"等一系列价值增值环节的组织整合,形成价值创造和价值增值活动及业务流程之间的连接。通过产业价值链的聚集效应和链式效应,以及企业间的分工协作,使价值创造活动在链条中传递,使企业的价值增值活动更具效率。价值链每个环节都是由大量的同类企业构成,上游产业(环节)和下游产业(环节)之间存在着大量的物质、信息、资金方面的交换,是一个价值传递和价值递增过程。

产业生态链的第一目标追求的是产业生态效益,其资源环境效益较好,但其经济利润效益有时则不够显著。在一些产业生态链的某些环节上,由于资源转化技术和资源转化成本等方面的原因,使得生态链段之间的衔接较为困难,特别是在一些有害废弃处理及物资源转化环节上的运行成本较高,使得此环节的生产企业没有多少利润,有时甚至会出现亏损。企业作为理性的经济个体,自然不会长期坚守在这一生产环节,由于企业的择机转行与离开,使得原来完整的产业生态链条在这一环节中断,导致资源环境效益下降。因此,单一的产业生态链往往稳定性不够高。而产业价值链的第一目标追求的是产业经济效益，其生产效率较高，经营效益较好，价值链上的企业能够获得更多的价值增值，许多企业都有嵌入其上融入其中的愿望。因此，产业价值链往往都具有较高的稳定性。

在循环产业集群中，由于产业生态链与产业价值链实现了有机融合和有效耦合，解决了两者在稳定性方面的差异问题，因此具有较高的稳定性。随着产业集聚，数量庞大类型众多的企业在循环集群内聚集，彼此之间连接成多个不同类型的产业链条，有的是产业价值链，有的是产业生态链，有的是产业创新链。链条之间彼此交叉融合，形成一个复杂的网络。企业作为网络上的结点，既可能是产业价值链上的一个环节，也可能是产业生态链上的一个环节，还可能是产业创新链上的一个环节。有些产业链段，既是产业生态链段，也是产业价值链段，因为在进行物质能量循环传递的同时也创造了价值，实现了价值的增值。特别是在一些产业生态链的薄弱缺失断裂环节上，通过政府的介入引导或投资补链，使生态链条更为完整顺畅和高效。通过产业生态链与产业价值链的融合与耦合，提高了整个链网的稳定性。

循环产业集群通过产业价值链来体现产业集群经济效率优势，通过产业生态链来体现循环经济的生态效益优势。集群内众多企业之间在物质传递、价值创造、技术创新等方面，以及在分工协作、设备共享、废弃物集中处理、废弃物和多余能量交换使用等方面，通过多体串联和多重并联组态，来实现产业价值链和产业生态链的有机融合和有效耦合。通过产业生态链与产业价值链的纵向融合与横向耦合，有效地弥补了产业集群和循环经济单独运行的不足，形成一个两者优势互补的有机统一体。集群内多条产业链的集群生产和循环利用相互促进，集群生产的网络柔性及其合作竞争的优势，刚好弥补了单一循环链条的结构刚性以及所缺乏的竞争活力和产业效率。循环利用工艺要求促进了集群的专业化分工和价值链延伸，形成的“食物链网”结构，在提高资源利用效率的同时，也保证了循环系统的稳定性。

7.3.4.3　循环网络的复杂多样性形成的稳定性

每个现实中的系统都具有一定的稳定性，一个不稳定的系统是无法正常运行，也是无法实现其功能目标的。而现实系统不可避免会受到来自环境或系统自身的各种扰动，扰动一般都会使系统的结构、状态、行为有所偏离，小扰动引起的是否为小偏离，出现偏离后系统能否恢复原样，这就涉及系统的稳定性问题。所谓系统的稳定性是指系统的结构、状态、行为的恒定性，即系统结构、状态、行为的抗干扰能力，在受到扰动后其运动能保持在有限边界的区域内或回复到原平衡状态的性能。如果小扰动引起的偏离超出允许范围,甚至偏离不断增大,出现大范围的震荡,或向无穷发散,系统是不稳定的。如果充分小的初始扰动只引起系统偏离平衡状态的充分小的受扰运动,则称系统是稳定的。如果随着时间的推移,所有受扰运动均回复到原平衡状态,则称系统是渐近稳定的。

科学研究的结果表明,自然生态系统的稳定性与多样性和复杂性有关。生物多样性是指系统内各个营养层次(级)生物的多样性,既包括物种、种群和个体的多样性,又包括营养级、食物源、食物链的多样性。一般而言,多样性增加会导致系统结构和功能的复杂化,而系统的复杂化又会带来稳定性的提高,即多样性和复杂性与系统稳定性呈正相关。生态系统稳定性的基础是营养结构的复杂程度,生物物种越多,食物链越复杂,其稳定性就越高。在食物链多、网络结构复杂系统中,当某一条食物链上的某一个链节种群数量发生变化时,其他食物链会发生相应改变来适应这种变化,从而维持系统相对稳定。如果系统的食物链简单,一个营养级上只有一个或极少物种,当该物种一旦爆发或者灭绝,就会在这条食物链上出现过剩或者空缺,使生态系统失去自控能力而发生剧烈变动。

自然生态系统的上述规律,在产业生态系统中仍然适用。若产业系统中的生态链结构比较单一(如单链循环经济),不同企业按照生态系统中的生产者、消费者、分解者关系相互衔接,企业串联形成单链结构的产业生态链,上一个企业排出的副产品或废弃物,作为下一个企业投入的生产原料,上下游企业之间有很强的依赖性,这样食物链单一的产业生态系统,链条上任何一个企业的波动都会影响下游企业甚至整个生态链的正常运行,因此稳定性较差。如果链条上某一企业由于某种原因不能正需产生,单一的食物来源和食物链条,会使下游企业没有生产原料。因此,链条上单个个体的死亡会对由众多企业组成的生态系统带来直接性或毁灭性的影响。此外,由于单一企业产生的副产品或废弃物总是有限的,往往不能满足下游企业的原材料需求,无法形成规模效应,企业得不到原料保障,自然稳定性就较差。

循环产业集群中的网络结构具有多样性和复杂性特征,主要表现在以下方面:①集群主体的多样性与复杂性。循环集群内聚集了大量类型不一、种类复杂的企业及相关机构,在不同行业从事不同类型的生产经营服务,相互之间的关系多样而复杂,一个企业既可能处于这个生态链上,又可能同时处于另一条价值链上。②产业链条的多样性与复杂性。循环集群内存在数量众多的产业链条,有的是产业生态链,有的是产业价值链,有的是产业创新链,通过不同产业链之间的相互耦合与融合,形成类型复杂的产业网络(包括价值网、生态网、创新网、混合网等)。③网络嵌套的多样性与复杂性。循环产业集群是产业生态网络与产业价值网络和产业创新网络的高度融合体,各种网络之间通过各种形式的串并关系,相互融合与渗透,在不同层面上形成多重耦合和循环嵌套,使每个节点上的物质和能量都有多条循环通路。

循环集群系统要素的多样性和结构的复杂性,使之具有较高的稳定性。循环集群将原来简单的链状循环扩展为复杂的网状循环,使集群企业与集群产品都趋向于多样化与复杂化。集群企业的多样化与复杂化在延长产业链的同时,也强化了企业之间的竞争,推动了企业与时俱进集群创新,避免陷入技术锁定和路径依赖而被市场淘汰。集群产品的多样化与复杂化在拓宽集群市场的同时,也提升了集群的整体竞争力,有利于保持或强化循环集群的市场竞争地位。在循环集群中,每个产业链条的每个环节以及每个产业网络的每个节点上都云集了大量的同质企业,每个企业又与外界有着不同的物质联系,企业之间的竞争在不断提高结点效率的同时,也为结点企业提供了多种物质来源和多条物质传递的循环渠道,物质能量信息在多层次、多路径、多渠道上的循环传递,保证了循环集群的稳定性。

7.4　本章小结

本章研究了循环产业集群作为区域绿色增长极的博弈过程和效益机制。分析了绿色增长极的内涵,指出西部生态脆弱地区亟需探索实现区域快速绿色发展的绿色增长极,循环产业集群由于兼具经济辐射扩散功能和低碳绿色循环特征,是绿色增长极的有效载体。分析了集群内部竞合博弈过程和影响因素,指出应通过提高合作效应、增加合作次数、强化正向激励、构建公平分配机制、降低技术溢出效应及遏制企业模仿数量等方面提高企业合作意愿。探讨了集群内部利益分配机制,指出在集群内部建立共生网络模型可提高集群效益;建立了集群企业创新博弈模型,指出集群内技术溢出效应的存在抑制了企业自主创新的动力。深入研究了循环产业集群运行绩效的形成机制:经济效益主要表现为产业聚集效应产生的低成本和外部经济性、集群企业有效竞争带来的效率提升、产业价值链延伸形成的高端价值增值等机制来实现;生态效益是通过集群企业无害化清洁生产形成的环境生态效益、资源循环利用和分级利用带来的资源生态效益、产业生态链网的多重耦合带来的综合生态效益等机制来实现;竞争优势主要是通过集群企业的分工协作、群内核心竞争力整合、集群绿色协同创新等机制来实现。

第8章　构建循环集群绿色增长极的思路与对策

本章根据循环产业集群形成、发展和演化规律及其运行机制，结合西部生态脆弱地区的具体实际，给出了在西部生态脆弱地区构建循环产业集群和培育绿色增长极的基本思路，提出了推进西部生态脆弱地区循环产业集群快速发展的措施，以及促进西部生态脆弱区绿色增长极快速形成的对策。

8.1　构建循环产业集群和培育绿色增长极的思路

在生态脆弱地区构建循环产业集群，并以此为基础培育绿色增长极，应先从鼓励和推进农业、工业、服务业循环经济集群运行入手，整合产业价值链和产业生态链，其次做好循环经济集群的整合规划和内容设计，选择区域优势及主导产业，最后营造循环经济集群的良好制度环境，借助政府和市场之手共同调动集群的自组织机制。

8.1.1　鼓励和推进各产业间循环经济的集群运行

在西部脆弱区构建循环经济集群，首先要考虑各产业发展循环经济的可行性和实践性。事实上，农业、工业和服务业产业集群发展在我国已经实践了十多年，但在这些行业产业集群内推行循环经济，则需要深入探索和研究。

8.1.1.1　鼓励和推进农业循环经济的集群运行

我国虽然是一个农业大国，但总体来说农业生产水平较低，特别是在西部生态脆弱地区，农业发展面临的问题更为严峻。农业资源禀赋较差，总量虽然较大，但人均占有量少，可耕地资源和水资源的人均占有量远低于世界平均水平；农业生产技术水平相对落后，农业生产效率较低，基本上属于高投入、高消耗和低效益的粗放型农业；农业生产过程中大量农用化学物质的使用及废弃物的排放，造成了农业生产环境的污染和自然生态的恶化。发展农业循环经济是缓解农业资源约束矛盾的根本出路，也是从根本上减轻农业污染、保护农业生态环境的重要途径，农业循环经济的集群运行可以大大提高农业产业的效率。在西部生态脆弱地区，可以从以下方面入手鼓励和推进农业循环经济的集群运行。

(1)调整和优化农业产业结构。政府应积极推进农业产业结构的优化调整，实现农业资源和农业废物的综合利用。①调整农业结构比例。通过调整农业经济门类和生产项目的比例关系，优化农业生产要素的结合形式和运作过程，改变农产品档次低、附加值低、雷同化和单一化状况，提高农业生产效率。②改造农业技术结构。推动农业科技成果和农业生产有效结合，对传统农业进行技术改造，优化农业技术结构，将先进的现代农业科技成果应用到农业生产中，增强现代农业的市场竞争力。③注重农业生态结构。调整农业生产的生态技术结构，由只注重农业生产的产量逐步转变为注重提升品质、提高经济效益和绿色环保效益上来，通过发展有机生态农业，遏制农业生产环境持续恶化的现象。

(2)促进农业产业化与集群化。采取有效措施积极鼓励和大力促进生态脆弱地区的农业产业化和集群化。①构建区域农业产业体系。以优势农产品为主导，优化组合各类生产要素，进行区域化布局、专业化生产、规模化建设、系列化加工、社会化服务、企业化管理，形成种养加、产供销、贸工农、农工商、农科教一体化产业体系。②培育区域龙头带动企业。培育规模大、实力强、辐射带动效益好的龙头企业，引导农业生产要素向龙头企业集中，改造传统的半自给的农业和农村经济，使之与市场接轨，逐步实现农业生产的专业化、商品化和社会化。③促进农业的集群化发展[186]。积极促进农业与其关联产业在一定的地理空间内耦合协同、集群发展，引导民营中小企业在现代农业产业化集群内与龙头企业形成密切配合、专业化分工与协作完善的网络体系，共同追求产业集群效应。

(3)构建生态环保型农业体系。通过人工设计生态工程，形成生态上与经济上两个良性循环的生态环保型农业体系。生态农业可分为三种模式：①时空结构模式。根据生物种群之间互利共生关系，将农作物和农业生产活动在时间和空间上进行多序列和多层次的结构安排，使不同生态位的生物种群各得其所地充分的利用阳光、水分和矿物质营养元素。②食物链条模式。按照生态系统的能量流动和物质循环规律设计农业生产，使一个农业生产环节的产出成为另一个农业生产环节的投入，从而提高能量的转换率和资源利用率，能有效的防止农业废弃物对生态环境的污染。③综合嵌套模式。即食物链条与时空结构的混合嵌套模式,将时空结构与食物链进行有机整合,按照生态能量流和物质流的流向构建农业产业的食物链网,形成适度投入、高产出、少废物、无污染、高效益的农业循环模式。

(4)推进农业循环的集群运行。通过有效措施积极推进农业循环经济的集群运行。①建立有效的推进机制。在生态脆弱地区推进农业循环经济集群运行,必须充分发挥政府的主导作用,通过科学的设计,建立起以政府为主导,农业企业和农业生产者共同作用,社会公众共同参与的有效推进机制。②行政管理和政策激励。完善相关的法律法规和政策制度,综合运用法律、行政、经济等手段,引导农业生产者和社会共同推动农业循环经济的集群发展,通过政策调整和奖惩制度,使农业生产者对环境保护的外部效益内部化。③农业循环技术的推进。通过发展农业循环链接技术来推进农业关联产业的扎堆和聚集,以及农业产业链条和食物链网的形成与发展,来促进农业系统内部物质能量的合理流动与转化,以及农业废弃物的再生利用和综合利用。

8.1.1.2 鼓励和推进工业循环经济的集群运行

由于历史和区位原因,自然资源禀赋一直在西部脆弱地区的工业产业发展格局中起着先导性作用,而且在目前和未来相当的一段时期内,西部地区的产业结构将仍然处于制造业为主导的阶段,高能耗、高污染产业仍然具有较大需求。工业发展对资源的依赖程度较高,但是工业发展的长期需求与不可再生资源的有效供给之间的矛盾日益突出,资源开采与生态环境保护之间的矛盾日趋尖锐。西部生态脆弱地区要实现经济社会的跨越式发展,就必须走新型工业化发展道路。发展工业循环经济能够有效地解决工业领域面临的资源和环境问题,而循环经济的集群运行又能够有效提高工业循环经济的运行效率,是西部脆弱地区实现新型工业化的有效途径。西部脆弱地区可以从以下几个方面着手,积极鼓励和大力推进工业循环经济的集群运行。

(1)发展工业资源环境市场。工业循环经济的发展需要改变现有利益格局,比如通过明确生态环境和土地、矿藏等基本资源的产权关系,使得生态环境等基本资源要素能够作为生产要素进入市场流通。①发展环境产业化市场。通过确定生态环境和基本资源的产权关系,对其进行价值评估,规定其交易机制和交易价格体系,从而保障企业从循环经济发展中得到应有的效益,将以往环境的外部性问题内在化。②发展废物资源化市场。建立从生产源头开始治理所需的各类要素产业市场,发展再生资源回收利用市场和多元化经营市场,包括废旧物资交易、可再生资源分拣、再加工和综合利用、垃圾末端处置转化等市场。③发展消费绿色化市场。建立完善的绿色消费市场,加强绿色产品的市场营销,通过有效机制支持企业采用再生资源生产绿色产品,鼓励采购和消费用再生资源生产的绿色产品。

(2)整合工业循环生态链网。通过规划建设生态工业园区,整合各类工业生态链网,构建循环工业经济体系,推进工业循环经济发展。①整合关键领域的工业生态链条。要重点整合煤炭、电力、钢铁、有色金属、石油石化、化学工业、建材、造纸、纺织等资源消耗大和环境影响大的工业生态链条,推进这些关键产业领域的循环经济发展。②构建工业物质的循环流动体系。根据工业系统中的物质和能量流向,在原料、能源、废物和各种环节要素之间构建立体循环的环流结构体系,使资源和能量在其中反复循环利用获得最大限度的利用,使废物资源实现再增值。③培育工业企业的循环共生网络。按照"生产者—消费者—分解者"关系,建立企业间物质和能量流动的"食物链"和"食物网",形成互利共赢循环共生网络,通过高效分享资源来实现资源能源消耗的最小化,废物产生的最小化。

(3)引导工业企业生态聚集。通过制定有效的政策法规,建立科学的机制环境,引导和吸引相关企业向工业生态链或工业生态网聚集。法规强制的引导。通过建立和完善《循环生产促进法》和《企业集群促进法》,强制性地限制和引导相关企业只能在相应的产业生态环境和相应的空间区域中,以循环经济或清洁生产方式从事相关行业的清洁生产活动。②优惠政策的激励。通过制定相关的招商引资政策和优惠激励政策,让相关企业真正感受到向生态产业区聚集、进入工业生态网(包括土地、环保、税收、融资等方面)带来的好处,从而激励相关企业向生态产业区聚集。③软硬环境的吸引。通过营造良好的吸引企业聚集经营的硬件条件和软件环境,给企业创造良好的经营和发展环境,使企业在这个生态产业区内的生产经营,不仅能够具有良好的生态环境效益,而且能够获得很好的产业经济效益,从而吸引企业主动自发地进行生态化聚集。

(4)培育工业循环运行集群。通过完善相关政策法规来构建工业循环经济的集群发展环境,建立促进工业循环经济集群运行的有效机制,来培育工业循环运行集群。①营造良好的循环集群运行环境。通过建立有效的机制,营造循环经济集群运行和集群发展的良好环境,引导和鼓励相关企业主动将自己的原材料、产品、副产品及废弃物链条,自发地嵌入到已有的集群生态链网中去,培育工业循环运行集群。②建立新型的生态循环工业集群。考虑特定区位中的各种社会经济因素和生态环境因素,以资源高效利用、综合利用和循环利用为目标,整合经济、社会和生态功能,充分吸收外部效应,构建经济效率高、生态功能强的新型生态工业集群。③改造传统的低端、低效工业集群。通过引入先进生产工艺，补充生态链接环节，增加静脉产业链条等，对生态效益不好、经济效益不高、低端低效的传统产业集群进行生态化重组与改造，形成多种产业互相吸收外部效应的工业循环运行集群。

8.1.1.3 鼓励和推进服务业循环经济的集群运行

服务业循环经济是针对服务业传统发展导致的资源过度消耗和环境恶性污染而提出的可持续发展的具体实现形式。通过生态规划和设计，资源循环利用，使不同的企业群体间形成资源共享和废弃物循环利用的生态服务业，达到生态经济系统的良性互动，并辅助第一二产业，以形成整体循环经济的服务业。服务业循环经济的目标是使循环系统的物流、能流、信息流、资金流和劳力流在时间、空间和数量方面进行最优组合，得到最佳运用，实现服务业值最高、利用最合理、经济效益最大、动态平衡最佳、生态环境最优美和社会效益最好。现代服务业包含生产性服务业、新兴服务业和传统服务业。根据西部生态脆弱地区服务业发展的具体情况，可从以下几个方面入手推进服务业循环经济的集群运行。

(1)推进生产服务业循环经济集群发展。在为生产企业提供保障服务的服务行内推行循环经济，通过建立有效机制，促进相关企业间循环经济的交流与合作，推进生产服务业循环经济集群发展。①构建生产服务业循环体系。建立起贯穿于企业生产上、中、下游各环节的物质循环机制，形成物流、研发、加工、维修、处理、转化等生产服务相互支撑的生产服务业循环经济体系，保证工业生产过程及循环经济的连续性和高效性。②推进生产服务业循环运行。通过整合物流供应、信息科技、金融保险、营销贸易等服务业内及业间的物质循环通道，配置相应的要素流通市场，完善生产性服务业的物质循环配套，促进生产配套服务行业循环经济的有效运行。③引导生产服务业循环聚集。在循环经济区域内制定科学合理的政策引导机制。通过财政、税收、金融、土地、人才、技术、环境等方面的优惠激励政策，引导和吸引生产服务型企业向循环经济区域聚集，促进生产服务业循环经济的集群发展。

(2)推进新兴服务业循环经济集群发展。通过加大对科学技术的投入与信息技术的推广，不断明确社会分工与促进社会消费升级，全面推进新兴服务业循环经济集群发展。①构建新兴服务业循环体系。通过加快制定和完善促进服务业发展的相关政策措施，大力发展以金融、保险、物流、信息和法律服务等现代新兴服务业为主导的循环经济体系。②增强新兴服务业循环架构。通过加强对计算机服务业、软件服务业、租赁业、商务服务业、科技交流业、推广服务业、居民服务业和其他运输服务业企业之间的交流合作，提升新兴服务业循环经济集群架构稳定性。③加快新兴服务业循环发展。通过推进新兴服务业与制造业的融合，积极对研发、设计、供应链管理、品牌营销、金融服务等大量服务业内容的制造业进行整顿建设，加快新兴服务业循环经济集群发展。

（3）推进传统服务业循环经济集群发展。通过提高与改善以商业、修理、理发、餐饮和其他能增进和改善人体体能的传统服务业，加强客户满意度的建设，以促进传统服务业循环经济的集群发展。①开拓传统服务业循环集聚。通过相关财政政策与激励措施指明传统服务业发展的区位方向与服务方向，增强传统服务业之间的交流与合作，加速传统服务业循环经济集群的集聚与发展。②加大传统服务业循环创新。通过科技创新，加快引进先进的国外服务理念与方式方法，积极探索与创新传统服务业的服务深度与广度，提升服务过程中人性化程度，以促进传统服务业循环经济集群创新发展。③促进传统服务业循环升级。通过整合与改进商贸、餐饮业、住宿业等传统服务业的经营发展模式，积极开拓服务内容与方式来加快传统服务业循环经济集群的升级发展。

（4）全面推进服务业循环经济集群运行。通过不断整合生产服务和生活服务生态链，加强集群内部服务业的创新升级，全面推进服务业循环经济的集群运行。①大力推广服务业循环经济集群模式。通过加大科学技术水平的投入与积极学习先进的服务管理理念，使得传统服务业摆脱低增长、低利润的困境，以循环产业集群的方式，带动传统服务业的快速创新发展。②巩固加强服务业循环经济集群稳定。通过现代科学技术特别是信息网络技术为主要支撑，加快对服务业的改造和提升，建立在新的商业模式、服务方式和管理方法基础上的新兴服务产业，以增强服务业循环经济集群的稳定性。③全面推进服务业循环经济运行。通过政府的宏观指导与规划，加大在招商引资、人才吸引、政策扶持等方面的力度，不断改进落后的传统服务业，加快鼓励发展新兴服务业，从而全面推进服务业循环经济的集群运行。

8.1.1.4 以循环集群模式来整合产业间的价值链和生态链

循环产业集群内部既存在产业价值链，也存在产业生态链。产业价值链通过产业内企业间合作、竞争、创新等活动创造价值，实现价值增值，产业生态链通过建立生产者、消费者、分解者的食物链关系，实现物质、能量的流动和循环。当产业价值链和产业生态链上的企业集聚在某一地域中，向上延伸到原材料和零部件及配套服务的供应商，向下延伸到产品的营销网络直至废弃物的资源化再利用，横向扩张到互补产品的生产商及通过技能、技术或共同投入联系起来的相关企业，最终形成循环产业集群。循环产业集群形成之后又会对产业间的价值链和生态链进行重新整合，通过对价值链与生态链的重新优化与改进，最大限度的实现集群内部的价值增值，维持集群内部的生态稳定。

（1）农业价值链与生态链的整合。农业循环经济价值链与生态链的整合是通过立体种植、立体养殖等生产模式，使产业结构层次深化、产业链尽量延伸，力求把加工业、生物质产业纳入到农业循环经济产业路径中来，增加系统内部产业之间的耦合性，力争使农业循环经济的各组成部分（种植业、养殖业、加工业、生物质产业等），以最优化的方式链接起来，形成一个经济、高效、环保的农业循环经济产业流程。还通过加入生产环、增益环、复合环、产品加工环等一系列加强和稳固生态链的措施，把废弃物转化为核心的再循环生产物质资料，从而在提高资源的利用率和转化率，巩固农业生态链的同时，促进了循环产业集群内部农业的经济效益的发展，更加有利于价值链的延生与拓展。

（2）工业价值链与生态链的整合。工业价值链与生态链的整合主要是通过针对系统所有的过程和物质，以原有生产开发过程为基础，引入先进的生产工艺、新的替代过程、替代原料、补链工艺等构建超结构模型，构建工业系统的原料、产品、副产物及废物处理的最优循环网络，以循环产业集群模式整合企业间的信息不对称问题，最后优化得出最优的产业生态价值链，在提高资源的利用率、保护当地生态环境的同时，创造出最大的价值增值。工业价值链与生态链的整合设计还必须以循环经济理论为指导，以实现物质与能量利用最优化为目的，根据生态学原理，从企业内部、企业之间和社会三个不同的层次来构建稳定的工业价值链与生态链。这是生态工业园持续发展，真正能实现环境、经济双赢的关键。

（3）服务价值链与生态链的整合。服务价值链与生态链的整合主要是通过循环经济理念，将市场化发育程度低，市场体系尚未真正形成，网点布局混杂零散的产业进行合理配置，形成集群中介、组装和咨询的循环经济型服务产业集群，通过价值流模型对区内各生态工业园区的各条产业链进行重组，形成完整的生态价值网络。此外，由于信息流又是价值流的驱动因素，因此，园区所有产业链、网的运行基础是信息流，所以还必须引入更多的循环经济咨询企业、服务企业来参与价值链与生态链的整合，这些企业以技术、服务、管理经验等为基础，提供更加专业的循环经济咨询。形成了一条第三产业链，而这条产业链，是建立在其他产业链之上的，为区内循环经济价值与生态网络起驱动作用的高效产业链。

（4）跨业价值链与生态链的整合。跨产业价值链与生态链的整合是指循环产业集群通过构建产业生态系统，将整个集群置于一个类似于自然系统的循环中。在该产业生态系统中，每一个产业链上的节点的关系不再局限于单纯的价值链或者是单纯的生态链关系，而是既是价值链关系，又是生态链关系，实现了价值链和生态链的整合。在这一过程中，由于产业价值链和产业生态链的融合分解，可能导致不同产业间的关联性加强，原来看似没联系的产业价值链和产业生态链之间变得越来越相关联，并出现了一系列的重叠、替代、交叉和趋同等变化。在该特殊的系统中，物质和能量沿不同的环节，逐级流动，原料、能源、废物和各种环节要素之间形成立体环流结构，形成复杂的循环生态集群网络，使得集群内部资源和能量在其中反复循环利用获得最大限度的利用，使废物资源实现再增值。

8.1.2　生态脆弱地区构建循环产业集群的基本思路

在生态脆弱地区构建循环产业集群，可通过以下三条途径来实现：对区域内原有传统产业集群进行生态化改造；对区域内原有生态工业园区进行集群化升级；对优势区位进行整体规划设计重构。高效有序的循环产业集群只有在政府和市场这两只大手的共同协调下，调动集群系统内部的自组织机制才能最终实现。

8.1.2.1　构建区域循环产业集群的指导思想及原则

构建区域循环产业集群的指导思想是：以循环经济理论、产业集群理论、产业生态理论、产业组织理论、工业代谢理论、系统工程理论及复杂系统自组织理论等学科理论为基础，以可持续发展理论和科学发展观为指导，遵循自然生态规律和产业经济规律以及工业循环共生和产业聚集竞争的基本原理，坚持人与自然和谐相处和共同发展的理念，追求经济效益、生态效益和社会效益的统一，来构建区域循环产业集群运行体系，形成可持续的经济、生态和社会关系。西部生态脆弱地区必须结合当地的自然生态环境状况和产业经济发展状况，充分利用当地的自然条件和已有的产业基础，充分发挥当地的资源优势和产业优势，按照集群共生循环网络原理来整合与构建循环产业集群，并将之培育为区域绿色增长极，带动西部生态脆弱地区实现跨越式快速发展和可持续绿色发展。

构建区域循环产业集群的理念：①多重循环与分级利用理念。遵循循环经济的减量化、再利用、再循环原则，从源头起就避免污染，采用物质循环和能量多级利用模式，提高各环节物料的利用率，实现对环境影响的最小化。②产业聚集与合作竞争理念。按照集群聚集效应和组织竞合原理，种植和培育区域产业聚集核，以自组织机制构建集群共生体，创造集群合作竞争环境，保证循环集群的高效和稳定。③快速发展与绿色增长理念。一方面要追求产业集群的快速极致,形成强劲的经济驱动力;另一方面更要追求循环经济的绿色生态,尽量减少废弃物排放,培育快速发展的绿色增长体。④科技支撑与创新引领理念。以最新的科学技术支撑产业价值链和产业生态的耦合与延伸,以技术创新、工艺创新、产品创新、管理创新、经营创新、合作创新来引领集群的发展。⑤绿色管理与道法自然理念。按生态规律仿生构建,对产业生态系统分解者、再生者及其多样性建设,采用国际环境管理体系按照自然生态规律进行绿色管理和自组织管理。

构建区域循环产业集群的目标:形成结构布局合理、集群优势突出、技术工艺先进、基础设施完备、整体低排无污、生态环境平衡、人与自然和谐、有序稳定高效的产业生态系统。①改变生产模式,提高资源利用绩效。对原有的高耗能、耗水、耗电的行业进行设备改造和工艺革新,扭转主要依靠资源投入的经济增长和规模扩张模式,降低行业单位工业产值资源耗费量。②倡导资源再生,减少环境污染产出。鼓励企业间的副产品交换,倡导循环再生重复利用资源,强化从输入到输出整个生命周期的管理,尽量避免“三废”产生,提高环境生态质量。③提升产业关联,调整优化产业结构。通过物质、能源、水体、技术等的集成以及资源、信息、设施等的共享,强化企业(产业)之间的共生耦合,提高产业关联和集聚度,使产业结构更趋合理。④促进产业共生,形成循环集群网络。通过原料替代、工艺改进和产品设计,促进企业间的耦合共生;依据生态经济系统“结构—功能—平衡—效益”原理,优化系统结构和功能,形成高效有序的循环集群网络。

构建区域循环经济集群的原则:①经济效益和生态效益相互统一原则。通过集群效应和协同竞争优势来提高效率,通过循环网络和资源循环利用来提高资源环境效率,实现经济与生态效益的统一。②特优主导与关联产业耦合带动原则。构建以优特产业为核心主线的生态链网;耦合带动价值链、生态链、供应链、技术连、资金链、人才链、信息链等的聚集。③集群共生与环境取予协调平衡原则。企业群落之间形成合理分工和错位经营的有机共生体,与自然生态环境间保持和谐关系和形成取予的动态平衡。④种类多样与复杂链网稳定匹配原则。根据复杂稳定原理,招募和吸引各类企业进入,使原料、产品、服务种类多样化,“食物”来源渠道及匹配关系网络复杂化。⑤激励竞争与鼓励合作竞合协同原则。在构建过程中,应着力营造激励竞争和鼓励合作的产业生态环境,使循环集群内部形成竞合协同的产业竞争最佳状态。⑥政府推动与市场拉动协调配合原则。必须同时运用市场与政府的双重手段,通过“有形之手”与“无形之手”的“握手”措施来协调和配置资源，调动集群的自组织机制。

8.1.2.2　生态脆弱区域内循环产业集群的规划设计

在生态脆弱地区构建循环产业集群，政府必须发挥至关重要的引领作用。市场机制配置资源是以利益为驱动的，如果只依靠市场的配置，很容易导致资源过渡流入一些利益较高的企业。因此，在循环产业集群的构建初期，必须依靠政府的引导，在完整的产业生态链网框架基本形成之前，只有通过政府规划设计，并通过相应的政策扶植，才能有意识地促进资源向目标产业链条上的不同环节转移。通过政策支持及行政手段引导资源流向一些初期成本较高、收益较低的行业中去。当区域产业聚集核形成并发挥作用，整个产业生态链结构和循环网络框架基本形成以后，其整体优势、赢利态势和经济效益才会慢慢的体现出来。因此，政府应根据当地的区位条件、资源优势、产业特点、发展状况以及各种社会环境因素，确定循环产业集群的发展方向和发展规模，进行整体规划设计。

（1）规划设计原则包括：①空间布局合理与土地集约利用原则。必须首先考虑空间布局的合理性及土地资源的集约利用，充分考虑区域的生态承载力，从土地资源集约度、土地资源等级、使用土地面积、土壤环境质量、土地使用压力等方面来设计集群的功能区划，从生态系统良性发展的角度来统筹规划各类用地。②产业生态链与集群企业相互匹配原则。必须充分考虑集群企业间在物质和能量输入输出的匹配关系，使之形成类似自然生态系统的生态链或食物链，充分考虑集群市场的供需关系、供需规模及持续性，特别是废弃物和副产品的供需关系，保证各企业群落在类别、规模、位置上的匹配。③集群空间组织和联系的效率性原则。循环产业集群不仅具有经济成本优势还必须具有环境成本优势，仅仅地域上的邻近并不能确保其竞争优势。因此，对循环集群的设计必须着眼于形成有效的工作系统，各类企业间有着很好的友邻关系，以确保物质、能量、信息等的流通传输顺畅。④动脉产业与静脉产业链网耦合原则。动脉产业是从自然资源开发到形成产品的产业，即“原材料→产品”产业链；静脉产业是围绕废物资源化形成的产业，即“废物→产品”产业链。将动脉产业链与静脉产业链进行有机耦合，形成完善的循环产业链网，提高资源利用率，减少污染物排放。

（2）规划设计步骤包括：①循环集群范围的界定。根据本地的地理区位、生态环境、资源现状、运输条件等，结合本地产业集群和循环经济的发展状况、所处阶段和支撑条件，确定最佳的循环产业区和合理的聚集范围。②总体发展目标的定位。遵循经济和生态规律，从培育区域产业竞争优势角度出发，通过集群自组织机制和协同效应，构建特色鲜明的高效有序的循环产业集群，形成区域的绿色增长极。③确定区域产业的布局。在深入分析本地产业的工艺技术水平、环境技术水平、企业间能流和物流状况，以及相关产品市场需求的基础上，确定区域主导产业、伴生行业和服务行业，对各类产业进行合理的布局安排。④具体构建路径的选择。根据当地的具体实际，可以选择在原有产业集群基础上进行生态化改造，在原有的循环生态园区内进行集群化升级，在特定区域内进行重新规划设计建设等途径来构建和形成循环产业集群。⑤区域软硬环境的设计。硬环境包括水电气供应设施、交通通信设施、废弃物传输和集中处理设施，以及其他生产生活服务配套设施等方面；软环境包括价值观念、经营理念、诚信规范、体制机制等方面，旨在为集群企业提供良好的内外部协作交流环境。

(3)规划设计内容包括：①目标层次设计。以目标为导向，根据总体的规划思路，寻找核心企业和辅助企业，从构成要素出发制定出构建循环产业集群的层次目标，然后围绕各目标进行细化，直到这些目标具有可操作性。②共生网络设计。选定"关键种企业"作为循环产业集群的主要种群，根据上下游关系，采用过程集成技术，对物质流动的方向、数量和质量进行优化涉及，围绕"关键种企业"构筑循环共生网络。③多样匹配设计。设计出与自然生态环境消纳能力相匹配的多样性企业群落和产品服务种类，形成交叉支撑的多重匹配网络，并在工艺流程、管理机制、配套服务等方面提供支持。④代谢链条设计。利用各产业和企业之间在物质流、能量流和信息流等方面的传递关系，建立起多通道的产业生态链条。将一个企业产生的"废弃物"作为下一个企业的"营养物"，实现物质、能量和废水的逐级利用。⑤污染控制设计。设计建立集中式污水处理场和废物综合处理中心，及其相应的收集输运配套设施，对于循环利用后某些生产环节仍可能出现的少量"三废"进行集中处理和集中资源化利用，以实现对污染的集中控制。⑥高效运行设计。根据产业结构特性和生产工艺特点，合理进行功能组合与用地布局，在地理空间上形成高效和谐的循环网络。在满足质量和安全标准的前提下，尽可能降低单位产品的物质消耗量，减少有害物质的使用。

8.1.2.3 区域优势主导产业及其关键种企业的选择

西部生态脆弱地区往往经济社会发展滞后，产业发展基础薄弱，资金技术人才短缺，不可能所有产业都同时得到全面发展，只能集中力量培育一个或几个重点产业，以此带动区域经济的快速发展。对于资源相对丰富的西部生态脆弱地区，依托本地资源的相对优势，建立起以资源型产业链条为主导的产业集群，对资源进行科学的合理开发和综合利用，发展具有区域特色和优势主导产业集群，是一条带动区域经济快速发展的有效途径。所谓区域特色是指以区域在长期发展过程中所积淀成型的资源、文化、技术、管理、环境、人才等方面的特有优势，特色产业就是依托这些特色优势形成的产业。具有区域优势和特色的主导产业，是指在区域中具有明显的相对优势，产出规模较大、关联效应较强，能承担起地域分工的某项重大任务、能够带动区域经济发展的产业。

在西部生态脆弱地区构建循环产业集群，首先要选择一个具有当地特色和优势的主导产业，并以此为主线，构建起与之关联的产业链和产业带，使之成为产业聚集和形成循环产业集群的基础[187]。选择主导产业时应考虑的主要因素有:①市场前景和竞争优势较好。具有广阔的市场前景和较强的竞争优势，代表着区域经济的发展方向和产业结构的变化趋势。②产业感应度和影响力较大。具有较强的前向、后向和旁侧关联效应，能推动和诱发其他产业及前后向加工层次的发展。③投入产出和资源利用率较高。具备良好的经济效益和持续的生态，可以有力的拉动区域经济的快速发展。④科技含量和工艺水平较高。能迅速吸收最先进科学技术成果和生产工艺，创造较高的劳动生产率和较高的产品附加值。⑤依托和发挥本地资源优势程度较深。与本地资源优势结合紧密，能使地区有利因素得到最有效的利用，变资源优势为经济优势。⑥外向发展和对外开放空间较宽。其发展能够有效促进外向型经济的快速发展，通过外部市场来带动区域经济的发展。⑦就业空间和就业渠道较多。西部生态脆弱地区存在人口总量相对过剩问题，拓宽就业空间，可使人力资源充分发挥利用。⑧要素供给的持续性和持久性较好。投入要素在较长时期内具有持续性和持久性，不至于因资源的枯竭而衰亡，以保证区域经济的持续性增长。

产业生态系统中“关键种企业”是那些能源、资源和水消耗较大，废物和副产品排放量大，对环境影响较大，且带动和牵制着其他企业、行业发展的企业。作为循环产业集群的主要种群和核心企业，关键种企业主导和控制着整个群落系统企业间副产品和废弃物的交换活动。围绕“关键种企业”形成的产业群落共生体，具有自组织(自聚集、自繁衍、自生长、自强化等)功能，是区域产业的聚集核，对循环产业集群的形成、发展和稳定具有关键性的作用。由于西部生态脆弱区域的区位优势、资源禀赋、产业结构都有所不同，因此，在构建循环产业集群时，需要因地制宜选择本区域的“关键种”企业或行业。例如，对于能源资源富集的地区和以煤炭、火电厂、石油、化工、钢铁、冶金、水泥等高能耗、高污染的大型联合企业为主的老工业区，可选定煤炭、火电厂、石油、化工、钢铁、冶金、水泥等企业作为“关键种企业”[87];对于机械制造、仪器仪表、高新技术等企业为主的地区,可选定装备制造、电子行业、软件行业的企业作为“关键种企业”;对于农副产品密集的地区,可选择食品加工行业作为“关键种企业”。

“关键种企业”选定后还需要分析其工业代谢关系,选择相应的辅助企业来构建与之相匹配的产业生态链。通过多条产业生态链和产业价值链的耦合,在企业内部、企业之间、产业内部、产业之间形成多重产业链网,以实现物质能量的高效传输和有效利用。为保证绿色生态性,在围绕“关键种企业”构建产业生态链网时需注意:①对所有加入链网的企业都要求其内部必须实行清洁生产,所生产的产品都必须是生态产品;②产业生态链的长短和产业生态网的大小,需要根据技术经济分析的均衡指标来确定;③循环集群的链网节点上一般是某类企业种群,必须保证种群类别、规模、方位上的匹配;④具有多回路的弹性和灵活性,当群内任何一个企业生产状况发生变化,如废料构成、性质改变时,与其相联系的企业能及时调节,保证整个系统的平衡。

8.1.2.4 生态脆弱地区循环产业集群的整合构建途径

西部生态脆弱地区的循环产业集群有以下可选途径:在原有传统产业集群或产业价值链的基础上进行生态化改造;在循环经济试点园区或产业生态链的基础上进行集群化引导;在地理区位或产业基础较好地区采取循环集群整体规划重构。西部生态脆弱地区的各级政府部门在构建循环产业集群的过程中,应根据本地区位条件、生态环境、资源结构、产业发展的具体情况,因地制宜地选择一条最适合当地循环产业集群发展的最佳路径。

(1)在原有传统产业集群或产业价值链的基础上进行生态化改造。对已有较好产业集群或产业价值链基础的地区,可以选择这条路径。具体步骤是:①制定集群生态化改造的科学规划。将区域土地规划、城乡建设规划、生态环境规划和社会经济发展规划融为一体。②淘汰现有集群中的一些技术落后、效率低下、污染严重的项目,建设一些能够提高资源循环利用和综合利用的新项目;③对传统产业集群进行能量流、物质流、信息流和资金流的走向和容量进行测算,对可能形成的产业链、价值链和生态链的流量平衡进行分析。④通过市场引导、成本推动和政府扶持方式来吸引外来企业的进入,从而实现产业链的延伸拓展及生态链的连续完整。⑤对于集群内缺失的一些经济效益不够理想,对企业没有吸引力,但又是生态链闭合完整性必须的关键性静脉链条,必须由政府出资补链。⑥对集群企业和产品进行生态化改造。对有污染和废物排放超标的企业,应鼓励其积极采用先进工艺和绿色加工技术,重点进行技术和生产线再造,实现清洁生产。

(2)在循环经济试点园区或产业生态链的基础上进行集群化引导。对已有较好循环经济园区或产业生态链基础的地区，可以选择这条路径。具体步骤是：①在园区内以产业聚集和自组织的关键要素培育为核心、以产业链条为主线、以集群模式为依托、以制度环境建设为基础，来推进园区集群化发展；②大力推进园区龙头骨干企业的发展，带动相同、相近和相关产业的发展，激发循环经济园区的发展活力；③着力提升园区产业的竞争优势，加大引导和投入力度，聚合各种生产要素，进行重点培育，扩大企业群体规模，拉长产业链，完善产业体系；④加大园区专业化分工力度，构建集群创新网络体系，加强园区内企业之间的协调；⑤充分发挥政府的激励和引导作用，通过科学的规划设计，营造良好的经济聚集和集群运行环境；⑥加大公共品或准公共品的投资，加大教育和科技投入，诱发产业集群关键要素的生成，形成聚集核。

(3)在地理区位或产业基础较好的区采取循环集群整体规划重构。对于没有产业集群也没有循环经济但地理区位和产业基础较好的地区，可以选择这条路径。具体步骤是：①在充分考虑生态环境、资源状况、交通条件、地理区位等因素的基础上，选择最适宜循环集群发展的区域，按照循环集群原理进行整体规划设计，阶段建设分步重构。②选择当地基础较好、最具优势和特色的产业作为主导产业，围绕其进行产业价值链和产业生态链的设计，并以此为基础对整个循环产业集群进行空间布局和循环网络设计。③根据主导产业的属性和特点，在关键的网络节点区域植入关键种企业或企业种群，按照产业代谢的共生关系，围绕关键种企业种群构建共生体和共生网络，培育产业聚集核。④通过政府和市场这两只大手的协调，充分调动和发挥产业聚集核的自组织机制，使关联产业和辅助产业及其他各类企业向聚集核聚集，形成区域产业的生态化和集群化发展。⑤引导产业链条纵向延伸和横向扩展，纵向引入衔接和配套的废弃物处理静脉企业，横向拓宽寄生企业的废弃物利用链条和渠道，完善废弃物或副产品的浇灌关系，形成纵横交错的循环网络。⑥对循环网络内的生产项目、辅助设施、物流传输、环境保护和管理服务等进行一体化的整合集成，形成具有专业集成、效益集约特征的循环产业集群。

8.1.3　调动自组织与他组织机制来培育绿色增长极

以循环产业集群为基础的绿色增长极的形成和发展，要充分依靠集群系统的自组织机制，而自组织机制的形成和充分发挥作用，需要依靠相应环境资源的支撑。环境资源主要靠两种调控配置形式：一是政府“有形之手”的配置；二是市场“无形之手”的配置。无论是政府还是市场都无法独立实现完美配置，只有依靠政府和市场的共同协调，才能配置出合适集群自组织机制充分发挥的环境资源。

8.1.3.1 市场(无形之手)自发配置集群资源的作用

市场经济是目前最有效率和最具活力的经济模式,其经济运行机制和资源配置手段是其他机制和手段不可替代的。市场配置资源主要通过供求、价格、竞争等来进行,即根据市场需求与供给的变动引起价格变动来实现对资源不断地进行分配、组合、再分配、再组合,以实现对资源的最有效配置。市场对资源的配置和调节机制主要有三个方面的特点和属性:①利益的驱动性。市场经济的利益驱动和自由竞争,能极大地调动市场参与者的积极性和创造性,促进生产技术、生产组织和产品结构的不断创新。②反应的灵敏性。市场机制具有对市场信息的灵活反馈能力,生产者和消费者能够根据市场供求关系的变化情况及时做出反应和调整,实现供求平衡。③信息的有效性。市场配置主要依靠价格杠杆,以价格体系为主要内容的信息结构,能使每个参与者获得简单、明晰、高效的信息,并能有效地加以利用。

市场机制对循环经济集群的资源配置具有重要的作用,主要表现在:①经济效益驱动的生产要素集聚。市场主体都会受到经济利益的驱动,各个生产者都倾向与在资源、劳动力和原材料等聚集的地方进行生产,从而导致生产要素在相应的区域聚集,形成人力、资源、资金和技术的集中,如此往复形成集聚经济。②成本效益驱动的生产经营集聚。为了降低经营成本以获取更多的经济利益,企业总是趋向于到生产成本、运输成本、储存成本、交易成本以及废弃物处理成本较低的地方进行生产经营,由此会形成规模经济,产生聚集效应,促进集群发展。③价格效益驱动的创新要素聚集。为提高生产效率、降低生产成本、追求超额利润,企业总是在不断地进行技术创新和工艺改造,在价格杠杆的驱使下,各类技术研发和创新要素会向一定的区域聚集,以提高技术创新和产品研发效率,从而占到市场价格优势的先机。④资源效益驱动下的循环生产聚集。在市场经济条件下,自然资源已成为越来越稀缺的商品,为更方便地获取和更充分地利用自然资源,企业总是希望到资源更容易获取、更能充分利用、能产生更大经济效益的地方进行生产,从而向资源能循环利用的地方聚集。

市场机制对循环产业集群的运行还有以下的作用:①激发集群内部竞争,提高集群发展活力。竞争作为市场经济的最基本特征,在产业集群内部也同样存在,特别是在同质企业群落内,大量生产同类产品的企业聚集在一起,在市场机制作用下,无论是价格竞争还是非价格竞争都表现得非常激烈。竞争的优胜劣汰作用,使得企业个体保持了足够的发展动力,也使得集群整体的发展活力得到了提高。②引导集群企业合作,提高集群竞争优势。在市场机制的引导下,集群企业之间往往会通过频繁的交往和经常性合作来实现较强的联合行动效应,以获取更大的竞争优势和效益。通过合作共同做大市场蛋糕,避免了内部过度的低水平竞争。合作一方面使得企业个体的功能互补,有了更广阔的发展空间,另一方面也使得集群整体的竞争优势得到提升。③促进集群企业创新,提高集群整体效率。整体效率包括技术效率和配置效率两个部分,前者是在给定技术水平下,企业达到生产前沿可能性的大小,后者是在给定价格水平下,企业能否实现生产要素的最佳配置。市场机制促使集群企业通过技术创新、工艺创新、产品创新等技术效率的提升来实现产出的最大化,通过制度创新、管理创新、经营创新等配置效率的提升来实现成本的最小化,从而提升产业集群的整体效率。

当然,市场配置资源并非十全十美,也存在着"市场失灵"的情况。市场失灵对循环产业集群的影响主要表现在以下几个方面:①信息不对称导致的低效恶性竞争。在循环产业集群的市场环境中,企业大多以信任和自愿为基础进行交易联系,作为一种非正式的制度安排,容易出现信息不对称,引发低效竞争和恶性竞争。②搭便车行为导致的自主创新惰性。集群内知识与技能的高度外溢性,使得大量企业只想获取外溢好处而不愿自主创新,这种追求短期利益的"搭便车"思维,滋生了集群企业的自主创新惰性。③目标差异性导致的协同发展障碍。循环集群由各类(生产者、消费者、分解者)企业及相关机构组成,目标差异性使得其共同使命感不强,缺乏形成协同作用的关键要素,而导致协同发展障碍。④生态外部性导致的循环经济困难。由于环境生态效益具有很强的负外部效应,在循环集群发展初期,资本积累能力较弱,单纯依靠市场力量的自发作用,很难在短期内克服企业在循环经济运行和发展方面的所有困难。

8.1.3.2　政府(有形之手)强制配置集群资源的作用

市场机制在配置循环产业集群的某些资源时会出现失灵,特别是对一些环境保护环节的资源配置效率低下,使得一些生态产品和生态服务不能正常运作。例如环境资源作为免费的公共物品,具有很强的负外部性,在没有任何干预和限制的情况下,就会出现企业采取"最经济"的方式直接向自然攫取资源向环境排放污染的情况;由于市场机制的利益驱动,在集群经济系统组成之间会产生不合理的物质能量流,当集群企业仅通过廉价的原料资源、低端的技术手段、粗矿的工艺流程来追逐利润,采取低成本推进和粗放型增长方式来实现其目标时,便会导致集群内产生大量的信息不对称和外部性,使企业之间相互恶性竞争,集群资源配置效率低下;此外,企业在自利行为的驱动下还存在着"搭便车行为"和"非合作博弈",引发价格机制失灵,并使集群内知识共享和溢出功能失效。因此,仅仅依靠市场机制的力量,显然无法彻底解决循环集群面临的所有问题,而通过政府的干预来对资源进行强制配置则是一个有效的办法。

政府在配置资源方面的作用主要表现在:①对市场制度环境的制定与维护。政府通过相关政策法规制定,即为企业创造一个强制性的法制制度环境,又为企业创造一个具有利益激励的市场环境与经济机制,维护市场的正常运行。②设定体现和保障市场原则的"游戏规划",对市场主体的竞争行为予以适当的引导,控制垄断程度,遏制恶性竞争,保证市场交易的公平和效率。③通过财政、税收、金融政策以及行政化的管制手段,对自然资源和生态环境进行保护,以消除企业经济活动产生的外部性,确保自然资源的有效合理利用。④作为公共利益的代表者和公共产品的管理者,出资购买和组织实现公共产品和公共服务,并对之进行监管,以满足公共需求,维护公共利益。⑤创造和维持公平、公正的社会分配环境,调节社会分配、缩小收入差距,维护社会稳定[188]。政府对循环经济集群资源的配置,主要是围绕集群产业活动来进行的,通过相关立法、政策制定、机构管制等手段对集群资源进行调控。

政府对循环产业集群资源配置作用主要有:①实施集群产业战略,引导区域产业聚集。制定相关的产业扶持政策,通过财政、金融、税收等手段,引导产业资源要素聚集,通过区域环境治理和文化营造,促进集群资源的有效配置。②制定集群系统规则,鼓励企业竞争合作。通过制定公平有效的竞争规则,鼓励集群企业合作创新,以严格的惩罚约束机制和质量监测制度,来促进集群的良性发展和资源的高效配置。③制定资源环境法规,促进产业生态发展。制定相关的资源和环保法规,采用行政税收及财政补贴等手段,促使产业发展的生态化和企业生产的清洁化,通过资源税和环境税,遏制耗能排污企业,通过生态补偿和补贴,鼓励绿色环保企业。④建设集群内外环境,提供公共服务产品。通过对集群公共基础设施(如交通管网、交易市场、科技创新平台、废物处理中心等)的配套和完善,促进行业组织、中介机构等综合服务体系形成,提供公共产品及服务。

然而,政府配置资源也同样存在着"政府失效"的情况。政府调控的失效,一方面表现为政府干预不足,即政府调控的范围不对或调控的力度不足或调控的方式不当,无法弥补"市场失灵"和维持市场机制正常运行的合理需要。例如:没有完善的法律法规体系和有效的监控措施来保护市场公平竞争和资源生态环境;对公共产品和服务的投入不足,无法保证公共需求。另一方面,则表现为政府干预过度,即政府干预的范围和力度,超出了弥补"市场失灵"和维持市场机制正常运行的合理需要[189]。比如不合理的限制性规章制度过多,过多地运用行政指令性手段干预集群内部的市场运行秩序；在产业集群规划建设中直接干预过多，而在间接管理方面（如基础设施和公共机构的建设）则比较薄弱；往往因为急于打造本地某个产业或品牌，施加行政措施，盲目划地投资；忽视产业集群形成的内在机制和规律，强制使用某些行政手段，导致集群资源配置的失效等。

8.1.3.3　绿色增长极形成过程中的自组织与他组织

从系统组织结构上看，作为绿色增长极基础的循环产业集群，是一种介于企业与市场之间的中间性组织，是由众多地理位置临近的共生企业群落和生态关联机构组成的产业生态系统。作为一个复杂的开放系统，循环产业集群在其形成和发展的每一个阶段，自组织机制所产生的协同效应都起到了至关重要的作用。系统的自组织机制和现象在自然界物质系统的演化过程中普遍存在，所谓自组织是指系统特定结构和功能的形成不是按照某种特定的外部指令来完成的，而是缘于系统内部各要素之间自发形成的彼此协调相干和默契行为的协同效应。然而，系统自组织机制的形成和协同效应的产生，需要一定的内外部环境和条件，需要一定的物质、能量、信息输入。只有资源配置达到一定的内外部环境条件时，系统内部的自组织机制才会形成；也只有外部作用的量变达到一定程度时，自组织协同效应才会引起系统内部结构的质变，集群内部的各子系统（要素）才可能发生协同有序运动，形成有序的自组织结构。

在绿色增长形成过程中，离不开市场机制和政府调控的作用。然而无论是市场还是政府两者都存在着自身无法克服的缺陷，都无法单独有效的维护一种资源配置最优、生产效率最高、市场运行最好的最佳有序状态。市场机制与政府机制相比，在集群内部的微观经济活动方面具有更加较灵活的激励优势，而且在个体的生产和消费决策行为中，也能够保证集群经济效益，但其内在的自发性和滞后性也制约了集群经济效益的发挥。政府干预计划和前瞻性比市场机制优越，主要在集群的全局把握上，但政府在微观方面的一些劣势，导致其在决策上容易造成集群的无效率。市场机制的缺陷，需要政府管制来弥补；政府调控的不足，需要市场机制来纠正。因此在配置循环集群资源，促进循环集群良性发展方面，必须依靠市场和政府这两只“大手”的携手并进。市场机制产生一种“自然秩序”，政府调控产生一种“人为秩序”，只有在两者的互相弥补和共同协调下，才能营造出循环集群系统形成和演化的内外部条件，才能调动起循环集群系统内部的自组织机制，才能保证系统协同和高效有序状态的形成。

绿色增长极的发展也同样需要“他组织”的作用，即需要在“有形之手”与“无形之手”相互协调下“自组织”和“他组织”的共同作用。“他组织”作为产业市场中"看的见的手",其参与主体包括政府部门、中介机构、行业组织、科研机构、金融机构等,表现为这些机构与部门的组织行为。在循环产业集群的演进过程中,"他组织"能够保证公共产品和公共服务的有效供给,促进循环产业集群内"自组织"效率的改进和能力的提升[190]。在集群追求经济效益和生态效益双重目标的过程中,"自组织"在追求经济效益目标方面的作用最为明显,而"他组织"在追求生态效益目标方面的作用则更为显著。"他组织"在循环产业集群形成发展和稳定运行中的作用主要表现在监督和协调两个方面,即只有在政府及相关组织的监督下,循环产业集群才能更加完善的执行自己的功能;只有在政府及其他组织的协调下,才能保证循环产业集群在存在市场失灵的情况下也能稳定运行。

循环集群作为具有人类属性的自组织复杂适应性系统,不完全等同于自然界的自组织系统,市场机制、政府管制、中间性组织(自组织与他组织)作用是循环产业集群产生和发展的重要力量。在循环产业集群的形成初期,产业生态网络的形成和整体循环的运行很难自发实现,需要各种外部力量的有效整合,需要政府、企业、监督部门、相关机构等的共同运作。循环经济的集群运行既需要集群企业"自组织"的内部协同,也需要有关部门"他组织"的外在推动,使经济因素、技术因素和社会因素共同作用,是"自组织"的"无形之手"和"他组织"的"有形之手"握手的结果。因此,要让循环产业集群能够尽快形成并高效有序运行,绿色增长极能够快速健康发展,就必须借助于政府和市场这"两只手"的联合协调,充分调动系统的自组织机制,在自组织为主和他组织为辅的组织机制下,才能形成高效有序的集群协同效应。

8.1.3.4 营造集群自组织机制发挥作用的制度环境

以循环集群为基础的绿色增长极需要在一定的软硬件条件下才能快速形成和有效运行,不仅需要必要的公共基础设施、社会服务体系、信息网络平台等的硬件条件支撑,更需要相应的政策法规、体制机制、社会文化等的软条件支持。集群内部的自组织机制只有在相应的制度环境下才能发挥作用,循环集群发展演进的自组织过程离不开相关制度的保障。因此,为保证西部生态脆弱地区循环产业集群的顺利构建和稳定运行,必须建立起一套能保证循环产业集群稳定高效运行的法律体系,营造出能使集群自组织机制充分发挥作用的制度环境。针对西部生态脆弱地区的特点,可以从以下几个方面来考虑完善和营造相应的制度环境。

(1)制定和完善相关法律法规体系。一个完善的与产业扶持、集群发展、循环经济、环境保护、资源集约、生态运行等相关的法律法规体系,对循环产业集群具有巨大的支撑和推动作用。政府应当加快建立各种有利于循环产业集群和发展的法规和规章,改善和提高产业集群的运行效率,消除或减少产业发展的环境污染。可以考虑借鉴发达国家经验,制定区域《产业集群促进法》、《循环经济促进法》、《生态环境保护法》、《资源综合利用法》、《废弃物处理法》等,通过法律法规的约束来推进西部循环产业集群建设。在西部要发挥集群自组织机制,除了要对现有的环境法律体系进行补充、修订和完善外,还需要健全执法监管机制,加大环保执法力度,明确企业责任,对于污染破坏环境、浪费能源资源的行为严厉打击,同时规范执法,完善执法监督,禁止执法过程中有徇私舞弊现象。

(2)建立和完善生产责任延伸制度。生产责任延伸制度是指生产者应承担的责任,不仅在产品的生产过程之中,而且还要延伸到产品的整个生命周期,特别是废弃后的回收和处置。该制度将废弃产品管理和处理的责任由过去的纳税人、地方政府及废物处理机构转向了生产者,使得生产者为了减少废弃处理所需承担的经济负担和管理责任,而更加注重产品的可回收性、产品的售后管理以及废弃物的处理,也更加重视将自己的生产过程融入到完整的产业生态链条中去。应根据实际制定和完善各个行业的生产、维修、报废、拆卸、回收的技术标准和规范,实施政府绿色采购和绿色消费政策,通过相关法律制定、明确生产者、销售者、消费者各自的责任,建立责任追究制度。生产者对废弃产品的回收、处理、管理负有首要责任,销售者对回收废旧产品并告知消费者相关信息负有责任,消费者有责任把废旧产品交给回收地点,擅自丢弃废弃物的将受到处罚。

(3)建立和完善资源价格核算制度。相当一段时间我国实行的是"自然资源无价、资源产品低价"供给制度,导致了自然资源掠夺式开采和自然资源利用效率低下。由于自然资源和环境资源的价格扭曲,降低了企业实施循环经济和融入循环体系的积极性。虽然我国已开始对某些资源实行使用补偿政策,但尚未形成完善的自然资源价格核算制度。资源管理部门应综合考虑自然、社会、经济因素,根据资源的存在价值、经济价值、环境价值,以及自然资源的稀缺性、机会成本、可替代性、区位特征、市场状况等,尽快建立和完善资源价格形成体系和价格核算体系,将资源开发造成的环境污染治理与生态破坏恢复成本纳入资源产品的价格,将环境资源作为中间产业计算其产业关联指数、经济贡献率指数,全面衡量其经济价值,使资源价格既反映市场供求关系,又反映资源稀缺程度和环境损害成本。完善资源价格核算制度能够有效地促进循环集群的形成。

(4)建立和完善资源生态补偿机制。生态补偿机制是调整生态环境利益相关者间因保护或破坏生态环境活动产生的环境利益和经济利益分配关系的一种具有经济激励特征的制度。西部生态脆弱地区应按照谁污染谁赔偿、谁受益谁补偿和公平有效原则,建立起生态区域和生态要素等多层次、多方面的生态补偿机制和财政分担体系。通过纵向和横向的财政转移支付、生态建设和保护投资,以及征收生态基金和税收优惠等财政税收手段来激励和引导参与者保护生态环境。建立企业环境污染治理与生态恢复保证金制度以及环境资源与生态占用的有偿使用制度,通过阶梯价格和市场交易制度,激励企业开展环境友好型的生产经营方式,引导企业自发融入循环产业集群,以减少环境资源消耗与生态占用。

8.2 推进西部生态脆弱地区循环集群快速发展的措施

良好硬件基础和社会环境,是循环产业集群能够快速发育成熟所需的必要条件。引导相关人才、技术、资金等要素的聚集,并对之进行有效整合,是循环集群能够高效运行的关键因素。政府制定相应政策对集群企业进行引导、扶持与监管是循环产业集群稳定运行和良性发展的重要保证。

8.2.1 搭建和营造发展平台

循环产业集群的快速发展,需要相应的产业生态环境作为支撑。产业生态环境包括硬件基础平台、公共服务体系、社会文化氛围等。良好的产业生态环境有助于企业的聚集、产业的培育和循环产业集群的形成。

8.2.1.1 构筑循环经济集群发展的硬件基础平台

基础设施作为循环经济集群运行的承载体和硬件平台,是循环产业体系赖以生存发展的一般物质条件,对循环产业集群形成、发展和稳定运行具有重要的物理支撑作用。硬件基础设施体系形成和完善可以保证生产要素能够在各企业之间自由顺畅地流动,实现资源在效率驱动下的自由配置,使企业获得外部经济和规模效应,提升企业的生产效率和经济效益。在西部生态脆弱地区的基础设施应与当地的城市规划相匹配,顾及经济效益、生态效益和社会效益,满足建设资源节约型和环境友好型社会的要求。在产业集聚区,要针对当地的特殊情况和特色企业,制定循环产业集群的发展战略,根据战略需求建设基础设施,为循环集群的发展提供良好的硬件环境。

(1)公共性基础设施的建设。公共性基础设施主要包括交通、通信、能源、供水等基础设施。①在交通运输设施建设方面。要对区域的公路、铁路、航空、水运等交通运输体系进行规划建设,使相应的场站、码头、港口等交通枢纽相互对接,形成纵横交错、方便快捷的交通运输网络。②在通信网络设施建设方面。加快对邮政网点、固定电话、移动电话、互联网络等信息传输网络体系配套布点建设,形成灵活多样传输流畅的信息交流和通信传输体系。③在能源供给设施建设方面。做好电力网络、油气网管、然气管道、热力网络等能源供应保障设施的规划建设,以保证区域内的能源需求。④在供水排水设施建设方面。要做好源头取水、水资源保护、自来水厂、供水管网、排水管网等设施的建设,以保证区域对水资源的需求。

(2)生产性基础设施的建设。生产性基础设施主要包括标准厂房、生产场地、动力能源、仓储物流等基础设施。①标准厂房设施建设。应按照通用性、配套性、集约性等特点规划建设一批标准厂房,为中小企业集聚发展和外来工业投资项目提供生产经营场所和发展平台。②特殊场地设施建设。根据主导产业的行业性质、产业链条的特殊需求、工艺流程的逻辑联接等,配置特殊厂房和生产场地,以满足行业生产的特殊需求。③动力能源设施建设。做好相应的生产动力配套设施建设,使生产所需的各种动力燃气管道和电力线网体系完备运行有效,并符合安全生产要求。④仓储物流设施建设。要配套建设包括高平台的立体仓库、可分类的物资货架、全方位的作业平台、自动化的传送装制、高效率的配送体系、现代化的物流管理在内的仓储物流设施。

(3)生态性基础设施的建设。主要包括污水集中处理及中水回用、垃圾收集与集中处理、废弃物资源化和无害化处理、环卫绿化及灾害防御等基础设施的建设。①污水处理及回用设施。包括各类公共污水收集、污水传输管道、污水处理厂池、污水(物理、化学、生物)净化、中水储存池库、中水回用管网等基础设施。②垃圾收集及处理设施。公共垃圾清运站、垃圾运输体系、垃圾分类体系、垃圾转化体系、垃圾处理厂、垃圾发电厂、垃圾填埋场等基础设施。③废弃资源及转化设施。包括大宗废弃物的回收、各类废弃物的收集、各类废弃物的传输转运(管道、传送带、运输)体系、资源转化中心、无害化处理中心、再生原料供销中心等基础设施。④环卫绿化及防灾设施。包括园林绿化、空气净化、环保水利、环境评价、灾害防御、救灾储备等基础设施。

西部生态脆弱地区的基础设施建设,一方面要充分发挥政府主渠道的作用,加大政府的财政投入力度,特别是需要中央加大对西部生态脆弱地区的财政转移支付,对一些关键性重要基础设施实行专项拨款建设;另一方面也要加大基础设施领域的投融资体制改革，建立投资主体多元化和融资渠道多样化的体制和机制，将基础设施的建设逐步引向市场化，提高基础设施的建设效率。此外，还需要大力改善西部生态脆弱地区基础设施投资的软环境，如政府廉洁、社会稳定、机制公平、程序公正、决策科学、竞争有序、办事高效等。通过制定财政、税收、金融、土地、投融资等方面的优惠政策来改善基础设施建设的投融资环境，增强基础设施建设在投资软环境方面的吸引力。

8.2.1.2 建立循环经济集群发展的社会服务体系

循环产业集群和其他产业集群一样，除其主要的构成要素企业外，还必须有完善的社会服务网络和公共服务体系，才能保证其高效有序的运行和良性稳定的发展。因此，在西部生态脆弱地区，必须在政府主导下建立起包括各类服务企业、社会团体、私人机构等多种服务提供者在内的社会服务网络，完善服务内容、服务形式、服务机制、服务政策等方面的制度安排，为聚集区内的企业部门和其他集群参与者提供全方位的生活性、生产性和社会性服务。生活性服务是直接向居民提供物质和精神消费的服务，包括餐饮、住宿、交通、家政、洗理、百货等方面。生产性服务是直接为物质生产提供的服务，如原材料运输、能源供应、信息传递、科技咨询、劳动力培训等方面。社会性服务是为整个社会正常运行与协调发展提供的服务，包括公用事业、文教卫生、社会保障和社会管理等。针对循环集群的社会服务体系，可以考虑从以下几个方面着手构建。

(1)建立循环产业集群的专业中介服务体系。专业中介服务机构的作用是通过提供专业信息和技术服务，降低企业的生产成本和交易费用，提高企业的创新效率和竞争优势。在集群区内培育专业化的中介机构，构建专业化中介服务体系，是保证循环产业集群顺利运行和实现创新的重要条件。因此，政府应有针对性地在集群区内培育为群内企业提供专业服务的各类事务型中介服务机构(如咨询、策划、商务、广告、市场、投资、信贷、会计、保险、法律等服务机构)、技术型中介服务机构(如技术研发、工艺设计、设施配套、节能改造、优化升级、维修养护等服务机构)、管理型中介服务机构(如行业组织、产业协会、专业社团等机构)等，构建和完善专业化的中介服务体系。为集群企业提供技术服务、贷款融资、信用保证、法律支持、行业规范等方面的事务服务，为集群企业间循环产业链的连接和有效运行提供了技术支撑。

(2)建立循环产业集群的生产运行服务体系。要针对资源寻求型、技术寻求型、资本寻求型、市场寻求型、效率寻求型等不同类型的产业，根据产业集群的内在发展规律和循环经济的集群运行规律，按照政府调节、市场监督、社会服务的原则，搭建能满足循环集群生产运行的各类服务平台，为集群企业提供有效的循环生产服务。健全以信息、技术、工艺、原料、生产、加工、装配、运输、配送、交易、节能、环保、增效、循环、净化、回收、转化、测控、集成等服务为主要内容的循环生产运行服务体系。以循环信息服务中心、循环技术转移中心、生产力促进中心、绿色工程服务中心、原材料交易配送中心、环保技术服务中心、资源转化服务中心、副产品交换服务中心、资源集成服务中心、质量检测控制中心等服务机构为支点，搭建循环生产服务网络，营造良好的服务环境，完善和优化各类服务机制，为企业提供优质高效的循环生产和资源利用服务。

(3)建立循环产业集群的要素供给服务体系。循环产业集群的关键要素主要是人才、资金和技术。因此必须在集群内建立起高效有序的人才要素、资金要素和技术要素的供给服务体系[191]，使这些关键要素在区域内能够稳定聚集和有序流动，并实现有效配置。①人才要素供给服务体系。通过建立各类专业人才储备库和人力资源聚集池、发展教育培训机构及其他学习性服务行业，培育人力资源和人才交易市场等，加强企业与机构和市场的联系，形成人才要素有效供给体系。②资金要素供给服务体系。设立创新发展基金和风险投资基金，培育民间金融机构和投资体系，形成多元化的投资、融资主体；规范商业信用，改善投融资环境，鼓励和引导民间融资，为企业提供多渠道、多样化的资金服务。③技术要素供给服务体系。通过搭建技术研发平台、构建集群创新网络、建立技术储备库，培育技术交易市场等，优化"科工贸"、"产学研"的合作机制，理顺专业技术的供求互动关系，发挥集群知识外溢的正效应，通过业务衔接、资源共享、经验交流等形式，使知识流动和共性技术在循环集群中发挥重要作用。

8.2.1.3　营造循环经济集群发展的社会文化环境

区域社会文化环境是产业集群成长的土壤，良好的社会文化氛围能够有效地激发集群创新，激励合作竞争，加深企业互信，形成绿色生态，发挥集群竞争优势，对循环产业集群形成和发展具有根源性的促进作用。社会文化环境通过影响集群行为主体的心理和行为习惯，从而影响着循环产业集群的发展。集群社会文化氛围是在集群企业发展过程中逐渐形成的，并被集群企业信奉和倡导的共同信念，它能够加强集群行为的协同性和整体的认同感。集群文化包括群内成员共同的风俗习惯、价值观念、道德准则、行为规范、经营理念、社会风气等社会文化因子。影响循环产业集群形成和发展的社会文化环境主要包括创新创业文化、合作竞争文化、守城互信文化、低碳绿色文化等几个方面。

(1)营造和培育创新创业的社会文化氛围。集群创新文化是集群企业创新动力机制得以形成和高效运转的环境。创业环境是指集群内有利于新企业创办并能得到健康成长的物理和社会空间。创新文化是在集群环境中形成的创新精神财富及创新物质形态的总和，包括创新价值观、创新制度体系、创新行为规范、创新物质文化环境等。可以通过建立有效的创新制度和机制，创造良好的工作环境和平台，来营造集群创新文化环境。创业精神是创业者观念中具有开创性的思想观念、个性作风、意志品质等，包括创新、冒险、拼搏、进取、竞争、合作等意识和精神[192]。政府应在集群区内营造开放包容、兼收并蓄、充满活力、宽松和谐、适宜创业的社会环境，倡导敢于冒险、敢于拼搏、敢于创新的创业精神，形成鼓励个性发展和崇尚合作创造的创新创业氛围。

(2)营造和培育合作竞争的社会文化氛围。竞争作为市场经济的基本特征和重要基石，保持了市场经济活力，提高了资源配置效率，推动了经济社会发展。竞合时代将竞争从企业个体层面提升到企业集群层面，集群竞争优势作为循环产业集群的最大优势之一，其根源就是集群企业的合作竞争。合作可以汇集各企业的优势资源，从而提高生产效率、产品质量和竞争优势。因此，在循环产业集群区域，应大力营造鼓励竞争崇尚合作社会环境，通过制定自由公平的市场交易规则和激励竞争的制度协调机制，以及建立公平合理的利益分配规则和鼓励合作的制度协调机制，来规范和激励集群企业间的竞争与合作，引导企业处理好竞争与合作的关系，在合作中竞争，在竞争中合作。通过营造和培育合作竞争的社会文化氛围，来保持集群企业的发展活力和循环集群的竞争优势。

(3)营造和培育守诚互信的社会文化氛围。诚信作为行为主体的诚实性、可靠性和信用度，体现了企业的商誉价值，是企业的立身之本和竞争基石。互信作为集群企业间最重要的协调机制，能够有效减少集群组织的不确定性，防止机会主义和道德风险，形成高效灵活的交易模式，维护集群分工生产体系，促进集群创新和知识共享，产生独特的竞争活力。诚实守信和相互信任是循环产业集群得以形成和发展的关键。因此，在集群内部应通过法律、行政、道德、舆论等力量来培育守诚互信的文化理念。通过倡导“义利并重，守义取利”的企业价值观，来打造集群企业的诚信文化。通过建立各种信用征信体系和失信惩戒机制，来营造良好的集群信用环境。通过企业信誉评级，鼓励优者，警示差者。运用法律和行政手段对危及集群整体的败德行为加以干预。

(4)营造和培育绿色低碳的社会文化氛围。低碳绿色的生态理念和文化作为循环产业集群区别于以往传统产业集群的一个重要方面，对循环产业集群的形成具有至关重要的作用。循环产业集群就是要追求人与自然的和谐发展，实现经济效益和生态效益的有机统一。政府应通过多种媒体渠道，采取各种有效的形式，倡导绿色低碳的价值取向，开展节约自然资源和保护生态环境的宣传教育，鼓励绿色低碳的生产方式和消费行为。强化政府和企业的生态责任，提高全社会对发展循环产业集群、建设资源集约型、环境友好型社会重要性的认识，将绿色低碳的生态理念融入到日常的生产和生活中。增强全社会的“资源意识”、“节约意识”和“环保意识”，使全民都来理解、支持、自觉参与和推动循环产业集群的运行，最大限度地为循环产业集群的发展营造良好的生态文化氛围。

8.2.2　整合与聚集关键要素

循环产业集群的形成与发展离不开相关要素的聚集与整合。由于大多数西部生态脆弱地区的企业规模较小、层次偏低，在人才、技术、资金等方面都存在着不足。因此，政府必须采取有效的手段，促进人才、技术、资金等要素的聚集并实现有效整合，才能较好地推动循环产业集群的迅速形成与健康发展。

8.2.2.1　整合聚集循环经济集群发展所需的人才要素

人才作为生产力要素的“第一资源”，是科技进步和社会发展的基础，也是区域经济和产业发展的关键要素。对循环产业集群来说，作为技术创新载体的人才比资金显得更为珍贵。目前，西部生态脆弱地区的人力资源不足，人才素质较低，结构不合理，一些艰苦地区的人才还大量流向东中部等较发达地区，远远不能满足产业集群和循环经济快速发展的需要。因此，就必须采取有效手段聚集与整合循环产业集群所需的各种人才资源。对西部生态脆弱地区而言，可以从以下几个方面着手：

(1)制定有效的人才引进激励政策。人才政策是引导人才流动的重要指针，凡人才政策合理的地方都会有大批人才聚集。因此，需要制定和完善人才引进激励政策来强化循环集群对人才的吸引。①激活存量。抓好区域内人才存量要素的整合。通过组织、人事、科技、劳动和社保等多部门联动，建立从迁入安居、经济待遇、职称职务、科研条件、成果奖励等方面的系列激励政策，形成一整套完善的“留人”制度体系，为各类人才创造一个良好的生活、工作和事业环境，激发每个现有人才的积极性。②扩大增量。做好区域外增量要素的整合。通过缩小当地科技人员与发达地区的待遇差异，改善环境条件等，让引入的人才具有归属感，创造事业留人的激励环境，不断吸引各类所需人才。

(2)培育完善的人力资源流通市场。人力资源流通市场是人才交流的主要场所和人才流动的主要渠道。建立公开、公平、开放、规定、有序的人力资源市场是集群稳定发展的需要。因此，要以产业集群或产业聚集核为指向，配套建立大型的人才交流市场和劳动力市场，并制定相关政策，完善人才流动制度。通过深化人才管理体制改革，打破人才管理的部门单位现有现状，允许人才在一定范围内合理流动，鼓励高校和科研机构推行专职与兼职、固定岗位与流动岗位相结合的人才办法。借助人力资源市场，一方面将促进集群企业间人力资源的合理流动和特定知识的扩散；另一方面也将促进集群所需的外部人力资源流入，为外部知识传入和集群内知识的更新提供条件。

(3)建立科学的人才培训提升机制。培训是人力资源开发的重要手段，也是人才资源得到不断提升不断强化的重要手段。在循环产业集群区，可以从以下几方面来考虑：①建立企业内部培训体系。集群企业应建立具有自身特点的培训体系，通过培训不断强化员工生态循环意识和清洁生产技能，保持与最新技术和最新信息的一致性。②完善社会公共培训体系。通过对社会培训机构的规范管理和引导，形成多层次、开放式、系统化的社会培训体系，为需要继续学习提升的各类人才提供培训服务。③整合各种培养培训渠道。充分利用所在地区的高等院校、科研院所，及国内外的各种教育机构，采用"订单式"培养培训模式，多层次、多模式、多元化、多渠道地培养循环集群所需的各类人才。

(4)创造良好的人才创业发展环境。良好的创业发展环境是人才聚集的关键。尽管目前西部生态脆弱地区的整体创业环境还难以迅速彻底改观，但在循环产业聚集区，可以像一些成功的高新区和产业园那样，通过自身的改革调整，在局部区域内营造出良好的创业发展环境。例如在适当的区域建立留学人员创业园、高层次人才创业园、高新技术创业园等，为各类人员创业发展提供全方位的服务。通过制定相关优惠政策，降低相关企业的创业门槛，吸引相关人员到循环产业集群区创业。例如对注册创办企业的经营范围不做核定，创业者的高新技术成果可作价入股，发展到一定规模的企业，其贷款可以获得一定的贴息，等等，减轻了创业初期的困难和创业人员的后顾之忧。

(5)整合聚集的各类专业人才资源。对于吸引到的各类专业人才，还必须在集群内进行有效整合，才能使其发挥最佳效用。通过建立良好的沟通渠道和协调机制，对各类人员进行妥善安排，做到人尽其才、公平合理、人职匹配。对高等院校和科研院所的人才，运用人才弹性机制，广泛开辟"柔性流动"的绿色通道，吸引各类优秀人才，不求所有，只求所用。企业家是在产业集群形成和发展中担当着创建者和指挥家的角色，其对于资源的整合能力是一个企业乃至集群取得竞争优势的最重要要素。对企业家人才的激励可通过现代企业制度解决智力参与分配问题，提高其创造能力。此外，还可以通过培育优势产业和项目，建立人才小高地，形成高层次人才聚集平台，来吸引和凝聚人才。

8.2.2.2　整合聚集循环经济集群发展所需的技术要素

循环产业集群的稳定运行和良性发展需要科学技术的强力支撑，产业集群中的清洁生产过程、资源高效利用、副产品再利用、废弃物无害化处理、产业生态链的衔接与循环等都需要以先进的生态技术为基础。西部生态脆弱地区大多都具有一定的资源优势，但由于缺少技术人才，技术设施较落后，许多地方还没有形成适宜当地发展的地方技术体系，生产技术水平受到了限制，无法从资源加工及其市场化中受益。区域技术发展主要依靠自行研发和技术引进，由于受到人才的限制，致使自行研发率不高；由于缺乏技术孵化和衍生的环境，对引进的技术也不能充分消化吸收，导致技术依赖严重，技术要素稀缺。因此，要构建循环产业集群，必须采取有效措施整合与聚集所需的技术要素。

（1）提高自主创新与科技研发的成功率。自主创新与科技研发的成功率主要受到人才、资金、平台等方面的限制，因此应从以下几个方面入手。①加大高技术人才的培养力度。实施高技术人才培养计划，构建高技术人才培养体系，培养循环集群所急需的各类高技术研发人才。②加大高技术人才的引进力度。实施高技术人才引进计划，克服自身培养的不足，制定优惠政策，吸引外部高技术研发人才的加盟。③加大对技术研发的投入力度。设立专项基金，加大对科技创新和技术研发的投入；通过激励政策，引导社会资本的研发投入。④加大研发创新平台构建力度。整合各类研发资源，构建以集群企业为主体，“政、科、工、贸”、“官、产、学、研”参与的研发创新联盟，形成完善的研发创新网络体系。

（2）强化高新技术的引进吸收与再创新。引进发达地区的先进技术成果，是落后地区快速提升技术水平，弥补关键技术自给不足的一条有效途径。政府应加强政策引导，鼓励企业引进先进适用技术。采取财税、金融等手段，引导和鼓励企业引进循环经济亟需的先进适用技术。加大政策扶持，保障重点技术引进项目的消化吸收与再创新投入，支持重点项目的消化吸收再创新。对企业消化吸收再创新给予财政、税收、金融等多方面政策支持。对关键技术和重大装备的消化吸收和再创新，政府给予引导性资金支持。制定促进外资技术溢出的支持政策，鼓励外商转让关键和核心技术。根据西部产业发展的特点，对引进的技术进行有效整合，使其真正满足循环经济发展的需求。

（3）推进循环技术生态创新模式的开展。物质循环技术与生态链接技术是保证循环产业集群稳定运行的关键技术，也是循环产业集群能够产生经济效益和生态效益并实现良性发展的根本保证。传统线性技术经济创新模式是以满足市场需求而设计的，只以追求利润最大化为目标，缺乏将环境纳入创新考核指标，结果必然导致经济增长与环境恶化的对立。而循环技术生态创新模式则是将环境生态因素纳入视野，通过环境反馈的信息加以技术创新。这种创新模式着重解决的问题包括：①产品的清洁性、无污染性及产品的耐久性与可回收性；②产品工艺的简单性、工序简化性与产品功能的符合性；③减少或消除废弃物对环境的影响及再利用的问题，等等。对此，政府应制定相应政策，来规范和引导社会和企业采用以循环技术生态创新模式进行技术创新。

(4)营造技术要素有效配置的良好环境。在制度层面上，要完善相关制度，提高科技供给和科技产出的质量和效率；在社会层面上，要激励和促进各类社会研发群体与企业的合作，加快科技成果的转化应用；在市场层面上，要大力培育科技交易市场，充分发挥市场配置科技资源的基础性作用。①建立非正式技术交流机制。通过行业技术协会、技术中介等，形成集群成员企业间长期正式的和非正式的技术交流，促进循环科技创新资源和相关隐性知识的传播。②推进循环集群技术的市场化。充分发挥市场竞争机制的作用，通过循环科技研发项目招标的形式，从外部众多的研发机构或企业中选取最佳的研发力量。③形成科研合作关系的合同化。以合同的形式来明确企业和外部科研机构的合作关系，降低企业引用外部研发的风险，通过奖惩制度明确各类研发参与主体的责任与权利，激发各类研发人员积极性与创造性，形成有利于技术要素有效配置的良好环境。

8.2.2.3 整合聚集循环经济集群发展所需的资金要素

资金作为产业发展的血液和在命脉，很大程度上决定着整个产业的生存和发展能力，充裕的资金是产业不断发展的重要保证，对循环产业集群来说也是如此。然而，长期以来由于西部地区的经济发展滞后，金融产业不发达，使得资金成为最为稀缺的经济要素之一。资金不足制约着西部地区经济发展中的各种相关条件，也将制约循环产业集群的发展。西部生态脆弱地区要发展循环产业集群，就必须采取各种有效措施，聚集和整合循环集群所需的资金要素，建立起“以政府投入为引导、社会多元化投入为主体、金融借贷为支撑和补充”的投融资体系，着力解决好循环产业集群发展的资金瓶颈问题。对此可以从以下几方面入手：

(1)加大政策性的政府投入力度。通过加大政府的投入，保证循环集群资金的充裕。①加大政府投资。对于循环产业集群的基础设施建设，一些主导产业、支柱产业、生态补链产业等核心项目，政府可作为投资的重点领域，加大资金支持；对一些特别重大或特别关键的项目，甚至可以作为牵头人直接进行投资。②增加财政补贴。政府可通过利息补贴、亏损补贴、物价补贴、循环补贴、再生补贴、税前还贷等财政补贴手段来加大对循环经济各环节的补贴力度，鼓励企业投资循环经济的积极性,促进循环产业集群的建立和发展。③设立专项基金。通过专门设立循环产业集群建设基金,专项用于扶持培育壮大循环产业集群的龙头企业、为循环集群企业提供优惠贷款、推动上下游企业的循环协作与配套、构建循环产业集群的公共服务平台、完善循环经济市场体系建设等。

(2)建立多元化的社会投资体系。目前西部地区在循环经济体系建设方面的投资方式较为单一,大多还是依靠政府的投入和国有大型企业的投资,民间资本和国外资本进入循环经济领域的较少。对此,政府应制定相关的政策,建立多元化的社会投资体系。①取消投资领域的所有制限制,降低国外资本的准入条件,吸引更多国际资本进入循环产业集群领域。②建立循环产业集群创业引导基金,以政府资金启动民间投资的市场化运作,来吸引社会投资和聚集民间资本。③调整社会投资结构,面向国内外招商引资,扩大社会资本和民营资本的投融资渠道,加大对循环产业集群发展的投融资扶持。④改善民间资本投资环境,保护民间资本的投资权益,把对外开放和对内开放放在同等重要的位置,制定市场准入的方法,大幅度拓宽民间资本的投资领域。

(3)培育多层次的资本交易市场。我国目前的资本市场主要是针对一些成熟的国有企业,对于一些刚刚发展起来的小企业,除了创业板以外,较难从资本市场获得融资。对此,应针对循环产业集群的特点,建立和培育为循环集群企业服务的多层次资本交易市场,侧重支持经营规模相对较小的集群企业发展。通过金融市场的创新,降低集群企业债券及可转换债券的发行条件,拓宽其融资渠道。通过企业产权制度的创新,在西部地区大城市建立全国性产权交易市场,制定规范的产权交易规则并使企业挂牌上市,为集群企业的产权交易提供一个较好的通道。在西部大城市成立柜台交易市场,鼓励西部一些规范的、效益好的非上市公司的股票在场外交易。对申请设立基金、发行企业债券和可转换债券在额度上给予倾斜,放宽循环集群企业对外融资的条件。发展西部产权交易与风险投资市场,鼓励投资者向西部生态脆弱地区的循环产业集群投资。

(4)加大倾向性的信贷优惠扶持。一般企业资金主要来源于金融机构的信贷支持,但是对一些中小型企业来说,则很难获得金融机构的贷款。对此,应该建立信贷比例投向制度,对循环集群企业进行鼓励和扶持。通过放宽信贷条件,增大对环境友好型企业的贷款比例;通过差别利率政策,对循环经济项目实行低利率,引导企业向生态化方向发展。强化政策性银行的导向作用,制定合理的融资和信用活动政策。限制高耗能、高耗材、高污染企业的资金支持,对环保型企业采取优惠的信贷政策,对环保型、低耗能、低污染的技术、产品和设备实施优惠贷款。加大对企业绿色行为的支持力度,专门设立针对清洁生产、节能减排、废弃物资源化等项目的绿色信贷产品，采取优惠的信贷政策，并对项目进行动态跟踪机制，确保绿色信贷产品确实用于循环经济发展的项目。

8.2.3 建立和完善政策体系

循环产业集群的形成需要在一定的政策环境中孕育，其进一步的发展和稳定运行也需要相应政策的引导与推动。在市场发育不够完善，人才、技术、资金较为缺乏的西部生态脆弱地区，尤其需要得到政府相关政策的扶持。对此，政府应从产业发展、财税金融、资源生态等方面入手，建立和完善引导企业产业集群化和生态化发展，有利于循环产业集群形成的政策扶持体系。

8.2.3.1 建立促进循环经济集群发展的产业政策体系

促进循环产业集群形成和发展的产业政策主要包括产业组织政策、产业结构政策、产业布局政策和产业技术政策等几个方面。西部生态脆弱地区的市场机制不成熟，产业体系不完善，产业结构和产业布局不合理，产业组织落后，技术水平较低，不利于循环产业集群的形成与发展。由此，必须建立一套能促进循环产业集群发展的产业政策体系。主要可从以下几个方面考虑。

(1)促进循环经济集群发展的产业组织政策。通过限制和引导产业或企业选择产业组织模式，引导其向集群化和生态化发展，从而提高产业的生产效率和资源利用率、降低污染和排放、实现资源最优配置。①实行市场进入管制。通过对规模、技术、资金，以及产品对环境影响程度等方面的限制，杜绝污染环境、技术落后、质量低劣的企业和项目进入集群。②降低市场退出门槛。建立产权交易市场，通过市场化运作的方式，降低不能有效融入集群产业链，不符合集群生态环境要求企业的退出壁垒。③控制集群企业规模。通过制定合理的企业兼并与重组政策，以及鼓励企业归核化和网络化经营政策，促进循环集群网络的形成和稳定运行。④优化产业组织结构。消除影响产业集中、资源优化配置的体制性障碍，使分散的中小企业能通过集群循环产业链分工合作，降低企业资源不足和规模过小的劣势，形成一种产业合力。

(2)促进循环经济集群发展的产业结构政策。根据生态经济规律和产业市场特点，通过调整产业结构来解决循环产业集群运行中存在的矛盾，促进循环产业集群的良性发展。①实施产业结构的生态化转型。西部有大量的传统资源型产业，对这些传统“三高”型产业进行生态化改革，通过改进工艺、延长产业链、上下游吸入等方式，来提高生产效率和减少污染的排放，使这些传统的粗放型产业向依靠高科技的集约型产业转变。②加大主导产业的定向化扶持。优先选择和定向扶植关联度大、产业链长、经济效益高，且无污染或低污染的产业作为循环集群区的主导产业;拓展一批相当规模的资源、能源消耗低、附加值高的第三产业,大力发展与之配套的环保产业。③鼓励高新产业的优先化发展。按照生产高效、资源节约、环境友好的循环集群发展要求,制定鼓励电子信息、生物技术、新型材料、先进能源、先进制造、先进环保、资源综合利用等高新产业优先发展的政策,推进产业结构优化升级。

(3)促进循环经济集群发展的产业布局政策。根据循环产业集群的经济技术特性及西部生态脆弱地区的综合状况和条件,需要对循环产业集群的区域空间、企业要素、废物交换、循环链网等方面进行合理的规划布局。①区域空间布局。对循环产业集群进行科学的统筹规划和空间布局,包括集群区及企业的选址、数量及发展方向等都需有详细的宏观规划,必须充分考虑交通及废弃物处理方面的因素。②企业要素布局。对企业及其生产要素进行科学合理的整合布局,构建和完善产品代谢链条和废物代谢链条,形成完整的产业价值链和产业生态链,保证循环集群运行的稳定性。③废物交换布局。通过优惠补贴政策,将各类能够吸纳集群废弃物并作为生产原料的企业引入集群,或直接投资植入补链企业,构建高效的副产品和废物交换网络和交易市场。④循环网链布局。按照循环经济的模式,对群内企业进行选择性保留,对群外企业进行倾向性引进,整合产业生态链,利用生态链构建产业循环网,逐步向成熟的循环产业集群发展。

(4)促进循环经济集群发展的产业技术政策。通过制定循环产业技术方面的引导、组织、奖惩性政策,引导和促进循环产业技术的开发和引进,并使之转化为有实际效用的成果。①支持和鼓励循环产业技术开发。从财政、金融、税收、信贷等方面对循环产业技术给予大力支持和鼓励,加大对技术研究与开发组织的资金投入。②组织和指导循环产业技术进步。通过发布政府科技基金优先资助领域目录,以及采用政府和企业委托研究课题的形式,来指导整个循环产业的技术进步。③制定和实施循环技术奖励制度。对于循环经济技术、产业集群技术等方面的重大成果,以及循环产业集群技术进步相关的重大活动等,给予有实质性激励的重奖。④鼓励和促进循环技术引进交流。采用积极的鼓励政策,促进对掌握和研究先进循环技术人才及成果的引进,促进与先进地区进行清洁生产和循环技术的交流与合作。

8.2.3.2　建立循环经济集群发展的财税金融政策体系

从组织结构上来看,循环产业集群作为复杂的网络组织,是大量中小企业围绕一个(或多个)核心企业形成柔性合作的产品和副产品交换网络。集群内的每个企业都是产业生态网链上的一个主体,集群内中小企业的发展状况,决定了循环集群发展的健康程度。在西部生态脆弱地区,大多数中小企业的资金实力有限,往往受制于资金限制,无法单独实现循环经济生产过程。因此,西部生态脆弱地区循环产业集群的发展,需要政府在财政、税收、信贷、融资等方面给予中小企业乃至整个集群的支持和扶持。

(1)促进循环经济集群发展的财政政策。通过直接投资、财政补贴、定向补偿、专项基金等方式来推动和促进循环产业集群的发展。①对重点产业和关键项目的直接投资。政府应对一些产业生态系统中的重点产业或关键项目进行直接投资,如一些关系到生态产业生存、影响到产业生态循环、盈利性不高的基础性产业或补链项目。②对生态产品及经营亏损的财政补贴。如对利用上游企业副产品进行生产而出现的暂时性亏损给予补贴、对新生态产品为打入市场而出现的暂时亏损给予补贴、对补足集群生态链的投资新项目给予补贴等。③对生态行为和生态效益的定向补偿。建立相关补偿机制,对集群内的生态研发、示范、培训等活动和项目给予资金补偿;对实施清洁生产、污染控制效果好、生态效益好的企业给予补助鼓励。④对绿色研发和绿色采购的专项资助。通过建立专项基金和绿色采购制度,对循环集群中绿色技术的研发与培训给予专项资助,对企业采购先进的污染控制及处理设备等进行专项补贴。

(2)促进循环经济集群发展的税收政策。通过调整资源调节税、改革生态经营税、设立污染惩罚税、补贴设备折旧税等手段来引导和推动企业的集群化和生态化发展,从而促进循环产业集群的形成和发展。①调整资源调节税。可适当提高不可再生资源的资源税,相应降低可再生资源和替代资源的资源税,引导企业尽可能使用可再生资源或替代资源。②改革生态经营税。对清洁生产、节能节源、减少污染的企业以及生产环保设备的企业给予减免税优惠;对综合利用资源的增值税实行即征即返。③建立污染惩罚税。对使用落后工艺设备及高污染、高消耗的企业实施限制或惩罚性税收制度,对重污染的企业征收惩罚税,采取定额税率、从量计征。④补贴设备折旧税。对企业生产经营过程中使用的无污染、低污染或减少污染的机器设备实行加速折旧制度,鼓励企业更新改造旧设备和使用新型环保设备。

(3)促进循环经济集群发展的信贷政策。通过制定倾向性信贷政策,指导金融机构向集群企业和循环集群提供信贷支持。①建立风险防范和融资担保体系。建立信用担保的风险控制和防范体系,设立一定规模的中小企业贷款风险准备金,通过政策性担保机构,为集群中小企业提供融资担保。②完善贷款抵押和信用评级制度。科学设计针对中小企业的财产保证、抵押物核定和贷款清偿机制和程序,建立中小企业信用评级和信用登记制度,完善抵押信用贷款制度。③实行重点支持和优先支持政策。重点支持低碳绿色生产、知识产权自主、产品竞争力强、发展前景好的龙头企业;优先支持研发能力强、技术含量高、经营效益好和发展潜力大的企业。④开展选择扶持和成长帮扶政策。有选择性地扶持那些虽然暂时规模不大,但发展稳定、经营业绩持续良好的企业;对长期的循环经济企业,在资金出现周转困难时给与信贷支持。

(4)促进循环经济集群发展的融资政策。实行开放的金融融资政策,从不同渠道吸引更多资本进入循环产业集群建设领域。①扩展政府信用融资。以政府信用为担保,为循环集群建设提供金融支持。设立中小企业发展基金、风险投资基金等,为生态产品开发、循环技术应用等筹集资金。建立政策性银行对商业性银行环保贷款补贴制度,弥补因放贷于集群环保领域而造成的损失。②拓宽民间融资渠道。通过有效的金融政策,吸引更多的社会主体和民间资本参与到循环产业集群的生态化建设中来。建立生态建设专业银行或投资信托公司等,按照市场化投资运作方式,筹措社会资金投向循环经济和环保项目;发行中长期债券等,利用资本市场筹集循环集群建设资金;鼓励集群内企业通过资本市场,发行股票或债券直接融资,包括在境外上市融资。

8.2.3.3　构建循环经济集群发展的资源生态政策体系

循环产业集群与一般产业组织模式最大的不同之处就在于追求经济效益和生态效益的有机统一,不但要追求经济效益的最大化,而且还追求生态效益的最大化。然而,作为循环产业集群构成主体的企业,是追求利润最大化的理性个体,主观上存在着追求自身经济利益而忽视环境生态效益的动机。因此,政府或相关部门必须建立一个有效制度体系,引导和监督集群企业的经营行为,使之在生产活动中节约资源、清洁生产、循环利用,保证每个企业都能够在追求经济效益的同时也不忽视生态效益。通过制定资源节约、环境保护、生态补偿、绿色采购等方面的政策,完善相应的激励与惩罚机制,来限制企业的机会主义等错误行为。

(1)资源节约与综合利用政策。引导企业节约资源防止浪费,提高资源综合利用效率。①自然资源的开采利用政策。制定激励企业实行综合开采和综合利用自然资源的相关政策,支持企业提高综合开采利用技术或引进先进的综合开采利用设备。②再生资源的回收利用政策。制定再生资源回收利用的相关激励政策,建立资源回收体系,完善资源回收机制,鼓励或资助回收部门或企业进行资源回收利用。③先进能源的替代使用政策。制定促进新能源(如风能、地热能、太阳能和海洋能等)开发和应用的相应政策,提高新型先进能源的替代使用率,缓解能源压力。④资源环境的评估定价政策。通过制定相应的资源定价政策，对资源环境的价值进行正确评估，对资源环境的占用及对环境的污染量进行定价；价格主管部门通过调整资源型产品与最终产品的比价关系，完善自然资源与再生资源的价格形成机制。

(2)环境保护与监督惩治政策。制定环境评价、环境监督、污染处罚、环保鼓励等方面的政策，来加强对循环产业集群生态环境的监督与保护。①环境评价政策。对集群生态环境进行科学评价，根据环境要求和废物排放标准，对进入集群的企业进行评估，允许符合环境评估的企业进入集群，使不符合环境要求的企业退出集群。②环境监督政策。加强政府对环境质量的监控，开展环境行为的社会监督，制定与公众监督相关的法律法规，保证公众的监督权利和合法权益，形成全民环境质量监督体系。③污染处罚政策。对违反国家排放标准超标排放的企业给予重罚，对那些给环境造成污染的企业责令停业整改，对环境造成严重污染企业依法关闭，并追究相关违法者的法律责任。④环保鼓励政策。对那些采取有效的环保措施，排放量大大低于国家标准的企业，给予相应的资金奖励，对环保产业和主动治理的企业实行资金资助、税收优惠等鼓励政策。

(3)生态补偿与污染赔偿政策。制定调整生态环境利益相关者间环境利益和经济利益分配的相关政策，通过一定的市场机制引导全社会对生态环境进行保护。①建立生态补偿机制。按照谁污染谁赔偿、谁受益谁补偿的原则，建立起公平有效的生态补偿机制，从政策、资金、技术等方面和多个层面进行生态补偿。②制定污染赔偿政策。对污染排放企业征收排污费和污染税，并按其有害物的单位含量计价逐年增加征收额，对环境造成严重污染和破坏的企业，加重对其赔偿处罚的额度。③规范补偿征收管理。制定合理的补偿金征收标准，规范征收程序，通过科学的征收渠道、征收标准和征收方式规范补偿金的征收管理，将补偿金集中于专用账户，专门用于污染治理和环境保护。④实施有偿占用制度。建立环境资源与生态占用的有偿使用制度，通过阶梯价格和市场交易制度，引导企业自发融入循环集群，减少环境资源消耗与生态占用。

(4)绿色采购与绿色补贴政策。制定绿色采购及其相关的补贴政策，优先购买对环境负面影响较小的环境标志产品，促进企业改善环境行为，引导社会绿色消费。①制定绿色采购目录。根据环境标志产品认证等制度，选择优先采购涉及的领域，分行业、分产品，制定和建立绿色采购标准体系，制定绿色采购的物品目录清单。②实施绿色采购补贴。对污染防控设备提供一定比例的采购补贴，优先考虑循环集群内的企业或加入循环网链具有良好环境绩效的企业，采购具有生态标签的产品。③建立绿色采购网络。通过权威完备的绿色产品信息发布网络平台,提供国内外在环境设计和绿色产品等领域的最新成果,并将政府绿色采购的实施情况及时公之于众。④实行绿色采购评价。对政府绿色采购制度及绿色采购过程进行跟踪、反馈和绩效评价,保证政府绿色采购制度的有效性和可持续性。

8.3　促进西部生态脆弱地区绿色增长极快速形成的对策

在西部生态脆弱地区,由于经济社会发展状况的特殊性,只有在政府的主导下,营造出有利于集群形成的成长环境,搭建起适于循环演进的发展环境,才能在宏观上保证循环产业集群的顺利形成和有序发展。通过对相关产业进行集群化和生态化的重组与融合,实现循环产业集群微观层面的整合;通过一系列的体制、机制和管理创新来保证循环产业集群运行的高效和稳定,才能促进绿色增长极的快速形成。

8.3.1　对绿色增长平台的营造及成长环境的治理

完善的支持平台、良好的发展环境、健康的市场结构是循环产业集群稳定运行和健康发展、绿色增长极快速形成和发挥作用的基础和保证。因此,政府应该从构建和完善支持平台、营造和治理成长环境、调整和规范市场行为等入手,在宏观上为循环产业集群的发展和绿色增长极的形成提供一个好的支撑环境。

8.3.1.1　对绿色增长极发展支持平台的构建和完善

绿色增长极的迅速形成与快速发展需要大量技术、信息、资金的支持,循环产业集群的稳定运行和有序演进还有赖于便捷的市场交易。目前西部生态脆弱地区的工艺技术相对落后,研发平台尚不完备,信息体系发展相对滞后,共享机制尚未形成,融资渠道不够畅通,融资环境不够理想,市场发育不够成熟,交易市场不够发达。对此,政府可以从构建和完善技术创新平台、信息共享平台、融资服务平台、市场交易平台等入手,来促进西部生态脆弱地区循环产业集群的发展和绿色增长极的形成。

(1)构建和完善技术创新平台。作为产业集群和循环经济的技术保证,技术创新是循环产业集群发展的强劲驱动力,是促进西部地区产业生态化发展的技术源泉。构建和完善生态脆弱地区的技术创新平台可从以下几个方面入手:①创造良好的技术创新环境。建立本地协同创新中心,构建共享性技术研发机构,营造良好的激励创新氛围和便捷的创新环境,为企业创新活动提供技术支持和信息服务。②构建高效的合作创新网络。完善产学研合作体系,通过有效机制,引导大企业(大集团)工程(技术)中心、行业公共技术平台、高校重点实验室、科研院所等联网合作。③采集外部的技术创新资源。建立有效机制,引导外部的各类技术创新资源向集群区集聚,从外部引进创新知识,将先进的技术和管理经验消化、吸收,提高集群自身的技术创新能力。

(2)构建和完善信息共享平台。集群企业知识溢出效应的发挥是以信息共享为基础的,循环集群内各企业之间有效的物质循环和能量集成,也必须以了解彼此供求信息为前提。因此,在循环产业集群区建立一个完善的信息共享平台非常必要。①建设基础信息体系。通过建设集群科技信息网络和集群科技信息资料库、集群信息管理系统和集群信息交换平台等,使各种物质、能量、资金、技术、产品等信息在集群内及周围区间进行流动和交换。②构建多重信息网络。调动全社会力量,通过各种中介组织和机构,建立起面向市场、面向全国和面向全球的科技信息网络,促进高校和科研院所与企业的相互沟通、相互了解、互相联系。③促进集群信息共享。不断完善和强化系统的信息沟通与反馈功能,为企业提供群内副产品及废弃物的结构数量、流向领域、转化工艺,以及有关清洁生产、高效节能、资源循环、无害处理等方面的技术信息。

(3)构建和完善融资服务平台。资金是企业生存的血液,也是集群活力的保证。通过融资服务平台可为循环集群发展筹集所需资金。①建立专业金融机构。向中央主管部门争取降低金融机构在西部的准入条件,建立区域性股份制商业银行;因地制宜地改革发展非银行金融机构,积极支持、鼓励民间投资经营机构。②组建风险投资公司。风投公司在政府部门监管下,以股权投资为主对集群内企业进行融资,也可以采取长期贷款、股权和债权混合等投资形式。资金来源可由政府和私人资本组成。③健全融资服务体系。按照多层次分散风险、多利益主体共赢的原则,根据不同的风险偏好和承担能力,构建多层次、多渠道的融资服务体系、信用担保体系、金融咨询体系等。④完善集群内信用体系。建立群内企业和个人的征信系统,完善循环集群的信用体系,建立机制,通过有效的正向激励和逆向惩戒机制,培育循环集群内重承诺、守信用的诚信文化。

(4)构建和完善市场交易平台。集群企业的产品生产出来以后,只有拿到市场上交易才有可能获取经济效益。因此,必须在集群内建立起之相配套的交易平台。①建立产品交易市场。通过资源整合与联合重组,建立产品和副产品交易市场,完善绿色商品交易市场,搭建循环技术交易平台,重点培育一批区域性、全国性、国际性产品市场中心。②构建现代物流平台。推广采用与国际接轨的物流技术标准体系，鼓励企业采用“联合采购、集中管理、统一配送、分散经营生产”的物流管理模式，打造高速、便捷、畅通的物流通道。③创办特色专业市场。在循环产业集群区，应根据集群主导产业的特点，围绕特色产业创办具有地方产业特色的专业化市场，强化专业市场与特色产业的配套，通过市场建设加速产业集中，为循环产业集群发展提供稳定的市场空间。

8.3.1.2 对区域绿色增长极成长环境的营造与培育

循环产业集群的有序运行和健康发展，以及绿色增长极的快速形成和发挥作用，需要以设施环境作基础、产业环境作支持、制度环境作保障。因此，西部生态脆弱地区，应充分发挥政府的调控职能和作用，为循环产业集群的形成和发展创造良好的发展环境，通过对基础设施硬环境、政策制度软环境以及产业市场生态环境的营造与培育，积极引导和促进绿色增长极的形成与发展。

(1)基础设施等硬环境的营造与培育。根据循环产业集群的发展规划，完善与产业集群发展相配套的各种基础设施建设，优化企业之间的生产协作流程，改善产业发展和创新的外部“硬”环境。基础设施建设主要包括交通设施、通信设施、环保设备和园区设施的建设。①建设完善集群交通设施。健全集群区域内的道路交通网络，打通区域间和省际间的交通链接，通过便捷的交通路网和运输系统，降低运输成本、提高企业利润、加速人才流动，以便于技术更新。②建设完善集群通信设施。通过对各类有线无线网络、移动固话网络，以及计算机互联网络等通信设施的升级改造和配套完善，为集群企业提供信息的流通和技术交流的便捷渠道，提高信息流动效率、降低技术交流成本。③建设完善公共环保设施。公共物品属性的环保设施建设，必须依靠政府投资和政府牵头，如环境质量监测、控制，以及三废集中处理等公共环保设施的建设，有利于监测环境质量、降低环境污染、改善环境状况。

(2)法规制度等软环境的营造与培育。软环境是除物质基础以外的法律、制度、政策等因素的总和。循环产业集群的稳定有序发展，有赖于完善的法律法规和政策制度环境。①健全和完善环境法规体系。政府除了起环保引领者的作用以外，还要以监管者的身份保护生态环境，通过制定相关的地方法规，完善环境法规体系，细化环保惩罚措施，保证生态文明建设良好的法律制度环境。②规范和透明行政操作程序。政府应按照国际惯例，提高行政运作的规范性、政策的透明度和执行的公平性；有关循环集群的所有政策规定都公开、及时、主动地告诉客商，强调规范、全面、连贯，在执行过程中坚持公正、公平。③建立和完善规章制度体系。通过完善的制度体系，保证循环产业集群管理的高效、廉洁和公正,建立严格、健全的规章制度,按照法律和制度来约束在人事、财务、基建以及政府采购等领域的行政和公务员个人行为。④优化和改善管理服务环境。通过建立政府行政服务中心,简化和优化政府办事程序,提供多形式的行政服务方式,改善企业办事和行政服务的条件和环境,为集群企业提供优质便捷的行政服务。

(3)循环产业生态环境的营造与培育。通过对集群循环生态环境的营造,使每个企业都能够很好地融入到集群循环经济链网中去,形成横向共生、纵向耦合的网络体系。营造循环生态环境是一项系统工程,应该由地方政府、龙头企业和产业促进机构等来共同努力。①地方政府的培育。按照“企业集聚、产业集群、土地集约、生态集成”理念,制定循环集群发展规划和政策,通过硬性建设和软性服务,营造和培育区域循环产业生态环境。②龙头企业的带动。培育关键种企业,以其强劲的辐射带动作用,影响整个上下游产业链上的众多企业,形成以“生产者—消费者—分解者”集群为主体的循环产业生态环境。③促进机构的助推。利用灵活的市场化机制和有效的资源整合能力,联合产业生态链各个细节因素,补充和完善地方政府和龙头企业在营造局域循环生态环境方面存在的不足。

(4)集群商业生态环境的营造与培育。集群商业生态系统是由集群企业和相关机构所组成的经济联合体,其成员包括生产者群落、消费者群落、分解者群落、中介者群落、供应商群落、风险承担者群落等。这些成员之间构成了价值链,不同价值链之间相互交织形成了价值网,物质、能量和信息等通过价值网在联合体成员间流动和循环,并产生价值的增值。在循环集群内应建立起多层次的统一开放的商业市场体系,通过鼓励多样化、吸引新要素、培育共生体等策略,营造公平竞争、诚信经营、协同共生的商业生态环境,引导集群成员建立良好的价值或利益交换关系,形成互利共存、资源共享、互赖互依的共生体,以生产者单元集合、消费者单元集合、分解者单元集合和市场单元集合的超整合分工关系构建集群商业生态系统的价值网。

8.3.1.3 对企业行为规制的构建及市场结构的治理

西部生态脆弱地区,循环产业集群的良性运行和健康发展,绿色增长极的快速形成和发挥作用,需要一个良好的公平竞争的市场环境。通过建立和完善集群企业的行为规则,约束和规范企业的行为,引导企业进行良性竞争;通过对市场结构的有效治理,保证集群产品和生产要素的自由流动,充分发挥市场在资源配置中的基础性作用,以优胜劣汰和高效率来促进循环型产业集群的良性运行和健康发展,从而加快西部生态脆弱地区绿色增长极的形成步伐。

(1)规范循环集群的企业行为。循环产业集群追求的是经济效益和生态效益相统一,这与传统企业追求单一的经济目标是不同的,因此需要制定完善的行为规则来规范集群企业的行为。①规范企业的生产经营行为。针对由于大量产品结构雷同引起的过度竞争和无序竞争的现象,通过相应的行为规制,引导企业提高自身信誉、开展自主创新、增加自行设计、减少简单模仿;严厉打击假冒伪劣、以次充好的行为。②规范企业的市场竞争行为。鼓励企业开展生态错位经营范式,提倡产品差异化竞争和错位竞争,遏制无序竞争和恶性竞争,以及其他不正当竞争行为,避免企业恶性竞争的循环,让良性的市场机制真正发挥作用。③规范企业的环境生态行为。通过制定相关的奖励和惩罚措施,约束企业盲目追求经济效益而忽视生态环境的行为,促使企业改变不合理的生产经营方式,从片面追求经济效益转到生态效益和经济效益并重的方向上来。

(2)优化循环集群的企业规模。集群企业的规模结构直接影响着循环产业、集群产业组织的合理化程度,适度的企业规模是循环集群竞争优势和效率的保证。集群企业规模结构的优化可以从存量资产和增量资产两方面来进行,并通过以下措施来实现:①建立和完善企业破产兼并机制。通过企业破产兼并来实现存量资产的重组,可促使一批破产企业的资产尽可能进入效益好的企业,具有时效快、资金省和效益高等特点。②建立和完善产权转让交易市场。形成多样化、现代化和规范化的产权交易市场,通过其信息积聚、价格发掘、制度规范、中介服务等功能,推进国有资产转化重组,盘活国有资产存量。③建立和完善存量增量协调机制。在对已经有资产进行重组或再配置的同时,对一些关键的核心企业,采取资本增量筹集方式,实现企业规模的内部性增长和集群企业规模结构的优化。

(3)调整循环集群的市场结构。发挥政府在市场结构调整中的作用,强化对循环集群市场结构的治理。①提高产业集中度。沿着主导产业链整合上下游企业,通过收购、兼并、转让、联合、重组等整合方式,使主导产业链上关键种企业得到迅速扩张,提高循环集群主导产业的集中度,从而提升集群资产的运营效率。②优化集群产业结构。依据产业技术经济的关联比例,按照合理化、高级化、生态化要求调整产业结构。巩固提高传统优势产业,逐步淘汰落后、劣势产业,发展壮大生态环保产业,取缔清除低效率和高污染的资源能源消耗型产业。④降低集群的进出壁垒。通过制定合理的市场准入规则,降低集群进入退出壁垒,让更多的经济效益好、生态效益佳、技术含量高的企业进入到集群,也使那些不符合循环集群要求的企业能够尽快得到优化。

(4)健全循环集群的社会机制。社会机制不同于市场机制,它是靠社会成员之间的相互约束关系来维持运行的。①建立互信关系。集群内的合作关系在很大程度上依赖于企业间的互信,集群内绝大多数的交易是以信任为基础完成的,互信成为集群成员的自动履约机制,因此,建立集群企业间的互信关系极为重要。②培育社会声誉。集群企业的社会声誉是企业为获得交易的长期利益而自觉遵守契约的行为以及由此导致的社会评价。通过提供企业信任度与意愿度的信息来降低行为的不确定性,以增强集体或个体间互动的有效性。③实施联合制裁。联合制裁是对那些违背共同规范的成员予以集体处罚。在产业集群中,联合制裁起着重要的警示作用,使集群成员能够预料到自己失信行为的代价或机会主义行为的成本,促使集群成员以值得信赖的方式行动。

8.3.2 推进相关产业的集群化重组和生态化融合

要加快区域循环产业集群的发展,就必须大力推进区域产业的集群化重组和生态化融合,加快区域产业组织体系的升级。目前西部生态脆弱地区的产业集中度低、企业规模小、结构不合理、产业生态链不完整、竞争力不强。因此,只有通过引导和扶持相关产业的聚集行为,在产业集群化和规模化发展的基础上,推进关联产业的重组与融合,对传统产业进行生态化改造,形成完整的产业生态链,才能有效推动循环产业集群的形成。

8.3.2.1 对产业聚集和企业协作进行引导和扶持

产业集群作为介于企业和市场的一种中间性产业组织模式,具有其他组织模式无法比拟的效率优势和竞争优势,区域经济的快速发展需要产业集群的带动。产业集群的“集”是过程,“群”是结果;“集群”是表面现象,“结网”才是本质,产业集群需要通过产业的聚集和企业的协作才有可能实现。产业不是简单的企业集聚,而是通过企业与企业之间的协作关系,形成类似于生态系统的网络。每一个企业都是网络上的一个节点,龙头企业与配套企业、这个企业与那个企业、企业主体与支持组织,都按照分工协作的关系彼此组织在这张“网”中。因此,政府在引导和扶持产业聚集和企业协作方面应该采用抓纲结目,纲举目张的办法才能取得事半功倍的效果。

(1)配置优质资源,引导产业聚集。①通过资源环境政策引导聚集。通过合理的规划布局,完善相关基础设施,建设配置优质的集群资源,为企业创造集聚条件。发挥政府政策引导的作用,通过招商引资、引进人才、技术合作、拓宽融资等方面的政策优惠,吸引相关企业进入集群区。②通过扶持节点企业引导聚集。规模企业、品牌企业、骨干企业、龙头企业是集群这张“网”上的“结点”，只有使有限资源的配置向它们倾斜，才能产生更多的配套需求，强化产业链延伸相关行业配套的拉力，从而引导产业聚集，带动相关中小企业集群发展。③通过培育龙头企业引导聚集。着力培育关联性大、带动性强的大企业大集团，发挥其辐射、示范、信息扩散和销售网络的产业龙头作用，提高龙头企业核心竞争力和吸引力，引导社会资源向龙头企业的集聚。

(2)整合生产要素，促进产业配套。集群化不只是简单地将企业聚集在一起，而需要将生产要素进行有效整合，形成完善的集群产业配套体系。①大力促进配套企业快速发展。鼓励高等院校、科研院所、核心企业衍生中小型配套企业；整合相关要素，引导边缘企业利用现有资源，向上游配套环节转型，走“专、精、特”的配套发展道路，实现专业化生产配套产品或提供配套服务。②积极推进配套项目的有序引进。引进配套产业战略投资者、鼓励民间资本进入配套产业；依托优势资源和优势产业，积极引进有利于产业集群结构调整和优化升级的基础性、核心配套产品或关键配套环节项目，带动配套体系的完善。③优化产业配套政策环境。针对集群配套中的薄弱环节，加快制定和完善相关政策法规，规范企业、政府、中介机构等主体行为，鼓励核心企业优先采购本地配套产品和服务，对本地配套企业给予税收优惠，引导中小私营企业从事配套技术服务，提高产业配套率。

(3)扶持关键企业，培育共生网络。关键种企业对于产业共生网络的形成具有不可替代的重要作用。因此，在构建循环产业集群的过程中，应重点选择和扶持关键种企业，培育相关的共生网络。①关键企业的扶持。选择集群中使用和传输物质最多、能量流动规模最大、居于中心地位，且横向联合和纵向联结长，能带动和牵制其他行业发展的关键种企业，进行重点扶持和培育。②共生网络的培育。引导和支持各类中小企业融入关键种企业的产业链条，建立最终产品与零部件厂商的战略联盟，通过对相关生产要素的整合，围绕关键种企业培育产业共生网络。③共生网链的拓展。鼓励具有关键种性质的大型龙头企业采用多种方式，对其上下游配套产业进行重组或改造，拓展辅助企业产业网链，形成“原料开采—生产加工—销售服务”一体的产业链网。

(4)促进分工协作，推动集群升级。精细的分工和紧密的协作，有利于提高生产效率，降低生产成本，促进工艺创新，是产业集群获得竞争优势的重要来源。西部生态脆弱地区可以通过以下措施来促进集群分工和升级。①引导企业经营业务归核化。引导大中型企业围绕自身核心资源，专注核心业务发展，将一般零部件或辅助生产环节，通过小企业集群的专业化协作网，层层扩散到专业化小企业中去。②构建多层次分工协作体系。促进小企业提高自身的加工技术和配套服务水平，专营自己最具竞争优势的核心业务，最终建立以大企业为中心、大中小企业共同协作的多层次分工协作体系。③推动技术创新和集群升级。引导集群企业进行战略创新、制度创新和技术创新，发挥大企业的带动作用和专业协会的协调作用，完善集群协作体系和产业链衔接，促进产品档次的提高和集群产业的升级。

8.3.2.2 对关联企业和相关产业进行重组与融合

西部生态脆弱地区的产业体系还比较薄弱，特别是在产业链布局上和相关企业的配置上不够科学，较短的产业链条导致产业体系不够稳定。因此，在西部生态脆弱地区构建循环产业集群时，必须对本地区域的产业链进行科学分析，对不科学的产业链进行改造，对链条薄弱环节予以扶持。改造产业链主要有重组和融合两种方式。重组是根据区域产业的具体情况，对联系紧密的相关产业和企业进行重新组合；融合在原有产业链的基础上，通过高新技术渗透、产业交叉延伸、产业内部重组等方式，使得两种产业（或多个产业）融合成一体，形成新的产业业态。通过重组和融合，完善传统产业的产业链，形成多产品、多链条的产业生态网络体系。

（1）紧密关联的产业重组。通过产业重组，合理引入共生企业，借助物质、能量、信息网络的重构，促进集群内企业生产者、消费者、分解者的合理分工。使原有产业链更为科学和稳定。①通过企业的收购、兼并、参股、入股等多种方式，对企业的经营范围、相关资产及资产控制方式进行调整与组合，提高集中度和专业化程度，提升产业效率。②将集群区外的生产过程引入集群区内，经过技术创新或工艺改造，延伸集群区内的生产过程，提高产品的加工程度，从而增加原有产品的技术含量和附加值。③通过将集群区域内的各类孤环或断链进行连接或延伸，或者通过工艺流程进行创新，创造若干承上启下的产业部门链环，实现断环接续，达到产业链修复的目的。④通过将集群区内产业链的某一环节同时嵌入到区域外的某一产业链上，或将区域内某一优势产业嫁接到区域外某一产业链中，使本地产业集群融入到更大区域甚至全球产业价值链中。

（2）相近行业的产业融合[193]。通过对集群经营范围、相关资产和资产控制方式等进行调整，引导更多的产业进入集群，促进相近行业的相互交叉与渗透，形成新的业态或新的增长点。①高新技术的渗透融合。通过高新技术及其相关产业向传统产业渗透融合，加速集群中传统产业的高技术化，提升传统产业的发展水平；通过传统产业技术和装备的现代化，促进传统产业推出新品种、产生新业态，提高附加值。②相近行业的互补融合。通过相近行业间产业链的自然延伸和产业间的互补融合，赋予原有产业新的附加功能和更强的竞争力，融合形成相互之间不分彼此的新型产业体系。③不同行业的重组融合。将不同行业各自独立的生产过程、产品或服务按照同一标准模块或元件束重组，形成与原来不同的数字化、智能化、网络化、生态化的新产品、新服务或新业态[194]。

(3)交叉领域的产业整合。按产业发展规律，对跨地域空间、跨行业领域的生产要素进行重新配置，构筑新的产业资本组织，形成以大企业和企业集团为核心的优势主导产业和相应产业结构，在更大区域和范围内实现资源的有效配置。①产业的横向整合。将产业链条中某一环节上的多个企业进行合并重组，通过合并、兼并、强强联合等形式，将处于一定区域内同类企业进行整合，形成大型企业或企业集团。②产业的纵向整合。以产业链为纽带，通过收购、兼并、重组等手段，对产业链中的上下游企业进行前向性整合或后向性整合，形成以价值链为轴心的大型企业或企业集团。③产业的跨域整合。对不同空间地域或不同行政区域的产业进行整合，实现不同区域之间资源共享，优势互补，以分工合作的形式避免因产业雷同带来的区域恶性竞争。

(4)集群共生的产业重构。以“大平台、大产业、大项目、大企业”为支撑，对循环产业集群进行产业重构，整合重组产业优势、做大做强集群产业共生体。①环境友好的产业重构。通过实施“资本运作、技术创新、人才支撑、共生改造”等要素集聚和产业升级战略，推进资源节约、环境友好、集群共生产业结构体系的形成。②主副融通的产业重构。通过对相关企业的调整与重组，形成主副联营的产业生态共生网络，实现产品价值链和副产品生态链融合，通过动脉产业和静脉产业的耦合，在更广领域形成物质和能量循环。③多业联营的产业重构。通过对不同产业的联营重构，实现多方共享共赢。如煤、电、铝、磷的多业联营，铝、磷工业需要大量的电力资源，而电力工业又需要足够的煤炭资源，通过“矿电化冶”联营，共同分享利益。

8.3.2.3 对已有的传统产业进行集群生态化改造

产业生态化是循环产业集群发展的内在要求，循环产业集群是产业集群生态化演进的高级形态。区域产业的生态化改造是按照环境生态学、集聚经济学、系统工程学等原理和方法，对特定区域空间上产业系统的组成结构及其运行模式进行生态优化，实现集群资源效率最大化和物质排放最小化的目标。西部生态脆弱地区目前大多仍以传统制造业和资源型产业为主，这些产业利用当地的优势资源，对当地的经济发挥了重要的支撑作用。因此，在西部生态脆弱地区不可能完全抛弃这些传统产业而全面转型成高新技术产业。在资源和环境的双重约束下，西部生态脆弱地区迫切需要对原有的传统产业进行生态化改造，通过对集群企业、产业链条、产业集群和产业管理的生态化改造，来推进产业生态化的步伐，为循环产业集群的形成奠定良好的产业生态基础。

(1)对集群企业的生态化改造。主要包括传统技术工艺的生态化改造、企业生产过程的生态化改造、运行管理机制的生态化改造等。①传统技术工艺的生态化改造。改造落后的技术工艺流程，形成绿色环保的生态工艺；改造生产流程中的关键性设备，降低废料的产出率；采用先进的综合利用技术，提高资源的利用率；改造整个生产流程的控制系统，实现全流程的生态控制。②企业生产过程的生态化改造。对企业的生产过程进行清洁生产模式改造，运用各种保护生态环境的策略，形成有利于节约能源和资源、减少肥料和污染的生产模式，把生产过程对环境的影响及产品对环境的污染降到最低。③运行管理机制的生态化改造。通过对企业生态化目标责任制和经济责任制的改造、建立企业生态化考核与监督机制、推行企业生态化标准管理、实施生态环境补偿制度、依法规范企业的生态化行为等，完善企业生态化运行的内外向机制。

(2)对产业链条的生态化改造。传统产业链条大多数都属于只追求经济效益和价值增值的主产品传递和输送的价值链，而不是追求生态效益和资源利用的副产品利用和循环的生态链，其副产品和废弃物排放环节的生态环境效益欠佳。因此必须对产业链条进行生态化改造。①对产业链条上的企业进行生态化改造。引进和采用先进的生态技术、清洁生产和绿色管理等手段，对产业链条上的企业进行生态化改造，保证每个链上企业都达到生态化标准。②副产品产生环节嵌入补链企业的改造。通过嵌入一些补链企业，搭建副产品和废弃物的循环利用通道，通过嵌入具有“分解者”功能的企业，形成完整的副产品和废弃物生态链条。③对产业链扩展延伸和闭路整合的改造。通过对主产品产业链条和副产品产业链条的扩展延伸，并对这两类链条进行闭路整合，使产业链的衔接更加完整，真正形成无排放的闭路循环链。

(3)对产业集群的生态化改造。对传统产业集群的生态化改造可以从以下几个方面入手：①对产品企业产业层面的生态化改造。通过对集群产品、集群企业和集群产业这三个层面的生态化改造，实现集群内的企业在生态化的产业背景下，以生态化的行为方式，生产或提供低消耗、无污染、高效率、可循环的生态化产品或服务，②对共生衍生循环模式的生态化改造。通过改造和优化集群企业的共生关系和循环网络，将多个主产业衍生出来的多种副产业进行整合，通过循环网络的分类分级传输，实现对集群内所有副产品、废弃物及各种资源进行循环利用和综合利用。③对物质能量信息集成的生态化改造。按照减量化、再利用、资源化原则，采用先进的集成工程技术对传统产业集群进行集成化改造，通过集群内的物质集成、能量集成、水集成、技术集成、信息集成、设施集成，实现对各类资源的高效利用。

(4)对管理服务的生态化改造。将产业集群的生态化管理和生态化服务紧密结合起来，为产业集群的生态化提供良好的环境。①对集群准入制度的生态化改造。制定和颁布集群优先支持的项目和领域以及限制进入集群的项目和领域，优先选择和引进产业关联性强、发展前景好、低污染、低能耗的企业以及与集群相关的治污企业和静脉企业进入集群。②对集群管理体系的生态化改造。建立现代的生态化管理体系，为集群生态化发展提供制度规范和保障。对集群企业的资源消耗、排污、污染治理和交费情况以及生产管理的规范性和标准体系的实施情况进行监督、评估和控制。③对集群功能的生态化改造。通过建立和改造集群生态化信息服务网络体系，提供废物处理、交换、咨询等方面的信息服务，实现生态技术、信息、大型环保设备等的共享；构建废弃物回收利用的实体交易市场和虚拟网络交易平台，为集群企业提供生态化服务。

8.3.3　促进绿色增长极高效稳定发展的体制机制创新

创新是循环产业集群的生命力源泉，要保证西部生态脆弱地区循环产业集群的高效运行和持续发展，就必须进行体制机制的创新。只有通过不断创新来完善政府引导和市场驱动的协同机制，强化集群的自我约束和自我修复机制，解决生态链中的技术和效益问题，才能有效促进绿色增长极的快速形成和稳定发展。

8.3.3.1　促进政府引导与市场驱动协同的体制机制创新

政府与市场是两种配置集群资源、推动集群发展基本力量。循环产业集群的形成和发展，需要政府“有形之手”的引导推动和市场“无形之手”的吸引拉动。循环经济的集群运行需要制度规范和市场力量相结合，政府通过增加制度供给、明确环境资源产权、加强执法监督、规范市场行为、实施行政调控等，为循环产业基群发展提供支撑与保障，而市场力量则使经济主体的市场行为在这种制度的规制下向发展循环经济转变。只有通过政府行为与市场机制的耦合，才能创造一个有利于循环产业集群发展的动力驱动机制和自组织机制。因此，西部生态脆弱地区需要通过体制机制创新，形成政府引导推动和市场吸引拉动的协同，调动社会中介发挥辅助协调功能，才能有效地促进循环产业集群的发展。

(1)建立政府引导推动的体制机制,可以从以下几个方面入手:①完善规则的规范引导。制定和完善促进循环产业集群发展相关法律法规和市场运行规则,把资源配置与经济效益、生态效益、社会效益有机结合起来,通过有效地市场监管,规范和引导企业聚集行为和循环集群发展。②循环经济的财政倾斜。通过制定对循环经济财税倾斜的相关政策,加大对循环经济的财政投入和税收优惠;通过补贴手段,刺激企业或个人开展循环经济技术开发和从事循环生态产业经营,吸引民间资本和外国资本进入到循环产业集群建设领域。③集群创新的政策扶持。通过循环经济的集群创新扶持政策,引进技术创新人才和先进创新设备,形成有效的循环经济技术和环保节能技术的集群创新能力;通过相关的激励政策来鼓励集群创新,保持循环产业集群的创新活力。

(2)完善市场吸引拉动的体制机制,可以从以下几个方面入手:①建立健全完备的市场体系。市场体系是市场机制运行的基础,通过建立和完善包括消费品和生产资料等商品市场,以及资本、技术、信息、劳动力等生产要素市场在内的各类市场体系,为各种市场机制的有效运行和吸引拉动作用的发挥提供运行的空间。②完善要素价格的形成机制。市场机制的核心就是价格作用,通过价格引导要素的流动,实现经济效益的最大化。通过改革西部生态脆弱区生产要素市场,形成完善的市场化生产要素价格形成机制,充分发挥生产要素价格引导集群资源配置的基础作用。③构建买方主导的市场格局。买方市场格局的市场运行是在买方力量控制下进行的,其中的价格信号真实客观,能很好的调节资源在各产业部门之间的合理配置,有利于市场机制吸引拉动效应的正常发挥。

(3)培育中介辅助协调的体制机制,可以从以下几个方面入手:①建立社会中介的协调服务体系。根据西部生态脆弱地区实际,发展代表企业利益,沟通企业与企业、企业与政府的市场中介组织,发挥中介组织的管理服务和辅助协调功能,改变集群市场参与者的无组织状况。②建立统一的中介监督管理机构。通过对中介监管模式的改革与整合,打破部门封锁和条块分割,改变多头管理和纵向监管模式,健全社会中介的管理法规,明确监管职责和监管权利,加强对中介组织的监管,规范市场中介行为。③营造良好的社会中介发展环境。依据市场规则,建立中介组织的自律性运行机制,为社会中介的发展营造良性的宽松环境;政府退出中介市场,使各中介机构真正从政府有关部门独立出去,使其能够真正独立、客观、公正地执业,并发挥辅助协调作用。

(4)政府市场中介协同的体制机制,可以从以下几个方面入手:①坚持一般资源配置的市场化原则。将市场作为产业集群资源配置的主要载体和中心,产业资源和生产要素主要靠市场机制来进行配置，最大限度地压缩政府对资源的控制，充分发挥市场配置资源的低成本和高效率。②改进特殊资源配置的政府性运作。对于一些涉及国家安全、公共生态等对国计民生有重大影响的特殊资源，市场无法配置或配置失灵，需要政府来配置，但必须改进配置的运作模式，在配置过程中也必须坚持公开信息、公开招标、公开拍卖、公开竞争的市场化原则。③宏观调控的重点由干预转向培育。完善"法律规范、行业自律、政府调控"三位一体的政府市场中介间协调机制，形成以法律规范为基础、行业自律为核心、政府监督调控为保障协调体系，将政府宏观调控的重点由干预市场转到培育市场上来。

8.3.3.2 强化集群自我约束与自我修复的体制机制创新

自组织机制是循环产业集群保持稳定运行和有序演进的重要机制之一。自组织是指一个远离平衡的开放系统，在外界环境的变化与内部子系统及构成要素的非线性作用下，系统不断地层次化、结构化，自发地由无序状态走向有序状态或由有序状态走向更为有序状态。复杂系统的自组织机制都具有对系统行为、系统结构的自我约束和自我修复功能。在西部生态脆弱地区，要保持循环产业集群高效稳定的运行和健康有序的良性发展，就需要通过机制创新，有效地调动起集群系统的自组织机制，发挥其自约束、自修复和自完善的作用，使循环集群在更加稳定有序的状态下运行。可以从以下几个方面和途径入手，来调动和发挥集群系统自组织机制的作用。

(1)通过社会文化氛围来孕育。循环产业集群生存于一定的社会文化背景之下，其内部自组织机制也需要在一定的社会文化氛围中孕育，特定的社会文化氛围会对集群主体的行为产生特定的影响。①培育积极纠偏的社会文化氛围。通过舆论引导和文化倡导，培育良好的集群行为规范和生态文化氛围，形成积极纠偏的集群自组织机制，对群内个体的不良行为进行约束、对集群整体的状态偏离进行复位、对集群结构的缺陷加以修复。②引导非正式制度的自组织机制。通过有效手段引导非正式制度的自组织机制发挥作用。非正式制度(契约)的自组织机制是以血缘、亲缘、业缘和地缘关系为基础，由集群价值观念、伦理规范、道德观念、学习风气、社会习俗等非正式制度所产生的声誉机制、信任机制、惩戒机制等。③塑造合作诚信的社会文化环境。通过集群内的各种社会关系网络以及成员之间的分工协作网络，培育和塑造合作信任与诚信守约的良好社会文化环境，由此形成自约束机制，使违约失信和机会主义行为的成本高昂，不仅会受到联合惩戒，甚至会被逐出网络。

(2)通过正式制度安排来激发。通常的非正式契约是不完全的，当非正式契约不足以化解集群风险时,就必须借助于正式制度安排(契约)的明示和震慑作用,完善的正式制度安排对集群自组织机制的形成具有激发作用。①健全集群的法规制度体系。法规制度体系作为一种正式契约安排是集群成员共同遵守的法律法规和规章制度,主要包括集群法律制度体系、政策导向体系、经济规则体系、组织规范体系等,这是集群自组织机制形成的制度基础。②完善机制形成的制度环境。通过正式制度体系来激发自组织机制,需要长久正向积累才能实现,必须根据集群的发展和市场的变化,不断补充和修正集群的法规制度,完善激发自组织机制的制度环境,才能使自组织机制在集群扎根。③激发自组织机制发挥作用。由正式制度体系激发出来的自组织机制,会对循环产业集群产生自我约束和自我修复作用,对集群成员的行为进行规范约束,一旦出现违法违规行为,自组织机制就会对其进行限制和修正,甚至惩罚和制裁。

(3)通过中间组织形态来承载。中间性组织是自组织机制的重要载体之一,循环产业集群的自组织机制可以借助于中间组织形态来承载。①培育完善的中间性组织体系。中间性组织作为非正式与正式之间的制度安排,是介于政府、市场、企业之间,通过市场原则与组织原则相互渗透、盈利性组织原则与非盈利性组织原则相互渗透、政府组织原则与民间组织原则相互渗透所衍生出来的具有新特征的组织体,包括商会、联盟、协会等。②强化中间组织体的承载功能。通过强化中间组织体对自组织机制的承载功能,一方面可弥补市场机制的"失灵",带动集群企业自律,另一方面又可在某些方面替代政府进行公共管理,分解政府的经济职能,抑制政府权力的无限扩张[195]。③激活中间组织的自组织机制。通过大力培育和扶持循环集群的中间性组织体,完善中间组织管理体系,激活其特有的自组织协调机制,发挥其对循环集群的自我约束和自我修复功能。

(4)通过关键演进环节来涌现。自组织机制除了在循环集群运行环节,对集群进行自约束、自修复、自纠偏,维持高效稳定的运行状态外,还在集群演进的关键环节上起着自组织协同作用。主要表现在三个关键环节上的协同涌现:①由企业群落向产业集群的有序化跃迁。由于聚集形成的企业群落没有集群效应和竞争优势,还不能算是真正的产业集群,只有在自组织机制的协同作用下,将企业无序竞争转变为有序竞争,通过竞争协同实现集群功能的涌现,才能从无序群落跃迁为有序集群。②由产业集群向创新网络高度化升级。关于传统集群创新能力和动力不足导致的技术低端锁定、生产效率不足、市场竞争乏力等方面的问题,也只有依靠自组织机制的竞争协同和制度涌现,才能由低端集群升级为高效率的创新网络。③由创新网络向循环集群的生态化演进。要彻底解决产业集群面临的资源枯竭、环境污染、生态恶化等方面的问题,实现低碳绿色生态发展,也还需要充分调动自组织机制,发挥其共生融合和循环匹配的协调功能,才能从效率化的集群创新网络发展为生态化的循环产业集群。

8.3.3.3　提高产业集群生态链技术效益的体制机制创新

循环产业集群是建立在技术进步和创新支撑体系上的高端化经济模式,与传统集群模式的最大区别在于其追求生态效益和经济效益的有机统一,通过集群与集群之间、企业与企业之间的循环来实现物质和能量的循环流动,保证废弃物的最小化和副产品的最大化利用。不论是企业内部的清洁生产还是企业与企业之间的循环、废弃物的处理、物质和能量的循环利用,都是以生态技术为基础,需要技术含量高、附加值高的绿色生产技术和产业链接技术体系支撑。只有在先进绿色生态技术强力支撑下,才能真正实现资源高效利用、物质循环利用、产品清洁生产,才能真正做到生态效益和经济效益的有机统一。只有依靠持续的技术创新,解决集群生态链运行过程中不断出现的各种生态技术问题,才能使循环产业集群的经济效益和生态效益得到持续保障。

(1)构建集群技术创新体系。通过完善的集群创新网络体系,研发循环集群的生态化技术,解决产业生态链中的技术和效益问题。①建立龙头企业的技术创新体系。实施龙头企业创新培育计划,以大型龙头企业为主力,建立各种形式的"产、学、研"、"科、工、贸"创新基地,形成以龙头企业为主的技术创新体系。②建立企业联合的技术创新体系。鼓励集群内企业的联合创新,通过知识产权、税收、法律法规等手段,主导建立一个科学合理的产学研利益分配机制,以企业为主体、资产为纽带、市场为基础,形成优势互补、利益共享、相互依存、强强联合的联合创新体系[196]。③建立集群网络的技术创新体系。通过政府间接的政策引导或直接的资金扶持,搭建集群产学研信息系统,完善科技创新的技术服务体系,整合集群的各类科研技术要素,连接有交互作用的创新型企业和关联机构,形成集群创新网络。

(2)改进集群技术创新模式。通过技术创新来解决集群发展过程中的各种技术和效率问题,需要在以下几个方面完善循环集群的技术创新模式。①引导企业开展自主创新。每个企业都有自身独特的技术需求,要引导企业通过自主创新来解决自身遇到的特殊问题,通过掌握和控制某项产品或工艺的核心技术,在一定程度上左右行业的发展,从而赢得竞争优势。②改进简单模仿创新方式。模仿创新是通过学习和模仿率先创新者的方法,破译和掌握其核心技术,并以其为基础进行改进的创新方式。必须改进简单模仿的被动创新方式,应在原有技术的基础上进一步开发和再创新高。③完善集群合作创新模式。

通过有效机制,改进集群企业之间,以及与科研机构和高等院校间的联合创新模式,形成有利于优化创新资源的组合,缩短创新周期,分摊创新成本,分散创新风险,形成优势互补、成果共享的创新模式。

(3)优化集群技术创新环节。通过对集群创新的技术环节、资金环节、人才环节等关键环节的优化,促进循环产业集群的技术创新。①技术环节的优化。对循环集群技术创新重点进行优化,重点选择为大企业配套的关键技术、集群融合的链接技术、低碳环保的绿色技术、市场急需的成熟技术等,从而降低创新成本和风险,缩短技术创新周期。②资金环节的优化。对技术创新资金环节的优化,通过中小企业互相联合投资或与大企业联合投资、吸引私人和境外投资、技术创新股份制等形式,形成技术创新资金来源和投资主体多元化和市场化格局。③人才环节的优化。技术创新成效问题最终是人才问题,集群创新主体必须根据自身技术创新的特点和需求,建设自己的创新研发人才队伍,通过自己培训、委托培养、实践锻造、吸引与引进等方式,不断优化技术创新的人才队伍结构。

(4)完善集群技术创新机制。通过对集群创新机制的不断完善,保证集群技术创新活动高质高效运行。①完善以企业为主体的技术创新机制。通过完善现代企业制度,使企业都成为自主经营、自我发展的竞争主体,在竞争机制和市场机制的作用下,使企业真正成为技术创新主体。②完善集群技术创新活动的组织机制。通过有效组织制度,形成既能够调动各种创新资源,又能协调各技术创新环节,保证集群内产品、要素、组合等创新活动都能顺利进行的机制。③完善集群技术创新的风险投资机制。将集群风险投资主要以财政资金为主逐步转向以民间资本为主,完善科技风险投资机制及其资本市场的进入和退出机制。④完善技术创新的知识产权保护机制。通过建立和完善知识与技术产权的界定和保护制度,加大对知识产权和专利技术的保护力度,促进集群企业技术创新活动的开展。

8.3.3.4 保障集群绿色增长极高效稳定的体制机制创新

西部生态脆弱地区的市场经济还不够发达,在循环产业集群运行过程中不仅需要依靠市场力量的调节,更需要政府管理的调控。良好的管理机制是循环产业集群效率的一个重要来源,也是其稳定运行的基本保证。循环产业集群与传统集群模式不同,不能完全照搬以往的管理模式和方法,要保证循环产业集群的良性循环和高效稳定运行,就必须转变政府职能,增强管理服务职能,创新集群运行管理模式,通过完善集群社会管理服务体系,调动各种管理资源和积极因素,对循环产业集群进行间接管理和协同管理。西部生态脆弱地区循环产业集群的协同管理创新，可以从以下几个方面入手：

（1）集群市场的协同管理。通过完善集群市场协同管理体系，在循环产业集群内营造良好的协同管理环境，加强对集群市场的协同监管。①完善集群市场协同管理体系。通过宏观规划与引导，对集群市场要素管理进行时间、空间和功能结构上的重组，形成有利于原材料、产品、副产品等便捷交换，人才、技术、资金、信息等有序交流的协同管理体系。②营造良好协同管理环境。通过建立科学的协同管理制度和有效的协同管理机制，构建集群市场协同管理信息平台，优化集群市场协同管理流程，完善协同管理相关的软硬条件，营造一个高效的集群市场协同管理环境。③加强集群市场协同监管。通过健全和完善各行业各部门对市场产品和企业行为的监管标准，协调与整合各行业各部门间的协同监管机制，在加强对集群市场产品及服务协同监管的同时，强化对集群企业经济行为、生态行为和社会行为的协同监管。

（2）集群要素的协同管理。通过建立集群要素协同管理机制，优化集群要素协同管理程序，强化对集群内人力资源、技术信息、资金渠道等关键要素的协同管理。①人力资源的协同管理。通过建立和完善集群内部人才交流互动机制、人力资源培训机制、人员关系协调机制、企业用人协商机制、员工心理辅导机制等，构建循环产业集群的人力资源协同管理网络，强化对集群内部人力资源的协同管理，实现企业之间人力资源的共享，提高集群整体人力资源的利用效率。②技术信息的协同管理。完善集群技术信息的协同管理机制，建立集群科技人才支持体系、知识产权保护体系、技术信息服务体系，形成包括绿色生态技术在内的技术信息协同管理体系，强化对集群技术信息的协同管理。③资金渠道的协同管理。通过实施金融信息化协同管理战略，建立以计算机网络技术为支撑的全方位、全天候的金融信息化协同管理系统，强化对集群金融渠道的协同管理，为集群中小型企业提供全方位金融协同服务。

（3）生态环境的协同管理。通过建立有效的集群生态环境协同管理机制和协同管理体系，强化对集群资源利用、环境治理和生态保护的协同管理。①资源利用的协同管理。建立资源利用协调机制，对集群企业的资源使用、节能降耗、资源替代、综合利用等环节进行整合，强化对集群资源集约利用的协同管理，实现跨组织和多元化的资源整合，提高集群资源的利用率。②污染防治的协同管理。建立集群环境污染监控防治协同管理机制，整合对集群企业污染防控的“监测预警”、“押金退款”、“补偿修复”、“特种基金”、“绿色保险”等制度，通过有效地协同管理机制，强化集群污染防治的协同管理。③生态保护的协同管理。通过有效机制，整合集群生态环境保护的“政绩考核体系”、“企业合作体系”、“民间环保体系”、“公众参与体系”，综合协调与应用行政、法律、经济、技术等方面的管理手段，强化对集群生态环境的协同管理。

(4)集群供应的协同管理。通过建立有效机制，整合优化循环集群供应的各个环节，强化对集群物资、产品、副产品供应的协同管理。①集群供应链网的协同管理。以供应链理念整合集群企业的分工合作关系，运用先进的信息技术和物联技术构建动态供应网链，强化对非产权性的企业合作联盟和供应链网的协同管理，保持集群供应链网的长久稳定。②集群供应信息的协同管理。借助电子商务手段和信息系统技术，搭建集群供需信息公共服务平台，整合供需信息、定单管理和库存查询体系，建立供应信息共享的快速响应机制，强化供应链上下游的生产、库存等信息的协同管理。③集群供应配送的协同管理。建立和完善集群物流配送中心，引进和发展第三方物流，通过对供应配送体系的快速敏捷化、多维网络化和智能数字化改造，强化的集群供应配送的协同管理，加快产成品及生产要素的流动速度，提高配送效率。

8.4 本章小结

本章探讨了西部生态脆弱地区构建循环产业集群和培育绿色增长极的思路与对策。给出了从鼓励和推进农业、工业、服务业循环经济集群运行入手，整合产业价值链和产业生态链；做好循环产业集群的整合规划和内容设计，选择区域优势及主导产业；营造循环集群绿色增长极的制度环境，调动集群自组织机制等方面的发展思路。提出了通过营造循环集群的产业生态环境，聚集与整合相关人才、技术、资金要素，制定包括产业发展、财税金融、资源生态等在内的政策扶持体系，以推进循环产业集群快速发展等方面的措施。西部生态脆弱地区可以从构建和完善支持平台、营造和治理成长环境、调整和规范市场行为等方面入手，在宏观上为循环产业集群的发展提供一个良好的支撑环境；通过引导和扶持相关产业的聚集，推进关联产业的重组与融合，对传统产业进行生态化改造，以实现循环产业集群微观层面的整合；通过体制机制不断创新，来促进绿色增长极快速形成和稳定发展。

第9章　总结与展望

本书针对西部生态脆弱地区新时期发展面临的跨越式快速发展和可持续绿色发展这两大历史任务，研究了适合其快速绿色发展的最佳产业组织模式——循环产业集群，提出了以循环产业集群为载体构建区域“绿色增长极”，从而引领和带动西部生态脆弱地区又好又快的绿色快速发展，实现西部生态脆弱地区经济社会发展的历史性跨越。在系统研究和探讨循环产业集群的形成演化机理和运行效率机制的基础上，通过深入调研和分析西部生态脆弱地区的自然资源条件、生态环境状况和产业发展基础，结合区域的具体实际提出了相应的对策建议。

9.1　本书研究的主要内容及成果

本书以产业组织模式对区域经济发展和生态环境的影响为切入点，研究和探讨了西部生态脆弱地区快速绿色发展的最佳产业组织模式，并对西部生态脆弱地区循环产业集群的培育和绿色增长极的构建提出了相应的对策思路。

9.1.1　本书研究的主要内容

针对西部生态脆弱地区生态环境和产业发展面临的各种问题，深入研究了产业组织模式对区域经济发展和资源生态环境的作用和影响，以及适合区域经济可持续绿色发展和跨越式快速发展的产业组织模式——循环产业集群的形成发展演化规律及其高效运行机制，针对西部生态脆弱地区实际提出相应的对策和建议。本书研究的重点主要体现在以下方面：

(1)对产业组织模式本质特征及其产业效率和经济效益的研究。深入研究了各类产业组织模式的功能和效率，综合分析了不同产业组织模式与区域经济发展、生态环境保护和资源节约利用之间的关系。系统研究了产业组织模式中蕴含的产业生产组织、产业市场组织和产业管理组织三重内涵结构及相互关系，揭示了产业组织模式的本质属性和形态特征。系统考察了一般生态环境脆弱区的表现、问题及其成因，重点分析了产业结构优化及产业组织生态化与区域经济快速低碳发展的正向关系，探讨了生态脆弱地区产业结构优化和产业组织生态化的途径及影响因素。

(2)对西部生态脆弱地区自然生态环境及经济社会状况的剖析。系统地分析了西部生态脆弱地区进一步发展所面临的生态环境问题和产业效率问题。通过对西部地区三类典型的生态脆弱区进行实地考察和深入调研，分析了西部生态脆弱区的基本类型、特征、分布及环境状况，在充分调研的基础上，深入剖析了西部地区生态环境脆弱的典型特征及存在的严峻问题。系统梳理了西部生态脆弱区的产业发展历程及取得的成就，分析了西部生态脆弱地区的产业结构特征、产业组织形态特征，以及产业发展所面临的经济效益和生态效益双低下问题，并探寻了引发上述问题的最根本原因。

(3)对西部生态脆弱地区发展的最佳产业组织模式选择的探索。重点探索了适合西部生态脆弱地区新时期绿色快速发展的最佳产业组织模式选择问题。通过在相关地区进行深入的实地调研，对西部三类典型的生态脆弱区域内的产业发展状况、产业集群发展存在的问题、循环经济发展的制约因素进行了深入分析。通过对循环经济和产业集群两种产业生产组织模式优劣的系统比较和运行机制的对比分析，提出了将两者进行有效整合与有机融合的一种新型产业组织模式——循环产业集群，论证了该模式是西部生态脆弱地区实现可持续绿色发展与跨越式快速发展的最佳产业组织模式。

(4)对产业系统中产业聚集体形成发展演化过程和机理的探究。根据自然生态学和产业生态学原理，以及产业组织、产业集群和循环经济理论，采用耗散结构理论、协同学理论、非平衡系统自组织理论等最新系统科学理论和分析方法，以及效率模型和博弈论等分析工具，深入探究了各类产业聚集体的演化过程及作用机理，通过分析企业群落协作共生有序演进的自组织机制，产业集群竞合博弈与合作竞争的协同效应，创新集群协作创新和集群升级的功能涌现，循环集群价值链条与生态链条的有机融合等集群形成发展和演化各阶段的变化规律，来揭示循环产业集群的形成条件、运行机制和演化规律。

(5)对以循环集群为基础培育绿色增长极及其效率机制的研究。研究了生态脆弱地区生态化的快速发展需要“绿色增长极”来强力带动等方面的问题。分析了循环产业集群所具有的低碳绿色、聚集极化、扩散辐射等方面的绿色发展和快速增长的功能和特征,论证了循环产业集群是区域“绿色增长极”的有效载体,讨论了以循环产业集群为基础培育和构建区域“绿色增长极”,从而带动西部生态脆弱地区实现跨越式快速发展和可持续绿色发展的可行性。此外,通过建立竞合博弈及效率模型,分析了集群内部竞合博弈与创新博弈过程和影响因素,以及循环产业集群运行的绩效形成机制。

(6)对西部循环产业集群和绿色增长极构建思路和对策的探寻。在深入研究和整体把握一般循环产业集群的形成条件、生存基础及演化规律的基础上,通过对西部生态脆弱地区生态环境状况和产业发展基础的深入分析,以及对西部生态脆弱区内产业集群发展和循环经济推行状况的系统调研,探寻西部生态脆弱地区已经具备的发展循环产业集群和构建绿色增长极的基础条件和有利因素,并根据西部生态脆弱地区存在的影响经济低碳绿色循环发展以及阻碍产业集群化和生态化发展的因素和问题,有针对性地提出了构建循环产业集群和培育绿色增长极的相应对策和建议。

9.1.2 研究取得的主要成果

本研究在产业组织模式对区域经济的影响和作用,生态脆弱地区持续发展面临的主要问题和瓶颈,西部生态脆弱地区新时期发展的产业组织模式选择,循环产业集群的产生形成条件和发展演化规律,循环产业集群绿色增长极的功能特征,循环集群内部企业的竞合博弈过程及绩效形成机制,西部生态脆弱地区循环产业集群构建和绿色增长极培育的思路和对策等方面都取得了一些有意义的成果。

(1)在产业组织模式的功能特征和作用影响方面。揭示了不同产业组织模式所具有的不同功能和效率,对区域产业效率和区域生态环境会产生不同的作用和影响。在资源有限和生态脆弱的背景下,传统产业组织模式资源利用的直线开放特征,容易导致西部生态脆弱区的环境污染、资源破坏、生态退化等方面的问题,同时由于传统产业组织模式的效率低下,也导致了西部生态脆弱地区的发展缓慢。而先进的具有生态功能的产业组织模式能够提高资源利用水平,保护生态环境,获得经济效益和生态效益,是生态脆弱地区高效快速发展与绿色和谐发展的有效载体和必由之路。

(2)在西部生态脆弱区生态状况和产业发展方面。通过对西部生态脆弱地区的资源生态环境、经济社会结构、产业发展状况及存在问题的系统调研和深入剖析,揭示出了西部生态脆弱地区面临的生态环境脆弱、经济贫困落后、与发达地区的发展差距越拉越大,以及产业经济效益和生态效益双低等方面的问题。产业结构矛盾表现为三次产业不平衡、二元结构矛盾突出、资源型产业比重过大以及三低一高产业居多等问题。产业组织问题表现为集中度低、产业趋同、过度竞争、缺乏产业生态链及专业化协作水平低等方面。使其产业规模化发展和高度化升级面临着规模效率、资源约束、生态环境等方面的问题。

(3)在高效生态型产业组织模式研究和选择方面。研究设计出了一个适合西部生态脆弱地区发展的绿色生态型产业组织模式——循环产业集群。指出了可以通过对产业集群和循环经济的有机整合与深度融合来形成循环产业集群。论证了循环集群可以实现产业集群和循环经济的优势互补,弥补了传统产业集群生态效益不够好、资源利用不够高,以及单一循环经济经济效益不够好、循环运行不够稳的缺陷,是一种既具有绿色发展功能又具有快速增长功能的,经济效益和生态效益俱佳,综合效益最好的、能带动西部生态脆弱地区实现绿色快速发展的最佳产业组织模式。

(4)在循环产业集群的演化路径和形成机理方面。探索了一般企业群落、产业集群、创新集群、循环集群的形成和产生条件,发展和演化规律,组织和运行机制。揭示出各类集群的形成发育和发展演化规律,得出从简单群落到循环集群的一般演化路径,指出循环产业集群的形成通常要经历:企业聚集形成企业群落→协同演进形成产业集群→升级涌现形成创新集群→网链耦合形成循环集群等阶段及演化过程。尽管现实中的各类产业集群产生的原因和背景各有不同,但都处于这一演进过程的某一阶段上,在各个阶段的演进过程中,系统自组织机制起到了至关重要的作用。

(5)在西部生态脆弱区绿色增长极构建培育方面。分析了循环产业集群的功能和效率,揭示出其具有循环生态效应、低碳绿色效应、聚集极化效应、扩散辐射效应等"绿色增长极"的功能特征,论证了循环产业集群不仅具有绿色发展功能,同时还具有快速增长功能,是区域"绿色增长极"的有效载体。提出了以循环产业集群为载体构建"绿色增长极",通过增长极对区域经济的强劲带动和辐射作用,引领和带动西部生态脆弱地区实现可持续绿色发展和跨越式快速发展,从而实现西部生态脆弱地区经济社会的历史性跨越,与全国同步全面建成小康社会目标的思路。

(6)在循环产业集群绿色增长极的效率机制方面。研究了循环产业集群作为区域绿色增长极的竞合博弈过程和绩效形成机制。指出集群内部不断竞合博弈、分工协作与合作竞争形成的协同效应,能够有效提升整体运行效率和对外竞争优势。通过创造良好的产业生态位条件,营造共生环境、提高合作效应、增加合作次数、强化正向激励、构建公平分配机制、降低技术溢出效应及遏制企业模仿数量等可以提高企业合作创新与合作竞争意愿。集群内产业价值链和产业创新链与产业生态链的有机整合,各类产业生态网络的深度融合,能够大幅提升集群的经济效益和生态效益。

(7)在西部地区绿色增长极培育的思路对策方面。根据西部生态脆弱地区的自然资源条件、生态环境状况、经济发展水平、产业发展基础等具体实际,提出了西部生态脆弱地区循环产业集群的构建原则与基本思路、协调机制与实现途径。可在原有产业集群或产业价值链基础上进行生态化改造;在循环经济试点园区或产业生态链基础上进行集群化引导;在地理区位或产业基础较好的地区进行整体规划重构等途径来构建循环产业集群和培育绿色增长极。并在集群成长环境营造和发展平台治理,推进产业集群化重组和生态化融合,创新循环集群稳定运行体制机制等方面提出来相应的对策。

9.1.3　本书得出的重要结论

本研究在产业组织模式对区域经济发展及生态环境改善的重要性,西部生态脆弱地区经济发展落后和生态环境恶化的重要根源,西部生态脆弱地区进一步发展的根本出路及最佳产业组织模式选择,循环产业集群的发展阶段、演化进程及创新驱动,集群发展各阶段产业价值链、产业知识链、产业生态链之间的相互耦合及有机融合关系,循环产业集群形成与构建的协调机制以及绿色增长极培育的相关对策等方面都得出了一些很有价值的结论。

(1)产业组织模式对区域经济发展及区域生态状况的影响非常巨大。产业组织模式是建立在一定的生产组织、市场组织和管理组织基础上的产业体系的具体构成方式和运行模式的总和,包括产业内企业间的关系构成方式和各企业或企业内生产要素的组合方式。不同的产业组织模式具有不同的功能和效率,最终表现为产业经济效率和环境生态效益。科学合理的产业组织模式不仅能够实现区域经济的快速发展,还能实现自然资源的高效利用和生态环境的持续改善,而不当的产业组织模式则可能导致产业效益低下、资源浪费严重,甚至会造成区域生态环境不可逆的严重破坏。

(2)产业组织模式缺陷是导致西部生态脆弱地区陷入发展困境的根本原因。由于生态环境的脆弱性和产业发展的滞后性,西部生态脆弱地区在产业发展和脱贫致富过程中面临着巨大生态环境压力。由于西部生态脆弱地区的产业结构不合理、产业组织较分散,产业规模化程度较低,要实现与全国一道同步建成小康社会的奋斗目标还存在着许多困难和问题,其中最突出点是其产业发展的经济效益和生态效益双低下问题。而产业组织模式不合理是导致上述一系列问题的最主要根源。因此，西部生态脆弱区亟需探索选择一种先进高效、绿色生态的产业组织模式，才能实现又好又快的发展。

(3)循环产业集群是西部生态脆弱区快速发展的最佳产业组织模式。单纯循环经济模式虽然具有绿色发展特点但其经济效益不够，传统产业集群模式虽然具有快速发展的特点但其生态效益欠佳，由于两者固有的弱点都不能很好地同时担负起跨越式快速发展和可持续绿色发展的双重历史任务。作为产业集群与循环经济深度有机融合的产物，循环产业集群具有“绿色增长极”的功能和特征，可作为区域“绿色增长极”的有效载体，通过其强劲的带动和辐射作用，引领西部生态脆弱地区实现跨越式快速发展和可持续绿色发展。因此，循环产业集群是西部生态脆弱地区绿色快速发展的最佳产业组织模式。

(4)自组织机制和创新在产业集群演化及循环集群形成中极为关键。产业集群的发展具有阶段性，一般都要经历企业群落、产业集群、创新集群、循环集群等几个阶段。自组织机制和创新对集群的演进升级有着极为关键的作用。在最初阶段，大多是依靠原始条件、区位优势和自身特色；第二个阶段的发展需要创新，可以是自主创新，也可以是模仿创新；但在第三阶段的发展则必须依靠自主创新。只有在自组织机制的作用下通过自主创新，才能实现集群产业的升级，从低端集群走向高端集群，从产业集群迈向创新集群。创新集群的组织开放、组织合作、组织网络为其向循环集群升级创造了必要条件和奠定了要素基础。

(5)培育循环集群和绿色增长极需要生态网络与创新网络深度融合。现实中各类产业聚集体的产业链条，可分为产业价值链、产业知识链、产业生态链等三大类。传统集群中的主导产业链条是产业价值链，价值链交织形成生产网络和交易网络，产业生产网络与产业交易网络高度融合后形成产业价值网络。创新集群中的主导产业链条是产业知识链，产业知识链交织形成产业知识网络，产业知识网络与产业价值网络高度融合后形成产业创新网络。循环集群中的主导产业链条是产业生态链，产业生态链交织形成产业生态循环网络，产业生态网络与产业创新网络高度融合为循环集群，并最终形成绿色增长极。

(6)西部生态脆弱地区可通过绿色增长极实现跨越式快速绿色发展。西部生态脆弱地区的快速绿色发展需要绿色增长极带动，循环集群集群作为绿色增长极的有效载体，其形成过程的自组织机制极为关键，而产业集群系统的内部自组织机制有赖于政府的“有形之手”和市场的“无形之手”之间的相互协调和共同作用来调动。目前西部的许多生态脆弱地区已初步具备了构建循环产业集群的条件，只要各级政府认识思路到位、措施得当、对策可行，就可以通过构建循环产业集群来培育“绿色增长极”，引领和带动本区域的跨越式快速发展和可持续绿色发展，实现经济社会的历史性跨越。

9.2 研究成果的价值和意义

通过本项目的研究，取得了一些具有理论和实践价值的研究成果，对于指导生态脆弱地区实现可持续绿色发展和跨越式快速发展，具有重要的现实意义。本研究成果的价值和意义主要体现在研究创新点、学术理论价值和应用实践意义等方面。

9.2.1 本研究具有的主要创新点

本书的研究过程及研究成果所具有的创新点主要体现在研究内容、研究方法、研究结果，以及机制研究和对策研究等方面。

(1)在研究内容方面。首次将产业组织模式作为影响区域经济发展、生态环境发展和资源保护的最重要因素进行系统研究。在理论上将传统的产业组织概念进行了扩展，提出了现代产业组织概念应该包括产业生产组织、产业市场组织与产业管理组织三重内涵。指出产业组织的本质是将产业内生产力要素进行组合(组织与整合)形成新的产业生产力的过程，以及由此形成的关系和实体，不同的产业组织模式会产生不同的功能和效率。先进的产业组织模式对产业结构的优化、产业效率的提升、资源环境的保护及生态环境的修复会产生重要的促进作用。这些研究内容和观点进一步充实和丰富了原有的产业组织理论体系。

(2)在研究方法方面。采用系统科学理论、耗散结构理论、协同竞争理论、非平衡系统自组织理论等最新的复杂系统科学理论及其分析工具，以及循环经济及清洁生产、产业生态化、生态工业园区的基本原理及其运作思路，采取理论与实证、定量与定性分析相结合的方法，对产业经济系统的形成、发展和演化过程，以及对企业群落到循环集群的形成机理进行系统研究。通过集群企业合作创新博弈模型构建了多企合作利益分配的分析框架，采用共存竞争方程和博弈论等分析手段，对集群内部的企业创新动因及策略、集群运行的经济效益和生态效益的形成机制、集群整体的竞争优势和运行稳定的实现机制等方面进行分析。

(3)在研究结果方面。揭示出循环产业集群所具有的“绿色增长极”功能和特征,提出了以循环产业集群为载体构建"绿色增长极",引领和带动西部生态脆弱地区实现可持续绿色发展和跨越式快速发展的思路。循环集群模式实现了产业集群与循环经济的优势互补,既具有产业集群的非凡产业效率和强大竞争优势,又具有循环经济的资源高效利用和生态环境效益等特质,弥补了传统集群生态效益不够好和资源利用不够高,以及单一循环经济经济效益不够好和组织运行不够稳等缺陷。由集群各层面价值链和生态链编织整合与有机融合形成的多重嵌套的集群循环网络,可实现经济效益和生态效益的高度有机统一。

(4)在机制研究方面。根据自然生态学和产业生态学理论,探索了企业群落和集群企业在竞争合作、互惠共生、协同进化等方面的机制。根据群落生态学原理,采用现代复杂系统分析方法,借助协同学及非平衡相变的研究手段,对循环产业集群的形成、发展、演化机制及所需条件进行了系统研究,探寻出一条具有普适意义的形成演化路径:企业聚集→企业群落→产业集群→创新集群→循环集群。揭示了系统自组织机制所产生的协同效应在有序演进过程中所起的关键作用以及循环产业集群的形成机制。指出产业系统自组织机制的形成并发挥作用,需要市场"无形之手"和政府"有形之手"的共同协调才能实现。

(5)在对策研究方面。根据循环产业集群形成运行条件和发展演化规律,针对西部生态脆弱地区目前的自然资源条件、生态环境状况、经济发展水平、产业发展基础等具体实际,研究了在西部生态脆弱地区的构建循环产业集群,培育"绿色增长极"的相应对策和建议。提出了西部生态脆弱地区循环产业集群的构建原则与基本思路、协调机制与实现途径。为循环产业集群的形成和"绿色增长极"的发展,在基础平台搭建和成长环境营造、关键要素聚集和产业链条整合、相关产业融合和集群生态改造、支撑体系建立和政策体系完善、体制机制创新和管理服务协同、高效有序运行和健康稳定发展等方面提出了相应的对策和建议。

9.2.2 本书研究结果的学术理论价值

通过对新时期适合我国西部生态脆弱地区发展最佳产业组织模式的深入系统研究,把握具有绿色生态功能的高效产业组织模式——循环产业集群的形成、发展和演化规律,以及该模式的发育形成及高效运行所需的条件,揭示其循环运行机制、效益形成机制、合作创新机制、协同竞争机制等具有重要的理论价值。

(1)对充实和丰富区域产业组织等理论具有积极意义。目前对现代产业组织及其模式的理论研究还存在许多不足和局限,尚未形成完整的理论体系,本研究从产业市场组织、产业生产组织和产业管理组织三重维度考察和研究产业组织的理论内涵;运用系统科学理论方法分析和探寻循环产业集群的产生、发展、演进规律,运用博弈论方法研究和探讨循环集群内部竞合博弈过程、创新博弈行为、绩效形成机理、利益分配要素和稳定运行机制等,对进一步充实和完善现有的产业组织理论、产业集群理论、循环经济理论、产业生态理论等具有重要的理论价值和学术意义。

(2)对完善生态脆弱区可持续发展理论具有重要意义。西部地区生态环境异常脆弱,区域经济发展缓慢,人民生活水平普遍偏低,产业结构极为不合理,经济发展方式仍以资源消耗和生态环境为代价,在可持续发展方面存在着严峻的困难和问题。本研究针对西部生态脆弱地区新时期发展面临的跨越式快速发展和可持续绿色发展的双重历史任务,探索生态脆弱地区可持续快速发展的产业组织模式选择问题,对促进生态脆弱区的产业结构优化、提升产业竞争力、实现经济效益和生态效益双赢,实现生态脆弱地区的可持续发展具有重要的理论意义。此外,本研究结果还进一步完善了生态脆弱区的可持续发展理论。

(3)对深化区域产业的生态化发展理论具有积极作用。本研究提出的循环产业集群模式,是按照产业生态原理,在循环经济理念上发展的产业集群。其本质是特定区域内产业价值链、产业知识链和产业生态深度融合形成的众多企业及相关机构所组成的具有物质、能量和信息循环功能的产业生态系统,能够实现经济效益和生态环境效益的统一。而传统的产业生态模式,诸如静脉产业、生态产业园、区域副产品交换网络等都有各自的缺陷。本研究从理论上论证了循环产业集群能够有效弥补上述模式的缺陷与不足,发挥集群的经济效益优势和循环经济的生态效益优势,从而深化了区域产业的生态化发展理论。

(4)对制定区域生态化发展的产业政策具有参考价值。本研究是以一种全新的思维构架来审视区域的可持续和生态化发展问题,并为决策者制定相应的产业政策提供理论依据。研究视角从个体游离企业转向循环产业集群;从单一的政府或市场的角度转向政府和市场共同协调的角度;从只注重经济效益转向经济、生态、资源、环境及社会效益并重;从片面追求企业的竞争秩序转向强调集群内部的竞合关系;从政府捏合为主转向市场驱动为主;从片面强调硬环境建设转向更加注重软环境营造。研究结果对各级政府实施区域绿色生态化发展战略、培育新型生态产业组织模式,制定相关产业政策等方面具有理论参考价值。

9.2.3 本书研究结果的应用实践意义

本研究对循环产业集群形成发展机理的深入分析,探讨其构建思路、实现路径和发展对策,研究其运行效率、经济效益和生态绩效,为西部生态脆弱区的可持续绿色发展和跨越式快速发展找到了一条有效途径。对西部生态脆弱地区整合和构建循环产业集群,培育和发展"绿色增长极",推动西部生态脆弱地区又好又快的绿色发展,实现经济社会发展的历史性跨越具有积极的实践指导意义。

(1)为生态脆弱区的快速绿色发展提供了有效途径。本研究提出的循环产业集群这一新型的生态化产业组织模式,生态脆弱地区通过发展和构建循环产业集群,并以循环产业集群为载体培育区域发展的"绿色增长极",可以有效带动区域经济实现可持续绿色发展和跨越式快速发展,这为西部生态脆弱地区的绿色快速发展指出了一条有效途径,对于西部生态脆弱地区以又好又快的方式缩小与东部的差距,解决经济增长与资源环境之间的尖锐矛盾,协调社会经济与资源环境的发展,真正走上科技含量高、经济效益好、资源消耗少、环境污染小的新型工业化道路,对最终实现经济社会发展的历史性跨越具有积极的指导意义。

(2)对集群企业创新合作策略的选择具有指导意义。集群企业的创新动因和创新能力,对产业集群的发展和演化会产生重大影响,集群企业间的创新合作在循环产业集群的最终形成和高效运行中起到了极为关键的作用。通过考察和分析集群内企业的创新动力机制,找出导致集群企业创新动力减退的根本原因,采取有效措施来改善和优化集群的创新环境,可激发企业的创新动力,使集群保持持续创新活力和竞争优势。选择自主创新还是模仿创新,独立创新还是合作创新,依赖于集群内部创新环境参数,取决于企业对创新活动的风险、成本和收益等多方面的权衡,这对集群企业创新策略的选择具有重要指导意义。

(3)对西部循环产业集群的构建具有现实指导意义。通过对循环产业集群模式的运行绩效、影响因素、发展规律等的深入研究,以及对西部生态脆弱地区资源生态状况和产业发展条件的系统分析,提出了构建循环产业集群的三条可选途径,即对于已有较好产业集群或产业价值链基础的地区,可在原有产业集群或产业价值链基础上进行生态化改造;对已有较好循环经济园区或产业生态链基础的地区,可在循环经济试点园区或产业生态链基础上进行集群化引导;对于地理区位和产业基础较好但尚未形成产业集群和循环经济的地区,可通过整体规划重构来构建循环产业集群。这对西部循环产业集群的构建具有实践指导意义。

(4)对于促进区域绿色增长极的形成具有积极意义。本研究结果对于解决我国一些区域产业集群存在的诸如聚集低效、无序竞争、不可持续、环境污染、生态恶化等问题,提高其产业经济效益和生态环境效益,具有重要的参考价值;对于改进一些领域内推行的循环经济模式以及一些地区进行的产业生态园区建设,提升其生产经营效率和产业经济效益,具有一定的现实意义;对于整合与发掘西部生态脆弱地区现有产业资源,营造良好的产业生态环境,促进区域企业聚集,培育区域产业集群,整合区域创新网络,构建循环产业集群,形成高效有序的"绿色增长极",从而带动西部生态脆弱地区实现绿色快速发展具有积极意义。

9.3 进一步地研究与展望

从生态型产业组织模式的视角来研究西部生态脆弱地区绿色增长极的构建问题是一个庞大的课题,涉及区域经济、产业组织、产业生态、复杂系统和可持续发展等多个研究领域。本书的研究初步构建起了西部生态脆弱地区循环产业集群构建、绿色增长极培育、产业生态化发展的理论框架,为后续的深入研究奠定了基础。虽然已取得了一些很有意义的研究成果,但由于时间精力和篇幅所限,本书的研究相对于整个研究视角和领域来说,还存在许多需要进一步充实和完善的地方,很多问题还有待进一步地深入研究。

9.3.1 有待进一步充实的内容

本书研究的主要侧重点在产业组织模式及其发展的中观和宏观层面,在产业组织模式的微观层面虽然也有所涉及,但对产业组织模式微观层面的研究广度和深度都还远远不够,例如对循环集群各阶段发展演化过程中的一些微观机制还需要进一步研究;对集群由低级阶段向高级阶段有序化演进和高度化升级所需的微观要素及控制条件有待深入剖析,对各类产业聚集体在有序化升级过程中不同产业网络深度融合的微观机制还有待深入探索。

(1)在循环集群各阶段发展演化的微观机制研究方面。循环产业集群这种高效生态型产业组织模式形成的主要路径一般要经历:企业群落——传统集群——创新集群——循环集群主要阶段和基本过程。产业聚集形态从较低级阶段向较高级阶段的升级演进,是企业集群系统的自组织有序化过程,在这一过程中许多有序化的微观机制在其中发挥着重要的作用。例如在传统集群向创新集群升级过程中,关键是要充分调动集群的自组织机制,建立和形成完善的集群创新体系和高效的集群创新机制,形成集群协同创新网络,引导各类创新主体和创新要素聚集,并使之并有效发挥作用,提升集群整体的创新能力,才能真正实现创新网络与价值网络的有机耦合。因此对集群演化过程的各个阶段和各个环节的微观机制的深入研究非常有必要;这对整个理论体系来说应该补充完善。

(2)在集群升级过程的关键要素和控制条件研究方面。本研究借助了复杂系统自组织理论的研究思路和协同学的研究方法,将产业系统看作一个非平衡系统,产业聚集体由低级阶段向高级阶段的有序化跃迁,就是产业系统在自组织机制作用下的非平衡相变过程,当外界条件引起控制参量(产业场)改变,使系统达到某个相变临界状态时,自组织机制才会发挥作用,序参量(主导产业)就会带动其他产业越过临界点进入一个更加有序的稳定状态,从而完成有序化跃迁和集群升级。然而,相变的临界点也是分支点,往往都具有两重性,越过临界点后的系统状态有两种可能:一种是序度提升的集群升级;一种是序度下降的集群衰退。而要使集群系统向更加有序的方向演化,保证其序度提升而不是降低的关键要素和控制条件到底有哪些,还需要深入地进行探索。

(3)在各产业链网深度融合及高效稳定机制研究方面。传统集群、创新集群和循环集群主要是分别由产业价值链、产业知识链和产业生态链所主导。随着最初企业群落的发育,价值链之间的相互交织形成了生产网络和交易网络,其有序化过程是生产网络与交易网络深度融合形成价值链网络,传统集群正式这两种网络深度融合的产物;随着传统集群中产业知识链发育,相互交织形成产业知识链网络,其有序化过程是知识链网络与价值链网络的深度融合形成产业创新网络,创新集群就是这两者深度融合的结果;随着创新集群中产业生态链的发育,相互交织形成生态链网络,其有序化过程是生态链网络与知识链网络和价值链网络深度融合,循环集群则是这三者深度有机融合的最终结果。而有序化过程中各类网络深度融合及高效稳定运行的微观机制尚需深入研究。

9.3.2 需要深入研究的问题

在西部生态脆弱地区构建高效的“绿色增长极”是一个庞大复杂的系统工程,涉及区域产业发展、生态文明建设、新型工业化与城市化等方面的问题,涵盖了区域经济社会发展与生态环境建设等各个方面。本书仅是从产业生态化发展的视角,提出了以循环产业集群为载体来构建和培育西部生态脆弱地区“绿色增长极”的思路和对策,对于生态脆弱地区的生态化发展具有普适性的指导意义和参考价值。然而由于每个生态脆弱地区都有其各自独特的资源生态环境和产业发展特点,在不同地区构建“绿色增长极”会有不同的特殊性。要形成更为全面和完善的“绿色增长极”构建和发展理论,还有许多问题需要进一步的深入研究。

(1)关于循环产业集群形成演化路径方面的问题。本研究给出了产业系统中产业聚集体产生、发展、演化,直至最后形成循环产业集群的一般路径:企业聚集→企业群落→产业集群→创新集群→循环集群。这只是一般产业聚集体产生发展和产业集群演化升级最为典型的理想路径,尽管已有各类产业聚集体形成的背景和原因各不相同,但都处于该路径的某个阶段上,并表现出相应的功能性质和形态特征。然而在现实世界中,由于地域环境和产业条件的特殊性,某个具体产业集群的发展演化可能会与上述路径有所偏差,但其大的发展趋势和演化规律是一致的。因此,在某些特殊地区对某类特殊产业集群进行生态化改造时,还需要在上述大的趋势和原则的指导下,对其特殊性进行具体分析和深入研究,制定出特殊的对策才能真正达到最优的建设效果。

(2)关于具体区域的绿色增长极培育方面的问题。本研究提出了在西部生态脆弱地区可以通过发展循环产业集群,并以之为载体来构建和培育“绿色增长极”,从而带动整个区域实现绿色快速发展的思路,对生态脆弱地区的产业生态化发展具有普适性意义和参考价值。然而,对某个具体的区域和具体的行业来说,循环产业集群构建和绿色增长极的培育,在微观层面上还有许多具体问题需要进一步深入研究。例如,对某个具体区域或某类具体行业循环产业集群的规划设计和空间选址问题;以循环集群为基础构建绿色增长极的具体经济效益指标和生态效益指标评价方面的问题;培育绿色增长极过程中生态循环网络内不同工业代谢物的生态链匹配问题;循环产业集群的绿色交易机制和绿色增长极的绿色竞争优势等方面的问题;区域绿色增长极如何嵌入到全球产业链中去的问题;等等。

(3)关于绿色增长极的城市社会发展方面的问题。区域绿色增长极形成和发展需要产业生态化的支撑,更需要新型城市化的推进和生态文明社会的发展。只有形成了具有绿色生态产业支撑的新型生态城市和生态文明社会的区域绿色增长极才具有强大的生命力和强劲的发展动力,才有可能真正实现西部生态脆弱地区经济社会发展的历史性跨越。本项研究目前还仅限于在产业经济领域对绿色增长极的相关探索,而对于支撑区域绿色增长极发展的区域城市化问题和区域社会发展问题都几乎没有涉及。而关于西部生态脆弱地区的新型城镇化及其相应的社会发展问题,对于区域绿色增长极的能否快速形成和健康发展,以及能否持续发挥绿色增长的强劲带动作用十分重要。因此,对绿色增长极发展相关的区域城镇化和社会发展问题进行深入系统的研究是非常必要的。

9.3.3 进一步的发展与展望

在新的历史时期,低碳绿色发展已成为全球经济不可逆转的发展趋势。党的十八大提出了我国在2020年全面建成小康社会的奋斗目标,并把生态文明建设放在事关全面建成小康社会更加突出的战略地位。西部生态脆弱地区经济的跨越式快速发展问题和可持续绿色发展问题,以及区域产业的集群化问题和生态化问题已越来越受到人们的关注。对于西部生态脆弱地区绿色生态产业组织模式的研究,对循环产业集群的形成机制和运行效率的探讨,以及对绿色增长极构建基础和要素培育的研究具有重要的理论和现实意义。本项研究结果已初步形成了西部生态脆弱地区产业组织模式选择、循环产业集群构建、绿色增长极培育的理论框架,但对于整个理论体系的进一步完善,还需要多个学科领域专家学者们的共同努力。随着绿色增长极理论的不断完善和具体实践,必将有力推进区域绿色增长极的快速发展,带动西部生态脆弱地区实现经济社会发展的历史性跨越。

(1)关于绿色增长极理论体系不断完善的展望。本项目组将继续努力,针对该理论体系在中观和微观层面存在的缺陷进行深入地研究,特别是在循环集群各演化阶段的微观机制、集群升级关键要素和控制条件、生态链与价值链的有机整合模式、产业链网的深度融合机制、绿色增长极高效有序稳定运行的有效机制等方面进行深入研究和不断完善。对于特殊地域内某些特殊产业集群的生态化问题,及其循环产业集群的具体构建和绿色增长极的具体培育问题进行更为深入地探讨,以提升理论的适用性、可行性和可操作性。同时也希望更多领域的专家学者关注本领域,特别是希望新型城市化及社会发展相关领域的专家学者为之作出贡献。我们相信在各领域学者的共同参与和努力下,绿色增长极的理论体系一定能够得到尽快地完善,并对西部生态脆弱地区的绿色快速发展作出积极贡献。

(2)关于西部地区绿色增长极理论实践的展望。西部的一些生态脆弱地区目前已经有了一定规模的产业集群基础,部分地区的循环经济推行和产业生态园建设,以及一些生态省和生态城市建设也取得了一些可喜的成效,使西部生态脆弱地区已初步具备了构建循环产业集群和培育绿色增长极的条件。只要西部生态脆弱地区各级政府和相关企业认识到位,根据本研究揭示的循环产业集群形成和发展规律,结合本地的资源环境状况和产业发展条件的具体实际,科学合理地进行规划设计,采取有效措施聚合各种有利因素,营造循环产业集群形成和发展所需的软硬环境和社会氛围,通过体制机制创新,建立和完善相关政策扶持体系,充分调动循环产业集群的自组织机制,就一定能够构建起高效有序的循环产业集群,培育出具有强大生命力和强劲发展动力的绿色增长极。

(3)关于西部生态脆弱区快速绿色发展的展望。我国西部地区的生态环境脆弱、经济发展落后,要与全国同步实现建成小康社会的奋斗目标,就必须走跨越式的快速绿色发展之路。在新的历史发展时期,西部生态脆弱地区肩负着跨越式快速发展和可持续绿色发展的双重历史重任。对此就必须创新产业组织模式,采用具有绿色快速发展功能的生态型产业组织模式——循环产业集群。只要西部生态脆弱地区能够发展和构建起高效有序的循环产业集群,营造和培育出动力强劲的绿色增长极,在绿色增长极的极化聚效应、扩散辐射效应、关联乘数效应的作用下,通过其强劲的绿色发展和快速增长功能,就可以带动西部生态脆弱地区的绿色快速发展。我们相信在绿色增长极的有力带动下,西部生态脆弱地区一定能够在保持绿水青山的情况下,不断缩小与东部地区的差距,实现经济社会发展的历史性跨域。

参考文献

[1]Porter, Michael,"Location, Competition and Economic Development: Local Clusters in a Global Economy," *Economic Development Quarterly*, Vol. 14, No. 1, 2000, pp. 15 ~ 34.

[2]向秋兰、蔡绍洪:《产业组织三重结构与经济增长》,载《云南财经大学学报》2010 年第 3 期,第 28 ~ 34 页。

[3]IPCC, *Climate change* 2007: *Impacts*, *adaptation and vulnerability*, Cambridge: Cambridge University Press, 2007, p. 2.

[4]Bryan B, Harvey N, Belperio T, etal. "Distributed process modeling for regional assessment of coastal vulnerability to Sea - Level Rise," *Environmental Modeling and Assessment*, Vol. 6, No. 1, 2001, pp. 57 ~ 65.

[5]Smit B, Cai Y L., "Climate change and agriculture in China," *Global Environment Change*, Vol. 6, No. 3, 1996, pp. 205 ~ 214.

[6]Doerfliger N, Jeann in P Y, Zwahlen F., "Water vulnerability assessment in Karst environments: a new method of defining protection areas using a multi - attribute approach and GIS tools (EPIK method)," *Environmental Geology*, Vol. 39, No. 2, 1999, pp. 165 ~ 176.

[7]牛文元:《生态环境脆弱带 ECOTONE 的基础判定》,载《生态学报》1989 年第 2 期,第 97 ~ 98 页。

[8]朱震达:《中国的脆弱生态带与土地荒漠化》,载《中国沙漠》1991 年第 4 期,第 12 ~ 13 页。

[9]何运鸿:《消除生态贫困的有效途径》,载《农村经济与技术》2001 年第 2 期,第 33 ~ 34 页。

[10]于存海:《二论内蒙古农牧区生态安全、生态贫困与生态型反贫困特区建设》,载《内蒙古财经学院学报》2006 年第 5 期,第 26 ~ 30 页。

[11]程宝良:《西部生态环境与贫困治理的研究》,载《西北工业大学学报》2008 年第 4 期,第 34 ~ 39 页。

[12]鲍青青等:《生态贫困初探》,载《资源与产业》2009 年第 5 期,第 111 ~ 114 页。

[13]夏禹龙等:《梯度理论和区域经济》,载《科学学与科学技术管理》1983 年第 2 期,第

5~6页。

[14]易培强:《论社会生产力跨越式发展》,载《中国软科学》2001年第4期,第13~18页。

[15] Poter M. E., *Clusters and New Economics of Competition*, Harvard Business Review, 1998.

[16]魏守华、石碧华:《论企业集群的竞争优势》,载《中国工业经济》2002年第1期,第59~65页。

[17] Granovetter M., "Economic Action and Social Structure: The Problem of Embeddedness," *American Journal of Sociology*, Vol. 91, No. 3, 1985, pp. 481~510.

[18]郑世杰:《区域经济发展政策:理论与实践的重新揭示》,载《经济科学》1994年第5期,第59~64页。

[19]刘茂松:《发展中地区工业化反梯度推移研究》,载《求索》2001年第1期,第15~19页。

[20]魏世恩:《经济技术梯度转移论》,载《福建论坛》(经济社会版)2001年第1期,第42~45页。

[21]王树进、支树平:《科技向欠发达地区转移的理论与方略》,载《中国科技论坛》2005年第4期,第118~121页。

[22]牛冲槐、白建新:《东西部工业差距分析及西部工业跨越式发展》,载《工业技术经济》2004年第2期,第5~9页。

[23]吴晓军:《论产业集群对欠发达地区跨越式发展的意义》,载《江西社会科学》2003年第8期,第123~126页。

[24]魏健锋:《产业集群战略—欠发达地区发展的选择》,载《宏观经济管理》2006年第7期,第55~56页。

[25]魏守华、王缉慈:《产业集群:新型区域经济发展理论》,载《经济经纬》2002年第2期,第18~21页。

[26]何景熙:《加快西部开发,缩小区域差距,也要走可持续发展之路》,载《社会科学研究》1999年第4期,第45~48页。

[27]洪银兴:《西部大开发和区域经济协调方式》,载《管理世界》2002年第3期,第3~8页。

[28]曹凤中、周国梅:《循环经济是经济与环境利益兼而有之的双赢经济—发展中国家经济发展道路的正确选择》,载《环境科学与技术》1999年第4期,第1~3页。

[29]邹晓琴、吴康毓:《西部地区循环经济发展战略的研究》,载《上海企业》2007年第6期,第35~37页。

[30]邓俊荣、王林雪:《网络经济,寡头垄断效率与中国产业组织调整》,载《生产力研究》2006年第3期,第187~189页。

[31]周耀东:《市场竞争和政府管制—中国产业组织理论问题的综述》,载《上海经济研

究》2000 年第 11 期,第 52 ~ 58 页。

[32]王纬、梁嘉骅:《基于产业组织演进的我国产业组织研究》,载《经济经纬》2007 年第 5 期,第 33 ~ 36 页。

[33]吴德进:《产业集群的组织性质:属性与内涵》,载《中国工业经济》2004 年第 7 期,第 14 ~ 20 页。

[34]吴勤堂:《产业集群与区域经济发展耦合机理分析》,载《管理世界》2004 年第 2 期,第 133 ~ 136 页。

[35] Chemen R. A. , *By - products in the packing industry*, Chicago: University of Chicago Press,1927.

[36] Pearce D. W and Turner R. K. , *Economics of Natural Resources and the Environment*, Baltimore:The Johns Hopkins University Press,1990.

[37] Gertler N. , *Industrial Ecosystems: Developing Sustainable Industrial Structures*, MS thesis, Massachusetts Institute of Technology,1995.

[38] Lowe E. A. etal,"Field book for the Development of Eco - Industrial Parks," *Final Report*,1996.

[39] Korhonen J. etal, "Industrial ecology of a regional energy supply system: the case of Jyvaskyla region, Finland," *Greener Management International. The Journal of Corporate Environmental Strategy and Practice*, Vol. 32, No. 1,1999, pp. 57 ~ 67.

[40] Pierre Desrochers, "Regional development and inte - industry rececling linkages: some historical perspectives ," *Entrepreneurship & Regional Development*, Vol. 14, No. 1, 2002, pp. 49 ~ 65.

[41]陈迅,、邹庆:《区域集聚效应与经济增长关系分析》,载《科技管理研究》2008 年第 2 期,第 84 ~ 86 页。

[42]周兵、蒲勇健:《产业集群的增长经济学解释》,载《中国软科学》2003 年第 5 期,第 119 ~ 121 页。

[43]范剑勇:《要素聚集与地区差距:来自中国的证据》,载《中国制度经济学年会论文集》2003 年第 8 期,第 36 ~ 52 页。

[44]沈正平:《产业集群与区域经济发展探究》,载《中国软科学》2004 年第 2 期,第 120 ~ 124 页。

[45]战炤磊:《产业集群对区域经济发展的双向效应——基本方式与作用机理》,载《技术经济与管理研究》2011 年第 1 期,第 99 ~ 103 页。

[46]许庆明、盛其红、黄晖:《产业集群发展的可持续性》,载《经济理论与经济管理》2003 年第 11 期,第 37 ~ 40 页。

[47]刘云忠、王印华等:《中国工业化与资源环境问题研究》,载《特区经济》2006 年第 9 期,第 43 ~ 45 页。

[48]衣保中、林莎:《东北地区工业化的特点及其环境代价》,载《经济纵横》2001 年第 6

期，第48～51页。

[49]孙亚忠、郭建平:《国外传统产业集群高端化对我国的启示》，载《科技进步与对策》2007年第6期，第63～66页。

[50]钱平凡:《我国产业集群的发展状况、特点与问题》，载《经济理论与经济管理》2003年第12期，第26～31页。

[51]祝爱民:《循环经济——产业集群发展新模式》，载《物流科技》2005年第7期，第104～106页。

[52]蔡绍洪:《以循环产业集群实现和谐生态经济》，载《环境保护》2007年第22期，第55～57页。

[53]牛耀宏:《我国发展循环经济存在的问题分析》，载《改革与战略》2008年第1期，第15～32页。

[54]姜冬梅、斯琴:《对西部地区循环经济发展的思考》，载《理论探索》2009年第5期，第5～8页。

[55]黄方、刘湘南、叶宝莹、张树文、张养贞:《松嫩平原西部生态脆弱区土地利用时空变化研究》，载《东北师范大学学报》2008年第1期，第105～110页。

[56]兰岚:《中国西部生态脆弱区的空间格局及其现状研究》，四川大学环境科学硕士论文，2005年。

[57]杨瑛:《生态脆弱地区社会经济发展研究》，载《青海统计》2005年第4期，第15～21页。

[58]任正晓:《中国西部地区生态循环经济发展研究》，中央民族大学民族经济博士论文，2008年。

[59]裴伟征:《川西北生态脆弱地区发展战略与环境政策选择》，载《软科学》2012年第4期，第44－47页。

[60]陈南岳:《我国农村生态贫困研究》，载《中国人口——资源与环境》2003年第4期，第42～45页。

[61]于法稳:《西北地区生态贫困问题研究》，载《中国软科学》2004年第1期，第27～30页。

[62]于存海:《论西部生态贫困，生态移民与社区整合》，载《内蒙古社会科学》2004年第1期，第128～133页。

[63]倪瑛:《贫困、生态脆弱以及生态移民——对西部地区的理论与实证分析》，载《生态经济》2007年第2期，第407～411页。

[64]陈健生:《生态脆弱地区农村慢性贫困研究》，西南财经大学区域经济学博士论文，2008年。

[65]张义丰:《西部贫困的根源是生态贫困》，载《调研世界》2011年第11期，第13～15页。

[66]赵翠莲、杨自辉等:《民勤绿洲水资源利用与生态系统退化分析》，载《中国沙漠》

2006 年第 1 期,第 90 ~95 页。

[67]姚玉璧、王润元等:《气候变化对黄河首曲地区草地生态退化的影响》,载《资源科学》2007 年第 4 期,第 127 ~133 页。

[68]于秀波:《我国生态退化,生态恢复及政策保障研究》,载《资源科学》2002 年第 1 期,第 72 ~76 页。

[69]陈恩波:《生态退化及生态重建研究进展》,载《中国农学通报》2007 年第 4 期,第 335 ~338 页。

[70] Michael Stocking. ,"Farming and environmental degradation in Zambia: the human dimension," *Applied Geography*, Vol. 3, No. 1, 1983, pp. 63 ~77.

[71] O'Hara SL, Metcalfe SE, Street - Perrott FA. "On the arid margin: The relationship between climate, humans and the environment," *A review of evidence from the highlands of central Mexico. Chemosphere*, Vol. 29, No. 5, 1994, pp. 965 ~980.

[72] Enrico Feoli, Laura Gallizia Vuericha, Woldu Zerihun. , "Evaluation of environmental degradation in northern Ethiopia using GIS to integrate vegetation," *Geomor - phological, erosion and socio - economic factors. Agriculture, Ecosystems & Environment*, Vol. 91, No. 1 ~3, 2002, pp. 313 ~325.

[73]罗新正、朱坦、孙广友:《人类活动对松嫩平原生态环境的影响》,载《中国人口——资源与环境》2002 年第 4 期,第 94 ~99 页。

[74]卢松、陆林、凌善金等:《人类活动对安庆沿江湖泊湿地影响的初步研究》,载《长江流域资源与环境》2004 年第 1 期,第 65 ~70 页。

[75]李香云:《干旱区土地荒漠化中人类因素分析》,载《干旱区地理》2004 年第 2 期,第 239 ~244 页。

[76]刘树林、王涛、安培浚:《论土地沙漠化过程中的人类活动》,载《干旱区地理》2004 年第 1 期,第 52 ~56 页。

[77]常兆丰:《石羊河流域生态退化原因分析》,载《甘肃环境研究与监测》2003 年第 2 期,第 111 ~113 页。

[78]孙广友:《强胁迫力使脆弱环境突变—松辽平原百年开发史例证》,载《第四纪研究》2004 年第 6 期,第 663 ~670 页。

[79]徐增让:《西藏生态脆弱区人为作用对生态退化的影响》,载《干旱区地理》2005 年第 6 期,第 740 ~745 页。

[80]马克思等:《马克思恩格斯选集》,人民出版社 1995 年版。

[81] Tansley, AG. , "The use and abuse of vegetational terms and concepts," *Ecology*, Vol. 16, No. 3, 1935, pp. 284 ~307.

[82]郑达贤、汤小华:《福建省生态功能区划研究》,中国环境科学出版社 2007 年版。

[83]刘燕华、李秀彬:《脆弱生态环境与可持续发展》,商务印书馆 2007 年版。

[84]候东民:《中国生态脆弱区生态移民现状及展望》,载《世界环境》2010 年第 4 期,第

32～34 页。

[85]王可福:《美国森林的可持续发展》,载《山西林业》2001 年第 3 期,第 8～10 页。

[86]张会新:《我国资源型产业集群的动力机制研究》,西北大学人口、资源与环境经济学博士论文,2009 年。

[87]李云燕:《产业生态系统的构建途径与管理方法》,载《生态环境》2008 年第 4 期,第 1707～1714 页。

[88]雍兰利、吴满财:《循环经济工业园区的柔性集成研究》,载《科技进步与对策》2011 年第 2 期,第 56～59 页。

[98]王兆华:《循环经济:区域产业共生网络—生态工业园发展的理论与实践》,经济科学出版社 2007 年版。

[90]张明之:《美国制造何以领先全球—基于生产组织方式变革视角的探究》,载《世界经济与政治论坛》2007 年第 5 期,第 8～16 页。

[91]黄健康:《产业集群论》,东南大学出版社 2005 年版。

[92]彭仕正、蔡绍洪等:《非线性系统的随机过程》,贵州人民出版社 2001 年版。

[93]蔡绍洪、戴陵江:《平衡相变与非平衡相变的临界标度理论》,四川科技出版社 1999 年版。

[94]蔡绍洪、彭仕政等:《耗散结构与非平衡相变原理及应用》,贵州科技出版社 1998 年版。

[95]曹征、张雪平等:《复杂系统研究方法的讨论》,载《智能系统学报》2009 年第 1 期,第 76～80 页。

[96]彭仕政、蔡绍洪等:《系统协同与子自组织过程原理及应用》,贵州科技出版社 1998 年版。

[97]孟函勇、王绍斌:《产业结构对生态脆弱区环境的影响》,载《农业经济》2006 年第 6 期,第 42～43 页。

[98]郭中伟、甘雅玲:《关于生态系统服务功能的几个科学问题》,载《生物多样性》2003 年第 1 期,第 63～69 页。

[99]王昱、丁四保、王荣成:《我国典型生态环境治理工程中的生态补偿问题》,载《环境保护》2008 年第 9 期,第 28～31 页。

[100]金靖博、陆月皎、孙德军:《恢复生态学及其在林区矿山植被修复中的应用》,载《林业勘察设计》2008 年第 2 期,第 44～45 页。

[101]罗大文:《西部资源开发中的环境正义问题－以陕西榆林能源产业发展为例》,载《前沿》2012 年第 16 期,第 10～12 页。

[102]王文龙、李占斌、张平仓:《神府东胜煤田开发中诱发的环境灾害问题研究》,载《生态学杂志》2004 年第 1 期,第 34～38 页。

[103]高秀梅:《西部大开发中的生态环境保护》,载《发展》2007 年第 7 期,第 51～52 页。

[104]孙荪:《矿山植物修复技术的研究及发展趋势》,载《矿业工程》2010 年第 3 期,第 62~63 页。

[105]徐友宁、何芳、袁汉春等:《中国西北地区矿山环境地质问题调查与评价》,地质出版社 2006 年版。

[106]宋建军:《完善矿产开发生态补偿机制的建议》,载《宏观经济管理》2011 年第 2 期,第 32~33 页。

[107]徐友宁、李智佩等:《生态环境脆弱区煤炭资源开发诱发的环境地质问题—以陕西省神木县大柳塔煤矿区为例》,载《地质通报》2008 年第 8 期,第 1344~1350 页。

[108]王小丹、钟祥浩:《生态环境脆弱性概念的若干问题探讨》,载《山地学报》2003 年第 S1 期,第 21~25 页。

[109]于伯华,吕昌河. 青藏高原高寒区生态脆弱性评价[J]. 地理研究,2011,30(12):2289~2295

[110]张青、任志远:《中国西部地区生态承载力与生态安全空间差异分析》,载《水土保持通报》2013 年第 2 期,第 230~235 页。

[111]奚家米等:《西部地区地质灾害分布规律评价初探》,载《西安科技大学学报》2008 年第 3 期,第 461~464 页。

[112]揭国民、邵学栋、陈洪松:《西南岩溶地区的主要生态环境问题及其防治对策》,载《农业现代化研究》2005 年第 5 期,第 374~377 页。

[113]王永莉:《主体功能区划背景下青藏高原生态脆弱区的保护与重建》,载《西南民族大学学报 》(人文社科版)2008 年第 4 期,第 42~46 页。

[114]王绍武、董光荣主编:《中国西部环境演变评估—中国西部环境特征及其演变》,科学出版社 2002 年版。

[115]许联芳、杨勋林、王克林:《生态承载力研究进展》,载《生态环境》2006 年第 5 期,第 1111~1116 页。

[116]Wackernagel M, Monfreda C, Schulz N B, etal., "Calculating national and global ecological footprint time series: Resolving conceptual challenges," *Land Use Policy*, Vol. 21, No. 3, 2004, pp. 271~278.

[117]Liu Xiaona, Yang Yanzhao, Li Peng, "Spatial - Temporal Dynamic Analysis of Ecological Capacity in Southwest Ecological Fragile Region," *Advances in Geosciences*, Vol. 2, No. 1, 2012, pp. 37~43.

[118]魏媛、吴长勇:《基于生态足迹模型的贵州省生态可持续性动态分析》,载《生态环境学报》2011 年第 1 期,第 102~108 页。

[119]王彬彬:《西部地区生态承载力动态研究》,载《青海社会科学》2008 年第 4 期,第 83~87 页。

[120]Ya Nan Tian, Hong Qi Wang, Ze Qing Hou, "Devoloping Resources Environmental Carrying Capacity Indicator System Based on Resource Environmental Problem Identification," *Ad-*

vanced Materials Research,2011,pp.356~360,pp.734~737.

[121]邱鹏:《西部地区资源环境承载力评价研究》,载《软科学》2009年第6期,第66~69页。

[122]古冰:《西部大开发以来西部地区工业污染研究》,载《云南社会科学》2010年第4期,第40~45页。

[123]杨颖:《西部扶贫面临的新情况》,载《开放导报》2013年第2期,第94~97页。

[124]杨大文、楠田哲也:《水资源综合评价模型及其在黄河流域的应用》,水利水电出版社2005年版。

[125]司马迁:《史记》,中华书局1959年版。

[126]陈真、姚洛:《中国近代工业史资》,三联书店1961年版。

[127]方素梅:《抗日战争时期沿海沿江经济向西部民族地区的迁移及其影响》,载《民族研究》2000年第4期,第98~105年版。

[128]边古:《中国西部地区的工业化的回顾与前瞻》,载《中国工业经济》2000年第4期,第35~42页。

[129]曾培炎:《西部大开发决策回顾》,中共党史出版社2010年版。

[130]谭振义、赵凌云:《中国西部大开发进程的历史审视》,载《云南民族大学学报》(哲学社会科学版)2013年第2期,第101~107页。

[131]蔡绍洪:《循环产业集群——西部欠发达地区生态化发展的新型产业组织模式》,人民出版社2010年版。

[132]申兵:《西部地区特色优势产业发展现状、问题及政策取向》,载《经济研究参考》2012年第55期,第51~62页。

[133]刘伟、王立:《关于中国西部地区贫困问题的浅论》,载《经济研究导刊》2012年第31期,第118~119页。

[134]鲁勇兵、梁婉君:《中国西部地区工业经济效益评价》,载《统计与决策》2005年第22期,第38~40页。

[135]张威、龚新蜀、王雪峰:《中国西部经济增长中的产业组织结构问题探析》,载《经济与管理》2007第8期,第16~19页。

[136]范维珍:《西部产业发展的潜在条件分析》,载《经济体制改革》2002年第1期,第120~124页。

[136]张雪梅、郭志仪:《西部地区产业发展与资源环境问题的实证分析》,载《经济问题探索》2009年第9期,第37~42页。

[138]胡鞍刚:《全球气候变化与中国绿色发展》,载《中共中央党校学报》2010年第2期,第5~10页。

[139]蔡绍洪、和思鹏:《低碳经济背景下西部欠发达地区生态化发展的路径选择》,载《开发研究》2010年第8期,第108~113页。

[140]石培基、罗哲:《欠发达区域发展循环经济的理论思考与政策构想—以甘肃河西地

区为例》,载《甘肃社会科学》2006 年第 6 期,第 148 ~ 151 页。

[141]王大明、邓玲:《发展农业循环经济促进欠发达地区现代农业建设—以四川省南充市为例》,载《软科学》2009 年第 1 期,第 113 ~ 119 页。

[142]刘涛、金荣学:《湖北省生态工业园区对策研究》,载《湖北社会科学》2005 年第 8 期,第 48 ~ 49 页。

[143]曹小琳、晏永刚:《欠发达地区发展循环经济的障碍因素及对策建议》,载《统计与决策》(理论版)2007 年第 4 期,第 37 ~ 38 页。

[144]李文清:《西部产业集群发展因素及模式研究》,西南交通大学管理科学与工程博士论文,2007 年。

[145]谯薇、梁剑:《西部地区产业集群与区域竞争力研究》,载《经济体制改革》2007 年第 2 期,第 175 ~ 177 页。

[146]郑瑞巧:《西部地区产业集群发展的困境研究》,载《当代经济》2010 年第 8 期,第 74 ~ 75 页。

[147]胡红安、马千里:《我国西部地区产业集群构建的思路与对策》,载《经济纵横》2007 年第 5 期,第 29 ~ 30 页。

[148]李志春:《提升欠发达地区竞争力与发展产业集群研究》,载《理论学刊》2005 年第 9 期,第 55 ~ 56 页。

[149]蔡绍洪、和思鹏:《循环产业集群是后危机时期产业组织模式演进的必然方向》,载《经济纵横》2011 年第 6 期,第 68 ~ 71 页。

[150]蔡绍洪、廖文华:《循环产业集群是西部跨越式绿色发展的有效途径》,载《改革与战略》2012 年第 9 期,第 81 ~ 84 页。

[151]娄美珍、俞国方:《产业生态系统理论及其应用研究》,载《当代财经》2009 年第 1 期,第 116 ~ 122 页。

[152]袁增伟、毕军:《产业生态学最新研究进展及趋势展望》,载《生态学报》2006 年第 8 期,第 2709 ~ 2715 页。

[153]张文龙、余锦龙:《基于产业共生网络的区域产业生态化路径选择》,载《社会科学家》2008 年第 12 期,第 47 ~ 50 页。

[154] May R. M., "On the Theory of Niche Overlap," *Theoretical Biology*, No. 5, 1974, pp. 297 ~ 332.

[155]蔡绍洪、李莉等:《区域产业群落形成的生态位与聚集势》,载《生态经济》2008 年第 7 期,第 40 ~ 44 页。

[156] Nicolis G, *Prigogine I. Self - Organization in Nonequilibriunm System*, Wiley, New York, 1977.

[157] Haken H. *Advanced Synergetic*, Berlin: Springer Verlag, 1983.

[158] Cai Shaohong, Hu Lin, etal., "Critical Scaling Theory of Generalized Phase Transition and It's Universality," *Chinese Physics*, Vol. 9, No. 6, 2000, pp. 450 ~ 458.

[159]仇保兴:《发展小企业集群要避免的陷阱——过度竞争所致的“柠檬市场”》,载《北京大学学报》(哲学社会科学版)1999 年第 1 期,第 25 ~29 页。

[150]吴彤:《自组织方法论研究》,清华大学出版社 2001 年版。

[161]吴翔阳:《产业自组织集群化及集群经济研究》,中共中央党校出版社 2006 年版。

[162]Haken H. *Synergetics: An Introduction*, Berlin Heidelberg: Springer - Verlag, 1983.

[163]黄健康:《产业集群竞争优势刚性及其超越路径》,载《经济问题探索》2004 年第 8 期,第 69 ~71 页。

[164]Markusen A. R., "Sticky Places in Slippery Space: A Typology of Industrial Districts," *Economic Geography*, VOL. 72, No. 3, 1996, pp. 293 ~313.

[165]王发明、蔡宁等:《基于网络结构视角的产业集群风险研究—以美国 128 公路区产业集群衰退为例》,载《科学学研究》2006 年第 6 期,第 885 ~889 页。

[166]Harris L, Coles A., "Building Innovation Networks: Issues of Strategy and Expertise," *Technology Analysis & Strategic Management*, Vol. 12, No. 2, 2000, pp. 229 ~240

[167]彭仕政、蔡绍洪等:《非线性系统的随机过程》,贵州人民出版社 2001 年版。

[168]Gordon I. R, McCann P., "Industrial clusters: Complexes, agglomeration and/or social networks?" *Urban Studies*, Vol. 37, No. 3, 2000, pp. 513 ~532.

[169]Au yang S. Y. *Foundations of Complex - system Theories: In Economics, Evolutionary Biology, and Statistical Physics*, Oxford: Oxford University Press, 1998.

[170]王晓雨:《中国区域增长极的极化与扩散效应研究》,吉林大学马克思主义基本原理博士论文,2011 年。

[171]白义霞:《区域经济非均衡发展理论的演变与创新研究—从增长极理论到产业集群》,载《经济问题探索》2008 年第 4 期,第 22 ~24 页。

[172]刘芬、邓宏兵、李雪平:《增长极理论、产业集群理论与我国区域经济发展》,载《华中师范大学学报》(自然科学版)2007 年第 1 期,第 131 ~133 页。

[173]张婧:《试论西部地区增长极战略的实施构想》,载《软科学》2000 年第 3 期,第 41 ~43 页。

[174]成娟:《论产业集群促进区域经济增长的作用机制—基于增长极理论的观点》,载《重庆工商大学学报》(西部论坛)2009 年第 4 期,第 44 ~48 页。

[175]付允、马永欢、刘怡君等:《低碳经济的发展模式研究》,载《中国人口资源环境》2008 年第 3 期,第 14 ~19 页。

[176]姚德文:《低碳经济模式下的产业发展新路径》,载《当代经济》2009 年第 12 期,第 6 ~7 页。

[177]袁丽静:《循环经济、绿色经济和生态经济》,载《环境科学与管理》2008 年第 6 期,第 157 ~160 页。

[178]杨运星:《生态经济、循环经济、绿色经济与低碳经济之辨析》,载《前沿》2011 年第 8 期,第 94 ~97 页。

[179]潘时常、李丕基:《发展低碳经济的基本战略及路径研究》,载《现代经济探讨》2011 年第 3 期,第 46 ~ 49 页。

[180]蔡绍洪、陈胜男:《低碳经济约束与西部地区资源型产业发展》,载《商业研究》2012 年第 5 期,第 140 ~ 145 页。

[181]陈鹏宇:《溢出效应—不确定性和企业集群》,载《中国工业经济》2002 年第 11 期,第 70 ~ 74 页。

[182]雷如桥、陈继祥:《企业集群的"柠檬市场"风险及其对策》,载《当代财经》2004 年第 3 期,第 79 ~ 81 页。

[183]王琛、王效俐:《产业集群技术创新协同过程及机制研究》,载《科学管理研究》2007 年第 5 期,第 23 ~ 25 页。

[184]张琼瑜、李武武:《基于 CAS 理论的产业集群协同创新动力机制构建》,载《商业时代》2012 年第 1 期,第 115 ~ 116 页。

[185]蔡宁、结兵:《集群的网络式创新能力及其集体学习机制》,载《科研管理》2005 年第 7 期,第 22 ~ 28 页。

[186]鹿彦:《循环经济发展:模式及实现路径研究—以山东省为例》,山东师范大学人口、资源与环境经济学博士论文,2011 年,第 98 ~ 105 页。

[187]向秋兰:《区域循环产业集群的构建研究》,载《商业时代》2013 年第 35 期,第 127 ~ 128 页。

[188]许红兵:《市场失灵、政府失效及对策》,载《求实》2003 年第 6 期,第 40 ~ 43 页。

[189]周喜安:《透视政府经济职能》,经济科学出版社 1999 年版。

[190]向秋兰:《基于自组织的循环产业集群稳定性研究》,载《贵州财经学院学报》2008 年第 5 期,第 104 ~ 107 页。

[191]陈文华:《产业集群治理研究》,经济管理出版社 2007 年版。

[192]裴万辉、蒋致洁:《市场经济与现代商业精神》,载《商业研究》1996 年第 7 期,第 3 ~ 5 页。

[193]马健:《产业融合理论研究评述》,载《经济学动态》2002 年第 5 期,第 78 ~ 81 页。

[194]余东华:《产业融合与产业组织结构优化》,载《天津社会科学》2005 年第 3 期,第 72 ~ 76 页。

[195]齐东平:《中间性组织的必要性及其组织功能》,载《中国工业经济》2005 年第 3 期,第 22 ~ 28 页。

[196]李新男:《创新"产学研结合"组织模式,构建产业技术创新战略联盟》,载《中国软科学》2007 年第 3 期,第 9 ~ 12 页。

后　记

本项目研究团队以产业组织模式的选择与创新为切入点，研究了我国西部生态脆弱地区，在全面建成小康社会新的历史背景下，如何通过构建和培育“绿色增长极”来带动生态脆弱地区的快速绿色发展，实现与全国一道同步建成小康社会的奋斗目标。提出了通过创新产业组织模式，以循环产业集群为载体，构建和培育绿色增长极，引领和带动区域经济的快速跨越式和可持续绿色发展，实现西部生态脆弱区域经济社会发展历史性跨越的思路与对策。整个研究过程历时六年，曾先后得到过国家社科基金研究项目、商务部委托研究项目、贵州省社科规划办重大招标研究项目、贵州省省长基金专项项目、贵州省教育厅125计划创新项目、贵州省科技厅软科学研究计划、贵州省省委组织部高层次人才项目等项目研究资金的资助。

本书是在国家社科基金项目"西部生态脆弱地区循环经济集群运行模式及发展对策研究"阶段性研究成果的基础上，经过进一步的深化和扩展研究形成的。整个研究过程分为五个阶段。第一阶段是项目总体规划设计。通过邀请专家座谈、研究团队开会商讨等方式拟定研究提纲，通过不断地研究论证和修改、研究大量文献和资料，研究方案先后修改六次才最终确定。第二阶段是项目内容的实地考察和调研。包括西北干旱生态脆弱区、西南喀斯特生态脆弱区、青藏高原生态脆弱区的生态环境状况、自然资源状况及产业经济发展状况考察及相关数据的调研。第三阶段是深入系统地分析研究。通过实地调研、购买国内专业数据库等方式收集相关数据，运用产业经济学、计量经济学、博弈论方法和高性能计算机集群进行数据处理和分析，运用经济学、系统科学方法等进行分析研究。第四阶段是对研究内容的整理检验核对确认。即通过对相关数据的整理、相关模型的检验、相关论据的核对一级相关论点的确认，以保证研究结果的准确性与可靠性。第五阶段是最终研究报告的撰写。研究报告的撰写经过了反复地修改完善，曾先后修改过九次才最终完稿。

在整个研究过程中，本项目研究团队先后共发表了相关研究论文32篇，其中有7篇被SCI和EI收录，有13篇为CSSCI核心期刊，有12篇为北大核心期刊。本书中的部分研究成果取得了很好的社会影响。前期和中期的部分研究论文部分观点多次被国务院发展研究中心的国研网、台湾中央日报的网路报、中国政府创新网、中国环境网、中国经济信息网、人大经济论坛、人民网经济理论版、人大复印资料、中国社会科学文摘等多家权威学术媒体全文转载或文摘转载。具不完全统计,截至本书发稿前,本研究发表的相关学术论文已被国内权威媒体和期刊转载了17篇次,本书前期研究得出一些结论和部分观点,已被国内相关的研究学者引用了231多次。书中所提出的部分对策和建议已被有关政府决策部门采纳(如黔中经济区的绿色增长极构建思路、黔中经济区中长期发展战略规划、贵州中小企业集群生态化发展对策等)。

本书的形成和出版得到了项目研究的主管单位国家社科规划办、承担单位贵州财经大学以及合作单位贵阳市商业局在人力、物力、财力和工作时间等条件上的支持和帮助。项目研究得到了作者所在的贵州财经大学省级重点学科产业经济学的大力支持。在本项目研究和本书形成过程中,蔡绍洪教授负责项目的总体设计和主持研究,以及全书提纲的拟定和书稿的统撰工作;向秋兰、谌莉萍、蔡心红、和思鹏等老师在本项目的研究设计、考察调研、资料收集、数据分析、模型处理、综合协调、成果整理、报告撰写,以及全书的整理出版等方面都做出了突出贡献。此外,本项目的研究过程中还得到了肖小红、赵普、姚昊、魏媛、袁开福、鲁静芳等教授博士,以及王能发、陆阳、施立伟、钱怡帆等老师和研究生在资料收集、数据整理、报告撰写等方面的大力支持和帮助。在此,对上述单位给予的宝贵支持以及同事们和同学们付出的辛勤劳动表示衷心感谢!

需要说明的是,在本书的写作过程中,参阅了大量的文献资料和档案数据,在书中以及后面的参考文献中已尽可能地进行了标注说明,如有缺漏深表歉意,在此一并致谢。由于作者的学识水平和本书的篇幅有限,书中难免存在种种不足之处,敬请同行专家和读者们予以批评指正。

本书作者
二〇一四年五月